朝鮮開発をめぐる総督府と日本資本

帝国と私鉄

林采成
Lim Chaisung

京都大学学術出版会

まえがき

　熱帯の東南アジアを旅行しながら，何よりも不便に感じるのは今日的にも都市間移動ではなかろうか。市内での移動はタクシーあるいはそれに相当するものに乗れば何とかなるが，都市間移動は大衆の交通手段としてバスに頼らざるを得ない。雨期中では，ちょっとした雨でも川が氾濫し，なかなか渡ることができず，数時間もバスのなかで過ごさないといけないようなこともしばしば経験する。現地では道路が整備されているのは当り前のことではないが，もし鉄道が敷かれていれば，列車速度はそれほど速くなくても，目的地まで辿り着くのに大きなトラブルはないのだろう。まさに戦前の朝鮮半島は，旅人にとってそれ以上に困難な場所であり，長距離移動には体力と忍耐が必要とされた。総督府の国有鉄道が通らない地方では，現地民は私鉄の敷設を切に願っていた。そのため，地域ごとに鉄道敷設期成会が組織され，道庁はもとより，総督府に対しても陳情書を出し続けたのである。

　とはいえ，現地民の願望をビジネス基盤とする私鉄の敷設が，朝鮮内の資本動員によって可能であった鉄道はごく一部に限られ，結局日本内地からの膨大な資本投下を必要とした。朝鮮内での資本動員が容易ではなかったという，そのこと自体が経営環境としては私鉄会社にとって収益性を担保し難いことを意味する。それゆえに，外部からの資本動員が日本内地の資本家によって行われたことは決して自然発生的現象ではなかった。たとえ景気拡張の波に乗って，一時的に鉄道敷設は試みられたとしても，採算性が見込めなければ，数十キロから百数十キロにも至る長距離路線であり，かつ，日本内地とは異なり国際標準軌であった私鉄路線への多額の資金投入はできない。投資金の回収ないし適した配当が政策的に保証されなければ，植民地朝鮮の私鉄事業は内地の投資家にとって魅力的なものとは言えないだろう。

　そこで政策的工夫が必要とされ，低利融資，減免税，補助金などといった政策手段を巧みに組み合わせて，内地からの鉄道投資を誘導し，現地民の願望を満たしながら，地域開発を促さなければならなかった。とくに，補助金の交付は投資家への配当を可能とする政策手段であったことは言うまでもな

く，朝鮮への投資に向けて内地の投資家が腰を上げるのに必須不可欠な条件でもあった。その制度作りは総督府が独自的に行うことができず，財政赤字問題を抱えた総督府としては中央政府からの許諾を得なければならなかった。とはいうものの，これに対して中央政府のスタンスは植民地政府の要請にすぐ頷くわけでなく，日本内地とともに，外地たる台湾，朝鮮，樺太などを含めて帝国全体の予算制約を考慮して合理的判断を下すものであった。こうした仕組みから現地民の要請がかなわなかったことも実際に多かった。帝国主義時代であったから，超過利潤を求めて植民地投資が行われたという歴史的評価は極めてイデオロギーに影響されたと言わざるを得ない。

　このような植民地私鉄の歴史性に着目し，本書は鉄道インフラを重視した朝鮮総督府が政策当局としていかなる投資誘因を提供し，これに応じて日本内地の資本家がどのように私鉄投資の上，その鉄道運営に当り，場合によっては経営環境の変容自体を追求したのかを検討するものである。政策的検討とともに，推計作業を通じて朝鮮私鉄の鳥観図を提示しながら，朝鮮鉄道株式会社をはじめ 12 社にわたる私鉄経営に関する史的考察を通じて私鉄経営の在り方を復元することによって，政策史と経営史とのバランスを取ろうした。そのうえで，日本帝国圏私鉄との比較を試み，一国史のみに基づく偏った歴史認識を避けて朝鮮私鉄ならではの特殊性を浮き彫りにしながら，同時に日本内地，台湾，樺太，関東州の私鉄と共通する普遍性を提示した。そこであらわれる日本帝国圏私鉄の歴史像は今日的にインフラ整備において逢着する様々な問題に対して解決策を模索している開発途上国にとっても有効な参照点になるだろう。

2024 年 10 月 25 日

台北で　林采成

帝国と私鉄 —— 目次

まえがき　i

凡例　x

序　章　植民地朝鮮と私設鉄道 …………………………………… 1

1. 朝鮮開発と植民地私鉄　2
2. 政策，沿線，そして事業体からのアプローチ　8
3. 本書の構成　15

第1部　政　策　と　推　計

第 1 章　朝鮮総督府の私鉄政策 —— 帝国のなかの朝鮮私鉄 ····· 23

はじめに　25

1. 私鉄の勃興と制度的基盤の確立　34
2. 私鉄合同の進行と総督府の介入　44
3. 私鉄の国有化と補助のリデザイン　52
4. 私鉄の戦時統制と資材難の深刻化　65

おわりに　77

第 2 章　朝鮮私鉄事業の推計と分析
　　　—— 朝鮮国有鉄道との比較 ……………………………… 79

はじめに　80

1. 私鉄会社の設立と鉄道投資　83
2. 私鉄の鉄道輸送と運営方式　90
3. 私鉄の経営収支と利潤率　96

おわりに　104

第2部　統合と利潤

第3章　私鉄統合と朝鮮鉄道株式会社
——国営代行と投資会社 …………………………………… 109

はじめに　110

1. 私鉄合併と新会社の設立　112
2. 事業再編と要員配置　124
3. 輸送動向と鉄道運営　139
4. 経営分析と収支改善　151

おわりに　162

第4章　朝鮮京東鉄道の敷設と経営
——狭軌鉄道の経営難と朝鮮鉄道（株）への売渡 …………… 167

はじめに　168

1. 鉄道会社の設立と経営権の確立　171
2. 水驪線の敷設と運輸営業　178
3. 水仁線の敷設と鉄道運輸体制の再編　187
4. 鉄道会社の経営実態と鉄道業の譲渡　196

おわりに　204

第3部　国境と拓殖

第5章　図們鉄道の成立と国有化
——国境鉄道と北鮮ルート …………………………………… 209

はじめに　210

1. 国境鉄道の構想と図們鉄道の設立　212

2. 資金調達と鉄道投資　217

3. 鉄道輸送と沿線交通の再編　222

4. 図們鉄道の生産性と収益性　229

5. 図們鉄道の国有化と北鮮ルート　234

おわりに　239

第 6 章　北鮮拓殖鉄道と茂山鉄鉱開発
　—— 森林鉄道から鉱山鉄道へ ……………………………… 243

はじめに　244

1. 朝鮮鉄道咸北線の輸送動態と茂山鉄鉱の開発　245

2. 広軌改良事業の推進と北鮮拓殖鉄道の設立　252

3. 北鮮拓殖鉄道の輸送動態と鉄鉱開発の隘路　260

4. 北鮮拓殖鉄道の経営収支と国有化　265

おわりに　269

第 4 部　財 閥 と 私 鉄

第 7 章　三井系价川鉄道の組織変遷と経営動向
　—— 専用鉄道，私設鉄道，国有鉄道 ……………………… 275

はじめに　276

1. 鉱山鉄道の敷設と一般営業の開始　277

2. 株式会社への組織再編と輸送動向　287

3. 鉄道経営の収支分析と私鉄国有化　296

おわりに　306

第 8 章　日窒の朝鮮電源開発と鉄道事業
　—— 新興・端豊・平北の三鉄道 ………………………… 309

はじめに　310

1. 赴戦江・長津江開発と新興鉄道　312
2. 朝鮮鉄道会社咸南線の買収と新興鉄道経営　320
3. 虚川江開発と端豊鉄道　327
4. 鴨緑江開発と平北鉄道　332
おわりに　340

第5部　沿線と開発

第9章　朝鮮京南鉄道と沿線開発
―― 小林一三モデルの植民地化 ・・・・・・・・・・・・・・・・・・・・・・・・・・・・・・・・・・ 345

はじめに　346
1. 会社設立と敷設危機――鴻巣銀行の破綻，経営陣の交代　348
2. 忠南臨港鉄道計画と終端駅の選定問題　356
3. 鉄道輸送と運賃政策，そして鉄道収入　360
4. 事業の多角化と「放漫経営」
　　――温泉，自動車業，雑業（土地買入）　369
5. 事業別経営成績と政府補助の意義　376
おわりに　381

第10章　朝鮮平安鉄道の設立と運営
―― 臨港鉄道と龍岡温泉 ・・ 385

はじめに　386
1. 先行計画と会社設立　387
2. 資材不足と鉄道建設　395
3. 鉄道輸送と龍岡温泉　402
4. 鉄道経営と路線延長　409
おわりに　415

第6部　鉄道と自動車

第11章　南朝鮮鉄道から南朝鮮興業へ
——国有化と事業転換 ……………………………………………… 419

はじめに　420
1. 会社設立と資金調達　421
2. 鉄道敷設と人的配置　428
3. 鉄道輸送と海陸連絡　437
4. 鉄道収支と兼業経営　444
5. 鉄道買収と事業転換　450

おわりに　458

第12章　京春鉄道の鉄道業と自動車業
——兼業の本業化と挫折 ………………………………………… 461

はじめに　462
1. 京春鉄道敷設運動と京春間自動車の運行　464
2. 朝鮮殖産銀行の介入と京春鉄道の設立　472
3. 鉄道路線の敷設と鉄道業の展開　479
4. 自動車業の展開と会社経営分析　489

おわりに　501

終　章　帝国日本と植民地私鉄
——日本, 台湾, 朝鮮, 関東州, 樺太 ………………………… 505

1. 国営代行　507
2. 投資制約　511
3. 経営成績　517
4. 人的運用　523
5. 育成政策　527

6. 沿線開発　532

7. 戦後再編　536

あとがき　541

索引　545

凡　例

一、〔　〕は引用者による註を示す。

一、現場労働者から上層の経営陣までの勤務者を総称する用語として、当時鉄道業で公式的に使われていた「従事員」を採択する。

一、戦争については、以下のように略記する場合がある。日中戦争（日中全面戦争）、太平洋戦争（アジア太平洋戦争）。

一、朝鮮の道名については、以下のように略記する場合がある。京畿（京畿道）、忠北（忠清北道）、忠南（忠清南道）、全北（全羅北道）、全南（全羅南道）、慶北（慶尚北道）、慶南（慶尚南道）、黄海（黄海道）、平南（平安南道）、平北（平安北道）、江原（江原道）、咸南（咸鏡南道）、咸北（咸鏡北道）。

序　章

植民地朝鮮と私設鉄道

1. 朝鮮開発と植民地私鉄

　鉄道は植民地全域に血管のように張り巡らされ，帝国の形成と維持，即ち植民地支配を可能とする技術体系となっていた[1]。機関車は帝国主義の主要な牽引力であったことから，鉄道網を発展させ多くの機関車を保有した戦前の日本は鉄道帝国として存在し，朝鮮においては鉄道の敷設が植民地化のレバレッジとして機能したのである[2]。日中戦争および太平洋戦争に先立って，日本は鉄道網の発展とともに帝国の影響範囲を拡大したことから，日本の電気通信産業の分析において「帝国建設の目標を前進させるためにテクノロジーを設計または使用する戦略的実践」を強調する Daqing Yang（2010）の「技術帝国主義」（the technology imperialism）の概念は，日本の鉄道にも当てはまるのだろう[3]。最先端の技術の展開は，近代に入って欧米諸国はもとより，日本にとっても帝国の道具として東アジアにおける帝国主義的拡張を可能とし，それが後には東南アジアにまで広がり，その技術的優位性が日本の植民地支配を維持する基盤となったのである。

　この点で，技術体系は歴史的文脈のなかで決して中立的な存在ではなく，それを先占する国家は総体的力量において優位に立ち，物理的手段を暴力的に発揮しながら，領土とそれに含まれている物的人的資源を外延的に掌握していった。鉄道は帝国内における人と物の大量移動を実現し，植民地朝鮮を宗主国たる日本内地へ制度的に統合させる一方で，軍事政治的支配を保障するとともに，日本内地の経済成長に有利な形での植民地開発を進める基盤となっていた。そこで，本書は朝鮮開発をめぐって鉄道インフラの整備を重視した植民地政府たる総督府からいかなる政策的な投資誘因の提供が行われ，さらにそれに応じて日本資本が鉄道経営をどのように展開したのかを検討

---

1) クラレンス・B., ディヴィス・ケネス・E., ウィルバーン・Jr. 著，原田勝正・多田博一監訳『鉄路 17 万マイルの興亡——鉄道からみた帝国主義』日本経済評論社，1996 年。

2) 林采成「近代 鉄道인프라스트럭처의 運営과 그 特徴——韓日比較의 視点에서」韓国経営史学会『経営史学』25-1，2010 年 8 月，49-74 頁；林采成『東アジアのなかの満鉄——鉄道帝国のフロンティア』名古屋大学出版会，2019 年。

3) D. Yang, *Technology of Empire: Telecommunications and Japanese Expansion in Asia, 1883–1945*（Cambridge MA: Harvard University Asia Center, 2010），p. 8.

し，帝国のなかの植民地私鉄の歴史的意味合いを政策と経営の両面から明らかにする。

　朝鮮における鉄道を通じた帝国主義的膨張の始まりは，アメリカ人ゼームス・アール・モールスから政治工作を通じて敷設権を買収した日本側の京仁鉄道合資会社によって敷設された，ソウル周辺の鷺梁津・仁川間を結ぶ京仁線（1899）であった[4]。この路線は最終的に日本の官民が総力を注いで設立した国策会社たる京釜鉄道株式会社によって買収・統合された。京釜鉄道株式会社は日露戦後処理の一環として日本政府によって国有化され，軍用鉄道たる京義鉄道と統合されて，1906 年に統監府鉄道管理局の下に置かれた。これによって朝鮮国有鉄道の成立を見た。そのため，京仁鉄道合資会社や京釜鉄道株式会社は朝鮮国有鉄道の前史として位置づけられるが，日清戦争に伴って締結された「日韓暫定合同条款」（1894）によって確保された鉄道建設などにおける日本側の主導権に対して英・米・独・露四ヶ国代表者が連名をもって干渉するという国際政治をも勘案し，日本政府から補助金として借入金に対する補給利子を交付することを前提に民間資本が動員可能な会社組織が利用されたことは注目に値する[5]。その後，湖南線や咸鏡線などといった幹線網が総督府の下で国有鉄道として建設されたものの，総督府の財政的限界から植民地朝鮮における鉄道敷設は民間資本の動員にも頼らざるを得なくなった。

　このような民間資金の動員に基づく鉄道ネットワークの形成は日本内地でも見られる現象であって，鉄道国有化（1906）が実施される前まで，私設鉄道の路線延長は国有鉄道たる官鉄の 4 倍近くにもなっていた。民間資本による鉄道敷設は，鉄道の発祥地たるイギリスを始め，欧米諸国や植民地では一般的にみられるインフラ整備方式であった。ところが，日露戦争が勃発すると，車両の運用，乗務員の連絡，連絡運賃の算定が複雑となり，国家による主要幹線網の運営の必要が痛感されるに至り，鉄道国有法によって私鉄 17

---

4)　林采成「京仁鉄道의 形成・運営과 ユ 社会経済的 影響」『仁川文化研究』6 号，2008 年 12 月，27-42 頁。

5)　原田勝正「北東アジアの鉄道史における 1906 年」『東西南北——和光大学総合文化研究所年報』2005 年，124-136 頁。

社の買収が行われた。1907 年度末には国鉄 7,152 キロ，私鉄 718 キロと，国鉄・私鉄の規模は逆転し，巨大な国家資本が成立したのである[6]。その後，日本内地の私設鉄道は主として幹線網を形成することはなく，国有鉄道との連絡を持つ支線あるいは都市交通網の一部を為すにとどまった。

　以上のような経験が朝鮮総督府によって学習されたことはいうまでもなく，朝鮮開発を促すため，朝鮮軽便鉄道令及附属法規（1912）が制定され，同時に補助金制度が設けられ，朝鮮内外からの鉄道投資を促した。これが 1920 年代初頭に朝鮮私設鉄道令および朝鮮私設鉄道補助法に代えられ，私設鉄道によるインフラ整備は台湾，樺太といった他の日本植民地でも行われた。これらは当該地域内の資本家の参加はもとより，日本内地からの資本投下を受けた。台湾では糖業資本によって自家用原料と製品輸送のための専用線として鉄道が敷設され，沿線住民に対しても輸送サービスを提供したのに対し，朝鮮と樺太（サハリン）の場合では，鉄道国有化以前の日本内地の私設鉄道のように，インターシティ交通を担当する幹線網ないし準幹線網として機能した性格が強い[7]。

　朝鮮国有鉄道が満鉄による委託経営から解除されるに際して，鉄道網の普及に関する意見が朝鮮内外に続出し，朝鮮鉄道促進期成会の創立を経て，1926 年に朝鮮鉄道 12 年計画が第 52 帝国議会で決定された。それによって，1927 年から図們，恵山，満浦，東海，慶全という五つの新線 1,383 キロが建設されるとともに，これらの路線にあった 338 キロの私鉄，すなわち朝鮮鉄道会社所属慶南線，全南線，慶東線，全北鉄道会社線，図們鉄道会社線が買収されることとなった[8]。私鉄の買収は 12 年計画後にもたびたび行なわれ，その路線は国有鉄道の幹線網となっていた。国有化された私鉄路線の内，多獅島鉄道と図們鉄道は国境鉄道としてそれぞれ満州から特産物などを移出

6）　野田正穂・原田勝正・青木栄一・老川慶喜編著『日本の鉄道——成立と展開』日本経済評論社，1986 年，15-25 頁；林采成「戦前期国鉄における鉄道運営管理の特質と内部合理化」老川慶喜編『両大戦間期の都市交通と運輸』日本経済評論社，2010 年，271-297 頁。

7）　渡邉恵一「糖業鉄道の成立と展開」須永徳武編『植民地台湾の経済基盤と産業』日本経済評論社，2015 年，69-92 頁；林采成「戦間期外地の鉄道」（技術部門除き）沢井実外編『鉄道百五十年史（2）：「帝国の鉄道」の形成・発展・崩壊』2025 年出版予定。

8）　朝鮮総督府鉄道局『朝鮮鉄道四十年略史』1940 年，479-481 頁。

し，朝鮮の平安北道と咸鏡北道を経て海上輸送を通じて日本内地までをつなぐルートとなっていた。

このような幹線網として私鉄は国有鉄道の単なる「培養線」に止まらず，国有鉄道の「代理線」として機能し，朝鮮開発にとってより重要な意味を有した。国有鉄道「代理線」と呼ばれるほど，植民地インフラの形成にとって重要性を持つ朝鮮の私設鉄道はいかに設立され，どのように鉄道敷設が行われたのか，とりわけ資金調達面でいかなる特徴を持ち，これが私鉄経営にとってどのような条件となったのか。

この「代理線」としての位置づけは樺太鉄道をはじめとする樺太の私設鉄道でも同じく確認できるが，樺太が日本にとって新開拓地であったことを念頭に置けば，朝鮮の私設鉄道は在来交通を代替しながら，沿線地域の物流を再編したものという評価がより強くなるだろう[9]。とりわけ，国有鉄道の既定路線から外され，総督府による鉄道建設が暫くできなくなると，全北鉄道と多獅島鉄道のように主要都市の資産家を中心として私設鉄道敷設運動が展開され，日本内地からの鉄道投資をも期待しながら，鉄道敷設の着工に辿り着くことになっていた[10]。その結果，在来の輸送網は水運や牛馬車，人力から鉄道へと変わり，旅客の移動が増えたのみならず，沿線地域からの出荷とそこへの雑貨などの移入も増加し，沿線地域の開発を促したのである。

私設鉄道の敷設が地域社会の発展をどのように促したのだろうか。さらに，長距離輸送の場合，従来の牛馬車や人力によって行われた在来交通手段に比べて鉄道は時間と運賃の両面において圧倒的な優位性を有した。この点で，日本内地に比べて長距離の輸送を行う朝鮮の私設鉄道の場合，独占的輸送手段にもなっていく可能性があったと言わざるを得ない。

とはいうものの，朝鮮開発が本格化する前までは，私鉄会社は投資家に対し期待の配当を行うべく利潤を追求する存在として，輸送需要は充分ではなく，私鉄会社自体の成立が困難な状況があった。その一方，企業成立の経営

---

9)　中尾重一『望郷樺太鉄道史』1980年；中尾重一『望郷樺太鉄道回顧史』1981年；東日本鉄道文化財団編『樺太鉄道資料集』東日本鉄道文化財団，1995年。

10)　林采成「全北鉄道의 設立과 運営 그리고 国有化──米穀経済와 鉄道運営」『経済史学』44-3，2020年，263-294頁；林采成「王子製紙と多獅島鉄道」『鉄道史学』40，2022年，3-19頁。

的基盤が乏しかったため，台湾のように糖業会社などの附帯事業としての出発，あるいは地域内からの投資金の調達による私設鉄道の設置は期待し難く，おもに日本内地からの資金調達がなにより必要とされた。もちろん，全北鉄道のように大地主のイニシアティブによる私設鉄道の設立もあり，とりわけ1930年代に植民地工業化が進むにつれ，三陟鉄道[11]，新興鉄道，端豊鉄道，平北鉄道などといった私設鉄道は，資源開発事業のため事実上その附帯事業として建設されたこともある。しかしながら，補助金を要しないほど会社経営が安定しているケースはほとんどなく，ごく一部に限って自立経営が可能であったにすぎない。

このような事情を勘案し，経営的脆弱性が果たしてどれほどのものであり，時間の経過とともにいかなる変容を遂げたのかを検討してみる必要がある。1930年代半ば以降，国有鉄道の経営収支が大きく改善した[12]のと同じように，私設鉄道でも経営改善の推移は確認できるだろうか。脆弱な収益性は私設鉄道のパフォーマンスとしての生産性に基くことから，生産性を推計し，国有鉄道との比較分析を試みる必要がある。

私鉄の投資家は当時，投資金の完全な回収がほとんどできないため総督府による路線買収を待つしかなく，実際にそれを実現するべく自社に対する買収案を貫徹させるため，総督府だけでなく中央政府に対しても買収を促す活動を行ったのである。その代表的存在として取り上げられるのが，解散の危機にあった私設会社の合併によって設立された朝鮮鉄道株式会社である。その保有路線がそもそも総督府が計画していた幹線網に位置していることもあり，多くの路線が買収の対象となった。投資プールとして他の会社との合併や会社分割をも行い，補助金制度を前提として投資家の利害を保障しようとした[13]。このような善処が朝鮮私設鉄道からの資本流出を防ぎつつ，さらなる鉄道投資を誘致するためのものであったことは言うまでもない。植民地イ

---

11) 林采成「三陟炭田の開発と石炭輸送──日本電力による植民地朝鮮の資源開発史」『立教経済学研究』69-5，2016年，95-119頁。

12) 林采成『戦時経済と鉄道運営──「植民地」朝鮮から「分断」韓国への歴史的経路を探る』東京大学出版会，2005年。

13) 鮮交会編『朝鮮交通史』1986年，774-785頁。

ンフラの整備という観点からすると，朝鮮鉄道株式会社と朝鮮総督府鉄道局との間には協調関係がみられるといえる。

　以上のような私設鉄道類型の多様性を前提としながら，朝鮮鉄道株式会社の経営収支はいかなる推移を示したのか，とくに全国に広がりしかも分断されている鉄道ネットワークはどのように管理されたのかを検討していきたい。さらに，朝鮮鉄道株式会社とは異なり，個別の目的を持って設立された他の鉄道では，会社の企業価値を維持するためにいかなる試みがなされたのだろうか。これらの鉄道会社に対する実証分析は事例研究を積み重ねて行うしかないだろう。

　実際に鉄道運営がどのように行われたのか。朝鮮国有鉄道の場合，上位の身分層は日本人によって占められていた。本局・鉄道事務所といった管理部署や従事員養成所などの技術教育部門では日本人が中心的な役割を果たしただけでなく，運転・営業・保線といった現業部門にも多数の日本人が配置され，鉄道全体から見ればマジョリティとなった[14]。現地人たる朝鮮人は現場労働力として採用され，そのほとんどが低賃金労働者としての傭人であった。もちろん，朝鮮人でも高学歴を持ち一定の勤務期間を経て登格試験に合格すれば，現業機関の管理者ないし本局・事務所の中間管理者たる判任官や，鉄道運営の上層管理者たる高等官へ登格するケースもあった[15]ものの，全体的に見れば一部に限られており，内部ヒエラルキーのなかでほとんどが下層身分であったことは変わらなかった。マンパワーにおける民族格差は私設鉄道にとっていかなる形として現れただろうか。経営の収益性が安定的ではなかった私鉄会社にとって高賃金の日本人を多く雇用することは不可能とも考えられるが，植民地の雇用構造がいかにあらわれただろうか。

---

14)　前掲『戦時経済と鉄道運営』；前掲「近代 鉄道인프라스트럭처의 運営과 그 特徵」49-74頁；林采成『鉄道員と身体――帝国の労働衛生』京都大学学術出版会，2019年。

15)　朝鮮国有鉄道，すなわち朝鮮総督府鉄道局ではマンパワーの運用のため，勅任官─奏任官─判任官（および待遇身分としての鉄道手）─雇員─傭人といった身分制度が成立していた。判任官は下級官吏として奏任官の下に位置し，天皇の任命大権を各行政官庁が委任する形式をとって任命された。Chaisung Lim, "Divergent tracks: Korean Government Railways' employment and training systems under Japanese colonial rule, 1910-45," *Journal of the Royal Asiatic Society*, 34-3, July 2024, pp.609-627（https://doi.org/10. 1017/S1356186323000597）。

さらに，植民地朝鮮では日本内地からの鉄道車両やレールなどの設備を受け入れなければならず，燃料面でも揮発性の高い粘結炭が少ないため，満州や九州から良質の石炭を仕入れるか，朝鮮内の無煙炭でありながら限られた良質炭を利用していた。ところが，戦時下で燃料難が深刻になるにつれ，朝鮮で採掘される粉炭状態の無煙炭に頼らざるをえず，そのため期待通りに牽引力が得られなくなった。また，内燃機関動車や自動車が，ガソリンやタイヤの不足のため運行回数が制限されたため，蒸気機関車による列車運行がより重視されるようになったので，その対応に迫られたことはいうまでもない。マンパワーにおいても，日本人は応召・入隊の対象となったため中堅従事員が現場から引き抜かれてしまい，それを補うために朝鮮人の採用が増えたが，これらの変化が朝鮮私鉄の輸送力をどのように制限しただろうか。

このように，朝鮮の私設鉄道は国鉄「代理線」として位置づけられたにもかかわらず，その収益性の乏しさを免れず，その矛盾は補助金制度や運賃設定などによって対応するしかなかっただろう。研究史的整理は後述の第1章以下で行うことにするが，朝鮮における私鉄事業の実態を総督府政策と私鉄経営の両面から明らかにするため，植民地全期間にわたる総督府政策を本格的に取り上げるとともに，私鉄統計の欠落を補完するなどの推計作業を通じて私鉄事業の全体像を数値的に提示しなければならない。さらに，その分析結果をもって朝鮮国有鉄道の比較はもとより，日本内地，台湾，樺太などといった他地域の私鉄との比較を試みて，その歴史性を探ってみる必要があるだろう。

2. 政策，沿線，そして事業体からのアプローチ

具体的な分析に際して，本書は朝鮮私鉄事業の実態を総督府政策と私鉄経営の両面から明らかにするため，次のように三つの視点からアプローチを試みることにする。

①政策対象としての私鉄

世界鉄道史から見て，イギリスで Stockton & Darlington Railway が George Stephenson によって開業され，1825年9月27日に旅客450人を時速24 km

で運んで以来，アングロサクソンの諸国では鉄道業の敷設が民間資本の動員によって行われてきた[16]。しかしながら，後発国では民間資本の動員が不可能であったこともあり，フランス，ドイツといったヨーロッパ諸国においてはむしろ国家自らによる鉄道インフラの整備が進められ，この方式が明治維新後の日本でも適用された。とはいうものの，明治政府の資金動員力は脆弱であったため，むしろ民間資本の活力を利用した鉄道敷設政策が試みられ，日露戦後の鉄道国有化を通じて国家資本が日本内地における鉄道網の主役となった。このような国家資本と民間資本の組合せは日本帝国の外地たる植民地台湾，朝鮮，樺太にも適用された[17]。

　しかしながら，「過剰資本」が植民地に投下され新しい市場の開拓を促し，「過剰利潤」を得る，という「帝国主義論」的図式は適用できず，日本内地での公債発行による鉄道投資金の調達は決して潤沢なものではなかったと見なければならない[18]。即ち，予算制約下で植民地鉄道投資は限定されざるを得ないことから，むしろ国家財政の負担を緩和させる方向で，民間資本の動員が試みられた。しかし，鉄道会社としては植民地からの超過利潤どころか，日本内地の適正利潤すら期待し難かった。この点で，国家の補助金制度が設けられ，植民地事業におけるリスクを考慮し，一定水準の利潤の確保を制度的に保証しなければならなかった。補助金の交付は，国家が直接鉄道投資を行うより安く，機会費用が少なかったため，国家の鉄道直営による政治軍事的ないし経済的利害が確実ではない限り，国家としては補助金制度を通じて民間資本の鉄道投下を支えたのであろう。

　図序-1の通り，朝鮮内の産業育成を促すため価格が低く設定された結果，平均費用をカバーできなくなり，赤字の発生が避けられない。モータリゼーションが本格化する前までは鉄道業は自然独占とならざるを得なかったもの

---

16)　冨田新『イギリス鉄道業の生成と発展——事業構造の変化と鉄道政策』日本経済評論社，2020年。

17)　前掲「戦間期外地の鉄道」。

18)　これと関連し，須永徳武は植民地期朝鮮会社の収益性について，日本内地の会社と対比して分析を行い，「植民地期朝鮮への資本輸出はヒルファーディングやレーニンが資本輸出の誘因として想定した明確な利潤率格差は検出できない」と指摘している。須永徳武「植民地期朝鮮の会社収益性」『立教経済学研究』74-4，2021年，27-79頁。

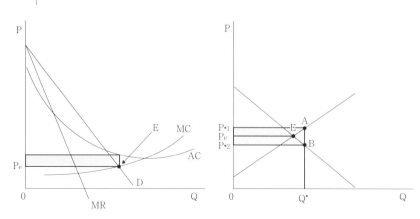

図序-1　国有鉄道の赤字と補助金の支給
出所：著者作成。

の，国家が鉄道運営に当たり運賃設定を低く抑えたことによって，鉄道業の赤字が1930年代前半まで続いたのである。その後，輸送需要の増加に伴って鉄道規模から見た平均費用の低下が進行し，損益分岐点を漸く超えたのである。その場合，国家としては赤字の発生をできる限り抑制するため，鉄道投資を拡大するというよりは民間企業による鉄道敷設および運営を促し，赤字発生の回避ないし適正利潤を補助金の支給を通じて保障するほうがより合理的であった。ただし，赤字の発生があっても帝国レベルでの政治軍事的ベネフィットがあるとすれば，赤字路線の建設と私鉄の買収が行われた，ということも重要であろう。それは経営合理性を失ったとも考えられるが，朝鮮全体あるいは帝国全体の次元から見て，その路線の有効性が認められ，帝国議会および大蔵省の合意が得られたのである。

このような補助金制度は朝鮮に限定されなかったことはいうまでもなく，日本内地はもとより，他の植民地鉄道でも見られるものであり，満鉄附属地ないし満洲国でも見られた。他の植民地でも，例えば，植民地インド鉄道に対して元利保証制度が設定され，投資家の利害を保証することで植民地インドへの鉄道投資を促したのである[19]。植民地インド鉄道の場合，後に国有民

---

19) John Hurd and Ian J. Kerr, *India's Railway History: a research handbook*, Brill, 2012.

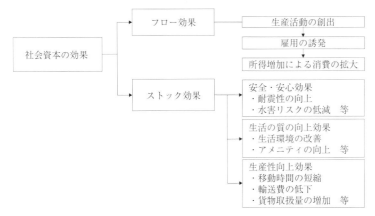

図序-2　インフラのストック効果とフロー効果
出所：国土交通省『国土交通白書』2015年度版，45頁。

営措置を経て国有国営へと移行していき，これが戦後インド鉄道の歴史的前提にもなったが，植民地朝鮮では国有化はそのまま国営化を意味し，総督府や帝国の必要に応じて国有化措置が取られたことは注目に値する。この点で，朝鮮と樺太の私鉄が類似している反面，台湾の私設鉄道はその大半が糖業鉄道であって，専用鉄道から一般営業を行うことで，私設鉄道と呼ばれたことからわかるように，私鉄類型が異なっていたことにも留意しておく必要がある。

②インフラストラクチャーとしての経済的効果

インフラ整備の効果をみれば，図序-2のようにフロー効果とストック効果に分けることが可能である。その内，「フロー効果は，公共投資の事業自体により，生産，雇用，消費等の経済活動が派生的に創出され，短期的に経済全体を拡大させる効果とされている一方，ストック効果は，インフラが社会資本として蓄積され，機能することで継続的に中長期的にわたり得られる効果である」[20]。鉄道の場合，交通業として輸送サービスの生産が行われるため，それに伴うベネフィットが沿線の住民や荷主によって享有されるだけ

20）　国土交通省『国土交通白書』2015年度版，45頁。

でなく，鉄道の営業，運転，保線，工作などといった業種別に社員ないし鉄道員が直接採用されることはもとより，駅構内を中心に貨物の集配・積卸作業を行う小運送ないし荷役の労働者が間接的に雇われることとなり，大量の賃金収入が地域社会に落とされる。当然，このような経済活動が沿線地域における消費の拡大を促し，市場の形成・拡大などといった地域経済の発展にとって積極的な効果をきたした。

　さらに，中長期的には鉄道敷設に伴って駅周辺に諸般の社会的施設が誘致され，商業用地のみならず，住居用地も拡大し，町が形成されて都市化が進んだ。農村地域に比べて沿線部における生活の質が向上し，日本人のみならず，朝鮮人も多く移住したことは植民地社会でも多く見られる現象であった。さらに，図序−2 のストック効果で見られるように，移動時間の短縮，輸送費の低下，貨物取引量の増加が続き，鉄道敷設による「生産性向上効果」が広がりつつ，沿線地域の経済発展は中長期的に促されることになる。いわば，沿線開発である。もちろん，この鉄道輸送が当初より沿線地域の貨客を吸収できる場合もあるが，そうではなく，在来的牛馬車あるいは水運との競合期間を経て優位に立つ場合もあった。もちろん，その独占性が半永久的に維持されることはなく，地域によっては自動車業が強力なライバルとして登場し，その対策が鉄道側によって講じられることもあった。

　植民地朝鮮でも全国的に展開された鉄道敷設運動が確認できる。その代表的事例が，朝鮮国有鉄道に対する満鉄の委託経営が解除されるにつれて朝鮮内外で展開された朝鮮鉄道敷設運動である[21]。だがこの運動が国有鉄道に限られなかったことに注意しておきたい。1921 年から 1923 年にかけてみると，平壌・元山線，公州・鳥致院線，元山・清津線，天安・安城線，金泉・安東線，金泉・三千浦線，多獅島・新義州線，全州・大邱線，松汀里・法聖浦線，鎮海・昌原線，孟子里・江界線などといった鉄道敷設運動が展開され，全国的に○○鉄道敷設期成同盟会が組織されたのである。特定地域の開発に利害関係を持つ企業，金融，各種協会，商工会議所，行政，府協議会（府会），言論，教育などの関係者からなる地域社会が積極的に鉄道敷設にか

---

21)　大平鉄畊『朝鮮鉄道十二年計画』鮮満鉄道新報社，1927 年，65-117 頁。

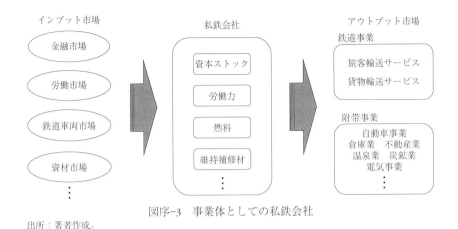

図序-3　事業体としての私鉄会社

出所：著者作成。

かわったといえよう。とはいうものの，植民地権力構造の下で決して均等なものではなく，そのイニシアティブは日本人側によって握られており，国境鉄道の場合，朝鮮の対岸にある中国・「満州国」の地域をも含めて敷設運動が展開された。選挙を通じた政権交代が繰り返される日本内地の政党政治のように，「我田引鉄」というほどではなかったものの，鉄道路線の延長は朝鮮人をも巻き込んだ要請であったことは確かである。

③事業体としての収益性と生産性

本書では植民地朝鮮の営業環境の変化に応じた朝鮮私鉄の経営資源の運用とプロセスの変容に注目する[22]。朝鮮私鉄は利潤追求を経営目的とするものの，公益事業としてもやや異なる行動様式を示していた。一つの経営組織として外部から資本ストック，労働力，燃料，維持補修材といった経営資源ないし生産要素を調達し，本社・出張所，運転，営業，保線，工場など部門ごとに該当の業務活動を行い，沿線住民および荷主に対する輸送サービスを提供した。それとともに，各社の経営状況に応じて自動車，倉庫，不動産，温

---

[22] 事業体としての収益性と生産性に関するアプローチについては前掲『東アジアのなかの満鉄』を参照されたい。

泉，炭鉱，発電などの附帯事業を行い，鉄道事業との補完を図った。これらの経営資源をもって事業を展開するため，会社経営陣は組織内部で相対的に希少性の高くかつ高賃金の日本人社員を鉄道管理および技術部門に配置し，彼らをして，おもに朝鮮人からなる下層部の現場労働力を率いさせる，という植民地雇用構造を有した。1945年8月頃には私鉄従事員の朝鮮人比率は80％にも達した[23]。

　このような環境変化への対応力がいかに効率的であったのかは「インプットーアウトプット」の視角に立ってそれを比較し，言い換えれば生産性を推計することで測定できる。この点で，朝鮮私鉄は資本家への配当の源泉となる利潤を追求する株式会社であることから，収益性を測定するとともに，輸送サービスの提供で見られる効率性，すなわち生産性を推計する必要がある。その際，要素生産性（Partial Factor Productivity）は測定し易いものの，一つの生産性に影響を与える諸要因が同時に反映されることもあり，極端なケースでは労働生産性と資本生産性が大きく異なることもあり得る。これに比べて，全要素生産性（Total Factor Productivity）は，投入された全要素と算出された全要素をそれぞれ推計して全要素の投入当たり算出を示すことによって，投入と産出の相互関係で表示される複合的な効果を反映することができる。とはいうものの，推計作業を行うための鉄道統計が乏しいことも事実である。

　このような私鉄事業は，平時には資金的制約によって規定され，その事業体としての継続性（going concern）が問われるが，戦時になると資源的制約が著しくなり，外部からの資源調達ルートを新しく再編せざるを得ず，輸送サービスの提供方式にも戦時統制が加えられ，総督府の決める優先順位に従う鉄道輸送が行われることになった。日中戦争が勃発したことで，その傾向が著しくなったものの，日米開戦後の戦況が悪化するにつれ，不足の経済（shortage economy）が深刻化し，需要制約型ないし資金制約型経済は資源制約型経済へと移行し，もはや価格をシグナルとする市場的調整（market coordination）は難しくなり，価格統制に加えて数量調整が実施されるという

23）　朝鮮総督府「在朝鮮企業現状概要調書46（私鉄・自動車）」1946年。

官僚的調整（bureaucratic coordination）が行われたのである。そのため，「体制転換の経済学」あるいは「移行の経済学」は戦時経済を理解するのに有効なフレームワークにもなる[24]。

3. 本書の構成

　以上の分析視角に基づいて，本書は植民地朝鮮における私設鉄道事業の歴史的意味合いを帝国のなかの植民地鉄道の観点から再検討してみたい。そのため以下の六点について着目する。①民間資本による鉄道事業を促そうとした総督府政策の展開とその実態としての私鉄事業の特徴，②日本資本の利害を保障し，さらに総督府の私鉄政策の受け皿であったともいえる朝鮮鉄道株式会社の成立と運営，③大陸政策と奥地資源開発に寄与して最終的には総督府によって買収された国境私鉄，④日本内地の財閥の朝鮮事業を遂行するために敷設された財閥系私鉄，⑤地域社会の要請に応じて敷設された私鉄経営，⑥自動車業が登場し，各地で私鉄業への脅威となっていくのに対してその兼業化を通じて積極的に対応した私鉄会社。これらの6つの視点をそれぞれに六部構成の下で検討し，植民地朝鮮の私鉄事業に対する総体的な分析を試みる。

　「第一部　政策と推計」では本書の概観を提示するため，朝鮮総督府の私設鉄道政策とそれを前提として進められた私鉄事業の実態を推計する。

　第1章では，朝鮮総督府が私設鉄道に対していかなる政策的スタンスを持ち，低利資金の供給，補助金制度の設定，高運賃体系の許可，総督府の買収などといった政策手段をどのように組み合わせ，朝鮮内の鉄道ネットワークの整備を促したのかを検討した上，その歴史的意味合いを帝国圏鉄道の観点から論じる。それを通じて，総督府が植民地朝鮮における鉄道ネットワークを構築するため，反動恐慌から長期不況が続き投資環境が芳しくない中，日

---

24) J Kornai, "Resource-constrained versus demand-constrained systems," *Econometrica: Journal of the Econometric Society*, 47-4, July., 1979, pp. 801-819；コルナイ，盛田常夫訳『経済改革の可能性』岩波書店，1986年；盛田常夫『ハンガリー改革史』日本評論社，1990年；同『体制転換の経済学』新世社，1994年；レシェク・ハルツェロヴィチ，家本博一・田口雅弘訳『社会主義，資本主義，体制転換』多賀出版，2000年；マリー・ラヴィーニュ，栖原学訳『移行の経済学——社会主義経済から市場経済へ』日本評論社，2001年。

本内地の資産家に対して有利な投資誘因を提供しようとした政策的意図が捉えられるだろう。

　第2章では，第1章で提示された総督府の私鉄政策を前提として実際の私鉄事業がどのように展開されたのかを明らかにする。そのため，私鉄会社が設立された時期についてそれぞれの特徴を提示した上，推計作業に基づいて実際の鉄道投資を検証した後，鉄道輸送や運営方式から見た朝鮮私鉄の特徴を示す。さらに，賃金，燃料費，減価償却費，利子などを推計することで，既存の公刊統計では捉えられなかった経営収支構造を明確にし，利潤率などの経営指標に基づく経営分析を試み，朝鮮国有鉄道との比較に基く朝鮮私鉄ならではの歴史像を提示する。それによって，朝鮮総督府，ひいては日本内地の中央政府によって支えられる朝鮮私鉄の実態が提示される。

　「第二部　統合と利潤」では日本内地からの資本投下に対する収益・配当を保障するため，朝鮮鉄道株式会社を中心に行われた朝鮮私鉄業界の再編を検証する。

　第3章においては日本帝国内で満鉄や華北交通などといった国策会社を除いて一時期に最大の私設鉄道であった朝鮮鉄道株式会社を分析対象として取り上げ，その設立後の経営分析を行ない，そこから見られる経営上の特徴を指摘し，日本内地や他の植民地では見られない歴史性を明らかにする。さらに，「国営代行」を担当する鉄道会社として総督府の手厚い保護が施され，株主への安定的配当の支給が制度的に保証され，結果的に日本内外の機関投資家にとって長期的投資先となり得たことを提示する。

　第4章においては，植民地朝鮮に敷設された朝鮮京東鉄道を取り上げてその鉄道の敷設とその輸送実態を明らかにし，そこであらわれる狭軌線としての経営上の特徴を抉り出す。乏しい収益性のため，会社の設立に相当の日数が要するだけでなく，国際標準軌を狭軌へと変えて，政府補助金を前提として鉄道運営が行われたものの，輸送力が乏しくなるのは避けられない結果となった。そこで，戦時下の大旱魃が発生し，関特演に伴って厳しい輸送制限が加えられると，朝鮮京東鉄道は深刻な経営危機に直面し，朝鮮鉄道会社への譲渡を余儀なくされた経緯を見ていく。

　「第三部　国境と拓殖」では図們鉄道と北鮮拓殖鉄道について分析する。

これらの私鉄会社は朝満国境に敷設され，辺境の拓殖を促しながら国家政策の遂行を担った。その重要性のため，最終的に国有鉄道へ統合された。

第5章においては，鮮満連絡鉄道として北鮮ルートの一環をなした図們鉄道を取り上げて，その敷設経緯とともに，その経営実態を明らかにする。さらに，なぜこの鉄道が朝鮮鉄道12計画に含まれて，国有化されるに至ったのかを考察する。それを通じて，図們鉄道は日本の大陸政策の一環として位置づけられてその設立より政策的配慮が施され，補助金の交付と東拓・預金部からの資金調達が進められたことを明らかにする。このような国策性が注目され，最終的には国有鉄道に買収され，図們線の一部を為したのである。

第6章では，朝鮮鉄道咸北線がいかにして茂山鉄鉱開発に伴って北鮮拓殖鉄道株式会社としてスピンアウトされ，森林鉄道から鉱山鉄道へと転換を成し遂げたのか，さらにいかに国家買収に至ったのかを検討し，私鉄経営と総督府政策との間で揺れ動いた朝鮮私鉄の一面を論じる。朝鮮鉄道は経営基盤の脆弱性から，資金調達の拡大や政府補助金の確保を期待し，新会社案を進め，それが総督府と中央政府に認められたことから，鉄鉱調達のための広軌改良事業が実現された。しかしながら，補助金交付のみではさらなる輸送力強化が期待できなかったため，私鉄の国有化が実現された。その経緯を示す。

「第四部　財閥と私鉄」では採掘鉱石ないし建設資材の運搬鉄道として敷設され，日本内地の財閥の朝鮮事業を担った朝鮮私鉄会社を分析する。

第7章においては，図們鉄道などのように12年計画の予定路線上に位置していなかったにもかかわらず，三井系价川鉱山の専用鉄道から一般営業を始めた价川鉄道が国有鉄道へと再編されるプロセスを検討し，経営の変遷における特徴を明らかにする。営業力が乏しかったからこそ，12年計画の路線として満浦線が敷設されるとその経営基盤が失われることになり，このような経営の脆弱性を懸念として総督府鉄道局のイニシアティブによって私鉄買収政策が適用されたことを，経営分析を通じて指摘する。

第8章では，朝鮮北部の電源開発のために展開された日窒系の鉄道事業を検討し，財閥にとっての事業的意義とその経営実態を検討し，植民地朝鮮における私鉄経営史の一面を明らかにする。日窒系の赴戦江水力開発と関連し

て新興鉄道が設立され，さらに一般営業の傍らに長津江の開発を支えたこと
を考察し，この赴戦江開発の経験を踏まえて虚川江開発に臨む端豊鉄道の設
立と経営を分析する。鴨緑江開発のために設立された平北鉄道についても経
営分析を行い，日窒側が建設資材運搬用鉄道を専用鉄道ではなく営業鉄道と
して建設し，自社の輸送費負担を軽減できたことを明示する。

　「第五部　沿線と開発」では植民地期地域社会からの要請と絡み合って敷
設・運営された朝鮮私鉄会社について分析する。

　第9章では，京畿の長糊院から忠南の長項に至る朝鮮京南鉄道の敷設と経
営を分析し，日本内地の私鉄経営を前提とする経営多角化が朝鮮でもどのよ
うに実現されたのかを考察する。経営危機，即ち鴻巣銀行の破綻による減資
問題とそれによる経営陣の交代，そしてその後の鉄道運営の改善について検
討し，京南鉄道の敷設と並行して生じていた忠南臨港鉄道と終端駅の選定問
題をめぐる地域社会の利害関係を明らかにし，事業の多角化が会社経営に及
ぼした影響とそれへの総督府の方針を分析する。京南鉄道は組織内外の利害
衝突に対応しながら，所与条件の下で状況対応的意思決定を行い，政府に
よって一定の適正利潤が保証された上で利潤追求を図ったことが示されるだ
ろう。

　第10章において，西鮮の貿易港たる鎮南浦から温泉地として有名な龍岡
をつなぐ朝鮮平安鉄道が設立された経緯とともに，地域内の沿線輸送におけ
る役割を考察し，植民地私設鉄道史の一面を明らかにする。会社の設立を
1920年代末からの地域社会の鉄道建設要請から考察し，鉄道建設が持つ意
義を探る。さらに，鎮南浦港湾の培養線たる短距離鉄道の客貨構成から見ら
れる輸送需要についても検討するとともに，経営分析を通じて当時当局者か
ら提案された経営安定化について考えてみる。地域住民からは新安州への路
線延長が強く要請され，会社としてはこれに応じようとしたものの，資材不
足のため実現不可能であったことが明らかとなる。

　「第六部　鉄道と自動車」では自動車業の浮上が朝鮮内の鉄道業に影響を
及ぼす中，本業というべき規模で自動車業を展開していた朝鮮私鉄会社につ
いて分析する。

　第11章では，全南の麗水より光州に至る南朝鮮鉄道の敷設と運営，そし

て国有化されたあとの南朝鮮興業への会社再編を分析する。さらに，日本最大の私鉄である東武鉄道の社長根津嘉一郎が斎藤實総督の要請によって朝鮮事業へ参入し，鉄道敷設とともに築港事業にも当たったことを明らかにし，他の私鉄会社との相違点を提示する。その重要性から朝鮮鉄道12年計画では含められなかったにもかかわらず，国有化措置を受けて投資金を回収した上，事業再編を余儀なくされる中，会社解散が選択されず自動車業を中心とする事業転換が行われた経緯を検討する。それによって，内地事業家にとって投資先としての植民地が持つ意味合いが明確になるだろう。

　第12章において，朝鮮首都たる京城と江原道春川を結ぶ京春鉄道が地域社会の要請に応じて敷設されたものの，収支構造からみて鉄道業者というよりむしろ自動車業者になっていたことを明らかにし，植民地朝鮮における交通市場の実態を考察する。京春鉄道が敷設運動から長年の後に敷設されたため，その時点において，それに代わる自動車業が盛況を迎え強力なライバルとなっていたため，京春鉄道は会社設立とともに直ちに自動車業への進出を図った。鉄道敷設後もより積極的に自動車業に注力し，鉄道と自動車との競争関係を解消して補完関係を構築し，大きな交通ネットワークを形成したのである。

　終章では，第1章から第12章までの実証分析に基づいて日本内地，台湾，関東州，樺太との比較を通じて①国営代行的な性質，②投資制約，③植民地雇用構造，④育成政策，⑤経営の成果，⑥植民地的近代性，⑦戦後史的パースペクティブ，といった七つのテーマについて総括し，最後に帝国のなかの植民地鉄道として朝鮮の私鉄がいかなる歴史的意味合いをもつかを考察する。日本内地や台湾そして関東州と対比しながら，樺太との類似性を持つ朝鮮の特徴が浮き彫りにされ，日本帝国圏鉄道の一環として朝鮮開発を促した朝鮮私鉄の特徴が論じられるだろう。

第 Ⅰ 部

政策と推計

第1章

朝鮮総督府の私鉄政策

帝国のなかの朝鮮私鉄

地図　朝鮮鉄道路線図

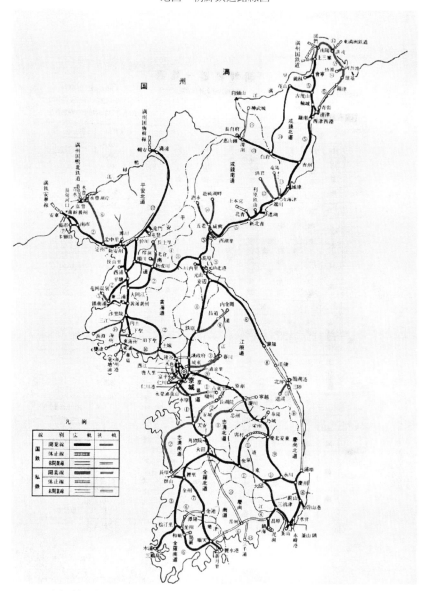

出所：鮮交会『朝鮮交通史』1986年。

はじめに

　本章の課題は朝鮮総督府が私設鉄道に対していかなる政策的スタンスを持ったか，である。低利資金の供給，補助金制度の設定，高運賃体系の許可，総督府の買収などといった政策手段をどのように組み合わせ，朝鮮内の鉄道ネットワークの整備を促したかを検討した上，その歴史的意味合いを帝国圏鉄道の観点から論じる。

　総督府鉄道局は現業部門を抱えて自ら大幹線網の鉄道運営に当たる一方，陸運の監督機関として民間資本を生かし，国有鉄道の力が届かない地方における鉄道の整備を進めようとした。そのためには日本内地からの鉄道投資が大量に行われなければならないが，朝鮮内では産業開発が本格化していない中，都市部や，農産物・鉱産物の移出地を除いて，輸送需要は極めて脆弱であった。そのため，赤字経営が明確であったことから，鉄道会社の参入が自律的に行われる可能性は低かった。これに対し，総督府は低利資金の調達を通じて資本費用の負担軽減，高運賃体系の設定による収入の人為的拡大，補助金の交布を通じた利潤や配当の保障，といった私鉄政策を展開するとともに，国有鉄道の整備に伴って必要であれば，私鉄買収による投資家の払込資本金の回収を保障した。

　これらの政策手段が朝鮮総督府のみによって採択できるわけではなく，常に日本内地の中央政府（とりわけ大蔵省）の認可や帝国議会の「協賛」を経なければ実現できなかった。こうした点に着目すれば，朝鮮私鉄事業に対する政策的考察は総督府の政策とともに，日本内地のスタンスも考慮しなければならず，とりわけ中央政府の資金配分あるいは資源配分をめぐって他の植民地の私鉄に対する補助金政策をも考慮しなければならない。補助金政策とは朝鮮総督府が独自に設定できるわけではなく，他の植民地との比較を通じて設定され，さらに変更されたからである。その一方で，戦時下では貨物運賃の引上げが低物価政策の一環として抑制され，なおかつ補助率，正確に言えば，補助保証率の低下が断行された。なによりも資材不足のため，円滑な列車運行ができなくなったため，利潤追求はやや危ういものとなっていった。即ち，平時のような私鉄政策とは異なる状況が輸送統制とともに浮き彫

りにされた。

　植民地朝鮮の交通インフラの形成にとって私鉄が持つ重要性にもかかわらず，それをめぐる研究はあまり進んでおらず，その全体像の把握すらできなかったと言ってもよいだろう。朝鮮鉄道史研究の中心はあくまでも国有鉄道，即ち朝鮮総督府鉄道局ないし交通局に置かれている。日露戦争を前後として日本帝国の大陸政策の一環として京釜鉄道と京義鉄道が建設され，それらが統監府鉄道管理局（1906）の設置によって統合されて以来，朝鮮国有鉄道は朝鮮内の主要幹線網からなって，対中・対ソ政策の推進と域内開発を支えたことから見て，研究史がそのような状況であるのも当然のことであろう。私鉄研究の位置づけを正確に捉えるため，やや長くなるが，朝鮮私鉄事業の全体像を論じる本章ではまず朝鮮国有鉄道より先行研究との対話を試みることにする。

　高秉雲（1962，1978），中村政則（1972），木村勝彦（1975），北岡伸一（1979），森山茂徳（1980），李炳天（1981），井上勇一（1989）らは，国際政治学的あるいは民族主義的視角から，鉄道の敷設を朝鮮の植民地化を促す手段として把握し，朝鮮側を含めて鉄道敷設をめぐって展開された諸国の利害の確執を明らかにした[1]。その一方で，橋谷弘（1982）は日本政府の大陸政策に同一化できない植民地朝鮮の利害関係に注目し，朝鮮国有鉄道の満鉄への委託経営とその解除を分析した[2]。さらに，金景林（1989）は委託経営の解除後に樹立された朝鮮鉄道12年計画を分析し，この計画が1920-30年代の産業開発を促したと見た[3]。また，朝鮮国有鉄道の会計を朝鮮総督府財政と

1）　高秉雲「日本帝国主義朝鮮植民地化過程の鉄道建設をめぐる諸問題　上・下」『歴史評論』140・141，1962年4・5月；同「鉄道自力建設のための運動と日本帝国主義」『朝鮮近代経済史研究』雄山閣，1978年；中村政則「京仁・京釜鉄道建設をめぐる官僚とブルジョアジーの動向」『山崎吉雄教授還暦記念論文集』同刊行委員会，1972年；村上勝彦「植民地」『日本産業革命の研究（下）』東京大学出版会，1975年；森山茂徳「朝鮮における日本とベルギー・シンジケート——その経済的共同行動の挫折」『近代日本と東アジア』山川出版社，1980年；李炳天「旧韓末湖南鉄道敷設運動（1904-1908）에 대하여」『経済史学』5，1981年，113-212頁；井上勇一『東アジア鉄道国際関係史』慶應通信社，1989；北岡伸一『日本陸軍と大陸政策』東京大学出版会，1979年。
2）　橋谷弘「朝鮮鉄道の満鉄への委託経営をめぐって——第一次大戦前後の日本植民地政策の一断面」『朝鮮史研究会論文集』19，1982年，151-184頁。

の関連で分析したのが平井廣一（1997）であった[4]。

　これらの分析が朝鮮国有鉄道をめぐる特定事案に関する研究であったとすれば，鄭在貞（1992, 1999, 2008）は朝鮮国有鉄道の総括的な分析を試みたものである[5]。朝鮮王朝末期から植民地期にいたる鉄道敷設とそれへの朝鮮側の抵抗はもとより，植民地工業化とインフラの拡張政策の相互連関，そしてそれに伴う物資移動の変化を相互に関連づけながら検討した。日本植民地鉄道に対する経営史的分析の一環として朝鮮国有鉄道を建設・改良，運転，運輸，組織，従事員といった部門ごとに分析したのが高橋泰隆（1995）であった[6]。さらに，地理的配置と運輸営業を分析し，その植民地的性格を語った高成鳳（1999）の研究が注目に値する[7]。氏は植民地での鉄道敷設を植民地支配の「成果」として取り上げる研究傾向を批判し，「現地の民衆生活と鉄道との接点」の重要性について注目した。これらの研究に対し，林采成（2005）は戦時体制論と戦時企業論の視角から，朝鮮国有鉄道の分析を植民地期に限定せず，解放や朝鮮戦争を経て 1950 年代に至る戦後再編をも念頭に置いて，朝鮮国有鉄道の多面的性格を明らかにしている[8]。

　以上のような鉄道政策や鉄道経営を中心とする既存研究に対し，竹内祐介（2020）は鉄道輸送による朝鮮内市場の創出と変容，そして朝鮮内外の分業関係を数量的に分析し，商品の生産・流通・消費から見た植民地朝鮮の歴史像を提示しようとした。とりわけ植民地工業化を「輸入代替工業化」・「鉱業

---

3)　金景林「日帝下 朝鮮鉄道 12 年計画線에 관한 研究」『経済史学』12，経済史学会，1989 年，59-119 頁。

4)　平井廣一「朝鮮総督府財政と鉄道会計」『日本植民地財政史研究』ミネルヴァ書房，1997 年（←「日本植民地における朝鮮鉄道財政の展開過程」『経済学研究』34-4，北海道大学，1983 年，12-32 頁）。

5)　鄭在貞『日帝의 韓国鉄道 侵略과 韓国人의 対応（1892-1945 年）』ソウル大学校大学院博士学位論文。この学位論文は『日帝侵略과 韓国鉄道（1892-1945 年）』ソウル大学校出版部，1999 年として出版され，日本でも鄭在貞著・三橋広夫訳『帝国日本の植民地支配と韓国鉄道：1892～1945』明石書店，2008 年として出版された。

6)　高橋泰隆「朝鮮鉄道の成立と経営」『日本植民地鉄道史論──台湾，朝鮮，満州，華北，華中鉄道の経営史的研究』日本経済評論社，1995 年。

7)　高成鳳「朝鮮」『植民地鉄道と民衆生活』法政大学出版局，1999 年（←同「朝鮮鉄道の植民地的性格についての一考察」『朝鮮史研究会論文集』33，1995 年，171-202 頁）。

8)　林采成『戦時経済と鉄道運営──「植民地」朝鮮から「分断」韓国への歴史的経路を探る』東京大学出版会，2005 年。

化」として捉え直し，米の「飢餓移出」を通じて一次産品の「収奪」をも勘案しつつ，地域の概念を考慮しながら，既存の貿易統計を利用した研究では捉えられない地域間分業関係を立体的に描いている[9]。

　こうして，国有鉄道を中心として鉄道研究が進んだものの，植民地期鉄道事業の全体像を提示するためには，国有鉄道だけでなく，私鉄の実態を把握しておく必要がある。なぜならば，総督府の鉄道事業のみでは地域需要に充分対応できないことはもとより，鉄道局は経済不振のため総督府財政に統合され，赤字傾向の予算制約を受けたため，国有鉄道への投資は活発には行われなかったからである。とりわけ戦時下，朝鮮国有鉄道は大陸物資の陸運転嫁輸送に際してその存在感が重視されたものの，期待の輸送力は発揮できなかった。当然，いち早くから日本内地の民間資本からの投下を歓迎したことはいうまでもなく，国有化された元私鉄路線を含めると，朝鮮における私鉄路線は全鉄道路線の3分の1にも達した。このように日本内地の鉄道国有化（1906）ほどではなかったにしろ，植民地のインフラストラクチャーとして私設鉄道は軽視できない。それにもかかわらず，これまでの研究は朝鮮私鉄の全貌を掴むことはなく，個別の私鉄を明らかにしてきたにすぎない。

　ここで，朝鮮私鉄の個別事例に注目してみよう。戦後恐慌に際して，会社解散の危機にあった鉄道会社をはじめ私鉄6社が合同して設立したのが，朝鮮鉄道株式会社である。日本帝国内でも比較的規模が大きかったこの朝鮮鉄道を矢島桂（2009，2012）が分析している[10]。さらに，李昌植（1987），甄洙燦（2003），金賛寿（2005）が水驪線と水仁線からなる朝鮮京東鉄道について考察し，沿線上の輸送変化，仁川港への輸送経路の形成，水源地域の鉄道ネットワークの整備を明らかにした[11]。この京東鉄道に対して轟博志（2001）

---

9)　竹内祐介『帝国日本と鉄道輸送——変容する帝国内分業と朝鮮経済』吉川弘文館，2020年。
10)　矢島桂「植民地期朝鮮への鉄道投資の基本性格に関する一考察——1923年朝鮮鉄道会社の成立を中心に」『経営史学』44-2，2009年9月，59-84頁；矢島桂「戦間期朝鮮における鉄道金融の展開——朝鮮鉄道会社の社債発行を中心に」『社会経済史学』78-1，2012年5月，25-47頁。
11)　李昌植「日帝下의 水驪・水仁線의 鉄道考」畿甸郷土文化研究会『畿甸文化』3，1987年，25-34頁；甄洙燦「京東鉄道（水驪・水仁線）의 敷設과 変遷」仁荷歴史学会『仁荷史学』10，2003年，911-932頁；金賛寿「日帝下 水原地域의 鉄道交通」水原学研究所『水原学研究』2，2005年，9-44頁。

は歴史地理学的視点を提示し，水驪線の開通によって沿線地域の交通結節構造が陸運だけでなく江運をも含めて変化し，国有鉄道の中央線の開通に伴って経営難に陥り，朝鮮鉄道会社に買収されたと指摘している[12]。さらに，金賛寿（2011）と鄭安基（2016）は京城から江原道の春川に至る京春鉄道の敷設と運営を分析した[13]。

　金剛山電鉄については李良姫（2004），砂本文彦（2009），元斗熙（2011）が金剛山観光史の一環として言及しているものの，本格的な分析になっていない[14]。黒瀬郁二（2005）は国境鉄道たる満洲側の天図鉄道を対象として取り上げて，敷設経緯，経営実態，東拓からの資金支援などを検討しながら，朝鮮側の姉妹会社たる図們鉄道を副次的に考察している[15]。釜山地域に着目し，朝鮮瓦斯電気と釜山臨港鉄道を分析したのが全盛賢（2018）である。朝鮮瓦斯電気は釜山市内と市街を結ぶ都市軌道であるものの，全は植民地期初におけるその電車線路の計画および建設や総督府・軌道会社・地域社会間の力学関係を分析しており，戦時下で釜山港の海陸一貫輸送のために敷設された釜山臨港鉄道について，敷設過程では地域の利害を反映されたが，結局帝国の利害に基づく交通施設になったと指摘している[16]。

　これらの研究に対する批判的実証は本書第 3 章以下の個別会社の経営実態などを分析しながら論じるつもりであるが，鄭安基（2016）の「朝鮮型特殊

---

12)　轟博志「水驪線의 性格変化에 関한 研究」『地理学論叢』37，2001 年，43-65 頁。

13)　金賛寿「日帝의 私設鉄道政策과 京春線」趙炳魯外『朝鮮総督府의 交通政策과 道路建設』国学資料院，2011 年；鄭安基「1930 年代朝鮮型特殊会社，『京春鉄道（株）의研究」ソウル市立大学校ソウル学研究所『서울학研究』64，2016 年，155-213 頁。

14)　李良姫「金剛山観光の文化人類学的研究」広島大学大学院国際協力研究科博士論文，2004 年 3 月；砂本文彦「日本統治下朝鮮半島における国際観光地・リゾート地開発に関する研究——植民地時代の観光とリゾート」日韓文化交流基金『訪韓学術研究者論文集』9，2008 年，71-101 頁；元斗熙「日帝強占地観光地와 観光行為研究——金剛山을 事例로」韓国教員大学校大学院収支学位論文，地理教育専攻，2011 年。

15)　黒瀬郁二「両大戦間期の天図軽便鉄道と日中外交」『近代中国東北地域史研究の新視角』山川出版社，2005 年。

16)　全盛賢「日帝時期 地域鉄道 研究——近代 植民都市 釜山의 電鉄 建設을 둘러싼 地域社会의 力学関係」『歴史와境界』84，釜山慶南史学会，2012 年，103-146 頁；全盛賢「日帝末期 臨港鉄道와 植民性」『韓国民族文化』67，釜山大学校韓国民族文化研究所，2018 年，281-312 頁。全의 研究는『植民地都市와 鉄道——植民都市 釜山의 鉄道와 植民性，近代性，그리고 地域性』선인，2021 年として纏められた。

会社」という定義については疑問を覚えざるを得ない。氏は政府補助金と朝鮮殖産銀行融資を取り上げて京春鉄道を「朝鮮型特殊会社」として規定している。ここの朝鮮型特殊会社は「所与の経済環境に対応する合理的な経済制度と政策の設計者」たる朝鮮総督府によって設立されて「域内外の民間資本の共同出資と経営活動の相対的な自律性を特徴とした」「資本体」である。とはいえ，帝国圏内の植民地鉄道の場合，台湾の糖業鉄道を除いてほぼ政府からの補助金が与えられており，鉄道敷設に際して政府系銀行より借入金ないし社債があったことから，朝鮮，台湾，樺太で見られる植民地私鉄はそれぞれ朝鮮型，台湾型，樺太型の特殊会社というふうに規定されてしまう。そのように定義づけるよりは，社会的基盤施設としての重要性が認められ，今日の私鉄，バス，連絡船などの交通機関のように，政府からの補助金や資金調達面での優遇があったものとみて，特殊な扱いをすべきではないだろう。

　筆者も資源開発の観点から江原道の三陟鉄道を分析し，日本電力によって三陟炭田開発のために敷設されて，石炭の運搬をはじめ一般営業を行い，経営安定性が確保されたことを指摘した[17]。さらに金剛山電鉄については既存研究を批判して単なる観光鉄道として捉えるのではなく，資源開発のための電鉄会社として位置づけ，電力と鉄道の兼業体制の経営成果を分析した。後に総督府による買収，すなわち国有化の対象となる全北鉄道が地域社会の要請によって狭軌鉄道として建設され，朝鮮私鉄としては珍しい良好な経営成績を達成したものの，朝鮮鉄道12年計画の一環として買収され，広軌化工事が進められたことを指摘している。さらに，王子製紙の物流延長として誤解されている多獅島鉄道が，実は地域社会の利害を反映して敷設され，その一部の路線が京義線の複線化工事の一部として買収されたことを明らかにした。

　以上のような事例研究を通じて，個々の私鉄会社が直面しているさまざ

17）　林采成「三陟炭田の開発と石炭輸送——日本電力による植民地朝鮮の資源開発史」『立教経済学研究』69-5，2016年，95-119頁；林采成「金剛山電鉄における電力・鉄道兼業体制の成立とその経営成果」『東京経大学会誌（経済学）』297，2018年，61-82頁；林采成「全北鉄道의 設立과 運営 그리고 国有化——米穀経済와 鉄道運営」韓国経済史学会『経済史学』44-3，2020年，263-294頁；林采成「多獅島鉄道と王子製紙」『鉄道史学』40，2022年，3-19頁。

な問題が明らかにされてきたことは当たり前のことであるが，しかしそれ自体が朝鮮私鉄の全体像を提示できず，未完の課題ともいえる。このような問題意識から，本書は第一部で総督府の政策的観点（本章）と私鉄事業推計作業（第2章）を通じて私鉄事業の全体像を提供する。

これについては菊島啓（1994，2006，2008）が軌道を含む私設鉄道の事業展開を論じたが，その分析は極めて概略的なものに止まった[18]。その一方で，矢島桂の諸研究（2009，2010，2012）に再び注目すれば，金融史的観点から個別私鉄会社の経営状態を考察した上，資金調達の展開を分析している[19]。なかでも朝鮮鉄道株式会社を分析対象として取り上げて私鉄6社合同や社債発行，そして朝鮮鉄道12年計画における私鉄買収を分析し，総督府の鉄道政策が多方面で私鉄の経営安定を支えており，「救済」をも行ったと指摘した。このような分析方法によって，朝鮮殖産銀行と山一証券の資料発掘を通じて金剛山電鉄や朝鮮京南鉄道といった「朝鮮企業」の資金調達の状況を解明するに至った[20]。ここでも，「殖銀や総督府による支援・救済」が強調されたのである。

こうして，企業史的視点に立って総督府政策を評価しようとしたのは評価すべきであるが，総督府の私鉄政策がいかなるものであったのかを真正面より提示していない。とりわけ，朝鮮私鉄は名称に「地方鉄道」を使わず「私設鉄道」を使い，その法律的基盤を朝鮮私設鉄道令や朝鮮私設鉄道補助法にしたことからわかるように，「国営代行」という意味をも持ち，日本内地の地方鉄道が平均30-50キロの路線であったのに対し，朝鮮では100-150キロ以上が通常であって，当然資本金の規模も大きくならざるを得なかった。この点で，路線敷設における国有鉄道との相互依存性が強く，私鉄運営でも密

---

18)　菊島啓「朝鮮における鉄道の発達と特徴——植民地期の私設鉄道と専用鉄道を中心として」『清和法学研究』1-1，1994年，69-86頁；菊島啓「朝鮮植民地鉄道の私設線に関する研究——軌道を中心として」『清和法学研究』13-2，2006年，61-92頁；菊島啓「植民地朝鮮の私設鉄道に関する研究——大正期設立の会社とその特徴」『清和法学研究』15-1，2008年，35-65頁。

19)　前掲「植民地期朝鮮への鉄道投資の基本性格に関する一考察」59-84頁；矢島桂「植民地期朝鮮における「国有鉄道十二箇年計画」」『歴史と経済』52-2，2010年，1-18頁；前掲「戦間期朝鮮における鉄道金融の展開」25-47頁。

20)　矢島桂「朝鮮殖産銀行による産業金融の展開と山一証券」『社会経済史学』86-4，2021年，307-329頁。

32

着していった[21]。

　矢島の分析がおもに 1920 年代の私鉄に対して行われたとすれば，朴祐賢
（2016,2017）は 1930 年代前半に試みられた私鉄買収計画が挫折し，その代わ
りに朝鮮私設鉄道補助法が改正され，中央政府の大蔵省と植民地の総督府お
よび私鉄資本家との間に妥協案が成立したと見ている[22]。さらに「大陸との
連結性というよりは朝鮮産業開発に寄与した路線は公債発行ではなく植民地
租税収入による補助金の支給で維持されたと見ている」と指摘している。と
はいうものの，補助金が植民地租税収入によって賄われたという朴の指摘は
歴史的事実と異なっている。総督府財政が 1930 年代半ばまで赤字であっ
て，中央政府より独立しておらず，私鉄買収こそ公債発行で行われるため，
当然植民地の要請をそのまま実現できない帝国財政構造を念頭に置けば，そ
れがそもそも「妥協案」になり得たのかと疑問を感じざるを得ない。その後
も私鉄国有化が行われたが，その場合，朝鮮国有鉄道との連関性や帝国全体
から見てその意義が認められた場合に限られたのである。即ち，1930 年代
前半に総督府から要請されていた私鉄買収は，私鉄経営の脆弱性のみを根拠
として実現できなかったことを意味する。

　これに関連し，鄭安基（2017）は総督府の主導性に着目し，朝鮮私設鉄道
補助法への通史的検討を行った上，「資本と国家の共謀」であったと評価し
ている[23]。朝鮮の私鉄に対して他地域より高い補助保証率が適用されたに注
目し，氏はそれが朝鮮独自のものであるように論じているが，しかしながら
私鉄補助金制度は日本帝国全般にわたって見られるものであり，補助保証率
8％は朝鮮だけでなく台湾や樺太，内地の北海道でも設定されたことの意味
合いを吟味する必要がある。日本内地では基本幹線網が国鉄として整えられ
ており，都市部と農村部では支線網も私鉄たる地方鉄道によって敷設された
ことから，建設費を基準として補助保証率 5％の政府交付金が支給されてい

---

21)　鉄道局監督課大谷留五郎「陸運事業の監督行政」（上）『朝鮮鉄道協会々誌』1940 年 10 月。

22)　朴祐賢「大恐慌期（1930〜1934）朝鮮総督府의 私設鉄道政策 転換과 特性」『歴史와 現実』
　　101，2016 年，307-344 頁；朴祐賢「1930 年代 朝鮮総督府의 私設鉄道 買収 推進과 特徴」『歴史
　　와 現実』21-2，2017 年，67-114 頁。

23)　鄭安基「植民地期 朝鮮私設鉄道補助法의 研究——成立・改正・運用・成果를 中心으로」韓
　　国経済史学会『経済史学』41-1，2017 年，67-102 頁。

た。日本内地でも本州・四国・九州に比べて北海道のほうが優遇されたのが，内部植民地たる北海道への鉄道建設をよりいっそう促そうとする政策的意図があったからであるように，帝国内での補助金制度の偏差が存在するとみるべきであろう。

その反面，植民地では高い8％の補助保証率を設定して日本内地からの鉄道投資を促したのである。ただし，台湾の場合，製糖会社による糖業鉄道が私鉄として機能していたため，建設費を基準としたのに対し，朝鮮と樺太では資本家への配当を保証するため，鉄道会社に投下された資金を基準としてより強いインセンティヴを与えた。このように，朝鮮のそれは樺太と軌を同じくするものであったことに注意しなければならず，日本内地や台湾といった地域に比べて朝鮮のほうが私鉄補助の優遇があったとすれば，それが果たしていかなる経緯があって可能であったのかを吟味する必要があるだろう。これも1930年代になると朝鮮と樺太でも建設費を基準とする補助金制度に変わり，また補助率の引下が断行され，朝鮮と樺太へのより強いインセンティヴの提供はもはやなくなった。

以上のように，既存研究によって私鉄政策に対する「支援」，「救済」，「妥協」，「共謀」といった諸評価が下されたが，その分析範囲は総体的なものにはなっていない。これについての問題意識から，次章において推計作業に基く私鉄事業の全体像を提供するが，私鉄事業を促した総督府の政策的観点は充分に論じられてこなかった。補助金，買収，高運賃体系の設定が重要であるとは指摘したものの，それがいかなる文脈で展開されたのかは充分に検討されておらず，何よりも帝国圏鉄道の観点からみると，日本内地はもとより，他の植民地たる台湾，樺太，満洲との比較の視点が問われるべきである。

このように，朝鮮のみの一国史に限定せず，日本帝国からの資本移動を念頭に置いて，さらに他の植民地との比較を念頭に置いて，本章は次のような構成をもって総督府の私鉄政策を明らかにする。第1節においては総督府の政策から見て私設鉄道の制度的基盤がどのように確立されたのかを分析する。第2節では，反動恐慌後に進められた私鉄合同を総督府の介入という点から検討したあと，第3節においては朝鮮鉄道12年計画による私鉄の国有

化を分析した上，この経験から推進された私鉄買収政策が 1930 年代前半に
は実現できず，その代わりに補助が根本的にリデザインされた意味合いを考
察する。第 4 節においては戦争の勃発が私鉄にとってどのような変容をもた
らしたのか，輸送統制と資材難の両面から探ってみる。

1. 私鉄の勃興と制度的基盤の確立

　朝鮮は「半島形の山国にして海岸線延長一千七百浬に及び奥地より港湾に
達するには最長七，八十里，多くは二，三十里の短距離なるを以て港湾と奥地
との交通機関としての鉄道は充分なる能力を発揮するには余り短距離で
あ」ったため，「鉄道の如く巨額なる資本を要する交通機関は俄かに利益を
収むる事が出来ない」と判断された。「殊に山国の常として急勾配，小曲線
多く隧道は到る処に穿たれ河川は乱流をなし橋梁延長従って長く頗る難工事の
箇所多く建設費多額に上る」こととなり，「即ち朝鮮に於ては経済鉄道の発
達は望まれない傾向がある」と認識されたのである[24]。

　これに対し，日韓併合後，朝鮮総督府が設置されると，鉄道局が現業部門
を抱えて京仁線，京釜線，馬山線，京義線などからなる国有鉄道を運営し始
め，民間での鉄道は釜山・東莱間 9.5 キロの狭軌鉄道，即ち釜山軌道（→韓
国瓦斯電気→朝鮮瓦斯電気→南鮮合同電気）しかなかった。そのため，総督府
は 1911 年に鉄道局に私設鉄道の監督取締に関する調査を命じると，参事志
賀信光らがこれに当たると同時に，同年 4 月に技師新田留次郎を海外に派遣
して，1912 年 5 月に帰朝するまで欧米諸国の鉄道制度などを調査させた[25]。
日本内地においてはすでに 1906 年 3 月に鉄道国有法が公布され，「国内の根
幹鉄道はすべて国有国営の方針が示され」，他方 1900 年 3 月に私設鉄道法，
次いで 1910 年 4 月に軽便鉄道法が公布され，「私設鉄道に対する国の行政の
基盤は確立されていた」。そこで，総督府は主として日本内地の「私設鉄道
関係法令に準じ朝鮮の特殊事情を考慮し，外国の実例を参酌し」，1912 年 6
月に朝鮮軽便鉄道令及附属法規を制定して指導監督の方針を定めた[26]。

---

24)　鈴木清・竹内虎治『朝鮮の私設鉄道』南満洲鉄道株式会社総務部調査課，1925 年，3-4 頁。
25)　朝鮮総督府鉄道局『朝鮮鉄道史』第 1 巻，1929 年，718-723 頁。
26)　鮮交会編『朝鮮交通史』1986 年，771-774 頁。

第1章　朝鮮総督府の私鉄政策——帝国のなかの朝鮮私鉄 | 35

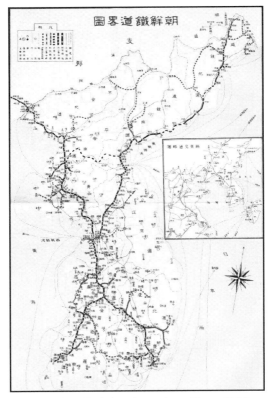

図 1-1　朝鮮鉄道略図（1924年12月1日現在）
出所：朝鮮総督府『第15回朝鮮鉄道状況』1924年12月。

　それとともに，1913年にかけて「随時職員を鮮内各地に特派して，将来敷設を要すべき軽便鉄道予定線路及び是れに関連してその沿線奥地に於ける経済状況並に交通関係，鉄道幹線と地方市場との連絡等に付詳細，調査を遂げ」た。その結果，東萊・慶州間51マイル30チェーン，京城・春川間58マイルなど49線（総延長2169マイル15チェーン）を調査した。このような「軽便鉄道網を作り，産業の開発に資すると共に幹線鉄道を培養せむとする趣旨の下に右調査の結果を基礎とし，地方交通の状況を察し敷設の緩急を酌量し」，第一期線と第二期線にわけて，1913年9月に総督府土木会議に提出して審議を行なった[27]。

表 1-1　朝鮮総督府鉄道局の朝鮮軽便鉄道網調査（第一期線）

区間	路線距離（マイル）	建設費（円）
大邱・浦項間	66	1,848,000
慶州・東莱間	54	1,620,000
蔚山・長生浦間	7	210,000
成歓・長湖院間	47	1,081,000
長湖院・驪州間	14	322,000
長湖院・忠州間	37	888,000
成歓・鰲川間	69	1,587,000
鳥致院・公州間	16	368,000
芙江・清洲間	15	330,000
金泉・安東間	77	2,233,000
松汀里・南原間	55	1,540,000
院村・麗水	64	1,664,000
沙里院・海州間	46	1,104,000
孟中里・北鎮間	59	1,652,000
計	626	16,447,000

出所：朝鮮総督府鉄道局『朝鮮鉄道史』第 1 巻，1929 年，717 頁。

　第一期線は表 1-1 のように，線路 14 線からなって路線延長 626 マイルに
達し，総建設費 1644 万 7 千円と予測された。これらの路線は後にすべて敷
設されたわけではないものの，朝鮮中央鉄道株式会社の慶東線と忠北線，南
朝鮮鉄道株式会社（旧）の全南線，西鮮殖産鉄道株式会社の黄海線，朝鮮産
業鉄道株式会社の慶北線，朝鮮京南鉄道株式会社の京畿線，南朝鮮鉄道株式
会社（新）の光驪線，国有鉄道の中央線などとして敷設された。第二線線は
26 線の 1924 マイルであったが，「実施の方法に就ては，成るべく民間事業
家をして敷設経営せしむる方針を立て，その企業を奨励するの趣旨に基つぎ
之れが為め助成交付すべき補助金とし」た[28]。そのため，8 万 3600 円余を
1914 年度予算に計上し，第 31 帝国議会の協賛を得て実行することとなっ
た。これが 1914 年に新設の全北軽便鉄道（全州・裡里間）に交付されたので
ある。「其方法は各企業者に対する補助命令を以て会社払込株金額に対し

———————————
27)　前掲『朝鮮鉄道史』第 1 巻，716-718 頁。
28)　前掲『朝鮮鉄道史』第 1 巻，718 頁。

第 1 章　朝鮮総督府の私鉄政策——帝国のなかの朝鮮私鉄 | 37

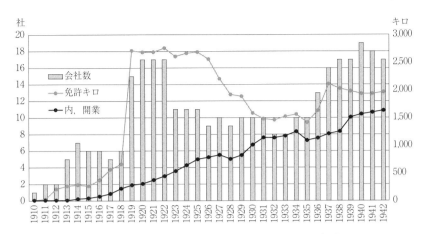

図 1-2　植民地期朝鮮における私設鉄道会社とその免許キロ
出所：朝鮮総督府鉄道局『年報』各年度版；朝鮮総督府鉄道局『鉄道要覧』各年度版；朝鮮総督府鉄道局『朝鮮鉄道状況』各年度版；朝鮮総督府交通局『朝鮮交通状況』1944 年版；朝鮮総督府鉄道部（局）『私設鉄道及軌道統計年報』各年度版；朝鮮総督府『朝鮮総督府統計年報』各年度版。
注：『年報』・『鉄道要覧』・『統計年報』は年度末を基準とするため，同じ統計であるが，『状況』は 12 月末などを基準とするため，統計上やや異なっている。以下，同様。

年々の益金が一定の割合に達せざる時其不足額を補給すること」であった[29]。

　全北軽便鉄道（→全北鉄道）は「物価低廉ノ時代ニ建設セラレ且線路平坦ナルガ為建設費甚シク小ニシテ（一哩当三万六千円）加フルニ全北ノ沃野ヲ貫キ貨客頗ル豊富ナルニヨルモノニシテ現在ニ於テ私設鉄道中自立ノ見込アルモノトシテ唯一ノ例外ナ」鉄道であった。しかし，1917 年に開業した朝鮮中央鉄道は赤字経営を免れず，その後営業を開始した他の鉄道も「辛シテ欠損ニ至ラザル状態」であった。そのため，総督府は補助率を引上げて，1918 年に 7％とした。「時恰モ欧州戦後ニ於ケル財界ノ盛況ニ遭遇シテ資金横溢シタル為メ内地資本家ニシテ朝鮮私設鉄道ニ着目スルモノ勘カラズ俄然トシテ斯業ノ勃興ヲ促シ」，1919 年になると，新たに敷設免許を受けた私鉄は 1257.7 マイル，新設会社も 7 社に達した[30]。その後も鉄道会社の設立が続

---

29)　前掲『朝鮮の私設鉄道』24 頁。

けられ，私鉄事業の勃興を為した。

　そこで，総督府は補助保証率の引上に止まらず，「軽便鉄道ヲ普及シ地方交通機関ノ整備ヲ図ルハ朝鮮ノ開発上最モ急務ト認ムルヲ以テ其ノ企業奨励ニ資スル為補助ヲ為スノ必要ニ由ル」という理由をもって朝鮮軽便鉄道補助法の制定を試みた[31]。その要旨を見れば，「一，補助ヲ与フヘキ企業者ハ事実上株式会社以外ニナカルヘク又実際比較的多額ノ資金ヲ必要トスルモノナルヲ以テ株式会社ノ企業ト為スヲ便利ト認ムルノ以テ之ヲ株式会社ニ限リシコト」，「二，会社ニ於テ配当シ得ヘキ利益カ払込金額ニ対シ年百分ノ七ノ割合ニ達セサルトキ其ノ不足額ノ補給スルコト」，「三，補助期間ハ最初ノ株金払込ノ日ヨリ十年トスルコト」，「四，同一ノ会社ニシテ二以上ノ軽便鉄道ヲ経営スル場合又ハ一軽便鉄道ナルモ延長長キニ亙ル場合ハ其建設ヲ終ワルニハ数年ノ永キニ亙ルモノアルヘシ然ルニ之等ニ対シ一様ニ最初ノ株金払込ヨリ十年トスルコトハ事業ニ於テ補助ノ期間甚タ短キニ失シ企業者ノ不利大ナリト認ムルニ依リ是等ハ各鉄道別又ハ各区間別ニ補助ヲ与フルコトトシテ権衡ヲ失ハシメサルコト」ということであった。

　この法律はもって内地と朝鮮を比較して見れば，内地の場合，補助の標準を建設費，即ち鉄道敷設に使われた金額として営業開始日より10年間にわたって補助保証率5％の政府補助金を支給していたのに対し，朝鮮の場合は払込株金額を基準として株式払込日より10年間にわたって7％の補助保証金を支給することを想定していた。日本内地における地方鉄道は「地方ニ其ノ地方的交通ノミヲ目的トシテ敷設」され，その延長も「通常極メテ短カノ主トシテ五十哩以下ノ小鉄道」であって，「投資者ハ鉄道ノ開通ニヨリ間接利益ヲ享有スルコト多キ当該地方関係者多キヲ占ムル」ため，比較的低率の補助でも鉄道資本金の募集が可能であった。

　これに反して朝鮮では，「民間ノ資金ニヨリ軽便鉄道ヲ布設シテ遥カニ交

30）「朝鮮私設鉄道補助法中ヲ改正ス」1923 年 3 月 27 日（「朝鮮私設鉄道補助法中ヲ改正ス」JACAR（アジア歴史資料センター）Ref.A01200519900，公文類聚・第四十七編・大正十二年・第二十九巻・交通・通信・電信・運輸・河川港湾・船舶・電気・瓦斯（国立公文書館））。

31）「朝鮮軽便鉄道補助法案・（同上（農工銀行補助法中改正法律案・（議決ニ至ラス）））」JACAR（アジア歴史資料センター）Ref.A04018154800，公文雑纂・大正八年・第十七巻・未決法律案・未決法律案（国立公文書館）。

通機関ヲ備」える必要があったものの，「軽便鉄道ハ内地ト異ナリ本線ノ代用使命ヲ有」し，その延長も 100 マイル以上に達し，「資金亦多額ニ上ル」が，「朝鮮人ハ勿論朝鮮在住ノ内地人モ其ノ資力及企業能力未タ充分ナラス此種ノ事業ノ計画ハ大体ニ於テ内地ノ事業家ヲ待チ内地ノ資本ニ仰ク」ことになる。しかし，「鉄道経営ノ如ク薄利ノ事業ニシテ且ツ事業上ニ危険ヲ伴フコト多ク殊ニ会社ノ設立ヨリ営業ノ開始ニ至ル迄長キ時日ヲ要スル」ため，「朝鮮ノ事情ニ精通セサル内地資本家ノ資金ノ募集セムトスルニ方リテハ事業成立ノ当初ヨリ銀行預金或ハ公債応募ヨリモ幾分有利ナル利益ノ保証アルニ非サレハ資金募集ハ到底不可能」であった。そのため，朝鮮軽便鉄道補助法案は「補助ノ始期ヲ株金払込ノ日トシテ営業未開始ノ期間ニ対シテモ補給シ補助率ヲ内地ノ五分ニ対シ七分ト為シ且ツ補助ノ標準ヲ建設費ニ採ラス始メヨリ払込株金全体ニ対シテハ補助ヲ与フルコト」を通じて「株主ノ不安ヲ除」こうとしたのである[32]。

　既存研究（矢島桂，鄭安基）では全く注目していないものの，こうして，朝鮮総督府鉄道部は 1918 年より朝鮮軽便鉄道補助法の制定を図り，1919 年度からの施行を期待したのである。矢島桂（2009）によれば，朝鮮興業鉄道が解散されたあと，朝鮮産業鉄道でも解散運動が展開されたのに対し，朝鮮私設鉄道補助法が成立したと記述されているが，これらの解散云々が生じる前の 1918 年度より私鉄補助の法制化が進められたと見るべきであろう。しかしながら，当時議会の解散のため，その成立を見ず，物価上昇などを勘案し，1919 年 9 月に補助保証率を従来の 7% から 8% へと引き上げざるを得なかった。

　そうした中，日本内地においては 1919 年に私設鉄道法と軽便鉄道法を廃する代わりに地方鉄道法が制定されると，法規の「不備ノ点多ク運用上支障少ナカラサル」朝鮮でも，総督府は朝鮮軽便鉄道令に代わる朝鮮私設鉄道令（1920 年 6 月）を制定した[33]。日本内地の地方鉄道法を植民地朝鮮に実施する

---

32)　同上書。
33)　「朝鮮私設鉄道令制令案」JACAR（アジア歴史資料センター）Ref.A01200191100，公文類聚・第四十四編・大正九年・第二十六巻・交通・通信ヲ船車，地理・土地・森林，社寺・神社，警察（国立公文書館）；前掲『朝鮮交通史』771-774 頁。

ための法律ともいえるが，注目すべきなのは地方鉄道ではなく私設鉄道という名称を採択したことである[34]。朝鮮総督府鉄道部長和田一郎によれば，「独り地方的線路のみならず幹線鉄道と認むべきものに付ても民間の敷設を許可し以て朝鮮開発上の急務たる本交通機関の普及を図りつつある次第なれば，朝鮮の私設鉄道は必ずしも地方鉄道と一致せず，地方鉄道なる名称は適当ならざるを以て民間の経営に係る鉄道なる意義より「私設鉄道」と定りたる訳」であった[35]。それがため，「第二条　私設鉄道ノ軌間ハ四呎八吋半トス特別ノ場合ニ在リテハ二呎六吋又ハ三呎六吋ト為スコトヲ得」と規定され，日本内地から見て広軌とすることで，朝鮮鉄道局との連絡を重視した。これが私設鉄道会社にとって私設鉄道の法的基盤が整えられたことを意味する。

　このように，朝鮮私設鉄道令が実施されるにつれ，従来の朝鮮軽便鉄道補助法案も朝鮮私設鉄道補助法案と改称され，帝国議会に上程されて1921年4月にその成立を見た。「朝鮮ノ開発上地方交通機関ノ整備ヲ図ルノ為朝鮮私設鉄道ノ経営スル会社ニ対シテ補助ヲ為ス必要」が認められたのである[36]。そのため，表1-2のように，日本内地，北海道（そして後の台湾）では「建設費補助主義」を採択したのに対し，なかなか収益性の確保が難しいことから，開業前にも新設会社が補助できる「設令主義」が取られていた[37]。

　その主要内容を見れば，第一条では「毎営業年度ニ於ケル益金ガ鉄道ノ経営ニ要スル払込資本金額ニ対シ年八分ノ割合ニ達セザルトキハ朝鮮総督ハ会社ニ対シ設立登記ノ日ヨリ十年ヲ限リ其ノ不足額ヲ補給スルコトヲ得」た[38]。「但シ補助金ハ鉄道ノ経営ニ要スル払込資本金額ニ対シ年八分ニ相当スル金額ヲ超ユルコトヲ得」ないことにした，第二条では「社債又ハ借入金ニシテ鉄道ノ建設費ニ充ツルモノニ対シテハ社債ノ登記又ハ借入金ヲ為シタル日ヨリ十年ヲ限リ年八分ニ相当スル金額ヲ限度トシ社債又ハ借入金ノ利息ヲ補給スルコトヲ得」た。「但シ其ノ社債又ハ借入金ヲ以テ建設シタル鉄道

---

34)　澤崎修「朝鮮民営陸上交通事情」1942年4月。
35)　鉄道部長和田一郎「朝鮮私設鉄道令」『朝鮮』1920年7月，1-2頁。
36)　「朝鮮私設鉄道補助法ヲ定ム」JACAR（アジア歴史資料センター）Ref.A01200207500，公文類聚・第四十五編・大正十年・第三十巻・交通三・運輸（鉄道・船車・航空）（国立公文書館）。
37)　「私鉄補助에 関하여 和田鉄道部長談」『東亜日報』1920年4月10日。
38)　前掲『朝鮮の私設鉄道』24-28頁。

表 1-2　日本帝国圏における私設鉄道補助比較表（1933 年 4 月 1 日現在）

	法規の制定日 法規の施行日	補助の対象となる鉄道	補助始期	補助期間	補助標準資金	補助金総額	区間別補助	区間別補助
日本本土	1911 年 3 月 法律第 17 号 1912 年 1 月 1 日	地方鉄道	営業開始の日	10 年	建設費	建設費の 5 分を補給する。ただし，益金 1 分超過額を控除する	年々所要額を予算に計上する	なし
北海道	1920 年 8 月 法律第 56 号 1920 年 8 月 7 日	地方鉄道 軌道	営業開始の日	15 年	建設費	建設費の 8 分を補給する。ただし，益金を控除する欠損の場合は 1 分を増補	年々所要額を予算に計上する	なし
台湾	1922 年 3 月 法律第 24 号 1922 年 4 月 1 日	私設鉄道	営業開始の日	10 年	建設費	建設費の 8 分を補給する。ただし，益金を控除する	80 万円予算残額は翌年度に繰越し使用し得る	あり
樺太	1921 年 4 月 法律第 40 号 1921 年 4 月 1 日	鉄道を経営する株式会社	会社設立登記の日	15 年	払込資本金ならびに建設費に充てる社債，借入金利息	払込資本金の 8 分および社債，借入金の利息担当額を補給する。ただし，益金を控除する	予算の残額 120 万円は翌年度に繰越し使用し得る	あり
朝鮮	1921 年 4 月 法律第 34 号 1921 年 4 月 1 日	鉄道を経営する株式会社	会社設立登記の日	15 年	払込資本金ならびに建設費に充てる社債，借入金利息	払込資本金の 8 分および社債，借入金の利息担当額を補給する。ただし，益金を控除する	予算の残額 500 万円は翌年に繰越し使用し得る	あり

出所：鮮交会編『朝鮮交通史』1986 年，779 頁。

注： 1. 日本本土の補助法は 1914, 1917, 1919, 1921, 1931, 1933 年に改正された。1933 年の改正では従来開設費の 2 分に相当する金額の益金留保を認めたものを 1 分に低減した。

2. 北海道の補助法は他の地域と違い補助の対象に軌道を加えている。1924 年および 1927 年に改正された。

　欠損を出した場合は 1 分だけ増補となることが他地域と異なる。

3. 台湾の補助法は日本本土地方鉄道補助法に似ているが，補助金年総額に制限がある。

4. 樺太の補助法は 1928, 1933 年に改正された。朝鮮の補助法と同時に施行されており，補助金の年総額が相当するだけである。

5. 朝鮮の補助法は 1923, 1925 年および 1930 年に改正された。

ヨリ生スル益金アルトキハ之ニ相当スル金額ヲ控除ス」ることとなった。自己資本，他人資本を問わず，総督府は鉄道会社の利潤 8％と利子支払 8％を保証し，その補助年額を年 250 万円としたが，このような手厚い保護措置は朝鮮に限定されず，日本帝国にとって最北方領土たる南樺太の私設鉄道にも提供されたのである。補助期間と年額は度重なる改正とともに，拡大されたことはいうまでもない。

　朝鮮総督府は補助への見返りとして被補助会社に対する幅広い権限を有し

た[39]。補助鉄道監督方針をみると，「補助法及同施行規則ニ依レハ事業計画
及資金表記載事項ノ変更，資本ノ増減，株金ノ払込，借入金，職制，会計及
給与ニ関スル規程，毎年度ノ予定計画及予算利益金処分案等ハ其ノ都度総督
ノ認可ヲ要シ建設費及営業収入ノ現況ハ毎月報告ノ必要アリ其ノ他会社ハ随
テ会社ノ業務及財産ノ状況報告ノ命ニ応スヘク総督ハ官吏ヲシテ之ヲ検査セ
シメ株主総会ニ臨ミテ意見ヲ述ヘシムルコトヲ得」た。「又会社カ法令ニ基
キテ為ス命令免許若ハ補助ニ附シタル条件ニ違反シ又ハ公益ヲ害スル行為ヲ
為シタル件ハ補助ヲ停止若クハ廃止シ得ルコト」となった。それ以外にも
「経営上直接ノ首脳者タル支配人技師長ノ選任及各種請負工事竝物品ノ購買
ニ付特命ニ依ルモノハ其ノ都度承認ヲ要スルコトトシ」た。なお「決算期毎
ニ証憑書類簿伝票等ノ検閲ヲ行ヒ預金現金等ニ関シテ金櫃及預金通帳証書若
ハ証明書等ニ依リ之カ内容ヲ調査シ余裕金ニ就テ極力利殖ノ途ヲ請セシメ政
府補助金ノ負担ヲ軽減」させることが求められた[40]。

　さらに，総督府は「私設鉄道ノ保護奨励方針」として「諸般ノ便宜ヲ供与
シテ企業ヲ容易ナラシメ」た。既存研究では，私鉄政策の手段として補助金
制度が強調されてきたが，そのほかにも事業計画から鉄道運営に至るまで，
総督府鉄道部（→鉄道局）が広範囲の監督とともに，助長手段を整えていた
のである。その手段とは，①各線調査資料の提供，②用地買収測量設計など
の便宜，③従事員の斡旋，④金融に関する便宜，⑤兼業の容認であった。詳
しく見ると，①「従来朝鮮各地ニ亘リ線路ノ予測経済上ノ関係ヲ調査セルモ
ノアリ民間ニ於テ出願上其ノ他参考シヲシ度キ場合ハ支障ナキ限リ之カ資料
ヲ提供」していた。②用地買収に際しては「土地収用法ノ施行アルモ同法ヲ
適用スルニ至ラスシテ買収ヲ為スハ便宜ト為ス所ナルモ之ニ対シテハ種々ノ
困難アルヲ以テ曩ニ政務総監ヨリ各道知事ニ便宜供与方通牒ヲ発シ各地方官
憲ニ於テ夫々便宜ヲ与ヘ」た。さらに「測量等ニ関シテモ当局ニ於テ之カ指
導ノ労ヲ惜マス諸般ノ便宜ヲ図」った。③「従事員ニ就テモ申出ニ依リ其ノ
資格閲歴等適当ノ者ヲ関係各向ヘ相当周旋ノ労ヲ執」った。鉄道要員の斡旋

---

39)　前掲「陸運事業の監督行政（上）」15-28 頁。
40)　前掲「朝鮮私設鉄道補助法中ヲ改正ス」1923 年 3 月 27 日。

だけでなく，朝鮮国有鉄道は私鉄の実際の運営に当たる経営陣の供給先として機能し，内外の私鉄会社において重役ないし幹部として総督府鉄道局出身者が勤務していた[41]。④金融については「申出ニ依リ主トシテ保護銀行ニ対シ之カ金融方ヲ斡旋」するとともに，「金融一助」として 1920 年 11 月に「財団抵当令[42] ヲ実施シ同時ニ担保付社債信託法ヲ施行シ之カ便宜ヲ図」った。⑤「有利ナル兼業ヲ営ムハ私鉄其業助成上ニモ必要ナルヲ以テ努メテ之ヲ容認」した[43]。

　ほかにも，後に設立される朝鮮鉄道株式会社に対する経済雑誌『ダイヤモンド』の経営分析からわかるように，営業費の一部を建設費に入れて，一定の配当率を維持するという「遣繰決算」も総督府によって認められたのである。「営業地は遠いだけに種々不安が伴ふので，五分や六分の配当では，投資」しないため，「八分配当をするには，結局決算に手心を加へる外な」く，「諸経費の一部を建設費に繰入れ」た。「営業収入に補助金を加へた合計より，借金の利息と営業費を控除し其残額を配当に振向け」たが，「それでは八分配当が出来ない」ため，「残額で八分配当の出来る程度に営業費を建設費中に繰込む」こともあった。「これは単り当社に限った事ではなく，朝鮮私鉄は皆然りである。而して総督府では地方開発の為めの鉄道政策上余儀ない事として，叙上の遣繰決算を認容」したのである[44]。

　このように，総督府は各種の援助の徹底を図るとともに，業遂行上生じ得

---

41)　例えば，1937 年 10 月頃には内外の私鉄会社において重役ないし幹部として務めていた総督府鉄道局出身者は次のようであった。朝鮮京南鉄道専務の澤崎修，端豊鉄道の澤慶次郎，西鮮中央鉄道の今泉茂松，朝鮮平安鉄道専務の吉永武揚，同鉄道支配人の百瀬波雄，同鉄道技師長の和田禾同，同鉄道運輸課長の中奥宮吉，京春鉄道取締役兼支配人の伊藤旺，同鉄道工務課長の小池英吉，同鉄道経理課長の福永源次，多獅島鉄道支配人の石川金生，同鉄道建設課長の池田浅之助，朝鮮鉄道専務の新田留次郎，同鉄道常務の野田薫吉，同工務課長の佐藤義正，同経理課長の佐藤寧治，同営業課長の山本正幸，同鉄道の中西団，同鉄道の小笹一雄，三陟鉄道取締役兼技師長の永田光之助，同鉄道庶務課長の鉅鹿暁太郎，同鉄道工務課長の高橋正富，朝鮮京南鉄道支配人の寺田金司，同鉄道運輸課長の岡本立巳，朝鮮京東鉄道水仁線仁川港駅の酒井直行，金剛山電鉄工務課長の池神重政，同鉄道運輸課長の高木善次郎，新興鉄道運輸課長の清田戌実，奈良電鉄専務の戸田直温，金福鉄道副社長の和田駿，同鉄道監査役の井上致也など。「冷言熱語」『朝鮮鉄道協会会誌』16-10，1937 年，120-121 頁。
42)　鉄道の線路，橋梁，建物，車両等一切の物件をもって鉄道財団を設定して，担保物件とする制度が鉄道財団制度である。前掲『朝鮮交通史』783 頁。
43)　前掲「朝鮮私設鉄道補助法中ヲ改正ス」1923 年 3 月 27 日。

る各種の障碍を除去し，私設鉄道業の発展を促した。

2. 私鉄合同の進行と総督府の介入

ところが，1920年代に入って戦後反動恐慌が発生したことを皮切りとして財界の不況が続くと，植民地朝鮮への鉄道投資にも制限が加えられた。私設鉄道免許マイルが1919年930.9マイル，1920年296.7マイルであったものの，開業線は1919年10.6マイル，1920年38.9マイル，1921年41.2マイルに止まっていた。このように，民間資本による鉄道敷設が捗らなくなったのに対し，京城で開催された朝鮮産業調査委員会（1921年10月）の決議に見られるように，「交通体系の整備と鉄道の普及を強く要望し，これが後に要路に運動する端緒となったもので，一般輿論も鉄道の早急敷設の声が高くなって来た」[45]。

補助保証率は年8％であったにもかかわらず，私鉄株価は払込額の60-70％に過ぎなくなったため，「将来の払込を懸念する」に至ったのである。図1-3のように，払込比率が1910年代末から1920年代初にかけて急減し，その状態がなかなか改善していない。問題は自己資本の動員が難しかっただけでなく社債や借入金といった他人資本の確保においても高金利のため，困難であったことである。「各社ノ株式価格ノ一ニ過キシテ新ナル払込ヲ為ス為ニハ非常ノ困難ヲ為セル理由ハ（一）金融梗塞金利高率ナルコト（二）相当未払込額ノ存スルコト」であった[46]。そのため，新設の鉄道会社の株主からは会社解散の要望が出され，それに関する協議が1920年5月に私鉄会社の取締役間で行われていた[47]。このような「私鉄懇談会」は同年中，私鉄側の利害を代表する組織として朝鮮私設鉄道協会の設立（1920年10月）を見るに至った[48]。

その内，朝鮮興業鉄道[49]が1920年5月に第一回株主総会を開催し，解散

---

44) 「朝鮮鉄道株式会社」『ダイヤモンド』1931年4月5日，449-452頁。「遣繰決算」に関する記述は「補助法改正問題と朝鮮鉄道の今後」『ダイヤモンド』1932年6月1日，82-83頁でも確認できる。

45) 前掲『朝鮮交通史』816-819頁。

46) 前掲「朝鮮私設鉄道補助法中ヲ改正ス」1923年3月27日。

47) 「私鉄重役協議」『朝鮮日報』1920年5月12日。

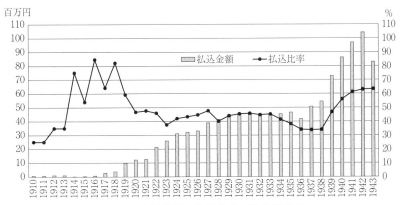

図 1-3　私鉄業界の払込資本額と払込比率
出所：図 1-2 と同様；南朝鮮過渡政府『朝鮮統計年鑑』1943 年度版。
注：1．払込比率＝払込資本金÷公称資本金。
　　2．1942 年には払込比率が資料上 100％を超えるが，そのまま提示する。

提唱の意向があると伝えられると，鉄道当局としては，解散は不可であり，極力事業の進行を企図することを期待し，「万一会社側より解散を申請されても当局としては許さない」という立場を明確にした[50]。会社内部でも解散論への反対もなかったわけではないが，路線の一部が国鉄平元線の予定路線に含まれ，営業路線は3マイル以内になることが判明し，1920年9月に解散を決定した[51]。そのため，財界の不況が解散の背景にはなるものの，決定的な要因は総督府側の平元線敷設計画であったと見るべきであり，それだからこそ，東京での総督府関係者と大株主との間で協議を経て会社の解散が総督府によって認められたのだろう。総督府のスタンスとしては民間資本による鉄道敷設を期待するものであった。

---

48)　「私設鉄道協会設立」『東亜日報』1920 年 8 月 31 日；朝鮮私設鉄道協会編『朝鮮私設鉄道協会会報』創刊号，1920 年 12 月；朝鮮鉄道協会理事調査部長・賀田直治「創始期に於ける朝鮮の鉄道」（完）『朝鮮鉄道協会会誌』21-2，1942 年，7-8 頁。
49)　朝鮮興業鉄道は一般運輸のために資本金 500 万円をもって平壌府より順川郡順川面に至る路線 34 マイルを敷設し，蒸気機関車によって列車運行を行なうことで，1919 年 10 月 30 日に軽便鉄道敷設許可を受けた。朝鮮総督府『官報』1919 年 11 月 5 日。
50)　「興鉄解散과 当局」『朝鮮日報』1925 年 5 月 12 日。
51)　「興鉄解散決定」『東亜日報』1920 年 9 月 20 日。

しかしながら，矢島桂（2009）によって指摘されたように，朝鮮産業鉄道で解散論が具体的な動きとしてあらわれた[52]。産業鉄道をめぐる解散運動とその中止についての詳細は矢島桂（2009）を参照されたく，本章では見逃しているところを中心に議論を展開する[53]。総督府鉄道部は反対の立場を示したことはもちろん，朝鮮私設鉄道協会は1920年12月に産業鉄道解散問題への諮問に当たり，「今後の方針」を模索した[54]。1921年1月16日に開催された私鉄協会評議員会には朝鮮中央鉄道，南朝鮮鉄道（旧），朝鮮京南鉄道，朝鮮産業鉄道，西鮮殖産鉄道，朝鮮森林鉄道が参加し，協会事業報告とともに，補給金計算法，補給率（10%），補給期間の延長（15年）などについて総督府に要望することを決定した[55]。この評議員会にも産業鉄道側が参加したことから，善後策をともに模索したのだろう。その一方，私鉄合同論は1920年より具体化され始め，これを総督府も歓迎し，「各社幹部は相寄り種々検討を重ねた結果，事業の合同によって会社の信用度を高め，これによって資金調達の途を開きこの難局を切抜けようと図った」[56]。

　その背景には総督府の画策があったことはいうまでもなく，朝鮮銀行側も資金調達者の立場から「大合同」を希望していた[57]。1922年になると各社のうち朝鮮中央鉄道，西鮮殖産鉄道，南朝鮮鉄道，朝鮮産業鉄道，朝鮮森林鉄道，両江拓林鉄道，金剛山電気鉄道，朝鮮京南鉄道の8社は「しばしば協議を重ねて合併の結論に達し，[1922年12月23日]朝鮮京南鉄道を除く7社の責任者は当時上京中であった有吉政務総監に覚書を提出して，会社合併について尽力方を陳情した」[58]。「之れが所謂私鉄合併問題の直接的発端であ

52）「東京に於ける朝鮮鉄道回顧座談会」『朝鮮鉄道協会会誌』19-6，1940年，93-113頁。
53）　矢島桂（2009）は私鉄合同の始まりとして朝鮮産業調査委員会（1921年）を指摘しており，朝鮮私設鉄道協会（1920年）については触れていないが，私鉄合同に関しても重要な協議の場となっていたと見るべきであろう。
54）「産鉄解散諮問」『朝鮮日報』1920年12月23日。
55）「私鉄評議員会，私鉄振興策講究」『朝鮮日報』1921年1月30日。
56）「朝鮮私鉄現状，局面展開策如何」『朝鮮日報』1920年12月13日；「私鉄合同急務，局面展開의 善後策」『毎日申報』1920年12月14日；「私鉄合同機運」『東亜日報』1921年2月21日；前掲『朝鮮交通史』816-819頁。
57）「朝鮮私鉄合同과 総督府側의 画策」『東亜日報』1923年3月9日。
58）　前掲『朝鮮交通史』816-819頁。

る」[59]。その覚書の要旨は①「合同成立後三四年を期し株式の払込を猶予し，政府保証の下に社債四千万円を募集し，これをもって鉄道の延長を計ること」，②「補助金年限を延長して十五箇年とし，尚補助金予算二百万円の限度を撤廃すること」，③「株式並に社債を朝鮮銀行の見返担保とせられること」，④「株式並に社債は朝鮮において契約保証金代用等に取扱われること」，⑤「私設鉄道は南満州鉄道［が委託経営している朝鮮国有鉄道線］に対し培養線たるにより何等かの形式において南満州鉄道よりも相当の補助を受けること」であった。

　これに対し，総督府は「私設鉄道の普及発展を熱望し，合理的な事業合併の必要についてはつとに認めるところであったので，この推進を容易にするため，補助法の改正及び会社社債保証の2案を当時の第46議会に提出した」[60]。すなわち，第一案は補助法改正案であって，従来の補助軌間10年を15年とし，補助金総額の最高限度額250万円を300万円とするものであった。「元来朝鮮ノ私設鉄道ハ（一）会社設立ノ際ヨリ補助ヲ開始スルコト（二）内地地方鉄道ノ如ク既ニ相当開発セラレタル土地ニ敷設セラルルモノト異リ未開［発］地方ニ敷設シ之ニ依リテ開発セムトスルモノナルコト（三）一般ニ治水治山ノ途未タ殆ト施サレサルニヨリ敷設費保存費ニ多額ヲ要スルコト」から，「一部ノ路線ヲ除イテハ自立ニ至ル間ノ期間ヲ多カラシムル」こととなった[61]。そのため，「十年ノ補助期間ハ法律制定ノ当時ヨリ稍短期ニ過クル懸念」があり，また「補助金額ハ最高年額二百五十万円ナルカ」，既存の「補助会社」のみで補助金額を増やす必要があった。補助金として1925年から1928年までの間に年間290万円に達すると予測されていた。このような案については私鉄協会を通じて私鉄会社側がその要望を出して来たことは既述の通りである。

　第二案は社債保証であって，「合併により成立する会社の発行する社債に対し，政府は2,000万円を限度とし，元利支払いを保証し得る予算外国庫の

59）　朝鮮鉄道協会常務理事江口寛治「社団法人朝鮮鉄道協会略史」（三）『朝鮮鉄道協会会誌』17-11，1938年，26-39頁。

60）　前掲『朝鮮交通史』816-819頁。

61）　前掲「朝鮮私設鉄道補助法中ヲ改正ス」1923年3月27日。

負担となるべき契約の承認を求めるものであった」[62]。補助私鉄会社の公称
資本金は1922年7月1日時点で9040万円にして建設資金は3671万5千円
であった。そのうち払込資本金2790万円，借入金531.5万円，社債350万
円であったので，他人資本，なかでも社債による建設資金の調達が考慮され
たのである。実際に建設工事の拡大に伴って必要な資金調達について鉄道
「当局モ是等ニ順応シ金融上ノ紹介等ヲ為シ便宜ヲ講シツツア」った[63]。

　このうち，1923年4月1日に法律の改正が行われ，従来の補助期限10年
を15年とし，補助金年額も250万円を300万円に増加するという第一案は
通ったものの，第二案の社債「保証案は異例の条件であったが，会期切迫の
際提出されたためもあって，衆議院において否決するところとなった」[64]。
これに対し，朝鮮銀行と殖産銀行の両銀行は合同会社の社債保証を担保する
という善後策を講じることにした[65]。しかし，国策銀行の保証に基づく大量
の社債が実現できなかったものの，朝鮮銀行からの借入が行われたのであ
る[66]。

　私鉄会社側では「合併を目論む各社は結束を固めて合併の遂行を決意し」，
1923年3月27日に7社のうち金剛山電気鉄道を除く6社は，資本金払込の
延期，補助率10％，社債への政府保証，満鉄からの補助，朝鮮銀行の株式・
社債の見返り担保，株式・社債の契約保証金代用といった希望条件からなる
覚書を有吉忠一政務総監に提出した[67]。「希望条件は会社責任者の私設鉄道
に関する希望であって，合併についての条件ではなかった」。ほかの私鉄が
合併に参加しなかった理由はそれぞれ以下の理由による。全北軽便鉄道の場

---

62)　前掲『朝鮮交通史』816-819頁。
63)　前掲「朝鮮私設鉄道補助法中ヲ改正ス」1923年3月27日。
64)　前掲『朝鮮交通史』816-819頁。
65)　「朝鮮私鉄会社의 合同에 対하야」『東亜日報』1923年4月29日。
66)　前掲「植民地期朝鮮への鉄道投資の基本性格に関する一考察」72頁。
67)　「鉄道網ノ速成ハ朝鮮ノ統治上ニ最重要ナル効果ヲ齎スモノタルハ論述ヲ要セザル所ナリ，曩
　　ニ各私設鉄道会社ガ敷設ノ許可ヲ受ケタル線路ハ国有線ニ準ズベキ交通上ノ主要線ニ属シ何レ
　　モ速成ヲ期セザルベカラザルモノナリ此ノ秋ニ際シ各社分立スルコトハ全線速成ノ目的ヲ達ス
　　ルニ適セザルコトヲ考慮シ茲ニ各会社ハ速ニ合併ヲ断行スルコトヲ必要ト認メ其ノ実行方法ニ
　　就テハ総テ無条件ヲ以テ総督府ニ政務総監ニ一任スルコトヲ議決ス。但シ金剛山電気鉄道株式
　　会社ニ対シテハ追テ加入ノ交渉ヲナスコトトシ暫ク除外スルコト」。朝鮮総督府鉄道局『朝鮮鉄
　　道四十年略史』1940年，474-475頁；前掲『朝鮮交通史』816-819頁。

合，図 1-4 のように，敷設完了後，水害を被った年を除いて高い収益性を示し，8-10％の配当を行なっていた。図們鉄道は中国間島に敷設の鉄道との特別な関係を持っていたため合併はできず，朝鮮京南鉄道は内部紛糾の中で反対の立場の重役が経営方針を主導した。金剛山電気鉄道の場合，主要収入源が電気事業であったため，私鉄合同とは歩調を一にしなかった。

　「合併の実行方法は総て無条件で総督府に一任したので，総督府は合併の要項，合併仮契約書案等を作成して各社代表者の協議に付し」た[68]。「各社代表者も屡々会合を催して協議を重ね 4 月 13 日に至り中央を除いて五社は重役会を経て合併仮契約書に調印するに至った」[69]。その後，中央鉄道も加わり，表 1-3 のような「私鉄合同仮契約」が成立したのである[70]。

　私鉄 6 社合同について東京では先般来継続して各社集合協議中であり，1923 年 5 月 19 日の会合によって確認したあと，京城では同日総督府鉄道部において各事務主任会議を開催したうえで協議した[71]。その後，1923 年 9 月 1 日，資本金 5450 万円，うち払込 1765 万円の朝鮮鉄道株式会社（朝鉄）が成立したのである。朝鮮鉄道会社は合併後の初代の重役の人選は朝鮮総督に一任したが，「六会社の合同には色々経緯があり，結局総督に人選を願ふことが実現せず，合併報告総会にて，故渡邊嘉一博士が取締役に選挙せられて」，社長に就任した[72]。「会社は本社を京城に支社を東京に置き清州（忠北線），光州（全南線），金泉（慶北線），大邱（慶東線），馬山（慶南線），沙里院（黄海線），咸興（咸南線）及古茂山（咸北線）の八箇所に出張所を置きて各線の監理経営に当らしめて居る」[73]。合併の利点として①「重役の数を減じ之に対する給与，賞与，手当等を減少しめたること」，②「従事員の整理による事務費の減少」，③「技術及運輸上の統一」，④「新線延長に対し経済状態を考慮し自由に伸縮し得ること」，⑤「投資を安全ならしめたること」，⑥「親鉄道たる国有鉄道との連絡を便利にし私設鉄道相互の競争を避けたるこ

68）　前掲『朝鮮交通史』816-819 頁。
69）　前掲「社団法人朝鮮鉄道協会略史」（三）。
70）　「私鉄合同仮契約」『朝鮮日報』1923 年 5 月 21 日。
71）　同上紙。
72）　西村正雄「鉄道夜話」（上）『朝鮮鉄道協会会誌』16-2，1937 年，21-28 頁。
73）　前掲『朝鮮の私設鉄道』48-49 頁。

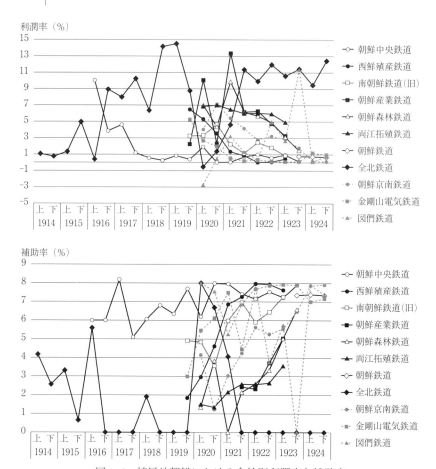

図 1-4 植民地朝鮮における会社別利潤率と補助率
出所：朝鮮総督府鉄道局『朝鮮鉄道状況』各年度版；朝鮮総督府鉄道局『年報』各年度版；朝鮮総督府『朝鮮総督府統計年報』各年度版；鈴木清・竹内虎治『朝鮮の私設鉄道』南満洲鉄道株式会社総務部調査課、1925年、48-163頁；「朝鮮私設鉄道補助法中ヲ改正ス」JACAR（アジア歴史資料センター）Ref.A01200519900、公文類聚・第四十七編・大正十二年・第二十九巻・交通・通信・電信・運輸・河川港湾・船舶・電気・瓦斯（国立公文書館）。

注：1. 政府補助率は、全北鉄道は1918年3月までは6％、1919年9月までは7％、同年10月以後は8％、朝鮮中央鉄道は1918年3月までは6％、1919年6月までは7％、同年7月以降は8％とする。
2. 図們鉄道に対する1920年度分は当時南満州太興合名会社経営に属し政府補助率は建設費を標準とする。
3. 利潤率＝利益÷平均資本額。補助率＝補助金÷平均資本額。

表 1-3　朝鮮私鉄合同仮契約（1923 年 4 月 13 日）

第一条　朝鮮総督の指定により朝鮮中央鉄道会社を存続せしめ他の 5 社は之を合併
　　　　を為し解散するものとす。
第二条　各社資本に関する事項は左の如し。

	中央	殖産	南鮮	産業	森林	両江	合計
資本金（百万円）	12	10	10	5	20	15	72
株式数 50 円額面（万株）	24	20	20	40	30	144	
払込総額（万円）	615	300	300	200	200	150	1,765
各株払込額（円）	旧 50，新 17.5	15	15	20	5	5	―
その株数（万株）	旧 6，新 18	20	20		40	30	144

第三条　新会社は解散すべき会社の権利義務一切を継承して各社が現に経営し又は
　　　　計画せる附帯事業も継承すべきものとす。
第四条　新会社と資金総額を 5450 万円へと増加し其株数を 109 万株，壱株の金額
　　　　を 50 円，各株式に対する払込金額及其株数は第二条に記載したるものの
　　　　内 5 円払込の株式 2 口を除き其他は総て同一とし解散すべき会社の大正 12
　　　　年 8 月 31 日現在の株主に対し前所有株式と同一払込額の株式を壱株に付
　　　　壱株の割合を以て交付すべし但 5 円払込の旧株式は其 2 株に付 10 円払込
　　　　の新券式壱株を交付するものとす。
第五条　各社は 1923 年 5 月 28 日午前 11 時をもって株主総会を開き合併の決議を
　　　　為すものとす。
第六条　合併の効力は 1923 年 9 月 1 日午前零時に発生するものとす。
第七条　各社は 1923 年 5 月 28 日現在に於ける財産目録及ひ貸借対照表を作成し相
　　　　互承認を受くべきものとす。
第八条乃至第十五条は略す。
第十六条　新会社は 8 月 31 日現在各会社の全部使用人に限って合併の日新規採用
　　　　　の手続として使用しその給与は 4 月 1 日現在の給与額を参酌して定める。
第十七乃至第十八は略する。
第十九条　存続会社の取締役及監査役の各総員は合併成立の報告総会に報告承認を
　　　　　得ると同時に辞任して新重役を選択するものとる。候補者の人選に対し
　　　　　ては朝鮮総督に任じることにす。
第二十条　合併決議の総会において左の定款変更の決議を行なうこと
　　　一，会社の名称は朝鮮鉄道株式会社とすること
　　　二，本社を京城とし支社を東京に置き必要なる場所に出張所を置くこと
　　　三，会社の資本金は 5450 万円とすること
　　　四，株式は額面 50 円として総数 109 万株とすること
　　　五，取締役は 12 名以内，監査役は 7 名以内とし，取締役の互選をもって社
　　　　　長 1 名，副社長 1 名，常務取締役若干名を置くことが得とすること
第二十一条　本仮契約に関連して各会社間に紛糾が生じたる場合に於て朝鮮総督の
　　　　　　裁定により決定するものとす。

出所：「私鉄合同仮契約」『朝鮮日報』1923 年 5 月 21 日。

表 1-4　朝鮮鉄道株式会社の営業路線と路線別元会社

営業路線	線路延長マイル			軌間	元会社
	開業線	未開業線	計		
慶東線	92.0	39.7	131.7	2 フィート 6 インチ	朝鮮中央鉄道
忠北線	29.0	28.6	57.6	4 フィート 8 インチ半	
全南線	22.7	66.9	89.6	4 フィート 8 インチ半	南朝鮮鉄道
慶南線	18.3	95.7	114.0	4 フィート 8 インチ半	
黄海線	36.2	126.3	162.5	2 フィート 6 インチ	西鮮殖産鉄道
慶北線	22.4	49.9	72.3	4 フィート 8 インチ半	朝鮮産業鉄道
平北線		77.0	77.0	4 フィート 8 インチ半	
咸南線	17.7	256.1	273.8	2 フィート 6 インチ	朝鮮森林鉄道
咸北線		205.0	205.0	3 フィート 6 インチ，一部 2 フィート 6 インチ	両江拓林鉄道
計	238.3	945.2	1,183.5		

出所：前掲『朝鮮の私設鉄道』48-163 頁。
注：4 フィート 8 インチ半は 1,435mm，3 フィート 6 インチは 1,067mm，2 フィート 6 インチは 762mm。

と」があった。

　朝鮮鉄道会社は私設鉄道総免許線の 7 割を占めたにもかかわらず，京畿，忠南，平南，江原を除く他の 9 道に跨って，「鉄道線路が各地に散在するは鉄道の統裁上又は連絡上に於て甚だ不利とする所」であった。一つのネットワークを形成できず，飛び地の集まりになっていることから，地方幹線網でありながら国有鉄道路線に対する枝線的役割を果たすに過ぎなかったことは最大の問題であった。やがて朝鮮鉄道会社の営業路線はその多くが国鉄へ統合されることとなった。

3.　私鉄の国有化と補助のリデザイン

　私設鉄道の国有化政策が進められるきっかけは三一運動によって触発された植民地政策の転換にあった。寺内正毅総督のもとで武断政治が朝鮮人の民族的抗拒に直面し，植民地統治自体が危うくなったため，斎藤実総督のもと

第 1 章　朝鮮総督府の私鉄政策――帝国のなかの朝鮮私鉄　53

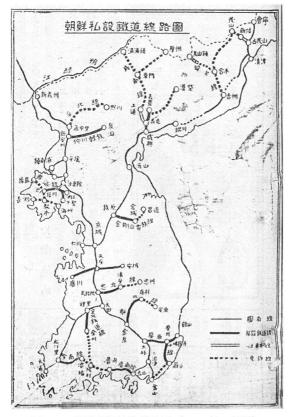

図 1-5　朝鮮私設鉄道線路図（1926 年 5 月頃）
出所：「朝鮮博覧会と交通」『朝鮮新聞』1926 年 5 月 30 日。

で文化政治へと植民地政策が変り，経済面で植民地開発を模索するために朝鮮産業調査委員会が 1921 年 9 月に開催された[74]。その中で，「鉄道施設ニ関スル件」が決議され，①「官私鉄道ノ普及ヲ図ル」，②「交通系統ノ整備ヲ図ル為鉄道線路網ノ調査ヲ行ウ」，③「既成鉄道ノ改良其ノ他鉄道利用ニ関スル設備ノ充実ヲ留意スル」，④「鉄道ノ経営ニ就テハ朝鮮ノ産業発達ニ最

---

74)　金子文夫「1920 年代における朝鮮産業政策の形成――産業調査委員会を中心に」原朗編『近代日本の経済と政治』山川出版社，1986 年，175-200 頁。

善ノ考慮ヲ為ス」という四つの事項が答申された[75]。特に，鉄道普及に関しては，「今後十年間ハ特ニ速成ノ必要アリト認ムルヲ以テ，現在ノ官私鉄千四百哩ト共ニ，凡ソ三千五百哩ニ達セシムル計画ヲ立ツルノ必要アル」ことなどが総会で報告された[76]。

　その後，朝鮮内外より鉄道網普及に関する意見が出された。帝国鉄道協会は朝鮮鉄道網調査委員会（1924年）を設置し，内閣，参謀本部，総督府に対して「朝鮮ニ於ケル鉄道普及促進ニ付建議」（1926年2月）を行い，第51回帝国議会にも「朝鮮ニ於ケル鉄道ノ普及促進ニ関スル件議案」を提出し，可決を見なかったものの，朝鮮鉄道の重要性をアピールしたのである。朝鮮でも既述の朝鮮私設鉄道協会を母体として国有鉄道を加えて発展的に設立された朝鮮鉄道協会（1922年6月10日）において朝鮮鉄道網調査委員会（1926年1月）を設置して朝鮮鉄道網促成期成会（4月）を結成し，同年7月には帝国鉄道協会とともにさらなる朝鮮鉄道促進期成会の創立を見た。同期成会と総督府が中央政府と折衝を重ね，11年継続事業を閣議に提出して修正が加えられ，1927年より実施される朝鮮鉄道12年計画（表1-5）が第52帝国議会で成立した。

　同計画は1927年から図們，恵山，満浦，東海，慶全という五つの新線1,383キロの建設と，338キロの私鉄買収を12年間にわたって行う大々的な鉄道建設計画であった。そのうち，朝鮮鉄道会社所属の慶南線，全南線，慶東線，全北鉄道会社線，図們鉄道会社線が買収されることとなった。「朝鮮鉄道所属慶南線，全南線および全北鉄道線は国鉄慶全線に連鎖するもの，朝鮮鉄道所属慶東線は国鉄京釜線と東海線を連結するもの，また図們鉄道線は国鉄新設線の図們線に継続するものである」。これらのうち，慶東線，全北鉄道線，図們鉄道線の3線は軌間762mmに過ぎない狭軌線であったため，国有化後には1,435mmへと改軌工事が行われた。実際の買収は計画通り1927年から1931年にかけて行われたが，私鉄の一部が国家の買収によって

75）　大平鉄畊『朝鮮鉄道十二年計画』鮮満鉄道新報社，1927年，29-33頁。
76）　それを契機に，総督府独自の産業政策を支えるための鉄道政策の樹立が提唱され，朝鮮内で委託経営解除論が急速に沸騰し，1924年10月28日に閣議において委託経営解除が決定され，朝鮮国有鉄道は25年4月に朝鮮総督府の運営管理に還元された。

表 1-5　朝鮮鉄道 12 年計画

	路線	区間	距離（マイル）
建設線	図們線	雄基・潼関鎮間	97
	恵山線	吉川・恵山鎮間	88
	満浦線	順川・満浦鎮間	178
	東海線	元山・浦項間，蔚山・釜山間	341
	慶全線	晋州・全州間，院村・潭陽間	156
	合計		860
私鉄買収線	朝鮮鉄道会社所属慶南線	馬山・晋州間	43.5
	朝鮮鉄道会社所属全南線	松汀里・潭陽間	22.7
	朝鮮鉄道会社所属慶東線	大邱・鶴山間，西岳・蔚山間	92.0
	全北鉄道会社線	裡里・全州間	15.5
	図們鉄道会社線	会寧・潼関鎮間	36.1
	合計		209.8

出所：鮮交会『朝鮮交通史』1986 年，70 頁。

国有鉄道に編入されたというだけの意味ではないことに注意しなければならない[77]。

　私設鉄道は政府の補助金によって一応経営が安定していたが，営業成績は開業後何年を経ても向上する傾向はみえないので，将来補助期限が切れた後，配当が減るかも知れないという不安がある。このことから朝鮮の事情に暗い日本の投資家は投資を嫌う傾向があった。これを防ぐため補助率を 1 割程度に増額する要望もあるが，たとえそうなったとしてもこれだけでは補助期限切れ後の問題は解決されない。このような事情で私設鉄道建設はその資金調達に困難して遅々として進捗せず，前途行き詰りの様相を呈していたこのような時期に，12 年計画は私設鉄道の一部買収の途を開き，局面打開の意義を持つものとなった。買収による補償額は私設鉄道未開業線の建設費に充てられることにもなり，また私設鉄道への投資の回収にもなり，投資家の抱く不安解消に役立つものとなった[78]。

---

77)　私鉄経営にとっての朝鮮鉄道 12 年計画については矢島桂（2010）を参照されたい。ただし，本章では矢島が見落としている論点や未利用の資料をもって私鉄政策としての意義を論じる。

78)　前掲『朝鮮交通史』820 頁。

「従来国有線建設ノ外民間企業ヲ奨励シ私鉄ノ助成ヲ図リシモ企業ハ遅々トシテ進マズ殊ニ目下ノ経済事情ニ於テハ株金ノ払込又ハ社債借入金ノ方法ニ依ルコトモ困難ニシテ建設事業ハ全ク行詰マリノ状態」にあったため，「何等カノ方策ヲ講スルコトヲ急務ト為ス」こととなった。その結果，「国有鉄道新線建設ニ伴ヒ其ノ間ニ介在セル私設鉄道線ヲ買収シ鉄道系統ノ整備ヲ図ルト共ニ会社ヲシテ該買収代金ニ依リ未設線延長ノ資ニ充テシムルヲ以テ最モ得策ト認メ今回ノ私鉄買収計画ヲ確立シタ」のである[79]。即ち，12年計画の実施に伴って私鉄路線の買収が行われるものの，その結果として買収金は通じて建設事業を促し，未開通路線の敷設を図らせることを勘案したといえよう。

とりわけ，「買収鉄道中益金五分以上ヲ挙ゲツツアル全北鉄道及今後益金五分以上ニ上ル見込アル図們鉄道ノ買収代価ハ地方鉄道法ノ規定ノ価格ノ範囲内ニ於テ之ヲ行フコトトシ支障ナキモ益金五分ニ充タザル朝鮮鉄道ニ付テハ地方鉄道法ノ規定スル価格ヲ以テシテハ甚シク会社ニ対シ酷トナルヲ以テ此ノ点ニ関シ特別ノ法規ヲ設クルノ必要アルモノトス」こととなった。表1-6のように，「買収に依る公債交付見込額」は2647万2千円であって，そのうち460万円（全北鉄道及朝鮮鉄道全南線の分）は1927年度に，835万1千円（朝鮮鉄道慶南線の分）は1928年度に，869万5千円（朝鮮鉄道慶東線の分）は1929年度に，482万6千円（図們鉄道の分）は1930年度に「公債ヲ交付スルモノトシ」，「朝鮮鉄道ハ地方鉄道法ノ規定スル価格ヲ以テ全北鉄道ハ法定買収価格ト建設費ヲ公債時価ニ換算セル金額トノ中間ノ金額ニテ買収協定シ得ルモノト見込タ」。朝鮮鉄道の両路線については優遇措置が取られたのである。実際の交渉過程で買収方法が変るなどによって，買収価格や時期に若干の変更が生じたものの，ほぼ12計画通り実施されたといえよう。例えば，全北鉄道の買収価格が90万円と示されることがあったが，これは現金で支払われたからである。

このように，朝鮮鉄道12年計画は個別鉄道会社への投資を行なった資本

79）「朝鮮私設鉄道買収ニ関スル制令案」JACAR（アジア歴史資料センター）Ref.A01200572900，公文類聚・第五十一編・昭和二年・第三十巻・交通一・通信（郵便・電信）・運輸・鉄道・河川港湾・船舶（国立公文書館）。

第 1 章　朝鮮総督府の私鉄政策——帝国のなかの朝鮮私鉄　57

表 1-6　買収費算出表（単位：千円）

会社名	建設費見込額（×印は貯蔵品）						買収見込額	公債交付額
	1925 年度末現在	1926 年度増加見込	1927 年度増加見込	1928 年度増加見込	1929 年度増加見込	合計		
朝鉄慶南線	7,130（× 44）	41	50			7,265	7,265	8,351
朝鉄全南線	3,075（× 25）	100				3,200	3,200	3,678
朝鉄慶東線	6,757（× 158）	400	200	50		7,565	7,565	8,695
全北鉄道	532（× 9）					922	922	922
図們鉄道	3,221（× 59）	350	40	50	50	3,770	4,826	4,826
計						22,341	23,778	26,472

出所：「朝鮮私設鉄道買収ニ関スル制令案」JACAR（アジア歴史資料センター）Ref.A01200572900，公文類聚・第五十一編・昭和二年・第三十巻・交通一・通信（郵便・電信）・運輸・鉄道・河川港湾・船舶（国立公文書館）。

注：1.　年度別公債交付額は 1927 年度に全北鉄道および朝鉄全南線 4,600 千円，1928 年度に朝鉄慶南線 8,351 千円，1929 年度に朝鉄慶東線 8,695 千円，1930 年度に図們鉄道 4,826 千円，計 26,472 千円。
　　　2.　公債交付額は買収価格を公債時価見込（87 円）に換算するものとす。
　　　3.　全北鉄道買収価格の計算は法定買収価格 1,222 千円，建設費（公債時価換算）622 千円，この中間価格の 922 千円（公債交付額）にする。

家達にとって一部資本金の回収が可能であることを意味するものであって，15 年の補助期間の満了が近づくにつれ，再び朝鮮内の私鉄業界とその監督者たる総督府鉄道局が私鉄買収に動き出した。私鉄国費補助金が 1931 年に世界大恐慌の中でも年間 500 万円に達し，1933 年より 600 万円を超えると予測されたため，「私鉄補助に対する一種の財政的破綻」を見ることから，総督府は「鉄道国営原則に基づく第二次私鉄買収計画」を樹立し，その金額たる 2600 万円を要求し，朝鮮鉄道所属古茂山線，价川鉄道会社線，朝鮮京南鉄道忠南線を買収することを決定した[80]。そのため，総督府は拓務・大蔵両省との協議を重ねたが，价川鉄道が 1932 年に補助期間の満了となるだけでなく，路線自体が満浦線の計画路線に含まれて，残余区間では経営が成り立たないため，その買収が決まった[81]。1932 年 11 月より新安州・泉洞間の路線 36.9 キロを朝鮮国有鉄道が借受けて営業し始め，1933 年 4 月より買収された[82]。大蔵省の発表によれば，朝鮮事業公債法に基づいて五分利公債 70

---

80)　「私設鉄道買収案実現無視」『東亜日報』1932 年 4 月 17 日；「私鉄買収決定」『朝鮮日報』1932 年 12 月 2 日。
81)　「三線의 私鉄中 价川鉄道만 買収」『毎日申報』1932 年 5 月 14 日。

万 6400 円が発行されたのである。

　朝鮮商工会議所においては 1933 年 6 月 21 日に第二回定期総会が開かれ，鉄道関連の提案として「政府は朝鮮私設鉄道を国有とする根本方針に従って買収に関する年次計画を樹立し，また未買収計画に対しては現行補助期間の延長を要望した」[83]。朝鮮商工会議所は中央要路に朝鮮私鉄買収を陳情して来たが，1934 年 1 月 9 日には斎藤実首相，堀切善次郎内閣書記官長，永井柳太郎拓相，三土忠造鉄相，高橋是清蔵相，堀切善兵衛大蔵省参政官，黒田英雄同次官，藤井真信主計局長に打電した。その電文「朝鮮私設鉄道買収の件」は「一，刻下発展中である朝鮮の産業開発と交通政策上頗る肝要な方策として全朝鮮がともに要望するところである」，「一，政府において此際買収年次計画を樹立して速やかに買収に着手することを望む」，「一，直時買収できないものに対しては補助期限を延長して円満な統制を行なうことを望む」，「一，朝鮮私設鉄道は国営代行の沿革と理由をもって補助期限が終了する各線の如きは最も此の目的に貢献して買収を急施するものとして考えられる」，「一，私鉄全部交通の幹線に該当して買収は朝鮮の統治及財界発展上急を要するのを認定する」という内容であった[84]。

　このような在朝資本家らの私鉄買収運動を汲み上げて，総督府は 1934 年より朝鮮私設鉄道補助法を大幅改正する一方で，「朝鮮私設鉄道五ヵ年買収計画」を樹立し，そのうち公債整理のため買収要求を三線に限定することにした[85]。そのため，林繁蔵財務局長が 1934 年 1 月頃には大蔵省との折衝に当たり，補助期間が終わる朝鮮京南鉄道，朝鮮鉄道咸北線，金剛山電鉄が買収対象として取り上げられ，そのうち朝鮮京南鉄道が有力視された。第 65 帝国議会では「朝鮮における私鉄買収の根本方針」について堤康次郎政務次官は「朝鮮の私設鉄道の大部分は官鉄の所謂代行として敷設を許可したものであって，将来殆どを買収する必要があることはもちろんであるが，しかし

---

82)　「私設鉄道買収」朝鮮総督府『官報』1933 年 4 月 4 日；「价川鉄買収公債」『東亜日報』1933 年 6 月 20 日；「价川鉄買収公債要項」『東亜日報』1933 年 6 月 24 日。

83)　「朝鮮商工会議所의 第二回定期総会 開催」『朝鮮日報』1933 年 6 月 22 日。

84)　「私鉄買収問題 中央要路에 打電」『東亜日報』1934 年 1 月 12 日。

85)　「私設鉄道買収 今年은 単一線」『朝鮮日報』1934 年 1 月 12 日；「私鉄買収計画当分間延期？」『朝鮮日報』1934 年 11 月 27 日。

その買収を一時に行うのは国家財政の形便上到底不可能であるため，如何なるものを先に買収するかは実際に当ってみないとわからない。大原則としては①官鉄との運輸連絡上幹線とすること，②広軌によるものを先に買収することを考えている」と答えた[86]。

ところが，三線の買収案は成立せず，朝鮮私設鉄道補助法中改正法律として朝鮮の私設鉄道はまだ独立自営出来ない状勢にあり，補助金を交付する年限を延長することとなった[87]。これに対し，朝鮮総督府側は毎年補助法の改正を通じて補助年額を拡大していくのは補助金の節約にもならず，補助法改正の結果，私鉄自体が苦境に陥ることになるため，公債交付による三線の買収案を提出することにした[88]。しかし，1935年度一般会計予算編成が「犠牲」にされ，総督府新規公債の発行額は減額を余儀なくされた結果，私鉄買収計画も延期されることとなった[89]。しかしながら，1930年代買収状況（表1-7）をみれば，价川鉄道，南朝鮮鉄道（新）が1933年と36年に国有鉄道の満浦線と慶全線の一部として買収されるのみであって，「五ヵ年買収計画」は机上の計画であったことを示している。再び私鉄の買収が盛んに行われるのは戦時下での資源移出や国鉄敷設・路線強化のために必要な時に限定されて実現されたのである。

このように，私鉄会社の利害関係を代弁する朝鮮商工会議所と，その監督機関たる総督府鉄道局が一心同体となって私鉄買収運動を展開したにもかかわらず，それが実現できなかったのは，私鉄買収の権限が資金調達を担当している日本内地の中央政府，なかでも大蔵省にあったからであろう。大蔵省を説得する根拠は私鉄会社側のロジックというより，帝国内の鉄道網としての重要性であったといえる。

これに関連し，朴祐賢は1930年代買収計画が失敗し，その次善策として進められた「補助法の改正は大蔵省と総督府および私鉄資本家間の葛藤を折衝して縫合する」ものであったと指摘し，妥協案として把握している。「大

---

86) 「朝鮮私鉄은 広軌를 먼저 買収」『東亜日報』1934年3月18日。
87) 「第六十五議会와 成立된 五十法律」『朝鮮日報』1934年4月5日。
88) 「明年度新予算에 私鉄三線을 買収」『朝鮮日報』1934年8月21日。
89) 前掲「私鉄買収計画当分間延期？」。

表1-7 植民地朝鮮における私設鉄道の国有化状況

買収年月日	所属会社	区間	粁程	買収価格
1927 年 10 月 1 日	全北鉄道	裡里・全州	24.9	1,020,450
1928 年 1 月 1 日	朝鮮鉄道	松汀里・潭陽	36.5	3,450,350
1928 年 7 月 1 日	朝鮮鉄道	大邱・鶴山，慶州・蔚山	147.8	7,570,000
1929 年 4 月 1 日	図們鉄道	会寧・潼関鎮，上三峯・図們橋	59.5	5,804,700
1931 年 4 月 1 日	朝鮮鉄道	馬山・晋州	70.0	8,196,450
1933 年 4 月 1 日	价川鉄道	新安州・泉洞	36.9	706,400
1936 年 3 月 1 日	南朝鮮鉄道	全南光州・麗水港	160.0	11,011,600
1940 年 3 月 1 日	朝鮮鉄道	金泉・安東	118.1	8,072,911
1943 年 4 月 1 日	多獅島鉄道	新義州・南市	33.9	5,770,000
1944 年 4 月 1 日	朝鮮鉄道	黄海線	278.5	18,141,594
1944 年 4 月 1 日	北鮮拓殖鉄道	古茂山・茂山	60.4	不明
1944 年 4 月 1 日	西鮮中央鉄道	勝湖里・新成川	68.4	不明
1944 年 5 月 1 日	釜山臨港鉄道	釜山鎮・戢蛮里	5.5	不明
1945 年 8 月	朝鮮鉄道	栄州・乃城	14.3	不明
1945 年 8 月	西鮮中央鉄道	間里・長山里	10.6	不明
	合計		1,125.3	

出所：朝鮮総督府鉄道局『朝鮮鉄道四十年略史』1940 年，480-481 頁；前掲『朝鮮交通史』891 頁；朝鮮鉄道株式会社『第 57 回営業報告書』1944 年上半期（1944年 3 月 1 日～8 月 31 日）。

注：1. 買収線の内，全北鉄道の裡里・全州間，朝鮮鉄道の大邱・鶴山および慶州・蔚山間，黄海線，図們鉄道の会寧・潼関鎮間および上三峯・図們橋間ならびに新安州・泉洞間，价川鉄道は軌間 762mm の狭軌線であって，買収後において広軌改築工事を施行し，慶州・鶴山間を除き広軌線による営業を行ひ，また南朝鮮鉄道買収に際しその附帯事業であった自動車事業一部も，同時に引継ぎ目下局営として居る。

2. 朝鮮鉄道黄海線の買収額は建設費である。

陸との連結性というよりは朝鮮産業開発に寄与した路線は公債発行ではなく植民地租税収入による補助金の支給で維持されたと見ている」[90] と指摘しているが，総督府財政が 1930 年代半ばまで補助金の源泉が自立して居なかったことなどを念頭に置けば，単純に言い切れないところがあるものの，とも

かく妥協案というよりは既存の補助金制度を修正してその延長が実現されたと見るべきではなかろうか。

第一次買収計画が成功したものの，第二次買収計画は何の役にも立たなかったのは，第一次計画は朝鮮産業調査委員会，朝鮮総督府，朝鮮鉄道協会だけでなく，帝国鉄道協会を巻き込んで帝国レベルでのコンセンサスを確保して進行し，それが帝国議会でも支援を得たのに対し，第二次計画は朝鮮側のみの合意から始まり，朝鮮内外において決定された12年計画のような大きな朝鮮鉄道普及計画を樹立できなかったことにある。すでに鉄道網の形成が進行しており，12年計画も完成されていないなか，大規模な建設計画の成立を見るには至らなかったと評価できる。経済雑誌『ダイヤモンド』では「朝鮮私鉄は国鉄の代行機関で国鉄に代って路線を敷設し，既設線の買収を待って更に新線敷設を行う事を立前とするものだから余儀ない次第だ」と記されている[91]。朝鮮私設鉄道として敷設されたのは2,334.8キロであって，その内1,125.3キロが総督府によって買収され，その比率は48.2％に達した[92]ので，すべての私鉄が国有化されるわけではないものの，半分近く買収されたことから，ダイヤモンド社の評価は大きな間違いはないだろう。

鮮交会編『朝鮮交通史』には以下のように記述されている。「鉄道開発の未熟な時代においてはその促進を図るため，一般に鉄道投資を有利にし，企業心の誘発を主眼に補助法を採用したのであるが，今や一般の鉄道投資に対する認識も進み，そのようなことをする必要のない時代になって，ようやく現行の補助法が実情に副わないものとなって来た」[93]。日本内地の地方鉄道補助法も1933年に改正され，経済界の状勢を見るに金利は著しく低下したことを念頭に置いて国有鉄道の財政負担をもって建設費を基準として補助5％，利潤2％，合計7％を保証しているのを是正し，補助5％，利潤1％，

---

90)　前掲「大恐慌期（1930〜1934）朝鮮総督府의 私設鉄道政策 転換과 特性」307-344頁；前掲「1930年代 朝鮮総督府의 私設鉄道 買収 推進과 特徴」67-114頁。

91)　「朝鮮鉄道好成績続く——鉱山景気に潤ふ八分配当動かず」『ダイヤモンド』1940年8月1日，70頁。

92)　詳しいことは後述するが，1945年8月に買収された朝鮮鉄道栄州・乃城［春陽］間14.3キロは竣工寸前であった。

93)　前掲『朝鮮交通史』780-783頁。

合計6%にした。その後、補助方法は表1-8のように、建設費4%へと補助範囲を下げていった。朝鮮でも図1-6のように、私鉄会社側が負担している利子率が、1920年から1938年までしか観測できないものの、長期的かつ確実に低下した。参考として提示した朝鮮殖産銀行金利を見ても、この傾向は植民地全般にわたって確認できるものであって、当然帝国内で観測できる。

　そのため、1934年から1935年にかけて補助期限の満了となる会社が私鉄6社中、朝鮮京南鉄道、朝鮮鉄道咸北線、金剛山電鉄の3社に対して補助期限の延長が認められつつも、補助基準を根本的に変えるなどの改正が行われた。この五カ年買収計画の代りに実施されたのが補助期間の延長であるが、朝鮮の特殊性から来る「設令主義」はもはや認められず、朝鮮内の鉄道網もかなり整備されてきただけに、私鉄会社にとってやや不利になる「建設費補助主義」が朝鮮にも適用された。改正要旨は①補助の対象を株式会社から鉄

表1-8　日本内地、北海道、台湾、樺太、朝鮮における地方・私設鉄道補助法比較
　　　　（1938年度基準）

種別	日本内地	北海道	台湾	樺太	朝鮮
制定年月	1911年3月	1920年8月	1922年3月	1921年10月	1921年4月
補助開始	営業開始の日	営業開始の日	営業開始の日	営業開始の日	営業開始の日
補助期間	年限を定めず	15年。必要ありと認むるときは更に5カ年を伸長	15年。必要ありと認むるときは更に5カ年を伸長	15年。必要ありと認むるときは更に5カ年を伸長	15年。必要ありと認むるときは更に10カ年を伸長
補助方法	建設費の4分相当額より益金を控除したる残額以内	益金が建設費の6分（期間伸長の場合は5分）に達せざる時は其不足額。ただし、補助金は建設費の7分相当額を超ゆることを得ず	建設費の6分（期間伸長の場合は5分）を補給す。ただし、益金1分超過額（期間伸長の場合1分5厘超過額）を控除す	建設費の6分（期間伸長の場合は5分）を補給す。ただし、益金1分超過額（期間伸長の場合1分5厘超過額）を控除す	建設費の6分（期間伸長の場合は5分）を補給す。ただし、益金1分超過額（期間伸長の場合1分5厘超過額）を控除す
補助金年最高額	年々所要額予想計上	年々所要額予想計上	80万円予算残額は翌年度に繰越し使用し得	120万円予算残額は翌年度に繰越し使用し得	500万円予算残額は翌年度に繰越し使用し得

出所：「朝鮮私設鉄道補助法中ヲ改正ス・（補助期間伸長等）」JACAR（アジア歴史資料センター）
　　　Ref.A02030156500、公文類聚・第六十三編・昭和十四年・第九十三巻・交通二・運輸一（鉄道軌道・河川港湾・道路橋梁）（国立公文書館）。

第1章　朝鮮総督府の私鉄政策──帝国のなかの朝鮮私鉄　63

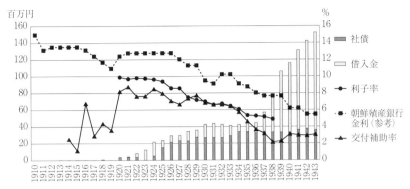

図 1-6　朝鮮私鉄事業における他人資本と利子率
出所：図 1-3 と同様。
注：1. 1941 年の借入金と社債は資料上二つの合計として得られたため，1940, 42 両年の平均比率をもって補間。
　　2. 交付補助率＝交付された補助金総額÷私鉄建設費総額。

道経営者に変えて制限を外しており，②補助計算の始期を会社設立日，社債登記日，借入金調達日から鉄道開業日に変え，さらに③補助期間を 15 年とするが，必要によって 5 年の伸長を認めることとし，④補助保証率を払込資本金 8％ならびに社債・借入金利息 8％から建設費 6％へと縮小し，その代わりに営業利益 1％の留保を認めた。ただし，補助期間の追加伸長 5 年間は補助保証率を建設費 5％にするが，営業利益 1.5％の留保を認めた。「建設費補助主義」の適用が補助基準となる建設費の増加，すなわち鉄道敷設自体を促す効果をもたらすことにもなる[94]。

　このような鉄道買収政策にとって朝鮮産業調査委員会のようにもう一つの契機となる可能性があったのは，植民地工業化を加速するための農工併進政策の樹立のために開かれた朝鮮産業経済調査会（1936）であった。同調査会の答申案では，官私鉄の既定計画未設線 1,693.2 キロのほかさらに新規計画線 3,479.0 キロを速かに建設し，既営業線 4,809.8 キロを将来 1 万キロに拡充するという鉄道網普及計画を進める一方，国鉄「代行線」としての役割を遂行しているにもかかわらず，経営困難のため総督府からの補助金交付や高い

---

94)　「朝鮮鉄道は八分据置」『ダイヤモンド』1935 年 11 月 11 日，95-96 頁。

運賃率を余儀なくされていた私鉄を買収する，という方針を明確にした[95]。こうした決議は画期的なものであったことはいうまでもなく，朝鮮商工会議所会頭の賀田直治は日本内地の中央政府に対して私鉄買収とともに，補助期間の延長を要望したのである[96]。これが第73,74回帝国議会で議論されて，国鉄代行線としての性格が認められたものの，その買収案が成立することはなかった[97]。

　1939年に再び期間満了となる私鉄会社があったため，伸長できる期間が10年に延長されたが，図1-6のような利子率の低下を反映し，補助率5%へと再調整された。それに伴い，実際に交付された補助金総額を私鉄建設費総額で割った「交付補助率」（図1-6）は1920年代初から長期的に下がっていった。1944年にも同様の事情が発生し，「伸長し得る補助期間」が15年になったが，これはもはや30年間にわたって政府補助金を受けることを意味する。このような補助金制度の再編と期間延長は朝鮮に限らなかった。朝鮮と同様に私鉄会社に優遇された補助金制度を実施していた樺太においても「地方鉄道は未だ独立自営の域に達せざるを以て補助期間の延長を為す為樺太地方鉄道補助法中改正を要するもの」であった[98]。表1-8を見ればわかるように，朝鮮と同じく樺太でも補助金制度は「設令主義」から「建設費補助主義」に変わったのである。これが個々の私鉄会社にとって経営健全化のための自助努力を促すことになったことは言うまでもない。

---

95)　朝鮮総督府『朝鮮産業経済調査会諮問答申書』1936，43-52頁：朝鮮総督府『朝鮮産業経済調査会諮問答申案試案参考書』1938年，133-140頁

96)　朝鮮商工会議所会頭賀田直治「朝鮮の鉄道政策，就中私鉄買収問題に関し東京方面運動経過概要」『朝鮮鉄道協会会誌』16-4，1937年，5-7頁。

97)　「第七十三帝国議会における私鉄買収問題」『朝鮮鉄道協会会誌』17-3，1938年，2-7頁；「第七十三回帝国議会朝鮮鉄道関係事項議録」2月28日貴族院予算委員第6分科会速記『朝鮮鉄道協会会誌』17-4，1938年，6-12頁；「第七十四議会に於ける朝鮮鉄道問題」（1）『朝鮮鉄道協会会誌』18-3，1939年，8-36頁；「第七十四議会に於ける朝鮮鉄道問題」（2）『朝鮮鉄道協会会誌』18-4，1939年，10-44頁；「第七十四議会に於ける朝鮮鉄道問題」（3）『朝鮮鉄道協会会誌』18-5，1939年，13-32頁；「第七十四議会に於ける朝鮮鉄道問題」（4）『朝鮮鉄道協会会誌』18-6，1939年，26-37頁。

98)　樺太鉄道事務所「樺太地方鉄道補助法中改正法律案」1932年11月『昭和財政史資料第3号第64冊』国立公文書館所蔵。

4. 私鉄の戦時統制と資材難の深刻化

　盧溝橋事件をきっかけとして日中両国の軍事衝突が全面的に展開されると，軍事輸送が発生する[99]ことはもとより，朝鮮内でも植民地工業化の進展や中国大陸との物的人的交流が拡大し，私鉄事業でも図1-7のように未曾有の輸送量の増加が見られた。そこで，総督府は私鉄業界に対しても輸送統制とともに，輸送力強化を要求したことはいうまでもない。「私設鉄道においても軍事輸送及び軍需産業に関連する輸送体制の強化と鉄道建設の促進，鉄道施設の改善など急速に進められ」た[100]。とりわけ，1940年2月25日には陸運統制令が実施されると，それが私鉄業界に適用された[101]。朝鮮の鉄道局では1941年1月23日より24日までの2日間，本局第一会議室において各私鉄主脳者約40余名を招致し，私鉄運輸業務打合会を開催した[102]。輸送統制を再検討し，計画輸送の徹底化を図り，総督府鉄道局は1941年10月27日に「重要物資統制要綱」を作成した。総督府，各道関係官ならびに統制団

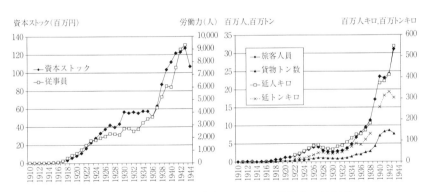

図1-7　朝鮮私鉄事業の資本ストック，労働力，輸送量
出所：第2章の図3, 5, 7。

---

99)　前掲『戦時経済と鉄道運営』39-47頁。
100)　前掲『朝鮮交通史』864頁。
101)　「陸運統制令実施さる」『朝鮮鉄道協会会誌』19-3, 1940年, 68頁。
102)　「交通界日誌」『朝鮮鉄道協会会誌』20-3, 1941年, 82-86頁。

体代表者の参集を求め打合会を開催し，米穀，食塩，薪，木炭，石炭，練炭，セメント，鉱石，肥料などを統制物資として指定した。さらに配給計画に合致した輸送計画を作成し，配給団体からの輸送要求を受けて事前協議を経て貨物輸送を行なった[103]。

　当然，朝鮮内の私鉄発着の連帯貨物もこの対象となるため，このような輸送方式は私鉄にも適用され，私鉄と荷主との間にも輸送力の事前配分が行われた。とはいうものの，表1-9の交通動員計画によれば，国鉄輸送にくらべて私鉄輸送に対し厳しい輸送制限が加えられたことがわかる。とくに1943年には1942年より輸送需要と輸送可能量が少なく掲載されている。戦時陸運非常体制が実施され，大陸物資が朝鮮従貫鉄道を経由して南鮮諸港まで輸

表1-9　交通動員計画における朝鮮国有鉄道・私設鉄道の鉄道輸送需給調整計画
　　　　（単位：千人キロ，千トンキロ，％）

	年度	地域	需要量	基本可能量	増加量	増加率	可能量	規正量	規正率	実績	達成率
旅客	1940	国鉄	6,026,000				4,403,000	1,623,000	26.9	5,440,530	123.6
	1941	国鉄	7,657,400	4,954,838	1,008,355	13.2	5,963,193	1,694,207	22.1	6,134,422	102.9
		私鉄	448,754	204,055	53,142	11.8	257,197	191,557	42.7	382,716	148.8
	1942	国鉄	7,680,229	5,977,468	406,474	5.3	6,383,942	1,296,287	16.9	7,494,256	117.4
		私鉄	549,032	434,124	28,816	5.2	462,940	86,092	15.7	412,618	89.1
	1943	国鉄	7,956,196	6,895,138	-310,901	-3.9	6,584,237	1,371,959	17.2	8,885,309	134.9
		私鉄	514,098	425,280	12,042	2.3	437,322	76,776	14.9	546,940	125.1
貨物	1940	国鉄	5,268,000			0.0	5,072,000	196,000	3.7	4,121,065	81.3
	1941	国鉄	5,936,348	5,713,233	445,353	7.5	6,158,586	-222,238	-3.7	4,961,951	80.6
		私鉄	380,489	253,625	75,523	19.8	329,148	51,341	13.5	313,663	95.3
	1942	国鉄	6,986,412	5,949,417	433,630	6.2	6,383,047	603,365	8.6	6,300,246	98.7
		私鉄	501,764	432,755	16,810	3.4	449,565	52,199	10.4	331,259	73.7
	1943	国鉄	10,708,916	6,835,884	979,987	9.2	7,815,871	2,893,045	27.0	6,300,246	80.6
		私鉄	444,299	369,666	21,440	4.8	391,106	53,193	12.0	303,683	77.6

資料：「昭和16年度各鉄道旅客貨物輸送需給調整計画表」1941年8月30日，企画院「昭和16年度交通動員実施計画綱領」1941年9月4日（『開戦期物資動員計画資料　第6巻　昭和16年』現代史料出版，1999年）；「各年度交通動員計画」『国家総動員史　資料編1・2』；企画院「昭和18年度交通動員実施計画参考表」1943年4月7日（『後期物資動員計画資料　第8巻　昭和18年』2001年）。
注：増加率＝増加量÷需要量。規正率＝規正量÷需要量。達成率＝実績÷可能量。

---

103)　鉄道局配車係長兼行恵雄「重要物資輸送統制要綱に就て」『朝鮮鉄道協会会誌』20-12，1941年，2-5頁。

第1章　朝鮮総督府の私鉄政策——帝国のなかの朝鮮私鉄 | 67

送され，そこから日本内地へ海上輸送されるようになると，域内輸送が圧迫され私鉄運営が厳しく制限を受けたのである。規正率において国鉄のほうが厳しい年もあったが，たいていは私鉄の方が国鉄より厳しかった。達成率においては国鉄のほうが私鉄より高いことから，鉄道運営に必要な人的物的資源が国鉄に対して優先的に配分されたといえよう。これらは資材調達において私鉄のほうが厳しい状況に置かれたことをあらわしている。

　植民地朝鮮の私設鉄道は，既述のように，日本の地方鉄道とは同じ民営事業でありながらも，総督府財政の制約により敷設不可能であった国有鉄道の代理線[104]としての役割を果した。幹線鉄道と貨物連帯輸送がほとんど行われなかった日本の地方鉄道とは異なり，朝鮮内だけでなく満州・華北に直通貨車を発送した。そのため，植民地朝鮮の経済成長の低位性により規定された経営的な脆弱性は，国家財政からの補助金および国鉄の2倍以上の運賃策定により補われた。経営上の国家依存性は経理的なものにとどまらず，鉄道業務経験者を国鉄から私鉄に流入させる[105]流れを生み出した。

　このような依存性が，国家による私設鉄道に対する交通統制の基盤となったことは言うまでもない。例えば日本の場合，重要産業団体令が公布され，地方鉄道および軌道に対する統制組織として「鉄道軌道統制会」が1942年5月に設置された[106]。それにより，鉄道および軌道事業の総合的統制運用が図られ，国策の立案および遂行に協力する仕組が整えられた。一方，朝鮮においては，数少ない鉄道資本の国家依存性，およびそれに基いた国家統制の実施・拡大のため，交通事業調整委員会や統制会の設置のような特別措置[107]が取られる必要がなかった。それだけでなく，私鉄会社による沿線地

---

104)　「現に営業せる私設鉄道の多くは所謂国鉄代用か，又は国鉄培養の犠牲的の使命を負って，形態上は民営であるが，其の実際は国鉄代行鉄道で其の性質上は内地の地方鉄道とは，全然同一視すべからざる」「第八十一回帝国議会に現れる鉄道問題——防空と朝鮮の私鉄合同問題について」『朝鮮鉄道協会会誌』22-4，1943年，12-22頁。

105)　朝鮮鉄道局改良課長であった清水幸次は1941年11月に退官して，朝鮮鉄道株式会社専務取締役に就任して代表取締役となった。1942年に前職鉄道局の重要幹部であった朝鮮鉄道協会副会長新田留次郎が逝去したあと，かれに引き続いて副会長となった京春鉄道株式会社社長林茂樹も前職鉄道局経理課長であった。

106)　「今月の問題——鉄道軌道統制会」『朝鮮鉄道協会会誌』21-6，1942年，28-29頁。

107)　日本国有鉄道編『日本国有鉄道百年史』第11巻，1973年，847-859頁。

域の自動車事業の兼営が総督府政策として促されていたため，戦時下の自動車業の統制にも大きく寄与した[108]。

　一方，輸送力強化のためには人的物的資源の確保が必要とされることはいうまでもない。しかし，現実は労働力や資材の不足が著しく，それをどのように乗り越えるのかが政策的課題であった。華北への鉄道員を朝鮮から派遣することもあり，「官私鉄従業員の大不足」が発生した[109]。国有鉄道たる鉄道局においては500余人を「北支割譲」しなければならなかったが，鉄道路線の延長のため，国鉄自体が労働力不足に悩まされていた。その中で，端豊鉄道，平北鉄道，多獅島鉄道，京春鉄道，三陟鉄道などといった新しい私鉄会社が次々と鉄道事業を開始しようとしたのである。それだけでなく，既存の，朝鮮鉄道会社，朝鮮京南鉄道，朝鮮京東鉄道，金剛山電鉄などでも鉄道員の採用を増やさなければならなかった。その結果，「鉄道従業員飢饉」が生じた。

　鉄鋼などといった資材においてもその不足は甚だしくなるのみであって，鉄道敷設工事にも蹉跌が生じており，1939年には鋼材6万トンを必要としたが，物資動員計画の中では半分に削減された[110]。このような資材不足に対しては資材確保・調達の統制仕組みが要求されていた。既に各種鉄道工事用資材の一貫統制のために私鉄側の共同購入組合の設立が41年5月に決定された[111]が，資材不足は単に建設・改良工事のみでなく，日常的な車両運転に影響を与えた。朝鮮京東鉄道の場合，機関車の補修不完全あるいは油脂，石炭などの不足により，運用効率が極めて低下し，朝鮮国有鉄道および朝鮮鉄道会社から機関車および職工・乗務員を借入れ，辛うじて列車運行が可能となり[112]，結局，鉄道局監督課の斡旋によって42年7月に朝鮮鉄道会社に買収された[113]。

---

108)　澤崎修「朝鮮の民営陸上交通事情」『朝鮮鉄道協会会誌』21-4，1942年，14頁。
109)　「官私鉄一斉 従業員不足」『東亜日報』1938年3月5日。
110)　「冷言熱語」『朝鮮鉄道協会会誌』18-8，1939年，68頁；「私鉄線所要鋼材」『朝鮮鉄道協会会誌』18-10，1939年，70頁。
111)　『殖産銀行月報』1941年7月，87頁
112)　朝鮮京東鉄道株式会社『第27回営業報告書』1941年下半期（1941年7月1日-12月31日）。

第 1 章　朝鮮総督府の私鉄政策——帝国のなかの朝鮮私鉄 | 69

　朝鮮総督府鉄道局はそれ自体が交通機関でありながら他の陸上交通機関の
監督機関であるがゆえに，資材不足およびその確保難の制約下で委託調弁制
度を採択し，請負建設・改良工事，私設鉄道・軌道，自動車交通事業などの
資材も確保しなければならなかった[114]。戦場の拡大による物動計画の実行と
の齟齬のため，鉄道資材確保はより難しくなり，1942 年 8 月に「日満支資
材懇談会」が設置され，朝鮮国有鉄道はこの機構を通じて車両の増産，鉄鋼
板・管など資材確保に傾注した[115]。そうした中，陸運転移輸送の開始した
1943 年より車両製造は五大重点産業「並み」に指定される[116]とともに，物
動計画において従来の C_2（生産力拡充）・C_3（官需）から鉄道資材を切り離し
て，C_x として特配をうけるようになった[117]。また大陸転移輸送の円滑な遂
行を統制する機構として 1943 年 6 月に「大陸鉄道輸送協議会」が設けら
れ，その輸送計画を調律すると同時に，各鉄道間の車両の融通や運転用石炭
確保に努めた。

　このような状況のなか，朝鮮内の私鉄がすべて合併して資本金 1 億 5 千万
円の大規模「統制会社」が設立されれば，運賃および取扱いの統一はもとよ
り，「現に悩んでいる資材関係等経営上に付ても合理化並に経済化」できる
という議論が 1940 年に出はじめた[118]。この議論はその後続き，朝鮮平安鉄
道からも 1943 年にも私鉄統合を通じて資材融通を行う[119]べきだと論じられ
た。その一方で，「鮮内私鉄の建設，改良資材は勿論，被服等の消耗品に至
るまで配給斡旋に努めていた鉄道局は個別的方法では困難多く，運用上色々
支障を来しつつあるので，近く全鮮内の私鉄会社の組合を結成せしめ，同組
合を通じて共同購入に当らしめることとし，その背後から鉄道局が支持，
援助して行くことになった」[120]。その具体策として朝鮮鉄道協会に 1943 年 4

---

113)　『殖産銀行月報』1942 年 9 月，93 頁。
114)　岩本正二「僕の訪問記——交通局長資材課長鶴野収氏の巻」『朝鮮鉄道協会会誌』22-12，
　　　1943 年，22-24 頁。
115)　「日満支鉄道資材懇談会で資材入手を協議す」『朝鮮鉄道協会会誌』21-10，1942 年，64 頁。
116)　「今月の問題」『朝鮮鉄道協会会誌』22-8，1943 年，31-33 頁。
117)　前掲『朝鮮交通史』754-755 頁。
118)　「一億五千万円の朝鮮私鉄会社案」『朝鮮鉄道協会会誌』19-7，1940 年，95 頁。
119)　平安鉄道会社専務取締役吉永武揚「戦力増強と私設鉄道統合問題」『朝鮮鉄道協会会誌』22-
　　　10，1943 年，11-12 頁。

月に資材部が特設され，6月に「資材事務担当者打合会」，8月に「創立総会」を開催し，朝鮮内の私鉄および軌道の資材幹旋を行うようになった[121]。従来は鉄道局監督課が，私設鉄道，軌道および専用鉄道の資材を取りまとめ関係方面と連絡を取ってきたが，需給調整の制約のため，各社は個別に資材調達を行わざるを得なかった。しかし戦時情勢が進むなかで個別会社による資材獲得は極度の制約のため期待し難くなった。そこで朝鮮鉄道協会「資材部」は，各社の代表機関かつ鉄道局の補助機関として，統一的な資材調整を行うことになったわけである。

　資材部は朝鮮内の鉄道関連会社からなり，会員指定には監督官庁の承認が必要であった[122]。資材部会員は朝鮮鉄道，朝鮮京南鉄道，京城電気，新興鉄道，朝鮮平安鉄道，西鮮中央鉄道，京春鉄道，端豊鉄道，平北鉄道，多獅島鉄道，北鮮拓殖鉄道，三陟鉄道（三陟開発を含む），満鉄北鮮線，朝鮮マグネサイト開発，江界水力電気，西鮮合同電気，南鮮合同電気，京城軌道の18社であった。また資材関連業務を総括する部長には元鉄道局参事および京東鉄道専務であった内藤真治が就任した。1943年6月には会員各社の資材事務担当者打合会が開催され，鉄道局監督課洒井一彦書記官，内山考和技師，木崎九十郎・平山義一書記，長友豊雄・池田龍一技手ならびに需品課鬼頭桂造事務官，伊藤正人・早稲田英章書記を始め，会員会社は鮮内の各私鉄・軌道・専用鉄道30社の当該事務担当者38名と，協会側より江口寛治常務理事，内藤資材部長，茶野木同部書記ら総員51名の多数が参加した。また朝鮮鉄道協会は1943年以降，鉄道，軌道および専用鉄道関連の書類作成および手続など一切の事項をも代弁するようになり，部分的に統制会的な役割を果すようになった[123]。

　鉄道敷設工事ではない限り，私鉄会社にとって列車運行上最も重要な資材と言えば，機関車の燃料たる石炭である。朝鮮産有煙炭の場合，熱量が低

---

120)　「鮮内の各私鉄組合結成」『朝鮮鉄道協会会誌』19-8，1940年，84頁。

121)　「資材部の栞」『朝鮮鉄道協会会誌』22-7，1943年，35頁；「資材部の栞」『朝鮮鉄道協会会誌』22-9，1943年，27頁。

122)　「当協会に資材部特設――資材部長に内藤真治氏就任」『朝鮮鉄道協会会誌』22-5，1943年，38頁。

123)　「昭和十九年度朝鮮鉄道協会通常総会」『朝鮮鉄道協会会誌』23-5，1944年，18-28頁。

第1章　朝鮮総督府の私鉄政策──帝国のなかの朝鮮私鉄　71

く，速力と牽引力を生命とする鉄道用炭としては不適当であったため，満洲
炭あるいは九州炭を輸入して混炭して使用するほかなかった。また火力の強
い無煙炭は鮮内の各炭鉱にあるにはあったが，貯炭に苦しむ程の量であり，
しかも大部分が粉炭の形態であって，練炭あるいはマセックとして使用せざ
るをえなかった。しかしそれには粘着のピッチが必要であるが，戦時期に入
りその供給が乏しくなった。1940 年から滞った石炭問題は，日米開戦後の
大量の船舶徴用と喪失によって著しく深刻化していた[124]。

　私設鉄道では，輸送能力の低下や石炭費の増加に直面していた。特に運転
費の中で石炭費の比重が増加したため，私鉄経営も益々困難となっていた。
止むなく運賃引上を断行することになれば，戦時期の低物価政策を直接に脅
かすと同時に，輸送力の低下による物資の偏在をさらに著しくするおそれが
あった。1942 年初頭，京春鉄道は機関車の改造を断行したにもかかわらず，
無煙炭と有煙炭を混用して使用するしかなかった。そして朝鮮鉄道の忠北線
は筑豊炭と朝鮮無煙の黒嶺炭を半分ずつ混用して運転し，同じ朝鮮鉄道の狭
軌線である黄海線も地理的に絶対有利であった沙里院炭の使用を排して，九
州炭あるいは大同炭と無煙炭の混炭使用を試験しているところであった。し
かし京春鉄道，朝鮮鉄道を筆頭としてほとんどの私設鉄道は，鉄道用炭の熱
量の低下と石炭費の急増に逢着して，その問題に柔軟な対応を示せないどこ
ろか，石炭そのものの入手も困難となるようになった[125]。

　これらについて，朝鮮総督府側は「一私鉄の問題でなく朝鮮の当面の大き
な問題即ち今日の問題として最も大きな問題であろう」と認識し，戦時期の
石炭問題を解決する必須条件として，豊富な朝鮮無煙炭の最大限の使用につ
いての調査を始めた。益々深刻化する石炭問題の対策として，朝鮮総督府は
無煙炭利用協会委員会を特設し石炭の自給自足を目指して，無煙炭の利用を
強化した[126]。それによって一定の成績を挙げた[127]が，1943 年初頭に入り，

---

124)　林采成「戦時期植民地朝鮮における陸運統制の展開──国鉄輸送の計画化を中心として」
　　　『土地制度史学』43-2，2001 年，1-17 頁；林采成「日本国鉄の戦時動員と陸運転移の展開」『経
　　　営史学』46-1，2011 年，3-28 頁。

125)　朝鮮総督府調査部「鉄道用炭私鉄悩み」1942 年 2 月。

126)　中川亀三「時事経済解説」『朝鮮鉄道協会会誌』22-3，1943 年，2-6 頁。

127)　例えば，平壌の日本穀産，三陟の協同油脂，朝鮮電力の寧越火力発電所，森永製菓など。

それまで重視しなかった中小工場と鉄道機関車の無煙炭の利用を強化する方針を決めた。機関車の動力源として鉄道では官私ともにマセック型のピッチ練炭は使い始める程度で，その利用がまだ試験の域を脱せず，投炭技術にも熱練が必要であった。これに対して無煙炭利用協会委員会は，幹線以外の路線または貨物列車，普通列車などの運転に無煙炭の原炭を使用することにした。1943 年度には鉄道用炭の半分以上が無煙炭に転換せざるを得なかった。朝鮮の鉄道側としても，「戦時陸運非常体制」の確立によって，海上輸送力の減退のため鮮外からの有煙炭供給の想定なしに朝鮮における機関車燃料として無煙炭使用を強化しなければならない状況の下に，1943 年 8 月に官私鉄道共同で「無煙炭使用に関する研究会」を開いて，各鉄道別にそれまで重ねてきた実績を発表するとともに，無煙炭使用の改善策について議論を行った[128]。

　運転規模や資材確保の交渉力が劣った私設鉄道の場合も，やむを得ず粉状無煙炭に水で練って使用せざるを得なかった[129]。朝鮮産無煙炭の消費率は表1-10 の通りである。狭軌鉄道より広軌鉄道のほうが無煙炭の消費が多く，蒸気汽缶の火床面積が広い広軌機関車が無煙炭の使用において有利であったことを示している。月別消費率をみれば，1942 年 7 月 20.9％，8 月 18.8％，9 月 26.4％，10 月 21.3％，11 月 22.8％，12 月 27.0％，1943 年 1 月 26.7％，2 月 30.3％，3 月 33.5％，4 月 37.7％，5 月 36.2％，6 月 44.0％であって，燃料としては不適であった無煙炭の消費が増えていったことがわかる。各社別に鉄道配置による地理的特徴によってその使用炭が制限されたので，独自の方法を考案して無煙炭使用に乗り出した。朝鮮鉄道は海草を粘結剤として使用することを検討した。京南鉄道はコールバンカー（coal banker）に撒水パイプを設備し投炭前に煉って使用した[130]。さらにコールバンカーを仕切って有煙炭を積んで有事の際に備えるとともに，冬期には凍結のため有煙炭使用を

---

128)　鉄道局監督課技術編「無煙炭使用に関する研究会」『朝鮮鉄道協会会誌』22-11，1943 年，8-16 頁。

129)　前掲「無煙炭使用に関する研究会」11-13 頁。

130)　水練りは無煙炭焚火の必須条件であるが，無煙炭は水の通りが悪くて 1m の深さを自然浸透するのに 16-17 時間がかかるので，燃焼直前の水煉では完全な混合はできなくなる。前掲「無煙炭使用に関する研究会」13-16 頁。

第1章　朝鮮総督府の私鉄政策——帝国のなかの朝鮮私鉄　73

表1-10　朝鮮の私設鉄道別無煙炭使用実績（1942年7月–1943年6月）

| 期間 | 会社名 | 1942年7月–1943年6月 | | | 1943年6月 | |
		無煙炭(%)	煉炭(%)	無煙炭煉炭計(%)	無煙炭(%)	記事
広軌 (国際 標準 軌)	朝鉄忠北線	44.2	0.4	44.6	54.2	
	北拓	25.2	14.3	25.2	36.7	
	京南	29.7	33.9	44.0	72.1	
	京春	28.9		62.8	67.2	
	三陟	64.7	48.7	64.7	85.7	
	平安	41.2		89.9	53.2	6月分煉炭使用量 82030
	端豊	18.6		18.6	14.0	18年3月ヨリ無煙炭使用開始
	多獅島	66.6	15.6	66.6	46.6	西鮮中央ハ有煙炭ノ使用無し
	西鮮中央	84.4		100.0	91.5	
	朝鮮マグネ	44.5		44.5	99.2	
	平北					資料未着
	計	41.3	9.4	50.7	59.8	
狭軌	朝鉄黄海線	6.6	0.8	7.4	19.0	
	朝鉄京東線	19.4		19.4	31.2	
	新興	2.3		2.3	18.9	18年4月ヨリ無煙炭使用開始
	計	6.5	0.5	7.0	20.2	
合計		24.4	4.9	29.3	42.1	平北ヲ含マズ

出所：鉄道局監督課技術編「無煙炭使用に関する研究会」『朝鮮鉄道協会会誌』22-11，1943年，
　　　14頁。
注：1．広軌線は国際標準軌 1,435mm である。
　　2．無煙炭消費率＝燃料用無煙炭÷燃料用石炭。

増やした。朝鮮平安鉄道は江東中塊を使用したが，機関車搭載過程で5割の
粉炭が生じたので，投炭ショベルとしてコンクリート用のものを使った。平
北鉄道は黒嶺粉炭を三穴煉炭として焚いた。そのうえでショベル改良して投
炭の際に水に浸けて火床の奥まで投炭した。またボイラーの温度を高めるた
めに無煙炭の投炭前に有煙炭を燃やした。西鮮中央鉄道は冬期には凍結防止
のためキャップ内で練って使った。朝鮮マグネサイト開発はコンクリートミ
キサーで大量の煉炭を製造し，無煙炭使用を奨励するために機関士らに石炭
賞与を支給した[131]。
　やむを得ず無煙炭を使ったので，使用途中で以下のように相当な問題が露
出した。まず煉炭製造においては多数の労働力が必要となり，これに伴なっ

て食糧，地下足袋，石鹸の確保が要求された。また運転中にも投炭および燃焼には相当の労力が必要となり[132]，機関士と機関助手の協力が重要視された。次に戦時期の資材不足によって粘結材として主に水を使ったので，実際の燃焼過程で粉化してしまい通風口を妨げたため，非効率的な石炭消費量が増加した。また雨季中に練炭は泥水状となって燃やすことができなくなり，冬季になると凍結して水練りの無煙炭使用がほとんど不可能になった。こうした場合に限り優良炭の消費を増やしたが，絶対的な不足の中で雨季には古シートを被覆設備の代用とし，冬季には缶前撒水を行ってやむを得ず無煙炭を燃やした[133]。このような低質の無煙炭消費の増加は機関車の牽引力や速度を落とし，鉄道輸送力を低減する要因となった。朝鮮鉄道黄海線の場合，地理的な事情から，沙里院塊炭のみでなく各種の無煙炭および褐炭を燃やすとともに，火室の改造，燃焼法の研究を続けてかろうじて平時の7-8割の輸送力を維持することができたにとどまる。無煙炭使用による列車遅延は一般的な現象であったが，その中でも京春鉄道の無煙炭燃焼の試運転はその著しい例であった。京春鉄道は1943年4月にすべての燃料を無煙炭として試運転を行い，城東・春川間を缶換なしに運転すると，最後は灰層が厚くなってとうてい燃焼できなくなり，終端駅到着後には入替すらできなかった。

　その後，サイパン島の陥落によりアメリカの空襲に日本側が対応できなくなり，続いて日本が戦争遂行において攻勢を回復し難くなった1944年度第2四半期には，鉄道用炭の入手状況は急激に悪化しつつあった。特に8月に

---

131)　石炭賞与として機関士5円，機関助手7円，炭水夫10円を各々支給して，炭水夫の問題はある程度緩和された。

132)　研究会では正しい方法ではないと批判されたが，当時燃焼方法として平北鉄道は「凸凹山形にし周囲は低くする。点火方法は温水から，枕木六本有煙炭二〇〇延位使用し石炭が燃え着く頃山形に無煙炭を投炭」した。また朝鮮炭を有煙炭と混炭して使用する場合には，有煙炭は燃焼温度が1100-1200度で早く燃焼するので，燃焼温度1400度の無煙炭の火力が強くなった時には，有煙炭は灰となりこの灰分を無煙炭の火力が溶解してクリンカーを作り出した。したがって無煙炭と有煙炭の混炭は不可であったが，それを混炭する際には，無煙炭は間欠的，有煙炭は頻繁に投炭しなければならなかった。したがって無煙炭を水練りあるいは有煙炭との混炭の形で利用するのは以前より厳しい肉体労働および精神的緊張を要求したに違いない。前掲「会社の無煙炭使用状況と実績並に研究事項説明発表」。

133)　朝鮮マグネサイト開発では冬期に一尺位上部が凍結したため，ハンマーでそれを砕いて投炭した。

第1章　朝鮮総督府の私鉄政策——帝国のなかの朝鮮私鉄 ｜ 75

入り，九州炭の減産による朝鮮への移出停止，船舶不足に基づく樺太炭の削減ならびに北支炭の発送停止などに際会した。そのため，旅客輸送の制限および列車の圧縮が余儀なくされた。そこで朝鮮総督府は全鮮的に1944年度第4四半期を「石炭増産増送期間」として朝鮮炭の一大増産運動を展開した[134]。総督府交通局技術研究所は練炭化による朝鮮無煙炭の利用，特に代用粘結剤に研究力を集中して，耐圧耐水および燃焼状況の良好であったピッチレス練炭製造に成功した。その一方で，民有練炭工場は年間生産能力が70万トンであったが，粘結剤のピッチ不足により実績30万トンに止まった状態であった[135]。

　石炭などの戦略資源不足が著しくなると，私鉄買収政策にも新しい変化が生じ始めた。朝鮮総督府は従来，私鉄買収，即ち国有化方針を取って来たが，常に中央政府の予算制約によって実現できず，とりわけ戦時下におけるインフレ防止対策および戦争遂行などからみて，優先順位の低い私鉄買収交付公債発行は実際に難しくなり，朝鮮総督府は私設鉄道補助政策を基本的な方針とした。しかし戦時状況の悪化によって，朝鮮内の重要物資輸送が朝鮮のみならず日本も含めた生産力拡充において極めて重要となるに従って，輸送網の形成も重視されるようになる。とはいうものの，軍事費を中心とする戦時財政運用の事情，ならびに私鉄経営の低迷といった状況のなかで，輸送力増強に最も重要でありながら，資材・労働力不足のため改良事業が進められないいくつかの私鉄路線に限って，国有化措置が取られた。

　買収されたのは，まず朝鮮鉄道慶北線の金泉・安東間118.1キロであった。国鉄の幹線網たる京釜線と京慶線を結ぶ連絡線としての重要性を持つことから，1940年3月に買収されたのである[136]。次に，多獅島鉄道の新義州・南市間33.9キロは，京義線の複線化工事の一環として，1943年4月の開通とともに買収された[137]。44年4月には鉄鉱石増産および大陸物資輸送の隘

134）「鮮内自給体勢へ——外来炭搬入に断乎措置」『京城日報』1945年1月22日。

135）　朝煉，西田，三圃，西脇，梅根，鐘淵，安壌という製造業者が朝鮮内15工場で練炭を製造したが，交通局の監督下で朝鮮国有鉄道用マセック練炭を製造した。

136）「朝鮮鉄道株式会社所属金泉慶北安東間鉄道買収ノ為公債発行ニ関スル法律ヲ定ム」1939年3月22日『公文類聚・第六十三編・昭和十四年・第七十七巻・財政十六・国債』国立公文書館所蔵。

路となる北鮮拓殖鉄道古茂山・茂山間 60.4km，石炭輸送のための西鮮中央
鉄道新成川・勝湖里間 68.4km，鉄鉱石輸送のための朝鮮鉄道黄海線 278.5km
が国有化された[138]。そのほか，大陸物資の朝鮮経由での陸運転嫁輸送が始
まってから，帝国のなかで最も重要な移出港になっていた釜山港に設置され
ていた釜山臨港鉄道の釜山鎮・蔵蛮面間 5.5 キロも国有化された[139]。

　いずれも朝鮮内の重要物資輸送および大陸物資輸送との関連が強かった私
設鉄道であった。なかでも，朝鮮鉄道に注目すれば，黄海線の場合は，内土
駅付近の銀山面と下聖駅付近の下聖面の鉄山，朝鮮セメント海州工場，米穀
生産地，海州港などの存在により，その国有化やそれに伴う広軌化工事の必
要性が地元住民，朝鮮鉄道および国有鉄道の間に基本的に認められて，1944
年 4 月に国有化され，一部区間の広軌化工事が行われた状態で敗戦を迎え
た[140]。この黄海線の営業が朝鮮鉄道会社の総収入の 6-7 割を占め，残りの忠
北線，京東線では収入が 140-150 万円程度に過ぎなかった。また証券収入の
8-9 割を占めた子会社北鮮拓殖鉄道も同時に国有化されたので，朝鮮鉄道会
社の収入源が急激に縮まらざるを得なかった。買収金 3800 万円の用途とし
て払込資本・社債・借入金 3440 万円（1943 年 8 月現在）を返済するか，あ
るいは再投資するかという選択に迫られ[141]，朝鮮鉄道会社は 1944 年に京慶
線栄州駅に繋がる資源開発鉄道として 2500 万円所要計画の栄春線（栄州・
乃城［春陽］）を建設することにした。新線「建設は勿論当社の任意に基くも
のでなく，当局よりの受命によるもの」であって[142]，国家意思により私設鉄
道としての朝鮮鉄道の運営が完全に統制されるようになった。これも敗戦直
前に国有化された 1945 年 8 月には朝鮮鉄道栄春線栄州・乃城［春陽］間
14.3km，西鮮中央鉄道間里・長山里 10.6km[143] に対して国有化措置が取られ

---

137)　朝鮮総督府『多獅島鉄道株式会社所属新義州南市間鉄道買収の為公債発行ニ関スル法案参考
　　　書』1943 年 1 月。
138)　朝鮮総督府『北鮮拓殖鉄道株式会社所属鉄道外三鉄道買収参考書』1944 年 1 月。
139)　同上書。
140)　村井敏夫「黄海道一周記」『朝鮮鉄道協会会誌』21-9，1942 年，29-32 頁。
141)　「朝鮮四私鉄の買収決定——残存私鉄統合が問題化され」『大陸東洋経済』6，1944 年 2 月 15
　　　日，25 頁。
142)　「黄海線譲渡後の朝鮮鉄道——新線建設に着手」『大陸東洋経済』20，1944 年 9 月 15 日，26
　　　頁；朝鮮総督府『官報』1944 年 11 月 1 日。

たのである。

おわりに

　朝鮮の私設鉄道は在朝日本人によって始まったものの，朝鮮での私鉄事業
の展開は一部を除いては収益性が確保されなかったため，そのままでは難し
いものであった。そのため，朝鮮軽便鉄道令の制定を通じて法律的基盤を
作ってから，朝鮮各地に職員を派遣し，軽便鉄道網調査を行なうとともに，
補助金制度を設けた。当初私設鉄道業は植民地化以前の朝鮮瓦斯電気を除い
て開通に至ったのは大地主のイニシアティブによって事業を始めた全北鉄道
しかなかったものの，補助率の引上げに伴って植民地への鉄道投資が増え始
め，鉄道会社の勃興が見られた。

　その中で，先行研究では指摘されなかったが，議会の解散によってその実
現には至らなかったものの，「設令主義」に基づく朝鮮軽便鉄道補助法の制
定が試みられたことは見逃すことができない。日本内地の地方鉄道法の成立
に刺激され，朝鮮私設鉄道令が制定され，さらに朝鮮私設鉄道補助法も成立
した。とはいえ，「建設費補助主義」をとっていた日本内地，北海道，台湾
とは異なって，朝鮮では樺太とともに，「設令主義」が取られ，植民地投資
を行なう資本家の利害を保障した。それと同時に，総督府鉄道部（→鉄道
局）は私設鉄道事業に対する包括的権限を持っていた。

　このような制度作りが朝鮮投資を促したことはいうまでもないが，反動恐
慌の発生のため，株価が低落し，資本金の払込が滞って解散の動きも出てお
り，総督府はその阻止を図った。そこで，私鉄側での合同運動が展開され，
これを総督府が支援し，補助期間の延長，補助年額の拡大，補助保証率の引
上げ，社債保証などを進めた。ところが，補助の期間延長と年額拡大は認め
られたが，補助保証率の引上げと社債保証は実現できず，その上での私鉄合
同案が総督府によって作成され，これに6社が合意し，1923年9月に私鉄
投資会社としての朝鮮鉄道株式会社が設立された。満鉄による朝鮮国有鉄道
の委託経営が解除されることにあわせて，朝鮮鉄道12年計画が成立し，中

143）　前掲『朝鮮交通史』891頁。

央政府からの大々的な鉄道投資が行われ，私鉄の一部路線も買収され，国有化された。これらの措置によって経営の不安定性が解消されたことはいうまでもない。

この経験に基づいて私鉄業界と総督府が追加的買収を希望し，総督府鉄道局は朝鮮私鉄五カ年買収計画を樹立し，とりあえず補助期間の満了を迎える私鉄の買収を図ったものの，中央政府の予算制約のためそれが認められずに，代わりに補助期間の延長のみが認められた。その際，補助方式は他地域との公平性を勘案して「建設費補助主義」をとり，補助率の削減をも決定された。それほど，借入金および社債の利子率が下がっており，朝鮮内の鉄道網の整備も進められてきたわけである。1930年代中頃には鉄道会社の営業もやや改善したこともあり，交付補助率も実際に下がっていった。

その中での戦争勃発は朝鮮私鉄業界にとっても輸送統制をもたらし，輸送力強化があまり進められないなか，旅客だけでなく貨物に対する輸送制限が強くなってきた。特に資材不足は著しく各種鉱産品を移出する鉄道の建設や強化もあまり進められないほどであって，朝鮮鉄道協会資材部を設置し，鉄道局もかかわって資材の確保に力を入れたものの，こうした状況は改善できず，燃料としての良質の石炭確保も難しく低質炭たる朝鮮産無煙炭を使用するための工夫が各社において行われた。とはいえ，1943年以降輸送力はむしろ低下せざるを得ず，資源移出などの重要性を増した私鉄の国有化も行われることとなった。

以上のように，国有鉄道だけでは鉄道の普及が捗らないという現実に直面し，総督府は日本内地からの私鉄投資を期待したが，朝鮮の事業環境は企業の収益性を保障しなかったため，幅広くかつ手厚い保護政策を施し，時に私鉄の解散阻止や買収など，深く介入した。こうした私鉄事業は私鉄と総督府との相互依存性の上，成り立つものであった。そのため，戦時下での私鉄統制は強く実現できたが，各種資材や燃料などが確保されず，常に輸送力は弱いものにならざるを得ず，それを乗り切るために一部路線の国有化が決定された。このような実態は朝鮮の解放後より深刻になり，すべての私鉄が朝鮮半島の南北とも国有化を余儀なくされたのである。

第2章

朝鮮私鉄事業の推計と分析

朝鮮国有鉄道との比較

はじめに

　欧米諸国がアジアやアフリカの前近代社会に対する侵略的膨張を繰り返す中，蒸気機関を動力とする汽船と鉄道がその技術的基盤として機能し，植民地内陸部への経済的侵奪が実現されたことは周知のとおりである。このような技術的ギャップに基く帝国の垂直的構築は東アジアにおいて行われ，日本内地を本国とし，台湾，朝鮮，関東州，樺太などが植民地として再配置されて，帝国日本へ統合された。なかでも，朝鮮では京釜・京義両鉄道が日本軍の作戦展開に伴って敷設され，それ自体が植民地化を促す要因にもなっており，日韓併合後の鉄道は植民地支配を強固とする手段になり続けた[1]。そのため，鉄道網の整備は至急に要請されたにもかかわらず，その敷設は総督府の財政では不可能であって，常に朝鮮事業公債法によって財源が調達され，朝鮮総督府特別会計を経由して鉄道敷設に投入された[2]。

　その結果，中央政府の介入と帝国議会の議決を必須条件として鉄道投資が行われ，とりわけ朝鮮鉄道 12 年計画の成立を見てから大々的鉄道投資の環境が整えられた。とはいえ，総督府の意図とは異なって，国有鉄道による鉄道整備には常に財源的限界があったことも事実であるから，日本内地からの民間資本による鉄道投資も期待された。しかしながら，植民地工業化の本格的展開は 1930 年代を俟たなければならず，それ以前には鉄道経営の採算性を保障するほどの輸送需要は全体的に見てまだ発生していなかった[3]。これに対し，日本内地からの鉄道投資を促すため，総督府は帝国内でも投資家にとって有利な補助金制度を設けたのである。植民地朝鮮におけるインフラストラクチャーの形成に際して私鉄は国有鉄道の代理線として位置づけられ，資本家達の利害関係が保障されたといえよう。

　このように，植民地期鉄道事業の全体像を明らかにするためには，国有鉄道だけでなく，私鉄の実態を把握することも必要とされる。そこで，次のよ

1）　鄭在貞著・三橋広夫訳『帝国日本の植民地支配と韓国鉄道：1892〜1945』明石書店，2008 年。
2）　平井廣一「朝鮮総督府財政と鉄道会計」『日本植民地財政史研究』ミネルヴァ書房，1997 年。
3）　林采成「戦前期における鉄道運営の特質と鉄道増強計画」『戦時経済と鉄道運営——「植民地」朝鮮から「分断」韓国への歴史的経路を探る』東京大学出版会，2005 年。

うな疑問を持たざるを得ない。日本内地に比べて採算性の基盤が弱かった植民地朝鮮において資金調達はきわめて限定されることを念頭に置けば，私鉄設立の困難が予測されるが，果たして私鉄会社は時期的にどのように設立され，鉄道投資が行われたのか。当然鉄道輸送も日本内地に比べて少なかったものの，1930年代に入って朝鮮国有鉄道の場合，鉄道運営の効率化が実現された[4]が，私設鉄道ではどのような動きが確認できるだろうか。さらに，鉄道運営に見られる私設鉄道ならではの特徴が経営収支にどのように反映されており，なお政府補助金による経営補填が実際にいかなる規模で行われており，それが1930年代以降にはどのような新しい変化をもたらす可能性があっただろうか。

とはいうものの，前章で論じたように，植民地鉄道史に関する主要な研究は朝鮮総督府鉄道局，すなわち朝鮮国有鉄道を中心に行われており，私設鉄道に関する研究は極めて少ないと言わざるを得ない。その中で，菊島啓（1994，2006，2008）は軌道を含む私設鉄道の事業展開を記述しているが，その分析は極めて概略的なものに止まっている[5]。これに対し，矢島桂（2009，2010，2012）は朝鮮鉄道株式会社を取り上げて金融史的観点から私鉄6社合同，社債発行，朝鮮鉄道12年計画による私鉄買収などを分析し，総督府の鉄道政策が多方面で私鉄に対する経営安定ないし「救済」を図ったことを指摘している[6]。私鉄への補助と買収については鄭安基（2017）が植民地期朝鮮私設鉄道補助法を検討し，「資本と国家の共謀」を論じており，朴祐賢（2016，2017）が私鉄買収と補助金を中心に1930年代総督府の私設鉄道政策を分析している[7]。そのほか，個別鉄道会社の経営分析を試みる私鉄研究が

---

4)　林采成「全要素生産性（TFP）比較分析——日本，台湾，朝鮮，満洲」『東アジアのなかの満鉄——鉄道帝国のフロンティア』名古屋大学出版会，2021年。

5)　菊島啓「朝鮮における鉄道の発達と特徴——植民地期の私設鉄道と専用鉄道を中心として」『清和法学研究』1-1，1994年，69-86頁；菊島啓「朝鮮植民地鉄道の私設線に関する研究——軌道を中心として」『清和法学研究』13-2，2006年，61-92頁；菊島啓「植民地朝鮮の私設鉄道に関する研究——大正期設立の会社とその特徴」『清和法学研究』15-1，2008年，35-65頁。

6)　矢島桂「植民地期朝鮮への鉄道投資の基本性格に関する一考察——1923年朝鮮鉄道会社の成立を中心に」『経営史学』44-2，2009年，59-84頁；矢島桂「植民地期朝鮮における「国有鉄道十二箇年計画」」『歴史と経済』52-2，2010年，1-18頁；矢島桂「戦間期朝鮮における鉄道金融の展開——朝鮮鉄道会社の社債発行を中心に」『社会経済史学』78-1，2012年，25-47頁。

多くなっているものの，果たして植民地全期間を通じて私鉄経営がどのよう
なものであったのかを把握した上での評価とは言い難いところがある[8]。

　その理由としては当然国鉄に比べて私鉄資料が散逸し，残っている資料も
断片的であることが挙げられるだろうが，私鉄経営の全体的推移が客観的に
提示されていないところが大きいだろう。このような研究史の限界を乗り越
えるためには，断片的であるものの，私鉄統計を最大限蒐集し，欠如部分に
ついては国鉄統計を参照して補完することで，時系列的統計を構築した上，
資本ストック，労働生産性，収支構造，利潤率を推計し，特定の会社分析に
頼って歪められない朝鮮私鉄の全体像を復元し，その歴史的意義を明らかに
し，朝鮮私鉄事業の全体像を提示しなければならない。さらにその結果を踏
まえて，なぜそれほどの優遇措置が朝鮮私鉄事業に対して取られたのか探っ
てみる必要がある。例えば，政府補助金が私鉄経営にとって数値的にいかな
る意味を有したのかが検証されてから，その歴史的意味合いを考えることが
できるし，さらに，帝国の観点を取り入れてそれを朝鮮国有鉄道と比較する
ことはもとより，日本内地や他の植民地との比較を提示することによって，
ようやく朝鮮私鉄事業の歴史的意味合いが把握できるだろう。

　そのため，本章は以下のような構成を持つ。第 1 節においては，私鉄の会
社設立が時期的にどのような特徴を提示した上，推計作業に基いて実際の鉄
道投資はどのように行われたのかを検討する。第 2 節では鉄道輸送や運営方
式から見て朝鮮国鉄に比べてどのような特徴を示すのかを考察したあと，第

---

7)　朴祐賢「大恐慌期（1930〜1934）朝鮮総督府의 私設鉄道政策 転換과 特性」『歴史와 現実』
　　101，2016 年，307-344 頁；朴祐賢「1930 年代 朝鮮総督府의 私設鉄道 買収 推進과 特徴」『歴史
　　와 現実』21-2，2017 年，67-114 頁；鄭安基「植民地期 朝鮮私設鉄道補助法의 研究——成立・
　　改正・運用・成果를 中心으로」『経済史学』41-1，2017 年，67-102 頁。
8)　李昌植「日帝下의 水驪・水仁線의 鉄道考」畿甸郷土文化研究会『畿甸文化』3，1987 年，25-
　　34 頁；甄洙燦「京東鉄道（水驪・水仁線)의 敷設과 変遷」仁荷歴史学会『仁荷史学』10，2003
　　年，911-932 頁；金賛寿「日帝下水原地域의 鉄道交通」水原学研究所『水原学研究』2，2005
　　年，9-44 頁；金賛寿「日帝의 私設鉄道政策과 京春線」趙炳魯外『朝鮮総督府의 交通政策과 道
　　路建設』国学資料院，2011 年；鄭安基「1930 年代朝鮮型特殊会社，京春鉄道（株)의 研究」
　　『서울学研究』64，2016 年，155-213 頁；林采成「三陟炭田の開発と石炭輸送——日本電力によ
　　る植民地朝鮮の資源開発史」『立教経済学研究』69-5，2016 年，95-119 頁；林采成「金剛山電
　　鉄における電力・鉄道兼業体制の成立とその経営成果」『東京経大学会誌（経済学)』297，2018
　　年，61-82 頁；林采成「全北鉄道의 設立과 運営 그리고 国有化——米穀経済와 鉄道運営」『経済
　　史学』44-3，2020 年，263-294 頁。

第 2 章　朝鮮私鉄事業の推計と分析──朝鮮国有鉄道との比較 | 83

3 節においては賃金，燃料費，減価償却費，利子払いなどを推計すること
で，既存の公開統計では捉えられなかった経営収支構造を明確にし，利潤率
などの経営指標に基づく経営分析を試み，朝鮮国有鉄道との比較に基く朝鮮
私鉄ならではの歴史像を提示する。

1.　私鉄会社の設立と鉄道投資

　朝鮮の私鉄事業は，大韓帝国の免許を受けて釜山鎮・東莱間 6.5 マイルの
2 フィートの狭軌鉄道を蒸気機関車をもって運営した釜山軌道株式会社
（1909）を嚆矢とする。もちろん，京仁鉄道が 1899 年に開通したが，日本側
の国策会社たる京釜鉄道株式会社によって買収され，京釜鉄道会社自体が日
露戦争の中で臨時軍用鉄道監部によって敷設された京義鉄道とともに，統監
府の設置に際して買収されて，のちに朝鮮総督府鉄道局の運営路線となっ
た。そのため，私鉄事業であった京仁鉄道と京釜鉄道について，朝鮮総督府
鉄道局は国有鉄道の歴史の一部として論じている[9]。この釜山軌道は韓国瓦
斯電気株式会社（→朝鮮瓦斯電気株式会社）によって 1910 年に買収され，2
フィート 6 インチへと改軌された。

　総督府は私鉄事業の制度的基盤作りのため，日本内地の私設鉄道関係法令
に準じて「朝鮮の特殊事情を考慮し，外国の実例を参酌し」1912 年 6 月に
朝鮮軽便鉄道令及附属法規を制定し，私設鉄道の法的基盤を設けた[10]。さら
に，「朝鮮の鉄道事業は必ずしも営業上有利ならざるのみならず朝鮮内には
企業資金に乏しく之を遠隔なる内地に俟たざるべからざるに依り総督府は之
等資本家に鉄道投資の危険を保証する為め一定の条件の下に補助金を交付す
ることとし」，これを 1914 年より実施した[11]。そうした中，朝鮮鉄道局の湖
南線が開通すると，1913 年に全州・裡里間 15.5 マイルの蒸気鉄道敷設計画
が許可され，全北軽便鉄道が設立され，1914 年 11 月に運輸営業を開始し
た[12]。とはいうものの，1914 年の時点では開業 2 線に過ぎず，その後も鉄道
路線の開通は遅々としたものであった。

---

9)　朝鮮総督府鉄道局『朝鮮鉄道史』第 1 巻，1929 年，23-246 頁。

10)　前掲『朝鮮鉄道史』第 1 巻，718-723 頁。

11)　鈴木清・竹内虎治『朝鮮の私設鉄道』南満洲鉄道株式会社総務部調査課，1925 年，3-4 頁。

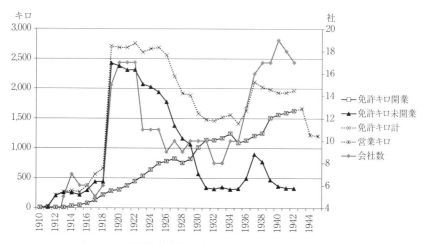

図 2-1　朝鮮私鉄事業の免許キロ，営業キロ，会社数
出所：朝鮮総督府鉄道局『年報』各年度版；朝鮮総督府鉄道局『鉄道要覧』各年度版；朝鮮総督府鉄道局『朝鮮鉄道状況』各年度版；朝鮮総督府交通局『朝鮮交通状況』1944 年度版；朝鮮総督府鉄道部（局）『私設鉄道及軌道統計年報』各年度版；朝鮮総督府『朝鮮総督府統計年報』各年度版。
注：『年報』・『鉄道要覧』・『統計年報』は年度末を基準とするため，同じ統計であるが，『状況』は 12 月末などを基準とするため，統計上やや異なっている。以下，同様。

　そこで，総督府は第一次世界大戦の好況に伴って殷賑産業の収益率が上がるという現実に対し，補助保証率を従来 6％から 1918 年に 7％へと引き上げ，1919 年 9 月よりこれを 8％にし，朝鮮への私鉄投資を促した。「時恰も欧州戦後に於ける財界の盛況に遭遇して資金横溢したる為め内地資本家にして朝鮮私設鉄道に着目するもの尠からず俄然として斯業の勃興を促し」，1919 年に敷設免許を受けた私設鉄道は 1,257.7 マイルに達し，新設会社も 7 社を記録した[13]。即ち，図們鉄道株式会社（1919.3.13），西鮮殖産鉄道株式会社（1919.5.16），朝鮮森林鉄道株式会社（1919.6.12），両江拓林鉄道株式会社（1919.6.12），金剛山電気鉄道株式会社（1919.8.12），朝鮮京南鉄道株式会社（1919.9.30），朝鮮産業鉄道株式会社（1919.10.16）であった。1920 年にも北鮮

---

12)　全北軽便鉄道（→全北鉄道）については前掲「全北鉄道의 設立과 運営 그리고 国有化」を参照されたい。
13)　前掲『朝鮮の私設鉄道』3-4 頁。

鉄道株式会社（1920.2.27），北鮮興業鉄道株式会社（1920.2.27），朝鮮京東鉄道株式会社（1920.3.3），京春電気鉄道株式会社（1920.10.18）という4社が設立された。図2-1で確認できるように，「朝鮮の私設鉄道に一紀元を画するの盛況を呈した」のである。

　しかしながら，戦後恐慌のため，「折角興隆の気運に向へし朝鮮の私設鉄道も一頓挫の悲況に陥った」。新設会社の中は「建設着手前に財界の恐慌に襲はれたる為め全く行詰りの状態に陥り且つ小会社の群立は徒に営業費を多大するのみにて何等益する所なく更に総督府に於ても私設鉄道会社の合併を慫慂したるに依り」6社の合併を見るに至った。それによって，朝鮮中央鉄道を存続会社と定め，両江拓林鉄道，朝鮮産業鉄道，南朝鮮鉄道，西鮮殖産鉄道，朝鮮森林鉄道5社が解散合併を決定し，朝鮮鉄道株式会社が1923年9月に成立，本社を京城に，支社を東京に置いた。さらに，清州（忠北線），光州（全南線），金泉（慶北線），大邱（慶東線），馬山（慶南線），沙里院（黄海線），咸興（咸南線）および古茂山（咸北線）の8ヵ所には出張所を設置し，各線の監理経営を行なった[14]。その結果，一つのネットワークを形成することなく，京畿，忠南，平南，江原を除く他の九道に跨がって，1924年12月に開業総延長238.3マイル，未開業線945.2マイルに達し，朝鮮内の私設鉄道総免許線の7割を占め，帝国内で「最大の私設鉄道」が浮上した[15]。図2-1では会社数が1923年に急減している。これは私鉄6社の合同によるものであって，鉄道の廃業によるものではないことに注意を要する。

　その後は1930年まで会社の設立は活況を失い，全羅鉄道株式会社（1925.3.31），南朝鮮鉄道株式会社（1927.4.5），川内里鉄道株式会社（1927.4.20），朝鮮鋼索鉄道株式会社（1929.5.22），新興鉄道株式会社（1930.1.15）にとどまった。ともあれ，その中でも鉄道敷設は進められ，1924年12月1日現在，開業線総延長は383.4マイル，未開業線1,287.4マイルに達した。当時開通に漕ぎつけた鉄道会社は6社であって，その内，おもに軌道事業を行う朝鮮瓦斯電気株式会社を除く他の5会社は私設鉄道補助法

---

14)　前掲『朝鮮の私設鉄道』南満洲鉄道株式会社総務部調査課，1925年，48-53頁。
15)　「本邦最大の私設鉄道，営業線の延長三百哩，朝鮮鉄道株式会社」『京城日報』1928年5月24日。

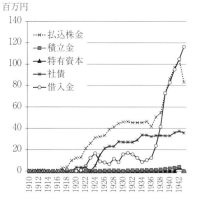
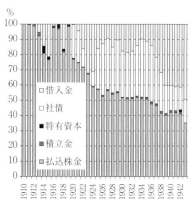

図 2-2　朝鮮私鉄の資本調達構成
出所：図 2-1 と同様；南朝鮮過渡政府『朝鮮統計年鑑』1943 年度版。
注：1．特有資本はその他含む。
　　2．1941 年の借入金と社債は資料上二つの合計として得られたため，1940，42 両年の平均比率をもって補間する。

による補助を受けた。その資本金総額は 7469 万円であるが，そのうち払込額は 2940 万円で，社債と借入金 2126 万 9 千円を記録した。朝鮮私設鉄道会社の株式分布（1924 年 12 月）を見ると，「大部分は内地に在る内地人の所有であって約八割四分を占め残額一割六分中朝鮮居住の内地人の所有約一割四分，朝鮮人の所有約二分の状態」であった[16]。このような状況は植民地末期になっても基本的に変わらず，1945 年 8 月頃日本人の所有が全株式の 85％を占めた。とはいえ，朝鮮内金融機関ならびに朝鮮人の所有比率が 15％に達したことは注目に値する[17]。図 2-2 のように，内地投資家からの資本金の払込が制限される中，他人資本の比重が増えて，1920 年代末にはほぼ半分に達し，戦時下ではさらに増えつつ，なかでも借入金の比重が大きくなった。建設費などの調達は初期には自己資本によって行われたが，株価が低迷したこともあり，株金払込が避けられ，むしろ他人資本，なかでも社債による資金調達が増えたのである（図 2-2）。

16）　前掲『朝鮮の私設鉄道』4 頁；「私設鉄道近状」『東亜日報』1924 年 4 月 5 日。
17）　朝鮮総督府「在朝鮮企業現状概要調書 46（私鉄・自動車）」1946 年。

こうして，戦後反動恐慌から世界大恐慌に至る 1920 年代の長期不況に際して，私鉄業界は「会社の合併，国有への買収，免許の失効等幾多の変遷を経」て対応したが，「満洲事変に引続き今次支那事変勃発し，大陸前進基地としての鮮内の各産業が飛躍発展を招来するに従って，各私鉄も運輸に建設に第一次欧州大戦当時を凌駕する進展を示すに至った」[18]。植民地工業化が進展し，それに伴う貨物の輸送が増えており，購買力の向上に伴う旅客の移動も活発になって，1931-1936 年に免許総キロ数は 517.7km，新たに出現した鉄道会社は特殊なものを含め 12 社を記録した[19]。既存の業者が 10 社であったことから見て，私鉄会社数が多くなったのである。この傾向が日中戦争期に続き，1940 年 6 月末現在，開業線 1,510.5 キロ，未開業線 349.8 キロ，合計 1,894.7 キロに達し，その経営は 14 社によって行われた。その後も，戦時下の資材および労働力の不足のなかでも，鉄道敷設が続けられたものの，私鉄路線の国有化措置が取られたため，1945 年 3 月末に私鉄開業線は 1,375.7km，未開業線 198.5km であった。戦時下の資金調達は他人資本が自己資本を上回っており，なかでも社債より借入金の比重が急増した（図 2-2）。

　これらの鉄道投資の動きを資本ストックとして推計して見たのが図 2-3 である。私鉄資本ストックは第一次世界大戦より急増し，増加傾向が 1927 年まで続いたが，1930 年代半ばまで停滞したりあるいはむしろ減ったりし，日中戦争が勃発してから急増する動きを示している。これは長期的に増加傾向を続けて 1930 年代半ば以降急増している国鉄ストックとは異なっているが，全北鉄道を皮切りとして朝鮮鉄道 12 年計画に伴う私鉄の「買収」＝国有化が 1920 年代末から本格化した結果である。その分，国鉄ストックが増えていったともいえるが，国有化を念頭に置けば，私鉄も長期的に増えつつある中，1930 年代後半より急増したと見ても大きな誤りはないだろう。この点で，補助金の支給を通じて鉄道投資を促し，さらに鉄道敷設において不足しがちな資金を朝鮮殖産銀行などからの低利資金で補わせた総督府の私鉄

---

18)　朝鮮総督府鉄道局編『朝鮮鉄道四十年略史』朝鮮総督府鉄道局，1940 年，476 頁。

19)　鮮交会編『朝鮮交通史』1986 年，842-846 頁。

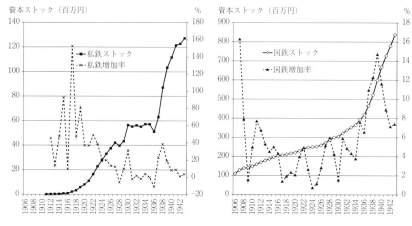

図 2-3　朝鮮私鉄と朝鮮国鉄の資本ストック

出所：図2-2と同様；鈴木清・竹内虎治『朝鮮の私設鉄道』南満洲鉄道株式会社総務部調査課, 1925年；南亮進『鉄道と電力』東洋経済新報社, 1965年；韓国経済企画院『第一次国富統計調査総合報告書』1968年；大川一司外『物価』東洋経済新報社, 1967年, 167-186頁；江見康一『資本形成』東洋経済新報社, 1971年, 32頁。

注：1. 資本ストックの推計は, 国鉄の場合, 出所の統計から年間の車両投資額と建設投資額（＝投資総額－災害費－用品資金－車両投資額）を得て,『第一次国富統計調査総合報告書』（韓国経済企画院, 1968年）の「物価倍率表」から得られる軌道車両および軌道施設デフレーターを以って, 34-36年平均価格を基準として実質額化し, Perpetual Inventory Method で推計した。

2. Perpetual Inventory Method は次のように南亮進（1965, 113-115頁）の推計方法に従って, 次の数式のように行った。$Kit = Iit + Kit_{-1}$, $Kit = (1-\mu i) Kit_{-1}$。Kit は t 年度の粗資本ストック, Kit は t 年度の純資本ストック, Iit は t 年度の投資額, μi は代替率。車両投資と建設投資額の代替率はそれぞれ0.05, 0.02である。ただし, 南(1965)は構築物と車両を区別せず推計したが, ここでは建築物と異なる機械類の特性に鑑み, 資本ストックを区分して推計する。

3. 私鉄の場合,「期末建設費」より年度別増減額を, 国鉄と同じく軌道車両および軌道施設デフレーターを以って実質額化し, 資本ストックを推計する。ただし, 年度別増減額が実際の投資額に比べて少なくなる可能性があるため, 資本ストックはやや過小推計される虞があるものの, 資料上各年度の投資額が把握できないため, やむを得ず, 建設費の年度別増減額を利用することにする。また, 1915-1918年は車両費が把握できないので, 1914年と1919年の比率がそれぞれ0.133であったことから, 0.133をもって建設費に掛け算を行い, 車両費を推計する。

4. それと同時に, 注意すべきなのは, 一定の配当率（例えば, 8％）を維持するため, 営業費の一部を建設費に繰り入れるという「遣繰決算」が総督府によって容認されたことを念頭に置けば, 建設費による資本ストック推計は過大推計された可能性がある[20]。

---

20)「朝鮮鉄道株式会社」『ダイヤモンド』1931年4月5日, 449-452頁；「補助法改正問題と朝鮮鉄道の今後」『ダイヤモンド』1932年6月1日, 82-83頁。

第 2 章　朝鮮私鉄事業の推計と分析——朝鮮国有鉄道との比較　│　89

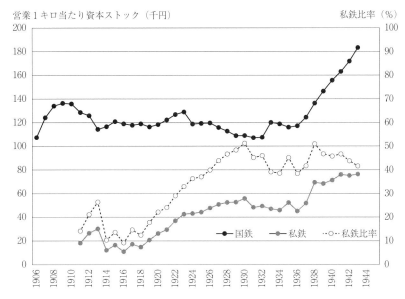

図 2-4　植民地朝鮮における営業 1 キロ当たり資本ストック
出所：図 2-3 と同様。
注：私鉄比率＝営業 1 キロ当たり私鉄資本ストック÷営業 1 キロ当たり国鉄資本ストック。

政策は資本ストックから見ても有効であったと評価できる。

　その一方で，営業 1 キロを基準とする資本ストック＝鉄道投資（図 2-4）をみれば，1910 年代を基準として上昇するものの，国鉄に比べて極めて少なかったことがわかる。鉄道投資は控えられたとも言える。例えば，12 年計画の一環として買収された朝鮮鉄道会社所属の慶東線，全北鉄道線，図們鉄道線の 3 線は軌間 762mm に過ぎない狭軌線であったが，1926 年頃，鉄道建設費を見ると，1 マイルを基準として広軌線（国際標準軌）は 12 万円程度であったのに対し，狭軌線は 7 万円程度しか掛からなかった[21]。その分，事業開始時には費用節約ができるわけであるが，問題は国有化後の輸送時に積換費が掛かることとなり，長期的に見て不利な点が多かったことで，改軌工事が行われざるをえなかった。これが私鉄の国有化が行われる際，輸送力増

21）　前掲『朝鮮交通史』820-822 頁。

強のための追加的投資が必要とされる理由であった。

　こうして敷設された私設鉄道が運営上どのような特徴を示すかを次節で論じることにする。

2. 私鉄の鉄道輸送と運営方式

　植民地期私設鉄道の輸送成績を見ると，第一次世界大戦の好況以来，増え始め，1915 年には当時の営業キロが僅かに 48 キロ余であって，旅客 12 万 8 千余人，貨物 2 万 6 千余トンを輸送し，収入 6 万 4 千余円，益金 1 万 3 千余円に過ぎなかったが，「年次を経るに従って線路延長し益金の逓増を示すに至った」[22]。その結果，1925 年には営業キロ 746.8 キロとなって，旅客 343 万 7 千余人，貨物 70 万トンを輸送し，収入 305 万 4 千余円を挙げ，益金 65 万 4 千余円に上ったという。ところが，1920 年代後半には輸送量が減っていき，それまでとは異なる様相を示している。これは 1927 年度以降私鉄の国有化措置が取られるとともに，「一般財界不況の影響を受け爾後成績は概して不振の傾向を辿り」，1929 年には営業路線が 820.8 キロに達したにもかかわらず，旅客 278 万 8 千余人，貨物 89 万トンを輸送し，収入 447 万 3 千余円，益金 6 万 3 千余円に過ぎなくなった。

　そうした中，満洲事変が勃発，1930 年代に入ってから恐慌からの景気回復が続き，鉄道輸送量も再び増加傾向に転じた。「植民地工業化に伴って新興鉄道，多獅島鉄道，三陟鉄道，京春鉄道，朝鮮平安鉄道，端豊鉄道，平北鉄道，西鮮中央鉄道，北鮮拓殖鉄道などといった私鉄会社の設立と開業が続いた」[23]。「これらの鉄道はそのほとんどが朝鮮内の森林，石炭，水力，塩などを開発することを目的として奥地開発に寄与したことはいうまでもなく」，これが輸送量の急増をもたらした[24]。もちろん，1936 年に南朝鮮鉄道 160 キロが買収されるなど，政策上の必要性に応じて戦時期にかけて私鉄の買収が行われ，その分の輸送量が国鉄のほうにシフトされたものの，私鉄による輸

---

22)　前掲『朝鮮鉄道四十年略史』478-479 頁。

23)　前掲『朝鮮交通史』842-847，864-869，890-891 頁。

24)　林采成「戦間期外地の鉄道」（技術部分除き）沢井実外編著『鉄道百五十年史（2）：「帝国の鉄道」の形成・発展・崩壊』交通協力会，2025 年出版予定。

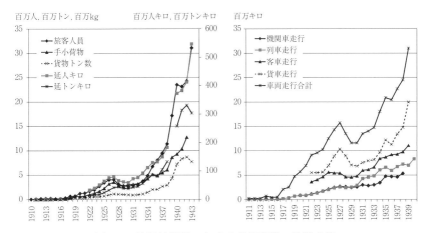

図 2-5　植民地朝鮮における私鉄事業の輸送成績
出所：図 2-2 と同様。

送量は増え続けた。

　とりわけ，1937 年 7 月 7 日に日中戦争が勃発すると，中国大陸との架橋としての役割を果たす朝鮮の鉄道網は「臨戦色を強め」た。戦争の勃発前であった同年 5 月 20 日には朝鮮総督府鉄道局軍事及総動員関係書類取扱規程，同 6 月 19 日には鉄道局防空委員会規程が制定されていた。盧溝橋事件後の 7 月 16 日には「北支派遣部隊輸送が始まり，8 月 4 日より 9 月 30 日までは全線に亘り平時の列車運転を停止し，軍用列車を主とする臨時列車の運行を設定し」，9 月 29 日には「防空法施行令が公布され」同年 10 月に実施されたのである[25]。こうして「戦時体制の強化が進むなかで，軍隊及び軍事用具員並びに物資輸送は戦争遂行の重要部門となる鉄道に国有鉄道を基幹として私設鉄道を含め重大な影響を及ぼすに至った」のである。国鉄だけでなく，私鉄でも「軍事輸送及び軍需産業に関連する輸送体制の強化と鉄道建設の促進，鉄道施設の改善など」が急速に進められた。

　「北支派遣部隊輸送」，即ち戦場への兵力の集中輸送のため，私鉄運営にも輸送制限が加えられたものの，輸送量は 1937 年に営業路線 1,628.3 キロ，旅

---

25)　前掲『朝鮮交通史』864-869 頁。

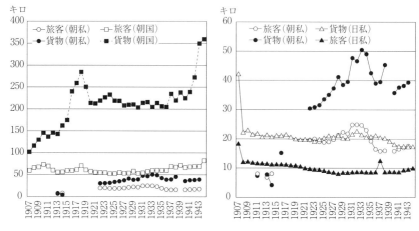

図 2-6　鉄道平均輸送距離（朝鮮と日本）
出所：朝鮮総督府鉄道局『年報』各年度版；朝鮮総督府鉄道局『鉄道要覧』各年度版；朝鮮総督府鉄道部（局）『私設鉄道及軌道統計年報』各年度版；朝鮮総督府鉄道局『朝鮮鉄道状況』各年度版；朝鮮総督府交通局『朝鮮交通状況』1944年度版；朝鮮総督府『朝鮮総督府統計年報』各年度版；鮮交会『朝鮮交通史　資料編』1986年；鉄道省『鉄道統計』各年度版；運輸省『国有鉄道陸運統計』各年度版。

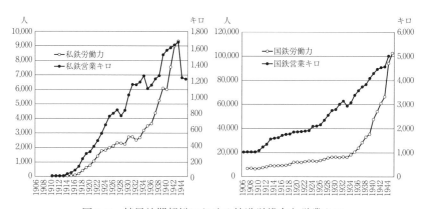

図 2-7　植民地期朝鮮における鉄道労働力と営業キロ
出所：図 2-1 と同様；鮮交会『朝鮮交通史　資料編』1986年。
注：1. 私鉄の場合，1926年より各社の用地関係者を除く。鉄道運営に介入しないことからである。
　　2. 1910，12，15，17-21年の私鉄従事員は営業1キロ当たり従事員をもって直線補間して推計する。
　　3. 1942年の私鉄従事員は「昭和十八年度交通動員計画ニ関スル件」の「第十三号表陸運要員計画表」による。

客 946 万 5 千余人，貨物 265 万 9 千余トンを記録した。その後も増え続けたが，これは「戦争遂行に伴い各種産業の急激な進展を物語るもの」であった[26]。1940 年度まで「旅客，貨物の数量及び粁当たり収入において特に高い伸率を示している」。1941 年以降に戦場の拡大に伴って帝国内の生産力は減縮を免れず，輸送量の「伸率が著しく低調」となり，旅客は 1943 年に 3109 万人を記録してピークに達したのに対し，貨物は 1943 年までは伸びず，1942 年に 867 万余トンのピークに達し，43 年には前年より 12％強減少した 772 万トンを記録した。

　これを鉄道別にみると，貨物トン数が 1943 年度に減少した鉄道は朝鮮鉄道（微減），京城電気金剛山電鉄線，新興鉄道，京春鉄道，朝鮮平安鉄道，端豊鉄道，平北鉄道（微減），西鮮中央鉄道であった。その中でも，1943 年度にも増加し続けた鉄道は多獅島鉄道（微増），三陟鉄道（微増），北鮮拓殖鉄道の 3 社に過ぎなかった。「この現象は戦争後期に入り諸物資不足を来し，生産低下と鉄道運営上の必要資材も不足して輸送が思うように行なうことができなくなった証左といえる」[27]。

　このような鉄道輸送はどのような特徴を持つのか。まず，労働力の配置を見ると，1910 年代後半より増えたものの，1920 年代末から 1930 年代前半にかけてやや定員の減少をも示しつつ増えていき，とりわけ戦時下で大量に採用されたことがわかる。これは私鉄買収に伴って国鉄へと従事員が職場を変えたり，新しい鉄道会社の設立と路線延長のため人員採用が大きく増えたりしたからである。一方，国鉄においては労働力の長期的増加の中，1930 年代後半以降大量採用が重ねられ，10 万人を超えていった。全体的には類似しているが，私鉄では国有化のため，1920 年代末から 30 年代前半にかけて減少傾向を示したのに対し，国鉄は世界大恐慌に際して人員整理などが行われ，1930 年代前半に労働力の増加が滞っている。営業路線に比べて私鉄の労働力は極めて少なく，1910 年代までは国鉄の 1 割にも達せず，それ以降も 2 割を超えることはなかった。

---

26)　同上書。
27)　前掲『朝鮮交通史』886-887 頁。

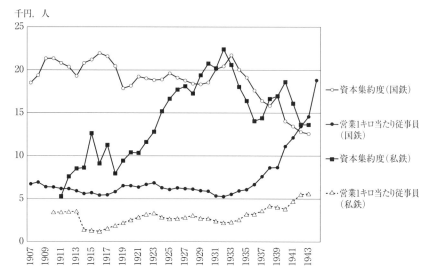

図 2-8　植民地期朝鮮における営業1キロ当たり従事員数と資本集約度
出所：図 2-3，2-7。
注：資本集約度＝K÷L。即ち，労働力一人当たり資本ストックである。

　これが資本ストックを基準としてどのように現れるだろうか。図 2-8 のように，資本集約度を計算してみれば，長期的に 1933 年まで増えたあと，減少していく動きが見られる。営業キロを基準としては 1 キロ当たり 2-3 人であって，この水準を 1930 年代前半まで維持し，その後増やしたことがわかる。営業キロを基準として大きな変化が見られないものの，資本集約度のみが上昇するというのは，営業 1 キロ当たり鉄道投資が控えられたと評価せざるを得ず，1920 年代以降，私鉄業界は鉄道投資を増やしていったということを意味する。すでに指摘したように，補助率の引上げ，私鉄会社の合同，国有化などを通じて資本家の利害関係を保障することによって，鉄道投資が本格的に展開されたこととは無関係ではない。1930 年代後半になって資本集約度が減少し続けるのは営業 1 キロ当たり従事員数の増加と整合的であって，鉄道の輸送量が増えるにつれ，要員配置を増やしたことをあらわす。しかしながら，国鉄の営業 1 キロ当たり従事員数と比較すれば，私鉄の場合，圧倒的に少ないことがわかる。即ち，鉄道投資（図 2-4）だけでなく，要員

第 2 章　朝鮮私鉄事業の推計と分析——朝鮮国有鉄道との比較 | 95

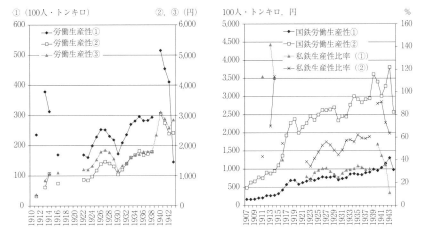

図 2-9　朝鮮私鉄の労働生産性と国鉄との比較

出所：図 2-3，2-7。

注：1. 労働生産性①＝（人キロ×旅客収入ウェイト＋トンキロ×貨物収入比ウェイト）÷労働者数。
　　2. 労働生産性②＝（運賃収入÷私鉄運賃指数）÷労働者数。運賃指数の基準年度は 1933-36 年平均。
　　3. 労働生産性③＝（運賃収入÷国鉄運賃指数）÷労働者数。
　　4. 私鉄生産性比率＝私鉄労働生産性÷国鉄生産性。

の配置においてもできる限り費用の削減が図られたといえる。

　私鉄業界の対応が鉄道投資と要員配置をできる限り避けようとするのはなぜだろうか。それを探る手掛かりとして労働生産性に注目したい。図 2-9 によれば，労働生産性は従事員一人当たり輸送距離（①）と従事員 1 人当たり実質生産額（②，③）として推計されたが，詳しいことは後述するものの，私鉄運賃指数は推計基準とする人キロとトンキロが結合した年度もあるので，参考として国鉄運賃指数をもって労働生産性③を推計した。当然，労働生産性の水準は異なるものの，その推移は三つとも同じ傾向である。1920 年代後半に労働生産性が停滞し，1930 年を谷として再び上昇したが，これも 1940 年をピークとして下がっていた。一方，国鉄のそれは 1910 年代に急増し，その後一時的に停滞することもあったが，長期的に向上し，1943 年をピークとして，その翌年やや下落する動きが確認される。景気変動の影響もあるが，戦時下では軍事輸送の発生なども無視できない。ここで，私鉄労働生産性比率を図ると，向上傾向は確認できるが，国鉄に比べて労働生産性

が低く，とくに輸送距離を基準とする労働生産性比率は私鉄事業が本格化した 1920 年以降ほとんど 20-30％程度に過ぎなかった。私鉄業界のパフォーマンスが極めて脆弱なものであったと言わざるを得ない。

次節ではこのようなパフォーマンスが経営収支構造と利潤率にどのように反映されたのかを検討する。

3. 私鉄の経営収支と利潤率

経営収支を分析する前に，収入は価格と数量からなるため，まず鉄道収入にとっての価格たる運賃に注目する必要がある。私設鉄道の運賃は 1924 年末に旅客に対して距離比例法，貨物に対して距離比例法を採用していた[28]。旅客運賃は 1 マイルにつき並等 4-5 銭，特等 7-8 銭であって，平均的に並等 5 銭，特等 7 銭 7 厘であった。とはいえ，このような運賃原則が適用されない特定運賃として旅客運賃では回数乗車，定期乗車，団体乗車，客車貸切，列車貸切，学校教員生徒，盲唖学校生徒および孤児，東拓移民，市場往復，被救護者割引扱などがあり，各種の割引運賃制が適用された。一方，貨物運賃は扱別を小口扱，トン扱，車扱の 3 種とし，賃率は小口扱では最高 100 斤 1 マイルにつき 1 銭-1 銭 5 厘，トン扱では 1 トン 1 マイルにつき 12-15 銭，最低 12 銭，車扱では 1 トン 1 マイルにつき 8-15 銭であって，平均的には小口扱 1 銭 1 厘，トン扱 13 銭，車扱 10 銭であった。貨物運賃でも特定運賃が設定され，朝鮮鉄道会社の場合，慶東線は大邱・浦項間，忠北線は鳥致院・清安間には各品種の特定運賃を適用しており，黄海線は兼二浦着鉱石，咸南線は石炭に対する特定運賃を設定した。朝鮮京南鉄道は穀物，また价川鉄道は鉄鉱石に対する割引運賃を設けたのである。

ところが，私鉄業界は 1930 年末頃国有鉄道の運賃制度に従って旅客に対する距離比例法を維持した反面，貨物輸送に対しては遠距離低減法（累加計算法，地帯加味）を採用した[29]。貨物運賃制度が従来の距離比例法から遠距離低減法へと変わった時点は資料上詳らかではないものの，これは国有鉄道

---

28)　前掲『朝鮮の私設鉄道』16-18 頁；前掲『朝鮮交通史』799 頁。
29)　前掲『朝鮮交通史』825 頁。

第 2 章　朝鮮私鉄事業の推計と分析——朝鮮国有鉄道との比較 | 97

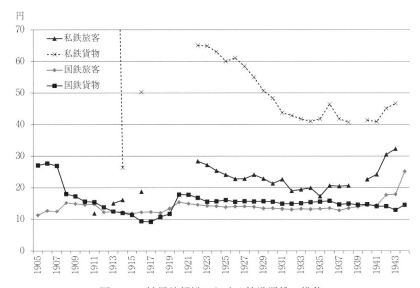

図 2-10　植民地朝鮮における鉄道運賃の推移
出所：図 2-7 と同様：林采成「L. 交通과 通信」金洛年他編『韓国의 長期統計』海南，2018 年。
注：1．鉄道運賃＝運賃収入÷輸送量。輸送量の単位は旅客 1000 人キロ，貨物 1000 トンキロ。
　　2．私鉄貨物運賃の場合，1911 年 271.8 円，1913 年 190.8 円である。この両年には朝鮮瓦斯電気の都市部を通過する釜山鎮・東萊 6.5 マイルしかなかったので，同社の高い貨物運賃が表示されたのである。

との連絡運輸を重視し，特殊の事情があるものを除いてはすべて国有鉄道と同一規則によって取扱うことにした。とはいえ，賃率を同レベルにせず，高く設定したことに注意しておきたい。その中でも割引運賃が適用され，より拡大し，国有鉄道なみの割引運賃が設定された。貨物運賃において生活必需品の調達，産業助長，出貨奨励などのため，朝鮮産の農水産品や鉱産品などに割引運賃が適用されたが，戦時下では生産力拡充物資などに対する貨物運賃割引が重視されたことはいうまでもない。

　こうして運賃割引が適用されることもあり，運賃制度および賃率だけでは長期的推移が把握できないため，本章は図 2-10 のように，運賃収入と輸送量をもって鉄道運賃を推計してみた。すると，1910 年代後半から 20 年代初頭にかけて第一次世界大戦期の物価上昇を勘案した運賃引上げ措置が取られたものの，鉄道運賃は 1920 年代前半から旅客，貨物ともに低下し始め，こ

の傾向が1930年代までに続き，1940年代に入ってから再び上昇し始めた。一方，国鉄運賃に注目すれば，第一次世界大戦を前後として運賃引上げとその後の長期的低下傾向が同じく確認できるが，運賃の絶対額は私鉄に比べて遥かに低かった。国鉄を基準として私鉄運賃は1923年に旅客1.9倍，貨物4.2倍であって，その後格差は縮小する傾向があったものの，戦時下に再び拡大し，1943年にはそれぞれ1.8倍，3.6倍であった。

　朝鮮の私鉄は貨物運送規則において原則として朝鮮国有鉄道貨物運送規則を全面的に準用した。しかし特例があって，①貨物運賃計算において賃率は国鉄のそれを適用するが，貨物営業粁程は実際のkm数に22掛して，実際の貨物運賃は国鉄に比べて約2倍強となるわけであった。朝鮮鉄道は22掛にしたが，30掛のところもあった。旅客運賃計算は朝鮮国鉄と同様に実際のkm数を使ったが，1kmに付き賃率が約2倍だったのである[30]。②朝鮮国鉄は朝鮮運送株式会社に鉄道の貨物通知書を発行させたが，私鉄は行わなかった。また貨物運送状謄本手数料および貨物引換証手数料は国有鉄道では無料であったが，私鉄では一定の手数料があった。③車扱貨物の運賃計算は最低瓲数で行われたが，国有鉄道より多少高く制定された。路線が短くて貨車数も少ないので，貨車の能率増進のため，車扱貨物積卸代弁は原則的に私鉄が荷主に代って行うことにし，1942年8月現在ではすべての私鉄が朝鮮運送に代行させた。④貨物運賃割引は，割引賃率表の発表によるが，割引期間が定められた。

　こうして，会社経営のため，相対的に高運賃が設定され，とりわけ貨物運賃の格差は極めて大きいものであったと評価せざるを得ない。私鉄会社とその監督部署たる総督府鉄道局との間には「私鉄懇談会」・「私鉄運輸会議」が開かれて各私鉄運輸課長，鉄道局監督課員などが出席し，鉄道局からの諮問事項を始め旅客，貨物，小荷物運輸連絡事務について協議を行なった[31]。朝鮮私鉄の貨物賃率は日本「内地の地方鉄道法の例を参酌して，例外を除き実

---

30)　朝鮮鉄道株式会社営業課貨物係長小笹一雄「私鉄貨物取扱の特例に就て」『朝鮮鉄道協会会誌』21-10，1942年，43-44頁。

31)　「各私鉄의 協議事項內容」『東亜日報』1931年5月31日；「私鉄運輸会議」『朝鮮日報』1935年5月19日。

第2章　朝鮮私鉄事業の推計と分析——朝鮮国有鉄道との比較 | 99

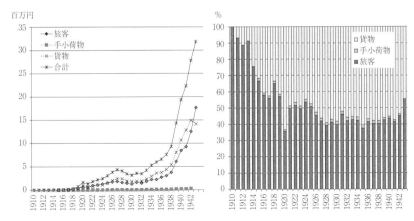

図 2-11　朝鮮私鉄の運賃収入とその構成
出所：図 2-1 と同様。

粁に 7 割乃至 20 割増した貨物営業粁を設定し，この粁程に国有鉄道と同一の賃率を適用するもの」であった[32]。この負担は私鉄を利用している旅客と荷主が負わざるを得ないことから，私鉄の買収＝国有化を沿線住民が常に歓迎したのである。前掲図 2-9 において生産額をもって私鉄と国鉄の労働生産性の格差を計測した私鉄生産性比率（②）は 1940 年代初頭に 90％に達したことは私鉄側の高い運賃設定があったから可能であったといえよう。

さらに，運賃収入（図 2-11）に注目すれば，1927 年まで増えたがその後減少し，その水準を 1934 年にふたたび突破し，戦時下で急増する，という様相を示した。図 2-5 と比較すれば，輸送量の回復が 1933 年に可能であったことと比べれば 1 年遅れるわけであるが，この理由として鉄道運賃が低下傾向であったことが取り上げられる。運賃収入の構成からみれば，1910 年代までは主に旅客収入を中心としたが，これが 1920 年代前半には旅客収入と貨物収入が半々となり，その後は貨物収入が全体の 60％近くにもなった。鉄道会社が主に資源開発のために新設されたという事実とは無関係でない。もちろん，アジア・太平洋戦争末期になって貨物輸送に重点が置かれ，不要不急と考えられる旅客に対して輸送制限が加えられると同時に，大幅の運賃

32)　前掲『朝鮮交通史』885-886 頁。

引上げが断行されたからである。図2-10に戻れば，1944年には旅客運賃が資料上確認できる範囲内で最も高い水準を示している点で，貨物運賃に比べていかに高い運賃が設定されたのかがわかるだろう。

　一方，私鉄事業の費用（図2-12）を見ると，1920年代前半までは増加するが，1930年前半まではほぼフラットな状態になっており，1930年代後半に急激に増えたのである。運賃収入が1920年代末の減少傾向が明確であったのに対し，費用の減少はそれほど明確にならず，輸送量の増減に関係なく発生する固定費用が多いことを意味する。さらに，費用構成に注目すれば，初期には賃金が最大費目であったが，鉄道投資が拡大し，さらに資金調達を自己資本より他人資本に頼るにつれ，資本費用が急激に増えた。中でも，借入金および社債の増加による利子支払額が1920年代後半には最大の費目となった。会社経営にとっては営業外とも言える利払いが最も大きな負担であったといえよう。これらの費用は推計作業による結果であって，補助金の算出の関係もあり，減価償却費と利子支払額はほとんど計上しなかったため，私鉄の監督官庁であった総督府鉄道局の『年報』などとは異なることに注意しなければならない。

　植民地期に私鉄事業の費用は収入に比べて大きくならざるを得ず，私鉄業界は全体として赤字経営を免れなかった。図2-13を見れば，鉄道事業が本格化した1920年代以来，年々利潤はマイナスを記録しており，一年も黒字経営はない。ただし，赤字規模を見る限り，輸送量が増えた1930年代前半にはその規模が縮小していたが，これも戦時下の物価および賃金上昇に伴って再び赤字規模が拡大している。こうした赤字の発生を補うため政府補助金が出され，鉄道会社の経営収支は最終的に黒字となったことはすでに指摘したところである。

　ここで補助金制度を総括すると，総督府は鉄道投資金に対する補助は1914年に始め，「各企業者に対する補助命令を以て会社払込株金額に対し年々の益金が一定の割合に達せざる時其不足額を補給することとし」た。その補助保証率は1917年度まで年6％であったが，1918年に7％，1919年9月に8％へと高めた。1921年4月1日には朝鮮私設鉄道補助法を施行した。その後，1923年4月1日に補助期限を10年→15年とし，補助金年額250

第 2 章 朝鮮私鉄事業の推計と分析——朝鮮国有鉄道との比較 101

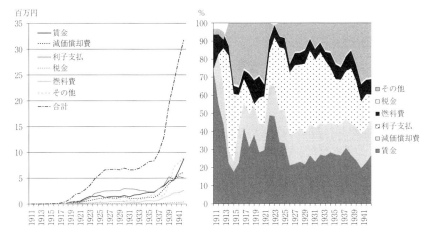

図 2-12 朝鮮私鉄の費用とその構成
出所：朝鮮総督府鉄道局『年報』各年度版；朝鮮総督府鉄道局『鉄道要覧』各年度版；朝鮮総督府鉄道部（局）『私設鉄道及軌道統計年報』各年度版；朝鮮総督府鉄道局『朝鮮鉄道状況』各年度版；朝鮮総督府交通局『朝鮮交通状況』1944 年度版；朝鮮総督府鉄道局『朝鮮私設鉄道補助法中改正法律案参考書』1934 年 1 月，1938 年 12 月；朝鮮総督府『朝鮮総督府統計年報』各年度版；林采成「全要素生産性（TFP）比較分析——日本，台湾，朝鮮，満洲」『東アジアのなかの満鉄——鉄道帝国のフロンティア』名古屋大学出版会，2021 年。
注：1. 人件費は，労働者の 1 人当たりの賃金を求めて，これを集計する方式で用いた。私鉄賃金が把握できるのは 1913-14，16，22-31 年しかないため，これらの 13 分の賃金が平均的に国鉄賃金の 68.4％であったことから，他の期間についてこの数値をもって推計する。
2. 減価償却費は，資本ストック代替率をもって計算される代替額を，資本ストック推計のためのデフレーターを利用して，毎年名目額に変える方法で推計する。
3. 利子支払額は借入金・社債×利子率によって推計されるが，利子率は資料上 1920-38 年しか得られないため，1919 年までは 1920-24 年の私鉄借入金・社債の利子率と朝鮮殖産銀行の利子率の平均比率を朝鮮殖産銀行利子率に掛けることで推計し，1939 年以降は 1934-38 年の両利子率の平均比率をもって同じく推計した。
4. 税金は 1921-25 年しか得られないので，営業利益に対する税金の比率が 5.65％であることをもって推計する。
5. エネルギー費用は石炭消費額（円）であるが，資料上把握できるのは 1911，13，16，27-30，35，37-38 年しかない。他の期間については石炭消費量（トン）と 1 トン当たり石炭価格を掛け算することで推計するが，私鉄石炭価格は得られない統計は国鉄石炭価格を利用する。ただし，1912，14-15，17-19，39-42 年は石炭消費量が得られないため，機関車 1 キロ当たり石炭消費量を直線補間し，これを機関車走行キロ数に掛けて推計する。1939-42 年の機関車 1 キロ当たり石炭消費量は 1938 年分を適用する。また，機関車走行キロ数が統計上欠如している場合，1920 年の列車走行キロと機関車走行キロの比率（1.051686）を列車走行キロに掛けて推計する。1942 年の場合，列車キロも得られないため，1941 年の列車キロと人トンキロの比率をもって推計する。
6. 以上の諸費用を除去し，残ったコストを「その他用品」費用とする。

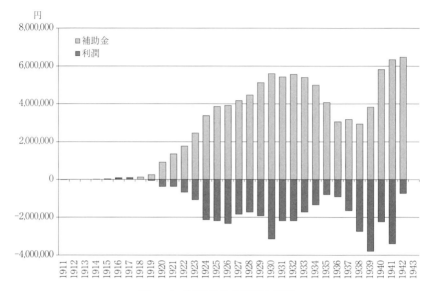

図 2-13　朝鮮私鉄の利潤と補助

出所：図 2-1，2-11，2-12。
注：利潤＝収入－費用。

万円も 300 万円に増額した。この補助金年総額最高は 1925 年 4 月 450 万円，30 年 5 月 16 日 500 万円であり，1934 年 4 月に至って補助の方法自体を「建設費補助主義」（即ち，補助金算定の基礎を益金と払込資本金と社債・借入金から建設費と益金）に改め，補助保証率の引下（6%）を行なう一方，益金の一部留保（1%）を認めた。1939 年 4 月には補助年限を 5 ヵ年延長するとともに，補助保証率の改正（5%）を断行した。まさに政府による補助金の支給は，高運賃体系の設定とともに，朝鮮内の私鉄経営を支える制度的基盤であったのである。

　私鉄事業の規模が年々拡大されたことを収益性に関するより正確な評価を行なうためには利潤率を推計しなければならない。図 2-14 によれば，利潤率は 1912-1918 年まで黒字を記録したが，朝鮮瓦斯電気会社と全北軽便鉄道からなっており，第一次世界大戦の好況時，新規会社の設立があったものの，本格的な鉄道事業を行なう前である。その後，利潤率は赤字に転じ，低下し続け，［－］2-3% を記録した。これが 1930 年代に入ってから改善する

第 2 章　朝鮮私鉄事業の推計と分析——朝鮮国有鉄道との比較 | 103

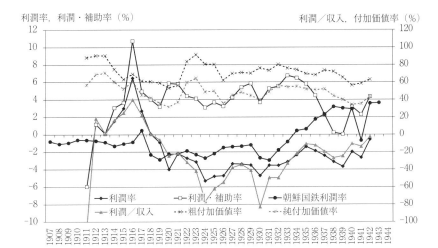

図 2-14　朝鮮私鉄の利潤率，利潤・補助率，付加価値率
出所：図 2-3，2-12；林采成「全要素生産性（TFP）比較分析——日本，台湾，朝鮮，満洲」『東アジアのなかの満鉄——鉄道帝国のフロンティア』名古屋大学出版会，2021 年。
注：1．利潤率＝実質利潤÷資本ストック。実質利潤は運賃指数をもって名目利潤を実質額化する。
　　2．利潤・補助率＝（実質利潤＋実質補助）÷資本ストック。実質補助率は運賃指数をもって名目補助を実質額化する。
　　3．利潤／収入＝名目利潤÷収入。
　　4．粗付加価値率＝（賃金＋減価償却費＋利子支払＋税金＋利潤）÷収入。
　　5．純付加価値率＝（賃金＋利子支払＋税金＋利潤）÷収入。

動きが見られる。利潤／収入もほぼ同様の動きを示すが，世界大恐慌による景気の谷はより深かった。付加価値率は 1910 年代に低下傾向であったが，一応 1920 年代に入ってから上昇し，その 1930 年代後半に低下している。

　そうした中，会社経営にとって現実な意味を持つのが利潤・補助率であろう。補助金の支給によって黒字に転じ，1920 年代から 1930 年代前半にかけて 4％台と 7％台の間を推移したが，戦時下で利潤・補助率は急激に下がっており，この時期に利潤率が植民地期の全期間中良好な方であったことを念頭に置けば，やや意外な結果である。1934 年に既述のように補助方式が変ったうえ，補助率も 1934 年に 8％→6％となり，さらにこれが 1939 年には 6％→5％となったからであろう。その中でも，1940-42 年に利潤・補助率が上昇したのは私鉄会社側の収益性が大きく改善したことを意味するだろう。この結果を朝鮮国鉄と比較してみよう。国鉄の場合，1933 年までは第一次世

界大戦中の 1917 年を除いて基本的に赤字経営を免れなかったものの，私鉄
事業が本格化する 1920 年代における国鉄の利潤率は私鉄ほど悪くはなかっ
た。とりわけ，1934 年以降には関特演のため域内輸送が大きく制限された
1941 年を除いて利潤率がプラスに転じた。

　こうして，私鉄事業は朝鮮国鉄に比べて収益性においても脆弱であった
が，総督府側はこれを支えるために高運賃体系の設定とともに，補助を支給
することで，国鉄に統合され得る私鉄経営を保障したのである。

おわりに

　朝鮮内の私鉄経営は後に朝鮮総督府鉄道局となる国策会社としての京仁鉄
道や京釜鉄道を除いては釜山軌道（→韓国瓦斯電気→朝鮮瓦斯電気）や全北軽
便鉄道に注目する限り，朝鮮居住の日本人らが主導して現地の必要に応じ
て，即ち釜山軌道は生活環境の造成，全北軽便鉄道は小作米の移出のために
鉄道敷設を始めたものである。その後，私鉄業への補助金制度が設けられ，
その補助保証率が引き上げられるに従って，日本内地からの鉄道投資が促さ
れ，私鉄会社の設立が急増し，国鉄の代理線ともいうべき幹線網を含めて路
線敷設が始まった。しかしながら，このような私鉄の勃興は戦後反動恐慌の
ショックを受けて，多くの会社が解散に追い込まれて頓挫寸前となると，総
督府からの積極的介入もあって，私鉄 6 社合同を見て，危機を乗り越えて事
業展開を行ない，私鉄の買収も朝鮮鉄道 12 年計画に含まれて実行され，補
助金の支給を受けた経営安定化が実現されたのである。とはいえ，1920 年
代後半，私鉄会社の新設はあまり捗らず，既存の私鉄会社の社債・借入金に
よる鉄道投資が顕著となり，再び勃興期を迎えるのは満州事変後，植民地工
業化が本格化するに従って可能となったのである。

　鉄道投資の結果たる資本ストックの推計を見れば，国鉄に比べて私鉄の国
有化に伴う減少もあり，1920 年代末から 1930 年代前半にかけて伸び悩んで
いる。とりわけ，営業路線 1 キロ当たり資本ストックは国鉄の半分以下で
あって，鉄道建設時に鉄道施設・車両の軽量化などを通じて投資金の節約が
図られたが，これは輸送力の脆弱性を意味せざるを得ず，国有化後に必ず施
設改良とともに，輸送力強化が実施される要因となった。この現象は労働力

の配置でも見られており，経営の健全性が確保されない鉄道会社としてできる限り投資金と運営資金を節約し，政府補助の上，配当を保証できる利潤を確保しようとする行動様式の結果であろう。

このようなインプットを節約しなければならなかった根本的な理由としてアウトプットの少なさがある。即ち，植民地工業化の進展や満洲事変後の大陸との交流増加などのため，旅客，貨物とも鉄道輸送量が増えたことも事実である。とはいうものの，戦時下の輸送制限が私鉄運営にも適用され，アジア・太平洋戦争期には戦況の悪化のため，輸送量の増加率が低調となった。戦争末期には各種物資の不足と輸送力の低下もあり，私鉄の輸送量，即ちアウトプットはあまり増えなかった。労働生産性を通じて私鉄事業のパフォーマンスを見れば，長期的には伸び続けたとはいえ，1920年代後半から30年代前半までの停滞は著しかったことから，上下変動はあったが，比較的一貫的に増え続けた国鉄に比べて極めて低い労働生産性を記録している。

これが私鉄経営の不安定な要因であったことはいうまでもなく，これを緩和するため，補助金制度のほかにも，高運賃体系を設定してアウトプットを人為的に高く評価した。私鉄の監督部署が総督府鉄道局であったことを念頭に置けば，そうした運賃の設定を総督府側が容認したことになる。1920年代から1930年代までは運賃低下が観測されるが，高運賃は利用者側によって負担されるわけで，地域独占だからこそ可能であったといえよう。結果的に収入の人為的増額があったにもかかわらず，これを上回る費用の発生が避けられず，長期的に資本費用，なかでも利子支払の増加が大きい負担であった。当然，赤字経営にならざるをえず，それを補うために補助金が支給されて黒字に転じた。これに対し，朝鮮国有鉄道も1930年代前半までは赤字経営を免れなかったものの，植民地工業化や大陸との交流に伴って黒字経営に転じた。

こうして，植民地朝鮮における私鉄事業は朝鮮内産業開発の停滞と低位性から規定され，とても低い生産性を記録し，これが経営不安の根源となった。加えて，私鉄投資に伴う資金調達方式において他人資本の利用が多くなったため，資本費用の拡大を避けられなかった。このような経営収支上の脆弱性を補ったのが高運賃体系と補助金であり，時には低利の政策資金の調

達であった。さらに，朝鮮総督府鉄道局＝朝鮮国有鉄道は幹線網の建設に際して既存の私鉄がその一部になると，日本からの国債発行で調達された資金をもって買収・国有化した。このように，朝鮮総督府，ひいては日本政府によって支えられ，私鉄経営が補填できたといえよう。人的にも経営陣や技術者の供給も朝鮮総督府鉄道局より行われる場合が多く，朝鮮私鉄は総督府への依存度が強かったといえよう。朝鮮総督から見て，このような手厚い保護策は日本内地からの鉄道投資を保障し，植民地内の乏しいインフラを拡充して維持することができたからである。

第 2 部

統合と利潤

第**3**章

私鉄統合と朝鮮鉄道株式会社

国営代行と投資会社

はじめに

　本章では，日本帝国内において満鉄や華北交通といった国策会社を除いて最大の私設鉄道であった朝鮮鉄道株式会社を分析対象として取り上げる。その設立後の経営分析を行ない，そこから見られる経営上の特徴を指摘，日本内地や他の植民地では見られない歴史性を明らかにすることを目的とする。

　植民地朝鮮では1910年代末から20年代初にかけて多くの私鉄会社が新設されたにもかかわらず，恐慌の下で自己資本の調達は進められず，鉄道敷設工事は建設費の不足によって進展しない状態が生じた。株主側は会社の解散を要求し，実際に朝鮮興業鉄道の解散後，朝鮮産業鉄道も解散を決議するに至った。総督府の介入によって産業鉄道は解散できなかったため，このような経営不安を解消するため私鉄合同運動が進められ，これに対し総督府側も積極的に介入し，6社が参加した朝鮮鉄道株式会社（朝鉄）が1923年に成立したのである。そのため，傘下の路線は一つに纏められたネットワークを形成せず，全国にわたって朝鮮国有鉄道の路線網を経由して連絡され，むしろ国有鉄道の枝線的な役割を果たしていた。

　その後，朝鮮鉄道株式会社の一部路線は朝鮮鉄道12年計画に含まれて総督府や他の鉄道会社によって買収されると，該当の投資金が回収された。その結果，1930年代にかけて同社の事業規模が縮小したにもかかわらず，他人資本の返済が行われることなく，資本調達構成は大きく変わらなかった。事業範囲が縮小するにつれ，会社規模もともに縮小させる案もあり得るが，むしろ他の私鉄を買収して一定の事業規模を維持しようとした動きもみられる。逆に朝鮮鉄道会社咸南線のように，他の私鉄への路線販売を行い，また補助期間の満了が近づくと，咸北線を分離して子会社とし，事実上該当路線の補助期間の延長をも図ったのである。日本内地の投資家らの利害を保障するために設立された安定的な投資先としての性格が強かったといえよう。

　帝国圏鉄道として類例がない私設鉄道であるがゆえに，経営分析を行う必要があるにもかかわらず，既存研究では会社経営の全般にわたる実態が解明されてこなかった。その中で分析の視点が私鉄合同や会社金融に限定されていたものの，朝鮮鉄道株式会社に注目したのが矢島桂（2009, 2010, 2012）

であった[1]。

　矢島桂（2009）は総督府と内地資本家との「投資の保全」をめぐって展開された私鉄6社合併，即ち朝鮮鉄道株式会社の設立を分析した。矢島は総督府の「保護・支援」に刺激された私鉄会社の「簇生」があったものの，反動恐慌に際して解散の動きが生じ，これが総督府の反対を受けて私鉄合同論となり，総督府の支援も得て新会社が設立されたものの，むしろ「総督府からの干渉を排そうとする一方で」，「大規模鉄道計画の樹立と補助の増進を総督府に求める活動を推進し」，路線一部の国有化による「窮状打開」を図ったと指摘した。それは民間企業の主導性を重視し，経営負担を総督府財政に転嫁したと見るものであった。矢島（2010）は朝鮮鉄道12年計画の分析を通じて，この観点を生かして「私鉄会社の救済」というもうひとつの側面を実証し，「朝鮮鉄道会社は，総督府による所有路線の買収を通じて事業整理と買収資金の再投資による鉄道延長が可能となった」と言及している。矢島（2012）においては朝鮮鉄道会社の鉄道金融を調査し，日本内地証券業者が引き受けて社債の発行が行われ，植民地銀行からの借入金の返済を行なったことを検証している。

　とはいえ，資金調達面から見れば，このような社債発行は会社の成立とともに行われたものであって，その引き受け手は日本内外銀行などといった大株主であったことを念頭に置けば，鉄道会社でありながら，他人資本だけでなく自己資本においても日本内地の金融機関の投資先としての性格が強調されなければならない。矢島の三本の論文とも鉄道会社を対象とするものの，鉄道業を全面的に取り上げて経営分析を行なうというより，鉄道会社を素材として株主の動向や総督府の方針そして企業金融に注目したものである。そのため，安定的な投資先でありながらも鉄道業が本業である朝鮮鉄道ならではの特徴の抽出は，依然として課題として残っていると言わざるを得ない。朝鮮鉄道は総督府からも補助を受けつつも，国鉄だけでなく他の私鉄へ路線

---

1)　矢島桂「植民期朝鮮への鉄道投資の基本性格に関する一考察──1923年朝鮮鉄道会社の成立を中心に」『経営史学』44-2，2009年，59-84頁；矢島桂「植民地期朝鮮における「国有鉄道十二箇年計画」」『歴史と経済』52-2，2010年，1-18頁；矢島桂「戦間期朝鮮における鉄道金融の展開──朝鮮鉄道会社の社債発行を中心に」『社会経済史学』78-1，2012年，25-47頁。

を売り渡す一方で，朝鮮京東鉄道のように合併も行っており，さらに咸北線をもって北鮮拓殖鉄道への分社にも取り組んだ。このような事業展開は帝国圏鉄道においてもその類例を見ないことから，その歴史像を抉り出さなければならない。

そのため，本章は次のような構成を持つ。第1節では朝鮮鉄道会社の出発点となる私鉄6社合同を検討するが，その合同プロセスについてはすでに前章で触れたので，合同を決めた私鉄6社の経営状況に重きを置いて分析を進める。第2節では資金調達で見られる特徴を抉り出すとともに，それが建設費の使用の動向とどのように関係しているかを検討し，鉄道運営に当たるべき従事員の構成が朝鮮国有鉄道とはいかに異なるかを明らかにする。第3節では，実際の鉄道運営と輸送動向で見られる朝鮮鉄道会社の分節的ネットワークを検討する。第4節では会社としての経営収支を分析した上で，そのなかで見られる経営改善がいかなる意味合いを持つのかを吟味する。

1. 私鉄合併と新会社の設立

朝鮮鉄道株式会社は，朝鮮中央鉄道，西鮮殖産鉄道，南朝鮮鉄道（旧），朝鮮森林鉄道，両江拓林鉄道，朝鮮産業鉄道といった1910年代に設立された私鉄6社が1923年に合同仮契約に合意し，その内朝鮮中央鉄道を存続会社として他の5社が合併する形をとって，同年9月に設立された。とはいうものの，日本内地の大手私鉄で見られるように，競争を経て規模の経済を追求するために行われた合併とは全く異なって，全国に散在している9つの路線からなる鉄道業としての歪な事業体となっていた。ヘッドクォーターを一つにすることで生じ得る事業費の節約は大きく期待できず，組織内部で持っている輪転材や労働力を速やかに統合し，さらに規格統一を通じた鉄道事業の利便性の追求も，極めて限定されたといえよう。目論見としては，合併によって内部資金をプールして利用するとともに，自己資本の確保が株主の株金払込の忌避のため難しくなるなか政府保証を条件とする大量の社債発行を通じて他人資本を調達することであろう。

そのため，京城に本社，東京に支社を置くけれども，会社傘下の9つの路線には出張所を設け，それぞれの路線を建設させて列車運行を始めなければ

ならなかった。この点で，自然条件や沿線の開発状態などに規定される従来
の特長は現れざるをえなかったため，ひとまず統合以前の各社別・各路線別
鉄道経営について考察する必要がある。

　第一に，朝鮮中央鉄道についてみると，1916 年 2 月に「京釜線大邱駅に
起り東海岸浦項に至る間及途中西岳駅より分岐し，蔚山を経由し南下して東
莱に至る間並蔚山，長生浦に至る」延長 115 マイル，軌間 2 フィート 6 イン
チの蒸気鉄道という慶東線の敷設を出願し，同年 2 月に免許を受けて，4 月
に朝鮮軽便鉄道株式会社の設立を見た。朝鮮軽便鉄道株式会社は 1917 年 2
月に大邱より起工し，同年 12 月 1 日に大邱・河陽間を開通し，1919 年 6 月
25 日に東海岸浦項および鶴山に達し，さらに西岳・仏国寺間は 1918 年 10
月に，仏国寺・蔚山間は 1921 年 10 月に開通を見た[2]。この営業路線が 92 マ
イルに達した。沿線は沃野を経るため，農産物に富んでおり，大邱・鶴山線
の浦項港は東海岸の一大漁港であるので水産物の出荷も少なくなかった。

　さらに，1916 年 8 月には「忠清南道公州より忠清北道忠州に至る間及京
畿道平沢より陰城驪州及長湖院に至る」145.7 マイル間に軌間 2 フィート 6
インチの蒸気鉄道の敷設を出願し，1917 年 8 月に免許を得たが，本区間は
その後鳥致院・忠州間 58.1 マイルを除いては失効した。この路線が忠北線
であって，朝鮮南部の中央部を貫通していることもあって，1919 年 9 月に
は東京で臨時株主総会が開かれ社名を朝鮮中央鉄道株式会社と改称した。資
本金を 1200 万円として 1920 年 3 月に鳥致院・清洲間 14.1 マイルの工事に
着手し，1921 年 11 月に開通，清洲・清安間 14.9 マイルは 1922 年 5 月に起
工し，1923 年 5 月にその開通を見た。この路線は他線と同じく貨車収入よ
り客車収入が多かった。主要貨物としては米を主とし，そのほかは農産物も
しくは日用品などであった。「旅客運輸に関しては自動車との競争に対しよ
く協調を為し，現在清安を基点として奥地鎮川，青川，寧越，提川，及忠州
方面との連絡切符を発売し鉄道は競争区域たる清州，清安間汽車賃金の三割
を自動車商会に払戻し居る」という[3]。

---

2)　朝鮮総督府『朝鮮鉄道状況』第 13 回，1922 年版；鈴木清・竹内虎治『朝鮮の私設鉄道』南満
　　洲鉄道株式会社総務部調査課，1925 年，93-116 頁。
3)　前掲『朝鮮鉄道状況』第 13 回；前掲『朝鮮の私設鉄道』54-74 頁。

次に西鮮殖産鉄道株式会社である。本鉄道は 1919 年 9 月の出願後，同年 10 月に免許を受けて 12 月に会社創立を見た。路線としては，国有鉄道京義線沙里院駅より鎮南浦対岸猪島に至る 51 マイル，同区間の上海より分岐して銀山面に至る 9.4 マイル，銀山面線石灘内土面の途中の花山より黄海道庁所在地海州に至る 32.4 マイル，同線徍菊里（新院）より分岐し下聖面に至る 3.2 マイル，猪島線信川より分岐し海州を経てその海港たる龍塘浦に至る 47.4 マイル，信州の稍南方梨木より分岐して長潤に至る 18.6 マイル，合計 162.5 マイルに達し，既設および未設線を含む軌間 2 フィート 6 インチの蒸気鉄道であった[4]。そのうち，銀山面線 9.4 マイルは三菱製鉄株式会社の経営であったため，この銀山面鉄道を西鮮殖産鉄道は 1920 年 4 月に買収した。そのため，49,800 株を有する東洋拓殖を最大株主として三菱製鉄が 30,100 株を持ち二番目の株主になっており，三菱合資会社業務担当社員として岩崎小弥太も 3,885 株を有した。そのほか，合資会社賀田組代表社員たる賀田以武が 9,650 株，賀田直治が 9,205 株を有した[5]。1920 年 6 月に沙里院・信川間 21.8 マイルの工事に着手し，まず沙里院・載寧間 14 マイルは 1920 年 12 月に，載寧・信川間 8.4 マイルは 1921 年 11 月に開通した。花山・未力間は朝鮮鉄道会社の設立後の 1924 年 9 月に開通した。列車は沙里院・信川間 4 往復，銀山面支線 3 往復を運転しており，本線の主要貨物は沿線平野より産出する農産物と銀山面の三菱製鉄株式会社所有の鉄山より同社兼二浦に輸送する鉄鉱石などであった。

第三に南朝鮮鉄道株式会社（旧）である。本鉄道は 1917 年 12 月に「慶尚南道，全羅南道及全羅北度の三道に亘り馬山港より晋州，光州等を経て湖南線松汀里駅に連絡する」路線と「途中院村より分岐し全州に達する」路線からなる延長 204 マイル，軌間 4 フィート 8 インチ半の蒸気鉄道として出願し，1918 年 7 月に免許を得て 1920 年 1 月に会社を設立した。馬山と松汀里の両端より起工の方針をもって調査を行ない，1921 年 4 月にまず松汀里・光州間を起工し，次いで同年 12 月に光州・潭陽間の敷設工事に着手し，松

---

4) 前掲『朝鮮鉄道状況』第 13 回；前掲『朝鮮の私設鉄道』135-150 頁。

5) 西鮮殖産鉄道株式会社『第 7 回営業報告書』1922 年下半期（1922 年 10 月 1 日-1923 年 3 月 31 日）。

汀里・光州間 9.3 マイルは 1922 年 7 月に，光州・潭陽間 13.4 マイルは同年
12 月に開通し，営業を始め，松汀里・光州間 7 往復，光州・潭陽間 4 往復
の列車を運行した[6]。この松汀里・潭陽間 22.7 マイルを全南線と称した。も
うひとつの路線は慶南線と称したが，馬山から始まり慶尚南道庁の所在地た
る晋州を経て院村に至る路線として馬山・郡北間 18.3 マイルが 1922 年 6 月
に起工，合併後の 1923 年 12 月に運輸営業を開始し，1 日 3 往復の列車を運
転した。その他は未開業線に属する郡北・晋州間は 1925 年 4 月頃までに開
通する予定であった。

　第四に，朝鮮森林鉄道である。鴨緑江上流地方森林地帯の木材を搬出する
ことを主目的として計画された。東洋拓殖が全 40 万株のうち 86,400 株を保
有して最大株主となっており，その次が九州製紙株式会社取締役社長の大川
平三郎 30,000 株，次に大川合名会社代表社員大川平三郎 21,500 株であっ
た[7]。「国有鉄道咸鏡南部線咸興駅に起り満鮮国境厚州古邑及満浦鎮に至る」
219 マイルの幹線と，「五老里より分岐し漢垈里に至る」53.2 マイルと豊上
里・長豊里間 1.6 マイルの支線からなる延長 273.8 マイル，軌間 2 フィート
6 インチの蒸気鉄道であった[8]。1919 年 4 月に咸興から長津を経て鴨緑江江
岸厚州古邑に至る線を出願したが，同年 6 月に長津より分岐して満浦鎮に至
る線路を追加敷設することを条件として認可が下された。総督府としては鮮
満交通路を追加的に確保しようとしたのである。1920 年 2 月に会社が設立
され，1922 年 4 月に咸興・五老間，1923 年 3 月に五老・長豊里間の工事に
着手し，1923 年 6 月 10 日に万歳橋・五老里 9 マイル，同年 9 月 25 日に咸
興・万歳橋間 1.6 マイルと五老・長豊里間 7.1 マイルの鉄道運営を始めた。
終点たる長豊里には咸興炭鉱と呼ばれる帝国炭業の炭鉱があり，一日 100 ト
ン内外を輸送することとなった。

　第五に，両江拓林鉄道である。本鉄道は咸鏡北道豆満江上流の森林地帯の
木材を搬出することを主目的として計画された。そのため，王子製紙株式会
社専務取締役社長藤原銀次郎が 30 万株のうち 49,700 株を持つ最大株主と

---

6)　前掲『朝鮮鉄道状況』第 13 回：前掲『朝鮮の私設鉄道』74-93 頁。
7)　朝鮮森林鉄道株式会社『第 7 回報告書』1922 年下半期（1922 年 11 月 1 日-1923 年 4 月 30 日）。
8)　前掲『朝鮮の私設鉄道』150-158 頁。

なっていた[9]。1919年5月に古茂山・合水間120マイル，吉州・恵山鎮間85マイル，合計205マイルの蒸気鉄道の敷設を出願し，同年6月に認可を受け，1920年5月に会社の設立を見た。当初の計画は軌間3フィート6インチの狭軌鉄道であったが，「森林及線路の実地調査の結果」，山間僻地であるため，出荷量が少ないことから，2フィート6インチ軌間が適当であると認め，古茂山・三河江口間を軌間2フィート6インチに変更，古茂山・新店間23マイルを4工区にわけて，最も難工事区間である第1，第3工区より着手し，工事中に会社が合併されることとなった。朝鮮鉄道会社としては収支採算の予想上，年間営業損失が5万8000余円に達すると見，第1，第3工区の継続工事の竣工とともに，第2，第4工区の工事を一時中止したのである。

第六に，朝鮮産業鉄道である。「国有鉄道京釜線金泉駅より起り慶尚北道の北部を横断し安東に至る」延長73マイルと平安北道孟中里より熙川に至る延長77マイル，合計140マイルを1919年4月に出願し，慶北線の軌間を3フィート6インチから4フィート8インチ半に変えて，同じく国際標準軌とすることで1919年10月に認可を得て，1920年9月に会社を設立した[10]。ところが，反動恐慌の影響を被って1921年12月に資本金を2000万円から500万円に減らし，平北線の敷設を諦め，慶北線のみを敷設することとした。1922年4月に金泉・尚州間敷設工事を始め，次に1923年5月に尚州・咸昌間12.3マイル，同年8月に咸昌・店村間2.5マイルの工事に着手し，合併後の1924年10月に金泉・尚州間22.4マイルを開通し，1924年12月には尚州・店村間14.8マイルの開通を見る予定であった。

図3-1の利潤率をみると，むしろ会社を設立し鉄道事業を始める前までは，収益性が良かったものの，事業の展開に伴って利潤率が急激に下がっていくことがわかる。即ち，払込資本金や借入金などによって利子などが発生し，営業外収入が発生する一方で，営業支出はほとんどないので，平均資本額を基準とする10％を超えることもあった。だが，1917年に朝鮮中央鉄道が，1919年に西鮮中央鉄道が，1922年に南朝鮮鉄道（旧）が，1923年に朝

---

9)　両江拓林鉄道株式会社『第4回報告書』1921年下半期（1921年10月1日-1922年3月31日）；前掲『朝鮮の私設鉄道』158-163頁。

10)　前掲『朝鮮の私設鉄道』130-135頁。

第3章　私鉄統合と朝鮮鉄道株式会社——国営代行と投資会社 | 117

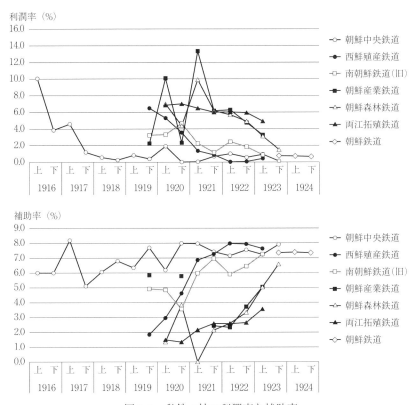

図 3-1　私鉄 6 社の利潤率と補助率

出所：朝鮮総督府鉄道局『朝鮮鉄道状況』各年度版；朝鮮総督府鉄道局『年報』各年度版；朝鮮総督府『朝鮮総督府統計年報』各年度版；鈴木清・竹内虎治『朝鮮の私設鉄道』南満洲鉄道株式会社総務部調査課, 1925 年, 48-163 頁；「朝鮮私設鉄道補助法中ヲ改正ス」JACAR（アジア歴史資料センター）Ref.A01200519900, 公文類聚・第四十七編・大正十二年・第二十九巻・交通・通信・電信・運輸・河川港湾・船舶・電気・瓦斯（国立公文書館）。

注：1. 朝鮮中央鉄道への補助保証率は 1918 年 3 月までは 6%, 1919 年 6 月までは 7%, 同年 7 月以降は 8% とする。
　　2. 利潤率＝利益÷平均資本額。補助率＝補助金÷平均資本額。

鮮森林鉄道が，一部路線でありながら開通を見て鉄道運営を始めると，採算性が悪く合併時まで鉄道運営を始めなかった両江拓林鉄道や朝鮮森林鉄道の方がむしろ 1923 年にも相対的に良好な収益性を示した。このような経営状態に影響を受けて，補助率については両鉄道会社が低く，朝鮮中央鉄道，西鮮殖産鉄道，南朝鮮鉄道，朝鮮森林鉄道，朝鮮産業鉄道，両江拓林鉄道の順

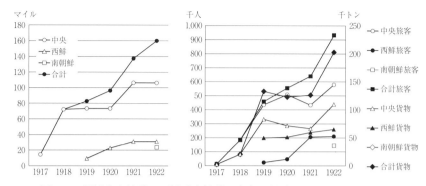

図3-2 朝鮮中央鉄道，西鮮殖産鉄道，南朝鮮鉄道の営業キロと輸送量
出所：朝鮮総督府『朝鮮鉄道状況』第13回，1922年；朝鮮総督府鉄道部『私設鉄道及軌道統計年報』1922年度版。

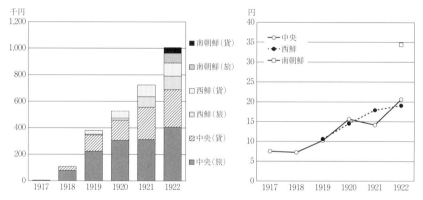

図3-3 朝鮮中央鉄道，西鮮鉄道，南朝鮮鉄道の客貨収入と1マイル当たり営業収入
出所：図3-2と同様。

に補助率が高くなったことがわかる。合併前に鉄道運営を始めた朝鮮中央鉄道，西鮮殖産鉄道，南朝鮮鉄道の営業成績はいかなるものであったのか。

図3-2の通り，朝鮮中央鉄道が最も早く設置され，1922年に最も長い路線，なかでも狭軌「南線」92.1マイル（→朝鮮鉄道慶東線）と国際標準軌「北線」14.1マイル（→朝鮮鉄道忠北線）を敷設し，鉄道運営をはじめている。その次が西鮮殖産鉄道31.2マイル（→朝鮮鉄道黄海線）であり，三番目が南朝鮮鉄道全南線（→朝鮮鉄道全南線）22.7マイルであった。1923年中に朝鮮

森林鉄道咸南線（→朝鮮鉄道咸南線）も一部路線において営業を開始したものの，その成績は新しい合併会社たる朝鮮鉄道の営業成績として集計されている。朝鮮中央鉄道は客貨とも伸びる中，旅客は1921年に若干停滞したのに対し，貨物の場合，1920，21両年に減少の動きが見られる。1920年には「南線」の建設工事が進捗し，建設用資材の輸送が減っており，さらに「主要貨物タル塩，筵，叺，米穀類，薪炭等ハ半額ノ下落ヲ示シ金融ハ殆ント杜絶ノ状態ナリシヲ以テ取引遅々シタカラス加フルニ生産物搬出ノ初期ニ於テ穀類ノ出廻リ多カラザリシ為」であり，21年にもこの状況が改善されず，米穀の出廻りが遅れた[11]。このように反動恐慌の影響が中央鉄道の輸送動向にも確認できるのである。1922年にも財界不振のため，主要駅より穀類の出廻りは回復していないものの，「貨物割引特定賃金ヲ制定シテ出貨ノ奨励ニ努メタルト南線ニ於テハ特ニ満洲産粟ノ輸入例年ヨリ多数ナリ」，「北線」において工事進捗に伴う建設用資材が増えた結果，全体の輸送量は増えたのである[12]。

　西鮮殖産鉄道と南朝鮮鉄道において列車運行の路線距離が短く，開通からあまり年数が経過していないため，輸送量や輸送収入においては大きなシェアを占めないものの，営業路線1マイル当たり収入をみると，朝鮮中央鉄道と西鮮殖産鉄道がほぼ同様の動きを示している。だが，南朝鮮鉄道の場合，34.37円を記録し，両鉄道より収益力が大きかった。一方，労働生産性を推計してみると，1922年に朝鮮中央鉄道17,337人トンキロ，西鮮殖産鉄道14,660人トンキロ，南朝鮮鉄道9,020人トンキロ，3鉄道平均15,197人トンキロであった[13]。南朝鮮鉄道が収益性において最も良好であったが，生産性では最も低いという乖離をどのように説明できるだろうか。そこで，運賃を推計してみると，1922年の旅客運賃と貨物運賃はそれぞれ朝鮮中央鉄道

---

11)　朝鮮中央鉄道株式会社『第9回営業報告書』1920年上半期（1920年1月1日-6月30日）；朝鮮中央鉄道株式会社『第10回営業報告書』1920年下半期（1920年7月1日-12月31日）；朝鮮中央鉄道株式会社『第11回営業報告書』1921年上半期（1921年1月1日-6月30日）。

12)　朝鮮中央鉄道株式会社『第13回営業報告書』1922年上半期；同『第14回営業報告書』1922年下半期。

13)　労働生産性＝（旅客人キロ×旅客収入ウェイト＋貨物トンキロ×貨物収入ウェイト）÷従事員数。

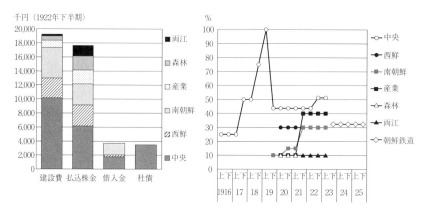

図 3-4　私鉄合同会社の建設費，資金調達額，払込株金率
出所：朝鮮中央鉄道株式会社『営業報告書』各半期版；西鮮殖産鉄道株式会社『営業報告書』各半期版；南朝鮮鉄道株式会社『営業報告書』各半期版；朝鮮産業鉄道株式会社『営業報告書』各半期版；朝鮮森林鉄道株式会社『営業報告書』各半期版；両江拓林鉄道株式会社『営業報告書』各半期版；朝鮮鉄道株式会社『営業報告書』各半期版；「私鉄資本状況」『朝鮮日報』1923年4月21日。
注：払込比率＝払込株金÷公称資本金。ただし，朝鮮中央鉄道の払込比率が1919年上期100%から急減するのは資本金が300万円から1200万円へと増額されたからである。また，朝鮮産業鉄道のそれが1921年上期10%から40%へ急増するのは資本金を2000万円から500万円へと減資したからである。

46.0円，113.2円，西鮮殖産鉄道50.5円，97.9円，南朝鮮鉄道54.8円，134.7円であった。即ち，南朝鮮鉄道において最も高い運賃が設定されていたのである。南朝鮮鉄道はまだ路線延長に伴って変わっていく可能性もあるが，地域独占としての性格を持つため，このような運賃設定が可能であっただろう。

　このように，3鉄道会社は路線開通に至り，鉄道運営を始めたものの，朝鮮産業鉄道，朝鮮森林鉄道，両江拓林鉄道の場合，図3-4の払込株金と建設費を比較して見ればわかるように，1922年下半期までほとんどの鉄道投資を行わなかった。なぜこうした消極的立場をとったのだろうか。すでに第1章で考察したように，朝鮮産業鉄道は私鉄補助法によって配当8%は保障されたものの，反動恐慌後株価が低落し，払込額の6-7割または4-5割に過ぎなくなると，株主は追加的払込を拒み，なかでも朝鮮産業鉄道ではむしろ会社解散を通じて投資金の回収を図った。この状況は図3-4で示す通り，朝鮮

第3章　私鉄統合と朝鮮鉄道株式会社——国営代行と投資会社 121

中央鉄道や南朝鮮鉄道を除いて払込比率が上がらないことからわかる。ただし，朝鮮産業鉄道の場合，その払込比率が1921年上期に10％から40％へ急増するように見えるのは，実際に払込が行われたわけではなく，資本金を2000万円から500万円へと減資したからである[14]。その株主の構成を見ると，他の私鉄とは異なって特定の機関投資家を持たず，一般投資家がほとんどであったため，株価の動向によって株金の払込が大きく左右されたのである[15]。これに対し，総督府理財課長から鉄道部長[16]になっていた和田一郎は私鉄解散の阻止のために骨を折ったという。

　和田の回顧[17]によれば，1920年3月に「私設鉄道がみんな解散してしまふということになり，今まで多少溜めて居る財産を分けて取った方がよからうといふやなことに」なった。「京城より仁川の方に行く何とかいふ鉄道があり」「総督府が解散を阻止する意見を決める前に到頭解散」したが，「その他は解散しないで喰い止め」た。「産業鉄道は資本金が二千万円で持って居る金も多いので解散して分けて取らうといふ株主が多かった。それで総督が極力解散を阻止して居った」が，1921年末「政友会の島田俊雄君と古賀三千人君，有馬秀雄君と三人が大晦日の日に私の所に談判に来て，『どうしても産業鉄道を解散しなければならぬ，飯の種にもなるんだから余り喧しく理屈を言はないで聞いて呉れ，水野さんの所へ行って話したところが水野さんも異存はない，鉄道部長だけ力んで居っても仕方がない』と言って居ったが，『それはどうしてもいけない。朝鮮の私設鉄道といふものは単純な私設鉄道ではない，国の鉄道に倣って国家の交通政策を実行する重要な機能を持って居る，普通のものと違ふ。断じていかん，仮令政務総監が何と言っても，私が鉄道部長を辞めたらどうか知らんが，辞めない以上は聞かない』といふので半日も議論」した。「島田君は四時間ばかり話をし」たが，「よく

---

14)　「産鉄減資登記終了」『東亜日報』1921年12月28日。

15)　朝鮮産業鉄道株式会社『第7回報告書』1922年下半期（1922年10月1日-1923年3月31日）。

16)　1917年から1924年まで朝鮮国有鉄道は満鉄に委託経営されたため，朝鮮総督府鉄道局の現業部門は満鉄京城管理局となり，行政監督部門は朝鮮総督府鉄道部になった。

17)　「東京に於ける朝鮮鉄道回顧座談会（1940年5月17日帝国鉄道協会に於て）」『朝鮮鉄道協会会誌』19-6，1940年，98-99頁。

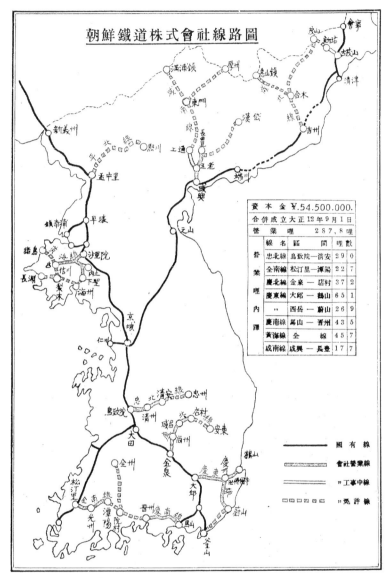

図 3-5　朝鮮鉄道株式会社路線図（1925 年 12 月 31 日）
出所：朝鮮鉄道株式会社『第 20 回営業報告書』1925 年下半期（1925.7.1-1925.12.31）。

分って，『成程君の意見は尤もだ有馬君，古賀君は中々承知しないが，僕は解ったから，君をさういぢめても困るだらう』といふので大晦日の夕方に引上げたといふことがあ」った。そんなことで非常に力を尽した結果，産業鉄道の解散といふことは阻止した」。「その結果他の鉄道も解散といふことに就ては総督が聞かんから言はんで置かうといふので，到頭私設鉄道の解散といふことが止ったやうな訳であ」った。

　その代りに，第1章で検討したように，私鉄合同が進められた。1922年12月23日に京南鉄道を除く私鉄7社が上京中の有吉政務総監に覚書を提出して合同のために尽力することを申出た。これが「私鉄合同問題の直接的発端」となり，総督府として積極的に私鉄合同を支援することとなる。1923年3月27日，総督府に合同の覚書を提出し，合併仮契約が同年4月に成立した。払込総額を基準として朝鮮中央鉄道615万円，西鮮殖産鉄道300万円，南朝鮮鉄道300万円，朝鮮産業鉄道200万円，朝鮮森林鉄道200万円，両江拓林150万円，合計1765万円であった。払込株金が最も多かった朝鮮中央鉄道を存続会社として他の5社を合併し，同年9月に朝鮮鉄道株式会社（資本金5450万円）が成立したのである。私鉄合同側は合併後の初代の重役の人選を朝鮮総督に一任したが，合併報告総会において社債発行に対する政府保証や補助率10％への引上げなどをめぐって総督府と中央鉄道側が対立し，中央鉄道側が総督府より出された重役案に反発，朝鮮中央鉄道と両江拓林鉄道に関わっている「日本土木史の父」たる渡邊嘉一[18]が新会社の社長に就任した[19]。これについて矢島桂（2009）は「総督府からの干渉を排そうとする一方で渡辺の経営においては投資家層の利害を貫徹する志向が窺われ，経営改善にあたってその負担を総督府財政に求めていった」と評価している。

---

18)　渡邊嘉一（1858-1932）は工部大学校を卒業して工部省に入省し，グラスゴー大学に留学して土木工学を専攻して理学士の学位を取って卒業。帰国後には鉄道建設に関わり，後に工学博士となった。実際の鉄道会社の経営者にも就任し，京阪電鉄を始め日本内地の鉄道会社だけでなく植民地朝鮮の私鉄経営に携わっていた。国際連合通信社編『大日本人物史』国際連合通信社，1932年度版。

19)　西村正雄「鉄道夜話」（上）『朝鮮鉄道協会会誌』16-2，1937年，21-28頁。

2. 事業再編と要員配置

　朝鮮鉄道会社はどのような資金運営を行なっていただろうか。『営業報告書』貸借対照表より拾った資金調達の記録（図3-6）を見れば，新会社が設立されて以来，払込は一度も行われることがなく，払込株金は1765万円であった。図3-7の私鉄株式に対する市場評価を見れば，1930年代に入る前まで金剛山電鉄を除いて私鉄株価が払込額と同じであることを示す100の数字を超えることはほとんどなかった。金剛山電鉄の株価が相対的に高値であったことは鉄道経営が良好であったからではなく，むしろ本業というべき水力発電や配電などからなる電力事業があったからである。1930年代半ば頃になって，朝鮮鉄道会社も100を推移し，戦時下の1930年代末になって100を超えている。資料上観測が可能な範囲内で朝鮮京南鉄道，南朝鮮鉄道（新），朝鮮京東鉄道は100を超えることはなかった。1930年代末になるまでは，株主側には追加的払込を避けようとする動きがみられた。総督府鉄道局は1926年1月に朝鮮鉄道の渡邊社長宛に「払込に関しては金利其他種々の関係があるだろうが，現在のままでは朝鮮内の鉄道網完成は何時に期するかわからない。最近金利も低下する気運に向けている模様であるので，此際に万難を排して払込に尽力することを望む」という公式依頼状を発したものの，それが実現されることはなかった[20]。

　そこで，株主に注目してみよう。まず，株数を見ると，旧株（払込50.0円）60,000株，第一新（払込20.0円）100,000株，第二新（払込17.5円）180,000株，第三新（払込15.0円）400,000株，第四新（払込10.0円）350,000株，合計1,090,000株であった。この構成は変ることなく，払込額が変動することもなかった。1930年上期に株主総数は5,655人であったが，そのうち大株主を見れば，東洋拓殖株式会社112,196株，朝鮮銀行49,791株，朝鮮商業銀行47,393株，大川合名会社45,690株，三菱製鉄株式会社31,000株，大正生命保険株式会社30,000株，山下合名会社28,000株，合名会社久原本店24,850株，日本徴兵株式会社20,295株，日本不動産株式会社17,553株，樺

20）「朝鮮鉄道에 株金払込勧告 鉄道局에서」『朝鮮日報』1926年1月30日。

第3章　私鉄統合と朝鮮鉄道株式会社——国営代行と投資会社　125

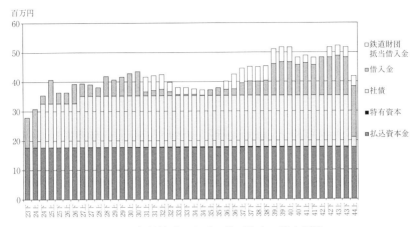

図 3-6　朝鮮鉄道における投下資本の資金調達
出所：朝鮮鉄道株式会社『営業報告書』各半期版。

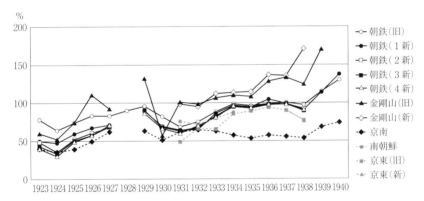

図 3-7　植民地朝鮮における主要私鉄の株式市場評価
出所：「朝鮮私設鉄道令中改正制令案」JACAR（アジア歴史資料センター）Ref.A01200586900，公文類聚・第五十二編・昭和三年・第二十五巻・交通・通信（電信）〜航空，地理，社寺（国立公文書館）；朝鮮私設鉄道補助法中ヲ改正ス・（補助期間延長補助金減額）」JACAR（アジア歴史資料センター）Ref.A01200684000，公文類聚・第五十八編・昭和九年・第三十九巻・交通一・通信一（郵便一・電信），運輸一（鉄道）（国立公文書館）；「朝鮮私設鉄道補助法中ヲ改正ス・（補助期間伸長等）」JACAR（アジア歴史資料センター）Ref.A02030156500，公文類聚・第六十三編・昭和十四年・第九十三巻・交通二・運輸一（鉄道軌道・河川港湾・道路橋梁）（国立公文書館）；「株式」『朝鮮日報』1939年10月3日；「株式」『朝鮮日報』1940年7月18日；『ダイヤモンド』1939年2月1日号，7月21日号，11月1日号。
注：私鉄株式市場評価＝株価÷払込額。

太工業株式会社 17,000 株，武州銀行 15,510 株，朝鮮鉄道共済組合 14,494株，朝鮮実業株式会社 13,055 株，福原俊丸 12,330 株，西崎鶴太郎 10,210株，日本教育生命保険 10,000 株，湖南銀行 9,422 株，朝鮮貯蓄銀行 9,280株，長谷川太郎吉 8,831 株，三菱火災海上保険 8,415 株，藤山雷太 7,500 株，田中栄八郎 7,000 株，東條正平 6,540 株，共同保険株式会社 5,860 株，浜松銀行 5,589 株，武和三郎 5,279 株，鉄道教養助成会 5,000 株，迫間房太郎4,580 株，仁川米豆取引所 4,511 株，山本悌二郎 4,500 株，東洋生命保険会社4,440 株，韓一銀行 4,240 株，朝鮮総督府鉄道局 4,070 株，合計 34 人，1,090,000 株であった[21]。これらの大株主は全株式の 55.5％を占めているが，そのほとんどが機関投資家として朝鮮鉄道株式会社への資本投資を行なったことがわかる。

　株主は 1923 年 12 月に 7,468 人であったが，株主の集中が進み，1933 年 8月に 5,233 人，1944 年 8 月に 3,557 人へと減っていく中，大株主に変化が生じ，1939 年 2 月末に東洋拓殖 112,196 株，大川合名 90,296 株，朝鮮信託60,045 株，朝鮮貯蓄 59,580 株，日本徴兵 49,505 株，三菱鉱業 39,285 株，朝鮮鉄道共済組合 30,625 株，大正生命 30,000 株であった[22]。それ以下の規模については詳らかではないものの，大川合名，朝鮮信託，朝鮮貯蓄，日本徴兵，三菱鉱業，朝鮮鉄道共済組合の保有株数が増えており，そのうち，1942年 10 月に日本徴兵は 103,838 株を保有し，東洋拓殖（112,196 株）に次ぐ大株主となった。機関投資家としては朝鮮総督府の手厚い保護政策によって配当率 8％が保障される限り，保有株式を手放すことなく「安定株主」として機能しただろう。事実上，会社経営が黒字化する 1930 年代半ばまでは株式時価は払込株金を下回ったため，売却損を被るより，株式を保有して利子率より高い配当率が保障される限り有利であった。こうした要因もあって，「株式がよく分布していて，資本系統が鮮明ではない」と認識されたのである[23]。

---

21)　「朝鮮鉄道株式会社」『ダイヤモンド』1931 年 4 月 5 日，449-452 頁；朝鮮鉄道株式会社『第29 回営業報告書』1930 年上半期（1930 年 3 月 1 日-8 月 31 日）。

22)　朝鮮鉄道株式会社『営業報告書』各半期版；「朝鮮鉄道繁忙加はる」『ダイヤモンド』1939 年7 月 21 日，109 頁；「朝鮮鉄道」『朝鮮産業の決戦再編成』東洋経済新報社，1942 年，139 頁。

第3章　私鉄統合と朝鮮鉄道株式会社——国営代行と投資会社 127

表3-1　朝鮮鉄道株式会社の重役

	1923	1928	1933	1938	1943
社長	渡邊嘉一	大川平三郎	大川平三郎	長谷川太郎吉	東條正平
副社長		福原俊丸		新田留次郎	
専務			新田留次郎	東條正平	清水幸次
常務	鈴木寅彦 伊藤利三郎	新田留次郎		野田薫吉	
取締役	福原俊丸 渡邊修 岡村左右松 長谷川太郎吉 東條正平 賀田直治 室田義文 武和三郎	長谷川太郎吉 武知三郎 東條正平 趙鎮泰 土屋新兵衛 山本繁松	長谷川太郎吉 東條正平 山本繁松 小島誠 朴栄喆 賀田直治	賀田直治 金光庸夫	長谷川太郎吉 賀田直治 大川鉄雄 芳賀文三 松井民治郎 佐藤義正
監査役	大川平三郎 杉浦宗三郎 松井民治郎 井上周 三宅川百太郎 山本悌二郎 坂出鳴海	井上周 岡田信 松田貞治郎	井上周 松田貞治郎 松田穆	井上周 佐方文次郎 鈴木春之助	井上周 池田乾治 原俊一

出所：図 3-6 と同様。
注：1. 各年度の下期を基準とする。
　　2. 1938 年の新田留次郎は副社長とともに，専務を兼任した。

　そこで，重役の構成を見れば，第 2 章で記述したように，会社創立時に合併後の初代重役の人選を朝鮮総督に一任したものの，存続会社たる朝鮮中央鉄道側が総督府案に反発した。合併報告総会において 44 万株を集合し，42 万株を集めた総督府から出された重役候補 8 人が落選し，その代りに中鉄側の 8 人が重役となり，うち日本内外の鉄道経営者として活躍してきた渡邊嘉一が社長に就任した[24]。表 3-1 に見るように，初代重役陣の多くが，合同に参加した私鉄 6 社の経営陣からなっていた。1926 年 5 月頃，旧私鉄 6 社系

---

23)　前掲「朝鮮鉄道株式会社」449-452 頁。
24)　「朝鉄会社内容」『東亜日報』1926 年 5 月 5 日。

図 3-8　京城に到着する大川平三郎社長
出所:「入城の大川朝鮮鉄道社長」『朝鮮新聞』1929 年 10 月 20 日。

の株数と重役を見ると，朝鮮中央鉄道系（24 万株）は渡邊嘉一，鈴木寅彦，渡邊修，東條正平，武和三郎，杉浦宗三郎，松井民治郎，室田義文。南朝鮮鉄道系（20 万株）は土屋新兵衛，坂出鳴海。西鮮殖産鉄道系（20 万株）は賀田直治，三宅川百太郎，山本悌二郎。朝鮮森林鉄道系（20 万株）は長谷川太郎吉，大川平三郎。両江拓林鉄道系（15 万株）は福原俊丸，井上周。朝鮮産業鉄道系（10 万株）は伊藤利三郎，岡村左右松であった。その内，監査役になっていた大川平三郎が 1926 年下期より取締役社長に就任した。彼は「日本の製紙王」と呼ばれ，森林資源の開発を目的とした朝鮮森林鉄道の社長を務め，朝鮮鉄道会社の設立後も大株主となっており，彼の影響下に株数が 10 万株に達し，そのプレゼンスは大きくなっていた。彼の社長就任に際しては「勢力争ひ」を経て「大川一派が実権を掌っているがさればとて大川系とも断じ難い」が，大川社長の下で経営陣は大幅縮小され，私鉄合同のために行われた重役陣の割当は解消されたといえよう。1936 年下期には大川社

長が死亡したこともあり，同じ森林鉄道系の長谷川太郎吉が社長に就任し，この体制が1942年上期まで続くが，その後は中央鉄道系の東條正平が社長となった。東拓，朝鮮商業銀行，朝鮮生命保険などに活躍していた趙鎮泰や朴栄喆が朝鮮人資本家として重役に加えられたこともあった。

　究極的に機関投資家らの利害を反映して株金払込による売却損を事前に防ぎながら，朝鮮鉄道会社の重役らは利子率8％まで出された政府補助金制度を利用し，おもに他人資本を通じて資金調達を行なうことを決定した。とはいうものの，注意すべきは社債がほぼ1750万円を記録し，その後もこの金額をほぼ維持していることである。矢島桂（2012）の社債発行分析によれば，「1920年代前半，不況下で株価が低迷する中で資金調達を植民地銀行からの借入に依存していたが，20年代中頃から植民地銀行引受による社債発行へ転換していく」ことになり，「1920年代後半には朝鉄債の引受を本国証券業者が担うようにな」ったが，「この転換の具体的契機は，「12年計画」では総督府による朝鮮鉄道会社の救済に求められる」と見た。「こうした投資家層が新たな植民地投資の実態の一端であり，そしてこの投資によって総督府財政の負担のもとに利子を獲得していたのであった」と評価している。この趨勢が1944年上半期に社債の処理が行われる前では続いたのである。さらなる資金調達は借入金によって賄われたが，この金額が著しく増加するのは戦時下の1930年代末以降のことであった。北鮮拓殖鉄道を設立することとし，そのために必要な資金を総督府の斡旋を通じて「某銀行」より借入れたからである[25]。この北鮮拓殖鉄道は，茂山鉄鉱開発のため鉄鉱石の搬出を担当する咸南線の輸送力強化を行なう際，咸南線の補助期限が満了するため，朝鮮鉄道会社がこの路線を分社化したものである。1940年2月29日現在，関係会社貸付金855万3,920.61円が「北鮮拓殖鉄道外」に貸し付けられた[26]。

　こうして調達された資金は会社内部でどのように使用されただろうか。そ

---

25)　「北鮮拓殖鉄道 新設キ로 決定」『東亜日報』1938年4月7日；「朝鉄茂山線所要資金調達」『朝鮮日報』1938年4月12日。

26)　朝鮮鉄道株式会社『第48回営業報告書』1939年下半期（1939年9月1日-1940年2月29日）。

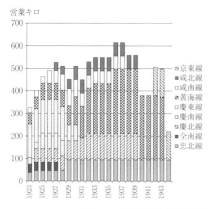
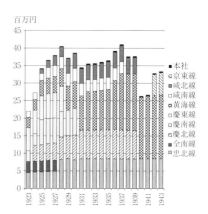

図 3-9　朝鮮鉄道株式会社の路線別営業キロと建設費
出所：朝鮮総督府鉄道局『年報』各年度版；朝鮮総督府『朝鮮総督府統計年報』各年度版；朝鮮鉄道株式会社『営業報告書』各半期版。
注：1944 年 10 月 26 日に栄春線（栄州・春陽）の敷設免許を得て 1945 年に工事中であった。

こで，図 3-9 の路線別営業キロと建設費に注目してみよう。両方ともほぼ同じ動きを示しており，鉄道の国有化，売渡，分社化，買入に伴って路線構成において激しい変動が生じ，実際の鉄道事業者としてのプレゼンスが疑われるところもあるが，安定的な投資先としての性格がここに現れている。合同会社の設立時には私鉄 6 社の営業路線あるいは予定路線が忠北線（1,435mm），全南線（1,435mm），慶北線（1,435mm），慶南線（1,435mm），慶東線（762mm），黄海線（762mm），咸南線（762mm），咸北線（1,067mm，一部 762mm）と改称された。そのうち，1923 年中に営業を開始したのが，忠北線 38.8 キロ，全南線 36.5 キロ，慶南線 29.5 キロ，慶東線 147.9 キロ，黄海線 50.2 キロ，咸南線 23.3 キロ，合計 326.2 キロであった。

　その後，忠北線，慶南線，黄海線，咸南線の延長工事が進み，1927 年には咸北線 35.7 キロが開通，全営業路線が 526.4 キロに達した。そのうち，朝鮮鉄道 12 年計画の遂行に伴って，全南線（松汀里・潭陽）は 1928 年 1 月 1 日に 345 万円で買収された。慶東線（大邱・鶴山，慶州・蔚山）は 1928 年 7 月 1 日に 757 万円に買収，慶南線（馬山・晋州）は 1931 年 4 月 1 日に 819 万円 6 千円に買収され，これらは朝鮮国有鉄道へ統合されたのである。慶北線（金泉・安東）は京慶線（中央線）の敷設に伴ってこの路線と京釜線を連絡す

る鉄道としての重要性が認められ，1940年3月1日に807万円で国有化された。1944年4月1日には黄海線278.5キロが鉄鉱石の搬出を強化するため，1814万円で総督府によって買収され，それとともに狭軌から国際標準軌への改軌工事が進められた。さらに，図3-9には表示されていないが，1944年10月26日に敷設認可を得て工事中であった栄春線の栄州・乃城（春陽）間14.3キロが，1945年8月に地下資源開発のために朝鮮総督府交通局によって買収され国有鉄道の一部になった。

そのほかにも，朝鮮鉄道会社は他の私鉄との間にも路線の取引があった。詳しくは第8章で述べるが，日窒系の新興鉄道が水電源開発のため，咸南線から内陸部への路線延長を行なうことを希望したため，朝鮮鉄道会社は1938年3月に朝鮮総督府鉄道局の介入を得て，咸南線を335万円で売却した[27]。それだけでなく，既述のように朝鮮鉄道会社は茂山鉄鉱を開発するために咸北線改軌工事を行なうとともに，古茂山・茂山間60.4キロの広軌免許を得て咸北線をもって1939年7月に子会社の北鮮拓殖鉄道株式会社（資本金2000万円）を設立して1940年5月に鉄道営業を開始，三菱製鉄，日本製鉄へ原料を供給した[28]。この鉄道も1944年4月1日に国有化され，朝鮮国有鉄道茂山線となった。このように，所属路線の国有化，売渡，分社化だけでなく，戦時下における貨物輸送の減少などのため，深刻な経営難に陥って無配当を余儀なくされていた朝鮮京東鉄道株式会社を1942年11月に241万4千円で買収し，京東線に改めた[29]。

以上のような鉄道事業の再編の中，朝鮮鉄道会社の経営陣は国有化や売渡によって確保された資金をもって積極的に社債などの整理を行わず鉄道工事を続けるとともに，場合によっては他の鉄道路線を購入して事業体制を維持しようとしたのである。そうした中でも，黄海道の場合，路線が300キロ近くになり，あまりにも政府の買収額も大きかったので，1944年度上半期には1750万円に達していた社債を344万8千円に整理し，さらに新しい路線

---

27)　「朝鉄咸南線 五月一日引継」『東亜日報』1935年5月3日。

28)　「北鮮拓殖鉄道 北鮮線免許」『朝鮮日報』1939年8月2日；鮮交会編『朝鮮交通史』1986年，866頁。

29)　詳しいことは第6章を参照されたい。

たる栄春線の建設を担当したりしたのである。1943 年までは一部の年を除いて 500 キロ以上の路線を維持したが，私鉄全体の中で朝鮮鉄道会社の営業路線は 1920 年代に 60％以上を占めた。だが，それが所属路線の売却と他の鉄道会社の登場のため減少していき，1940 年には 24.3％，1944 年には 17.9％までに低下した。朝鮮鉄道会社のプレゼンスは長期的に見れば下がっていったことは明確ではあるものの，私設鉄道の経営不良化問題を解決する合同会社として機能し，それが総督府によって「国営代行」として認められ，経営的にも補助金，高運賃体系，経営資源の支援などを通じて支えられたのである。

　矢島桂（2012）は「総督府は鉄道網の整備のために私鉄会社による鉄道の伸長を必要として保護・支援を与え，投資家層は株価が低迷するなか私鉄会社の経営改善のための負担を総督府財政に転嫁することを望んだ。総督府と投資家層はこのように相互に規定しあう関係にあったといえよう。総督府が私鉄会社への投資を保全しなければならない一方で，その投資が保全されることで投資家層は総督府財政に吸着することが可能となっていたのである」と指摘している。総督府と朝鮮鉄道との相互規定が確かにあり，筆者はそれを否定するつもりではないものの，その一方で総督府にとって国営時のコストを削減する手段としての意義を持っており，該当路線の重要性が政策的に「中央政府」によって認められた時に国営とされたことを強調したい。一つの鉄道ネットワークをなしたことが全くなかった朝鮮鉄道会社は極めて便利な鉄道投資リザーブでもあっただろう。

　このような鉄道を運営するため，朝鮮鉄道会社は内部にヒエラルキー組織を有した。図 3-10 のように，10-20 人の役員を頂点として職員，雇員，傭員からなる身分構成を有した。鉄道業だけでなく自動車業をも行なったため，1928 年度下半期から 1937 年下半期まで自動車の運営に当たるべき従事員の配置があったが，職種の名称は 1928 年下半期から 32 年上半期まで技術員と事務員であった。だが，これが 1932 年下半期より鉄道業と同じく，職員・雇員・傭員に改められた。1938 年上半期からは自動車業が整理されたわけではなく，朝鉄自動車株式会社として分社化され，他の自動車会社とともに子会社として運営されたのである。ともあれ，鉄道業の場合，人員数に

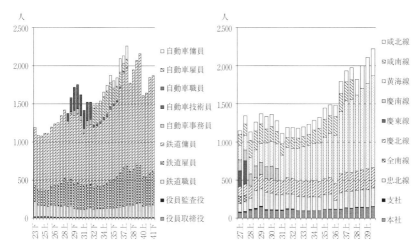

図 3-10　朝鮮鉄道株式会社の部門別・身分別・路線別従事員
出所：朝鮮鉄道株式会社『営業報告書』各半期版、同『業務統計書』各半期版。
注：路線別従事員には役員と自動車要員が含まれていない。

おいては傭員が最も多く、その次が雇員、職員の順であったのに対し、自動車の場合、雇員が最も多く、その次が傭員、職員の順であって、運転手が傭員という現場労働力ではなく、その技能が重視されて雇員であったことを示している。

　鉄道従事員に限るが、1927年上期から路線別要員数が把握できる。国有化、売渡、分社化などといった事業再編に伴って、当然路線別従事員も変わったが、長期的に見ると黄海線に配置された労働力が最も多く、1930年代後半に全体の50％以上を占めた。路線の延長に比例して従事員も増えるので、路線1キロ当たり従事員数をみれば、1927年に忠北線2.7人、全南線2.3人、慶北線2.4人、慶東線4.4人、慶南線1.0人、黄海線2.7人、咸南線2.6人、咸北線3.0人、平均2.4人であった。その10年後の1937年には忠北線2.4人、慶北線2.0人、黄海線3.4人、咸南線4.5人、咸北線2.7人、平均3.0人へと変わり、資料上確認できる1939年には忠北線2.6人、慶北線2.2人、黄海線4.2人、咸北線5.7人、平均3.7人となっていた。長期的に従事員数が増えていくのは明確であったが、該当路線の条件、例えば、輸送量の増減と輸送力強化の必要性に応じて配置要員数が異なっていたのである。

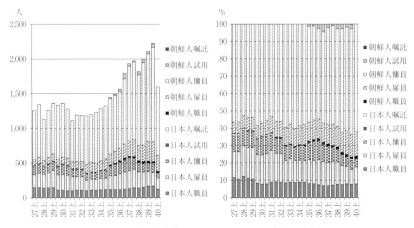

図 3-11　朝鮮鉄道株式会社の民族別・身分別従事員
出所：朝鮮鉄道株式会社『業務統計書』各期版。
注：鉄道業のみに限定され，役員と自動車要員が含まれていない。

　鉄道員の民族別構成を見ると，圧倒的に朝鮮人の比率が大きく，1927年には全体の63％を占めており，その後も長期的に増えている。とりわけ戦時下で日本人が入営・応召の対象となったため，朝鮮人の比率は78％に達した。これが国有鉄道の民族別人員構成で比較した際の大きく異なる特徴であることに注目しなければならない。国有鉄道の場合，日本人と朝鮮人の比率は平時に6対4であって，日本人は内部ヒエラルキーの上・中層部だけでなく，下層部の現場にも配置され，量的にも日本人を中心とする鉄道運営が行われた。これは朝鮮国有鉄道に限らず，台湾や満鉄でも見られ，鉄道帝国としての戦前日本の鉄道網における共通の現象であった。戦時下の国有鉄道で朝鮮人の大量採用が行われ，敗戦直前には日本人3対朝鮮人7に変わった。いずれにせよ，これに対し，朝鮮鉄道会社は利潤追求の私鉄として平時より朝鮮人を多く採用することで人件費の上昇をできる限り抑制しようとしたのである。もちろん，政府補助金による最低限の利潤保障があったことは確かであるものの，収益性の向上は株価に反映されており，内部留保の蓄積を経営健全化にも寄与できる。とりわけ1934年以降，補助金制度が「建設費補助主義」に変わったことは会社の自助努力を促したため，経費節減はよ

第3章　私鉄統合と朝鮮鉄道株式会社——国営代行と投資会社 ｜ 135

表 3-2　朝鮮鉄道株式会社における民族別身分の占有率と配置率（単位：％）

	職員		雇員		傭員		試用		嘱託		合計		
	日	朝	日	朝	日	朝	日	朝	日	朝	日	朝	計
占有率													
1927	98	2	70	30	14	86			93	7	37	63	100
1928	98	2	71	29	15	85			80	20	39	61	100
1929	97	3	69	31	13	87			89	11	34	66	100
1930	97	3	68	32	15	85			91	9	36	64	100
1931	96	4	64	36	14	86			67	33	34	66	100
1932	95	5	56	44	12	88			100		30	70	100
1933	96	4	55	45	11	89			100		29	71	100
1934	95	5	52	48	13	87			100		30	70	100
1935	94	6	54	46	17	83	29	71	100		33	67	100
1936	92	8	55	45	15	85	18	82	100		31	69	100
1937	91	9	52	48	13	87	5	95	100		29	71	100
1938	90	10	48	52	10	90	8	92	100		25	75	100
1939	88	13	40	60	8	92	5	95	82	18	22	78	100
1940	84	16	41	59	7	93			100		22	78	100
配置率													
1927	29	0.4	43	11	25	89			2.6	0.1	100	100	100
1928	29	0.4	46	12	24	88			0.8	0.1	100	100	100
1929	24	0.3	48	11	26	88			1.8	0.1	100	100	100
1930	22	0.4	48	13	28	87			2.2	0.1	100	100	100
1931	27	0.6	47	14	28	85			0.5	0.1	100	100	100
1932	28	0.6	43	15	28	85			0.6		100	100	100
1933	30	0.6	43	15	26	85			0.3		100	100	100
1934	29	0.6	42	17	29	83			0.3		100	100	100
1935	24	0.7	41	17	33	81	1.2	1.5	0.2		100	100	100
1936	22	0.9	44	16	31	76	3.2	6.5	0.2		100	100	100
1937	25	1.0	46	18	28	80	0.2	1.3	0.3		100	100	100
1938	30	1.1	44	16	25	79	1.0	3.7	0.6		100	100	100
1939	34	1.4	39	17	23	79	0.6	3.2	3.6	0.2	100	100	100
1940	35	1.9	43	18	21	80			0.6		100	100	100

出所：図 11 と同様。
注：1.　各年下半期の基準であるが，1940 年のみは上半期の基準である。
　　 2.　占有率＝該当身分の民族鉄道員数÷該当身分の鉄道員数。
　　 3.　配置率＝該当身分の民族鉄道員数÷該当民族の鉄道員数。

り重要な意味を持った。

　その中でも，職種における民族別の占有率と配置率に注目すれば，鉄道運営が日本人によって掌握されたことはいうまでもない。占有率においては上位の職種であればあるほど日本人の比率が大きくなり，下位の職種であればあるほど朝鮮人の比率が大きくなる。とはいうものの，この傾向が長期的に弱化し，戦時下の日本人労働力の不足が著しくなると，上位の職種への朝鮮人の配置が増えていった。例えば，朝鮮人の占有率は1940年に職員16%，雇員59%，傭員93%であった。一方，配置率において，日本人のそれは大きく変わることはなかった。ただし，1940年頃には少なくった日本人労働力を上位の職種に集中的に配置しようとした動きが見られる。このような日本人の不足を埋めたのが朝鮮人であって，朝鮮人の労働力配置が上位の職種へ移動していったことが読み取れる。これも国鉄に比べて，朝鮮人の組織内部の役割が高かったことを意味する。国有鉄道は総督府の一機関であり，単なる鉄道運営を行なうだけでなく，政策・監督などといったより包括的な業務を遂行しており，何よりも職員の階級について判任官以上が天皇の官吏であったことは何よりも重要であったため，官吏への「登格」は一般企業の職員への昇格より難しかっただろう。

　さらに，鉄道員の配置を業務系統別にみると，京城本社と東京支社を除いては各路線別に鉄道運営のヘッドクォーターにあたる庶務係・運輸係・建設係が1932年上半期までそれなりの比重を占めたが，その後縮小されたことがわかる。基本的にこれが可能であったのは，1928年1月に全南線，同年7月に慶東線，31年1月には慶南線が国有化されたからであった。それにしても，1931年上半期，下半期，32年上半期という三期にわたってこれらの人員が相当あったことから，各路線の出張所が縮小調整され，その機能の多くが本社へ移管されることによって，駅，機関区，保線区といった現場組織を束ねる出張所における人件費の発生を抑制しようとしたとみるべきであろう。その代わりに長期的に増えて行ったのが駅と機関区であって，輸送力の発揮に直結する運輸系統と運転系統が重視されたといえる。輸送量が増えることもあり，運輸系統の一部である車掌所が駅から分離されて1936年上期に組織として設置された。

第3章　私鉄統合と朝鮮鉄道株式会社——国営代行と投資会社 | 137

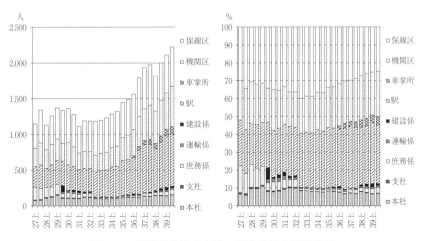

図 3-12　朝鮮鉄道株式会社の業務系統分別従事員
出所：図 3-11 と同様。
注：鉄道業のみに限定され，役員と自動車要員が含まれていない。

図 3-13　朝鮮鉄道株式会社本社
出所：森尾人志『朝鮮の鉄道陣営』森尾人志，1936年。

138

表 3-3　朝鮮鉄道株式会社における業務系統別身分の占有率と配置率（単位：％）

	本社		支社		各線														合計	
					庶務係		運輸係		建設係		駅		車掌所		機関区		保線区				
	日	朝	日	朝	日	朝	日	朝	日	朝	日	朝	日	朝	日	朝	日	朝	日	朝
占有率																				
1927	79	21	100	0	74	26					33	67			39	61	16	84	37	63
1928	80	20	100	0	73	27					32	68			40	60	17	83	39	61
1929	76	24	100	0	72	28	92	8	8	92	28	72			47	53	17	83	34	66
1930	73	27	100	0	71	29	85	15	91	9	30	70			44	56	17	83	36	64
1931	76	24	100	0	58	42	100	0	55	45	28	72			43	57	17	83	35	65
1932	76	24	100	0	67	33	100	0			25	75			38	62	17	83	30	70
1933	78	22	100	0	64	36	100	0			25	75			37	63	15	85	29	71
1934	78	22	100	0	67	33	100	0			25	75			40	60	15	85	30	70
1935	79	21	100	0	69	31	92	8	67	33	29	71			44	56	15	85	33	67
1936	82	18	100	0	77	23	80	20	67	33	24	76	24	76	43	57	16	84	31	69
1937	76	24	100	0	78	22	78	22	80	20	20	80	24	76	41	59	15	85	29	71
1938	78	22	100	0	60	40	77	23	71	29	12	88	22	78	33	67	12	88	25	75
1939	76	24	100	0	55	45	74	26	73	27	10	90	18	82	27	73	10	90	22	78
配置率																				
1927	13	2.0	2.2	0	23	4.7					22	26			25	22	15	45	100	100
1928	20	3.1	2.3	0	20	4.7					20	27			24	22	14	43	100	100
1929	18	2.8	2.2	0	9	1.8	5.1	0.2	1.5	9.1	21	28			26	15	17	43	100	100
1930	16	3.4	1.5	0	10	2.2	4.8	0.5	4.3	0.2	21	29			26	19	16	46	100	100
1931	22	3.7	1.7	0	6	2.6	2.9	0	1.5	0.6	23	30			24	17	18	46	100	100
1932	21	2.9	0.6	0	2	0.5	2.6	0			26	32			25	17	23	47	100	100
1933	21	2.5	0.3	0	3	0.6	3.1	0			26	32			26	18	21	47	100	100
1934	20	2.4	0.3	0	3	0.5	3.0	0			27	34			29	18	19	44	100	100
1935	19	2.5	0.6	0	2	0.5	2.2	0.1	0.8	0.2	29	35			31	19	15	42	100	100
1936	17	1.8	0.5	0	3	0.4	2.1	0.2	0.7	0.2	27	38	2.1	3.2	33	20	15	37	100	100
1937	17	2.2	0.7	0	6	0.6	1.2	0.1	0.7	0.1	23	38	2.8	3.6	34	20	15	35	100	100
1938	22	2.1	1.0	0	6	1.3	3.4	0.3	3.4	0.5	15	38	3.8	4.5	33	22	13	31	100	100
1939	23	2.1	0.8	0	8	1.9	3.4	0.3	3.2	0.3	15	38	3.8	4.9	31	24	11	29	100	100

出所：図 11 と同様。
注：1. 各年下半期の基準である。
　　2. 占有率＝該当業務系統の民族鉄道員数÷該当業務系統の鉄道員数。
　　3. 配置率＝該当業務系統の民族鉄道員数÷該当民族の鉄道員数。
　　4. 庶務係，運輸係，建設係は各路線の出張所に配置された管理職を意味する。

　これを民族別に見ると，占有率においては本社—出張所（庶務係・運輸係・建設係）—現場組織というヒエラルキーの中で上位部署であればあるほど日本人の比率が大きくなり，逆に下層部署であれば朝鮮人の比率が大きくなった。現場組織でも，最も複雑な技能を要しない保線区において朝鮮人の比率が高くなり，平時にも 80％台，観測できる範囲内で 1939 年に 90％までを占めた。もし 1940 年代前半の人事統計があるとすれば，その比率がさらに高

くなるだろう。その次に朝鮮人の比率が多かったのが駅である。機関車の運転に当たり，複雑な技能を要した機関区では日本人の比率は50%近くになったこともあるが，戦時下の日本人の入営・応召が続く中で低下し，1939年には27%を記録したのである。その代わりに本社と出張所において日本人の優位が認められるが，本社では戦時下であっても，観測できる範囲内で民族別占有率の変化は全く見られない。また配置率においても，占有率で見られるように，劇的な変化は確認できない。ただし，既述したように，出張所の機能を縮小したこともあり，庶務係・運輸係・建設係への配置率が日朝両民族とも低下した。現場組織において駅や保線への配置を減らしながら，むしろ機関車の運転を担当する機関区に対して人員配置を相対的に増やそうとしたわけである。

　以上のように，日本人を上位の身分や部署に優先的に配置しながら，必要に応じて現場組織において上位身分として配置し，下層労働力たる朝鮮人を率いて輸送力を発揮しようとした。このような植民地雇用構造が，身分別賃金体系とともに民族格差を伴うものであって，国有鉄道[30] と同様の特徴を持つことから，私鉄路線の買収に伴って鉄道員も総督府鉄道局人事体系に組み込まれ易かっただろう。しかも賃金は1930年に41.9円であったが，国鉄は65.05円であって，国鉄のほうが高く，共済組合，医療機関，局友会などといった福利制度が確立されていたため，朝鮮鉄道会社の所属路線が国有化されるのは解雇されて国鉄に採用された鉄道員にとっても魅力的なものにならざるを得ない[31]。

3. 輸送動向と鉄道運営

　1923年に新会社による鉄道輸送が始まったものの，反動恐慌以来「経済界ノ不況並ニ各種企業ノ中止ニ伴ヒ商品ノ取引兎角沈滞セル折柄関東方面大

---

30)　林采成『鉄道員と身体——帝国の労働衛生』京都大学学術出版会，2019年；林采成『東アジアのなかの満鉄——鉄道帝国のフロンティア』名古屋大学出版会，2021年。

31)　「朝鮮의 全南線買収」『朝鮮日報』1927年12月9日；朝鮮総督府鉄道局『年報』1930年度版。

32)　朝鮮鉄道株式会社『第16回営業報告書』1923年下半期（1923年9月1日–12月31日）。

33)　朝鮮鉄道株式会社『第18回営業報告書』1924年下半期（1924年7月1日–12月31日）。

34)　朝鮮鉄道株式会社『第20回営業報告書』1925年下半期（1925年7月1日–12月31日）。

震災ノ余波ヲ受ケ」ており[32]，1924年には7月下旬の旱魃が発生し，それに水害も続き[33]，1925年夏には「希有ノ洪水」が全南線を除いて発生した[34]ため，輸送成績は期待に及ばなかった。その中でも，1926年に入ると，昨年秋の「穀類一般豊作」のため，荷動きが多くなり，「地方産業ノ開発ニ伴ヒ漸次鉄道利用ノ増進トハ運輸上ニ於ケル諸般私設ノ改善及線路延長ト相マテ貨客ノ増加ヲ来タセ」た[35]。1926年下半期に至っては朝鮮鉄道会社自らが「概観スルニ朝鮮ニ於ケル人文ハ近来著シク発達シ又政府ノ産業助長政策ハ鉄道布設ト相俟テ各地方ニ生産的事業ヲ興起シタルカ如キ産業発展ノ一端ヲ示スモノニシテ鉄道ノ将来ニ対シ甚タ有望ナル現象ト見ルヘク今ヤ朝鮮ノ鉄道ハ内地ノ夫レノ如ク年々自然増収ヲ確実ニ期待シ得ルニ至リタルコトヲ証スルモノニシテ大ニ意ヲ強フスルニ足ルモノナリ」と述べたのである[36]。

1927年5月「中央財産恐慌［昭和金融恐慌］後ハ鮮地財界ニ於テモ亦金融頓ニ不円滑トナリタル為メ都鄙ヲ通シテ商取引ハ不況ニ陥リ新事業ノ興起ヲ妨ケ一般ニ物資ノ需用ハ減退シ加フルニ米作豊穣ナリシモ米価余リニ低落シ農業ハ之ヲ保留スルモノ多ク随テ移出量甚シク減少スルト同時ニ之カ代用食タル満洲粟ノ移入量亦著シク激減シタリ斯カル一般的形勢ノ為メニ南鮮地方ニ於テハ旅客貨物共ニ予期ノ如ク増加スルニ至ラサリキ，幸ニ北鮮地方ニ於テハ鉄鉱石，石炭及水電工事用材料ノ輸送増加ニ依リテ相当ノ成績ヲ挙クルヲ得タ」[37]。農業中心の南鮮において養蚕などの副業の利潤が大きくならなかったため，「地方購買力ノ増進ヲ阻止シ人気沈滞セル為慶南，慶東両線」は成績が良好ではなく，「比較的利益源タリシ全南線」が国有化された[38]。北鮮地方でも8-9月に「希有ノ大水災」が生じて，「鉄道及道路破壊」のため，「運転休止」を余儀なくされた[39]。その後，慶南・慶東両線も国有化され，さらに咸南線の一部（咸南新興，松興間）を朝鮮窒素肥料株式会社に還付した[40]ため，会社全体の輸送量が減り，1929年10月に世界大恐慌が

---

35)　朝鮮鉄道株式会社『第21回営業報告書』1926年上半期（1926年1月1日-6月31日）。
36)　朝鮮鉄道株式会社『第22回営業報告書』1926年下半期（1926年7月1日-12月31日）。
37)　朝鮮鉄道株式会社『第24回営業報告書』1927年下半期（1927年7月1日-12月31日）。
38)　朝鮮鉄道株式会社『第25回営業報告書』1928年上半期（1928年1月1日-6月31日）。
39)　朝鮮鉄道株式会社『第26回営業報告書』1928年下半期（1928年7月1日-12月31日）。
40)　朝鮮鉄道株式会社『第29回営業報告書』1930年上半期（1930年3月1日-8月31日）。

第 3 章　私鉄統合と朝鮮鉄道株式会社——国営代行と投資会社 | 141

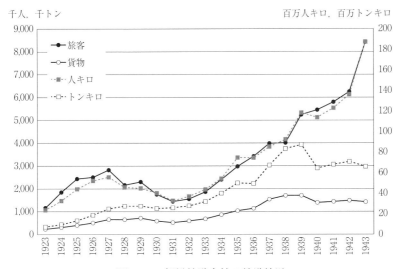

図 3-14　朝鮮鉄道会社の鉄道輸送
出所：朝鮮総督府鉄道局『年報』各年度版；朝鮮総督府鉄道部（局）『私設鉄道及軌道統計年報』
各年度版；朝鮮総督府鉄道局『朝鮮鉄道状況』各年度版；朝鮮鉄道株式会社『営業報告書』
各半期版；朝鮮総督府『朝鮮総督府統計年報』各年度版。

発生してその影響が日本帝国にも及ぶと，「全国的米穀ノ豊作ニ伴フ穀価ノ暴落ニ依リ農村ノ購買力極度ニ減退シ尚一般物価ノ低落ハ各種ノ生産業ヲ不振ニ陥レ」[41]，輸送量は 1931 年までに低下し続けた（図 3-14）。

その後，恐慌からの景気回復に伴って「一般経済界ハ好況を続ケ旅客ノ往来繁ク農，鉱，林産物ノ出廻リ増加シタ」である[42]。ここで，路線別の輸送動向（図 3-15）に注目すれば，1931 年から 1943 年にかけて慶南線の国有化（1931），咸南線の売渡（1938），咸北線の分社化（1939）[43]，慶北線の国有化（1940）が行われ，事業再編が続いたが，その中で一貫して輸送量を伸ばし，会社全体の輸送量が急激に増えるのに最も寄与している路線は黄海線であった。もちろん，黄海線の路線延長は続いたが，営業路線は 1936 年に 286.0

---

41)　朝鮮鉄道株式会社『第 30 回営業報告書』1930 年下半期（1930 年 9 月 1 日－1931 年 2 月 28 日）。
42)　朝鮮鉄道株式会社『第 37 回営業報告書』1934 年上半期（1934 年 3 月 1 日－1934 年 4 月 31 日）。

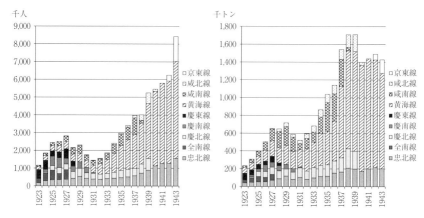

図 3-15　朝鮮鉄道会社の路線別鉄道輸送

出所：図 3-14 と同様。

キロに達してからは，追加的延長は行われなかった。後に朝鮮総督府によって買収され，国際標準軌への改軌工事が行われても，大きな路線延長の変更を伴わなかった。そのほかにも，会社から離れる咸南線，咸北線，慶北線，敗戦時まで所属路線であった忠北線，1942 年より会社路線に加えられた京東線でも 1943 年までは観測できる範囲では輸送量の増加が確認できる。「地方経済界ノ好況ヲ持続シ且各地ニ生産企業ノ勃興セル等ニ依リ旅客数ノ増加並ビニ木材鉱石等ノ原料及ビ米穀肥料ソノ他ノ出貨増加」があったのである[44]。

　とりわけ，日中戦争が勃発してからは「戦時経済の興隆に伴い金鉱石，鉄

---

43)　「北鮮拓殖鉄道（株）は 7 月 21 日，咸鏡線古茂山より豆満江岸茂山に至る延長 60.6km，軌間 1,435mm の鉄道敷設認可を得た。当時臨戦状勢下の時局にあって鉄鉱石の輸入は困難となり，鉄鉱石の自給は国策として極めて重要となった。このような事情から茂山鉄山の大増産を図ることとなり，この鉄鉱石輸送の上から既設の朝鮮鉄道咸北線は狭軌で，急勾配のうえ曲線半径も小さく，輸送力は到底これに応えられるものではなかった。この事情から咸北線に並行した本鉄道の認可となり鋭意建設工事は進められ，わずか 1 年足らずで 1940 年 5 月 1 日開業となった。これと同時に咸北線は北鮮拓殖鉄道に補償買収されて廃止となったものである。なお茂山鉄山の増産計画に関連して清津には日本製鉄工場の新設及び古茂山・清津間の国鉄の一部改良工事を施行するなど一連の計画が進められ，本鉄道は国策遂行上脚光を浴びるところとなった。」鮮交会編『朝鮮交通史』1986 年，866 頁。

44)　朝鮮鉄道株式会社『第 41 回営業報告書』1936 年上半期（1936 年 3 月 1 日-1936 年 8 月 31 日）。

鉱石，石灰石の増産等特に貨物の輸送旺盛なりし為め予期の成績を見」たのである[45]。当時，経済雑誌『ダイヤモンド』では「各線とも最近の朝鮮景気に恵まれてスッカリ有卦に入った。殊に慶北線，黄海線，咸北線の立直りが著しく，昨年［1938］八月決算に於ける慶北線の貨車収入増収率は十割，黄海線は八割に及び，咸北線の客車収入は五割増であった。目覚しい好調である。慶北線の貨車繁忙は，主として目下工事中の国鉄中央線の材料輸送に基くものであるが，黄海線は全く鉱山景気を満喫したものだ。沿線の金，鉄鉱石，石灰石等の出貨は旺盛を極めている。又，咸北線の客車収入激増は，終点茂山附近に三菱鉱業を始め，大小の精錬所が新設され，人の往来が頻繁となった為めである」と評価された[46]。

　とはいうものの，1940年に入ると，旅客と貨物の動きは異なってきて，戦時下の輸送統制が強化され，旅客列車に対して制限が加えられたが，旅客輸送は路線の国有化，売渡，分社化にもかかわらず一貫して増加した。その反面，貨物輸送の場合，1939年には増え続けたが，1940年代に入ってから停滞の様相を示している。これは1941年に123万8598トンをピークとして年々減っていた黄海線の動きによって規定されるところが大きかった。「燃料其他各種資材ノ入手難ニ厄セラレ貨物輸送ニアリテハ予期ノ成績ヲ挙ゲ得」なかった[47]。とりわけ，黄海線の狭軌が762mmに過ぎず，銀・鉄鉱山から日本製鉄兼二浦に供給される鉄鉱石の輸送が不円滑であったため，これが日本内地の中央政府においても問題となり，1944年に黄海線の国有化が実行されたのである[48]。

　そこで，客貨の路線別移動距離に注目して見よう。「合計」と表示されて

---

45)　朝鮮鉄道株式会社『第44回営業報告書』1937年下半期（1937年9月1日−1938年2月28日）。

46)　「朝鮮鉄道立直り顕著」『ダイヤモンド』1939年2月1日，92-93頁。

47)　朝鮮鉄道株式会社『第56回営業報告書』1943年下半期（1943年9月1日−1944年2月29日）。

48)　竹内祐介（『帝国日本と鉄道輸送──変容する帝国内分業と朝鮮経済』吉川弘文館，2020年）は私鉄の比率が大きかった朝鮮中西部の黄海道を取り上げて，朝鮮鉄道株式会社の業務統計を利用し，その鉄道輸送額を推計している。その結果，主に米穀と鉄鉱石からなる一次産品が他の地方に移出され，これが沿線地域の生活消費財需要の喚起をもたらしたこと，また農産品や鉱産品より金額が少ないものの，工産品の到着量が増えたことを検証している。

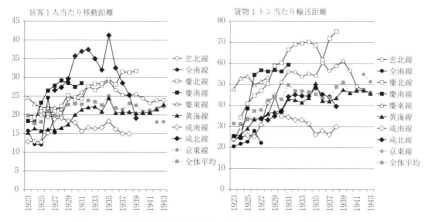

図 3-16　朝鮮鉄道株式会社の旅客と貨物の平均移動距離
出所：図 3-14 と同様。

いる平均移動距離は客貨とも，黄海線が最も近接しており，当然輸送量が多いことから，全体の動向を左右している。とはいうものの，路線別移動距離の差は大きく，旅客の場合，咸南線，全南線，京東線において相対的に短距離移動が多く，咸北線，慶南線，慶北線，忠北線のほうでたいてい平均より長距離移動が多かった。貨物の場合でも，全南線や咸南線の移動距離が短いほうであったが，慶北線が最も長距離移動を示し，その次が慶南線，慶東線，忠北線などであった。注目すべきなのは旅客の平均距離が最も長かった咸北線が貨物輸送においては平均距離をやや下回っていたことである。即ち，輸送距離においてほとんどの路線が貨客とも同様の傾向をあらわしたが，咸北線や京東線は旅客と貨物の輸送距離が克明に異なる傾向を示している。これについては第 4 章の朝鮮京東鉄道会社分析と第 6 章の北鮮拓殖鉄道会社分析で詳しい考察を展開することにする。私鉄全体から見れば，1930年代前半まではほぼ同様であったが，私鉄全体の移動距離が短くなるのに対し，朝鮮鉄道会社は旅客の場合，20-25 キロ，貨物の場合，40-50 キロを推移した。これがほとんど黄海線の輸送動態による結果であったことはいうまでもない。

路線別に輸送量と輸送距離が異なるだけでなく，沿線地域の産業に規定さ

第 3 章　私鉄統合と朝鮮鉄道株式会社——国営代行と投資会社　145

表 3-4　朝鮮鉄道株式会社における路線別主要貨物輸送量とその構成（単位：トン，％）

	忠北線	全南線	慶北線	慶東線	慶南線	黄海線	咸南線	咸北線	合計	忠北	全南	慶北	慶東	慶南	黄海	咸南	咸北	合計
1927																		
農産品	36,192	26,789	47,062	37,175	32,705	44,474	8,355	1,112	233,864	55.1	44.5	60.6	58.7	64.4	26.9	6.7	12.9	38.0
林産品	3,203	5,434	1,707	3,357	2,248	9,345	22,467	4,814	52,575	4.9	9.0	2.2	5.3	4.4	5.6	18.1	55.7	8.5
鉱産品	2,612	4,907	4,530	676	2,442	92,993	58,952	81	167,193	4.0	8.2	5.8	1.1	4.8	56.1	47.5	0.9	27.1
水産品	5,698	6,588	10,006	11,954	5,020	2,606	2,807	651	45,330	8.7	10.9	12.9	18.9	9.9	1.6	2.3	7.5	7.4
加工食料品	5,304	3,416	2,196	1,718	1,446	3,009	2,244	170	19,503	8.1	5.7	2.8	2.7	2.8	1.8	1.8	2.0	3.2
畜産及肥飼料	5,400	2,693	6,071	4,030	2,554	4,002	158	0	24,908	8.2	4.5	7.8	6.4	5.0	2.4	0.1		4.0
布帛類	1,574	1,904	1,162	637	482	531	220	103	6,613	2.4	3.2	1.5	1.0	0.9	0.3	0.2	1.2	1.1
窯業品	2,219	3,010	1,329	1,139	1,663	5,299	18,079	66	32,804	3.4	5.0	1.7	1.8	3.3	3.2	14.6	0.8	5.3
工産品	1,796	1,662	1,539	718	622	1,245	7,524	93	15,199	2.7	2.8	2.0	1.1	1.2	0.8	6.1	1.1	2.5
その他	1,659	3,783	2,066	1,902	1,640	2,134	3,261	1,548	17,993	2.5	6.3	2.7	3.0	3.2	1.3	2.6	17.9	2.9
合計	65,657	60,186	77,668	63,306	50,822	165,638	124,067	8,638	615,982	100	100	100	100	100	100	100	100	100
1933																		
農産品	48,800		74,166			82,858	7,072	4,039	216,935	40.2		58.3			27.4	6.0	5.6	31.4
林産品	5,489		3,646			6,885	34,323	58,074	106,649	4.5		2.9			2.3	29.1	80.6	15.4
鉱産品	24,425		16,839			175,299	47,580	2,746	220,033	20.1		13.2			57.9	40.4	3.8	31.8
水産品	8,147		10,049			4,445	2,354	1,710	26,705	6.7		7.9			1.5	2.0	2.4	3.9
加工食料品	11,181		1,306			3,309	909	946	17,651	9.2		1.0			1.1	0.8	1.3	2.6
畜産及肥飼料	11,026		11,306			14,035	3,734	1,741	41,842	9.1		8.9			4.6	3.2	2.4	6.1
布帛類	1,836		2,448			1,353	348	414	6,399	1.5		1.9			0.4	0.3	0.6	0.9
窯業品	4,970		3,214			5,262	9,681	1,046	24,173	4.1		2.5			1.7	8.2	1.5	3.5
工産品	4,401		3,581			5,041	10,105	943	24,071	3.6		2.8			1.7	8.6	1.3	3.5
その他	1,033		642			4,420	1,642	433	6,798	0.9		0.5			1.5	1.4	0.6	1.0
合計	121,308		127,197			302,907	117,748	72,092	691,256	100		100			100	100	100	100
1939																		
農産品	49,715		44,917			167,416	14,281		276,329	25.2		22.8			15.0	7.7		16.3
林産品	11,814		16,648			20,926	57,314		106,702	6.0		8.4			1.9	30.7		6.3
鉱産品	18,166		40,454			722,557	43,512		824,689	9.2		20.5			64.7	23.3		48.6
水産品	8,957		11,161			8,489	2,296		30,903	4.5		5.7			0.8	1.2		1.8
加工食料品	23,684		6,174			15,091	5,406		50,355	12.0		3.1			1.4	2.9		3.0
畜産及肥飼料	32,831		22,975			65,389	272		121,467	16.6		11.7			5.9	0.1		7.2
布帛類	5,164		6,180			3,772	435		15,551	2.6		3.1			0.3	0.2		0.9
窯業品	29,928		26,266			85,158	40,671		182,023	15.1		13.3			7.6	21.8		10.7
工産品	11,189		13,998			17,679	19,752		62,618	5.7		7.1			1.6	10.6		3.7
その他	6,101		8,395			9,492	2,672		26,660	3.1		4.3			0.9	1.4		1.6
合計	197,549		197,168			1,115,969	186,611		1,697,297	100		100			100	100		100

出所：朝鮮鉄道株式会社『業務統計書』各上半期版。
注：1. 加工食料品は加工食料品および嗜好品である。
　　2. 1933 年度の場合，通過貨物や無賃貨物があるが，主要貨物に含まれる。

れる主要貨物の構成も大きく異なっていた。すべての営業期間について主要貨物の輸送動向が把握できるわけではないものの，資料上最も長いスパンで把握できる 1927 年から 1939 年にかけてどのように変化したかを見ることにし，さらにその中間の時点である 1933 年を例にとってみよう。1927 年には会社所属路線がまだ国有化される前であるので，全路線の特徴が読み取れる。忠北線，全南線，慶北線，慶東線は基本的に農産品が 50-60％台を占めるほど圧倒的に多く，その次が鉱産品であったが，燃料としての石炭輸送が

多くならざるを得なかった時代から見れば，朝鮮北部の炭田から離れたこと
もあり，それほど多くないと判断できよう。これに比べて黄海線は鉱産品が
最も多く，農産品はその次を占めた。両品目を合わせると，全貨物の80％
を超えている。咸南線も鉱産品が最も多かったが，50％を下回っており，林
産品の量も他の路線に比べては多かった。咸北線は朝鮮森林鉄道から出発し
ただけに，林産品が圧倒的に多かったことがわかる。

　1933年には全南線，慶東線，慶南線が朝鮮鉄道12年計画の一環として国
有化されたので，残りの5路線に注目すれば，1927年に比べて輸送量が大
きく増えたわけでもなく，貨物構成上の変化があるものの，大きく変わった
とも考えられない。ところが，第8章のように1939年にはすでに咸南線が
日窒側によって買収され，4路線しか残っていなかったものの，植民地工業
化の進展の上，戦時下の生産力拡充計画の影響を受けて四つの路線ともその
変化は極めて大きかった。忠北線と慶北線は依然として農産品が最大の輸送
貨物でありつつも，全体の50％を超えたことから見れば，その半分程度に
低下して20％台を記録した。その代わりに忠北線は黄色煙草再乾燥工場が
あり，その商品が増えたため，加工食料品および嗜好品の比重が大きくな
り，農業用肥料の消費が増えた上，各種工事増加に伴うセメント類の輸送が
増加し，畜産および肥飼料や窯業品の比重も大きくなった。慶北線でも同じ
理由のため，畜産および肥飼料や窯業品の比重も上昇したが，沿線地域など
から石炭，金鉱，黒煙が生産され，鉱産品が20％を超えた。咸北線では咸
北線自体の改良工事を含めて各種工事増加に伴って砂利やセメント類が急増
した結果，林産品の比重が過去より減ったのである。

　これらの三つの路線でも変化は大きかったものの，すでに指摘したよう
に，黄海線では輸送量から見て大きな変化が見られるし，輸送品目の構成も
変わっていった。そこで，黄海線の路線網（図3-17）に注目すれば，大きく
見て，①鉄道局京義線土城駅から分岐して道庁所在地の海州を経て甕津に至
る路線121.6キロと，②鉄道局京義線沙里院駅から分岐して信川や載寧を経
て長淵に至る路線81.8キロ，そして③両水平路線を垂直で結ぶ②の上海か
ら分岐して海州港に至る路線66.5キロからなっており，そのほかに花山・
内土間2.1キロ，新院・下聖間5.6キロ，海州・東浦間7.5キロ，東浦・鼎

第3章　私鉄統合と朝鮮鉄道株式会社——国営代行と投資会社　147

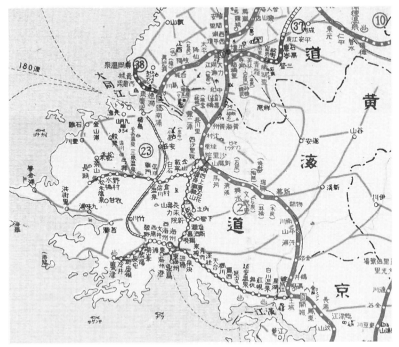

図 3-17　朝鮮鉄道株式会社黄海線路線図（1939 年 12 月 31 日現在）
出所：朝鮮総督府鉄道局『朝鮮鉄道状況』第 30 回，1939 年。

島 0.7 キロといった短い路線があった。朝鉄黄海線は滅悪山脈が東北から西南に聳え，北部には載寧平野，南部には延白平野が広がっている黄海道をカバーしていたため，沿線の貨物も農産品はもとより，植民地工業化に伴って開発された地下資源であった。

　1939 年になると，農産品の構成は減っており，その代わりに鉱産品の比重がさらに増加し，64.7％を記録した。鉱産品が 1933 年の 175,299 トンから 39 年に 722,557 トンへと 4 倍以上増えたため，他の貨物も増えたにもかかわらず，品目によってはその比重が下がることもあった。この期間中，営業路線が 219.8 キロから 286.0 キロへと増えたことも勘案しなければならないが，鉱産品の細部品目を見ると，石材 137 トン，砂利 2,566 トン，石灰石 219,485 トン，石炭 15,698 トン，金鉱 19,841 トン，鉄鉱 131,331 トン，亜鉛鉱 282 トン，黒煙 25 トン，石油類 767 トン，その他 4,197 トン，合計

396,418 トンであった。石炭や金鉱も増えたものの，セメントと鉄鋼の原料になる石灰石と鉄鉱石が大量に運ばれたのである。石灰石 219,360 トンが新徳から発送され，鼎島に到着し，移出されたのである。鉄鉱石は長寿山 1,920 トン，内土 10,110 トン，下聖 118,170 トンの発送があって，兼二浦製鉄所の原料として調達されるため，鉄道局線沙里院駅に 131,055 トンが到着した。これが植民地工業化の一環であったことは確かである。

　竹内祐介（2020）は鉄鉱石および米穀の搬出と工業製品の移入を中心に黄海線の沿線一帯と他地方との地域的分業を強調しているが，石灰石の動きも重要である。黄海道には 1936 年 3 月より朝鮮セメント海州工場が建設され，1937 年 6 月より操業を始めており，後に 11 月からは工事中の朝鮮浅野セメント鳳山工場が製造を開始した[49]。石灰石はこれらの工場原料として使われたが，多量の石灰石が原料として他地方へと移出されたのである。

　駅別輸送動向（図 3-8）を見ると，まず，路線①は土城駅を国有鉄道との結節点とする性格は旅客より貨物において強かった。旅客輸送は黄海道の道庁所在地である海州において最も多くの人々の移動があったのに対し，貨物においてその性格は見られず，黄海道からの移出を意味する土城への到着貨物が発送貨物より多かったのに注目しなければならない。連帯輸送（連絡輸送）を除いて延安の発送トン数が最も多く，翠野のそれが次であった。その一方で，中心地たる海州と東海州への到着貨物が多かった。次に，路線②については異なる動きが見られる。旅客においては国有鉄道との結節点たる沙里院でも多かったが，載寧が最大の中心となっており，その次が信川であったことはわかる。沙里院における連帯輸送においては降車の旅客が乗車の旅客より多かったので，鉄道を利用して沿線地域に到着する人員より沿線地域を離れる人員が多かったことになる。その一方，貨物においては鉄鉱石などが沙里院に到着して国有鉄道沿線に移動したのである。沙里院を経由して黄海道地域に移入される雑貨などはあまりなく，その機能を京畿道に近い土城がほぼ専担したのである。第三に，路線③およびその他の路線であるが，2

---

49)　「海州工場 火入れ式挙行」『東亜日報』1937 年 6 月 25 日：小野田セメント株式会社『回顧七十年』1952 年 12 月。

第 3 章　私鉄統合と朝鮮鉄道株式会社——国営代行と投資会社　149

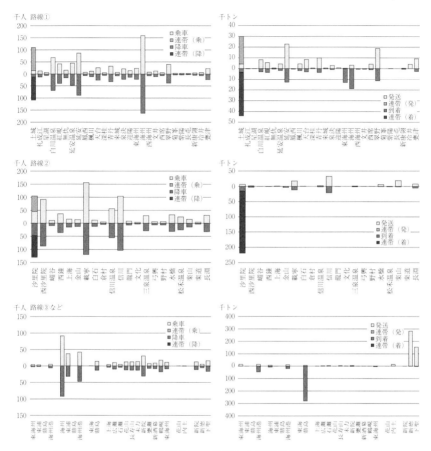

図 3-18　朝鮮鉄道黄海線の駅別乗降および発着状況（1937 年度）
出所：朝鮮総督府鉄道局『年報』1937 年度版。

つの水平路線を結ぶ連絡線としての役割を果たした路線③は客貨とも，目立つ役割を果たすことなく，むしろ枝線たる諸路線が重要な機能を行なっていることが判明する。新院から分岐して新徳や下聖が主要な発送駅として機能し，あそこから送られた石灰石などが海州に近接する鼎島と海州港を通じて他地域に移出されたのである。

　このように，1930 年代半ばから 1940 年代前半にかけて急増するのに対し，朝鮮鉄道会社はどのように対応しただろうか。路線別営業 1 キロ当たり

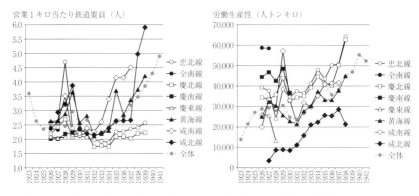

図 3-19　朝鮮鉄道株式会社の路線別営業 1 キロ当たり鉄道員と労働生産性
出所：図 3-10 と同様。
注：労働生産性 =（旅客輸送量×旅客収入ウェイト＋貨物輸送量×貨物収入ウェイト）÷鉄道員数

　鉄道員を見れば，会社設立時の 1923 年に 3.6 人であったが，人員整理が行われ，その後 2.5 人を推移し，慶東線，慶南線，全南線の国有化が進められた後の 1932 年には 2.2 人まで低下した。その後，増えて行き，1941 年には 4.9 人を記録した。もちろん国有鉄道に比べて労働力配置は極めて少ないものの，1930 年代後半以来，朝鮮鉄道会社なりには労働者を増やすことによってより多くの客貨を運ぼうとしたのである。言い換えれば，労働集約的鉄道運営方式が取られたといえよう。
　これがいかに効果的であったのかを測るため，労働生産性を推計してみた。それによれば，相対的に路線距離に比べて要員配置を抑制しようとした全南線，忠北線，慶北線，慶東線では労働生産性が全体の平均水準より高かった。労働力配置が多かった咸南線と咸北線においては咸南線の生産性は平均水準に近接したが，咸北線のそれは平均水準を大きく下回っている。ともあれ，黄海線のそれが大きく反映されていた全体の労働生産性は 1930 年代中向上する傾向を示していることから朝鉄の対応は有効的であったと判断できる。1940 年代に入ってから社員が把握できず，労働生産性は推計できないものの，1940 年代前半に貨物輸送が停滞しており，1941 年に労働生産性が低下したことから，戦時下の朝鮮鉄道会社の対応力はすでに限界に達したと考えられる。それを突破するため，黄海線の広軌化（国際標準軌への改

軌工事）が政策的に重視され，これが資材難や労働力不足が深刻化する中で会社体制ではとうてい対応できないと判断され，その国有化が決定されたのである。

　以上のように，輸送動態が会社の経営収支にどのように現れたのかを，次節で検討することにする。

4.　経営分析と収支改善

　収入の動向は輸送量のそれとほぼ同じく動いているものの，1929年まで増加し続け，全南線の国有化による輸送量の縮小が確認できず，1931年ではなく1930年を谷として回復する動きが見られる。それに比べて，費用の動向がむしろ輸送量の動向とより類似している動きを示していることがわかる。鉄道収入が輸送量と運賃からなっていることを念頭に置けば，もう一つのファクターとして運賃を考慮しなければならない。旅客運賃は会社設立時より見て，1930年代半ばまでは下がっていき，その後上昇し，資料上観測できる1943年には会社設立時の1923年より高い水準に到達した。これに比べて，貨物運賃の場合，一貫して下がり続け，1940年代に入って若干上昇する動きを示している。朝鮮産業開発や戦時下の低物価政策の一環としてこのような決定が行われており，その反面，旅客輸送に対しては戦時下輸送制限とともに，相対的に高い運賃が設定されたのである。中でも，注目すべきなのは，路線別に全く異なる運賃設定が行われたことである。運賃設定時には総督府からの許可を得る必要があり，国鉄を基準とすれば，高運賃体系が政策的に認められたことは第2章で指摘した通りであるが，実際に朝鮮鉄道会社のなかでも路線別に貨客別割引の設定や特殊品目の指定を通じて実際に異なる運賃体系が設定されたといえよう。

　長期間観測できる忠北線の場合，旅客について低い運賃が設定されたが，貨物についてはむしろ平均より高い運賃が設定された。その反面，1930年代に入って最も大きなシェアを占める黄海線の場合，旅客では平均より高い運賃が設定されたのに対し，貨物については低い運賃が設定された。咸北線が旅客運賃では黄海線より高く，貨物運賃でも高くなって，一部の年度を除いて平均より高かった。一方，咸南線の場合，貨客とも一部の年度を除いて

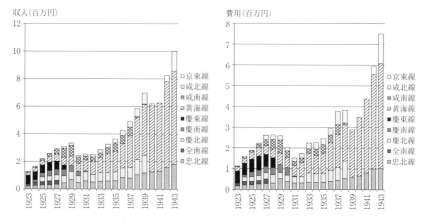

図 3-20　朝鮮鉄道株式会社の路線別営業収入と営業費用
出所：図 3-14 と同様。
注：営業外収入および費用を含まない。

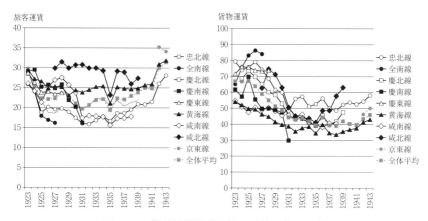

図 3-21　朝鮮鉄道株式会社の路線別貨客運賃
出所：図 3-14 と同様。
注：1. 旅客運賃＝旅客収入÷旅客輸送量。ここで，旅客輸送量の単位は千人キロである。
　　2. 貨物運賃＝貨物収入÷貨物輸送量。ここで，貨物輸送量の単位は千トンキロである。

は平均より低い運賃であった。慶北線の運賃動向は貨客とも平均値に近接する動きであった。さらに，路線別旅客運賃収入比率を見ると，全体的な比率は下がってフラットな推移を示したあと，1939 年より上昇した。これは輸送量の動向にも影響されるが，旅客運賃が戦時下で引き上げられたことにも

第3章　私鉄統合と朝鮮鉄道株式会社——国営代行と投資会社 | 153

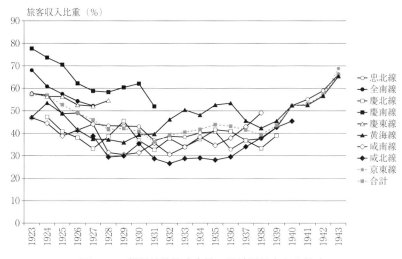

図3-22　朝鮮鉄道株式会社の路線別旅客収入比率
出所：図3-14と同様。

よる。中でも，経営初期段階で朝鮮鉄道12年計画の一環として国有化された慶南・慶東・全南三線において旅客収入比率が確かに下がっていたものの，他の路線に比べて高い方であった。こうした朝鮮南部路線に比べて，人口の少ない森林地帯を沿線とする咸南・咸北両線の場合，その比率が30％台に過ぎなかったり，30％を下回ったりした。

　以上のような過程を経て得られる路線別利益は経営初期にはマイナスを記録することもあったが，1930年代に入って黄海線の路線運営が本格化すると，利潤は拡大し続けた。1939-40年に「慶北，咸北線の譲渡に拘らず斯る好成績を収める様になったのはドル箱である黄海線が稼ぎ出したもの」であった。「黄海線は総収入の六割，運輸収入の七割五分を挙げて」おり，「忠北線は運輸収入の二割を占めるに過ぎな」かった[50]。「朝鮮では珍しい狭軌の黄海線が繁忙に繁忙を続けて居る」のであった。その「沿線は鉄鉱石，石灰石，山金が多量に出る上，海州附近が最近工場地帯化し定期客が殖えて来

---

50)　「朝鮮鉄道——環境に恵ぐまれて成績は一段向上」『ダイヤモンド』1941年2月1日，81-82頁。

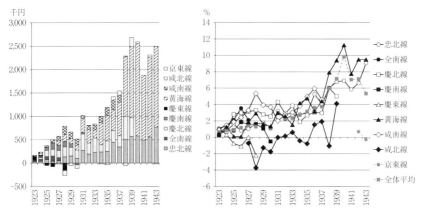

図 3-23　朝鮮鉄道株式会社の路線別利益と利潤率
出所：図 3-14 と同様。
注：1. 注意すべきなのはここでの利益は営業収入と営業費用の差引であって，利子などの営業外費用を勘案していないことである。
　　2. 利潤率＝利益÷建設費。

た」のである。こうした「ドル箱」たる黄海線は既述のように 1930 年代前半に営業路線 200 キロを超えてその規模が一番大きかっただけに，その利益が大きくなったとも考えられるから，図 3-23 のように，利潤率を推計しみよう。

　1920 年代までは慶北線，全南線，咸南線が良好であって，黄海線は忠北線や慶南線とともに平均水準に近かった。慶東線や咸北線の場合，利潤率が最も低い方であった。会社創立時のすべての路線が国有化されずに営業中であった 1927 年の利潤率は咸南線 3.3％，慶北線 3.1％，全南線 2.1％，黄海線 1.9％，慶南線 1.6％，忠北線 1.0％，慶東線 0.0％，咸北線 － 0.7％，全体平均 1.5％であった。咸北線の経営状態が最も悪かったため，最も高い運賃が設定され，経営保全が図られたように，各路線の運賃設定は経営状態を反映して行われたことがわかる。このような利潤率は 1930 年代半ばには変り，例えば，1935 年には咸南線 5.0％，黄海線 4.8％，忠北線 3.0％，慶北線 2.7％，咸北線 － 0.8％，全体平均 3.2％を記録した。咸南線，黄海線，忠北線の利潤率が大きく改善しており，その反面，慶北線はやや落ちており，咸北線の収益性が最も悪かった。その後，咸南線が日本窒系の新興鉄道に譲渡

第3章　私鉄統合と朝鮮鉄道株式会社——国営代行と投資会社 | 155

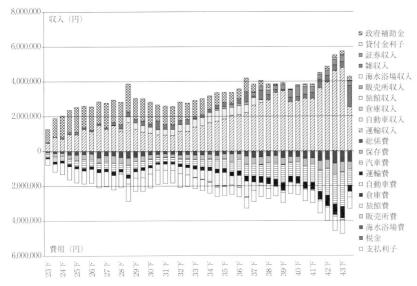

図 3-24　朝鮮鉄道株式会社の収支構造
出所：図 3-6 と同様。

され，慶北線が総督府に買収されて国有化され，さらに咸北線も北鮮拓殖鉄道として分社化されたため，黄海線と忠北線の利潤率が上昇するにつれて，会社全体の利潤率は 1940 年に 9.8％を記録するほど，大きく上昇した。その後，収益性の低い朝鮮京東鉄道を合併したこともあり，利潤率の低下が余儀なくされたが，それにしても長期的に見て高い水準であった。

とはいうものの，こうした経営収支は鉄道事業の営業収入と営業費用に限定されたものであって，会社全体のパフォーマンスを把握するためには営業外収支や兼業収支を勘案しなければならない。朝鮮鉄道株式会社の損益計算書から半期別データを集めて，1934 年度下半期までは「利益金処分」の中で計上されていた政府補助金，社債利子，借入金利子を損益計算書に入れるなど，年度によって異なっていた項目を統一し，会社の経営収支を示したのが図 3-24 である。収入は鉄道収入たる運輸収入，兼業収入の自動車収入，倉庫収入，旅館収入，販売所収入，海水浴場収入，雑収入，証券収入，貸付金利子，政府補助金からなっており，初期には運輸収入と政府補助金が最大

の項目であって，後に兼業収入の費目が 1927 年から 1938 年にかけて策定される が，そのうち最大の兼業収入は自動車業より発生した。1937 年下期よりは証券収入や貸付金利子といった金融収入が発生した。このような金融収入とは所属路線の国有化に伴って交付された公債や，鉄道，自動車業，旅館などといった子会社から発生する収入である。その一方で，費用は総係費，保存費，汽車費，運輸費，自動車費，倉庫費，旅館費，販売所費，海水浴場費，税金，支払利子からなっており，鉄道事業による総係費，保存費，汽車費，運輸費が主な費目であり，兼業の中でも自動車費が大きかったが，これも自動車業の分社化に際して損益計算書からは消えた。その代わりに会社経営の初期より悩ましい費目が支払利子であった。

　合同会社の成立時から 1930 年代半ばに至るまで，政府補助金を除けば，朝鉄会社は当然赤字経営を免れなかった。それだけでなく，当時の経済雑誌『ダイヤモンド』によれば，「補助金の大部分は，営業損の補填に振向けねばならぬから，五分は愚か三分配当も出来ないと思はれる。処が営業地は遠いだけに種々不安が伴ふので，五分や六分の配当では，投資するものはない。どうしても八分程度の配当をしなければ，内地投資家が喜ばないのだ。そして八分配当をするには，結局決算に手心を加へる外ない。即ち諸経費の一部を建設費に繰入れるのである。更に詳しく云ふと営業収入に補助金を加へた合計より，借金の利息を営業費を控除し其残額を配当に振向けるのだが，それでは八分配当が出来ない。仍て残額で八分配当の出来る程度に営業費を建設費中に繰込むのだ。従って比較的収入の多い会社は，建設中に繰込む営業費が尠くて済むが，収入の尠い会社は営業費繰込額が多くなる」と指摘された[51]。即ち，上場会社としては会計不正というべき「遣繰決算」が認容されたのである。

　慢性的の赤字体質であって，「内地でもその事例を見ない」ものであって，「営業自体は収支償はず，欠損額は毎期四五十万円，多い時は六十万円に及んでいるが，総督府の手厚い補助に依って，漸く八分配当を維持している次第である」と評価された。これが世界大恐慌に際して図 3-24 のように深刻

---

51)　前掲「朝鮮鉄道株式会社」449–452 頁。

な状況に陥り，「当社の一日一粁（キロ）当り収入は，いつも十円台を出でない。如何に未開発地が多いとはいへ，てんでお話にならない。その上最近は不景気による沿線産物の出廻り減少のため，少い収入は益々少くなって」きたのである[52]。こうして，輸送需要が少なくなって，これが経営難の根本的要因にもなっているが，費用面でも致命的な問題を抱えており，「当社の営業線は，同業六社の合併によって継承したもので線路のみ長く，各所に散在して居て，その間に少しの連絡統一がない。従って所要経費が多額に上るのだ。即ち建設費の安い長所は，経費の増嵩と収入の尠い不利で打消され，長所とならないのである」と指摘された[53]。さらに，同社の資本調達も当時問題視された。「借金は内部負債の一倍三分以上に上るのだから，イクラ鉄道会社であるからとて，借金過多と云はねばならぬ」と判断されたが，これが支払利子の増加要因になっていた。もちろん，15年間にわたって社債および借入金の利息に対しても年8％の補助が支給された。

　しかしながら，補助期間の満了が近づくと，会社経営陣の不安は増幅し，他の私鉄とともに，「猛烈に期限延期の歓願運動を試みた」結果，「総督府及拓務省などの間に或は種の了解が附き」，帝国「議会に朝鮮私鉄補助法の改正案として，提出せられ」たのである[54]。その結果，1934年4月に朝鮮私設鉄道補助法が改正されたが，払込資本金や，社債および借入金の利息に対する補助は撤廃され，建設費を基準とする補助となり，その補助率も6％へ引き下げられ，さらに延長期間中には5％へと下がるように設定された。当然，利子負担が大きくならざるを得なったため，「従来借金の返済に可成り力を尽し，其の資金としては主に手持有価証券の売却金を以って当て居た」。また，兼業としての自動車業も「決算上収支トントンとなって居るが朝鮮の実状と現在の経営状態から見れば鉄道の不振を補ふに足るものではない」状況であった。このような悲観的状態は朝鮮鉄道会社に限定されず，「期限到来毎に益々苦境に陥らねばならぬ朝鮮私鉄の将来は実に心細い状態と云ふ他はない」ものであった。

---

52)　「補助法改正問題と朝鮮鉄道の今後」1932年6月1日，86-88頁。

53)　前掲「朝鮮鉄道株式会社」449-452頁。

54)　前掲「補助法改正問題と朝鮮鉄道の今後」86-88頁。

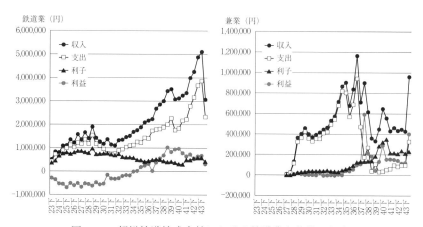

図3-25　朝鮮鉄道株式会社における鉄道業と兼業の収支
出所：図3-6と同様。

　ところが，世界大恐慌からの景気回復とともに，植民地工業化が進展し，輸送量が増え続けると，会社経営は一変し，1935年上期に「黒字決算」を実現したのである。「補助金の減額から或は減配を懸念されていたが，営業成績が予想以上良好であった」ため，「目覚しい立直り」と評価されるに至った。成績好転の理由として図3-25のように，「借金の低利借替に依る利払の軽減にも因るが，各業の収入増加が著しかった為めに外ならない」のであった[55]。とりわけ，黄海線の計画路線が完成されるにつれ，京義線以西の黄海道は朝鮮鉄道会社による鉄道ネットワークとなり，大量の貨客が発生した。当然鉄道業が黒字経営に転じて利益を出したことは当たり前のことであったが，兼業でもこの現象が同時期に確認される。兼業部門も1934年下半期までは赤字を記録したこともあり，必ずしも黒字傾向であったとはいえないが，その後は一貫して黒字傾向を続けたことは確かである。そのため，配当率8％は資料的に確認できる1944年上半期まで維持され，株主に対して毎期70万6000円が配当として支給されたのである。
　ここでの兼業は鉄道業以外の事業を意味し，1928年上半期から1938年上半期まで「自動車損益計算書」あるいは「兼業損益計算書」として自動車

---

55)「朝鮮鉄道は八分据置」『ダイヤモンド』1935年11月11日，95-96頁。

業，倉庫，旅館，海水浴場の収支が計上されており，その後は自動車業や旅館業を分社化し，一部の事業を雑収入・雑費に入れている。さらに，1937年下期から1944年上半期までは証券，貸付金利子，雑収入からなっているため，この期間中は兼業の性格が異なっていることに注意しなければならない。そのため，図3-25のように，1937-38年当たりから兼業の収入と支出が大きく変動した。とはいうものの，証券・貸付金利子は投資事業によるものであって，1938年に「直営バス事業を一道一社主義に則り，順次傍系自動車会社に移譲して鉄道培養線としての効果を掲げつつあったが，これが積り積もって」1939年上半期には自動車輸送業14社，自動車販売業1社，鉱工業1社，旅館1ヶ所，合計17社の投資会社を擁した[56]。その投資額は680万円に及び，1938年下半期の配当収入，貸付金利子は38万8000円であって，「投資利廻」は11.4％であった。これが会社経営にとって「一層の好影響を齎すもの」であっただろう。この投資事業は北鮮拓殖鉄道への咸北線の貸付や慶北線賠償金による公債交付のため，1940年上半期にはそれぞれ19万円と14万円の受取利子が発生し，従来からのバス業，自動車修繕業の配当金28万円が発生すると予測された[57]。

その一方で，政府補助金も減っていったことはいうまでもない。1934年に補助法が改正され，補助基準の変更とともに補助率の引下げが行われる以前より，政府補助金が持続的に減ったことに注目しなければならない。即ち，1931年上半期より減っており，それが1939年になると，それ以前に比べて微々たる金額になっていた。もちろん，この期間中，咸南線の新興鉄道への譲渡（1938年3月）や咸北線の分社化（1939年7月）そして慶北線の国有化（1940年3月）が行われたが，比較的に咸南線や慶北線は経営収支が良好なほうであって，咸北線も分社化直前には明確な経営改善があった。政府補助金をほとんど必要としないように経営の健全化が実現されたのは，咸北線と

---

56) 前掲「朝鮮鉄道繁忙加はる」109頁。これらの投資会社は鉄道業1社（北拓），自動車運輸業17社，自動車販売業3社，鉄工業2社，木材工業1社，旅館業1社，計25社へと増え，その投資額は株式保有と貸付金を合せて，1942年8月末に2566万余円に達した（前掲「朝鮮鉄道」139頁）。

57) 「朝鮮鉄道好成績続く——鉱山景気に潤ふ八分配当動かず」『ダイヤモンド』1940年8月1日，70頁。

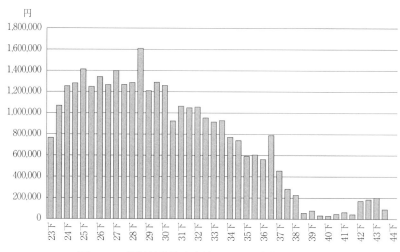

図 3-26 朝鮮鉄道株式会社に対する半期別補助金
出所：図 3-6 と同様。

慶北線が朝鮮鉄道株式会社の所属を離れる前であった。したがって，経営改善現象は非採算線の譲渡・スピンアウトによるものではなく，朝鮮鉄道株式会社の経営全般が改善したからである。とはいうものの，経営悪化のため，朝鮮京東鉄道が朝鮮鉄道株式会社に譲渡され，京東線になると，補助金が若干増えざるを得なかった。

　このような経営改善を数量的に把握するため，収益率と利潤率を推計してみたのが図 3-27 である。それによれば，鉄道収益率は 1930 年代半ばに至る前，赤字を記録しており，その後プラスに転じ，1940 年下期には 31.1％を記録し，その後低下する傾向を示している。このような推移は会社全体の収益率でも同様なものであったが，兼業のそれが鉄道より良好であったため，鉄道収益率よりやや高い。その反面，兼業は 1934 年までマイナスを記録し，プラスになってもそれほど良好ではなかったが，鉄道業と同じく 1930 年代半ばから年によっては 60％を超えることもあるほど鉄道業より高い収益率を記録している。建設費を基準とする利潤率は鉄道業に限るが，合同会社の成立時よりマイナスであったが，長期的に改善傾向を示し，1930 年代半ば，正確に言えば 1935 年上半期にプラスに転じ，1940 年下半期に 7.3％

第3章　私鉄統合と朝鮮鉄道株式会社——国営代行と投資会社　161

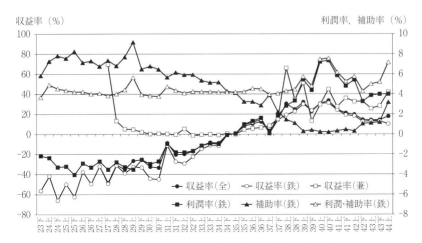

図 3-27　朝鮮鉄道の真の収益率，利潤率，補助率
出所：図 3-6 と同様。
注：1．収益率＝利益÷収入。ただし，利益には政府補助金を含まない。
　　2．利潤率（鉄）＝鉄道利益÷鉄道建設費。半期別利潤率と補助率を年率にするため，2 をかける。以下，本書では同様。
　　3．補助率（鉄）＝政府補助金÷鉄道建設費。
　　4．利潤・補助率（鉄）＝（鉄道利益＋政府補助金）÷鉄道建設費。

に達し，その後収益率と同じく低下している。これに対し，政府補助金が交付されたので，建設費を基準として補助率を計算してみると，1920 年代半ばの 7-8％から減り始め，1930 年代半ばには 3-4％へと低下し，1940 年代初頭には 1％以下となった。利益に政府補助金を加えて推計した利潤・補助率は 1930 年代半ばまでほぼ 4％台を推移し，その後上昇し，1940 下期に 7.6％を記録した。その後，収入面で輸送量が増えず，貨物運賃の引上げが総督府の戦時下低物価政策のため，抑制されたにもかかわらず，費用面では各種資材の価格上昇が賃金引上とともに進み，会社の収益性はやや悪化せざるを得なかった。

　こうして，1920 年代には「前途悲観の外ない」と言われ，「利益処分は甚だ窮屈である」といわれ，「遣繰決算」によって辛うじて配当率 8％を維持してきたが，以上のような経営改善に伴って，1940 年代初頭には「当社は半島第一の規模を持つ私鉄である。成績も第一に良いのである」と評価されるに至った[58]。それが株価の上昇としても現れたのである。

おわりに

　朝鮮鉄道株式会社は 1923 年に朝鮮中央鉄道，西鮮殖産鉄道，南朝鮮鉄道（旧），朝鮮産業鉄道，朝鮮森林鉄道，両江拓林鉄道の合併によって成立した。とはいえ，これらの私鉄 6 社は一つのネットワークを形成することなく，朝鮮半島において朝鮮国有鉄道の枝線的存在であったため，統合に伴って鉄道運営上の改善効果などは非常に限定されたものであった。それにしても，私鉄 6 社が決定せざるを得なかったのは，反動恐慌のため，株金の払込ができず，解散運動さえ展開されることもあり，総督府は会社解散を許可しない中，政府保証を得て社債の大量発行を実現することを期待したからである。とはいえ，そのような条件が「異常」であったため，大蔵省からの反対によって不可能となった。それにもかかわらず，会社統合を通じて鉄道運営というよりは資金問題の解決を図ることで，既に投資された資本金に対する安定的な配当を確保しようとした。

　新会社が出現する以前に朝鮮中央鉄道，西鮮殖産鉄道，南朝鮮朝鮮が一部の区間営業を始めたが，その経営成績は沿線地域の未開発のため，良好なものにはならなかった。中でも，会社解散を試みた朝鮮産業鉄道は減資措置をとるほど鉄道事業に対して極めて消極的な立場をとったが，その株主構成を見ると，他の鉄道に見られる機関投資家や，沿線開発を進めようとする事業者からの投資は確認できず，一般個人株主が大半であった。これが新会社の成立に際して弱い立場となり，資本金の払込額が大きかった中央鉄道系が中心的役割を果たすことになった。その後，森林鉄道系であり，彼自身が大株主として「大川財閥」を築き上げた大川平三郎が監査役から社長に就任し，社債発行はもとより，全南線，慶南線，慶東線の国有化によって確保された資金をもって未開通路線の敷設工事を進めた。そのため，国有化に伴なって会社の建設費は縮小することはなく，一定の水準を維持する動きを示している。

　その後，大川社長の死亡に際して同じ森林系の長谷川太郎吉が社長となっ

---

58)　前掲「朝鮮鉄道株式会社」449-452 頁；前掲「朝鮮鉄道」81-82 頁。

た。この時期には咸南線の日窒系の新興鉄道への譲渡，咸北線の北鮮拓殖鉄道としての分社化，慶北線の政府買収が決定され，朝鮮鉄道会社の経営路線は後に忠北線と黄海線に限定された。戦時下の 1942 年下期より中央鉄道系の東條正平が社長に就任すると，経営悪化に陥った朝鮮京東鉄道を買収して京東線とし，1944 年にはドル箱の黄海線が輸送力強化のため，総督府によって国有化された。このような路線事業の再編は帝国圏で類例のないものであって，朝鮮鉄道会社が機関投資家のための投資先であったことを物語っている。それを総督府の手厚い保護政策が支えたことは言うまでもない。

　このような鉄道運営に際して植民地雇用構造を構築し，日本人を高い身分かつ主要な部署に配置し，鉄道運営を掌握しようとした。この労務対策は国有鉄道でも見られるが，朝鮮人が比率的に 6-8 割を占め，日本人 6 対朝鮮人 4 であった国有鉄道の民族構成とは大きく異なっている。株式会社としての赤字鉄道であって，補助金の交付の上「遣繰決算」さえ行われていた厳しい経営条件から見れば，人件費の安い朝鮮人を多く採用するのが合理的判断であろう。戦時下の日本人が応召・入営が続き，少なくなったのに対し，朝鮮人をより多く配置し，部署別に広げることで，対応しようとした。このような植民地雇用構造のため，所属路線の国有化が実行されると，既存の人的資源は国有鉄道の人事制度に組み込まれやすかっただろう。

　この事業の再編は輸送動向に影響を及ぼし，1927 年を一つの山として路線の縮小に伴って輸送量が縮小し，その後世界大恐慌も生じたため，輸送量は 1931 年まで減少し，その後再び増えていったが，植民地工業化の進展や戦時下の輸送需要の拡大のため，輸送量の急増が著しくなった。当然，輸送距離や輸送対象が路線ごとに異なったことはいうまでもなく，路線の沿線状況によって輸送品目も異なったが，1930 年代後半には各路線の輸送品目自体も大きく変わって，植民地工業化の特徴を反映している。中でも，黄海線の場合，輸送量の大半を占めるだけでなく，貨物輸送において伝統的農産品だけでなく，石灰石，鉄鉱石，山金などといった鉱産品の生産が急増し，朝鮮国有鉄道への搬出が大量に行われており，海州を中心として工業地帯化傾向があらわれ，それに伴う資材・雑貨の輸送も増えた。そこで，労働生産性を見ると，路線別に異なる推移であったが，長期的に向上傾向が確認されて

おり，とりわけ生産性の向上は 1930 年代に著しかった。この時期，国有鉄道に比べて少ないほうであったが，路線別に労働力配置を増やしたことから，労働集約的鉄道運営が一定の効果を来たしたといえよう。

　こうした輸送動向が運輸収入になるのは言うまでもないが，ここで注意すべきなのは輸送量のみならず，運賃も重要な影響を及ぼした。とりわけ，旅客運賃の場合，1930 年代前半まで下がったあと，急増していったのに対し，貨物運賃はほぼ一貫して下がり続け，1940 年代に入って若干上がっていく動きを示している。貨物輸送に対して価格設定において産業開発と低物価のためその引上げが抑制されたのである。路線別利潤率を推計してみると，路線別経営状況がそれぞれの運賃設定に反映されたことがわかる。その中で，黄海線が最大の利益を出しており，これが会社全体の経営状況に影響を及ぼしていた。とはいうものの，これはあくまでも営業収支に限定されており，他人資本が多かっただけに，利子などの負担をも考慮すると，1934 年下期まで赤字経営が続いた。その要因として沿線の低開発による輸送需要の不足も取り上げられるが，費用面でも会社の諸路線間の連絡が欠けるなど，合併効果が少なく，社債および借入金の負担も大きなものであった。それを補ったのがあくまでも政府補助金であり，配当率 8％を維持するため，「遣繰決算」さえ行われた。

　ところが，経営収支は 1935 年上半期より黒字に転じた。輸送量の急増とともに，社債・借入金の利子率が下がり，資本費用が縮小し，自動車業などの兼業部門も安定的な黒字に転じ，会社全体にとってプラス要因となった。これらの兼業が分社化されてから，投資事業となり，配当および利子として会社の収入源となった。朝鮮私設鉄道補助法の改正によって経営成績が懸念されたが，むしろ良好であったため，政府補助金が急激に縮小し，1939 年には微々たる水準になった。利益と補助をもって利益・補助率を推計してみても，会社経営は大きく改善したことがわかる。その上，補助率の低下にもかかわらず，配当率 8％は戦時下の 1944 年まで維持され，「半島一」といわれるほどになったのである。

　以上のように，朝鮮鉄道株式会社は私鉄経営危機ないし資金調達難に対応するため，私鉄合同によって成立した。そもそもネットワークを形成するこ

とはなく，それぞれ路線が朝鮮国有鉄道に連絡することで機能したのである。また，その多くの路線が買収され，当初の諸路線中，敗戦時まで会社経営に残っていたのは忠北線一つしかなかった。極めて歪なものであって，国営代行であったと評価せざるを得ない。そのため，総督府の手厚い保護がこの会社に対して施されただろう。これが会社経営の安定性，機関投資家の立場よりいえると，安定的配当の支給が制度的に保障される根拠になったのである。この点で，日本内外の機関投資家にとって同社は安定的な長期投資先としての性格を有するともいえる。

第 **4** 章

朝鮮京東鉄道の敷設と経営

狭軌鉄道の経営難と
朝鮮鉄道（株）への売渡

はじめに

本章の目的は植民地朝鮮に敷設された朝鮮京東鉄道を取り上げてその鉄道の敷設とその輸送実態を明らかにし，狭軌線としての経営上の特徴を抉り出すことである。

反動恐慌以来，不況に悩まされていた植民地朝鮮の私鉄は「解散決議」という経営危機に直面したものの，朝鮮各地の私鉄6社が1923年に朝鮮鉄道株式会社として合併し，総督府による私鉄経営への保障，より正確に言えば，株主への配当を保障する補助金の支給を前提にその経営が続けられた[1]。これが日本内地の投資家にとって植民地鉄道投資に対するポジティヴなサインになったことはいうまでもなく，私鉄会社による路線敷設が行われたが，新しい鉄道会社の設立はなかなか捗らなかった。その中で，敷設免許を受けていた朝鮮京東鉄道も設立の遅延が重ねられ，1920年代後半になってようやく実現されたのである。

長期不況が続く中，投資家にとって資金調達は容易ではなかったこともあり，実際の敷設も狭軌線として行われざるを得ず，輸送能力はきわめて脆弱なものとなった。ついには戦時下で経営不安のため，朝鮮鉄道株式会社へと買収され，のちに会社の解散が余儀なくされた。朝鮮内の国鉄「代理線」として重要性がアピールされてきた他の私鉄とは異なって，ゲージの幅が日本内地の1,067mmより狭い762mmになっており，これが当初より懸念され，戦後韓国政府の下ではその鉄道施設の脆弱性のため，モータリゼーションの進行に伴って鉄道路線が廃止された。

とはいうものの，既存研究ではこのような狭軌線としての経営的脆弱性が明示的に説明されることはなく，会社経営も分析されてこなかった。李昌植（1988）は韓国鉄道庁の公刊した『韓国鉄道史』[2]などに基づいて朝鮮京東鉄道株式会社が水驪線を開通した目的は表面的には「国土開発の均霑」にあったものの，実際には利川や驪州の平野から良質の米を収奪して日本へ食糧を

---

1)　矢島桂「植民地期朝鮮への鉄道投資の基本性格に関する一考察——1923年朝鮮鉄道会社の成立を中心に」『経営史学』44-2，2009年，59-84頁。
2)　鉄道庁『韓国鉄道史』第2巻，1977年；鉄道庁『韓国鉄道史』第3巻，1979年。

調達するためであったと見て，後には水仁線の敷設を加え，さらに貨物自動車網をも構築すると，地域の運送権を掌握したと評価した[3]。運賃収入の増加に伴って鉄道経営が安定したにもかかわらず，列車の延着はもとより，荷物の引渡も不正確であり，「サービスは水準以下であった」と批判している。こうして，鉄道の収奪性が強調されたものの，鉄道輸送と経営実態が分析されることは決してなかった。

これに対し，轟博志（2001）は歴史地理学的視点に立ち，水驪線の開通に伴う沿線地域の交通結節構造の変化を考察した[4]。分析の結果，朝鮮京東鉄道は鉄道路線の開通に際して船舶と自動車をともに運営し，それらの路線を培養線として従来の徒歩と江運からなる交通網を再編したことを明らかにし，さらに水仁線の追加的開通によって港湾を基点に全交通網の統合度が高まっていく鉄道となったという評価を下している。このような京東鉄道も，競争路線たる朝鮮総督府鉄道局の中央線が開通し，嶺西地方の貨物を吸収すると，原州などの営業圏の半分程度を喪失せざるを得ず，経営難に陥ったため，朝鮮鉄道株式会社に買収されたと見ている。とはいえ，分析方法は地理学的アプローチであるため，鉄道会社の実態が明らかにされておらず，とりわけ営業圏の喪失のため，経営赤字に転じたと捉えるのは過大評価であり，真の原因が把握できていない。

甄洙燦（2003）は日刊紙と官報の記事を拾って水驪線と水仁線をめぐる敷設過程を分析し，資金不足のため，狭軌線の敷設が余儀なくされ，初期には会計不正が問題視されて内部の対立があったものの，いちおう水驪線が開通されると農産物が溢れて穀物倉庫設置運動が展開されるほどであったと指摘している[5]。さらに，仁川商業会議所より出された水仁線建設要望が会社の設立には至らず，京東鉄道のもう一つの路線として敷設され，当初の懸念とは異なって貨客輸送が急増したと論じたけれども，1940年以降経営収支が

---

3) 李昌植「日帝下의 水驪・水仁線의 鉄道考」畿甸郷土文化研究会『畿甸文化』3，1988年，25-34頁。

4) 轟博志「水驪線의 性格変化에 関한 研究」『地理学論叢』37，2001年，43-65頁。

5) 甄洙燦「京東鉄道（水驪・水仁線）의 敷設과 変遷」仁荷歴史学会『仁荷史学』10，2003年，911-931頁。

赤字に転じて朝鮮鉄道株式会社への売却が余儀なくされたと指摘している。当然，経営分析に基づく歴史的評価はできず，新聞記事に基づく説明になっていることから，果たして鉄道輸送量がどれくらい多く，なぜ経営の健全性が損なわれたのかについて分析できていない。

　これらの研究に対して水源を中心として鉄道輸送に注目したのが金贊寿（2005）である[6]。朝鮮鉄道局の京釜線の水原駅を中心に貨物の発着を説明した上，『朝鮮総督府統計年報』などより朝鮮京東鉄道の資本投下と運輸・営業実績に関する統計を得て，会社の資金調達や貨客輸送の増加，補助金支給の上での経営安定化を指摘している。とはいえ，利潤・配当を保証するための補助金が資金調達手段として認識されており，何よりも統計自体が鉄道に限って集計されているデータなので，利子支払などが勘案され，株式会社としての経営実態が分析されておらず，良好であった会社経営が1940年度より赤字に転じた理由は全然解明されていない。とりわけ，狭軌などといった京東鉄道ならではの輸送能力の限界が会社経営にどのようにフィードバックされており，戦時下でどのような要因が会社経営の足かせになったのかを検証しなければならない。

　このような問題意識に着目し，本章は朝鮮京東鉄道株式会社の『営業報告書』や朝鮮総督府鉄道局『年報　私設鉄道編』・『朝鮮鉄道状況』・『朝鮮交通状況』・『鉄道要覧』といった一次資料に基づいて会社経営の実態を明らかにする。そのため，第1節においては鉄道会社の設立から経営権が内部で確立するプロセスを検討したあと，第2節では水驪線が建設されたあと，沿線地域の輸送体制に絡んで運輸営業がどのように展開されたのかを分析する。第3節においては水仁線の開通がもたらした鉄道輸送体制の変化を考察したあと，第4節において京東鉄道の経営分析を試み，戦時下の業績悪化を明らかにしたうえ，どのような経緯で朝鮮鉄道会社への鉄道業が譲渡されたのかを議論する。このような分析によって，狭軌鉄道が会社経営にとって有する技術的限界を吟味することができるだろう。

---

6)　金贊寿「日帝下 水原地域의 鉄道交通」『水原学研究』2，2005年，9-44頁。

1. 鉄道会社の設立と経営権の確立

　植民地朝鮮における私鉄事業は日本内地に比べて遅れたが，1914年に6%の補助金が設定され，その補助保証率が1918年7%，1919年8%へと引上げられる[7]と，私鉄会社の設立が相次ぎ，会社数は1918年の6社から19年には15社になり，その翌年には17社に達した。とりわけ，水原・驪州間については朝鮮京東鉄道株式会社を資本金500万円で設立して京畿道水原に置き，鉄道の敷設と運営を担当するという会社の設立案が香山弘外15人から申請され，その「会社設立許可」が朝鮮総督より1920年3月3日に下された。それとともに，一般運輸を目的として軌間1,435mmで路線69.4キロの鉄道を建設するという「軽便鉄道敷設許可」が同日に出された[8]。そのため，会社の申請から許可まで時間がかかることを勘案すれば，朝鮮京東鉄道株式会社の設立案は朝鮮内の私鉄設立の動きとその軌を一にしている。しかしながら，鉄道敷設および会社設立が許可された同月に戦後恐慌とも呼ばれる反動恐慌が第一次大戦からの過剰生産のため発生すると，経済環境はもはや鉄道会社が設立できる状況ではなくなった。

　朝鮮内では既設の私鉄会社の資本金払込をめぐってトラブルが生じ，「解散決議」が議論されるほどになっており，それを防ぐための措置として補助金の交付の上，鉄道会社の利潤，より具体的に言えば，株主への配当を保障することとし，私鉄6社が合同して朝鮮鉄道株式会社の設立を1923年に見て，私鉄による鉄道敷設がかろうじて保たれるほどであった。その後も，関東大震災のため，震災恐慌（1923）が発生し，景気の好転はならず，この後，深刻化するばかりの不良債権問題が金融恐慌（1927）の発生に至ると，朝鮮京東鉄道株式会社の設立が実現されるところではなかった。同じく線路敷設の許可を受けたものの，1924年4月まで鉄道会社の設立に至らなかった株式会社は同鉄道だけでなく，北鮮鉄道株式会社，北鮮興業株式会社，京春電気鉄道株式会社もあった[9]。こうして，京東鉄道は資金調達が難しくな

---

7)　「朝鮮私鉄現状」『東亜日報』1926年7月30日。
8)　朝鮮総督府『官報』1920年3月9日。
9)　「私設鉄道近状」『東亜日報』1924年4月5日。

り，会社の設立が実現できず，計画としてのみ立てられていた[10]。

　これに対し，沿線住民は鉄道敷設運動を展開し始めた。1926年2月16日には利川郡において200余人が参加して利川公会堂で郡守趙漢昜を司会に郡民大会を開催し，①京東鉄道期成会と，②仁川，水原，龍仁各関係郡との提携について協議し，これらに当る委員に兪台濱などの26人を選定した[11]。これが「水原の死活問題」として認識されたため，水原からは交渉委員が「巨大な金額」を使って2・3回も東京に出張し，京東鉄道問題を解決しようとしたが，「いろいろな難関に遭って頓挫」せざるを得なかった。さらに，水原から仁川への鉄道敷設を要請していた仁川側においては，「仁川盛衰に関する重大事項」として京東鉄道援助に関する件が仁川府勢振興会評議員会の付議事項として取り上げられた[12]。事実上，会社設立の始まりとなる株式募集ができず，会社の設立は遅延されたのに対し，1928年には会社の設立の当事者である香山弘と水原郡守森川源八が中心になって「猛烈な運動」を展開し，募集総株数6万株の申込を確保した[13]。発起人の改編を経て1928年に補助金の下付を総督府鉄道局に申請するに至った[14]。

　こうして，会社設立が具体化されると，朝鮮総督府鉄道局は資本金800万円の持株配定が大体順調に行われ，会社設立の機運が到来したと見た[15]。とはいうものの，鉄道局における審議の結果，「大体同計画は最初補助下附を要しない」と判断されて認められなかった。その理由を見れば，「同予定線は京南線と並行する関係上自然貨物発送に就て圏内争ひを生じ両社共倒れとなるやの憂ひあり既に営業を開始して居る京南鉄道としては非常の脅威を受けることとなるので若し補助を下附することとするも或条件附で認可されるものと観測されている」のであった[16]。図4-1のように，すでに建設された朝鮮京南鉄道が京東鉄道に並行して忠清南道から京畿道南部地方を貫く路線

---

10)　「鉄道의 現状과 将来」『東亜日報』1925年11月3日。
11)　「京東鉄道敷設을 猛進的으로 運動」『東亜日報』1926年2月19日。
12)　「取引所，築港等 重大問題討議 仁川振興会評議会」『東亜日報』1928年7月17日。
13)　「京東鉄道祝賀 寄付問題로 解散」『東亜日報』1928年8月25日。
14)　「水原驪州間京東鉄道布設計画」『釜山日報』1928年5月19日。
15)　「年々이 増加되는 私鉄의 建設内容」『東亜日報』1928年4月8日。
16)　前掲「水原驪州間京東鉄道布設計画」。

第 4 章　朝鮮京東鉄道の敷設と経営——狭軌鉄道の経営難と朝鮮鉄道（株）への売渡 | 173

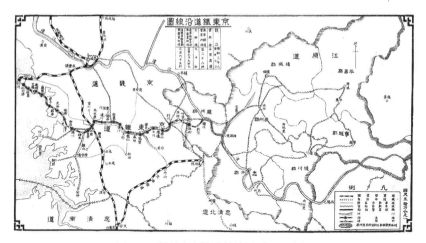

図 4-1　朝鮮京東鉄道沿線図（1938 年）
出所：朝鮮京東鉄道株式会社『第 21 回営業報告書』1938 年下半期（1938 年 7 月 1 日-12 月 31 日）。

であったため，京畿道と江原道からなる朝鮮中部の内陸部で貨物誘致をめぐって競争する可能性があった。この点を考慮して，国有鉄道を運営すると同時に，陸運行政機関でもあった総督府鉄道局としては，後発会社たる京東鉄道側に対して会社設立時に支援策を講じなかったといえよう。もちろん，会社設立後の第二期（1929 年 1 月 1 日-6 月 30 日）より政府補助金が支給された[17]けれども，会社設立の前の鉄道局の方針が株主募集にとってネガティヴなものであったことは言うまでもない。

　このような事情もあり，資金不足のため，鉄道施設の変更が決定された。1928 年 8 月 27 日に東京市の生命保険会社協会で朝鮮京東鉄道の創立総会が開催されると，創立に関する事項の報告が承認・可決されたあと，定款の変更が行われ，国際標準軌 1,435mm を狭軌 762mm へと変えて建設費を節約することを前提に，株数を 6 万株から 4 万株へ減らし，資本金も 500 万円から 200 万円へ縮小することにした[18]。また，経費節約も兼ねて東京本店を東京事務所に修正して本店を水原に設置した。取締役および監査役の選任も行わ

17)　朝鮮京東鉄道株式会社『第 2 回営業報告書』1929 年上半期（1929 年 1 月 1 日-6 月 30 日）。
18)　朝鮮京東鉄道株式会社『第 1 回営業報告書』1928 年下半期（1928 年 8 月 27 日-12 月 31 日）。

図 4-2　朝鮮京東鉄道本社
出所：朝鮮総督府鉄道局『朝鮮鉄道四十年略史』1940 年。

れ，取締役には安場末喜，石丸祐正，荒木武二郎，寺尾徳母，李敏応，監査役には佐々木恒太郎，上野熊蔵が就いた。「取締役及監査役の報酬」は年額で 1 万 3 千円以内と決定された[19]。

　事業推進側は「広軌線の経済的不利という弱点を捨てて巨額を要する建設費，運転費などを半減できる狭軌鉄道を採る方針」に立って，「速度遅延と牽引力微物及車両容量縮小等」といった「狭軌道の欠陥」があるものの，「交通機関において最も理想的かつ時代的である単車及連結軌道自働車を使用し狭軌道の欠陥を補充して貨物輸送には蒸気鉄道を専用する」こととし，「朝鮮内私鉄中第一収益が多い経済線」になると期待した[20]。会社の設立時には旅客用ガソリン動車たる「単車」による旅客輸送，タンク蒸気機関車による貨物輸送，自動車との連携輸送などといった基本的な営業方針が決定された。水驪線の敷設後には第二期事業として水仁線の建設も視野に入れていた。

　しかしながら，取締役の構成からわかるように，香山弘をはじめ長年にわたって会社設立に携わった事業家らが排除されており，総督府側も 200 万円という乏しい「資本力を認めなかった」[21]ことから，二ヵ月後の 10 月 10 日

---

19)　同上書。
20)　「水原，驪州間 明春부터 起工」『東亜日報』1928 年 10 月 28 日。
21)　「波瀾을 惹起하는 京東鉄道起工」『東亜日報』1930 年 2 月 17 日。

には臨時株主総会が開かれ，資本金を 200 万円から 300 万円へと増額し，株数も本来の 6 万株に戻すことにした。新株 2 万株のうち，1 万株を東山農事株式会社専務取締役坂本正治が保有したことから，沿線地域における資産家達の利害が会社の設立に反映されたと見るべきであろう[22]。東山農事株式会社の前身たる東山農場は 1907 年 1 月に創始され，京城に本部を置き，京畿道水原，全羅北道全州，全羅南道栄山浦に支部を設けて，三菱合資会社に委託経営されたが，1919 年 11 月 1 日に東山農事株式会社が創立すると同時に，東山農場の名称を廃して朝鮮支店を設置していた[23]。朝鮮内の総面積は 1939 年頃 5,000 町歩に達し，年間小作料は約 45,000 石（籾）を記録した。そのため，東山米の移出のためにも鉄道敷設が重要であったといえよう。

　1928 年 12 月には本店に置かれる水原の公会堂において臨時株主総会が開催され，新株の募集について報告が行われるとともに，取締役寺尾徳母，監査役佐々木恒太郎の辞任承認の上，取締役および監査役の増員選任が行われた。それによって，新しい取締役に佐々木恒太郎，平井熊三郎，高橋章之助，香山弘，松下栄，新しい監査役には寺尾徳母，湊志信が加えられた[24]。このうち，佐々木と寺尾は取締役と監査役を入れ替えただけなので，新しく登場したのは平井，高橋，香山，松下，湊に限定されるが，そのうち 1920 年に鉄道敷設と会社設立を申請してこれらの許可を受け，株主募集のために尽力してきた香山が彼自身の持株数 300 株に過ぎなかったものの，その功績が認められ，新しい取締役に加えて会社経営に携わることになった。その後，1929 年 2 月 28 日に水原公会堂で第 1 回定時株式総会が開催され，営業報告，財産目録，貸借対照表，損益計算書に関する報告が行われ，それが利益金処分の件とともに，原案通り承認されたが，「第二号議案タル取締役オヨビ監査役ノ選任ノ件ハ三月中改メテ臨時株主総会ヲ招集シテ附議スルコトニ可決シタ」[25]。

　しかし，3 月 31 日に東京の生命保険会社協会で開かれた臨時株主総会に

---

22)　朝鮮京東鉄道株式会社「株主名簿」1928 年 12 月 31 日現在。
23)　東山農事株式会社『東山事業』1939 年，2–3 頁。
24)　前掲『第 1 回営業報告書』。
25)　前掲『第 2 回営業報告書』。

おいては「取締役及監査役の増員選任を為ささることに可決した」。即ち，経営陣の追加的調整案が拒否されたのである。これは資本金の増額に伴って新しく構成されていた経営陣体制をそのまま維持しようとしたもので，これに対して一般株主の反発は大きなものであった。1929 年 4 月 25 日に水原公会堂で水原実業協会定期大会が開催されると，京東鉄道会社の総資金中 30 万円に近く未払金があったにもかかわらず，会社が設立されており，創立費として当初 1 万 6 千円が決定されたが，使われた金額は 5–6 万円にも達することから，鉄道局の監督が果たして機能しているのかと批判され，鉄道局監督課への陳情が株主側から出された[26)]。この大会の開催前たる 3 月 15 日に常務監査役寺尾徳母が「株主たるの資格喪失」によって退任していたが，資格喪失の理由が資料上定かではないものの，彼が前年 12 月に監査役になって死亡などの理由ではなく 3ヵ月が経たないうち，「株主たるの資格喪失」になったことは，彼の退任が会計上の責任と無関係とはいえないだろう。

こうした経営の責任が，1920 年来の京東鉄道の設立に尽力し増資に際して経営陣に加えられた香山弘にのしかかった。香山は水原を基盤として水原電気，水原醸造，水原印刷，水原植林種苗，水原商事に携わってきた日本人事業家であった。同年 5 月 20 日に水原で再び臨時株主総会が開催され，「第一号取締役香山弘解任の件」と「第二号議案取締役並に監査役補欠選挙の件」が提示されて可決されるべきであったが，社長たる安場が出席せず，解任されるはずの香山自らが議長となって，「辞任取締役ニ於テ錯誤アリトノコトナレハ審議シ難シトノ理由ニテ任意ニ散会ヲ宣シタルヲ以テ茲ニ議場騒然トシテ此ハ議長越権ノ所置ナリト難シ異議アリト連呼スルモ議長ハ其ノ侭逃走シタルヲ以テ過般数ノ株主権ヲ有スル居残リ株主ハ改メテ議長ヲ選定シテ開会シ取締役香山弘ヲ解任可決シ取締役ニ小林藤右衛門，石丸祐正，荒木武二郎，山口太兵衛，佐々木恒太郎，松下栄，李敏応，監査役ニ上野熊蔵ヲ補欠選任ヲ可決シタ」[27)]。

これらの決議は書類不備のため，京城地方法院水原支庁において変更登記

---

26) 「京東鉄道問題로 市民大会開催？」『東亜日報』1929 年 4 月 29 日。
27) 前掲『第 2 回営業報告書』。

第 4 章　朝鮮京東鉄道の敷設と経営——狭軌鉄道の経営難と朝鮮鉄道（株）への売渡　177

表 4-1　朝鮮京東鉄道株式会社の重役（1928-1932 年）

	第 1 期(1928 年下半期)	第 2 期(1929 年上半期)	第 9 期(1932 年下半期)
取締役社長	安場末喜（男爵）	小林藤右衛門	岩崎真雄
専務取締役	石丸祐正	石丸祐正	荒木武二郎
常務取締役	荒木武二郎	荒木武二郎	小林幹三
取締役	李敏応，佐々木恒太郎，平井熊三郎，高橋章之助，香山弘，松下栄	山口太兵衛，李敏応，松下栄	石丸祐正，山口太兵衛，松下栄
常任監査役	寺尾徳母		百瀬波雄
監査役	上野熊蔵，湊志信	中屋堯駿，上野熊蔵	上野熊蔵，徳弘国太郎
相談役		安場末喜（男爵）	
顧問		古川阪次郎（工学博士）	古川阪次郎（工学博士）

出所：朝鮮京東鉄道株式会社『第 1 回営業報告書』1928 年下半期（1928 年 8 月 27 日-12 月 31 日）；
　　　京東鉄道株式会社『第 2 回営業報告書』1929 年上半期（1929 年 1 月 1 日-6 月 30 日）；京東
　　　鉄道株式会社『第 9 回営業報告書』1932 年下半期（1932 年 7 月 1 日-12 月 31 日）。

　申請が却下となると，再び臨時株主総会が 6 月 30 日に開催され，原案が再
び決議され，さらに取締役互選の結果，社長に小林藤右衛門，専務取締役に
石丸祐正，常務取締役に荒木武二郎が就いた。これによって会社の設立以来
の経営権問題が解決されたといえよう。香山弘は 7 月 1 日に臨時株主総会決
議無効の訴訟を出したものの，開廷日に出頭しなかったため，法律上取下げ
となった[28]。『営業報告書』に掲載されている取締役および監査役を見れば，
第 1 期から第 2 期にかけて専務および常務取締役が維持されたのに対し，取
締役の佐々木恒太郎，平井熊三郎，高橋章之助，香山弘が排除された。ま
た，監査役では湊志信も確認できない。その代わりに，日露戦後，京城に官
庁への物品納品と信託業を始め，鉱業にもかかわり，朝鮮で事業家になって
いた小林藤右衛門が 17,600 株を購入して最大株主となって社長として登場
し，中屋堯駿が監査役に加えられた。既存の社長であった安場は実業家・政
治家としての社会的地位が尊重されて相談役に就いた。鉄道敷設に関する技

---

28)　朝鮮京東鉄道株式会社『第 3 回営業報告書』1930 年下半期（1929 年 7 月 1 日-12 月 31 日）。

図4-3 岩崎真雄
出所：森尾人志『朝鮮の鉄道陣営』森尾人志, 1936年, 289頁。

術的顧問には日本の鉄道官僚出身として金剛山電鉄取締役でもあった古川阪次郎が加えられた。

しかし，小林が1929年7月に死亡した後には，暫く社長は空席のままで会社経営が続いた。だが，当時26歳に過ぎなかった次男の小林幹三が最大の株主として取締役となって，専務取締役と常務取締役のリーダーシップの下でこの経営陣体制は安定したと見てもよい[29]。1932年下半期になってようやく，岩崎真雄が天下り人事として社長に就いた。岩崎は東京帝国大学工科大学機械学科を卒業したあと，朝鮮鉄道局技師となって，1930年に依願免官したあと，鉄道車両製作をも行う龍山工作株式会社顧問となっていた人物である。その下で常務取締役になった小林幹三は1935年上半期に取締役社長となった[30]。

2. 水驪線の敷設と運輸営業

会社側は1929年2月2日には京釜線水原駅広場で起工式を挙行し，16日には「技師長以下工務員を任命して水原・利川間の線路実地調査の準備を為

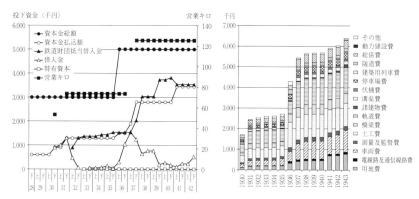

図4-4 朝鮮京東鉄道の資金調達と鉄道建設費の推移
出所：朝鮮京東鉄道株式会社『営業報告書』各半期版。

---

29) 同上書。
30) 朝鮮京東鉄道株式会社『営業報告書』各半期版。

第 4 章　朝鮮京東鉄道の敷設と経営——狭軌鉄道の経営難と朝鮮鉄道（株）への売渡 | 179

し」その後，3月より実測を始めさせた[31]。分割工事認可申請を得て起工に入ると，用地買収とともに，建設資金を確保するため，1930年7月31日まで株主より未払込の資本金を徴収するとともに，6月30日には朝鮮総督府鉄道局現業員共済組合と90万円の借款契約の締結を通じて借入金を確保し，電柱および電線のほか，電気用品，橋桁，軌条および付属品，各種枕木，転轍機および轍叉，信号機，転車台などの売買契約を締結した[32]。実際の工事は間組[33]などの請負業者[34]が担当したが，朝鮮内の国有鉄道の軌間の半分に過ぎない狭軌鉄道，しかも単線であったため，路盤やレールの規格が小さく，線路容量も弱いものであった。当然，大型機関車の牽引による長大の列車編成はできず，小型機関車たる 2-6-2 タンクと 0-6-0 タンクによる列車編成が余儀なくされており，旅客列車を編成するという

図 4-5　朝鮮京東鉄道の開通式
出所：「朝鮮京東鉄道盛大なる開通式を挙行」『朝鮮新聞』1930年12月2日。

---

31)　前掲「波瀾を 惹起하는 京東鉄道起工」；前掲『第2回営業報告書』。
32)　朝鮮京東鉄道株式会社『第4回営業報告書』1930年上半期（1930年1月1日-6月30日）。
33)　間組は 1889 年に創立されて 1917 年に合資会社となり，1931 年に株式会社間組に改められた建設会社である。間組『八十二年のあゆみ』1972 年。
34)　「利川龍仁着工」『東亜日報』1930年4月13日。

よりは運行費の少ない小型ガソリン動車を運営して旅客を輸送した。

　ひとまず水原・利川間 53.1 キロの敷設工事が完工を見て，1930 年 11 月 30 日に小林常務などの京東鉄道側だけでなく大村卓一総督府鉄道局を始め来賓が参加して「盛大ナル開通式」が水源駅前広場で開催されて，この区間の営業が 1930 年 12 月 1 日に開始され，ガソリン動車 6 往復，混合列車 2 往復が運行された。世界大恐慌に加えて米価の暴落が続き，奥地の出貨数量は少なかったが，12 月中旬には籾の出回りがようやく増加し，その運送のため，臨時列車および不定期列車 21 回を運転するに至って，「比較的成績良好」であった[35]。しかしながら，輸送施設の乏しさは鉄道安全面でも問題となり，1931 年 2 月 8 日には「霽日・午川間ニオイテ退行中ノ混合列車ト続行ノガソリン客車ト衝突事故ヲ惹起シ，死傷者二名，負傷者十一名ヲ出シナオ並等客車 1 両焼損，ガソリン客車及ビ郵便小荷物緩急車各一両ヲ破損シタ」[36]。被害者に対しては「極力手当ヲ施シ」「相当額ノ移籍金」を支払っており，「並等客車一両ノ償却」を余儀なくされた。

　それが事業開始時の経営負担にもなり，増収策として割引運賃を設定して客貨誘致を図った。すでに旅客輸送については「沿線乗合自動車ノ競争線アルモ京城及龍山ト利川相互間ニ特定運賃ヲ設定シ利川並利川奥地ト京龍間ノ旅客ノ便宜ヲ図リ之亦相当ノ成績ヲ納メ」た[37]。さらに，1931 年 3 月 5 日には「西山，午川オヨビ龍仁ト京城，龍山ニモ特定旅客運賃ヲ設ケ」ており，なお 4 月 10 日には「市場行往復割引旅客運賃ヲ制定」し，3 月 11 日には「漁汀，霽日両停車場ヲ停車場ニ改メ列車運転上ノ円滑ヲ図リ旅客吸引ニツトメタ」[38]。貨物輸送については 1931 年 2 月 1 日より「利川営業倉庫ノ一般貨物取扱ヲ開始シ以テ輸送貨物ノ集散ヲ便ナラシメ」，6 月 20 日より「対満鉄連帯運輸ヲ開始シ貨物運送取扱範囲ノ拡大ヲ図」った。「籾ノ出貨」が相当多くなると，1931 年 1 月から 3 月まで 56 往復の臨時列車を運転し，なお水原・利川間建設残工事たる線路砂利散布のためには 3 月以降「臨時工事列

35）　朝鮮京東鉄道株式会社『第 5 回営業報告書』1930 年下半期（1930 年 7 月 1 日-12 月 31 日）。
36）　朝鮮京東鉄道株式会社『第 6 回営業報告書』1931 年上半期（1931 年 1 月 1 日-6 月 30 日）。
37）　前掲『第 5 回営業報告書』。
38）　前掲『第 6 回営業報告書』。

第 4 章　朝鮮京東鉄道の敷設と経営——狭軌鉄道の経営難と朝鮮鉄道（株）への売渡 | 181

車五百四十五箇列車ヲ運転」した。利川・驪州間建設工事のため，資材輸送が増えて，臨時貨物列車の運転による貨物輸送は良好であった。

　鉄道の開通は既存の運輸業者にとって脅威の存在であったに違いない。鉄道の開通によって300余人の牛車夫が失業に陥ると，1930年10月5日には金良場市場に集まって「騒動」を起すなど，抗議に出た[39]。鉄道の正式な開通の前であったが，駅と沿線の貨物集配を担当する小運送業者たる朝鮮運送会社金良場営業所が進出し，8月より龍仁から水原への穀物および一般物品の移出を非公式的に行ったものの，水原からの貨物移入には携わらなかった[40]。そのため，従来穀物などの移出を担当し，その返送を利用して食塩や一般雑貨の移入に当っていた牛車夫300余人が失業となり，その結果，水原からの貨物が龍仁などに入らなくなった。これが食塩価格の倍増など物価暴騰をもたらし，鉄道の非公式貨物取扱に対する一般住民と商人らの批判が高まった。旅客輸送においても，龍仁郡邑内の合資会社中央自動車部は独占的営業ができなくなったため，乗車運賃を引き下げて龍仁・水原間1円25銭→70銭，龍仁・利川間1円75銭→1円，金良場・白岩間1円25銭→1円5銭とし，とりわけ水原・利川間の直通乗客については一人当り3円を1円40銭へと引下げて京東鉄道に対抗した[41]。

　このような地域業者からの反発・抵抗がある中，正式な営業を開始した京東鉄道は鉄道業のほか，1931年5月18日より「水原利川間，利川原州間，利川京城間オヨビ利川長湖院間ノ貨物自動車ノ営業ヲ開始シ奥地物資ノ搬出ニ努メ車両等ノ運用宜シキヲ得テ本附帯業務モ亦成績良好ニシテ鉄道業ニ及ボス影響甚大」であった[42]。一方，旅客輸送においては水驪線と並行線となる合資会社中央自動車部との提携が図られ，1931年9月以降旅客輸送数が漸増した[43]。後に，この会社は京東鉄道の子会社となった。

---

39)　「横説竪説」『東亜日報』1930年10月10日；「龍仁一郡의 三百車夫失業」『東亜日報』1930年10月10日。

40)　「運搬이 困難 食塩이 欠乏」『東亜日報』1930年11月18日；「運搬이 不能 物価가 暴騰」『東亜日報』1930年11月19日。

41)　「京東鉄道開通으로 自動車賃減下」『東亜日報』1930年10月14日。

42)　前掲『第6回営業報告書』。

43)　朝鮮京東鉄道株式会社『第7回営業報告書』1931年下半期（1931年7月1日-12月31日）。

水原・利川間列車運行を開始してから満1年となる1931年12月1日に利川・驪州間20.3キロを開通し，機関車2両，ガソリン動車2両，貨車10両を増備して水驪全線の列車運行を始めた。これにあわせて，京城や龍山との間に特定旅客運賃を設けた[44]。それによって，1932年上半期には1日の列車運転回数は旅客列車水原・利川間6往復，利川・驪州間4往復，貨物列車水原・驪州間2往復へ変わった[45]。そのほか，3月の「解氷出貨期前後ニオイテハ一日二往復ノ貨物列車ノホカ十八往復ノ臨時貨物列車ヲ運転」した。ところが，1932年4月以降には出貨減のため鉄道会社は貨物列車を1日1往復へ減らさざるを得ず，1932年上半期には「米在貨薄ト米価不冴トニヨリ予想ノ出貨ヲ見ルニ至ラズ」やや「減収」となったが，10月「出穀期ニ入ルヤ籾大豆ノ出廻リ，頓ニ活況ヲ呈シタルガ大体ニ於テ期末マデコレヲ持続シ」た[46]。

さらに，1932年2月1日には「利川営業倉庫」の一般貨物取扱を開始し，貨物輸送の便宜を図ったのである。同年4月には「漢江川舟三隻ヲ購入シ鉄道附帯業トシテ船舶業ヲ経営シ鉄道ト連絡シ専ラ終端驪州以遠奥地ニ対スル物資搬出入ニ務ム」こととなった[47]。「驪州ニオケル川舟トノ舟車連絡ノ便ノタメ驪州駅ニ江岸貨物支線ヲ設ケ」，1932年6月10日よりその使用を開始した。1932年下半期になると「貨物自動車及川船ノ運用ハ十月一日原州営業所開設ニ伴ウ原州驪州間輸送貨物ノ激増ニヨリ愈々頻繁トナリ本期中ニオケル貨物自動車ノ輸送量九百八十四瓲ニ達シソノ運行延里数六千五百八十五哩ニシテ川船ニアリテハ十二月初漢江ノ結氷ニヨリ運航不能トナリシ為運用期間比較的短カカリシモソ輸送数ハ二百八十瓲ニ達」した[48]。

輸送量の増加に伴って，1933年上半期には「貨物自動車」「全車ヲ挙ゲテ活動シ殊ニ原州営業所ニ於ケル奥地ニ対スル集貨方策宜シキヲ得原州驪州間

---

44) 同上書
45) 朝鮮京東鉄道株式会社『営業報告書』第8回，1932年下半期（1932年1月1日-6月30日）。
46) 朝鮮京東鉄道株式会社『営業報告書』第9回，1932年下半期（1932年7月1日-12月31日）。
47) 前掲『第8回営業報告書』。
48) 前掲『第9回営業報告書』。

第4章　朝鮮京東鉄道の敷設と経営——狭軌鉄道の経営難と朝鮮鉄道（株）への売渡　183

ニ在リテハ期末閑散季ニ於テモ運休ナク，原州ニ対スル搬出入貨物ハ二千百
瓲ニ」もなっていた[49]。さらに，京東鉄道会社は「朝鮮トラック運輸株式会
社オヨビ原州安思欽氏トノトラック合同作業協定」を1933年11月に締結
し，会社の影響力を拡大した。「興湖里経由トラック船舶連絡輸送」を開始
し，原州・驪州間の鉄道輸送が増大した。1934年1月1日には驪州および
原州営業所倉庫に対し「特定倉敷料金ヲ制定シ倉庫利用ノ増加ヲ図」っ
た[50]。同年12月1日より「陽智，白岩間又新葛，京城間貨物自動車線路ハ
附帯業所属ナリシ処」「之ヲ兼業所属ト為シ之ニ対シ自動車一台ヲ増備シ龍
仁ニ配属シタ」[51]。

　このように，京東鉄道が自ら自動車および船舶運輸業に進出し，自社の鉄
道路線を中心にするに従って，南漢江の水運，牛馬車輸送，自動車業，そし
て徒歩からなっていた既存の交通網が京南鉄道を中心に再編された。この範
囲が図4-1の沿線図で見られるように，江原道までに至っていた。

　図4-6のように，貨物自動車の輸送量が資料上確認できるのは1932年下
半期からであるが，貨物自動車の営業路線拡大と車両増備，そして原州営業
所を中心とする貨客誘致が効いて急激に増えて，1935年には年間基準で6
千トンに達した。そのほかにも，船舶による輸送量も増えたことは上述の通
りである。ところが，1936年上半期の『営業報告書』ではデータが掲載さ
れておらず，1936年下半期に輸送量が急減するのは，8月中に豪雨のため，
驪州に浸水約300戸が発生するなど水害が発生し，交通網が途絶したからで
ある[52]。この水害は当然船舶業に大きな影響を与えて，「船舶は原州地方及
奥地の昨夏［1936年夏］に伴ふ在貨薄並に購買力の減退等に依り荷動僅少
なりしため船舶の利用殆んど無く為に本期［1937年上半期］は船舶成績見
る可きものなし」と指摘された[53]。ところが，日中戦争が勃発し，朝鮮内の
景気が拡大しつつ，これが輸送量の増加をもたらし，貨物自動車の輸送量は

---

49)　朝鮮京東鉄道株式会社『第10回営業報告書』1933年上半期（1933年1月1日-6月30日）。
50)　朝鮮京東鉄道株式会社『第12回営業報告書』1934年上半期（1934年1月1日-6月30日）。
51)　朝鮮京東鉄道株式会社『第13回営業報告書』1934年下半期（1934年7月1日-12月31日）。
52)　「驪州에 浸水三百戸 安城各地交通杜絶」『東亜日報』1936年8月12日。
53)　「京東鉄道最近業績」『朝鮮鉄道協会会誌』16-10，1937年，122-127頁。

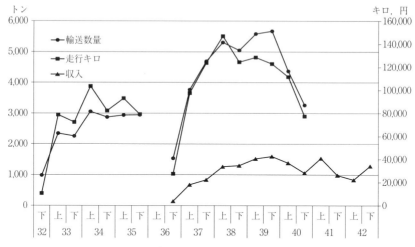

図 4-6 朝鮮京東鉄道の貨物自動車業
出所：図 4-4 と同様。

1939年に年間11,000トンを超えるに至った。その後，戦時下のガソリン配給などの影響もあり，1940年には急減する傾向が示された。自動車運送業への進出は京東鉄道自らによって行われることもあったが，1934年には水原自働車株式会社の1,305株を購入し，同社への貸付をも行い，なお1936年には華城自働車株式会社，稲葉自働車部を買収した[54]。

その反面，鉄道の輸送動向に注目すれば，やや異なる動きが見られる。金賛寿（2005）は『朝鮮総督府統計年報』より年間輸送を拾って提示しているが，半期別データのように半期の動きが読み取れず，また後に建設される水仁線が含まれる全体の輸送しか提示できないことから，正確な輸送動態を掴めない。図4-7によれば，1936年まで旅客が増える一方，貨物の輸送量は必ずしも増えなかったのに対し，運賃収入では両方とも増加している。一見矛盾するように見えるが，輸送量としてより正確なものは輸送距離を取り入れた人キロとトンキロである。『営業報告書』にはこれらのデータが掲載さ

---

54) 前掲『第13回営業報告書』；朝鮮京東鉄道株式会社『第17回営業報告書』1936年下半期（1936年7月1日-12月31日）。

第4章　朝鮮京東鉄道の敷設と経営——狭軌鉄道の経営難と朝鮮鉄道（株）への売渡 | 185

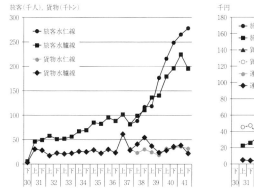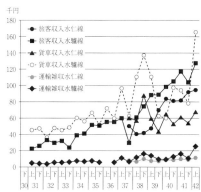

図4-7　朝鮮京東鉄道の半期別輸送動向と運賃収入
出所：朝鮮京東鉄道株式会社『営業報告書』各半期版；朝鮮総督府『朝鮮総督府統計年報』1936年度版；朝鮮総督府鉄道局『年報』1936年度版。
注：1936年上半期の輸送量は『営業報告書』に掲載されていないため、『朝鮮総督府統計年報』および朝鮮総督府鉄道局『年報』1936年度版の年間統計より『営業報告書』下半期の統計を引いて、1936年上半期の統計を得る。

れていないため、図4-8のように『年報』年間統計を利用しよう。それによれば、貨物輸送も急激に増えつつあり、1トン当り輸送距離は1931年に32.6キロであったが、それが1938年には68.4キロへ伸びていき、1940年代前半にはやや短くなり、50キロ台となった。その一方、旅客移動は同期間中23.7キロから23.4キロへとあまり変わらず、その後18-19キロとなった。

　品目別貨物統計が資料上確認できないため、『営業報告書』で取り上げられる貨物として最大のものは当然利川・驪州平野からの米・籾などの穀物であって、それと関わりのある縄・叺、肥料の輸送も多く発生した。まさに運米鉄道だったのである。そのほかに、奥地からの木材や薪、水原からの食塩も頻繁に取り上げられている。水驪線の敷設に際しては各種建設資材を輸送したことはもちろん、後には水仁線の敷設に際しては南漢江の川辺から採れる砂利も輸送しており、国有鉄道の中央線建設工事が始まると、そのための水原から内陸部への建設資材も多くなった。これらの事情によって貨物の輸送距離は2倍以上に伸びたといえよう。そこで、運賃収入と輸送量をもって鉄道運賃（図4-8）を推計すれば、1941年まではほとんど変わらない旅客運賃とは対照的に貨物運賃は1941年までは長期的に低下する傾向を示してい

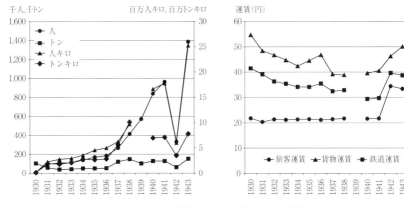

図 4-8　朝鮮京東鉄道の鉄道輸送動向と運賃収入
出所：朝鮮総督府鉄道局『年報』各年度版；朝鮮総督府『朝鮮総督府統計年報』1940，1941，1942年度版；南朝鮮過渡政府『朝鮮統計年鑑』1943年度版。
注：1942年に輸送量が急減したように見えるが，これは朝鮮京東鉄道の水驪・水仁両線が朝鮮鉄道株式会社に買収され，朝鮮鉄道会社の京東線として1942年11月-1943年2月までの輸送量しか集計されていないからである。当然，それに基づいて運賃推計が行われたため，1942年からは朝鮮鉄道会社京東線の運賃である。

る。割引運賃の設定が貨物誘致にとって有効であったのだろう。

　また，貨物の集荷にとって自動車や船舶が大きな役割を果たしたことはすでに指摘しておいたが，自働車輸送とは異なって鉄道輸送は「沿線ノ水害相当著シキモノアリシモ持越米豊富ナリシト米価高トニヨリ前年同期［1935年下半期］ニ比シ米ノ出廻リ一割近クノ増ヲ見尚鉄道局中央線計画ニ伴ヒ工事材料タルセメントノ輸送著増シ」た[55]。このように，1936年の水害の影響が確認できず，むしろ1937年下半期に輸送量の停滞が確認できる。日中戦争の勃発という「時局関係ニヨリ旅客ノ減少シタルト軍需品ノ輸送多カリシニ比シ局線貨車払底ノ影響ヲ蒙リ連帯扱一般貨物ノ輸送順調ヲ欠キタルニ因ルモノ」となったためである[56]。

　日本内地で動員編成された諸部隊の大部分は日本の門司，広島，神戸，大阪，名古屋など西日本の諸港から，徴用船を利用して釜山へ送られ，そこか

55）　前掲『第17回営業報告書』。
56）　朝鮮京東鉄道株式会社『第19回営業報告書』1937年下半期（1937年7月1日-12月31日）。

ら京釜・京義線を経由して華北の戦場へと輸送された。約 2ヶ月間に 3 回にわたって延べ兵員約 16 万人，軍馬約 4 万 5 千頭，その他の軍需品の集中輸送が遂行された[57]。このような大規模の軍事輸送のため，「京釜・京義両線をはじめとする全線で列車運行の回数を減らして確保した保有貨車の約 8 割を軍事輸送に回すと同時に，「局線内発着並局線発連帯貨物受託制限」（達乙第 545 号，37 年 7 月 30 日）を発表し，8 月 4 日から生活必需品および石炭・鉱石以外は原則として受託を制限する措置を取った」[58]。その影響が水原で連帯輸送を行う朝鮮京東鉄道にまで影響を及ぼしたのである。

3. 水仁線の敷設と鉄道運輸体制の再編

朝鮮京東鉄道にとって更なる経営拡充の基盤となったのが水仁線の敷設であった。この鉄道の敷設は水原と仁川の両地域住民の宿望であって，その水仁鉄道について 1926 年に仁川府の西野豊彦が発起人となって敷設認可を申請したものの，財界不振のため，一時取り下げざるを得なかった[59]。その 1 年後の 1927 年には京阪の資産家諸氏の応援を得て朝鮮総督府に再び認可申請を提出した。しかしながら，それが総督府からの認可を得たという記録は確認できず，鉄道敷設は後に京東鉄道によらざるをえなかった。

京東鉄道は会社設立時に第 1 期の水驪線 43 マイルの敷設後，第二期に水仁線 27 マイルを敷設することを計画していた[60]。水原・仁川間の直通貨物を見ると，米・肥料，セメントなど，毎月 600-1000 トンに達し，すべての永登浦を経由して輸送されていることに着眼し，京東鉄道は水仁線敷設を計画し，経済調査を行った。君子塩の生産量が年間 10 万トンに達し，採算性があると判明した[61]。水驪線が完全開通してから，水仁線の敷設を検討し始め，1933 年 5 月 5 日に取締役会は「水原仁川間鉄道敷設免許出願ノコトニ

---

57) 石川準吉『国家総動員史 上』国家総動員史刊行会，1983 年，965-1297 頁。原資料は，朝鮮軍司令部「内地動員部隊第一次鮮内鉄道輸送並兵站業務実施洋報」1937 年 9 月である。

58) 林采成『戦時経済と鉄道運営——「植民地」朝鮮から「分断」韓国への歴史的経路を探る』東京大学出版会，2005 年，39-43 頁。

59) 「水仁鉄道不遠間認可」『東亜日報』1927 年 5 月 8 日。

60) 「水原，驪州間明春 起工」『東亜日報』1928 年 10 月 28 日。

61) 「水仁鉄道 京東鉄道가 計画」『東亜日報』1934 年 7 月 11 日。

決定」した[62]。これが総督府に申請され，水原・仁川間 54.0 キロの狭軌線を建設費 130 万円で敷設することが 1935 年 9 月 23 日に認可された[63]。同年 7 月には驪州・興湖里間鉄道敷設免許を受けたものの，この区間はすでに兼業として自動車が運行しており，収益性からみて水仁線が優先されたため，それが敷設されることはなかった[64]。

　京東鉄道は水仁線建設工事のための実測に，1935 年 10 月に着手し，1936 年 3 月に終了した。その後，設計に全力を挙げ，設計認可を申請し，36 年 5 月 11 日に認可を得て全線 53.8 キロを 3 工区に分割して指名競争入札を行い，6 月 1 日より工事に着手した。落札者を見れば，1 工区の水原・元谷間は日満土木株式会社，2 工区の元谷・論峴間は株式会社荒井組，3 工区の論峴・仁川港間は合資会社中村組であった[65]。また，水仁線各駅の本屋新築などは 1936 年 10 月 3 日に認可を得て，全区間を 4 カ所に分割し指名競争入札を行い，水原・城頭間および南洞・仁川港間は合資会社中村組，元谷・論峴間は株式会社荒井組，仁川港駅本屋は生田松太郎がそれぞれ担当することとなった[66]。

　この工事の遂行と新線の運営のためには何よりも 200 万円の資金調達が必要と予測されたため，増資が 1936 年上半期に行われ，資本金は 300 万円から 500 万円へと増額された。当時までの支払額は 149 万円に過ぎなかったため，株主への資本金の追加的徴収が不可避となり，図 4-4 のように，第二新株の発行も決定され，資本金の払込が度々行われた。当然，200 万円の増資に伴って，表 4-2 のように，取締役の拡充も必要とされ，今村覚次郎，吉田秀次郎，金鍾翊，金季洙が加えられた。新しい取締役の保有株数をみれば，今村覚次郎は第二新株 3000 株，吉田秀次郎は第二新株 500 株，金鍾翊は旧株 1550 株，第一新株 300 株，第二新株 3000 株，金季洙は第二新株 2000 株であって，朝鮮人企業家 2 人を含めて新株の発行に積極的であった人物が役

---

62)　前掲『第 10 回営業報告書』。
63)　朝鮮総督府『官報』1935 年 9 月 30 日。
64)　朝鮮京東鉄道株式会社『第 15 回営業報告書』1935 年下半期（1935 年 7 月 1 日-12 月 31 日）
65)　朝鮮京東鉄道株式会社『第 16 回営業報告書』1936 年上半期（1936 年 1 月 1 日-6 月 30 日）。
66)　前掲『第 17 回営業報告書』。

表 4-2　朝鮮京東鉄道の重役（1935-1939 年）

	第 15 期(1935 年下半期)	第 16 期(1936 年上半期)	第 22 期(1939 年上半期)
取締役社長	小林幹三	小林幹三	田川常治郎
常務取締役	荒木武二郎	荒木武二郎	内藤真治
取締役	岩崎真雄，石丸祐正，松下栄	岩崎真雄，石丸祐正，松下栄，今村覚次郎，吉田秀次郎，金鍾翊，金季洙	小林幹三，石丸祐正，松下栄，今村覚次郎，吉田秀次郎，金季洙，石橋恒太郎
監査役	百瀬浪雄，徳弘国太郎，上野熊蔵	百瀬浪雄，徳弘国太郎，上野熊蔵	百瀬浪雄，徳弘国太郎
顧問	古川阪次郎（工学博士）	古川阪次郎（工学博士）	古川阪次郎（工学博士）

出所：朝鮮京東鉄道株式会社『第 15 回営業報告書』1935 年下半期（1935 年 7 月 1 日-12 月 31 日）；
　　　朝鮮京東鉄道株式会社『第 16 回営業報告書』1936 年上半期（1936 年 1 月 1 日- 6 月 30 日）；
　　　朝鮮京東鉄道株式会社『第 22 回営業報告書』1939 年上半期（1939 年 1 月 1 日- 6 月 30 日）。

員となったことがわかる。また，小林藤右衛門の次男として 1934 年 2 月までは最大の株主であった小林幹三は，鉄道車両をも製作する龍山工作会社（21,935 株）が最大株主として登場すると，第二大株主となったが，増資の際にほとんどの株を手放して 1950 株のみの保有であった[67] にもかかわら

---

67)　朝鮮京東鉄道会社の大株主を見れば，1930 年は小林幹三（16,290），東山農事会社（10,000），田中ヨ子（5,000），田川常治郎（2,595），五島栄藏（2,000），中屋堯駿（1,400），荒木武二郎（1,100），李敏應（1,000）。1932 年は小林幹三（16,290），東山農事会社（9,900），鉄道教養助成会（5,595），田川常治郎（5,845），五島栄藏（1,000），中屋堯駿（1,400），荒木武二郎（1,100），1934 年は龍山工作会社（21,935），小林幹三（16,290），東山農事会社（9,900），鉄道教養助成会（6,315），中屋榮（1,850），荒木武二郎（960），杉山正重（990）。1936 年は龍山工作会社（26,615），東山農事会社（13,500），鉄道教養助成会（6,315），金鐘翊（4,850），今村覺次郎（3,000），金季洙（2,000），小林幹三（1,950），中屋榮（1,850），車溶潭（1,700），京東助成会（1,430），荒木武二郎（1,460），1938 年は龍山工作会社（27,115），東山農事会社（13,500），鉄道教養助成会（6,315），今村覺次郎（3,000），友石學院（3,425），金杜洙（2,425），小林トシ子（1,730），金季洙（2,000），小林幹三（1,610），中屋榮（1,850），車溶潭（1,700），京東助成会（1,430），力武物産，庄野嘉久藤，朝鮮運送（各 1,000），1940 年は龍山工作会社（26,765），東山農事会社（13,500），鉄道教養助成会（6,315），今村正雄（2,800），墨樵育英会（2,425），金季洙（2,000），小林幹三（1,560），中屋榮（1,850），車溶潭（1,700），京東助成会（1,110），力武物産，庄野嘉久藤，伊藤壽一，朝鮮運送（各 1,000），1941 年は龍山工作会社（26,965），東山農事会社（13,500），鉄道教養助成会（6,315），墨樵育英会（2,425），中屋榮（1,850），車溶潭（1,700），今村光子（3,000），渡会儀市（2,000）であった。東亜経済時報社編『朝鮮銀行会社組合要録』各年版。

ず，1935 年下半期に社長となった。小林幹三は 38 年末まで社長を務め，1939 年からは第一大株主たる龍山工作会社の社長田川常治郎が京東鉄道社長を兼任した。

増資があったとしても，払込額が 500 万円に達したことはなく，345 万円に過ぎなかった（図 4-4）。そのため，外部からの借入金の調達が要請された。有効な資金源として機能したのが国鉄現業員のための鉄道局現業員共済組合であって，水驪線の建設時と同じく水仁線の建設初期に監督機関としての鉄道局との関係もあり，容易に借り入れられたのである。その後，工事が完了すると路線区間をもって鉄道財団抵当権[68] を設定し，朝鮮銀行などより借り換えて，鉄道局現業員共済組合からの借入金を返済した[69]。図 4-4 で見られるように，鉄道財団抵当借入金は資本金払込額とほぼ同様の規模であった。

さらに，水仁線の営業にあわせて図 4-9 のように，鉄道車両の増備とともに，従事員の採用を増やした。まず，車両において 1936 年上半期に機関車6 両（2-8-2 タンク 1 両，2-6-2 タンク 3 両，0-6-0 タンク 2 両），客車 13 両（内，7 両はガソリン動車），貨車 59 両，合計 78 両であったが，1936 年下半期と 37 年上半期に新規車両の購入を行い，1937 年下半期には機関車 8 両（2-8-2 タンク 3 両，2-6-2 タンク 3 両，0-6-0 タンク 2 両），客車 23 両（内，12 両はガソリン動車），貨車 109 両，合計 140 両となった。狭軌であっても，やや規模の大きい機関車の増備が行われ，客車ではガソリン動車が追加的に 5 両増えており，貨車ではボギー車両が多く増備された。このような車両構成から見て，水驪線のように，水仁線でも旅客輸送は「単車」とも呼ばれたガソリン動車を単独で運行するか，あるいは貨物列車とともに組成して混合列車を運行したことがわかる。

---

68)　鉄道抵当制度は，鉄道事業者の不動産，動産の施設および地上権などの権利を組成物とする「鉄道財団」を設定し，個々の資産が一体的，有機的に機能してより大きな担保価値を生み出し，鉄道事業に要する設備資金等の調達をより円滑にするとともに，もし抵当権の実行が行われても鉄道施設が分断されることにより鉄道事業の継続が不可能となる事態を避けることができる。1905 年法律 53 号「鉄道抵当法」1905 年 3 月 11 日。

69)　前掲『第 7 回営業報告書』；朝鮮京東鉄道株式会社『第 23 回営業報告書』1939 年下半期（1939 年 7 月 1 日-12 月 31 日）。

第4章　朝鮮京東鉄道の敷設と経営——狭軌鉄道の経営難と朝鮮鉄道（株）への売渡 | 191

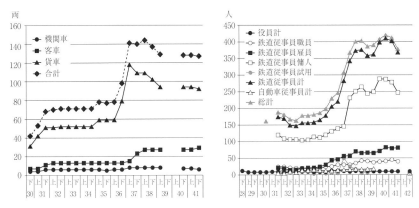

図 4-9　朝鮮京東鉄道の車両増備とマンパワー
出所：図 4-4 と同様。
注：1940 年上半期より自働車従事員は鉄道従事員に含まれる。

　次に，路線延長に伴い，配置要員も増やさなければならず，1935 年までは 150-170 人台であった鉄道従事員（役員と自働車従事員を除く）が 1936 年には 200 人以上の規模となり，1937 年末には 342 人となり，それがさらに増え，1940 年末には 410 人に達した。このピーク時の身分別構成を見れば，職員 10％，雇員 20％，傭人 70％であったが，民族別構成については資料上把握できないものの，国有鉄道や他の私設の労働構成から見て，低賃金で主に現場労働力となる下位の身分層に朝鮮人が多く配置されるという植民地雇用構造が貫かれたと思われる。最初から鉄道建設時に経費削減を目標とする狭軌線であることから，現地人の採用による人件費の節約方針はより強かっただろう。そのほか，自働車従事員については 1930 年代に限ってその人数が確認できるが，その規模は数人から十数人へと増えていた。1939 年末と 1940 年末に貨物自動車台数がそれぞれ 9，10 台であって，事務員と技術員が 39 年末に 3 人，13 人，40 年末に 5 人，13 人であったことから見て，運転手を中心とする合理的人員配置であったといえよう[70]。

　水仁線の敷設工事の完成に伴い，1937 年 8 月 6 日に水原・仁川港間運輸

---

70)　前掲『第 23 回営業報告書』；朝鮮京東鉄道株式会社『第 25 回営業報告書』1940 年下半期（1940 年 7 月 1 日-12 月 31 日）。

営業を開始し，それに合わせて水驪線の列車時刻をも改正した[71]。京東鉄道としては海上輸送との結節点たる仁川港へ進出したことから，合名会社尼崎汽船部航路との仁川港経由貨物連帯運輸（1937 年 11 月）を開始するほか，朝鮮平安鉄道株式会社（1938 年 7 月 10 日），株式会社沢山兄弟商会（1938 年 8 月），西鮮中央鉄道株式会社（1939 年 7 月），京春鉄道株式会社（1939 年 7 月），端豊鉄道株式会社（1939 年 9 月），平北鉄道株式会社（1939 年 10 月），多獅島鉄道株式会社（1939 年 11 月），北鮮拓殖鉄道株式会社（1940 年 5 月），満鉄（1940 年 10 月）とそれぞれ連帯輸送を開始した[72]。水驪線という内陸鉄道から朝鮮内の主要港の一つである仁川港との連絡が可能となると，朝鮮内はもとより，帝国内のネットワークとリンクできたのである。

　水仁線の開通に伴って，鉄道会社側は貨客取扱方式を改め，1938 年 2 月 1 日に「貨物の扺扱制度を廃し宅扱制度を実施」するほか，割引運賃の設定を拡大した[73]。水原・本水原発の小口扱貨物にも「一ヶ年間責任数量付割引運賃」がほぼ毎年適用されており，表 4-3 のように特定貨物に対して運賃割引が適用された。旅客運賃においては仁川松島海水浴場への旅客に対して夏季中三等の特定運賃が適用され，鉄道局線 90 銭，京東社線 50 銭（それぞれ小児半額）で京畿道の内陸部から海水浴場へのアクセスが可能となった[74]。さらに戦時下の影響もあり，朝鮮神宮参拝初等学校生徒団体（1938 年 3 月），朝鮮総督府陸軍兵志願者訓練所入所志願者（1938 年 6 月），松島往復 20 人以上の団体旅客（1938 年 9 月），「支那事変（含張鼓峯事件）ニ因ル戦場病陸海軍々人ノ出迎，見舞又ハ看護ノ為旅行スル其ノ家族」（1939 年 5 月）に対して 5 割の運賃割引が実施された[75]。その結果，前掲図 4-8 のように，京東鉄道会社が維持されていた 1941 年までは貨客運賃の引上げが抑制され，長期的低下傾向が示され，貨客誘致が追求された。ただし，朝鮮鉄道会社に買収

---

71)　前掲『第 19 回営業報告書』。
72)　朝鮮京東鉄道株式会社『営業報告書』各半期版。
73)　朝鮮京東鉄道株式会社『第 20 回営業報告書』1938 年上半期（1938 年 1 月 1 日-6 月 30 日）。
74)　「松島海水浴場 旅客에 割引」『東亜日報』1937 年 8 月 17 日。
75)　前掲『第 20 回営業報告書』；朝鮮京東鉄道株式会社『第 21 回営業報告書』1938 年下半期（1938 年 7 月 1 日-12 月 31 日）；朝鮮京東鉄道株式会社『第 22 回営業報告書』1939 年上半期（1939 年 1 月 1 日-6 月 30 日）。

表 4-3　朝鮮京東鉄道における貨物運賃の割引

	品名	発駅	着駅	扱種別	賃率
40.9-41.3	砂利・土・砂	君子，新葛	仁川港	車扱	30％減
	建築材料	仁川港	蘇莱	車扱	30％減
	金物類・木材・セメント・煉瓦	水原（連帯含み）	蘇莱	車扱	10％減
	煉瓦	古索	蘇莱	車扱	10％減
41.4-42.3	砂利・土・砂	君子	仁川港	車扱	30％減
		新葛	仁川港，蘇莱各駅		
41.6-42.3	金物類・電線屑・古電池・電球の古底金，硝子屑，檻楼，ゴムタイヤ及チューブ屑，ゴム屑，糸屑類，古新聞紙，古雑誌，紙屑反古紙，藁屑，筵，叺，菰，俵の屑木材・セメント・煉瓦	社線および連絡線	社線および連絡線	車扱	30％減
41.7-42.3	砂	本水原	仁川港	車扱	10％減
41.9-42.2	普通品	水原，本水原	水驪線各駅	小口扱	25％減

出所：朝鮮京東鉄道株式会社『第 25 回営業報告書』1940 年下半期（1940 年 7 月 1 日-12 月 31 日）；
　　　朝鮮京東鉄道株式会社『第 26 回営業報告書』1941 年上半期（1941 年 1 月 1 日-6 月 30 日）。

され，京東線となってからは，経営の健全化のために鉄道運賃の引上げが実行されたのである。

　新しい路線の開通と客貨取扱方式の変更は京東鉄道の地域間輸送にとってどのような変化をもたらしたのだろうか。それを把握するため，図 4-10 のように 1932 年と 1938 年の水驪線の駅別乗降および発着状況を比較してみる。1932 年は水驪線の全路線開通後の 1 年間に相当し，1938 年は水仁線の開通後のデータで一番新しい年に当たるため，私鉄統計が乏しい中，この 6 年間は京東鉄道にとって比較可能な最も長い期間に当たる。まず，1932 年の駅別輸送動態をみると，旅客輸送においては水原，龍仁，利川が三大駅であって，乗車と降車の人数がほぼ等しいのに対し，貨物の場合，龍仁などか

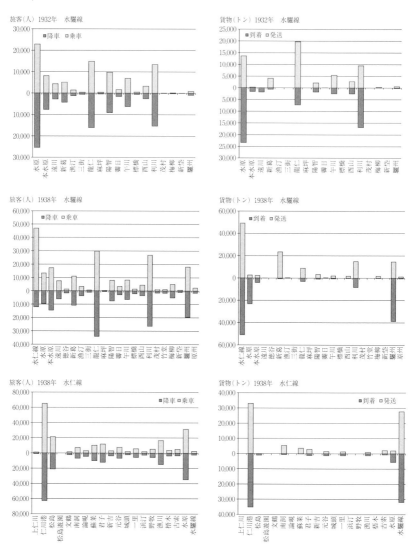

図 4-10　朝鮮京東鉄道水驪線および水仁線の駅別輸送動向
出所：朝鮮総督府鉄道局『年報』1932，1938 年度版。

らの発送が圧倒的に多く，水原と利川への到着が多い。内陸部からの米・木材・実綿などが水原へと輸送された反面，水原から利川へ食塩，雑貨などが輸送されたのである。さらに，利川からは自動車，船舶を経て沿線地域へ輸

第 4 章　朝鮮京東鉄道の敷設と経営——狭軌鉄道の経営難と朝鮮鉄道（株）への売渡 | 195

送されたといえよう。ただし，利川・驪州間が 1931 年 12 月に開通されたばかりであるため，驪州がまだ沿線交通網の中心地として再編されていないことに留意しておきたい。

　これが 1938 年になると，旅客輸送において龍仁，利川，驪州が三大駅に浮上したが，最も多い乗車客の発生は水仁線であった。即ち，水仁線から水驪線への旅客移動が多く発生したのである。貨物の場合でも，水仁線が発送，到着とも最も多く発生し，水仁線と水驪線の輸送上連繋が進んだことを示している。そのほかに，発送では新葛，利川，驪州が三大駅となっており，到着では驪州，水原，利川になっていた。驪州が物流の一つとなって，沿線物資を驪州から水原へと移出する一方，それを遥かに上回る中央線工事用資材などの貨物が驪州に到着し，自動車などを利用して沿線地域と内陸部へ移送された。内陸からの移出量が相対的に減ったように見えるが，絶対量はむしろ増えたことも見逃してはいけない。

　水仁線の 1938 年駅別輸送動態に注目すれば，旅客輸送において仁川港が最大の駅となって新しい起点・終点として登場したことを示しており，その次なる規模が水原，松島，漁川であった。貨物の場合でも，仁川港が最大の駅であって，それらの貨物が水驪線と連携輸送された。即ち，京畿道・江原道からの米穀や木材などが水驪・水仁両線によって輸送され，仁川港を経由して日本内地や朝鮮内の他地域に移出されると同時に，日本内地や朝鮮内の他地域からの雑貨，建設資材などが仁川港を経由して京畿道と江原道の内陸部に輸送されたといえよう。そのほかに，南洞，蘇萊，君子からの発送も多く，食塩や各種水産物が貨車に積まれ，内陸の消費地に輸送されたことをあらわす。

　このように，新しい路線の形成によって駅別動態が変遷する中，各駅を中心とする貨物の集配網も再編されなければならなかった。自働車業への進出したことはすでに指摘したが，1937 年に白岩における李東翊の経営トラックを買収し，それ以降も自動車の増備を図った[76]。1938 年には宅配扱の実施に際して驪州・原州間営業路線 123 キロを設定し，原州からの出貨を図っ

————————
76)　前掲『第 19 回営業報告書』。

た。そのため，図 4-10 の 1938 年水驪線のように，原州での乗降・発着が表示されており，自動車による輸送量も増えた。とはいうものの，1940 年よりガソリン消費規正，自動車部品などの入手難，京慶北部線（中央線北部）の開通に伴って貨物輸送量が急減し始めた[77]。

　その一方で，沿線地域からの貨物誘致を図るために行っていた倉庫業と船舶業からの撤退を決定した。1937 年に「利川営業倉庫二棟ハ京畿道ノ農業対策上独自経営ニ付考慮ノ上之ヲ京畿道利川郡農会ニ売却セリ」と記述されているように，京東鉄道は京畿道からの要請に応じる形で，利川の倉庫を売却し，さらに同年中「驪州営業倉庫」も独占的小運送業者として主な利用者である朝鮮運送株式会社に賃貸された[78]。これに比べて，船舶業の場合，1936 年 8 月に水害が発生して以来，利用客がほとんど無くなったため，1937 年 7 月に驪州の船舶は田殷夏に賃貸したのである[79]。このように，鉄道以外の兼業事業は 1937 年に倉庫業や船舶業から縮小され始め，1941 年に入ると自働車業の縮小が余儀なくされた。外部者への賃貸があったとはいえ，それに伴って収入と支出が発生したため，後掲図 4-12 のように会計上表示されている。

4.　鉄道会社の経営実態と鉄道業の譲渡

　新しい路線の開通と兼業の縮小が京東鉄道の輸送動向と会社経営にどのような影響を及ぼしたのだろうか。図 4-7 によれば，旅客の場合，既存の水驪線だけでなく新しく敷設された水仁線でも急激に増えていったのに対し，貨物の場合，両線とも停滞したように見える。1930 年代前半には輸送距離を勘案した輸送量（トンキロ）が増えたにもかかわらず，それがトンベースの半期別統計に反映されなかったことから，図 4-8 よりトンキロベースの統計を拾ってみると，1939 年の数値は資料上確認できないものの，1937 年の 559 万トンキロから増えて 1938 年には 1011 万トンキロになったが，1940 年

77）　朝鮮京東鉄道株式会社『第 24 回営業報告書』1940 年上半期（1940 年 1 月 1 日-6 月 30 日）。

78）　朝鮮京東鉄道株式会社『第 18 回営業報告書』1937 年上半期（1937 年 1 月 1 日-7 月 30 日）；前掲『第 19 回営業報告書』。

79）　前掲『第 19 回営業報告書』。

第 4 章　朝鮮京東鉄道の敷設と経営——狭軌鉄道の経営難と朝鮮鉄道（株）への売渡 | 197

には 696 万トンキロへと急減したのである。これは客貨別路線の運賃収入
（図 4-7）でも確認できる。旅客収入は両路線とも増加傾向を示したが，貨物
収入は 1938 年下半期まで増加した後，急激に下がっており，水驪線は 1940
年下半期以降やや貨物収入が回復する気配が見えたが，水仁線は停滞傾向を
免れない。

　とはいえ，営業路線の距離が異なるため，それを直接比較することはでき
ない。この点を勘案して，営業路線 1 キロ当たり輸送収入[80]を見れば，水驪
線が 1938 年上半期に 2,498 円，38 年下半期に 3,107 円，39 年上半期に 2,900
円，39 年下半期に 2,194 円，40 年上半期に 2,286 円，40 年下半期に 2,933
円，41 年上半期に 3,100 円，41 年下半期に 2,629 円，42 年上半期に 4,341 円
であった。その反面，水仁線は同期間中，2,005 円，2,686 円，2,204 円，
2,318 円，3,029 円，2,745 円，2,940 円，2,978 円，3,340 円であった。輸送原
価は資料上得られず，路線別利潤を推計できないため，営業路線を基準とし
て水仁線の収益性が水驪線に比べて劣っているとは断言できない。ともあ
れ，営業路線 1 キロ当り収入が上下振幅するのは貨物輸送の影響であること
は論を俟たない。

　そこで，『営業報告書』に戻ってみると，1939 年下半期には「会社全線ニ
亘リ近年未曾有ノ大干害ニテ農作物ノ被害甚大ナルベク予想セシニヨリ極力
荷客ノ吸収ニ努メ旅客ハ前年度ニ比シ四割弱ノ増加ヲ見タルモ大宗貨物タル
米豆ハ全線通ジテ三乃至四割作ヲ出ザル大不作ニテ且沿線各郡ハ郡内食料ノ
関係上之レガ郡外搬出ヲ引締メタルタメ発送皆無」となった。さらに，「京
慶線［中央線］工事材料局用品ノ荷動三万余㖔ニ及ビシモ本期ハ工事一段落
ノ為之亦激減シタ」のである。40 年上半期にも貨物収入は「前期ヨリ引続
ク大旱害ノ影響対策トシテ極力水仁沿線専売局塩田産原塩及其他各種荷物ノ
誘致ニ努メタルモ」「減収」を余儀なくされた。大旱魃による凶作が奥地か
らの米穀輸送に頼っていた会社経営にネガティヴな影響を与えたのである。

　なによりも，1941 年下半期には関東軍特種演習，いわゆる関特演が実施
され，京東鉄道の貨物輸送が大きく制限された。ドイツ軍の対ソ侵略に際し

80）　路線別鉄道収入÷営業キロ。営業キロは水驪線 73.4 キロ，水仁線 52.0 キロであった。

て「情勢の変移ニ伴フ帝国国策要綱」が1941年7月に御前会議で決定されると，12個師団・約30万人の関東軍の戦力を16個師団・約85万人に増強しての関特演が決定された[81]。第一次，二次の二回にわたって動員された兵員40-50万人，軍馬7.5-9.5万頭，弾薬18個師団分，自動車燃料8万キロリットル，糧秣800個師団分などの大規模な部隊や軍需品を，7月下旬より9月にかけて鮮満鉄道と徴用船舶によって日本から北満地区へ移送することとなった。そのため，「鮮満鉄道は総輸送力最大限の半量以上を軍事輸送に充てる」こととなった。そのため，朝鮮国有鉄道の場合，生活必需品，重要産業物資，石炭などに受託品目を限定せざるを得なかった。仁川港と水原を通じて朝鮮国有鉄道との連帯輸送を行う京東鉄道にもほぼ同様の措置が取られたことはいうまでもない。

　そこで，朝鮮京東鉄道の『営業報告書』1941年下半期に注目すれば，「本期ハ引続キ時局輸送ニヨル貨客ノ輸送制限ノタメ営業不振ノ間ニ期初ヲ経過セリ」その上，「期央ニ及ビ時局ノ進展ト共ニガソリンノ消費規正ハ愈々強化セラレ客貨列車共機関車牽引ノ止ムナキニ至レリ，然ルニ元来当社ハ営業開始以来旅客ノガソリン動車ニ依ル運行ヲ営業ノ主体トシ即チ期初ニ於テハガソリン動車五往復貨物列車一往復ナリシモ此ノ如ク客貨列車共機関車牽引ヲナス為ニハ現在ノ機関車ニテハ数ニ於テ不足セルヲ以テ列車運行回数ヲ縮小セルモ機関車ノ酷使ハ他面資材入手難ノ低下ヲ招来シ期末ニ及ビ貨客ノ輸送ハ著シク不如意ノ状態ニ陥リタリ，不得止鉄道局ノ斡旋ニ因リ朝鮮鉄道株式会社及鉄道局ヨリ機関車四両ヲ借用シ併セテ職工乗務員十二名ノ応緩ヲ得テ辛ジテ定期運行ヲ維持シ」た。創業以来，京東鉄道が行ってきたガソリン動車による旅客輸送と蒸気機関車による貨物輸送という列車運行方式が，ガソリン不足のためもはやできなくなり，外部からの蒸気機関車と運転要員の支援を得て客貨輸送がかろうじて行われたのである。その中で，旅客はやや増えたものの，貨物は減収を余儀なくされ，会社経営が「営業不振裡ニ終始セルハ誠ニ遺憾トスル」ものであった。

---

81)　前掲『戦時経済と鉄道運営』87-89頁；林采成『東アジアのなかの満鉄──鉄道帝国のフロンティア』名古屋大学出版会，2020年，394-397頁。

このような輸送実態が株式会社としての経営収支にどのようにフィードバックされたのだろうか。図 4-11 を見れば，政府補助金を含めて収入は1933 年下半期には 20 万円に達し，その増加傾向が 1936 年に続いたが，1937 年 12 月に急増し，1939 年下半期から 40 年上半期にかけて大旱魃による凶作のため貨物輸送が減り，当然貨車収入も減少し，客車収入の拡大にもかかわらず収入全体が減らざるを得なかった。その後，再び収入の縮小が生じたのは関特演による輸送統制が実施されたからである。このような収入減少と関連し，先行研究である轟博志（2001）は鉄道局の中央線＝京慶線が京城の清涼里から原州まで 1940 年 4 月に開通され，京東鉄道は原州を中心とする営業圏の半分ほどを喪失してその営業範囲が京畿道に限定され，経営悪化に陥って朝鮮鉄道株式会社に買収されざるを得なかったと見ている。しかしながら，京慶北部線の開通によるネガティヴ効果については本章も認めるが，それを営業圏の半分の喪失と解釈し経営悪化の要因となったと捉えるのは過大評価である。

そこで，事業部門別収入を見れば，自働車収入は 1939 年上半期 40,571円，下半期 42,664 円，40 年上半期 36,835 円，下半期 28,168 円，41 年上半期 40,844 円，下半期 26,209 円，42 年上半期 22,232 円，下半期 34,174 円で

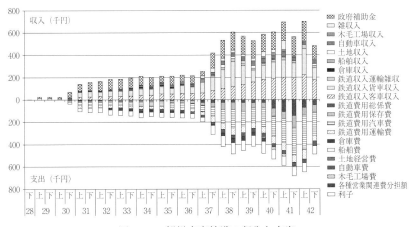

図 4-11　朝鮮京東鉄道の収入と支出

出所：図 4-4 と同様

あった。確かに収入減少が見えるものの、その後 1942 年にはやや回復の動きも見られており、1939 年前は 2-3 万円台であったことから、自動車収入の悪化が限定的なものであったとみるべきであろう。というのは、鉄道部門の貨車収入は同期間中 170,151 円、106,223 円、125,164 円、150,330 円、155,453 円、132,253 円、233,431 円、105,684 円であったからである。貨車収入が大きく減少しているのは 1939 年下半期であって、この傾向が 40 年上半期に入った当初も続いたが、40 年下半期中には回復した。この時期に貨車収入が減少したのは上述の通りに大旱魃の影響があったからである。

　また、収入が減少したと言っても、必ずしも収支赤字に転じることではないことにも注意しておきたい。なぜならば、鉄道輸送の場合、貨客需要が減退すると列車運行の本数も減り、支出も減少する傾向があるからである。水仁線の開通に伴って支出も増えたものの、収入を下回っており、1939 年下半期と 40 年上半期には収入とともに減ったのである。政府補助金を含めた収入が支出を上回っており、1941 年上半期までは黒字体質が維持されていた。しかしながら、1941 年下半期には関特演の実施に伴って収入が減少した反面、支出は旅客用動車の燃料となるガソリンが不足し、もはやガソリン動車の運行ができず、朝鮮鉄道局と朝鮮鉄道会社より機関車と運転要員の支援を得て蒸気機関車による客貨輸送が行われざるを得なかったため、汽車費が急増し、それにかかわって総係費もやや増えている。収入の減少と同時に、支出の増加が余儀なくされ、収支は黒字から赤字に転じたのである。

　そこで、事業部門別収支を見れば、本業たる鉄道業は慢性的赤字部門であったが、水驪線の運営に際して赤字規模が 1935 年上半期から 37 年上半期にかけて縮小するなど、改善傾向は確認できる。しかしながら、水仁線の運営に伴って鉄道業の赤字はより拡大し、新しい路線が必ずしも鉄道経営にとって収益改善に繋がらず、むしろ大きな負担になった。会社の設立時に経費削減のため、国際標準軌を狭軌に変えて、既述のように「狭軌道の欠陥」を「単車及連結軌道自働車」を通じて克服できるとして、「朝鮮内私鉄中第一収益が多い経済線」であると宣伝された[82]ものの、朝鮮内でも収益力は極

---

82)　前掲「水原, 驪州間 明春부터 起工」。

第4章　朝鮮京東鉄道の敷設と経営——狭軌鉄道の経営難と朝鮮鉄道（株）への売渡

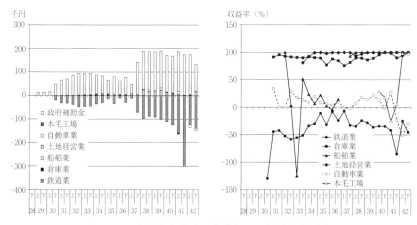

図 4-12　朝鮮京東鉄道の事業部門別損益と収益率
出所：図 4-4 と同様

めて弱いほうであった。1日1キロ平均運輸収入（1940年度）を見れば，朝鮮私鉄の平均が 37.12 円であったのに対し，朝鮮京東鉄道は 14.89 円に過ぎず，朝鮮私鉄の半分にも至らなかった[83]。それにもかかわらず，会社経営が黒字を記録したのは政府補助金の支給があったからである。それにしても，1941年下半期には赤字規模は前年同期の2倍にも達したため，収益率では −85％を記録するに至った。

それ以外の倉庫業，船舶業，土地経営業，自動車業，木毛工場は極めて少ない金額であるものの，やや黒字傾向が維持された。ただし，旅客自動車の場合，1941年下半期に赤字に転落し，収益率の悪化が避けられなかった。それにしても，轟博志（2001）とは異なって 1940 年には赤字になっていない。1941年下半期には「揮発油消費規正ノ徹底ニ伴イ水原京城間ヲカーバイドニ転換シ極力定時運行ヲ期シタルモ不如意ノタメ固定客ノ逃避トナリマタ安養去毛里間路面不良ノタメ大半休業ノ已ムナキニ至リ業績振ワズ当期営

---

83)　各社別1日1キロ平均運輸収入をみれば，朝鮮鉄道 40.19 円，朝鮮京南鉄道 22.34 円，金剛山電気鉄道 22.41 円，南朝鮮鉄道 12.75 円，朝鮮京東鉄道 14.89 円，新興鉄道 37.64 円，朝鮮平安鉄道 26.96 円，西鮮中央鉄道 64.09 円，京春鉄道 41.84 円，端豊鉄道 42.82 円，平北鉄道 54.83 円，朝鮮人造石油鉄道 60.97 円，多獅島鉄道 33.27 円，北鮮拓殖鉄道 58.92 円，三陟鉄道 90.60 円，平均 37.12 円であった。朝鮮総督府鉄道局『朝鮮鉄道状況』第 32 回，1941 年 12 月。

業収入二六,二〇〇余円ニシテ約六,〇〇〇円ノ営業損失ヲ見タルハ遺憾ナリ」と指摘されているように,ガソリンの入手難のため,代替燃料としてカーバイドを利用しても,自動車運行が円滑にできず,1942年1月に大型バスの火災事故が発生するなど「営業不振ニ終始シタ」[84]。部品などの調達に行われず,ガソリン車4台の「機器類破損復旧ノ見込ミ」はなくなった。船舶業でもこのような事項は同じく,「驪州,興湖里間船舶運送廃止」が余儀なくされた[85]。

朝鮮京東鉄道の益金処分案を見れば,主に益金が配当として支給されたが,1937年下半期から40年上半期までは後期繰越金も計上できるほどになっていたものの,1941年下半期に赤字が発生し,当期にはそれがとうてい処理できず,約10万7千円の後期繰越損失を計上せざるを得ず,さらにそれが1942年下半期になっても処理できず残っていた。1942年下半期には「前期末ニ引続キ依然油脂,石炭ノ供給不円滑ナリシタメ著シク輸送効率ハ低下」し,「遺憾ナガラ不振状態ヲ挽回スルニ至ラズシテ終始」した[86]。従来のガソリン不足に加えて石炭の供給難も続いたため,旅客用ガソリン動車

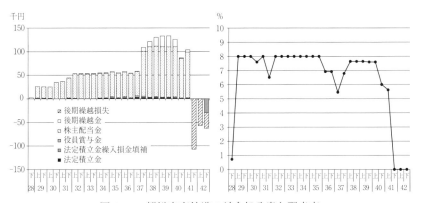

図4-13　朝鮮京東鉄道の益金処分案と配当率

出所：図4-4と同様。

---

84)　朝鮮京東鉄道株式会社『第27回営業報告書』1941年下半期（1941年7月1日-12月31日）；朝鮮京東鉄道株式会社『第28回営業報告書』1942年上半期（1942年1月1日-6月30日）。
85)　前掲『第28回営業報告書』。
86)　朝鮮京東鉄道株式会社『第29回営業報告書』1942年下半期（1942年7月1日-12月31日）。

だけでなく蒸気機関車の牽引による列車運行も制限を受けざるを得なかった。その結果，1941年下半期から株主への無配当が続いた。鉄道業の清算が検討されると，すでに蒸気機関車と運転要員が支援されており，朝鮮鉄道株式会社がその譲受に当っていた。朝鮮鉄道会社は私鉄経営の見込が見えずに「解散決議」を強いられ，その危機を回避し，投資額の回収方案として設立されたことからも，買収・合併にも長けていた。そこで，朝鮮鉄道会社は臨時株主総会を開催し，京東鉄道会社の水驪・水仁両線の鉄道譲受の件を可決し，仮契約書を承認した[87]。

　京東鉄道側においても，1942年8月24日には第28回定時株主総会が開かれ，営業報告書，財産目録，貸借対照書，損益計算書の承認および損益処分案を原案通り可決する一方，11月1日より「本業トシテ経営中ノ水原利川，利川驪州，水原仁川各区間鉄道業一切並兼業経営中ノ土地一部ヲ朝鮮鉄道株式会社ニ譲渡ノ件ヲ原案通リ承認可決」した[88]。「譲渡代価ハ国ノ鉄道買収法規ニ準ジ鉄道建設費（建設資金ニ充当シタル鉄道財団抵当借入金ノ債務額三百五十四万円控除）ヲ公債時価ニ依リ換算シタル券面金額ノ公債ヲ以テ支払ハル外ニ貯蔵物品ハ協定ニ依リ現金買収セラレタ」。即ち，譲渡代価241万4千円＝建設費591万4千円－借入金354万円＋貯蔵物品4万円という計算によって241万4千円に相当する公債が朝鮮鉄道会社から朝鮮京東鉄道会社に渡されたのである。その一部をもって短期借入金をすべて返済した。

　その結果，朝鮮京東鉄道には自動車業のみが残る形となった。京東側は数年前よりその買収を考慮してきた京水自動車を1941年2月に譲り受けて投資企業としたため，京東鉄道の子会社は貨物を取扱う華城自動車と，旅客輸送を担当する中央自動車，水原自動車，京水自動車からなっていた[89]。また，京東鉄道が兼業として直接営業しているトラック運送業は自働車業の統合方針に従って，1941年5月に最大の投資会社である華城自動車へ譲渡された。1942年下半期になると自動車営業実績は「農繁期中旅客減ヲ見越シ

---

87)　朝鮮鉄道株式会社『第53回営業報告書』1942年上半期（1942年3月1日-8月31日）。

88)　前掲『第29回営業報告書』。

89)　朝鮮京東鉄道株式会社『第26回営業報告書』1941年上半期（1941年1月1日-6月30日）

表 4-4　1942 年下半期における朝鮮京東鉄道会社の自動車業投資会社の経営実績
（単位：円）

	収入				支出				損益
	旅客収入	貨物収入	雑収入	計	営業費	借入金利子	固定資産償却	計	
華城自動車	85,026	24,611	18,936	128,573	117,418	4,497	27,103	149,018	− 20,445
中央自動車	40,820		4,435	45,256	43,809	1,956	10,900	56,665	− 11,410
水原自動車	32,819		2,473	35,292	32,998	4,253	5,078	42,329	− 7,037
京水自動車	30,748		3,426	34,174	41,163	4,183	3,420	48,766	− 14,592
計	189,413	24,611	29,271	243,294	235,388	14,889	46,501	296,778	− 53,484

出所：朝鮮京東鉄道株式会社『第 29 回営業報告書』1942 年下半期（1942 年 7 月 1 日−12 月 31 日）。

タルモ却テ漸増傾向トナリ車台不足乍ラ主要路線ノ運行略略支障ナク維持シ
タ」が，1942 年 1 月に大型バースが炎上したのに対し，「罹災車補充トシテ
新型車三台，中古車六台ヲ就行セシメ休止線ノ復活，運行回数増ニ努メタル
結果期末ニ至リ収入モ漸次増加ニ向イタ」[90]。とりわけ，燃料としてのカー
バイドも足りなくなったため，「カーバイドヲ木炭ニ転換シタ」ものの，「車
両修繕費増嵩シ諸経費亦増加ヲ示シ所期ノ成績ヲ揚ゲ得ザリシハ寔ニ遺憾ト
スル所」となった。表 4-4 の通り，自働車業 4 社が− 53,484 円を記録した。
このような「自働車営業成績」も朝鮮京東鉄道株式会社の経営悪化の一要因
であったことはいうまでもない[91]。

おわりに

　朝鮮京東鉄道は第一次世界大戦期の私鉄ブームの一環として計画され，総
督府からの免許を得るに至ったものの，1920 年代の長期不況下で資金調達
方法が明確ではなく，会社設立が延期され続けた。沿線地域からの敷設促進
運動をも得て，標準軌を狭軌に変えて資本金を大幅縮小し，資金不足を緩和
して，免許から 8 年以上もかかってようやく会社設立が実現された。とはい
え，従来の推進派が排除される形で会社が設立されたため，それへの反発も
あり，さらに総督府より資本金の増額が要求され，東山農場などといった現

---

90)　前掲『第 29 回営業報告書』。
91)　朝鮮京東鉄道は 1943 年 3 月 2 日に京東自動車に再編されたものの，1945 年 1 月 23 日に解散
　　に追われた。朝鮮総督府『官報』1943 年 7 月 23 日，1945 年 3 月 19 日。

第4章　朝鮮京東鉄道の敷設と経営——狭軌鉄道の経営難と朝鮮鉄道（株）への売渡 | 205

地の利害関係者からの支援，即ち新券保有を得て香山などが役員に選出され
るが，会社設立の費用をめぐる紛糾が生じて，香山らが排除され，外部から
最大株主として登場した小林を中心とする役員構成が整えられ，この体制の
下で鉄道会社は事業展開を始めることとなった。

　水驪線という762mmの路線敷設にあわせて，鉄道会社は旅客用ガソリン
動車と貨物用蒸気機関車を購入し，経費削減を講じたうえ，自動車業や船舶
業，そして倉庫業にも進出し，これらの営業網を培養線として貨客誘致を
図った。そこでの水原，龍仁，利川などを中心駅とする輸送体制が整えら
れ，龍仁や利川からの穀物移出が水原方面へと行われる一方，水原からの肥
料，雑貨などが利川に輸送され，そこから自働車などを利用して沿線地域に
最終的に運び出されたのである。旅客においても水原が大きな結節点とな
り，この駅より鉄道局線，即ち，国有鉄道との乗り換えが行われたのであ
る。設立時には「私鉄中第一収益が多い」と宣伝されたものの，会社経営は
貨客不足のため，赤字を免れず，政府補助金を受けて黒字を記録し，8％配
当が可能であった。その中，赤字であったものの，鉄道業においては赤字の
規模が縮小するなど，改善の兆しが見えた。

　こうして，水驪線の運営体制がある程度整えられるに従って，第二期の事
業として年頭に置いていた水仁線の敷設にも取り組み，その完成をみると，
京東鉄道の輸送体制は大きく変った。仁川港が全体の輸送量の中で最も大き
な結節点となったのである。京畿道および江原道から米作地帯からの米穀な
どの農産物や木材などが水驪・水仁両線に沿って運び出され，仁川港を経由
して日本内地や朝鮮内の他地域へ輸送された。この点で，京東鉄道は運米鉄
道ともいえる。その返送を利用して建設資材，肥料，雑貨などが内陸部へ移
送されており，塩田地域からは食塩が仁川港と利川・驪州といった両方向に
輸送されたのである。旅客においても仁川港が大きな結節点であることは変
らないが，貨物とは違って旅客の乗降はバランスが全体的に取れたと見てよ
い。

　そうした中，京東鉄道は日中戦争の勃発に伴って輸送制限を経験し，1939
年の大旱魃に際しては出貨量の減少が生じ，とりわけ1939年下半期から40
年上半期まで貨物運賃収入の減少を避けられなかった。それにもかかわら

す，経費支出がともに縮小し，政府補助金を受けた上での黒字傾向を維持できた。しかしながら，1941年下半期には全く異なる状況に置かれることになった。即ち，関特演のため，出荷制限が厳しく実施され，貨物運賃収入が減っただけでなく，ガソリンの消費規正のため，旅客用動車の運行が難しくなり，朝鮮国有鉄道や朝鮮鉄道会社からの蒸気機関車の借用と運転要員の応援を要請せざるを得ず，多額の汽車費と総係費が発生し，鉄道事業のみで収益率－85％が発生し，その赤字が繰越損失を生み出し，無配当が続いた。狭軌鉄道の持つ技術的限界は戦時下のエネルギー不足の中で露呈したため，京東鉄道はやむを得ず，狭軌機関車の融通ができる朝鮮鉄道会社に売却されたのである。

　以上のような分析の結果が経営悪化をめぐって全く把握されてこなかった経営実態である。そもそも収益性が乏しいことから，会社設立に相当の日々が要され，国際標準軌を狭軌へと変えて，政府補助金を前提に収益性が保たれるように鉄道収支構造をデザインしたものの，まさにそのために輸送能力は極めて弱いものにならざるをえず，最終的に戦時期の「不足の経済」の下で深刻な経営危機に直面し，それを技術的に克服できた朝鮮鉄道会社へ譲渡されたのである。

第 **3** 部

国境と拓殖

第 **5** 章

図們鉄道の成立と国有化

国境鉄道と北鮮ルート

はじめに

　本章の課題は鮮満連絡鉄道として北鮮ルートの一環をなした図們鉄道を取り上げて，その敷設経緯とともにその経営実態を明らかにしつつ，なぜこの鉄道が朝鮮鉄道 12 計画に含まれて国有化されるに至ったのかを考察することである。

　図們鉄道は南満州太興合名会社によって朝鮮と満洲を結ぶ国境鉄道として構想され，路線敷設中鉄道事業が他の事業より分離され，図們鉄道株式会社の設立を見た。中国満洲側の天図鉄道とともに，太興合名会社の子会社として位置づけられ，その敷設と運営は日本帝国の膨張にとっての重要性を持つため，何よりもその建設費の調達において東拓が主導的役割を果たし，さらにこれを大蔵省預金部がバックアップしたのである。それにもかかわらず，会社経営は鉄道が沿線地域の物流ネットワークとして機能する前まで安定することなく，総督府からの補助金の交付を必要とし，ゲージも 762mm に過ぎずその輸送力上の限界を持ち，ついには図們鉄道自体が総督府によって買収され，広軌改造が行われて国有鉄道の路線たる図們線となった。これが満洲事変後，満洲国による天図鉄道の買収が行われると，他の満洲国国有鉄道とともに満鉄へ委託され，事実上満鉄の一路線になった。吉会鉄道が完成すると，東満から朝鮮咸鏡北道を経て清津・羅津・雄基から海上輸送を通じて日本内地新潟などに至る北鮮ルートが成立したのである。

　大連ルートや朝鮮半島ルートのほか，北鮮ルートが日本内地から大陸へ至る路線として新しく出来上がったことから，その検討が当時より行われてきた。鈴木武雄（1938）は「清津・羅津・雄基所謂北鮮三港から図們を経」「て満州に這入るもの」を「北鮮ルート」と称して，「支那本部に於て軍事行動が行はれてをる際には」，このルートは地理的に「直接の関連性がない」が，「我が国防の対象は支那本部にあ」「ると共に蘇聯邦にもある」ため，「東北満洲に於ける軍事行動」に「役立つやうに平素から充分利用され，開発されてをることは絶対に必要であらう」と見た[1]。西重信（1995）は 20 世

1）　鈴木武雄『所謂「北鮮ルート」に就いて』京城帝国大学大陸文化研究会，1938 年。

紀初頭に「近代的経済流通理論として発案された北朝鮮ルート論の系譜を辿ることによって，その合理性を明らかにしようと」した[2]。これが環日本海経済論の登場とともに，北鮮ルートにおける海上輸送路が重視されることとなり，日本海航路に関する制度的整備などが検討された[3]。それに伴い，その鉄道網についても当然関心が寄せられたものの，主要な考察は中国側に敷設された天図軽便鉄道に対して行われた[4]。中でも，黒瀬郁二（2005）は日中外交史の観点から天図軽便鉄道が日中合弁として成立したとはいえ，事実上日本側が実権を握ったが，中国側のナショナリズムの高揚に伴って遂に吉林省の抵抗によって吉林省との合弁鉄道として位置づけられて漸く敷設されたことを詳細に明らかにし，その後の経営実態と東拓からの資金調達などをも実証している。その論述は図們鉄道にも及んだが，図們鉄道の存在は副次的に取り扱われるにとどまり，総督府による国有化が本格的に検討されていない。

　そこで，本章は図們鉄道を全面的に考察し，朝鮮私鉄史のなかでの歴史性を吟味することにする。そのため，第1節においては国境鉄道として図們鉄道が太興合名会社によってどのように構想され，これに対して朝鮮総督府鉄道部がいかなる判断を下し，路線敷設に至ったのかを検討する。第2節では鉄道輸送の動態が変化するにつれ，会社経営が安定化して行く中，政府補助金の交付が経営基盤を強固にしたものの，資本費用が大きな負担になっていたことを実証する。第3節においては朝鮮鉄道12年計画の一環として図們線の敷設がどのように決定されて図們鉄道の国有化が実現されたのかを検討し，これが北鮮ルートの一環をなしたことを検討する。

---

2)　西重信「北朝鮮ルート論の系譜（1）」『関西大学経済論集』45-4，1995年，367-400頁；西重信「北朝鮮ルート論の系譜（2）」『関西大学経済論集』45-5，1995年，567-602頁。

3)　関本健「「北鮮ルート」と日本海航路」『東アジア』6，1997年，19-35頁。

4)　黒瀬郁二「両大戦間期の天図軽便鉄道と日中外交」『近代中国東北地域史研究の新視角』山川出版社，2005年；芳井研一『環日本海地域社会の変容』青木書店，2000年；金静美『中国東北部における抗日朝鮮・中国民衆史序説』現代企画室，1992年；南満洲鉄道株式会社庶務部調査課編『天図軽便鉄道』1925年。

1. 国境鉄道の構想と図們鉄道の設立

朝鮮側において 1914 年に清会線（清津・会寧間）の建設に着手し，図們鉄道の敷設が議論され始めた。1917 年に朝鮮国有鉄道が満鉄によって委託経営されるにつれ，朝鮮総督府鉄道局より鉄道運営部門が満鉄京城管理局に再編され，鉄道行政や監督のみが新設の総督府鉄道部に残った。鉄道部は同年 9-10 月に「将来の国鉄建設計画を樹立するに当り先づ第一に線路調査（測量）を初めた」。そのため，「今泉技師，米村技手一行が雄基・羅津を基点として図們江に沿ひ新阿山・慶源・訓戎・穏城・鍾城・会寧等の間」を調査した。それによって，「雄基から雄尚，芦西面に出て図們江沿岸を慶源方面に至る」，後に敷設される図們線にほぼ当たる路線と，「雄基から其の背後の山岳地帯を貫き北倉坪を経て鍾城に出づるものと，同じく行営を経て会寧」に到る線路といった「比較線も研究された」[5]。同時期には咸鏡線の敷設がすでに国有鉄道として行われ，咸鏡北道における鉄道網の整備が進められていた。

国有鉄道のほかにも，民間資本による鉄道網の構築に関する試みがあった。鉱業家麻生音波が「阿吾地炭鉱の開発と関連して随分熱心に鉄道敷設に努力し」，石炭年 10 万トン輸送案（狭軌 2 フィート 6 インチ），20 万トン輸送案（3 フィート 6 インチ），30 万トン輸送案（4 フィート 8 インチ半）の三案を検討し，30 万トン輸送案をもって総督府に鉄道敷設を申請し，1920 年 2 月に認可を受けた。北鮮鉄道株式会社（資本金 1000 万円）を設立し，国際標準軌で羅津・雄基・慶源・訓戎間の延長 85 マイルを敷設し，阿部地炭を搬出して，さらに船舶によって敦賀港まで送出して日本内地で販売するという計画であった[6]。とはいえ，鉄道敷設や石炭採掘が資金不足のため，実現できない中，1927 年に雄基から国有鉄道図們線（後述）の建設が始まると，鉄道敷設権は失効されざるを得なかった。また，会寧・慶源・金洞間の延長 46.5 マイルを 4 フィート 8 インチ半の蒸気鉄道で結び，さらに城川金洞より柳多

---

5) 大谷留五郎「図們鉄道天図鉄道の回顧」『朝鮮鉄道協会会誌』12-9，1933 年，43-54 頁。
6) 同上書。

第5章 図們鉄道の成立と国有化——国境鉄道と北鮮ルート | 213

島を経て琿春まで乗入れるという北鮮興業鉄道（資本金 1000 万円）が計画されたが，資金調達に失敗し，同じく国有鉄道図們線の計画に遭遇し，失効となった。

　こうして，総督府の敷設計画があったものの，それが直ちに実行されないうち，朝鮮側での私設鉄道の試みもあったが，これも実現されなかった。その中で，鉄道敷設の始まりは朝鮮側ではなく，むしろ図們江の向こうにある中国間島側から進められた。即ち，1908 年以来「日支係争の懸案」であった天宝山銀銅鉱が南満州大興合名会社によって開発され，これらの産品を間島地域から北鮮地域を経て日本側に移出するため，鉄道建設が行われたのである。とりあえず，中国側での鉄道敷設についてみよう。1915 年 10 月に太興側は「日支合弁組織の許に採鉱並精錬を目的として」設立され，1916 年 8 月に「一切の設備を完成し，作業」を始め，「製品を日本大阪に搬出」するだけでなく，「精錬用媒鉱硫化鉄鋼多量を日本内地より輸入し」，さらに「多数従業員の日用必需品は，作業の順適進捗と共に，多量の出入があった」。第一次大戦に伴って「銅価の世界的昂騰」もあり，「精錬作業の大拡張案」が提唱されるに至って，同社は「自鉱出入物資の便利を謀り，他面には，当地方開発機構に資せんとするの見地より会寧図們江岸を起点として，龍井村，銅仏寺，老頭溝を経て天宝山に至る延長」約 70 マイルと局子街支線 6 マイルの手押式台車軌道敷設を計画し，「専用軌道敷設の免許」を中国政府に申請した[7]。

　ところが，中国当局は「線路延長が軌道として，長距離を亘り，その影響する所大なるの故を以て別個の会社組織と為すべしと指命を発」した。その結果，「日支合弁「天図軽便鉄路公司」として，之が申請を為し」，1918 年 3 月 16 日に中国政府の批准を得て，天図軽便鉄路公司が設立された。「吉林に総公司（本社）を間島龍井村に分公司を置き，専ら建設工事の準備に着手し」た。当初は間島地域に限って鉄道を建設し，朝鮮国有鉄道に連絡するつもりであった[8]。「天図鉄道は初め会寧より火弧狸溝（オランカイ）を経て龍

---

7)　同上書。
8)　同上書。

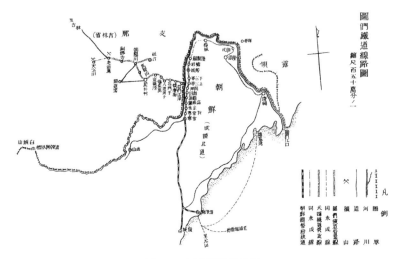

図 5-1　図們鉄道路線図
出所：図們鉄道株式会社『第 11 回営業報告書』1926 年上半期版（1926 年 4 月 1 日-1926 年 9 月 30 日）。

井村に至る線を以て予定線となし，1917 年の暮より実測を試みたるが，該路線は山脈地勢峻嶮にして工事に多額の費用を要し，到底短日月に之を完成する見込立たざるを以て，朝鮮上三峯の対岸地方を其の起点とし，八道河子，東盛湧を経て龍井村に出ることに変更」した。「其の結果上三峯と会寧とを連絡するの必要起りたるを以て」，1918 年末より「路線の調査を開始し種々攻究を続けた」[9]。

このような線路変更によって，朝鮮国有鉄道の会寧と上三峯との間にも「更に鉄道を敷設する必要を生じ」，朝鮮側にも南満州太興は図們軽便鉄道を敷設することとなった[10]。そのため，南満州太興は 1919 年 2 月に「国有鉄道清会線終点たる会寧より図們江江岸を東進し上三峰に至る」延長 25.5 マイルの路線を軌間 2 フィート 6 インチの蒸気鉄道で敷設することを朝鮮総督

9）　大蔵省預金部『天図鉄道関係融通金二関スル沿革』1929 年 7 月（「分割 3」JACAR（アジア歴史資料センター）Ref.B10074661100，天図軽便鉄道関係一件　第六巻（F-1-9-2-11_006）（外務省外交史料館））。
10）　前掲「図們鉄道天図鉄道の回顧」43-54 頁。

府に出願し，同年 3 月にその免許を受け，1920 年 1 月までにその開通を見て，会寧・上三峯間の軽便鉄道運輸を始めた[11]。1919 年 12 月には「上三峰より湮関鎮に至る」10 マイルの敷設をさらに出願し，1920 年 3 月にその認可を得て，そのうち，三峰・鍾城間 6 マイルを 1922 年 12 月に，鍾城・湮関鎮間開通 4.2 マイルを 1924 年 11 月にそれぞれ開業した。それによって，全線 36.7 マイルの営業路線を有し，会寧・湮関鎮間毎日 3 往復の列車運行を行っていた[12]。さらに 1923 年 10 月には湮関鎮・穏城間 21 マイルの敷設を出願し，同年 11 月に認可を受けた。ただし，この路線は敷設工事が進められず，地方鉄道法第 19 条によって 1927 年 5 月 11 日に失効となった[13]。

「天図鉄道の朝鮮側連絡線」として位置づけられた図們軽便鉄道の敷設が進められるのに対し，天図鉄道の敷設は大きく滞っていた。天図軽便鉄路公司が設立され，建設工事の準備に着手したにもかかわらず，中国官憲は「工事着手を阻止し，起工出来ざるに依り，北京，吉林，奉天の支那当局に対し，之が起工認可に関し，折衝を続けた」。1921 年 7 月に「外務省及駐支小幡公使の国際交渉を煩し，時の支那交通総長より工事施行を為すも差支へ無き旨の声明を得た」。1921 年 11 月より「愈々工事施行の準備を開始したが，最初線路を測量終結して以来既に四箇年を経過せる為，測量杭は殆ど全部紛失して跡形も無く，到底之に依り難きと，多少の変更を有利とするので，更に測量改修の必要に迫られ，1922 年 2 月より職員を新に充実し，之に着手した」[14]。

しかし，「局子街を中心とする一部支那人間に本鉄道敷設に反対運動を為」したため，中国「地方官憲も，中央政府との連絡に欠くる所があり，交通総長の声明書未達を云々して専ら測量作業を阻止するの傾向があった。其の間幾多の障害波瀾を重ね」，1922 年 5 月になって漸く「第一期線たる上三

---

11) 朝鮮総督府『官報』1920 年 1 月 19 日。
12) 東洋拓殖株式会社「太興合名会社関係概要」1926 年 8 月 28 日（「分割 5」JACAR（アジア歴史資料センター）Ref.B10074660600，天図軽便鉄道関係一件　第五巻（F-1-9-2-11_005）（外務省外交史料館））；鈴木清・竹内虎治『朝鮮の私設鉄道』南満洲鉄道株式会社総務部調査課，1925 年，216–232 頁。
13) 朝鮮総督府政務総監湯浅倉平「私設鉄道失効の件」（鉄監第 453 号）1927 年 9 月 12 日。
14) 前掲「図們鉄道天図鉄道の回顧」43–54 頁。

峯対岸より龍井村迄三十六哩（マイル）の測量を完結した」。1922 年 8 月 5 日に「地坊
（上三峯対岸）を基点として」，延長 12 マイル余を第 1 工区として起工し，続
けて第 2，第 3，第 4 工区にわたる起工を進めたが，中国側において「各種
の暴害的宣伝示威運動を試み，遂に支那巡警は，石門子附近に於て，工事従
業工夫に発砲して之に威嚇し，或は暴行殴打を演じ，事件の頻発に工事は，
自然進捗せず，間島領事館を煩はして，支那官憲との交渉続出し」た[15]。

　その後，「東三省総司令張作霖の斡旋に依って，公司組織を吉林省との合
弁に改訂し」，1922 年 11 月 1 日に「円満解決の調印を見るに至」り，「吉林
省天図軽便鉄路股份公司」として廃止される天図軽便鉄路「公司の事業を継
承執務」することとなった。その後，「第一期線図們江岸地坊より龍井村に
至る」36.1 マイルの工事は，1922 年 8 月に起工し，結氷期に入りて休止し，
1923 年 10 月 14 日になって一般貨客の運輸営業を開始し，「第二期線，龍井
村より老頭溝に至る」26.7 マイルおよび局子街支線（朝陽川より分岐）6.2 マ
イル，合計 32.9 マイルの工事は，1923 年 8 月に起工し，結氷期中には休
止，1924 年 11 月 1 日に開業したのである[16]。

　その一方，朝鮮側でも政府補助金の交付などを念頭に置いて，1921 年 3
月に南満州太興は鉄道業を分離し，朝鮮私設鉄道令（1920 年 6 月）に従って
新設された図們鉄道株式会社（公称資本金 300 万円）に譲渡したのである[17]。
同社は東京に本社を置き，会寧に支店を置いたが，1921 年の重役陣は取締
役社長に飯田延太郎が就き，取締役専務は山田昌壽，取締役は浜名寛祐，宇
井孝三，戸沢民十郎，監査役は加治嘉太郎，大村信善であった[18]。1923 年に
は取締役が宇井孝三，戸沢民十郎，野口多内，石橋正平へと変わり，現地で
鉄道業を担当する支店支配人には石橋正平が就いていた[19]。1925 年になる
と，社長は飯田延太郎，取締役は宇井孝三，戸沢民十郎，野口多内，石橋正
平，監査役は大村信善，支店支配人は平田穎一であった[20]。1927 年には戸沢

15）　同上書。
16）　同上書。
17）　「北鮮の鉄道及其沿線」京城商業会議所『朝鮮経済雑誌』第 102 号，1924 年 6 月 25 日，1-9
　　頁。
18）　東亜経済時報社編『朝鮮銀行会社要録』1921 年版。
19）　東亜経済時報社編『朝鮮銀行会社要録』1923 年版。

民十郎が取締役から退任し、取締役は飯田延太郎（社長）、宇井孝三、野口多内、石橋正平、監査役は大村信善であった[21]。

　これらの重役の中で、図們鉄道の経営が主に石橋正平によって行われたといえようが、彼は1878年に千葉県で生まれ、1904年に北海道夕張炭鉱会社に入社し、その後、京王電気鉄道にも勤務し、1919年7月に南満洲大興合資会社参事に主任し、同社会寧支店長となった。その後、事業拡張によって会社組織が再編されるに伴って図們鉄道の取締役と支配人になっており、鉄道専門家として1924年には吉林省天図軽便鉄路股份公司の総辨に選任されたのである。1927年には同公司総辨を退き、図們鉄道では取締役から取締役専務となり、会寧支店で勤務し、図們鉄道の経営責任を握っていた[22]。一方、天図軽便鉄路の重役を見ても、創設者たる飯田延太郎社長、戸沢民十郎総辨（民政党代議士）、野口多内（奉天駐在）、飯田岩総辨、入江総辨（会計処長）、深井技師長などであって、図們鉄道と天図軽便鉄路が姉妹会社であったことがわかる[23]。このような重役の構成は図們鉄道の国有化まで続いたが、彼らのすべてが南満州太興の関係者であったことは言うまでもない[24]。

2. 資金調達と鉄道投資

　図們鉄道株式会社における千株以上の大株主（1925年3月1日）を見ると、南満州太興合名会社（東京）5万1,000株、飯田延太郎（東京）7,050株、山田昌寿（東京）3,200株であって、南満州太興系が総株数6万6,000株の93％を占めており、こうした所有構造が変わることはなかった[25]。その資金調達は親会社である南満州太興を通じて行われた。南満州太興は東洋拓殖からの借入金（1925年末現在）4,449,000円（利子率1割）を受けて、図們鉄道

---

20)　東亜経済時報社『朝鮮銀行会社要録』1925年版。

21)　朝鮮総督府『官報』1927年9月15日。

22)　「石橋図們専務」『釜山日報』1927年4月12日；朝鮮研究社編『新興之北鮮史』朝鮮研究社、1937年12月。

23)　前掲「図們鉄道天図鉄道の回顧」43-54頁。

24)　東亜経済時報社『朝鮮銀行会社要録』1927年版。

25)　図們鉄道株式会社『第8回営業報告書』1924年下半期版（1924年10月1日-1925年3月31日）。

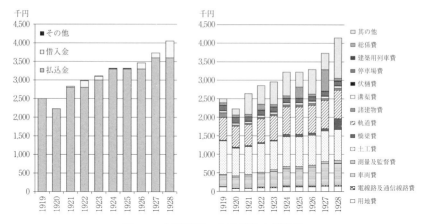

図 5-2　図們鉄道の資本調達と建設費
出所：朝鮮総督府『朝鮮総督府統計年報』各年度版。
注：会社が設立される 1921 年前の振込金は建設費である。

に対して 330 万円（資本金）を出資する形をとった。日本政府は「該鉄道が間島に於ける居留民の保護，殖産工業の促進其他満鮮連絡上必要なる事を認め」，南満州太興への融通のため，東洋拓殖債券を大蔵省預金部が引き受けたのである[26]。そのため，図 5-2 においてはほとんどの資金が払込金によって賄われ，一部の借入金があるのみであった。とはいえ，グループとしては他人資本に依存する資金構成となっており，「東拓出資額との差額は延滞利息の貸増となれるものにして南満州太興合名の貸借対照表中繰越損失金の中に計上」せざるをえなかった[27]。

1925 年度末現在における図們鉄道の貸借対照表によると，建設費は 322 万 1,031 円 274 銭，資産総額 356 万 2,406 円 970 銭であった。ほとんどの資金が鉄道敷設に投入されたが，土工費，軌道費，車両費が建設費の中で主要な費目であった。1919 年「財界の好況時代に鉄道建設をなし且つ図們江断崖絶壁の間を過ぎるを以て土工費多額に上り」1 マイル平均 10 万 8 千円を要した。とはいうものの，山岳地域を通過せず，江岸に沿って鉄道路線が敷

26)　前掲『天図鉄道関係融通金ニ関スル沿革』。
27)　前掲「太興合名会社関係概要」。

設されたため，隧道費の項目は特別に策定されなかった．その一方，図5-3のように，国境橋梁を建設したため，その橋梁費が増えたことは見逃してはいけない．ゲージ762mmの狭軌鉄道であったため，輸送力の脆弱性を免れなかったことはいうまでもない．

「線路の沿道は図們江の河谷にして会寧より金生，高嶺鎮に至る六哩間は江に沿ひる狭長たる平地なるも高嶺鎮より下流は高峯近く江岸に迫り，江は右に折れ左に転じ両岸断崖絶壁をなす間を縫流し上三峯に至れば稍々広濶なる平野となり鐘城潼関鎮方面に延び江は幾多の分流となり，島嶼を散在し水深浅くして機に流筏の便あるに過ぎない」状態であった[28]．これに対し，「本鉄道は清会線会寧駅の東北部に連絡停車場を設け茲処に国有鉄道と貨客の連絡をなし，線路は是より江の右岸を下りて潼関鎮に至る」ものであった．延長36.5マイル，最急勾配55分の1，最小曲線半径5チェイン，停車場10か所および停留場3か所（金生，下三峯，嘘岩）を設く，駅名及駅間哩を表示すれば」，表5-1である[29]．標準勾配は会寧・新田間127分の1，新田・上三峯73分の1，上三峯・潼関鎮149分の1であった．

軌道についてみると，「軌条は二十五封度（ポンド）を使用し丸軌条長三十九呎（フィート）一本に付枕木十四丁配置とし継目は相対式であり，道床は川砂利を撒布し一哩

図5-3　図們鉄道と天図鉄道との図們鉄橋
出所：「鴨綠江과 対峙될 豆滿江의 図們鉄橋」『朝鮮日報』1927年3月7日．

---

28)　前掲『朝鮮の私設鉄道』216-232頁．
29)　同上書．

表 5-1　駅名および駅間マイル

駅名	駅間マイル	累計マイル	備考
会寧	-	-	清会線との連絡駅
新会寧	0.7	0.7	機関庫所在地
金生	1.7	2.4	停留場
高嶺鎮	3.6	6.0	
鶴浦	5.2	11.2	
新田	6.0	17.2	
関坪	4.0	21.2	
上三峯	4.0	25.5	機関庫所在地
江岸	0.8	26.3	停留場
下三峯	1.3	27.6	天図鉄道連絡駅
鐘城	3.9	31.5	停留場
嘯岩	3.2	34.7	停留場
潼関鎮	1.8	36.5	機関庫所在地

出所：鈴木清・竹内虎治『朝鮮の私設鉄道』南満洲鉄道株式会社総務部調査課，1925年，217-218
頁。

平均百五十立坪百六十立坪であ」った。「路盤幅は十呎法勾配は切取三分乃
至一割，盛土は一割五分とし，江岸は玉石又は割石にて空積の土留石垣であ
る。路盤は砂礫より成る箇所多く安固にして列車の動揺が少い，施行基面は
江水面上約十呎の高さに在りて開業以来氾濫のため列車の運転を休止した事
はなかった」[30]。橋梁および溝渠は全部木造であったため，年月を「経過せ
るを以て各橋梁杭木は腐朽せるもの多く，現在其取替を急ぎつつ」あっ
た[31]。木橋の建設費は1フィート当り30-36円に過ぎないが，「永久施設と
すれば」60-80円であったため，親会社たる南満州太興の資金制約のため，
「木造の大修繕」ができなかったのである。

　「旅客ホームは幅十呎延長二百呎貨物ホームは別に擁壁を設けず，路盤を

30）　同上書。
31）　同上書。

第5章　図們鉄道の成立と国有化——国境鉄道と北鮮ルート　221

敷均し砂利敷をなしたるもので上三峯，江岸の両停車場には貨物上屋があ」った[32]。「場内信号機は各停車場に設置し腕木単索式にして鉄柱又は木柱に信号腕木及び付属品を取付けた」。「本鉄道に於ける工事，設計，電話，保存の業務は工務係に於て管理し工務張は一切の工事，設計，電話及び監督の業務に当り保線張は二名の保線助手を指導して線路保存業務を掌握し保線助手は保線長の命を受け三丁場又は四丁場を巡廻し線路工を指揮して実際の仕事を命令する」こととなった。全区間を7丁場に分ち1丁場人員は4-5人を配置したが，1丁場の延長は4-6マイルであった。「列車運転保安法式は票券式とし通票の形状は丸，三角，四角の三種類であ」った。「電話線は二条にして腕木式であり各駅事務所を通じ指令電話であった」[33]。

　路線は1919年の開通時に39.9キロであったが，鉄道敷設が進むにつれ，1922年に50.7キロとなり，1928年には59.5キロに達した。鉄道車両も路線延長に伴って増備され，1925年頃に機関車は4輪連結10トン車4両，6輪連結21トン車4両，小計8両，客車はボギー待荷緩合造（20人乗）3両，並等（40人乗）6両，並荷緩合造（24人乗）4両，4輪車（郵）1両，小計14

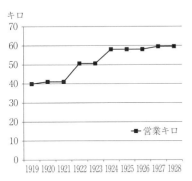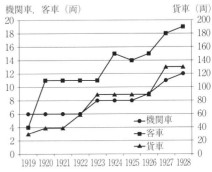

図5-4　図們鉄道の営業キロと鉄道車両
出所：朝鮮総督府鉄道部（局）『私設鉄道及軌道統計年報』各年度版；朝鮮総督府鉄道局『年報』各年度版；朝鮮総督府鉄道局『朝鮮鉄道状況』各年度版；朝鮮総督府『朝鮮総督府統計年報』各年度版。
注：営業路線はマイルをキロに変える。

---

32)　同上書。
33)　同上書。

両，貨車は有蓋4輪車5トン55両，無蓋4輪車5トン35両，小計90両であったが，その後もやや車両増備が行われた[34]。「機関庫は新会寧，上三峯，潼関鎮の三箇所に在り，新会寧，潼関鎮の二箇所は木造なれども上三峯に於ては煉瓦造にして其面積は六十坪と三十坪とに分ち機関車収容数は六両又は三両であり，其外附属工場あり機関車及び線路用具の修繕をなしてをる」と記されている[35]。図們鉄道に「使用せる石炭は会寧産にして硫黄分多く灰分少なくよく燃焼するも汽缶を痛める事が大である，尚沿道は工岸なれば水量豊富にして給水に支障を及ぼす様な事」はなかった[36]。

3. 鉄道輸送と沿線交通の再編

そこで，鉄道輸送に注目すると，長期的に輸送量が増えていったが，1924-25年にはやや停滞していたものの，この傾向は旅客より貨物において著しかった。これは「未ダ一般財界沈滞ノ域ヲ脱セス而カモ昨年希有ノ旱魃ニ依リ輸送貨物ノ太宗タル大豆白豆類ノ出廻リ激減シ全ク予想以上ノ甚大ナル打撃ヲ被リ客貨トモ頗ル不振ヲ呈スルノ止ムナキ状況ニ終始シタルニ由ルモノ」であった[37]。その後，再び増えたが，このような鉄道輸送は天図鉄道とともに北鮮と間島に跨る国境鉄道として「地方交通運輸上ニ及ボス影響ハ甚大ナルモノデア」った。「忽チニ沿線地帯勿論穏城及慶源方面竝ニ間島及琿春方面ノ交通運輸ニ対シテ一大革新ヲ与ヘ会寧対穏城及慶源関係モ会寧対間島関係モ共ニ本［図們］鉄道ニ依ルヲ得策トスルニ至ッタ」。会寧・穏城および慶源間輸送は「間モナク従来ノ経路（会寧ヨリ行営及北蒼経由ノモノ）ヲ顧ミザルニ至リ」，会寧・間島間輸送は「漸次従来ノ経路（会寧ヨリ叺良哈軽油ノモノ）自然廃頽ノ傾向ヲ呈スルニ至ッタ」。「交通運輸経路ノ急速ナル変遷」は「運賃ノ低減，時間ノ短縮輸送ノ安全等ノ事情ニ起因スル」ものであった[38]。

---

34) 同上書。
35) 同上書。
36) 同上書。
37) 前掲『第8回営業報告書』。
38) 前掲『第8回営業報告書』。

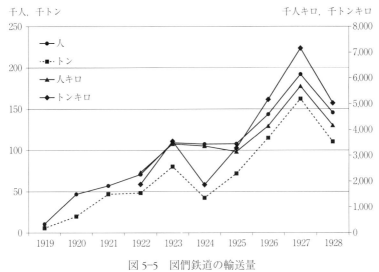

図 5-5　図們鉄道の輸送量

出所：図 5-4 と同様。

　表 5-2 と表 5-3 のように，図們鉄道の営業前後における貨客両面より時間の短縮と費用の低減を比較してみよう。まず，旅客輸送において在来の駄馬・牛車によれば，会寧・穏城間と会寧・慶源間の時間と運賃はそれぞれ 2 日，7.5 円の運賃がかかり，途中宿泊のためにも料金 1.5 円も払われなければならなかった。これが鉄道になれば，会寧・上三峯間は鉄道，上三峯・穏城間または上三峯・慶源間は在来交通となり，合せて 1 日，4.3 円となり，当然宿泊料金も要らなくなった。会寧・間島間では，所要時間 1 日，運賃 4.5 円がかかった在来交通が鉄道に代えられると，鉄道輸送に限って時間と運賃が節減できるが，上三峯・龍井村間は依然として在来交通に頼らざるを得なかったため，普通 1 日，6.8 円になり，むしろ運賃が 2.3 円もたかくなった。ところが，これは天図鉄道の開通によって地坊・上三峯における連絡輸送が行われる前のことであって，それが 1923 年 10 月に可能になってからは鉄道輸送が時間と費用の両面で優位に立った。

　さらに，図們鉄道は「付帯事業として鏡城より慶源並に穏城方面に乗客四人定員のフォード式幌型車を」1923 年 1 月 25 日より「運転して之等辺疆の

表 5-2　旅客輸送における鉄道と在来手段の時間および運賃比較

(イ) 会寧・穏城および慶源間									
	図們鉄道による所要日数および運賃				従来の経路による所要日数および運賃				
	区間	距離	日時	運賃	区間	距離	日時	運賃	宿泊料金
駄馬・牛車便 駄馬・牛車便					会寧・穏城 会寧・慶源	21里 19里	普通2日 普通2日	7.5円 7.5円	1.5円 1.5円
汽車費 駄馬・牛車便 駄馬・牛車便	会寧・上三峰 上三峯・穏城 上三峯・慶源	25.5マイル 9里 11里	3時間30分 9時間 10時間	1.3円 3円 3円					
計	対穏城 対慶源		普通1日 普通1日	4.3円 4.3円			普通2日 普通2日	7.5円 7.5円	1.5円 1.5円
(ロ) 会寧・間島間									
駄馬・支那馬車便					会寧・龍井村	13.5里	普通1日	4.5円	
汽車費 駄馬・牛車便	会寧・上三峰 上三峯・龍井村	25.5マイル 6.5里	3時間30分 7時間	1.3円 5円					
計			普通1日	6.8円			普通1日	4.5円	

出所：「北鮮の鉄道及其沿線」京城商業会議所『朝鮮経済雑誌』第102号，1924年6月25日，1-9頁。

注：1．会寧・穏城および慶源間行程は夏季日長の場合の計算であるから冬季日短の場合は両経路とも尚半日宛の追加を要する，また牛車は，普通二人乗にして単独の折は前記金額の倍額を要し総て駄馬は馬夫付である[39]。

2．会寧・間島間行程は，①中国馬車は普通4人乗。その一例を示したるものにつき，単独の場合はこの4倍相当額を要する。②（本鉄道営業開始当時）は叺良哈経路によるものに比し上三峰よりはまだ乗物の備入が不自由であるため。呼寄の必要がある関係上自然運賃が高額とならざるを得なかった。③駄馬を馬夫付のものとする。④汽車は並等運賃である。⑤最近の上三峰・龍井村間は乗物の備入自在にして四人乗馬車は1台7円見当に付1人前1円75銭位で利用できるが，普通は近来流行の2人乗馬車（ロシア式）1台6円見当のものを使用するものが多かった。⑥冬季日短の時は叺良哈経路は途中宿泊を要するのが普通であった[40]。

表 5-3　貨物輸送における鉄道と在来手段の時間および運賃比較（百斤に付）

(イ) 会寧・穏城および慶源間						
	図們鉄道による所要日数および運賃			従来の経路による所要日数および運賃		
	区間	距離	運賃	区間	距離	運賃
駄馬・牛車便 駄馬・牛車便				会寧・穏城 会寧・慶源	21里 19里	1.5円 1.5円
汽車費 積卸費 牛車便 牛車便	会寧・上三峰 会寧・上三峰 上三峯・穏城 上三峯・慶源	25.5マイル 　 9里 11里	0.39円 0.07円 0.86円 0.83円			
計	対穏城		1.32円			1.5円

39）　前掲「北鮮の鉄道及其沿線」1-9頁。

40）　同上書。

第 5 章　図們鉄道の成立と国有化——国境鉄道と北鮮ルート　225

| | | | | 対慶源 | 1.39 円 | | | 1.5 円 |

（ロ）会寧・間島間								
図們鉄道営業開始時（雑貨 100 斤に付）								
馬車賃						会寧・龍井村		1.6 円
汽車費 積卸費 馬車賃	会寧・上三峰 会寧・上三峰 上三峯・龍井村			0.405 円 0.080 円 1.200 円				
計				1.685 円				1.6 円
天図鉄道開通後（雑貨 100 斤に付）								
駄馬又は支那馬車便						会寧・上三峰		1.200 円
汽車費 積卸費 天図鉄路	会寧・上三峰 会寧・上三峰 上三峯・龍井村			0.405 円 0.070 円 0.220 円				
計				0.695 円				1.200 円
図們鉄道営業開始時（穀物 1 石に付）								
馬車賃						会寧・龍井村		3.200 円
汽車費 積卸費 馬車賃	会寧・上三峰 会寧・上三峰 上三峯・龍井村			0.523 円 0.928 円 2.625 円				
計				3.240 円				3.200 円
天図鉄道開通後（穀物 1 石に付）								
駄馬又は支那馬車便						会寧・上三峰		2.850
汽車費 積卸費 天図鉄路	会寧・上三峰 会寧・上三峰 上三峯・龍井村			0.529 円 0.066 円 0.380 円				
計				0.975 円				2.850 円

出所：表 5-2 と同様。

注：1.　会寧・穏城および慶源間行程は①従来の経路は牛車 1 台 500 斤積に付 7.50 円の計算による。②汽車賃は普通品小口数率による。③上三峰よりの牛車賃は穏城行は 700 積 1 台 6 円，慶源行は 6 円 50 銭の計算による。④所要日数は旅客の項とほぼ同一であるため，ここには省略[41]。

　　2.　会寧・間島間行程は①百斤当り汽車賃は普通品小口扱率による。②穀類は大豆が標準として計算。③汽車賃にはすべて会寧連絡線および上三峯引込線の料金を含む。④馬車および駄馬賃には豆満江渡江料を含む。⑤所要日数は普通従来の経路二日行程とし，鉄道による経路は 1 日とする[42]。

41）　同上書。
42）　同上書。

地域並に琿春方面の旅客交通の便利を図っ」た[43]。「慶源線は毎日一往復とし隔日二往復」しており，「穏城線は隔日一往復し」た。その運賃は「一里三十五銭の割で小児四歳未満は無賃とし十二歳未満は半額」にした。慶源まで4円20銭，穏城まで3円85銭となった。「道路の険悪なる為め補修用品に多大の経費を要し収支の平衡を期すること困難」であったものの，「琿春及穏城方面の交通上間接直接に裨益する所多く且当鉄道旅客誘致上多大なる便利を感じ」た。

　こうして，鉄道を中心に地域交通が再編されるにしたがって，従来輸送経路にあった「叺良哈軽油割安の観あるも昨年［1923］2月郵便通路上上三峰に移ってから内地人は勿論鮮人旅客も本経路の通行に不安を懐くに至り，加ふるに叺良哈新興坪に於ける支那海関出張所の縮小並に内鮮人旅館の引揚げ等相次で起り，愈本経路の不便にして且寂寞さを宣伝せられ，尚又貨物輸送の減退に伴ひ会寧よりの乗物傭入れ不自由となりし関係等相俟って，全く旅客の通路は本鉄道に依る上三峰軽油独占の状態を呈するに至った」。とりわけ「間島側の天図軽便鉄路が昨年［1923］10月より開通したるを以て現在は叺良哈経由のもの皆無にして運賃の如きも駄馬又支那馬車より格安となり且発着の正確，乗心地の点に於て隔世の感がある」と指摘されるほどであった[44]。

　このような変化をより劇的に示すのが表5-3の貨物輸送であった。会寧・穏城間と会寧・慶源間は在来手段1.5円から鉄道（＋在来手段）に変わると，それぞれ1.32円，1.39円へと運賃が低下した。会寧・間島間では，雑貨100斤の場合，図們鉄道の開通時に在来1.6円から1.685円へとむしろ運賃上昇があったものの，天図鉄道の開通に伴って運賃が0.695円へと安くなり，在来手段とは費用と時間で比べものにならなくなった。穀物1石でも，図們鉄道の開通時には在来交通手段の3.2円に対してやや高くなった3.24円の運賃を記録したが，これが天図鉄道の営業開始に伴って0.975円となった。北鮮と間島との輸出入物資は図們鉄道だけでは「従来の経路に比し割高の観

43）　同上書。
44）　同上書。

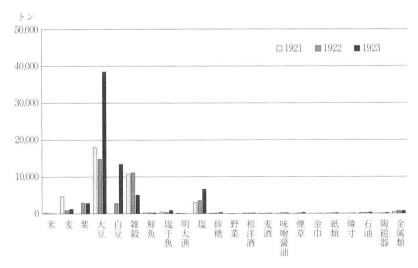

図 5-6　図們鉄道の主要貨物輸送

出所：表 5-2 と同様。

表 5-4　図們鉄道の品目別貨物輸送（単位：トン）

	農産品	林産品	鉱産品	水産品	工産品	雑品	合計
1925	53,548	4,383	1,154	2,986	6,086	3,615	71,772
1928	71,131	5,113	1,951	7,856	11,851	6,301	104,203

出所：朝鮮総督府鉄道局『私設鉄道及軌道統計年報』1925 年度版；朝鮮総督府鉄道局『年報』1928 年度版。

あ」ったが、「天図鉄道の開通に依り形勢一変」したのである。

　鉄道ネットワークの形成によって、「著発時間は正確となり費用の低減を得而かも従来の旅行又は輸送に伴ふ不安不便等の苦痛は全然一掃」された。その結果、「鉄道営業開始前彼の叺良哈の雑路」を中心とした輸送経路の再編が余儀なくされ、「鉄道開始後の貨物輸送は頓に増加の傾向」を示した。図們鉄道は天図鉄道との国境鉄道ネットワークを形成し、「産業開発に貢献し」た。とはいえ、「間島は農産物に富み従って」、貨物は「全輸送噸数の約七割が雑穀及豆類にして工業製品は至って僅少」であった[45]。鉄道の開業以

---

45)　同上書。

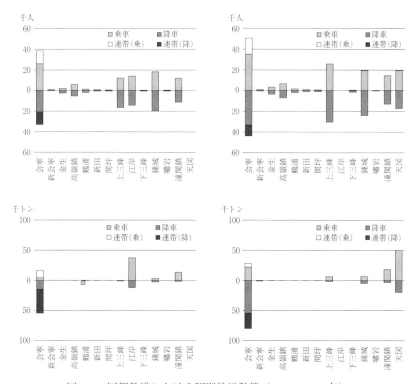

図 5-7　図們鉄道における駅別輸送動態（1925, 1928 年）
出所：表 5-4 と同様。
注：天図鉄路の乗降輸送量は 1925 年に計上されなかったが，1928 年には京城されている。

来，資料上一貫的なカテゴリで集計された輸送品目は確認できず，1921-23 年は主要輸送貨物，1925 年と 28 年は品目別貨物のみが得られるが，全体的に輸送量が増える中，豆類と雑穀などの農産品は最大の輸送品目であった。南満州太興は老頭溝炭鉱，天宝山銀銅鉱，弓長嶺鉄鉱などの経営を試み[46]，当初鉱石や金属などを輸送する鉱山鉄道としての性格を想定したにもかかわらず，むしろ開発鉄道として沿線地域の特産物の商品化を促す性格が強かったのである。

　これらの輸送動態を駅別に見ると，旅客においては国有鉄道との連絡が可

---

46)　前掲『天図鉄道関係融通金ニ関スル沿革』。

能な会寧を最大の乗降駅とし，その次が1925年には鍾城，穩城，上三峯，江岸，潼関鎮であった。これが1928年に増えたが，会寧の次が上三峯であって，穩城，天図，潼関鎮の順であった。乗客と降客がほぼ同数であったのに対し，貨物の場合，発送量と到着量の差が明確であって，間島などの内陸部から会寧への連絡輸送が多くなったことがわかる。1925年より，天図鉄道からの連絡貨物が計上されている1928年のほうがこの傾向が明確であった。とはいえ，会寧の連帯到着量が減ったことから，多くの農産物が会寧とその周辺地域で消費されることを示し，会寧の都市化に伴う食糧の消費が増えたことを反映している[47]。

　とはいうものの，1928年夏季には水害を被って，長期間列車運行が出来なかったため，輸送量が貨客とも低下した。即ち，8月中に咸鏡北道全域にわたる大洪水が発生し，図們鉄道でも会寧・潼関鎮間の線路と橋梁が流失，1928年9月24日に約1カ月ぶりに会寧・上三峯間列車運行が再開されたものの，上三峯・潼関鎮間の復旧は遅れて，鍾城までが11日，潼関鎮までは18日になって漸く開通したのである[48]。全路線から見ると，2カ月近く列車運行ができなかっただけでなく，間島における天図鉄道を含めて沿線地域が多大な水害を被って，出荷量が減ったため，前掲図5-4のように，1927年より貨客輸送がともに低下したことに注意したい。

4.　図們鉄道の生産性と収益性

　このような鉄道輸送が図們鉄道にとっていかなるパフォーマンスをもたらしただろうか。労働生産性を推計するため労働者の配置に注目すれば，1922年に137人であったのが増えて，1926年に186人を記録，その後少し減少して1928年には177人であった。業務系統別には運転，運輸，保線が中心的であって，これらの系統が全体の70-80％以上を占めていた。営業期間

---

47)　会寧人口は1925年の35,103人から増えて，1928年には41,246人となっていた。朝鮮総督府『朝鮮総督府統計年報』各年度版。

48)　「判明も! 咸鏡南北道水害程度」『東亜日報』1928年9月2日；「国境地方交通回復」『朝鮮日報』1928年9月29日；「図們鉄道 全線開通尚遠」『朝鮮日報』1928年10月6日；「図們鉄道 復旧工事終了」『朝鮮日報』1928年10月23日。

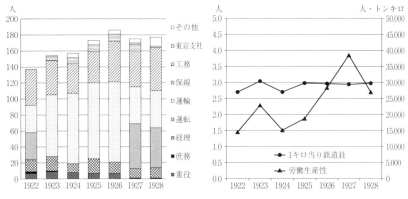

図 5-8　図們鉄道の営業路線 1 キロ当り鉄道員数と労働生産性
出所：図 5-4 と同様。
注：1．1923-26 年には運輸系統は運転系統を含む。
　　2．労働生産性＝（人キロ×旅客収入ウェイト＋トンキロ×貨物収入ウェイト）÷鉄道員数。

中，若干の増員があったものの，営業路線 1 キロ当り要員数は資料的に確認できる限り 3 人程度であったことから，営業路線を基準として労働力の配置を意識的に制限したことはわかる。そうした中，輸送量が増えたため，その分，労働生産性が向上したことになる。1924 年に貨物輸送需要が低下したことを除いては生産性の向上が確認できるが，1928 年にいたっては既述のように，水害による打撃を受けて，2 か月近く鉄道運営が出来なかっただけに生産性の低下を余儀なくされた。

　それに伴い，鉄道収入の増加があったことはいうまでもないが，図 5-9 の貨客収入を見ると，圧倒的に貨物収入を中心としたことがわかる。「貨車収入は客車収入の約四倍に達し他の私設鉄道が客車収入に重きを於ける其趣きを異にする所である」った。とくに運賃を推計してみれば，旅客運賃が 31-33 円を推移し，大きな変化を示さなかったのに対し，貨物運賃の場合，1922 年の 121 円から低下し続け，1928 年に 64 円へとほぼ半減した。鉄道の経営陣は割引運賃の適用を通じて貨物運賃の低廉化を進めて沿線地方からの出荷を促したのである。そのため，図們鉄道は「朝鮮に於ける私設鉄道中全北鉄道に次ぐ運輸成績の良好なる鉄道」であった[49]。開業当時，即ち 1919 年には 1 日 1 マイル平均収入 16 円 51 銭を記録し，それ以来年々増加して，1923

第 5 章　図們鉄道の成立と国有化——国境鉄道と北鮮ルート | 231

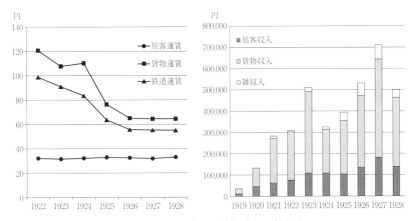

図 5-9　図們鉄道の運賃推計と運賃収入

出所：図 5-4 と同様。
注：鉄道運賃＝運賃収入÷輸送量。輸送量の単位は 1000 人キロと 1000 トンキロである。鉄道運賃＝旅客運賃×旅客収入ウェイト＋貨物運賃×貨物収入ウェイト。

年には 44 円 28 銭へと激増した。これは図們鉄道が「朝鮮国有鉄道清会線と日支合弁天図鉄路との間に介在し間島に於ける農産物の中継輸送をなすによるが為めである」。「又農産物の出廻期たる十月より翌年三月に至る下半期に於て貨物輻輳し上半期に於て閑散なること及び片荷なること等は共に農産品を主要貨物とするから」であった。

さらに，費用を入れた経営収支が図 5-10 である。輸送量の変化によって収入と費用がともに変わるが，収入より費用はサンクコストがあり，経営陣にとって柔軟な調整ができないため，輸送量が減ると経営収支が悪化する傾向を示し，南満州太興の経営下の 1920 年には赤字を記録し，その後益金が黒字に転じて増えたが，1924 年には益金が急減し，その後再び増え始め，1927 年には 413,928 円を記録するに至った。しかしながら，1928 年には水害もあり，益金の減少が止むを得なかった。このような収益の変動を補ったのが政府補助金であった。図 5-11 の利潤率を見れば，急激な変動が見られて，11.1％ を記録した 1927 年を除いては経営の安定性が確認できない。こ

---

49)　前掲『朝鮮の私設鉄道』216-232 頁。

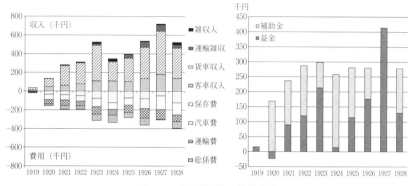

図 5-10　図們鉄道の経営収支

出所：図 5-4 と同様。
注：1. 総係費には諸税が含まれている。
　　2. 1920 年度前は南満州太興合名会社の図們鉄道該当分であって，1920 年度の政府補助金も建設費を基準として交付された。
　　3. 兼業たる自動車費は含まない。

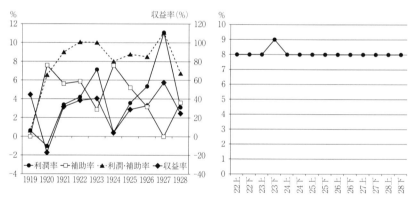

図 5-11　図們鉄道の利潤率，補助率，配当率

出所：図 5-4 と同様；図們鉄道株式会社『営業報告書』各半期版。
注：1. 利潤率＝利益÷建設費。補助率＝補助÷建設費。利潤・補助率＝（利益＋補助）÷建設費。
　　2. 1920 年度までは南満州太興合名会社の図們鉄道該当分。1921 年より図們鉄道の営業成績。
　　3. 図們鉄道の自動車事業を含まない。

れに補助率を加えたのが利潤・補助率であって，図們鉄道株式会社が設立されてから，これが 8％と 11％との間を推移し，政府補助金の交付を受けて会社経営の安定性が確保された。その上，配当率 8％が維持でき，投資家たる

南満州太興の利害が保障されたのである。しかしながら，これが親会社の経営安定性に繋がったわけではないことに注意したい。

表5-5の図們鉄道建設費の調達に関連して「図們鉄道口貸出金」は4,449,000円であった。その利子率が年間444,900円に達したが，「太興が図們鉄道の経営に依り確実に収得し得べきは払込金の八歩配当金」であって，政府補助金の上，年間264,000円であった[50]。その結果，親会社たる南満州太興としては年間180,900円の不足があった。即ち，「八歩配当金額は当社貸付金の六歩に当る」ことになったため，南満州太興としては赤字の発生を避けられなかった。「収支予想は到底剰余を見込む能はず，高利の資金に依りては之が経営全く不可能なるものと推測せられたり。且東拓は既に太興合名に対し巨額の資金を融通せるを以て，之れ以上同社より借入をなすこと頗る困難の状態に」あった。そのため，太興合名ならびに東拓は1920年12月11日に預金部に対して「天図鉄道敷設竝老頭溝炭鉱経営資金として五百万円の預金部資金を年利五分（但し東拓より太興合名に対しては年六分）十ヶ年期限を以て融通せられんこと」を願い出たのである[51]。

政府補助金の交付によって個別会社としての図們鉄道は経営的に安定したものの，それが資金調達構造上，親会社の赤字発生を防げず，東拓を経由して大蔵省預金部からの資金的支援を得て，南満洲太興の関連事業全体としての経営が成り立ったのである。これが単なる会社への支援ではなく，鮮満国境に跨って日本帝国の利害を実現できる国策会社としての性格が認められたのに違いない。

表5-5　南満州太興における図們鉄道資金調達をめぐる利子と配当金（1925年末現在）

	金額（円）
東拓からの貸付金	4,449,000
利息一割一年	444,900
図們鉄道への出資金	3,300,000
8歩配当	264,000
過不足	180,900

出所：東洋拓殖株式会社「太興合名会社関係概要」1926年8月28日。

---

50)　前掲「太興合名会社関係概要」。
51)　前掲『天図鉄道関係融通金ニ関スル沿革』。

5. 図們鉄道の国有化と北鮮ルート

図們鉄道の重要性が朝鮮総督府にとって認識されたことは言うまでもない。1921 年 10 月に京城で開催された産業調査委員会の決議が総督府に提出され，日本内地の帝国鉄道協会においても朝鮮鉄道網調査委員会を設置し，「朝鮮ニ於ケル鉄道普及及促進ニ付建議」を 1926 年 2 月に内閣総理大臣，関係各大臣，参謀長，朝鮮総督に提出した。これに対し，朝鮮鉄道協会と朝鮮商業会議所連合会がともに共鳴し，朝鮮内外の鉄道関係者はもとより，地域社会をも巻き込んで朝鮮鉄道促進運動が展開され，同年 7 月に帝国鉄道協会とともに朝鮮鉄道促進期成会を創立するに至った。同期成会と総督府が中央政府と折衝を重ね，11 月 10 日に建設改良費既定計画の分をあわせ，3 億 2,155 万円の 11 年継続事業を閣議に提出した。それに 1 年の延長と 155 万円の削減という修正が加えられ，1927 年から新線建設と私鉄買収を 12 年間にわたって行うという朝鮮鉄道 12 年計画が第 52 帝国議会で決定された。その結果，朝鮮鉄道 12 年計画において図們線（雄基・潼関鎮間）97 マイルが策定されるとともに，図們鉄道会社線（会寧・潼関鎮間）36.1 マイルの買収，すなわち国有化が決定されたのである。

計画策定における国有鉄道図們線の政策的意義に注目すれば，「北鮮の要港雄基を基点として図們江岸に沿ひ北西に進み阿吾地，慶源，訓戒，穩城を経て，図們鉄道の終端潼関鎮に達する九十七哩の所謂国境鉄道であって，我国策上今次の計画中最も有意義なる線路である，即ち雄基を基点とする国境一帯は間島琿春及露領を控ねたる日露支三国の接壤地で，軍事上にも将た政治上にも重要性をもって居る」と評価された。「殊に近き将来に於て，吉会鉄道の完成したる暁本線の齎す効果に至っては今更喋々を擁するまでもあるまい」と断言された[52]。このような国際政治上の意義だけでなく，「図們線は，穩城，訓戒，開拓洞，古乾原，阿吾地，間島，琿春の各炭田があり，埋蔵量二億噸は下らないと称せられ，又木材は図們江流域千古の処女林を擁する関係上，本線に於て搬出見込の蓄積量は無慮三億尺締と概算されて居る」

---

52) 大平鉄眦『朝鮮鉄道十二年計画』鮮満鉄道新報社，1927 年，156-157 頁。

第5章　図們鉄道の成立と国有化——国境鉄道と北鮮ルート│235

と言って，その経済効果も注目されたのである。「更に沿線に於ける農地の
開墾改良を施したならば，対岸琿春間島の沃野から搬出される無限の農産物
を併せ，夥しき数に達する」と考慮された。

　国境鉄道としての性格が重視され，図們線は他の路線（満浦線，恵山線，
東海線，慶全線）より優先順位を持ち，総督府鉄道局は1928年度の建設改良
計画は吉会鉄道の建設との連絡を念頭に置いて図們線の建設に注力すること
にした[53]。当然，この路線に連絡する図們鉄道会社線が1929年4月1日に
買収され，図們線の一部をなした。当初政府側の買収費算出表によれば，
1925年度末に建設費322万1千円，貯蔵品5万9千円であって，その後の
建設費の増加見込み額は26年に35万円，27年に4万円，28年に5万円，
29年に5万円であって，合計377万円であった。これを基準として買収見
込額，即ち公債交付額は482万6千円であった[54]。ところが，実際の買収価
格は公債交付希望額482万6千円を約100万円も超過した580万円と決定さ
れた[55]。12年計画によって買収される私鉄のうち，図們鉄道は全北鉄道とと
もに，建設費を基準として「益金五分以上に上る」見込みがあっただけでな
く，親会社たる南満洲太興を含めて国境鉄道の国策性が高く評価され，買収
価格の策定が行われたといえよう。このような図們鉄道の国有化は連結決算
で赤字発生を避けられなかった南満洲太興にとって，朝鮮内の「鉄道網計画
に資すると共に，局面の打開」となったのである[56]。

　図們東部線の工事区間が竣工されるにつれ，1929年11月16日に雄基・
新阿山間の営業開始となり，営業区間を拡張していった[57]。その一方，狭軌
の旧図們鉄道会社線，即ち図們西部線については狭軌762mmから国際標準
軌1,435mmへの改軌工事が会寧・上三峯間で1931年に着手され，「広軌引
延し」を続け，1933年7月に上三峯・潼関鎮間の改軌工事も完成した[58]。ほ
ぼ同時期に南陽・潼関鎮間の建設工事の完成を見ると，1933年8月には図

53）「今年度鉄道計画　図們線에만 注力」『東亜日報』1928年1月21日。
54）「朝鮮私設鉄道買収ニ関スル制令案」1927年7月27日『公文類聚・第五十一編・昭和二年・
　　第三十巻・交通一・通信（郵便・電信）・運輸・鉄道・河川港湾・船舶』国立公文書館所蔵。
55）「図們鉄道　売渡価格決定」『朝鮮日報』1929年9月14日。
56）　前掲『朝鮮鉄道十二年計画』161頁。
57）「図們東線開通」『朝鮮日報』1929年11月14日。

們線全線にわたる国際標準軌の列車運行が実施され，同年 9 月 8 日には雄基
駅前広場で図們線全通祝賀式が開催された[59]。そうした中，満州事変（1931
年 9 月 18 日）が勃発すると，日本軍の占領が全満洲に及び，満洲国の樹立を
見て，国境鉄道たる国有鉄道図們線と天図軽便鉄路は吉会鉄道の敷設といっ
た帝国圏内の交通網においてその重要性を増した。

　吉林・朝鮮会寧間延長 477 キロの吉会鉄道であって，1918 年 6 月の日中
協定で「興銀，台銀，鮮銀の三銀行」から中国政府に 1000 万円の前渡金を
交付し，敷設工事に着手することになっていたが，中国内のナショナリズム
の浮上に伴って拝日運動などが展開され，その敷設が遅れていた[60]。会寧・
老頭溝間の路線が既述のように天図と図們の両軽便鉄道によって 1924 年に
形成され，また吉林・敦化間工事が 1928 年に完成した。満鉄による天図鉄
道買収が 1928 年に吉会鉄道の終端港問題とともに，朝鮮総督府と満鉄との
間で検討されたものの，その解決をみることはなかった[61]。満州事変の勃発
に伴って満鉄は日本軍とともに進撃し，軍事輸送はもとより占領鉄道の運営
に当たり，長らく懸案であった吉会鉄道の敷設問題が浮上し，路線設定は争
点となった。

　満鉄は敦化・老頭溝間を敷設した上，そこから局子街を経由して朝鮮穏城
に至る路線 60 キロを敷設し，朝鮮内で穏城−慶源−雄基港と穏城−鍾城−清津
港を活用する案を検討していた[62]。間島龍井においては吉会線が局子街を通
過する場合，総領事館を始め，金融，衛生，教育など一切施設が既存の龍井
から移転せざるをえないという危機感を持つ龍井日本人民会は 1931 年 1 月

58）「図們西部線広軌改築工事に着手す」『京城日報』1931 年 5 月 5 日；「新会寧上三峯間広軌呈
　　工事中」『東亜日報』1931 年 11 月 20 日；「図們西部線広軌引延し工事着着進む」『京城日報』
　　1932 年 7 月 20 日。
59）「図們線広軌完成」『朝鮮日報』1933 年 7 月 28 日；「図們線全通八月一日부터 運転」『東亜日
　　報』1933 年 7 月 29 日。
60）　津田特派員「鉄道（三）陸に，海に，空に 交通路完備へ」『報知新聞』1932 年 3 月 31 日。
61）「天図鉄道を満鉄が買収するか，外務拓殖間島庁の関係当局が協議」『京城日報』1928 年 9 月
　　26 日；「天図鉄道の買収，吉会線終端港問題池上総監満鉄副社長と會見」『京城日報』1928 年 9
　　月 30 日；「満鉄会社에서 天図鉄道買收──吉會線終端港은 清津으로」『中外日報社』1928 年 10
　　月 12 日。
62）「天図鉄利用拋棄 穏城通過呈 確定」『朝鮮日報』1932 年 2 月 16 日。

第 5 章　図們鉄道の成立と国有化——国境鉄道と北鮮ルート　237

図 5-12　北鮮ルート
出所：満鉄会編『満鉄四十年史』吉川弘文館, 2007 年。

21 日に有志会を開き, 対策を協議し, 直接運動を展開することを決定した[63]。その結果, 1932 年 1 月 31 日に日本人と朝鮮人からなる合同市民大会が開催され, 終了後にも約千余名の群衆が行列行進を行い, 総督府への陳情を行うことにした[64]。それに伴い, 天図鉄道広軌改造期成会が組織され, 敦化から局子街を経由して朝鮮穏城で朝鮮国有鉄道図們線と連絡する案に反対し, 天図鉄道の改軌の上, 吉会鉄道を間島龍井に接続させるよう運動を展開した[65]。

このような経緯があり, いわゆる日本政府内の五相会議が行われた結果, 北鮮における終端港を羅津とし, 清津, 雄基を補助港となすことが 1932 年 4 月の閣議で決定され, 他方敦化より会寧の代りに図們に延長する鉄道が 1933 年 4 月に工事を終了し, 5 月 15 日から仮営業を始め, 9 月に本営業に入った。同時に新京・図們間を京図線と称して, 10 月 15 日には図們橋梁の完成を通じて朝鮮国有鉄道図們線と連絡が可能となった[66]。それにしても, 天図軽便鉄路を廃止するよりは既存路線を活用することが満鉄にとっても有利であったので, 満鉄と天図軽便鉄路との間で交渉が始まった。

63)　「吉会線의 龍井通過運動」『朝鮮日報』1932 年 1 月 26 日。
64)　「市民大会後 千余名示威」『東亜日報』1932 年 2 月 5 日。
65)　「天図鉄道를 広軌로 改修하라」『朝鮮日報』1932 年 2 月 12 日。
66)　前掲『北鮮ルート』7 頁。

しかしながら，詳しいことは黒瀬郁二（2005）を参照されたいが，東拓からの多額の借入金もあり，鉄道の収益性が乏しかったため，両者が提示した価格にはあまり隔たりが大きく，「満鉄がオイソレと飯田氏の言い分を受け入れぬため行悩んでいるのは事実であ」った[67]。交渉の最中でもとりあえず，天図軽便鉄路の改軌工事が決定され，国際標準軌の総督府鉄道局との連絡における便宜を図った[68]。満鉄による天図鉄道の買収は原則的に決まったものの，天図鉄道の買収価格と東拓からの借入金の処理は問題となり，東拓が主張する740万円に対し，1932年12月頃には500万円は低利資金として満鉄が肩代わりするが，その残余金額については満鉄社債によって支払うことにした[69]。

1933年2月に至って「吉会全線の開通時期目睫にさし迫ると共に大村前朝鮮鉄道局長等の熱意ある斡旋と満鉄・天図両当事者の互譲により，遂に最後的決定を見」た[70]。「沿線の二鉱山を切離して大体六百五十万円と裁定された」。「全線建設費全額，鉄道営業に関する附帯投資の一部および本鉄道敷設権獲得の際に飯田氏が時の張作霖政府に対して費消したる二百万円の機密費の一部を認めて該買収価格裁定の基準とした」のである。とはいえ，天図鉄道は満鉄社線になれないので，満洲国政府によって買収される形をとり，他の満洲国国有鉄道とともに，1933年3月1日より満鉄に委託経営され，鉄路総局の管轄下に入った[71]。広軌改築計画に鑑み，その所管を吉林建設事務所長とし，龍井村に天図軽便鉄道仮営業所を設置し，満鉄側の森下知次郎が駐在した[72]。

さらに，1933年10月には満鉄が朝鮮総督府より北鮮線（咸鏡道地域の国有鉄道）の委託経営をも引受けることとなり，鉄路総局が社線の鉄道部と並

67）「満鉄と海軍 本腰で乗り出す」『京城日報』1932年6月9日。
68）「天図線改軌案成り買収問題も解決す」『京城日報』1932年9月27日。
69）「天図鉄道買収両者間調印終了 低資ᄂᆫ 満鉄이 그대로 引受 買収価格尙未決」『毎日申報』1932年12月8日。
70）「久しく懸案中の天図鉄道買収決定」『京城日報』1933年2月8日。
71）満洲国国有鉄道（国線）の満鉄による委託経営については林采成「満洲国国有鉄道の委託経営——社線から国線へ，さらに北鮮線へ」『東アジアのなかの満鉄——鉄道帝国のフロンティア』名古屋大学出版会，2021年を参照されたい。
72）「天図軽便鉄道 満鉄이 委託経営」『東亜日報』1933年5月5日。

立設置された関係上，これらから独立した北鮮鉄道管理局を設置して総裁に直属させた[73]。それに伴い，雄羅線（雄基・羅津間）の敷設，羅津港の建設は満鉄の担当となった。1936年10月に職制改正を断行して全満鉄道経営を名実共に一元化し，社線，国線ならびに北鮮線の統括経営機関として鉄道総局を奉天に設置するに至った[74]。それによって北鮮鉄道管理局の代りに羅津鉄道局が設置された。それにもかかわらず，清津港を含む南陽以南の路線は朝鮮内との出入りが多かったため，朝鮮総督府の主張によって1940年に満鉄委託から総督府鉄道局に返還された[75]。その代りに，上三峰・雄基間の鉄道および関連港湾施設は満鉄に改めて貸付けられ，のちに1945年3月になると，朝鮮京釜・京義両線の複線化工事などへの満鉄施設の移譲に対する代償として満鉄側に譲渡されたのである[76]。

　こうして，図們鉄道は国境鉄道としての重要性を持ち，朝鮮国有鉄道図們線となったものの，満州事変後，満鉄側の吉会線・京図線の完成に伴って，満鉄経営に統合され，北鮮ルートの一環を為した。間島と北鮮を結び，日本帝国の影響力を間島地域に投射しようとした当初の意図に最も近づいた形であるかも知れない。

おわりに

　図們鉄道は地域社会あるいは日本内地の資本家によって建設されるというより，中国間島地域の資源開発を行なうため，建設されることとなった。即ち，資源開発から間島地域を貫通する天図鉄道の敷設が模索される一方，そ

73）「協和満鉄新聞」『協和』第103号，1933年8月1日，20頁。

74）「協和満鉄新聞」『協和』第177号，1936年9月15日，24頁；鉄道総局人事課繁留吉「一元化までの鉄道部」『協和』第179号，1936年10月15日，20-21頁，48頁；「協和満鉄新聞」『協和』第179号，1936年10月15日，34頁；「総局案内」『協和』第180号，1936年11月1日，18-19頁；「協和満鉄新聞」『協和』第186号，1937年2月1日，26頁。

75）朝鮮総督府鉄道局『公報』1941年2月4日；1941年3月1日；「北鉄還元に伴う打切運賃は是正の方針」『朝鮮金融組合連合会調査彙報』1940年9月，42頁。

76）「北朝鮮鉄道等ノ所有権移譲並満鉄地方行政施設ノ移譲ニ伴フ代償ニ関スル件ヲ定ム」JACAR（アジア歴史資料センター）Ref.A03010178700，公文類聚・第六十八編・昭和十九年・第四十四巻・外事・国際・雑載（国立公文書館）；満鉄会編『南満州鉄道株式会社第四次十年史』1986年，333-334頁。

の路線変更に伴って朝鮮側でも国有鉄道との連絡が可能な軽便鉄道として図們鉄道が敷設されたのである。とはいうものの，これが満洲間島と朝鮮咸鏡北道を繋げる唯一の鉄道であったため，天図鉄道から図們鉄道を経て，朝鮮国有鉄道に至り，北鮮諸港，なかでも清津港を通じて朝鮮内はもとより，日本内地との連絡も可能であった。これが吉会鉄道の敷設とともに，構想された北鮮ルートの一部を為したことはいうまでもない。

このような重要性は総督府鉄道部・鉄道局によっても認識され，1910年代より路線計画が検討されはじめ，1920年代前半に朝鮮国有鉄道が満鉄への経営委託が解除されるに従って，朝鮮鉄道12年計画，当時には朝鮮鉄道10年計画が構想されると，5路線計画の一つであった図們線は計画された。最終的には図們鉄道は国有化され，その後，広軌改造などの輸送力増強が実施され，北鮮地域の鉄道ネットワークとして機能し，さらに満鉄との間で北鮮鉄道自体が朝鮮総督府鉄道局から満鉄に委託経営され，北鮮ルートとして機能した。

このような歴史的経緯の中，図們鉄道の敷設および経営の主体となっていた南満州太興側は，事実上資金調達能力を持たなかったが，その国策性が重視され，膨大な資金が東拓より借入れられ，それが親会社の南満州太興を経由し，資本金として子会社の図們鉄道に投入されたのである。とはいえ，その経営基盤は鉄道開通直後には弱いものにならざるを得ず，南満州太興にとって利子支払が大きい負担になったのである。図們鉄道に対しては朝鮮総督府が補助金を交付しており，天図鉄道との連絡によって間島との鉄道ネットワークが形成されると，輸送量は急増し，図們鉄道の生産性とともに収益性が改善され，1927年には補助金を受けなかった。これは経営不安に悩まされていた天図鉄道とはやや異なる情況であった。とりわけ，各種運賃割引を通じて貨物運賃を引き下げ，在来交通から鉄道への転移を促した。このような対応は旅客運賃に対しても行われなかったことが運賃推計によって判明したのである。

とはいうものの，親会社としての南満州太興は天図鉄道だけでなく各種地下資源の開発も思わしくなく，経営的圧迫が大きかったため，これが借入金の調達源たる東拓にも及び，大蔵省預金部が最終的にその負担を支えたので

ある。即ち，大蔵省預金部→東拓→南満州太興→鉄道・鉱山といった資金調達経路が成立したことから，その連鎖の一部たる図們鉄道も最初から国策性を帯びており，それが補助金だけでなく親会社を通じて預金部の借入金を通じて保障されたと言えよう。ともあれ，図們鉄道の登場は沿線地域の物流を再編し，一つのネットワークを形成したが，それ自体が間島経済を朝鮮側に密着させたことも事実である。その上，満洲事変をきっかけとして日本側が満洲全域に対して影響力を行使し，天図鉄道も吉会鉄道の一部として満洲国，事実上満鉄によって買収され，他の国線とともに委託を受けた満鉄によって経営され，さらに朝鮮国有鉄道の北鮮鉄道も満鉄によって経営されたため，北鮮ルートが成立し，日鮮満経済統合は東満でも強まったのである。

　以上のように，図們鉄道は日本の大陸政策の一環として位置づけられ，その設立より政策的配慮が施され，補助金の交付と東拓・預金部からの資金調達が進められた。国境鉄道としての国策性が注目され，朝鮮内の私鉄6社合同には参加せず，経営の独自性が維持され，最終的には国有鉄道に買収され，図們線の一部を為したのである。その後，この路線は北鮮線として満鉄に委託経営された。こうした歴史的経緯から見て，図們鉄道は国営代行という性格だけでなく，帝国レベルでの国策代行という性格を有したといえよう。

第**6**章

北鮮拓殖鉄道と茂山鉄鉱開発

森林鉄道から鉱山鉄道へ

はじめに

　本章の課題は朝鮮鉄道咸北線がいかにして茂山鉄鉱開発に伴って北鮮拓殖鉄道としてスピンアウトされ，森林鉄道から鉱山鉄道への転換を成し遂げ，さらに国家買収に至ったのかを検討し，私鉄経営と総督府政策との間で揺れ動いた朝鮮私鉄の一面を明らかにすることである。

　両江拓林鉄道は森林鉄道として設立されたにもかかわらず，事業基盤が整えられないうちに，反動恐慌のショックを受けて，朝鮮中央鉄道，西鮮殖産鉄道，南朝鮮鉄道（旧），朝鮮森林鉄道，朝鮮産業鉄道といった他の私鉄会社と合同して朝鮮鉄道株式会社の一路線たる咸北線となった。第3章で検討したように，その沿線地域が人口希薄な国境に近く，森林以外には成長のモメンタムがなかったことから，会社の路線では最も生産性と収益性がともに劣っていた。そうした中，1930年代半ばになると，植民地工業化に刺激されるとともに，何よりも埋蔵量数億トンと言われた茂山鉄鉱開発が始まり[1]，そのための鉄鉱石の輸送が増えて，咸北線の経営環境が改善され始めた。とはいうものの，大々的鉄鉱開発のためにはそれに相応しい輸送力を持つ鉄道が必要とされるにもかかわらず，狭軌鉄道たる咸北線として極めて脆弱なものに過ぎなかった。そのためには広軌鉄道への改良工事が必要とされ，それを担うほどの資金調達を行なわなければならない。そこで，朝鮮鉄道の経営陣側は咸鏡線のスピンアウトを決定し，北鮮拓殖鉄道株式会社（以下，北拓）の設立を見，これが結局総督府によって買収され，国有化されたのである。

　このように，朝鮮私鉄の中で北拓は合併された路線が事実上分社化され，国有化されるという極めて異常の事業沿革を持つのである。そのため，この鉄道分析を通じて私鉄経営と総督府政策のなかで揺れ動く朝鮮ならではの私鉄の実態が把握できる研究対象となり得る。しかし，既存研究では本格的に捉えられることはなく，旧朝鮮総督府交通局従事員によって編纂された『朝

1）「朝鮮內에 埋藏된 鉄砿量五億噸」『朝鮮日報』1928年4月13日；「茂山鉄鉱의 本格的開鉱」『東亜日報』1936年5月12日。

第6章 北鮮拓殖鉄道と茂山鉄鉱開発——森林鉄道から鉱山鉄道へ 245

鮮交通史』という通史のなかでも北拓に関する記述は極めて簡略であって，北拓の特性すら言及されていない[2]。また，韓国鉄道の125周年を記念して編纂された『新韓国鉄道史』では「豆満江中流の木材資源の搬出を目的とした北鮮拓殖鉄道」と記述された[3] ように，両江拓林鉄道から朝鮮鉄道咸鏡線を経て北鮮拓殖鉄道に至るという組織再編の中で，その鉄道の基本性格が大きく変わり，茂山鉄鉱開発とセットになって北鮮拓殖鉄道が設立されたことは分析の射程にすら入ってこなかった。もちろん，戦時下で設立されて関連情報が断片的なものしか残っていないため，総体的把握が難しいことも理解できないわけでもない。とはいえ，日韓両国に散在している資料を集め，その実態の把握に取り組むこと自体は不可能ではないだろう。

　そのため，本章は以下のような構成を持つ。第1節においては朝鮮鉄道咸北線の特徴を明らかにしたうえ，茂山鉄鉱開発が進められる中，朝鮮鉄道会社がどのような対応策を採ったのかを検討する。第2節では，広軌改良事業が朝鮮鉄道によって進められる一方，その事業体としての北鮮拓殖鉄道がいかに設立されたのかを考察し，第3節においては北鮮拓殖鉄道の輸送動態を分析した上，茂山鉄鉱の開発中に生じた諸般の隘路を検討する。第4節では，北鮮拓殖鉄道の経営収支を明らかにし，会社創立から僅か4年後同鉄道がなぜ国有化されたのかを考察する。そのような分析を通じて朝鮮私鉄の一社としての北鮮拓殖鉄道が示す歴史的意義が明らかにされるだろう。

1. 朝鮮鉄道咸北線の輸送動態と茂山鉄鉱の開発

　朝鮮鉄道咸北線の前身は両江拓林鉄道（1920）であったが，私鉄6社合同によって朝鮮鉄道の一路線になったわけである。「本鉄道の通過地は輸城川及城川の河谷にして車蹄嶺其中央に屹立し，両川の分水嶺をなし其秀峯は西南に延びて山峰冠，雪峯となり，東北進すれば新峰，小白山となりて咸鏡北道の脊部をなし南部は日本海に傾斜し，北部は国境に傾斜して北部河川は豆満江に注いてをる」[4] ことから，森林鉄道として咸鏡北道豆満江上流の森林

---

2)　鮮交会編『朝鮮交通史』1986年，864-869頁。
3)　韓国鉄道文化財団編『新韓国鉄道史　総論』国土交通部・韓国鉄道公社・韓国鉄道施設公団・韓国鉄道協会，2019年，114頁。

図 6-1　朝鮮鉄道咸北線略図
出所：朝鮮総督府鉄道局『朝鮮鉄道状況』第 30 回, 1939 年 12 月。

地帯の木材を搬出するために設立され，その木材は紙に利用された。そのため，両江拓林鉄道の最大株主は王子製紙社長藤原銀次郎であった[5]。当初のゲージは 1,067 mm であったが，実地調査の結果，山間僻地であるため出荷量が少ないと予測され，762 mm に変更，「免許線ハ北鮮線古茂山ヨリ茂山ヲ経テ合水ニ至ル延長 193.1 キロノ蒸気鉄道」であったが，そのうち，1923 年 4 月に古茂山・新站間の工事に着手し，1927 年 8 月に開通，その後 1929 年 5 月に茂山・新站間の工事を始め，11 月に開通を見て，60.1 キロを営業していた[6]。しかし，茂山・合水間 133 キロは 1931 年に失効となった。

　1920 年代半ば頃の沿線状況を見ると，「古茂山は咸鏡線の一駅にして清津

---

4)　鈴木清・竹内虎治『朝鮮の私設鉄道』南満洲鉄道株式会社総務部調査課，1925 年，158-164 頁。
5)　両江拓林鉄道株式会社『第 4 回報告書』1921 年下半期（1921 年 10 月 1 日-1922 年 3 月 31 日）。
6)　朝鮮総督府鉄道局『朝鮮鉄道状況』第 30 回，1939 年 12 月，144-145 頁。

より二十六哩九分［43.3キロ］，輸城川其東を流れ，河谷幅員半哩余にして両側は高峯峭立し北より南に傾斜し，人口八百六十三，内，内地人七十三，朝鮮人七百六十である。陰暦三，八の日には市場にて牛市開かれ，亦駅の北方車蹄鎮，舞袖洞の森林よりは木材，薪炭を産出する。線路は国有鉄道古茂山駅の東側に設置せられ，之より西北進して国有鉄道の下を過ぎ，四十分の一［25‰］勾配にて輸城川の右岸を進み，川の屈曲に従ひて最小半径五鎖［100.6 m］の曲線にて処々に馬蹄線を造り，山麓の突出箇所には隧道を穿つ等非常の難工事にして漸次同高線を上りて車蹄嶺に達す，茲に延長千四十五呎［318.5 m］の隧道を穿ち城川水の河谷を下りて二十三哩にして茂山邑に達す，茂山は豆満江の右岸にして国境の重要地点たり，人口二千八百六十八，内，内地人二百九十七，朝鮮人二千五百三十九にして郡庁，郵便局，警察署等あり，古茂山-茂山間自動車の便ありて茂山郡に於ける経済の中心地たり，附近の産地よりは木材及び薪炭を産出する」ということであった。

以上のように，朝鮮鉄道咸北線はその沿線に産業施設を持たず，在来的な農業生産も多くなかったため，当初より予測されたように，鉄道輸送量は極めて少なかった。図6-2のなかで古茂山・茂山間の路線敷設が完了した

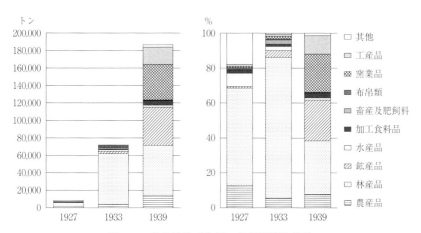

図6-2　朝鮮鉄道咸北線の品目別貨物輸送
出所：朝鮮鉄道株式会社『業務統計書』各期版。

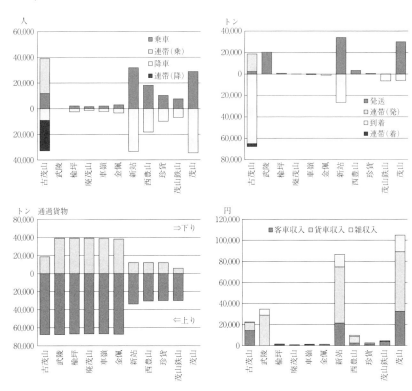

図 6-3　朝鮮鉄道咸北線の駅別乗降旅客，到着貨物，通過貨物，収入（1937 年度）
出所：朝鮮総督府鉄道局『年報』1937 年度版。

1933 年の品目別構成を見れば，80％以上が林産品であった。しかしながら，1939 年になると，貨物輸送量が 1933 年から見て二倍も増えており，鉱山品，窯業品，工産品の比重も大きくなっており，その結果，林産品は 30％程度に過ぎなくなった。こうして，貨物輸送の変遷からわかるように，沿線開発が本格化し，旅客輸送も 1930 年代に入ってから急速に増えた（後掲図 6-8）。1937 年度の駅別輸送動態を見れば，国有鉄道との連絡駅たる古茂山，林産品などが積まれる新站や茂山が主要であったことがわかる。旅客の場合，連絡輸送を含めて乗降の人員がほぼ一致しバランスが取れたのに対し，貨物輸送においては茂山，新站，武陵が主要な発送駅となって，林産品や鉱

産品が古茂山を経由して国有鉄道へ搬出されたのである。そのため，駅別貨物通過量は茂山からの上り線になると輸送量が増えるが，古茂山からの下り線は通過貨物が減っていった。とはいえ，鉄道収入においては茂山が最大であり，その次が新站であった。古茂山で取り扱うべき鉄道輸送量は最も多かったが，その大半が連絡輸送であったため，収入としては微々たる水準に過ぎなかった。

茂山鉄山からの発送量が少ないことから，1937 年には鉄山開発が試掘段階でありまだ本格化されていなかったことが把握できる。埋蔵量 4 億トンといって朝鮮最大の鉄山であった茂山鉄鉱は三菱財閥によってその開発が模索され始めた[7]。1933 年 5 月に三菱は採鉱技術者を茂山に派遣し，ボーリング工事を行なわせ，採鉱可否を検討し，1934 年 3 月に 3 年間の準備を持ち採掘を行なうことにした[8]。探鉱作業の上，山元の磁力選鉱設備建設も行われ，試掘を始め，含有量を 60% までに高めて日鉄八幡製鉄所に送るつもりであった。しかしながら，三菱としては炭鉱開発に止まらず，清津に製鉄所をも建設し，朝鮮内で鉄鋼生産を増やすことを計画，これに総督府も同意し，渡東した宇垣一成総督側も商工省との協議を進めた[9]。1935 年 9 月には川久保修吉内閣資源局長官一行が入京するに際して，総督府において今井田清徳政務総監を委員長とする第 3 回朝鮮資源調査委員会を開催し，茂山鉄鉱と羅津，雄基，釜山など重要港湾の現地調査を行った[10]。その一方，商工省の鉄鋼国策は茂山を開発して鉄鉱石を日本内地の八幡に供給し，製鉄能力の増大を図ることであって，当事者たる日鉄も製鉄事業の調査に取掛り，茂山の「貧鉱」を自力選鉱して「豊鉱」とし，これを八幡に送ることが有利であるため，三菱に対しては相当額を融資しても構わないという案をもって三菱

---

7) 「茂山大鉄鉱脈 埋蔵量四億噸」『朝鮮日報』1931 年 3 月 13 日；三菱鉱業セメント株式会社総務部社史編纂室編『三菱鉱業社史』1976 年。

8) 「三菱財閥이 茂山鉄鉱採掘」『東亜日報』1933 年 5 月 10 日；「製鉄과 合同한 三菱 鉄鉱採堀에 注力」『朝鮮日報』1934 年 3 月 4 日。

9) 「茂山鉄鉱山 新鉱脈発見」『朝鮮日報』1935 年 8 月 2 日；「白頭山探険記⑤　茂山発展의 動力 原木採伐과 鉄鉱」『朝鮮日報』1936 年 8 月 27 日。

10) 「川窪資源局長官出席 朝鮮資源調査委員会」『朝鮮日報』1935 年 8 月 28 日；「資源調査委員会」『朝鮮日報』1935 年 9 月 12 日。

と折衝した。言い換えれば，日鉄は茂山鉄山の買収を希望したのである。しかし，三菱の真意は「工業分化の見地から朝鮮における製鉄所を建設して重工業を勃興させようとする」総督府の奨励を受けてできる限り製鉄事業を起こすことであって，当然「日鉄申請」に対しては賛意を表することはなく，日鉄と三菱との折衝が中断された[11]。日鉄の意見によれば，茂山に350トンの溶鉱炉を一基新設するのにその付帯費用として1500万円がかかるが，これを八幡に送る時には僅か200-300万円の費用で足りるし，技術的にも採算的にも茂山製鉄所は全然希望がないという。1936年春に25円であった1トン当たり銑鉄価格が1937年1月には55-60円に達し，鉄鋼価格の昂騰が予測され，茂山鉄鉱の開発の採算性が高くなった[12]。

　このような茂山開発をめぐる意見対立は1936年11月に総督府の穂積真六郎殖産局長が東上し，日鉄，三菱，商工省との協議を行ない，商工省の方針に従って解決されるという報道があった[13]。ところが，朝鮮での製鉄所案が成立し，同年12月に殖産局長の帰任時に「茂山鉄道の開発は種々議論もあり，交渉に相当努力したが，採算の点のため〔製鉄所の敷地は〕清津が最も有利であって，清津を決定したので，時期，場所，スケール等は今後具体的締結に入る」ことから，そのための総督の東上があると発言した[14]。その後，三菱鉱業において茂山鉄鉱問題を解決するため，職制変更を通じて朝鮮鉱業所より茂山鉱業所を分離し，約700万円をもってテスト選鉱設備として風選および磁選の比較研究を行なうとともに，本格的採鉱の準備を進めた。そのため，鍋島朝俊鉱業所長は総督府との打合せ後，東京で日鉄，商工省との協議を行なった結果，1937年10月には次のように合意に達した[15]。

　一，茂山の磁鉱石現品位平均32%仮量のものを風選・磁選併用によって

---

11)　「茂山製鉄所 三菱着工断念」『東亜日報』1935年11月20日；「茂山開発問題 意見對立의 狀態」『朝鮮日報』1936年7月9日。
12)　「朝鮮鉄鉱資源 積極的開発機運」『朝鮮日報』1937年1月16日。
13)　「茂山開発 折衝成立」『朝鮮日報』1936年11月12日。
14)　「殖産局長踞任談」『朝鮮日報』1936年12月6日。
15)　「茂山鉱山開発에 着手」『東亜日報』1937年10月23日；「埋蔵量十億余屯인 茂山鉄鉱開発着手」『朝鮮日報』1937年10月23日。

65% 以上の富鉱として出鉱

一．まず 1938 年度には三菱清津製鉄所ルッペ用として約 50 万トンの出鉱

一．引続き日鉄清津製鉄所，三菱同上，八幡にも供給し，輸送を担当する
　　咸北線の複線工事が完成する 1940 年度には 300 万トンを出鉱

一．300 万トンの分配は日鉄清津 100 万トン（鋼 50 万トン生産），三菱清
　　津 100 万トン（ルッペ 50 万トン），八幡 100 万トン

　つまり，日鉄の申出を拒否し，その代りに日鉄に対して八幡製鉄所と建設
予定の清津製鉄所へそれぞれ鉄鉱石 100 万トン，合計 200 万トンを供給する
ことを約束し，三菱鉱業は自ら独自の茂山鉄山開発に取り組んだのである。
ところが，戦時経済の進展に伴う「生産力拡充の飛躍的要求」に応じるととも
もに，茂山「鉄山の開放」が急務となり，1939 年 8 月には日鉄会長平生釟
三郎が三菱本社社長岩崎小弥太と数次にわたる折衝を重ね，日鉄，三菱鉱業
の共同出資で「茂山開発会社」（仮称）を設立する覚書を交換した。日鉄は
第 5 次増産計画を樹立し，その拡張工事に着手したが，その原料をマレイ，
フィリピン，豪州など海外に頼らざるを得ず，そのため，帝国内の鉄鉱資源
を確保しようとし，三井鉱山の釜石・輪西鉄山を買収して日鉄鉱業の設立を
見た[16]。ところが，まだ不充分であったため，東洋随一の鉄山といわれた三
菱所有の茂山に着眼して日鉄鉱業の買収計画が展開され，遂に「三菱，日鉄
の互譲」による両者共同開発となった。1939 年 12 月 6 日に東京で創立総会
が開かれ，資本金 5000 万円（第一回払込 2500 万円）で取締役会長平生釟三
郎として茂山鉄鉱開発株式会社が設立された[17]。出資配分は三菱鉱業 2500
万円，日本製鉄，日鉄鉱業それぞれ 1250 万円であったため，重役も両方か
ら出されたが，本店は三菱鉱業社内に設置され，鉱山長には三菱系取締役
佐々木高之助が就任したことから，すでに鉱山開発に取り組んでいる三菱側
が実権を握ったと見ても良いだろう。

16）「日鉱，三菱共同으로 茂山鉱開発」『東亜日報』1939 年 8 月 30 日。
17）「茂山鉄道開発会社 創立総会開催」『朝鮮日報』1939 年 12 月 7 日。

2. 広軌改良事業の推進と北鮮拓殖鉄道の設立

こうして，茂山炭鉱の開発が本格化するにつれ，輸送問題が「最難関」となった。貨物輸送は 1930 年の 30,582 トンから 1935 年に 91,802 トンへ増え，これが 1937 年より 10 万トンを超えた。茂山鉄鉱が本格的に開発されれば，その輸送量が 50 万トンに達すると予測された。762 mm という狭軌としての輸送力は極めて貧弱であると言わざるを得ない。「既設の朝鮮鉄道咸北線は狭軌で，急勾配のうえ曲線半径も小さく，輸送力は到底これに応えられるものでなかった」[18]。その咸北線の広軌化と複線化が議論され始め，1936 年 11 月に総督府鉄道局は茂山鉄鉱開発が国策として推進される以上，咸北線の買収は茂山鉄鉱開発の不可避的条件であるため，第 70 議会に朝鮮鉄道咸北線の買収に関する朝鮮事業公債法中改正法律案を提出することにし

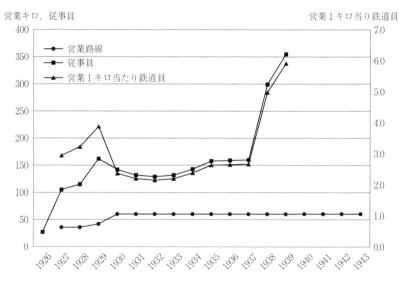

図 6-4　朝鮮鉄道咸北線における営業キロ，従事員，営業 1 キロ当たり鉄道員
出所：朝鮮鉄道株式会社『営業報告書』各期版；朝鮮鉄道株式会社『業務統計書』各期版。
注：従事員には役員と自動車要員が含まれていない。

---

18)　前掲『朝鮮交通史』866 頁。

第6章　北鮮拓殖鉄道と茂山鉄鉱開発——森林鉄道から鉱山鉄道へ　253

た[19]。とはいうものの，それが中央政府の予算制約によって実現されなかったため，朝鮮鉄道会社はもとより，総督府鉄道局，殖産局，日鉄，三菱が研究し，咸北線を朝鮮鉄道より分離して新会社を組織し，鉄鉱開発との利害関係を持つ三菱と日鉄が共同出資を行ない，咸北線を改修することを検討し始めた[20]。それを通じて，資金調達問題の解消を図るとともに，咸北線の補助期間の満了に対しても対応できることを念頭に置いたのである。民営改修が総督府鉄道局と日本内地関係側の方針として決定されると，咸北線改修に必要とされる約 1200 万円をとりあえず，いかに確保するかが課題となった。

　ところが，茂山開発の主導権を巡って三菱と日鉄が対立し，三社共同出資による新会社の設立が遅延されたため，朝鮮鉄道会社は 1937 年 7 月頃「自力」で咸北線の広軌化事業を行なわなければならなかった。ただし，「朝鮮鉄道としては私鉄補助または鉱石運賃の相当引上げが受けなければ，鉄道建設に着手できない」と見た。すなわち，広軌改良に伴う補助が私鉄補助法の改正によって交付できるように政府側は立案中であったが，もしこれが実現し難くなると，鉱石の輸送量に従って運賃引上げを通じて採算性が保障されるよう，総督府，三菱，日鉄との間で折衝を図った[21]。朝鮮鉄道は咸北線の中間にある茂山隧道（3.5 キロ）工事の第 1 回測量調査を終了し，第二回実測を行ない，1937 年秋着工し，3 年間工事を続ける予定であった。広軌工事とともに複線化を進めるかは，製鉄所の能力と鉄鉱石の出鉱量如何によって決められるだろうが，単線広軌化は工費 1500-1600 万円，複線広軌化は工費がさらに増し，2000 万円に達すると考えられた[22]。

　1937 年 10 月頃，三菱と日鉄との間で合意が得られると，朝鉄は「二段の改修方針」を決定した。第一段改修は三菱の製鋼所の竣工に備えてその貯鉱を充実するため，現在の狭軌単線のまま輸送力を拡充し，その関連建設費に対しては大体三菱が投資，主に貨車，機関車の充実化を図ることにし，第二段改修としては広軌化工事を進め，難工事である茂山嶺のトンネル改修につ

19）「茂山鉄道의 買收를 決議」『朝鮮日報』1936 年 11 月 16 日。
20）「朝鉄咸北線独立経営？」『朝鮮日報』1937 年 1 月 31 日。
21）「茂山鉄鉱開発로 咸北線을 利用？」『東亜日報』1937 年 7 月 9 日。
22）「朝鮮鉄道에서 茂山鉄道着工」『朝鮮日報』1937 年 7 月 11 日。

いては同年中に着工する予定であった[23]。そのため, 新田留次郎副社長が東
上し, 具体案を設けることにした。ところが, 同年 12 月になると狭軌改良
は貨車, レールなど資材調達が難しかったため, 広軌一本とし, 入札を経て
茂山嶺の隧道工事に着工した。その竣工を繰り上げて 1939 年 10 月までに行
うことにした。広軌改良工事は第 1 工区から第 5 工区までに分けて, 第 1 工
区から第 4 工区までを間組に請け負わせ, 茂山に近い第 5 工区を鹿島組に請
け負わせて建設を始めた[24]。それによって輸送量は 50 万トン以上となると
予測され, そのうち 50 万トンまでは三菱の清津製鋼所のクルップ製鉄の原
料として供給し, 超過分は日鉄の八幡に供給することにした[25]。

　こうして, 咸北線への大量資金を投入していったにもかかわらず, 広軌改
良への補助金の支給は保障されなかったため, 朝鮮鉄道会社は「全額出資」
を通じて資本金 2000 万円 (払込 1000 万円) の「北鮮開拓鉄道」を新設する
ことを決定した。咸北線の建設および改良費 2000 万円を資本金として設立
される新しい鉄道会社は政府補助金を受けられると期待された。そこで,
「建設改良には補助期限に対する疑議が生じて新会社を設置すれば, 問題外
という点で, 朝鉄が全額出資で別個会社新設案となった」[26]。改良工事に必
要な資金は総督府の斡旋を得て「某銀行」より借入れる予定であった。これ
らの案が 1938 年 4 月 21 日に長谷川太郎吉社長議長下で開催された定期総会
において,「咸北線ノ譲渡又ハ保障ニ関スル契約ヲ北鮮拓殖鉄道株式会社発
起人トノ間ニ締結ノ件」として決定され, その実施を取締役会に一任し
た[27]。

　そうした中, 広軌改良工事は茂山嶺トンネルの「貫通が結局全体の工事を
支配するので」,「間組全力をこの隧道工事に集注したが, 地質の関係とそれ
から谷川の下層に隧道を掘鑿する不利の地形であったのとで, 水が盛に湧出
するのが工事を特に困難にした, しかしまだそれだけでなく石灰石の洞窟及

---

23) 「朝鉄咸北線改修」『朝鮮日報』1937 年 9 月 28 日。
24) 紅葉山人「吾が万二千峰探勝 (十一)」『朝鮮鉄道協会会誌』20-10, 1941 年, 29-30 頁。
25) 「茂山鉄道」『朝鮮日報』1937 年 12 月 10 日。
26) 「咸北線複線工事와 함께 北朝鮮開拓鉄道」『朝鮮日報』1938 年 4 月 7 日 ;「北鮮開拓鉄道 新
　 設키로 決定」『東亜日報』1938 年 4 月 7 日。
27) 朝鮮鉄道株式会社『第 45 回営業報告書』1938 年上半期 (1938 年 3 月 1 日-8 月 31 日)。

第 6 章　北鮮拓殖鉄道と茂山鉄鉱開発——森林鉄道から鉱山鉄道へ｜255

表 6-1　北鮮拓殖鉄道資金調書（1939 年 7 月 8 日）

建設費 内，1939 年度 所要資金額	20,390,000 円 （50 万トンの場 合） 18,000,000 円	第 1 回払込額 第 2 回払込額 第 3 回払込額 計 よって不足額 合計	2,000,000 円（1939 年 8 月 31 日払込） 4,000,000 円（1939 年 10 月 1 日払込） 4,000,000 円（1939 年 12 月 1 日払込） 10,000,000 円 8,000,000 円借入金充当 18,000,000 円
1940 年度所要 資金額 内訳	9,556,000 円 7,166,000 円 2,390,000 円 計 9,556,000 円	第 3 回払込額 借入金	4,000,000 円（1939 年 12 月 1 日払込） 5,556,000 円 計 9,556,000 円

出所：朝鮮総督「私設鉄道敷設免許の件，指令案（一）北鮮拓殖鉄道株式会社 発起人代表 長谷川
　　　太郎吉」1939 年 3 月 4 日，韓国国家記録院所蔵。
注：本書類は 1939 年 7 月に作成されたが，1939 年 3 月 4 日の書類に含まれているので，そのまま
　　出所を提示する。

断層もあり，その上に」1938 年「夏には三十年来の大豪雨が同地方を見舞っ
て，工事中の隧道の一部を埋没する等，この建設は敵前さながらの悪戦苦闘
であった」[28]。そのため，崩れた茂山嶺トンネルでは既存の狭軌を仮修理し，
列車運行せざるを得なかった[29]。1938 年 12 月 16 日には車嶺・金佩間で列車
脱線転覆事故が発生し，死傷者 34 人を出した[30]。「配給不円滑」は甚だし
かったが，「労力不足」も深刻であったため，南鮮からは労務者の調達が行
われ，1939 年 3 月 22 日に全南和順駅から農民 300 人が「糊口之策」のた
め，茂山鉄道工事場に送られ，その後谷城郡などからも労務者が送られ
た[31]。

　茂山鉄鉱の開発が三菱単独経営から日鉄との共同出資となるに従って，そ
の影響が鉄道の新会社設立案にも及び，北拓は依然として朝鉄の子会社であ
るものの，日鉄，三菱も 1939 年 4 月頃には資本参加を決定した[32]。北鮮拓
殖鉄道株式会社の発起人代表となっていた朝鉄社長長谷川太郎吉より朝鮮総

---

28)　前掲「吾が万二千峰探勝（十一）」29-30 頁。
29)　「朝鉄의 咸北線 広軌工事遅滞」『朝鮮日報』1938 年 10 月 23 日。
30)　「古茂山行朝鉄転覆 乗客等卅四名死傷」『朝鮮日報』1938 年 12 月 17 日。
31)　「茂山鉄道工事場에 和順서 三百名出発」『朝鮮日報』1939 年 3 月 25 日：「北朝鮮行労働者 谷
　　城서 鱗次輸送」『朝鮮日報』1939 年 5 月 5 日。
32)　「北鮮拓植会社 六七月頃創立」『東亜日報』1939 年 4 月 16 日。

督に私鉄敷設認可が申請され，これが臨時資金調整法の関連事項になるため，総督府財務局を経て大蔵省理財局に提出されたが，大蔵省としては当初「別会社設立の要」がないと判断していた[33]が，最終的には商工省とも打合の上，7月には総督府財務局に「異存無」と回答した。6月に予定されていた北拓の設立を遅らせるほど，「反対」ないし「難色」を表明していた大蔵省が方針を転換した理由については不明である。とはいうものの，朝鮮総督府財務局長から拓務省朝鮮部長宛に提出された「北鮮拓殖鉄道株式会社設立ノ件」（1939年5月2日）に記されている会社設立理由などに注目してみると，一定の推測が不可能ではない[34]。

「新会社設立理由」として資金調達問題が取り上げられた。咸北線改良計画を実行するためには戦時下のインフレもあり，約3000万円の建設費を要すると見込まれたが，朝鉄の資金調達をみると，「払込資本金一,七六五万円，社債一,七五〇万円，鉄道財団抵当借入金五〇〇万円ヲ有シ居リ右建設資金ヲ社債其他財団抵当借入金ニ依ランセバ其ノ受入余力ハ一,二八〇万円ニ止」まることから，「本計画ニ対シ密接不離ノ関係ニ在ル日本製鉄株式会社及三菱鉱業株式会社ト朝鮮鉄道株式会社トノ協力ノ下ニ茲ニ新タナル鉄道会社ヲ創設」しなければならないと記されている。さらに，「補助ニ関スル方針」では，一定範囲の利潤を国家が保障する必要があり，もしそれができなければ，鉄鉱石の運賃率を大幅に引き上げるしかないが，製鉄事業の「運賃負担能力」を考慮しなければならないため，事実上補助金の交付を要請している。

　朝鉄による広軌改良が行われているため，内地の大蔵省によっては別個の会社が必要なしと判断されたものの，資金と補助といった二つの問題について他の部署との協議を通じて最終的に納得したといえよう。この案は1936年末から1937年初にかけて朝鉄と総督府が構想した朝鉄，三菱，日鉄の三者共同出資による新会社設立案が実現されるものであり，それが可能となったのは，戦時下で茂山鉄鉱開発に対して日鉄の参入が受け入れられたからで

33）「北鮮拓殖鉄道 大蔵省서 反対」『東亜日報』1939年6月25日。
34）朝鮮総督府財務局長「北鮮拓殖鉄道株式会社設立ノ件」（拓殖省朝鮮部長宛）1939年5月2日，韓国国家記録院所蔵。

第6章　北鮮拓殖鉄道と茂山鉄鉱開発——森林鉄道から鉱山鉄道へ 257

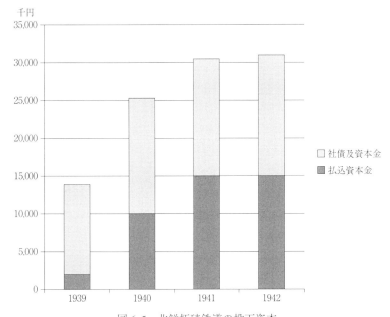

図 6-5　北鮮拓殖鉄道の投下資本
出所：朝鮮総督府鉄道局『朝鮮鉄道状況』各年度版；朝鮮総督府交通局『朝鮮交通状況』1944年度版。

新田留次郎社長　　野田董吉専務　　佐藤作郎専務　　筒井憲次郎支配人
図 6-6　北鮮拓殖鉄道の主要人物
出所：紅葉山人「吾が万二千峰探勝（十一）」『朝鮮鉄道協会会誌』20-10, 1941年, 29-30頁。

ある。

　朝鮮総督より設立認可を受けて，北鮮拓殖鉄道の創立総会が1939年9月1日に東京の帝国鉄道協会で開催され，創立総会において同社社長には朝鉄

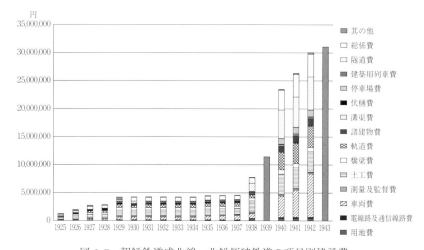

図 6-7　朝鮮鉄道咸北線・北鮮拓殖鉄道の項目別建設費
出所：朝鮮総督府鉄道局『年報』各年度版；朝鮮総督府『朝鮮総督府統計年報』各年度版；朝鮮鉄道株式会社『営業報告書』各期版。
注：1. 1939年と1943年は資料上項目別に把握できないため，建設費総額のみを表示する。
　　2. 資料上1938年までは朝鉄咸北線，1939年度より北拓の建設費である。

社長長谷川太郎吉が就任し，取締役として前朝鮮総督府鉄道局参事の佐藤作郎を起用した以外，すべての取締役と監査は朝鉄の重役であった。1941年度上期には長谷川太郎吉は会長となり，社長には新田留次郎，専務には野田董吉，佐藤作郎，取締役には東條正平，福田庸雄，小村千太郎，松田正之，監査には井上周，賀田直治，鈴木春之助，三鬼隆がそれぞれ就任していたが，そのほとんどが朝鉄重役であったことは変らなかった[35]。資本金は2000万円であったが，それに対する払込は図6-5のように創立時200万円から増えて，1940年に1000万円となり，41年以降には1500万円を維持した。朝鉄，三菱，日製三社の出資比率は朝鉄6割，三菱2割，日鉄2割であった[36]。これが朝鉄側にとって資金調達の負担を大きく軽減させたことはいうまでもない。株主は1941年8月末に22人に過ぎなかった[37]ことから，朝鉄

---

35)　前掲「吾が万二千峰探勝（十一）」29-30頁；東亜経済時報社編『朝鮮銀行会社組合要録』1941年版；朝鮮鉄道株式会社『営業報告書』各期版。
36)　「好調の朝鮮鉄道」『ダイヤモンド』1939年11月1日，97-98頁。
37)　「北鮮拓殖鉄道」『朝鮮産業の共栄圏参加体制』東洋経済新報社，1942年，155頁。

第6章　北鮮拓殖鉄道と茂山鉄鉱開発──森林鉄道から鉱山鉄道へ　259

の子会社として株式公開はほとんど行われていなかったといえよう。北拓の
設立に伴って朝鮮私設鉄道補助法による補助金交付も 1965 年 4 月 30 日まで
可能となった[38]。

　北拓が 1939 年 9 月 1 日に設立されると，咸北線広軌改築工事を行ってき
た朝鉄は「同日マデニ竣成シタル建設財産ハ之ヲ譲渡シ，残余ノ工事ハ当社
ニ於テ受託引続キ施行」した[39]。即ち，咸北線広軌新線工事は北拓より工事
施行を委託され，戦時下の資材入手難のなかで朝鉄が引続き行ったのであ
る。この期間中，北拓はペーパーカンパニーに過ぎず，狭軌線の朝鉄咸北線
も当然廃業されることなく，営業し続けた。1940 年 5 月に広軌改築工事が
一段落すると，北拓は漸く広軌鉄道営業を開始すると同時に，朝鉄咸北線の
営業が廃止された[40]。ただし，営業路線は従来の 60.1 キロからやや増えて
60.4 キロとなった。建設費は 1939 年に 1141.8 万円から 1940 年には 2347 万
円へと急増し，その後も複線化を始めとする輸送力強化が進められ，3107
万円に達した。

　建設費の調達は自己資本によって賄い切れず，ほぼ同額に等しい他人資本
が社債や借入によって調達された（図6-5）。運転資金について朝鮮銀行から
の借入があったが，大量の設備資金が必要とされ，北拓は戦時統制金融期に
は国策金融を担った日本興業銀行と朝鮮銀行に対し「長期資金の融資方を交
渉」し，両銀行の「共同融資によって千五百万円の長期資金借入れの契約が
成立し」，この長期資金は将来社債に振り替える予定であった[41]。項目別に
は車両費，土工費，軌道費，隧道費が大きく増え，広軌線の敷設の上，大型
鉄道車両が投入され，大量輸送が可能となったことを示している。とりわ
け，茂山嶺トンネルには間組が投入され，広軌列車運転用トンネル工事が 3
年間行われたため，隧道費も以前に比べてその構成が大きくなったのであ

38）「16 第八十四回帝国議会説明資料 16」JACAR（アジア歴史資料センター）Ref.B02031403600，
　　帝国議会関係雑件／説明資料関係 第三十四巻（A.5.2.0.1-3_034）〔外務省外交史料館〕。

39）　朝鮮鉄道株式会社『第 48 回営業報告書』1939 年下半期（1939 年 9 月 1 日-1940 年 2 月 29
　　日）。

40）　朝鮮総督府『官報』1940 年 5 月 6 日。

41）「北鮮拓殖鉄道興，鮮銀共同融資」『朝鮮新聞』1941 年 9 月 3 日；「北鮮拓殖鉄道 長期資金借
　　入」『朝鮮新聞』1941 年 10 月 23 日。

る。

3. 北鮮拓殖鉄道の輸送動態と鉄鉱開発の隘路

　以上のように，1940年に北拓による広軌線営業が始まると，図6-8のように，鉄道輸送，なかでも貨物輸送が急増し，朝鉄咸北線のそれとは全く異なる鉄道になっていたことがわかる。旅客の場合，1938年より増え続けたものの，1人当り移動距離を見ると，短距離化傾向が明確であって，人キロを基準とする旅客輸送は戦時下で増えつつも，トンキロの貨物輸送とは対照的であったことが判明する。朝鉄咸北線においては30キロを超えていた旅客1人当り移動距離が1940年には19.1キロへと短くなり，その後は11キロ台となった。旅客数が急増する中でこれが生じたので，既存の長距離移動者が減ったというよりは通勤者を含む短距離移動者が増えたとみるべきであろう。その一方，貨物においては1939年に1トン当たり移動距離が低下したこともあったが，その後，増え続けて，トンベースの輸送量とトンキロベース輸送量がともに急増したのである。

　鉄道運賃に注目すれば，旅客運賃の場合，若干の変化もあるが，明確な引上や引下の動きが見られないのに対し，貨物運賃においては朝鉄咸北線としての1939年に比べて，北拓経営の1940年より運賃引下げが決定され，低運賃方針が傾向的に確実なものになっていた。これは北拓が鉄鉱石の搬出を促すため，意図的に運賃設定を茂山鉄鉱開発会社にとって有利にしたのである。三菱鉱業や日鉄が大株主になっていることから当然であるといえよう。ともあれ，貨物輸送の急増は再論を俟つことなく，「茂山鉄山に大規模な選鉱工場が完成したのと，一方清津の日鉄，菱鉱の両製鉄工場の銑鉄並にルッペ生産が活発化したのが主因と見られる」[42]。

　茂山鉄鉱輸送は1940年度（自5月至翌年3月間）269,560トン，1941年度に556,433トン，1942年度に869,991トン，1943年度（自4月至8月間）に479,030トンへと増えたのである。全貨物輸送における茂山鉄鉱比率は1941年70％，1942年84％に達していた。月別輸送量（図6-10）をみると，夏季

42）　前掲「北鮮拓殖鉄道」141頁。

第 6 章　北鮮拓殖鉄道と茂山鉄鉱開発——森林鉄道から鉱山鉄道へ　261

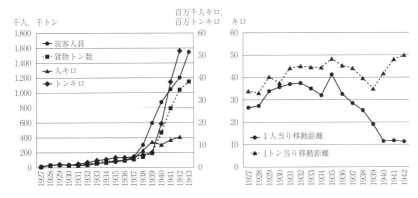

図 6-8　朝鮮鉄道咸北線・北鮮拓殖鉄道における貨客輸送量と移動距離
出所：朝鮮鉄道株式会社『営業報告書』各期版；朝鮮鉄道株式会社『業務統計書』各期版；朝鮮総督府鉄道局『年報』各年度版；朝鮮総督府鉄道局『朝鮮鉄道状況』各年度版；朝鮮総督府交通局『朝鮮交通状況』1944 年度版；朝鮮総督府『朝鮮総督府統計年報』各年度版。
注：1939 年度までは朝鉄咸北線，1940 年度よりは北拓。

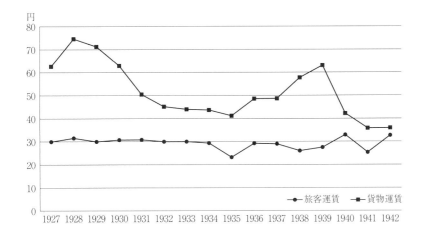

図 6-9　朝鮮鉄道咸北線・北鮮拓殖鉄道の鉄道運賃
出所：朝鮮鉄道株式会社『業務統計書』各期版；朝鮮総督府鉄道局『年報』各年度版；朝鮮総督府鉄道局『朝鮮鉄道状況』各年度版；朝鮮総督府交通局『朝鮮交通状況』1944 年度版；朝鮮総督府『朝鮮総督府統計年報』各年度版。
注：鉄道運賃＝運賃収入÷輸送量。輸送量の単位は旅客 1000 人キロ，貨物 1000 トンキロ。

増送と冬季減送を繰り返しながら増えていき，1942 年 8 月には 12 万 2,645 トンに達した。仕向地を見ると，1942 年度までは「当初ヨリノ計画通り専

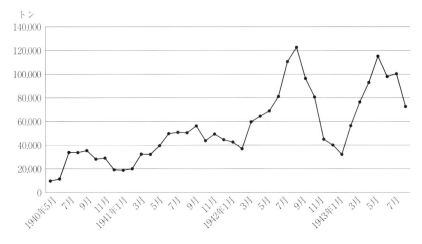

図 6-10　北鮮拓殖鉄道における茂山鉄鉱の月間輸送
出所：北鮮拓殖鉄道株式会社「茂山鉄鉱輸送ニ関シテ」1943 年 9 月 19 日。

ラ清津日鉄及清津三菱宛輸送」となったが，1943 年度早々より城津の高周波，仁川の鐘淵実業，兼二浦の日鉄，降仙の三菱製鋼，富寧の潼関実業，満洲国の鞍山昭和製鋼，本渓湖煤鉄公司，吉林煤鉄公司などに分散輸送を開始した[43]。1943 年 4-8 月に仕向地別輸送実績は清津日鉄 240,150 トン，清津三菱 68,210 トン，城津高周波 26,275 トン，仁川鐘実 11,575 トン，兼二浦日鉄 6,785 トン，降仙三菱 15,700 トン，富寧潼実 70 トン，鞍山昭和 60,670 トン，本渓湖煤鉄 48,545 トン，吉林煤鉄 1,050 トン，合計 479,0303 トンであった。当初三菱鉱業の思惑とは異なって，日鉄への優先的原料供給が行われており，両製鉄所以外にも多様な製鉄所へ原料が供給されたのである。列車運転回数は混合 4 往復，貨物 6 往復，計 10 往復であった。とはいえ，図 6-10 に戻ると，1943 年になると，5 月に 115,205 トンを記録したものの，6 月に 97,915 トン，7 月に 100,370 トンへとやや低下し，8 月には増えるどころか，むしろ減って 72,675 トンに過ぎなくなった。このような鉄鉱石輸送の停滞は鉄道だけの問題ではなく，採掘現場での問題でもあった。

43)　北鮮拓殖鉄道株式会社「茂山鉄鉱輸送ニ関シテ」1943 年 9 月 19 日。

表6-2　1943年度茂山鉱山における精鉱産出の月別計画，実績および算出見透
（1943年9月15日）

月	予算（精鉱）	実績及見透量					精鉱増減	
		元鉱（粗鉱）		精鉱				
		品位%		品位%				
4	100,550	26.59	180,290	60.48	63,060	減	37,490	
5	108,350	27.11	198,920	61.67	72,130	減	36,220	
6	129,000	27.42	164,540	60.43	61,700	減	67,300	
7	135,000	27.79	177,180	60.06	66,650	減	68,350	
8	123,000	30.05	111,500	60.17	50,040	減	72,960	
9	132,100	29.00	255,000	60.00	100,000	減	32,100	
上期計	728,000	29.00	1,087,450		413,580	減	317,420	
10	136,500		344,000		135,000	減	1,500	
11	130,500		319,000		125,000	減	5,500	
12	87,500		204,000		80,000	減	7,500	
1	62,500		153,000		60,000	減	2,500	
2	62,500		153,000		60,000	減	12,500	
3	92,500		204,000		80,000	減	12,000	
下期計	572,000		1,377,000		540,000	減	32,000	
合計	1,300,000		2,464,450		953,580	減	346,420	

出所：茂山鉄鉱開発株式会社茂山鉄山「商工省特別調査班へ提出資料」1943年9月
　　　15日。
注：1944年度精鉱160万トン（品位56%），150万トン（品位58%），140万トン
　　（品位60%）。

　1943年度に茂山鉄鉱開発は精鉱産出130万トン（精鉱品位60%）を計画し
たが，4-9月の上期にはその生産量が413,580トンに過ぎず，10-3月の下期
にも540,000トンしか生産できないと予測され，合計953,580トンの産出に
止まることとなった。その原因としては「大量生産ヲナス為人力ヲ以テシテ
ハ不可能ニテ機械力ヲ大々的ニ利用」しているにもかかわらず，「特ニ寒気
厳シキタメ精鉱機械類ノ作業能率著シク低下シ」，さらに35トン積鉱石運搬

車のベアリングが不足し，寒気のため「燃料潤滑油共ニ凝固シエンジンノ始動ニ困難ヲ感ジ現場ニ於テハ燃料系統ノ閉塞ニヨリ屡々エンジンストップヲ惹起」したのである[44]。ベアリング輸入品の使用が難しくなり，国産品も未着のため，「運鉱中止ノ已ムナキニ至」った。5月末に「内地製ベアリングノ取付使用ヲ開始シタ」が，「不満足ノ点」があり，「使用寿命短ク漸次改良」を図らなければならなかった。6-7月に鉱石運搬車の修理作業に全力を傾注したが，それに伴って「電気ショベル，チャーンドリル等ノ作業ハ概シテ順調ナレ共使用年数ノ経過ト共ニ漸ク部分品ノ取換ヲ要スルモノ増加シ」たのである。「選鉱方面ニテハ資材配給不円滑ニヨリ破砕機及其附属設備等ノ不整備ガ原因ニテ精鉱産出量著シク阻害」された。そのほかにも，8月中に大雨のため，作業中止が余儀なくされ，「上部粗砕工場鉱石受入口ニ泥鉱漸増シ来リ乾式工場各所シュート閉塞シ数十度操業ノ中止頻発シ」た。

　こうして，採鉱・選鉱に関連して部品・資材不足や自然災害などが作業効率に否定的な影響を及ぼしたが，さらに「労務ニ関スル隘路」も存在し，1943年度所要人員3,000人に対して8月末日現在在籍人員は2,450名に過ぎず，550名の労務者不足が生じた。総督府特別斡旋が補充する予定であるが，機械採掘による大量生産方法を実施しているため，「技術者ノ必要ヲ痛感」していた。全労務者2,450人の内，技能関係者は940人に過ぎず，表6-3のように，職員においても採掘，選鉱，機械方面の技術者職員の不足が著しかった。茂山鉄山は「斬新ニシテ厖大ナル機械化セル鉱山ナル故未経験職員ハ作業修理ハ勿論指導監督モ容易ナラザル有様ニテ各機械ニ対スル注意力ノ徹底ヲ欠キ故障ノ事前発見ヲナシ得ズニ機械ノ損耗ヲ来スコトアリ能率低下ノ原因トナル例屢々」であった。勤労報国隊が配置されても，僅か二カ月に過ぎなかったため，「仕事に円熟し得る頃は退山する様」であったため，「到底技術ヲ修得スルコト至難」であった。勤労報国隊の配置期間を「少ク共六ヶ月以上」にすることを要請した。

　「輸送ニ関スル隘路」としては1943年4月から8月にかけての「生産減少ノタメ輸送計画ニ対シ相当量ノ減量トナ」ったが，9月には「挙山一致増産

44）　茂山鉄鉱開発株式会社茂山鉄山「商工省特別調査班へ提出資料」1943年9月15日。

表6-3　茂山鉄鉱開発株式会社における技術者職員の1943年需給状況（単位：人）

	1943年3月 現在人員	使用認可 申請人員	同上 認可人員	3月以降退職 入営人員	差引 不足人員
採鉱 選鉱	57 42	25	8	9	26
機械	37	10	5	6	11

出所：茂山鉄鉱開発株式会社茂山鉄山「商工省特別調査班へ提出資料」1943年9月15日。

ニ邁進シタル結果漸次軌道ニ乗リ輸送計画量以上ノ生産ヲ見」た[45]。しかし，8月28日以来の「豪雨ノタメ鉄道不通ト相成リ輸送制限」され，9月12日よりようやく「貨車廻リ」が平常に戻ったため，9月分「輸送量モ計画量ニ比シ相当多数ノ不足トナル見込」となった。「鉄道ダイヤの伸縮出来れば清津日鉄向」1日400トンを増送し，上旬の不足分を少し挽回する予定であった。同年下期の輸送計画は10月116,259トン，11月112,008トンと想定し，「漸次増産ニ伴ヒ輸送量ハ之ニ順応シ極力増送ノ見込」であり，同年12月から44年3月までの「結氷期は生産減量及遠距離輸送不可能」のため，12月79,821トン，1月63,272トン，2月63,272トン，3月81,213トンと予測された。とはいえ，「降仙三菱製鋼向塊鋼及清津三菱精錬所向乾式精鉱夫々送鉱可能ノコトトモナレバ輸送量ハ其丈増加出来得ル見込」であった。1943年の北拓貨物輸送が1,149,030トンであったため，もし実績および見透量953,580トンはすべて運ばれれば，茂山鉄鉱の比率は83％になるだろうが，戦時下の資材および労働力の不足が茂山鉄鉱開発で続く中，そのまま実現されたとは考えられない。

4. 北鮮拓殖鉄道の経営収支と国有化

　このような鉄道輸送が北拓の経営収支にとっていかなる影響を及ぼしただろうか。旅客収入，貨物収入，雑収入からなる鉄道営業収入が急増したことはいうまでもないが，その収入構成を見れば，貨物収入が中心であることがわかる。1939年には旅客収入が比率的に40％に近くなったこともあるが，

---

45)　同上書。

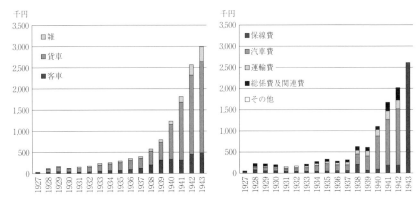

図 6-11　朝鮮鉄道咸北線・北鮮拓殖鉄道の営業収支
出所：朝鮮鉄道株式会社『営業報告書』各期版；朝鮮鉄道株式会社『業務統計書』各期版；朝鮮総督府鉄道局『年報』各年度版；朝鮮総督府鉄道局『朝鮮鉄道状況』各年度版；朝鮮総督府交通局『朝鮮交通状況』1944年度版；朝鮮総督府『朝鮮総督府統計年報』各年度版．
注：1943年は費目が不詳であるため，総額のみを提示する．

　その後減ってゆき，その代りに貨物収入が増えて，1943年には70％を超えた．それに伴う営業費用も戦時下で急増した．中でも，最大の費用項目になったのが汽車費であって，資料上費目が把握できる1942年には汽車費が60％を超えた．1920年代には保線費が汽車費を上回った年もあったが，1940年代には保線費は10％程度に過ぎなくなったことから，茂山鉄鉱を清津に搬出するために，いかに北拓の物的人的資源が貨物列車運行に注がれたのかがわかる．このような収入と費用の構成から見ても，北拓は朝鮮鉄道咸北線とは異なって，茂山鉄鉱開発を輸送面で支えるための鉱山鉄道となったといえる．
　このような収入と費用から利益を計算し，図6-12のように，収益率と利潤率を推計して見ると，経営収支が1938年に赤字を記録したものの，1936年以降にはたいてい黒字に転じていた．朝鮮鉄道咸北線としての収益性がある程度確保できたが，北拓として分社化されてからは以前とは比べられないほど大規模の貨物が発生して黒字経営が実現されたのである．さらに，朝鮮私設鉄道補助法の改正によって，建設費を基準として利潤率5％に達しない時には，それを補填するための政府補助金が交付された．それを半期別に示

第 6 章 北鮮拓殖鉄道と茂山鉄鉱開発——森林鉄道から鉱山鉄道へ | 267

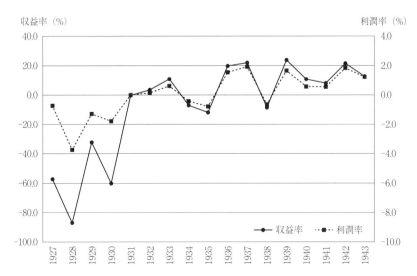

図 6-12 朝鮮鉄道咸北線・北鮮拓殖鉄道の収益率と利潤率
出所：朝鮮鉄道株式会社『営業報告書』各期版；朝鮮鉄道株式会社『業務統計書』各期版；朝鮮総督府鉄道局『年報』各年度版；朝鮮総督府鉄道局『朝鮮鉄道状況』各年度版；朝鮮総督府交通局『朝鮮交通状況』1944 年度版；朝鮮総督府『朝鮮総督府統計年報』各年度版。
注：収益率＝（営業収入－営業費用）÷営業収入。利潤率＝（営業収入－営業費用）÷建設費。

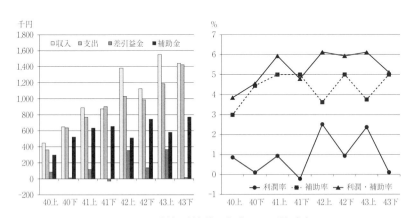

図 6-13 北鮮拓殖鉄道の収支および補助金
出所：朝鮮総督府鉄道局『朝鮮鉄道状況』各年度版；朝鮮総督府交通局『朝鮮交通状況』1944 年度版；朝鮮総督府『朝鮮総督府統計年報』各年度版。
注：利潤率＝（営業収入－営業費用）÷建設費。補助率＝補助金÷建設費。利潤・補助率＝利潤率＋補助率

図 6-14　北鮮拓殖鉄道大型機関車

出所：朝鮮総督府鉄道局『朝鮮鉄道四十年略史』1940 年。

したのが図 6-13 であるが，補助率は 3-5％ を推移し，利潤・補助率は 4-6％ に達した。その結果，配当率は 1940 年上期に 4％ から上昇し，40 年下期以降には 5％ となり，43 年上期には 6％ を記録した。とはいえ，これが直ちに鉄道経営の健全性を示すわけではない。なぜならば，ここでの利益はあくまでも営業収入と営業費用の差引による営業利益であって，営業外収入と営業外費用が考慮されていないからである。資金調達のほぼ半分が他人資本によって行われたため，相当の利子払いが避けられなかっただろう。ともあれ，戦時下では高くないものの，朝鉄，三菱，日鉄などからなる株主に対しても一定の配当が支給された。

そうした中，北拓は 1943 年度を基準として輸送量をほぼ倍にする「茂山鉄鉱年間二百万瓲輸送計画」を樹立した。そのためには線路の輸送容量を強化するため，「車嶺駅，金佩駅間ノ複線トシ将来ノ増送ヲ考慮シ直ニ之ニ応ジ得ル如ク古茂山，珍貨間ハ鉄道用地ノ外隧道，橋梁，溝橋ノ如キ建造物ハ複線型ニ築造」しなかればならなかった[46]。また，鉄道車両においても機関車ミカ型 22 両，プレ型 1 両，計 23 両，50 トン積鉱石専用貨車 148 両，一般貨車（30 トン積）32 両，客車 16 両，車掌車 5 両へと増備し，1 日輸送量を最盛期 7,000 トン，最低期 4,000 トンと想定した。清津向け 1 日 7,000 トン輸送計画のためには珍貨駅（珍貨・鉱山間は専用線）を発送駅として混合 4

---

46)　前掲「茂山鉄鉱輸送ニ関シテ」。

往復，貨物 12 往復，計 16 往復のうち，混合 1.5 往復を除いた 14.5 往復を鉄鉱石の輸送に充当すると想定した。新站・金佩間の上り勾配区間には補助機関車を使用する[47]ため，1 列車当たり鉄鉱輸送量は貨物列車 500 トン，混合列車 400 トンに過ぎず，局線 1 列車当たり 900 トンとは差があり，社線 2 列車分を局線 1 列車に取纏め輸送しなければならなかった。50 トン積鉱石専用車 188 両が必要されるが，148 両しかないため，40 両が不足していた。

　この 200 万トン輸送計画が戦時下の資材および労働力の不足を念頭に置けば，実現され難かった。そのため，朝鮮総督府では朝鮮内私設鉄道 4 社 8 路線買収の件を決定し，1944 年 1 月 21 日に内務省より北鮮拓殖鉄道，西鮮中央鉄道，朝鮮鉄道黄海線，釜山臨港鉄道といった 4 社付属 8 路線買収内容を指定発表した[48]。1944 年 4 月 1 日に北拓の古茂山・茂山間 60.4 キロが買収され，国有鉄道に加えられ，朝鮮総督府交通局[49]はその輸送力強化を図った[50]。茂山鉄鉱の開発が三菱鉱業によって進められる際，その国策としての重要性を強調し，咸北線の国家買収を主張した朝鉄経営陣の要望が子会社たる北拓を通じて実現されたのである。

おわりに

　両江拓林鉄道から出発して私鉄 6 社合同によって朝鮮鉄道咸北線となり，そこから分社化されて設立された北鮮拓殖鉄道は最初から鉱山鉄道であったわけではない。その「拓林」という社名からわかるように，森林資源の搬出を目的とし，王子製紙も関わっていたが，人口希薄の沿線では新しい産業施設を持たず，農業生産も乏しいため，朝鉄咸北線は軌間 762 mm という極めて脆弱な狭軌として鉄道営業を始めた。茂山，新站，武陵からの林産品が多く，古茂山を通じて国有鉄道へ連絡され，資源搬出が行われていた。

　そうした中，三菱鉱業による茂山鉄山の開発が模索され，日鉄八幡製鉄所

---

47)　咸北新站・金佩間は 7 キロ，勾配 24/1000 であった。

48)　「鮮内四私鉄八路線買収発表」『朝鮮鉄道協会会誌』23-3，1944 年，35 頁。

49)　戦時陸運非常体制の確立後，朝鮮総督府鉄道局は海陸一貫輸送体制を構築するため，同交通局に改組された。

50)　前掲『朝鮮交通史』890-891 頁；朝鮮総督府『北鮮拓殖鉄道株式会社所属鉄道三鉄道買収参考書』1944 年 1 月。

への原料調達を構想したが，三菱は自社による製鉄所の建設を計画し，この案を総督府が強く支持した。しかしこれに対し，日鉄は鉱山施設の買収案を，商工省の支持を得て打ち出したため，三菱対日鉄，総督府対商工省が対立する形となった。すでに事業を始めている三菱は日鉄への原料供給を約束し，採算性を考慮して茂山ではなく清津に製鉄所を設置して自社中心の事業展開を進めたものの，戦時下の資材難などによって鉄鉱開発が滞っており，日鉄の事業参入を認めて，二社共同出資による茂山鉄鉱開発（株）の設立を見た。もちろん，開発事業の実権は三菱側によって握られていた。

　鉄鉱開発にとって「最難関」は輸送力であったと判断され，輸送力を 50 万トン以上へと拡大しなければならず，そのため，総督府買収による国有鉄道化や朝鉄・日鉄・三菱 3 社共同出資による新会社の設立が検討されたが，政府の予算制約や三菱・日鉄の対立のため，両方とも実現されず，一旦朝鉄体制としての広軌改良事業が進められ，補助期限の満了のため，新会社の設立案が成立し，後に日鉄の茂山鉄鉱開発への参加が具体化されると，三社共同出資による新会社案が政策的に推進された。ところが，これに対して大蔵省は難色を示したが，結果的に資金調達と補助金交付が必要とされ，新会社案が認められて北鮮拓殖鉄道が創立された。その経営陣は朝鉄の重役陣であって，1940 年 5 月に広軌改良事業が終了し，朝鉄咸北線が廃業される前までは，ペーパーカンパニーであった，北拓が広軌鉄道による鉄鉱石の搬出を担当した。この国策性が認められ，国策金融が長期設備資金として調達され，輸送力増強のために使われた。

　貨物輸送は一挙に急増し，短距離化している旅客輸送とは全く異なる様相を示し，これを促すため，貨物に対しては低運賃方針が取られた。とはいえ，当初の 200 万トン輸送計画はなかなか実現されず，茂山鉄鉱では大量の機械力を利用したにもかかわらず，部品・資材，労働力の不足，さらに自然災害もあり，生産実績は計画を下回っており，輸送力も常に足りないところであった。鉄鉱石の行先別輸送実績をみると，日鉄清津製鉄所への割当が最も多く，三菱製鉄所を遥かに上回っており，両製鉄所以外にも多くの製鉄所への原料供給が行われていたことがわかる。

　このような輸送動向が営業収支にも現れ，収入・費用とも急増し，貨物収

第6章 北鮮拓殖鉄道と茂山鉄鉱開発——森林鉄道から鉱山鉄道へ 271

入を中心とする収入構成を持ち，貨物列車運行のための汽車費が異常に急増した。北拓の経営下では赤字になることなく，黒字経営を続けたものの，政府補助金を常に必要とした。その中での鉄鋼生産は戦況の悪化につれて重要性が増し，北拓の200万トン輸送計画が検討されるが，それを実現するほど輸送力拡充はできないことから，他の私鉄とともに北拓は国有化されることとなった。

　こうして，私鉄経営基盤の脆弱性から，資金調達の拡大や政府補助金の確保を期待し，朝鉄は新会社案を進め，それが総督府と中央政府に認められ，鉄鉱調達のための広軌改良事業が実現された。とはいうものの，補助金交付のみではさらなる輸送力強化が期待できなかったため，私鉄の国有化が実施されたのである。総督府および中央政府にとって外部事業としての私鉄事業を支えるコストが内部事業への私鉄の国有化コストより大きくなる臨界点に達すると，私鉄買収が実施されたといえよう。

第 **4** 部

財閥と私鉄

第**7**章

三井系价川鉄道の組織変遷と経営動向

専用鉄道、私設鉄道、国有鉄道

はじめに

　本章の課題は，价川鉄道を分析対象として取り上げ，なぜ价川鉱山の専用鉄道から一般営業を始めて私設鉄道となり，さらに国有鉄道へと再編されたのかを検討し，経営の変遷の中での特徴を明らかにすることである。

　价川鉄道は鉱山鉄道から始まって，個人経営者による借上げの形で，价川軽便鉄道として一般営業を開始した。しかし，個人経営の主体も三回にわたって変り，价川鉄道株式会社の設立を見るに至ったものの，その経営実態は極めて不安定性を免れなかった。このような鉄道組織の変遷は経営の不安定性のためであって，その改善を図って一般営業を始めており，さらに政府補助金の交付を念頭に置いて株式会社の設立が試みられた。しかし，それをもっても経営の抜本的改善は難しかったが，最終的に朝鮮鉄道 12 年計画の一路線として満浦線の敷設が始まると，价川鉄道は買収されて国有鉄道となった。戦後，北朝鮮鉄道が再編されてから，この鉄道は价川線となってその名を残している。

　このような経営の激しい中での変遷は他の私鉄では確認できないほどユニークであったにもかかわらず，既存の研究では价川鉄道の経営の変遷から読み取れる朝鮮私鉄史の意味合いが吟味されてこなかった。個別分析が行われなかったことはもとより，『朝鮮交通史』（鮮交会編，1986 年）といった植民地期朝鮮の鉄道に関する代表的通史でも价川鉄道に関する若干の紹介があるのみであった[1]。鉄道開通 120 周年を記念して公刊された『新韓国鉄道史』（韓国鉄道文化財団編，国土交通部・韓国鉄道公社・韓国鉄道施設公団・韓国鉄道協会，2019 年）では，价川鉄道の国有化が指摘されているにもかかわらず，第一次世界大戦後の私設鉄道会社では价川軽便鉄道の言及すら行われていない[2]。

　价川鉄道に関する史的研究の不在は，朝鮮鉄道史の中で私鉄研究が全体的に乏しい中，价川鉄道が路線の短い鉄道であっただけでなく，軌間も

---

1)　鮮交会編『朝鮮交通史』1986 年，804-891 頁。

2)　韓国鉄道文化財団編『新韓国鉄道史 総論』国土交通部・韓国鉄道公社・韓国鉄道施設公団・韓国鉄道協会，2019 年，116-117 頁。

第 7 章　三井系价川鉄道の組織変遷と経営動向——専用鉄道，私設鉄道，国有鉄道 | 277

762mm に過ぎない狭軌鉄道であったため，その規模の小ささから价川鉄道が歴史家の目にとまることが難しかったのだろう。何よりも三井系の鉱山鉄道として出発したにもかかわらず，その経営規模も小規模であったため資料が体系的に残らず，営業報告書などといった資料が一般公開されて来なかったからである。价川鉄道全般に関する資料としては『朝鮮の私設鉄道』が唯一である[3]が，1920 年代前半の状況のみが把握できるし，それ以前の株式会社への再編後についての情報を提供していない。

　このような研究史の現状に鑑み，本章は総督府の公刊資料の中で記されている断片的記述や統計を基本としながら，新聞や雑誌の記事を集めて，价川鉄道の組織変遷を会社の経営実態との関連性より解明し，補助金制度と国有化措置の意味合いを考察することにする。そのため，本章は次のような構成を持つ。第 1 節においては价川鉄道が三井系の鉱山鉄道として敷設されたものの，いかにして借上げの上，個人経営とされたのかを分析し，そこでの経営実態を明らかにする。第 2 節においては，このような鉄道が株式会社に改められた理由とともに，价川鉄道の経営上の脆弱性がいかなるものであったのかを他の鉄道との比較を通じて考察する。第 3 節では价川鉄道の経営収支を分析した上，総督府によって買収されて国有鉄道の一部になっていくことが私鉄経営にとってどのような意味合いを持つのかを考える。

1.　鉱山鉄道の敷設と一般営業の開始

　平安北道价川郡にある鉄鉱は三井鉱山株式会社の経営とすることが決定され，三井系は採鉱および鉱量の調査などに時日を費やし，鉄量が非常に豊富であることが調査によって判明したため，大規模な採掘計画を定めた[4]。1913 年には三井組技師工学士鈴木四郎を鉱山管理者に任命し，主要な経営に当らせ，なお内地より熟練した坑夫を招致し，採掘に着手した。鈴木技師は京城に滞在しながら，諸般の準備を進め，採掘された鉱石は技光製鉄所に送る予定であった。价川鉄山は三井系の事業として企画された室蘭北海道製

---

3)　鈴木清・竹内虎治『朝鮮の私設鉄道』南満州鉄道株式会社，1925 年，194-204 頁。
4)　「价川의 鉄道採掘」『毎日申報』1913 年 6 月 20 日。

図 7-1 价川鉄山
出所:朝鮮総督府鉄道局編『朝鮮旅行案内記』朝鮮総督府鉄道局, 1934 年 9 月.

鉄会社の経営に移され, 价川の鉱石を北海道製鉄会社の原鉱の一部とすることが考えられた.

そこで, 三井合名会社理事有賀長文[5]が 1918 年 4 月に京城に来て, その後价川鉄山を視察した結果, 「鉱量は豊富なものであり, また漸々含鉱量も良好であり, 北海道製鉄の一工場を朝鮮の適当な地点が設けられれば, 如何になるのか思う. 此は製鉄原料たる石炭と石灰石と用水と労働力等の点から, 利害関係を精査しなくては軽忽に断定できないことであるが, 主要素である良質の鉄鉱が無限であり, 茲に製鉄経営の可能を想起させるところであり, 如何間研究問題である」と発言した[6]. とはいえ, 价川鉄山を原料とする製鉄所が三井系によって新設されることはなかったものの, 1919 年に北海道製鉄が同じく三井系の日本製鋼所に吸収合併されたため, 价川鉄鉱も日本製鋼所の所有となった[7].

「价川鉄山は价川郡外西面外三面に亘り鉱区二十三, 面積九百六十七万坪

---

5) 有賀長文は 1865 年に大阪で生まれて帝国大学の卒業後, 農商務省工務局長を務めたのち, 1902 年に井上馨の推薦で三井家同族会理事となって, のちには三井合名常務理事を務めて, 三井系の会社の重役を兼任し, 1938 年に死去した. 人事興信所編『人事興信録』各年版.
6) 「价川鉄鉱과 製鉄 有賀長文氏談」『毎日申報』1918 年 6 月 20 日.

第7章 三井系价川鉄道の組織変遷と経営動向——専用鉄道, 私設鉄道, 国有鉄道 | 279

図7-2 价川軽便鉄道路線図
出所：朝鮮総督府『朝鮮鉄道状況』第15回, 1924年12月。

を有し幅員二十丁，延長五里の一大鉱床にして」1914年12月「三井鉱山株式会社に於て営業開始以来諸般の設備を施し」，1924-25年頃，年産5-6万トンが採掘され，これが三菱系の兼二浦製鉄所に調達された[8]。このような鉄鉱石を价川鉄山から搬出するため，専用鉄道が敷設されたことはいうまでもなく，三井鉱山株式会社は「第一期工事」として新安州・价川間の18.4マイルの鉄道の敷設に着手した。1914年12月9日「鉄道敷設認可の指令に接し」，同年12月21日工事が着手されて1915年6月22日に竣工し，同6月25日に「運輸開始の運び」となった[9]。第二期工事として1917年12月3日に价川・泉洞間4.6マイルの「延長工事の認可に接し」，同年12月20日に起工して1918年11月10日に竣工し，同年11月17日をもって運輸を開始した。

价川軽便鉄道は「京義線新安州駅より起り清川江の南岸を走るものにして平安北道寧辺郡妙香山の余脉は同江に沿ひて南西進し平野は江北に展開し江南は小山脈江岸に迫りて地勢は変化に富み従て線路は数回小分水嶺を超えざ

---

7) 日本製鋼所社史編纂委員会編『日本製鋼所百年史——鋼と機械とともに』日本製鋼所, 2008年；室蘭製鉄所総務課編『室蘭製鉄所50年史——第1次稿』室蘭製鉄所, 1957年。
8) 前掲『朝鮮の私設鉄道』194-204頁。
9) 「孤軍奮闘の价川軽便鉄道」『朝鮮新聞』1926年5月30日。

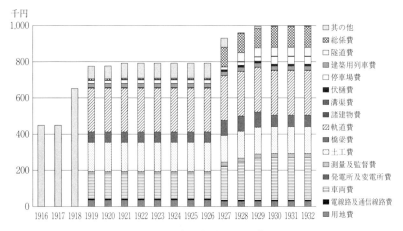

図 7-3 价川鉄道の建設費
出所：朝鮮総督府『朝鮮総督府統計年報』各年度版。

る」を得なかった。鉄道路線の「中央部には頭尾山の支脈江に迫り高峯屹立し」たため,「線路は其脊部を横断し」, 龍興里・雲興里間 11.2 マイルには 858 フィートの隧道を穿ち, その前後に 50 分の 1 勾配 1.7 マイルの延長を行った。そのため,「本線の運輸数量は此勾配に拠りて支配」された。そのため,「一度本鉄道に乗車するものは該区間の改良を痛切に感ぜしむる」こととなった。「抑も本線が江岸の平坦地帯を選定せずして山岳に隧道を掘鑿するに至りたるは江岸絶壁をなし屈曲甚しきと其の幅員拡大なる為め架橋費に多額の費用とを要するとに基くものの如くである」と指摘された[10]。

専用鉄道としての機能が最初想定されたため, 経費節減の目的で軌間は 762mm にされ, レールは 27.9 ポンドおよび 30 ポンドを使用し, 線路最小曲線半径 5 チェーン, 最急勾配 50 分の 1 にして「線路建物及び建造物は全部簡易施設として建設実費を低廉ならしめた」。図 7-3 のように, 第一期工区の建設費は 1916 年に 44 万 9,456 円に過ぎず, その後, 第二期工区を含めても建設費は 1919 年に 77 万 6,200 円であった。とはいえ,「橋梁保存費に多大の経費を要し, 一ヶ年の保存費」1 万 1600 万円（橋梁修繕費）を要し,

---

10) 前掲『朝鮮の私設鉄道』194-204 頁。

全経費の 10% の高率を示した[11]。このような施設の簡易化が修繕費の増加をもたらし、詳しい事は後述するが、事故の多発とともに、毎年夏季の水害を被って、かえって長期的な経営圧迫の要因となった。ともあれ、図 7-2 を見ればわかるように国有鉄道京義線新安州駅との連絡によって、朝鮮内の鉄道ネットワークと連絡された。鉄鉱石は价川駅から狭軌鉄道によって運び出され、新安州駅で広軌鉄道へ積み替えられ、そこで兼二浦までに運ばれたのである。

その経由地をみれば、「新安州は京義線の一駅として安東起点」101.2 マイルに当っており、「安州の玄関であると共に清川江上流に至る交通の要衝で鉄道の開通と共に生まれる新開地にして」、人口 1,398 人、内、日本人 300 人、朝鮮人 1,076 人であった。この「駅より安州、价川、熙川を経て江界へ乗合自動車の便あり附近は清川江の沃野にして農産物豊饒であ」った。「線路は新安州駅の東側を起点とし、右折東進すれば」、3.8 マイルにして「安州停車場に達」した。「安州は清川江に臨みて舟楫の便あり道路四通八達江南一帯の物資は茲処に集散」していた。人口は 8,941 人を記録し、そのうち日本人 333 人、朝鮮人 8,571 人であって、「郡庁、地方法院支庁、警察署、郵便局、殖産銀行等」が設置されていた[12]。

「之より清川江の南岸耕地の間を過ぎ北龍興に至る」9.9 マイル間は「平坦なるも之より小山脈に隧道を穿ち」13 マイルにして「雲興里停車場に至」った。「龍興、雲興両駅間は山岳を鋏み」、50 分の 1 の「急勾配上下共一哩に及ぶを以て給水所を置く、線路は是より价川郡に入り二、三水路を渡れば軍隅里に達す」こととなった。この「軍隅里は奥地交通の要衝にして价川軽鉄本社の所在地たり」、人口 3,018 人、うち、日本人 228 人、朝鮮人 2,769 人であって、「郡庁、郵便局、学校等」が配置されて、价川軽便鉄道の「線路は之より東南進し泉洞に至る」が、その「附近は山岳連亘し地形山地帯を」なした[13]。

当時としては「安州を起点として平安北道熙川江界を経て鴨緑江岸満浦鎮

11）　同上書。
12）　同上書。
13）　同上書。

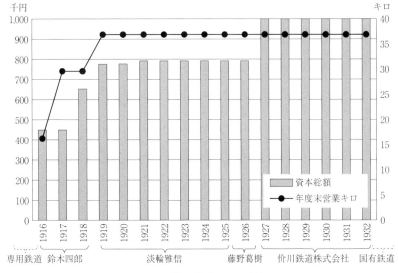

図7-4　价川鉄道の資本総額

出所：図7-3と同様。
注：1926年度までは鉄道建設費である。

に通ずる安満道路に並行し奥地沿道各郡邑との交通頻繁なるのみならず一般物資の搬出入又本線路を利用するもの漸次増加の傾向」があると判断された。1916年6月に三井鉱山より「鉄道器具建造物等一切を借受け」鈴木四郎の名義により軽便鉄道として一般旅客貨物の運輸を開始した[14]。「それから奥地沿道は漸次進歩発展を遂げ物資の集散激増し自然商業の繁栄を招来し中継運送機関としての自動車，馬車の往来逐年頻繁を加へ」該当地域の「唯一の交通機関として産業開発に及ぼしたる効果が尠くない」と評価された[15]。その後，北海道製鉄株式会社が三井系として設立されると，价川鉄山とともに，价川軽便鉄道の所有は北海道製鉄となった。同社が1919年に日本製鋼所に吸収買収されたため，价川軽便鉄道もその所属が変ったことはい

---

14) 「軽便鉄道許可」朝鮮総督府『官報』1916年5月18日；朝鮮総督府『朝鮮総督府統計年報』1916年度版。
15) 前掲『朝鮮の私設鉄道』194-204頁では当初より「淡輪雅信」という名義であったと記されているが，『朝鮮総督府統計年報』によれば，図7-4のように鈴木四郎であった。

第 7 章　三井系价川鉄道の組織変遷と経営動向——専用鉄道，私設鉄道，国有鉄道　283

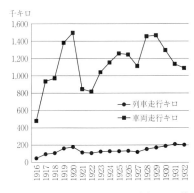 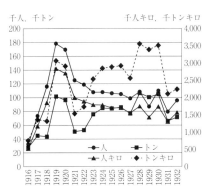

図 7-5　价川鉄道の輸送量
出所：朝鮮総督府鉄道部（局）『私設鉄道及軌道統計年報』各年度版；朝鮮総督府鉄道局『年報』
　　　各年度版；朝鮮総督府『朝鮮総督府統計年報』各年度版。
注：1917-21 年の人キロとトンキロは資料上確認できないため，それ以外の年について旅客と貨物
　　の平均移動距離と貨物 1 トン当り輸送距離が大きくないことに着目し，1916 年と 1922 年の平
　　均移動距離を人とトンにかけて人キロとトンキロを推計した。

うまでもない。鉄道の所有が変る中，鉄道事業者の名義もともに変り，1919年より淡輪雅信となった。この期間中，資本総額，正確に言えば，建設費が急増するのは价川・泉洞間の第二期工事が行われたためである。

　淡輪雅信は价川鉄山事務所長であり，淡輪に代わって 1926 年より鉄道事業者となった藤野葛樹は輪西鉄山价川事業所長であった[16]。資料上鈴木四郎に関する情報は得られないものの，北海道製鉄の价川鉄山事務所長であったと推測できることから，价川鉄山を現地で纏める事務所長が当然鉄道事業者となって，一般営業をも行ったのである。「最初は専ら鉄鉱石の運搬を目的としていたものヽ他の一般旅客及び普通貨物の便乗輸送の要求が逐次増加するので」，三井鉱山は新しい会社を設立するというより，价川鉄山の総責任者の個人名義をもって「价川軽便鉄道」と称して一般営業を始めたのである[17]。一般営業の実行は三井鉱山→北海道製鉄→日本製鋼所が沿線地域に寄与すると同時に，鉄道運営のために必要な追加的収入源を確保することにも

---

16)　「最近台頭した价川軽鉄延長」『朝鮮新聞』1924 年 5 月 3 日；「祝价川支局創立十周年」『朝鮮
　　新聞』1938 年 12 月 27 日。
17)　前掲「最近台頭した价川軽鉄延長」。

なる。後掲図7-8を見ると，個人名義として价川軽便鉄道が運営された1926年までは赤字に転落することなく，一定の利益を出している。

价川軽便鉄道は1916年から1919・20年にかけて第一次世界大戦期の好況のため，鉄鉱石の需要が急増することもあって輸送量が急増した。「奥地沿道は漸次進歩発達を遂げ物資の集散激増し自然商業の繁栄を招来し中継運送機関としての自動車馬車の往来は逐年頻繁を加へ」，「当地方唯一の交通機関として沿道の産業啓発に及ぼしたる功果は実に顕著なるもの」であった[18]。その後，反動恐慌が生じたため，輸送量が急減したものの，貨物の場合，1921-22年を谷にして再び増え始めた。しかしながら，旅客の場合，むしろ長期的減少傾向が見られる。詳しいことは後述するが，強力なライバルとして低運賃の乗合自動車業が登場し，旅客市場を蚕食していったからである。

「旅客は全部並等制とし貨物は対哩(マイル)賃金制を採用され本鉄道各駅と鉄道局の朝鮮線各駅及満洲線主要駅貨物のみとの相互間に旅客大小荷物の連帯取扱ひをなしつつあって」，図7-6のように1924年頃「一日の運輸回数は定期列車四往復と不定期貨物列車一往復と云ふことになって」いた。その後，必要に応じて价川軽便鉄道は列車運行回数を増やした。ともあれ，「沿線は都邑に乏しく僅に安州[,]軍陽里（价川）の二邑あるのみにて他は概ね寒村部

図7-6　价川軽便鉄道の列車運行時刻
出所：「价川軽便鉄道」『京城日報』1924日1月10日。

18）　前掲「孤軍奮闘の价川軽便鉄道」。

第7章　三井系价川鉄道の組織変遷と経営動向——専用鉄道，私設鉄道，国有鉄道｜285

落に過ぎ」ないため，「人口希薄なれば産業も亦之に伴ひ沿線地域内は急激なる発展を期し難き状態にあ」ったが，「价川駅を起点として平北奥地に通ずる安満道路沿線は漸次進展の域に向ひつつあると共に交通機関は本鉄道を介するを最捷径と」なっていた。「運送数量の大部分は後者に属し其の勢圏は寧辺，徳川，熙川の各郡及び遠く江界方面に达及んで」いた[19]。

「泉洞附近に於て株式会社日本製鋼所所有の鉱区を控へ年額約五万五千噸の一定せる貨物（鉄鉱石）を有すると，价川駅を起点として平北奥地に通ずる安満道路沿線は」「漸次発達の域に向ひ之等交通関係は本鉄道を介するを最捷とするを以て其勢力範囲は寧辺，徳川，熙川の各郡及遠く江界方面に及び該方面の貨客あるを以て運輸状態は可なり良好である」のであった[20]。「主要取扱ひ貨物は鉄鉱石，黒鉛，檀木，大豆，粟，雑穀，食塩，銑鉄等が其の大部分を占めて居る」[21]。とはいうものの，1日1マイル「平均収入の割合に少きは日本製鋼所と密接の関係にあり其鉱石輸送に対し低率なる特定運賃を採れるが為めで」あった。价川軽便鉄道の終点泉洞駅より日々150トンないし200トンを積出し，図7-7のように「新安州に於て朝鮮［国有鉄道］線に積替へ兼二浦製鉄所へ輸送しつつあ」った[22]。「又旅客収入より貨物収入の多きは朝鮮内に於ける鉄道としては唯一の特色であ」った。

駅別発送量と到着量を見れば，1924年上半期にそれぞれ，新安州は4,267トン，31,229トン，安州は2,015トン，1,003トン，北松里は0トン，2トン，龍興里は182トン，35トン，雲興里は357トン，6トン，价川は3,448トン，6,695トン，栗隅里は392トン，0トン，泉洞は29,220トン，30トンであった。これを主要貨物別に見ると，最大の貨物は鉄鉱石であって，泉洞から兼二浦へ運ばれており，そのほかに沿線地域から朝鮮内に搬出された貨物は大豆，木材，檀木であった。逆に朝鮮内から沿線地域に搬入された主要貨物には米，鮮魚，塩があり，満洲から沿線地域への搬出貨物としては粟が重要であった。价川軽便鉄道と朝鮮国有鉄道本線とは従来主駅に限って連絡

---

19)　同上書。
20)　前掲『朝鮮の私設鉄道』194-204頁。
21)　前掲「孤軍奮闘の价川軽便鉄道」。
22)　前掲『朝鮮の私設鉄道』194-204頁。

図 7-7　价川軽便鉄道新安州駅の鉱石積込桟橋
出所:「孤軍奮闘の价川軽便鉄道」『朝鮮新聞』1926 年 5 月 30 日。

表 7-1　主要輸送貨物（1924 年度上半期，単位：トン）

品名	主要発駅	主要仕向地	数量
粟	満洲主要駅	安州，价川	2,301
大豆	安州，价川	朝鮮［国有鉄道］線	715
米	朝鮮［国有鉄道］線	新安州，价川	143
木材	价川	朝鮮［国有鉄道］線	292
塩魚	朝鮮［国有鉄道］線	价川，安州	200
塩	朝鮮［国有鉄道］線	安州，价川	1,227
檀木	价川	満洲主要地	425
鉄鉱石（72.5％）	泉洞	兼二浦	28,933
その他			5,645
計			39,881

出所：鈴木清・竹内虎治『朝鮮の私設鉄道』南満州鉄道株式会社，1925 年，202-203 頁。

取扱いとされたが，1922 年 11 月 16 日より全鮮を通じて一般貨客の取扱を行なっていた[23]。こうして，价川軽便鉄道は沿線地域と朝鮮内や満洲との地域的分業関係の形成に寄与したのである。

2. 株式会社への組織再編と輸送動向

1926年に至って日本製鋼所側は個人名義としての价川軽便鉄道を价川鉄道株式会社へと組織再編することで鉄道事業の安定化を図った。発起人の樺山愛輔外8名が价川鉄道株式会社を創立することになり，日本製鋼所より同鉄道を譲受して営業させるつもりであった[24]。資本金は100万円であって，譲渡の許可が1926年11月8日に下された。11月25日に創立総会が開かれ，12月6日に設立登記が終了した。价川鉄道（株）は「従来の軽鉄を九十一万円で継承して愈々営業を始めることにし」，資本金残額8万余円は「建設資金とし」て，車両および線路などの改善を図った。「本店は東京に置き，价川には営業所を置き，所長には藤野葛樹氏常務取締役として就任株主は主として［日本］製鋼所関係の人であ」った[25]。1926年より鉄道事業者となっていた价川鉄山事業所長の藤野葛樹が新会社の常務取締役となって従来のように鉄道経営に当たった。

ここで，なぜ個人名義の鉄道事業とはいえ，事実上日本製鋼所側によって運営された私鉄を株式会社としなければならなかったのだろうか。これについての新聞記事によれば，「近来鉄が安くなって事業思はしくなく鉄道としても十分車成績が上らない為車両線路の改良改善も充分出来ない状態にあるので，鉄道会社設立と同時に三分限度の補助を設け幾分車両線路等の改善をなし運輸収入を上げやうといふのである」と記された[26]。即ち，「近来製鉄不振に伴って主要な貨物である鉱石の輸送が敏活にならず，したがって，恒常欠損が継続し，経営難に陥る」[27]という経営悪化に鑑み，その改善策として株式会社とすることで，政府からの補助金交付を期待したのである。とはいうものの，補助期間は株式払込の日より15年となっていたが，价川鉄道は事実上日本製鋼所より遡ると，三井鉱山の専用鉄道としての性格が強いこ

23）「价川軽鉄全鮮連絡」『東亜日報』1922年11月16日。
24）「价川鉄道譲渡」『東亜日報』1926年11月12日。
25）「面目一新の价川鉄道」『京城日報』1926年12月15日。
26）同上書。同じ記事内容が「价川鉄道会社」『東亜日報』1926年12月16日でも確認できる。
27）「資本金百万円으로 价川鉄道社創設 一大刷新을 加하야 営業을 継続할 計画」『毎日申報』1926年11月13日。

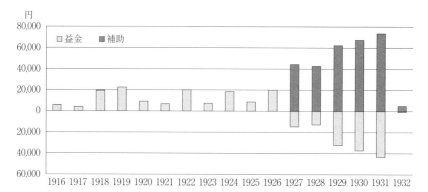

図 7-8 价川鉄道の益金と補助

出所：図 7-5 と同様。

とから，個人名義下の鉄道事業を始めた時期から補助期間を数えて，補助期間が 1931 年 12 月 5 日に終了することとなった[28]。

价川鉄道の経営状況を把握するため，まず，日本における「一般物価に対する鉄価の比」をみれば，1900 年 10 月を 100 として 1914 年に一般物価卸値は 125，鉄価卸値 82 であったが，1918 年にはそれぞれ 255，468 へと上昇した。1927 年には 225，101 へとそれぞれ低下したが，「一般物価に対する鉄価の比」は同期間中 66 から 182 へと上昇したが，低落して 45 となった[29]。「一般物価に対する鉄価の比」は実質価格に相当するものであるため，鉄鋼の実質価格が 1920 年代に第一次世界大戦前より低くなったことを意味する。つぎに鉄道経営を見れば，1920 年代半ば頃，経営収支が悪化したと判断できず，一定の収益を出していたことがわかる。後掲図 7-15 の収益率（＝利益÷営業収入）と利潤率（＝利益÷建設費）を見ても，収益性がこの時期に悪かったとは言えない。とはいうものの，これが鉄道の健全性を示すものでは決してなかった。

1926 年度朝鮮における私鉄の営業状態（図 7-9）を見れば，全北鉄道が最

---

28) 1932 年度の時点で，補助期間が 15 年であったにもかかわらず，第 3 節で後述するように，价川鉄道は無補助となったため，個人名義下の一般営業を行なった期間を含むとしか推測できない。「价川鉄道借上の引継実施打合せ」『京城日報』1932 年 10 月 12 日。
29) 製鉄所『鉄鋼ニ関スル統計表』1928 年 12 月調，11 頁。

第7章 三井系价川鉄道の組織変遷と経営動向——専用鉄道，私設鉄道，国有鉄道 | 289

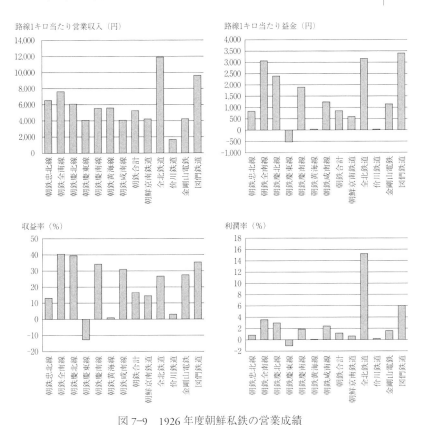

図7-9　1926年度朝鮮私鉄の営業成績
出所：「私設鉄道의 驚異的發達」『東亜日報』1927.07.08；朝鮮総督府『朝鮮総督府統計年報』1926年度版。

も良好であって，その次が図們鉄道，朝鮮鉄道（株），金剛山電鉄，朝鮮京南鉄道，价川鉄道の順であった。もちろん，朝鮮鉄道は全国的に路線網を異にする私鉄6社の合同によって成立したので，中でも，慶東線や忠北線の場合，経営状況が良かったわけではないものの，他の路線では比較的良好なほうであった。とりわけ，建設費を分母とする利潤率を計算してみると，補助金を要しない全北鉄道が15.2％という圧倒的に高い利潤率を記録しており，そのほかにも図們鉄道6％，金剛山電鉄1.6％，朝鮮鉄道（株）1.2％であり，1％を下回ったのが朝鮮京南鉄道と价川鉄道であったが，それぞれ0.6％，0.2％を記録し，朝鮮内で一般営業を行っている私鉄の中で价川軽便

鉄道が最も収益性の乏しい鉄道であったのである。もちろん，朝鮮鉄道（株）の路線中，慶東線がマイナスを記録したことは見逃せないものの，投資家の立場から見れば，价川軽便鉄道の脆弱性は明らかであった。

とりわけ，鉄鋼価格が1920年代の長期不況の中で低迷し，これが鉄鉱石の価格に反映され，鉄山経営も難しくなったのに対し，日本製鋼所の経営陣は事実上会社経営であった鉄道業において個人経営の形を解消し，会計上独立した株式会社に改めることで，補助金の交付を狙ったのである。それを前提に，价川鉄道の経営陣，実際には鉄山事務所長たる藤野葛樹らは資本と労働の両面でより多くの経営資源を投入し，鉄道経営の充実化を図った。先ず，図7-3に戻って建設費に注目すれば，1926年に79万2,500円であったが，これが1927年には93万584円へと増えており，その後も増え続けて1930年まで99万8,182円となった。とはいえ，この金額は他の私鉄に比べて大きな規模では決してなく，その路盤を始めとする諸施設は狭軌線として極めて脆弱なものであった。そのため，解氷期の脱線事故が生じたり，あるいは水害を被って数日にわたる列車運行が中止したりした。そのため，中小鉄道会社として多額の橋梁修繕費を出費せざるを得ず，このような状況は総督府によって買収されるまで続いたのである[30]。

また，図7-10のように，従事員数も1926年の78人から翌年には106人へと増員され，その後も年々増えて1930年には125人となった。その後世界大恐慌に際して人員整理が行われたものの，個人名義での鉄道経営が株式会社となったところで，運輸，運転，その他の系統で26人の増員が行われた。その他はおもに嘱託であって，その構成が詳らかではないものの，1930年の場合，2人の医務が含まれており，朝鮮私鉄としては珍しく組織内部に

---

30) 「安州水害詳報」『東亜日報』1922年9月8日；「价川의 列車転覆後報」『東亜日報』1924年3月18日；「价川鉄道開通」『毎日申報』1927年1月18日；「价川一部開通」『朝鮮日報』1927年8月1日；「价川鉄道復旧」『朝鮮新聞』1928年8月29日；「軽便鉄道脱線」『東亜日報』1929年3月28日；「价川鉄道で機関車脱線」『朝鮮新聞』1929年3月28日；「貨物車脱線」『東亜日報』1929年10月9日；「价川私鉄列車転覆」『朝鮮日報』1930年3月20日；「价川駅構内에 汽車顚覆」『朝鮮日報』1930年3月23日；「价川鉄道에 脱線」『朝鮮日報』1930年4月2日；「价川鉄道流失」『東亜日報』1932年9月2日；「四五日間暴雨継続 平南地方被害不少」『東亜日報』1932年8月31日。

第7章　三井系价川鉄道の組織変遷と経営動向――専用鉄道，私設鉄道，国有鉄道　291

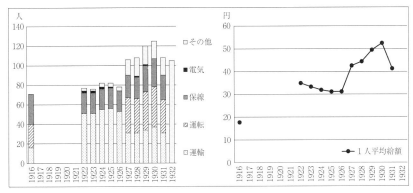

図7-10　价川鉄道の従事員数と平均賃金
出所：図7-5と同様。

嘱託医制度を設けて，鉄道員の傷病に対応したことがわかる。もちろん，鉄山に設置すべき医員を鉄道に移籍させた可能性もある。さらに，1人当り平均賃金を見ても1926年から1930年にかけて31.2円→42.6円→44.4円→49.5円→52.5円へと増えたことから，株式会社の設立に際して鉄道員の待遇改善も積極的に行われ，これが1930年までに続いたことがわかる。このような措置は現場組織の強化をもたらすとともに，業務への動機付けとして機能したことは言うまでもない。しかしながら，このような労務措置が図7-15に示した労働生産性が長期的に低下していく趨勢からわかるように，業務成果の改善につながることはなかった。

　政府補助金による赤字補填を前提に，資本と労働の両面で投入要素の増加が試みられたものの，営業成果の改善をもたらさなかったのはなぜだろうか。それを克明にあらわすのが，旅客輸送であった。即ち，前掲図7-5によれば，貨物輸送は会社組織の形態をとったあとで増えたのに対し，旅客輸送ではこの傾向は見られず，むしろ減っていったのである。このような最大の要因は，高運賃の設定と列車の低速度であった。図7-11の運賃推移を見れば，貨物運賃が1921年を頂点として1923年までに減ってゆき，その後フラットな状態を維持している反面，旅客運賃は1919年から1923年にかけて上昇し，その後も高い水準を維持した。例えば，1921年4月16日には「旅客手荷物賃金表」中一部を増額し，詳しくは①乗車運賃並等1マイル4銭を

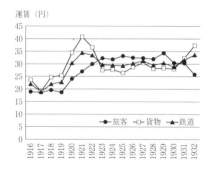
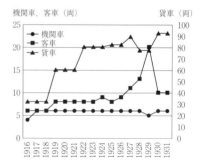

図 7-11　价川鉄道の運賃と車両増備

出所：図 7-5 と同様。
注：1. 鉄道運賃＝運賃収入÷輸送量。輸送量の単位は 1000 人キロと 1000 トンキロである。鉄道運賃＝旅客運賃×旅客収入ウェイト＋貨物運賃×貨物収入ウェイト。
　　2. 客車にはガソリン動車を含む。

4 銭 5 厘へ改定し，②通常小荷物運賃最低金 10 銭を 15 銭とし，20 銭を 30 銭へと改定し，③死体および遺骨の運賃中遺骨の最低 20 銭を 30 銭へと改定し，④貴重品の運賃中最低金 20 銭を 30 銭へと改定した[31]。競争相手となる交通手段がない中，経営改善を図るため，旅客運賃を引上げ続けたのである。

　当然，旅客輸送の高運賃に対する沿線住民の不満が大きかったことは論を俟たず，そこで自動車業が低運賃と運行時間の短縮を実現できたため，強力なライバルとして登場した。旅客輸送の減少は輸送需要自体が縮小した結果ではなく，鉄道から自動車への転移があったことを意味する。例えば，平安自動車商会が設立され，本店を平北熙川邑に置き，各地方に支店と代理店を設置して平安南北道の山間僻地である道路において交通機関を掌握し始めた。同商会はさらに旅客の便宜を図り，1928 年 11 月より従来徳川・价川間車賃 4 円 80 銭を 4 円とし，さらに价川旧邑・軍隅間 50 銭を 40 銭へと引下げると同時に，ついには价川鉄道が営業している价川・新安州間にも 1929 年 1 月 10 日より直通乗合自動車を運行した。運賃も 1 円 20 銭であり，价川発は午前 10 時半，午後 2 時半，毎日 2 回往復であった。これに対し，「价川軽便鉄道当局においては万一を憂慮し」たことは言うまでもない[32]。价川鉄

---

31)　「价川軽鉄運賃改正」『東亜日報』1921 年 4 月 6 日。

第 7 章　三井系价川鉄道の組織変遷と経営動向——専用鉄道，私設鉄道，国有鉄道　293

図 7-12　价川鉄道のガソリン動車の試運転
出所：「价川新安州間汽動車遂開通」『東亜日報』1929 年 9 月 7 日。

道が同区間を列車運行するのに 2 時間も要したのに対し，自動車は 40-50 分で到着し，一般旅客が自動車便を利用することが「明確観火」であった。

その対策を講究し，价川鉄道は 1929 年 8 月に「鉄道局線との連絡運輸の円滑を図り，従来の運送規則を改正し，同社独自の特種取扱事項の外鉄道局線の取扱に倣ふこととなった」。即ち，「旅客に於ては方向変更の取扱を追加し」，「団体割引の内教育又は感化救済に関する大会及講習会の参列者割引に制限を加へ」，「又荷物に於ては遺骨の運賃を引き下げ小荷物扱食料品の特定割引を制定した」[33]。さらに，より根本的対策として自動車部を設置し，自ら自動車運輸業を開始するとともに，従来の客車の運行の代りに 1928 年にガソリン動車を注文し，ガソリン動車が 1929 年 6 月に到着すると，検査を経て 9 月 1 日より運行し始め，5 日間は無料試運転を行なった[34]。それによって，従来 2 時間もかかった价川・新安州間運行が 50 分へと短縮され

---

32)　「价川新安州間自動車連絡？」『東亜日報』1928 年 12 月 2 日；「价川安州間自動車通行」『東亜日報』1929 年 1 月 17 日。
33)　「价鉄運賃改正」『釜山日報』1929 年 8 月 23 日。
34)　「安州駅斗 城内間 無賃自動車運転」『東亜日報』1929 年 3 月 26 日；「价川汽動車来月부터 開通」『東亜日報』1929 年 7 月 25 日；「价川新安州間汽動車遂開通」『東亜日報』1929 年 9 月 7 日。

た。さらに，7月20日より安州駅・城内間の無賃自動車運転を開始し，集客の手段とした。

　しかし，价川軽便鉄道のガソリン動車は機械の故障が頻繁に発生し，運行できなくなった。1929年12月22日より再び故障が発生したため，注文した部品が到着してから再運行した[35]。そのため，ガソリン動車の運行中止に際して普通の客車をもって対応せざるを得なかった。ともあれ，ガソリン動車の運行が定着すると，従来使用してきた客車を廃止し，図7-11のように客車の両数は1929年20両からその翌年には10両へと減ったのである。それにしても，「一般からは同軽便車賃が高騰であると評価が多く，鉄道当局においては何等反省がないと言って，乃終のものを固執すれば，全部自動車便を利用すると言って」いたため，自動車へ流れて行った旅客が鉄道に戻ってきた気配は見られない（図7-5）[36]。そこで，開業15周年記念のため，1931年9月1日には同月末日まで汽車賃を二割引とする[37]など，旅客運賃の引下を進めた（図7-11）。

　駅別輸送量をもって具体的に輸送動態はどのように変わったのかを把握してみよう。旅客の場合，朝鮮国有鉄道京義線への乗換ができる新安州駅を最も多くの旅客が利用しており，その次が安州，价川であった。この動向は1928年には大きく変わることはなかったが，1932年になると，やや異なる動向が見られる。1932年には世界大恐慌の影響があり，新安州駅において乗り換える連帯の旅客が大きく変わらなかったにもかかわらず，价川鉄道区間を利用する旅客が急減し，新安州＜安州＜价川となった。その一方，貨物の場合，駅別発着量の乖離が大きく，泉洞が発送駅として機能し，それを受ける新安州が到着駅として特化したことがわかる。1925年から28年にかけてその輸送量が増えたが，表7-2の品目的輸送量に注目すれば，1930年までは鉱産品，中でも鉄鉱石が増えて貨物輸送量が全体的に増えたと判断できる。ところが，その後は世界大恐慌のため，貨物輸送量が急減したため，1932年の駅別発着量の急激が確認できる。この点で，价川鉄道はあくまで

35）「汽動車不通」『東亜日報』1929年12月28日。
36）前掲「安州駅과 城内間 無賃自動車運転」。
37）「汽車賃割引」『東亜日報』1931年9月3日。

第7章　三井系价川鉄道の組織変遷と経営動向——専用鉄道，私設鉄道，国有鉄道 | 295

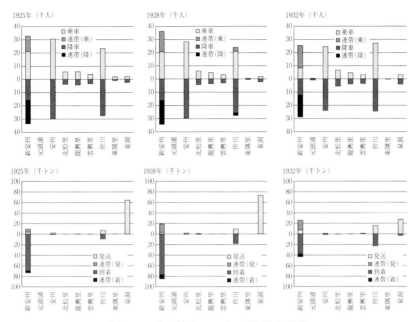

図7-13　价川鉄道における駅別輸送動態

出所：朝鮮総督府鉄道部（局）『私設鉄道及軌道統計年報』各年度版；朝鮮総督府鉄道局『年報』各年度版。

表7-2　价川鉄道の品目別貨物輸送量（単位：トン）

	1925		1928		1930	
	発送	到着	発送	到着	発送	到着
農産品	9,147	9,147	7,776	10,072	8,323	5,614
林産品	646	646	1,083	1,188	1,488	1,070
鉱産品	65,800	65,788	73,879	73,945	78,961	78,848
水産品	1,463	1,463	4,294	496	1,918	3,792
工産品	1,469	1,455	3,116	962	1,383	3,327
雑品	5,653	5,786	2,815	2,152	1,805	3,466
合計	84,178	84,285	92,963	88,815	93,878	96,117

出所：図13と同様。

も鉱山鉄道であったといえよう。

3. 鉄道経営の収支分析と私鉄国有化

　旅客輸送の低迷の一方，貨物輸送が増えて，輸送量全体は1919年の水準に至らなかったものの，1930年までは増え，その水準に肉薄した。このような輸送量の増加が鉄道経営のプラス要因になったことは確かである。図7-14の通り，旅客輸送は1920年代に入ってほとんど大きな変化がなかったが，収入構成においては1920年代に30-40％台を占めた貨物収入が1930年まで増えた。これ自体は鉱山鉄道としての特徴を示している。それと同時に費用も増えたことは見逃してはいけない。1927年以降には保存費がやや減少気味であったが，汽車費と運輸費はむしろ増えており，それ以前にはなかった総係費が設けられ，運輸費よりも大きかった。既述のように，従事員数が1927年より20人以上増えており，1926年から1930年にかけては47人の増員があり，これが1930年の全125人の38％に達した。それだけでなく賃金も大幅に引上げられ，1926-30年間に平均月給の増額は21円に達し，1930年の平均給52.5円の41％が増額であったことになる。人件費の負担が大きく増えたのである。物件費においても新しいガソリンカーの導入などが

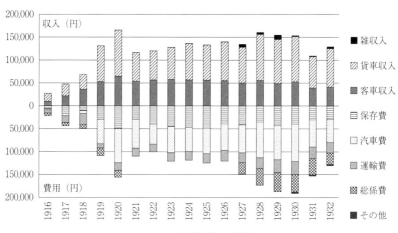

図7-14　价川鉄道の経営収支

出所：図7-5と同様。

あったため，汽車費も以前より増えざるを得なかっただろう。

その結果，1927年より价川鉄道は赤字経営に反転し，その額は年々拡大した。1928年に欠損額は若干減少したが，「この良好績の原因は毎年水害を受ける同鉄道が今年に限りて水害を受けなかった為めである」[38]。しかし，1929年より欠損額は大きくなり，とりわけ，1931年には世界大恐慌の影響を受けて，収支ともに減少したが，費用が収入を上回ったのである。1930年の125人から31年には108人，32年には105人へと人員整理が客車の廃車措置とともに行われたものの，経費削減にはそもそも限界があった（図7-10，図7-14）。1932年になって貨物運賃を引き上げて，貨物収入を確保する一方，経費削減措置が引続き取られた結果，鉄道経営が黒字に転じることはなかったものの，欠損額は前年度の－43,676円から－861円へと急減した（図7-8）。この時期にすでに价川鉄道は総督府鉄道局によって経営されたのである。

この収益性を正確に把握するため，利潤率を計算して見たのが図7-15である。利潤率は第一次世界大戦の好況期に3％を記録することもあったが，低下と上昇を繰り返しながら，個人名義下の鉄道経営期の1926年まで続い

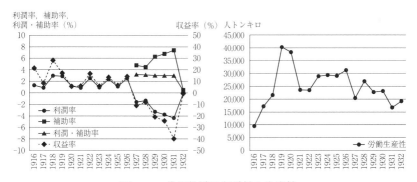

図7-15　价川鉄道の収益性と生産性

出所：図7-5と同様。
注：1. 収益率＝利益÷営業収入。利潤率＝利益÷建設費。補助率＝補助÷建設費。利潤・補助率
　　　＝利潤率＋補助率。
　　2. 労働生産性＝（人キロ×旅客収入ウェイト＋トンキロ×貨物収入ウェイト）÷従事員数。

---

38)「价川鉄道業績欠損額減少」『京城日報』1928年12月8日。

たものの，その後はマイナスに転じて下がり続け，最終的には−4.4％まで
になった。その後，国有鉄道による借上げ経営が始まった1932年には経営
改善に伴って−0.1％を記録した。収益率はこのような利潤率の動向を増幅
してあらわしている。このような収益性の脆弱性は労働生産性の低下にもよ
るものであった。労働生産性は1919年を頂点として低下し，1922-23年を
谷として若干向上したが，やはり株式会社への組織改編後，下がり続ける傾
向であった。労働力の投入を増やしたとはいえ，それ以上の輸送量の増加率
を伴わず，鉄道運営の効率化が実現されなかったのである。労働生産性の低
下は他の私鉄ではなかなか見られないことから，そもそも鉱山鉄道たる价川
鉄道のユニークな特徴であると評価せざるを得ない。

　その反面，注目すべきなのは補助率が1927年に4.8％より上昇し，1931
年には7.4％までに上昇し，利潤率の低下をカバーし，二つを合算した利
潤・補助率は約3.0％を中心に推移したことである。即ち，政府補助金の交
付によって赤字になるべき私鉄経営が毎年3％程度の利潤率を記録し，事実
上「三分配当」を維持できたのである[39]。総督府の補助金制度がもう一つの
赤字路線たる价川鉄道の経営補填を行ない，会社経営を維持させたのであ
る。これを前提に資本と労働の投入を増やし，鉄道の輸送力の発揮を試みた
ことはすでに指摘したところである。とはいえ，他の私鉄は政府補助金の交
付を得て配当率8％を維持するのが一般的であったものの，それに大きく及
ばない价川鉄道の配当率3％は私鉄経営としていかに脆弱であったかを示し
ている。

　以上のような脆弱な私鉄経営にとって新しい変化のきっかけとなったのが
満浦線の敷設であった。国有鉄道平元線順川から价川，江界を経て国境地域
の満浦鎮に至る満浦線の敷設が朝鮮側の沿線住民を巻き込んで積極的に請願
されたのである。1925年10月には大村卓一総督府鉄道局長が国境方面を視
察して「満浦鎮鉄道施設の至急さ」を認め，「狗峴嶺の難関があるので，此
の開通には少なくとも十年を要する」が，熙川までの工事は比較的容易であ

---

39)　「价川鉄道業績 漸次良好模様」『京城日報』1928年6月3日；前掲「价川鉄道業績欠損額減
少」；「价川鉄道三分配」『京城日報』1928年12月28日；「价川鉄道決算 年三分의 配当」『東亜
日報』1930年12月3日。

第7章　三井系价川鉄道の組織変遷と経営動向——専用鉄道，私設鉄道，国有鉄道 ｜ 299

り，順川，价川，熙川間の敷設は近々実現できるため，「早晩成案を議会に提出する」と言及したのである[40]。とりわけ，「鉄道網十年計画」が朝鮮総督府鉄道局，朝鮮鉄道協会，帝国鉄道協会などが中心となって朝鮮各界各層より意見を収斂して進める中，平壤商業会議所と鎮南浦商業会議所は鴨緑江上流流域の森林開発を促す森林鉄道として有望であると言って，1926年に満浦線速成を請願した[41]。

　朝鮮鉄道協会と帝国鉄道協会が協力して設置した朝鮮鉄道促進期成会と総督府が中央政府と折衝を重ね，11年継続事業を閣議に提出して修正の上，朝鮮鉄道12年計画（1927-38年）が第52帝国議会で成立した。それによって図們，恵山，満浦，東海，慶全という5路線の敷設が策定され，これらの路線の一部区間に当たる朝鮮鉄道会社所属の慶南線，全南線，慶東線，全北鉄道会社線，図們鉄道会社線の買収が決定された。満浦線の敷設に際して当初の計画では价川鉄道の国有化は含まれていなかったことに注意しなければならない。それにもかかわらず，大村鉄道局長は1927年11月に「帰任談」として満浦線の開通について研究すべき問題は价川鉄道であると見て，これは将来安東より輸入される満洲物資の幹線になる運命であるという評価を下し，国有化の可能性を言及した[42]。

　ところが，12年計画の決定にもかかわらず，満浦線敷設はなかなか進行できず，平壤商業会議所と鎮南浦商業会議所はその実現を促すため，平壤商業会議所会頭の朴経錫と鎮南浦商業会議所会頭の李種燮の名義をもって総督府に長文の陳情書を提出することにし，そのため，3-4人が上京し，1930年6月17日に当局と会見し，その鉄道敷設の必要を陳情した[43]。その後，満州事変が勃発し，中国東北部が日本帝国の支配下に入ると，満浦線を取り巻く状況は一気に変わり，朝鮮半島と満洲を結ぶ満浦線の重要性が再認識されたのである。満浦線鉄道敷設は1931年より着手することになって，そのた

40）「満浦鎮線計画 近近議会에 提出」『東亜日報』1925年10月17日。
41）「満浦鎮線速成을」『東亜日報』1926年11月3日；「満浦津線敷設을 五年만에 또 陳情」『朝鮮日報』1930年6月18日。
42）「价川鉄道는 国有로 変更？」『東亜日報』1927年11月7日。
43）　前掲「満浦津線敷設을 五年만에 또 陳情」。

め，総督府鉄道局の測量隊員 17 人が 1930 年 11 月 7 日より价川地方に来て 12 月 1 日まで中南・中西・泉洞方面を測量し，既設の順川線との線路連絡を行なうことにした[44]。1931 年 4 月には敷設工事に備えて鉄道用地の購入に当たって，総督府鉄道局は地主との交渉を始め，承諾を得ない時には价川郡の用地買収を依頼していた[45]。

　そうした中，順川より工事に着手して 1931 年秋に价川泉洞まで開通する満浦線を价川郡隅里まで延長させるため，「満浦線工事軍隅延長運動」が展開された。「現在順川から泉洞まで延長したが」，泉洞は价川より約 1.5 里地点にあるため，これを价川郡軍隅里に延長できれば，「地方の発展上に莫大な影響」を及ぼすため，1931 年 4 月 5 日午後 1 時頃，价川倶楽部において市民大会が開かれ，价川鉄道延長期成会委員長佐口俊三，委員金暎義外 9 人は同月 16 日政務総監，鉄道局長，平壌工務課長に价川軍隅里までの工事延長を願う陳情書を提出した[46]。「鉄道局の計画によれば，今年度設計計画には入っておらず，来年度のことは未定であるものの，私鉄价川鉄道の買収問題にも影響を及ぼすため，急速にこの延長をみることは可能性が低いだろう」と考えられた[47]。

　价川鉄道の国有化についてその責任者ともいうべき澤崎鶴司鉄道局監督課長は 1930 年 6 月に「この問題は満浦鎮線の進行と共に具体化するもので満浦鎮線が開通すれば私鉄と交叉し私鉄は非常に不利となるので買収しなければならんが問題は金である」と見た。「財政困難で満浦鎮線の起工が判明せずしたがって私鉄買収も何等進捗していない」ということであった[48]。即ち，私鉄としての経営の脆弱性が国有化の理由として考えられていたが，満州事変後満浦線の敷設が具体化され，价川駅が所在している軍隈里への延長運動が展開されると，これが价川鉄道の買収問題を解決するきっかけとなっ

44）「満浦線鉄道」『東亜日報』1930 年 10 月 20 日。
45）「満浦線不遠着工」『東亜日報』1931 年 4 月 4 日。
46）「満浦線工事軍隅延長運動」『東亜日報』1931 年 4 月 12 日：「満浦線의 建設延長請願」『朝鮮日報』1931 年 4 月 17 日。
47）「満浦線延長請願을 提出」『東亜日報』1931 年 4 月 19 日。
48）「价川鉄道の買収問題を語る，小坂拓務次官案内の澤崎鉄道局監督課長」『朝鮮新聞』1930 年 6 月 27 日。

第7章　三井系价川鉄道の組織変遷と経営動向——専用鉄道，私設鉄道，国有鉄道 ┃ 301

たのである。そのためか，満浦線の敷設は第1区工事地である价川泉洞より
順天内南面までの約19万円で三宅組に落札され，そのために総督府鉄道局
は工事と相俟って鉄道用地買収に奔走していたが，1931年4月に突然，平
壤工務所に緊急電話し，既定線路で落札された价川郡中西面龍灘，龍興など
についての土地買収の一部を中止し，線路を新しく龍灘駅より中南面青谷仁
川站まで一直線にすることを明らかにした[49]。同年10月には鉄道局と平壤
工務事務所との間で打合せが行われ，満浦線を价川まで延長することが決定
された[50]。

　その後，1931年11月に至って，満浦線价川・新興間に着工するに際し
て，総督府鉄道局は价川鉄道の買収を決定した。「満浦線延長によって新安
州・价川間の价川鉄道線は営業力を失う」ことになった[51]。満浦線の「泉洞
以北への進行は价川鉄道と並行して沿線物資の搬出は殆ど広軌満浦線に吸収
され新安州价川間に於て僅か地方旅客収入によるの外なき苦境に立至る」こ
とが予測されたのである[52]。その対策として国有化案のほかに，もちろん同
社の損害を補償して同線を廃線にすることが得策であるという設もあっ
た[53]。国有鉄道が价川まで延長すると，同線は営業価値を失うことから，鉄
道局が買収しても収益を挙げられない路線を多額の費用をもって買収すると
いうより，損害の補償の上，廃線することが「利」であった。というもの
の，朝鮮私設鉄道令には「補償の条文」がなく，その法律的根拠となる日本
内地の地方鉄道法でも関連の条文がないため，「鉄道局において買収する外
他途がなかった」のである。

　従来私鉄を買収する場合，建設費を基準としてこれを換算して買収したも
のの，价川鉄道は建設費99万8182円より20万円低い80万円の公債額面，
会社受取としては70万円で買収することが決定された。その理由として①
价川鉄道に対する補助は1931年12月5日に終了して現在は非補助の会社で

---

49)　「満浦線鉄道工事　突然中途変更」『東亜日報』1931年5月1日。
50)　「満浦鎮線を价川まで延長か」『朝鮮新聞』1931年10月23日。
51)　「价川鉄道 結局買収乎」『毎日申報』1931年11月11日。
52)　「价川鉄道 買収と借受」『毎日申報』1932年7月13日。
53)　前掲「价川鉄道 結局買収乎」。

あること，②同社線は既往営業成績が欠損持続であって将来も収益を予想できないこと，③朝鮮私設鉄道令による私鉄線であるものの，実際問題として三井鉱山会社専用線であると言えるし，資本関係も他の私鉄と同一視できないこと，④将来はともなく，現在鉄道運輸上の使命の太半を失した線を私鉄令によって買収する必要がないことであった[54]。そのため，同線買収は協定買収であって，建設費に拘束される必要がないというのは総督府などの政府側の主張であった。

　即ち，総督府側としては満浦線の敷設によって営業価値を失ったため，「補償」という趣旨で私鉄買収を行なうが，そもそも収益性が乏しい赤字路線であり，形式上私鉄であったと言っても，実際には三井系の鉱山鉄道であるため，建設費から見て二割引で買収するということであった。収益性の乏しい私鉄が買収された事例があることから，特定の鉱山鉄道であったことが決定的な理由であった。総督府側は价川鉄道側に公債額面 80 万円の買収価格を提案し，价川鉄道がそれを引き受け，契約が成立した。運賃の低い国有鉄道を通じて鉄鉱石を輸送できることから，日本製鋼所は歓迎せざるを得なかっただろう。

　しかしながら，大村卓一総督府鉄道局長は東上中の林繁藏財務局長を通じて政府当局，なかでも价川鉄道の買収について「大蔵省を説服できなかった」ため，第 62 回帝国議会ではこれが成立せず，价川鉄道を事務的に解決するという方針をもって帰任せざるを得なかった[55]。「价川鉄道買収は実現性を失った」と判断されたため，1932 年 5 月頃には総督府鉄道局として林財務局長の協議を経て价川・泉洞間の買収と价川・新安州間の「局鉄道委任経営」の準備を内部的に進めていた。また，公債発行が不可能となったため，満浦線の工事進捗にあわせて，同年 7 月下旬まで价川・泉洞間 7.3 キロを満浦線建設費で買収する案を明示し，買収価格を「二十五万乃至三十万円」と想定した[56]。新安州・价川間 29.6 キロは「買収の見込みなく一時借受

---

54) 「价川鉄道買収 会社受取ニ 七十万円」『毎日申報』1932 年 5 月 17 日。
55) 「价川鉄道 委任経営乎」『毎日申報』1932 年 6 月 4 日；「悩みの价川鉄道」『京城日報』1932 年 6 月 23 日。
56) 前掲「价川鉄道 買収と借受」；「价川鉄道の一部買収決定」『京城日報』1932 年 7 月 1 日。

第 7 章　三井系价川鉄道の組織変遷と経営動向——専用鉄道，私設鉄道，国有鉄道 | 303

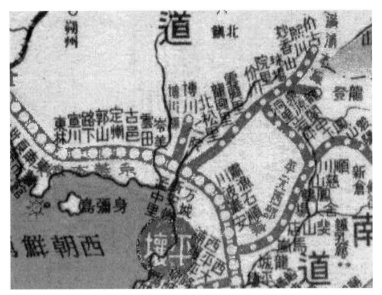

図 7-16　国有化後の价川鉄道路線図
出所：朝鮮総督府鉄道局「朝鮮鉄道路線図」1936 年。

の形式を以て局鉄委任経営とする方針で鉄道局としては一刻も速かに実施着手を望ん」だ。

　ところが，この「建設費買収」も政府予算の運営上不可能となった。そこで，1932 年 7 月より澤崎鉄道局監督課長と价川鉄道支配人であった藤野葛樹が交渉し，价川鉄道を国有鉄道が委任経営することとなった[57]。价川鉄道としては補助期間がすでに 1931 年 12 月 5 日をもって終了し，多額の欠損が避けられず，早晩満浦線が敷設され，所属路線の経営が難しくなるため，むしろ無料で鉄道施設一切を鉄道局側に委任経営させるほうが赤字発生を防ぐ方法であったといえよう[58]。そのため，价川鉄道は政府によって買収されるまで，「价川鉄道賃貸局営」に同意したのである[59]。1932 年 10 月 8 日には价

---

57)　「价川鉄道委任経営」『毎日申報』1932 年 8 月 2 日。
58)　「价川鉄道借上の引継実施打合せ」『京城日報』1932 年 10 月 12 日；「价川鉄道，借上調印を終り引継実施打合せ」『朝鮮新聞』1932 年 10 月 12 日。
59)　「价川鉄道賃借局営，時期は買収まで」『京城日報』1932 年 8 月 21 日。

川鉄道と鉄道局との間に契約調印が締結され，同月 10 日には鉄道局会議室で引継実施に関する打合会が開かれた。

　それによって，11 月 1 日より朝鮮総督府が「价川鉄道株式会社所有新安州泉洞間鉄道を借受け一般運輸営業を開始」した[60]。それと同時に，総督府鉄道局は約 100 人のうち 83 人を引継ぎ，雇員 20 人，備人 63 人に辞令を交付し，列車運行時刻改正の上，鉄道運賃体系をはじめ，鉄道運営方式を国有鉄道体制に統合した。价川・新安州間運賃は 92 銭から 46 銭，また价川・泉洞間運賃は 22 銭から 11 銭と，従来の半額となった[61]。さらに，列車運行回数も増やしたため，市場競争力を回復し，自動車業にとっては大打撃となった[62]。図 7-16 のように，价川・泉洞間は満浦線の一部区間となり，新安州・价川間は价川線と命名され，京義線と満浦線を連絡する路線として位置づけられたのである。

　その一方，鉄道局と総督府との間に買収の交渉が進み，再び价川鉄道の買収案を中央政府に提出することとした。「借上期間を経て買収の経過如何は一般私鉄の補助年限終了後の運命も暗示するものであり局鉄の買収方針を示すと共に業界に唯ならぬセンセイションを捲き起している」こととなった[63]。价川鉄道買収案が再び中央政府に提出され，これが 1932 年 12 月に閣議で決定された[64]。それに伴い，国有鉄道による价川鉄道借上経営も 1933 年 4 月 1 日に買収とともに解消されることとなった。

　こうして，价川鉄道の国有化を歓迎したのは，低廉な運賃で鉄道が利用できるようになった沿線住民だけでなく，長年にわたって収益性の乏しい鉱山鉄道を運営してきた日本製鋼所の経営陣ではなかっただろうか。そのため，事実上价川鉄道が鉄道局へ譲渡される前日の 10 月 31 日に价川鉄道の会長一

60）「价川軽便鉄道 鉄道局이 移管」『東亜日報』1932 年 10 月 10 日；「朝鮮総督府告示第 565 号」朝鮮総督府『官報』1932 年 10 月 26 日。

61）「卅六キロ价鉄 鉄道局에 移管」『東亜日報』1932 年 10 月 12 日；「价川軽便鉄乗車賃減下」『東亜日報』1932 年 10 月 20 日；「价川鉄道の委任経営始まる，鉄道局で従業員に正式に辞令を交附」『京城日報』1932 年 11 月 5 日。

62）「局営となった价川鉄道の便利，運賃も安く回数も増加，自動車業は大打撃」『朝鮮新聞』1932 年 11 月 10 日。

63）「价川鉄道の買上具体化」『京城日報』1932 年 10 月 16 日。

64）「价川鉄道買収 今日閣議로 決定」『毎日申報』1932 年 12 月 19 日。

第 7 章　三井系价川鉄道の組織変遷と経営動向——専用鉄道，私設鉄道，国有鉄道 │ 305

色虎児が来場し，官民 40 余人を同倶楽部に招待し，一夕の別宴を催したのである[65]。さらに，「各職員に多数の退職者があり，中には約二十年もの勤続者ありその退職金については多寡種々と取沙汰され個人の額は詳しく知る由もないが総額十万円の多額に上」った[66]。

　私鉄買収方法として法定買収と協定買収といった二つの方法があるが，法定買収は既往の 3 年間の純益を 20 倍の額を公債額面で買収する方法であったため，5%の純益が出せる私鉄であれば，建設費に相当する買収価格が期待できるが，それ以下の純益であれば，買収価格が建設費以下で設定されることになった[67]。そのためにも价川鉄道は既述の理由に基いて協定買収が決定され，それが鉄道投資を行っていた日本製鋼所，三井系の利害を反映するものであった。その後，1933 年 4 月 1 日より价川鉄道の国有化が実行され，政府は 1933 年 6 月に价川鉄道株式会社の所属鉄道買収の代金として 5 分利公債 70 万 6400 円を発行することを決定した[68]。こうして，价川鉄道株式会社は 1933 年 6 月 8 日に解散されたのである[69]。

　その後，総督府鉄道局は泉洞・价川間広軌改築工事を竣工し，1933 年 7 月 15 日に新線による一般営業を開始した。しかし，満浦線に含まれていない价川線に対する広軌改築は実行されなかった。そのため，价川，安州，新安州一団となり安州邑を中心にこれが促進期成会を組織し，猛運動を展開した。吉田浩鉄道局長が満浦線を視察することを好機として安州，价川両郡民代表者が 1934 年 9 月 15 日に价川駅において价川線「広軌開設方」を陳情したのである[70]。ところが，長年にわたって价川線の広軌改築が実行されることなく，輸送力の脆弱な狭軌線のままであった。

---

65)　「价川鉄道別宴」『朝鮮新聞』1932 年 11 月 8 日。
66)　「价川鉄道の退職金総額，金十万円也三日支拂済」『朝鮮新聞』1932 年 11 月 12 日。
67)　「价川鉄道協定買収 議会閉会後実行」『毎日申報』1933 年 12 月 1 日。
68)　国有化のための起債根拠法は朝鮮事業公債法であって，大蔵省の発表によれば，国債名称は 5 分利公債（第 4 回）であって，その発行額は額面 70 万 6,400 円であった。償還期限は 1937 年まで 5 カ年据置，1938 年より 50 カ年以内であって，利率は年 5 分であった。「价川鉄道買収公債要項」『東亜日報』1933 年 6 月 24 日。
69)　「私設鉄道会社解散」朝鮮総督府『官報』1933 年 6 月 20 日。

おわりに

　价川鉄道は鉱山鉄道として敷設されたものの，現地の輸送需要に応じて個人名義の下で一般営業を開始した。当時，三井鉱山，のちに北海道製鉄を経て日本製鋼所になるが，これらの会社が植民地朝鮮において専用鉄道事業ではなく一般鉄道事業を行なうのに相応しくないことから，会社の价川鉄山事業を担当している事務所長が鉄道事業者となって，軽便鉄道事業を行なったのである。そのため，個人名義が変わっていくのは事務所長が替わったからである。この点で，軽便鉄道事業の主体が三井鉱山→北海道製鉄→日本製鋼所という三井系であると見るべきであろう。

　とはいうものの，その収益性は赤字経営ではなかったものの，朝鮮私鉄の中でも最も乏しいほうであったため，資本と労働の投下は極めて限定されたのである。これが狭軌線としての輸送力をさらに弱化させる要因にもなっ

---

70)　「陳情書／价川線沿線における各郡民は勿論平安南北道民の多年の懸案たる价川線広軌拡張要望は昭和七年秋平壌に開催せられたる西鮮三道実業大会における満場一致を以て可決し大会の各地を以て已に陳情致したる事に候得共今回満浦線沿線御視察の機会を以て謹て閣下に陳情仕候間何卒御考慮を奉願候／即ち交通網の完備□□は□□て軍事上又は産業上重大なる影響を及ぼすことは勿論前陳价川線は平安南北両道の中央に位置しその敷設以来交通機関として重大なる使命を有するに不拘年々雨期には大都市を控へ居る所となり年数回不通となるのみならず該線は清川の江岸に沿ひ居るを以て毎年に崩壊し今や根本的改修を為さざる可らざる状態に至れり加ふるに狭軌なるを以て時代の運に伴ひ今日に至ては一般交通上は勿論客貨の運輸上莫大なる支障を来し地方一般商人の不便不経済なることは実に想像以上にして之を一日たりとも急速に広軌に改善を必要とする理由は一々枚挙するに遑なきも最も重要となる事項を挙れば左之通りに御座候／一，満洲方面対満浦線沿線の現下輸出入に付ても粟製其他の貨物は数万噸に達し将来満浦線開通するときは同線より新安州駅を経由して満洲方面へ貨物の輸出入数量は多額に上るは当然なるに現状の侭にては連絡不可能となりて結局遠く西浦駅を迂回せざるべからざるを以て斯かるときは運賃著しく高率となり実に不便不利なこととは勿論両地の産業開発上莫大なる支障を来すこと／二，平元線満浦線開通の暁には平壌駅に於て貨物の大混雑を極めることは瞭然たる事実なれば价川線の広軌変更は一面この緩和策と余り他面平元線満浦線より新義州安東方面への客貨運輸上最も捷径たること／三，軍事上万一の場合は該線を広軌に変更しく必要あるは勿論なれば目下の情勢に鑑み最も緊急を要するものと認めらる。／四，満浦線開通の暁に於ける北部炭田より産出する無煙炭及び鉱石並に奥地製材の輸送に重大なる役割をなすものと思惟せらる。／五，西浦順川間において万一不通事故ある場合は当价川線の使命は重大にして将来考慮を要する事項なる本年京釜線の水害において内地連絡は東海中部線を利用したる例に依りて殷鑑昭然たるを以て本件広軌拡張が痛切に感ずる所なり／以上の事情を御諒察被下速に价川線広軌改善実現方奉陳情候也／昭和九年九月十五日」（「地元民熱望の价川鉄道広軌改修，巡視の鉄道局長に安价両郡民が陳情」『朝鮮新聞』1934年9月18日）。

第 7 章 三井系价川鉄道の組織変遷と経営動向——専用鉄道, 私設鉄道, 国有鉄道 | 307

た。これに対し, 日本製鋼所側は同社の子会社として价川鉄道株式会社を設立し, 総督府からの補助金の交付を期待した。そのため, 株式会社への組織再編が行われてから, 价川鉄道は資本投下をやや増やす一方, 従来からの要員数から見て, 大量の採用を決定したのである。これが経営収支にとって経費増加要因となったことはいうまでもない。

しかし, 輸送量の抜本的増加は確認できず, 会社の設立後, むしろ経営収支の悪化が進んだ。貨物は价川鉄山からの鉄鉱石もあり, 増加傾向が見られる反面, 旅客は自動車業との競争もあって, 1920 年代初頭より低下したままであった。自動車業は運賃の低廉さと運行速度の速さをもって強力なライバルになったため, 鉄道の旅客輸送は伸び悩んだのである。そのため, ガソリンカーを配置して速度を改善し, 鉄道の割引を拡大したにもかかわらず, 自動車業への競争力を回復することはなかった。

さらに, 1930 年代に入ると, 鉄鋼価格の低下のため, 鉄鉱石の採掘量が減り, 貨物輸送も急減したのである。そのため, 運賃の高運賃設定が行われても, 赤字補填ができず, 政府からの補助金を得て漸く経営黒字を記録し, 3％の配当ができた。しかし, この補助金の支給も 1931 年 12 月をもって終了し, 会社経営の見込みが懸念されていた。そうした中, 朝鮮鉄道 12 年計画の一環として満浦線が敷設されると, 一部の路線が並行線となった价川鉄道は存続まで危うくなった。沿線住民側も満浦線の延長を切に期待し, 請願運動を展開した。これに対し, 総督府鉄道局は「補償」のため, 満浦線の路線の一部が价川鉄道の一部区間を通るように変更し, 私鉄国有化政策を適用しようとした。

しかしながら, 公債発行のための法律が日本内地の中央政府においては成立しなかったため, 総督府は一部路線の買収と残余路線の借上経営ないし委託経営を決定した。とはいうものの, 満浦線の建設費による私鉄路線の買収は成立できず, 総督府鉄道局は将来の買収を前提に無料で价川鉄道の借上げ経営を決定し, 事実上, 人事, 施設企画などを国有鉄道に統合した。价川鉄道の経営陣, 正確にいえば, 日本製鋼所は補助なしでの鉄道経営は欠損金が発生するのみであるため, 無料借上経営に同意したのである。その直後, 价川鉄道の総督府買収が中央政府と帝国議会を経て決定され, 价川鉄道にとっ

て有利な協定買収が行われた。

　その結果，低運賃の設定が可能となり，自動車業への競争力を回復するとともに，鉄鉱石の輸送も広軌線を通じて行われ，さらに沿線住民の要求は満たされたともいえる。何より，日本製鋼所は輸送力の乏しかった赤字鉄道の負担から解消されるだけでなく，投資金の回収も可能となった。この点で，総督府の私鉄買収政策は本来ならば，12年計画の私鉄買収案に含まれていなかった，鉄道の投資家の利害をも配慮するものであったのである。价川鉄道は営業力の乏しかったからこそ，私鉄買収政策が適用された事例である。とはいうものの，价川鉄道の全路線が広軌化されず，一部の路線に狭軌のままであって，予算制約のため，沿線住民のすべての要求に答えられたわけではないことにも注目しなければならない。

第 **8** 章

日窒の朝鮮電源開発と鉄道事業

新興・端豊・平北の三鉄道

はじめに

本章の目的は，朝鮮北部の電源開発のために展開された日窒系の鉄道事業を検討し，財閥にとっての事業的意義とその経営実態を分析して，植民地朝鮮における開発鉄道史の一面を明らかにすることである。

日窒は 1920 年代以来東高西低という朝鮮北部の地形に注目し，流域変更式の水力発電事業[1] を展開，それを電源とする朝鮮窒素肥料を設立し，硫安をはじめとする多様な化学製品を生産し，これを日本帝国圏内で売り捌いた。これが流域変更式による赴戦江水力電源開発から始まり，その次には長津江水力電源開発になり，さらに虚川江水力電源開発にも至った。後には，朝鮮と満州の両方から重力ダム方式による鴨緑江水力電源開発も試みられ，日本内地で得られない低廉な電力生産が次々と実現され，これが日窒の資本蓄積にとって大きな礎石になったことは言うまでもない。これらの電力開発が一般人の生活空間から離れた僻地，しかも山岳地帯で行われただけに，大規模なダムやトンネル建設に必要とされるセメント，鋼材，木材などといった資材や人夫を運ばなければならない。

そのため，当時の技術としては最先端の鉄道技術が利用され，山岳鉄道やインクラインなどが敷設された。鉄道施設はダム建設工事が終了しても，ダムなどの維持管理のために鉄道施設が維持される必要があり，沿線の鉱山会社や一般住民からも輸送サービスの提供が要請されたため，専用鉄道としての役割だけでなく一般営業を行う鉄道業者としての役割が重視された。この点で，日窒は電源開発を前後として鉄道会社を設立することで，対応しようとしたのである。これらの鉄道が新興鉄道，端豊鉄道，平北鉄道であった。日窒系の鉄道経営は，電源開発とともに，発電された電力自体を利用する方法として電鉄運営を試みた金剛山電鉄とはその性質を異にしている[2]。さら

---

1) 流域変更式とは東高西低といった朝鮮北部の地形を利用し，堰堤と隧道で「黄海に注ぐ鴨緑江の水を日本海に落す」ことによって高落差発電を行う方式を意味する。「化学肥料界の覇王朝鮮窒素株式会社　二十万キロの大発電設備と国防・産業各種工業の多角化経営」『京城日報』1936 年 7 月 28 日。

2) 林采成「金剛山電鉄における電力・鉄道兼業体制の成立とその経営成果」『東京経大学会誌（経済学）』297，2018 年，61-82 頁。

に，炭鉱開発のために敷かれた三陟鉄道の場合，運炭鉄道としての性格を持ち，持続的な貨物発生が期待された[3]。これに対し，日窒系の鉄道はダム建設時に大量の貨客発生があるが，建設工事の終了後には引き続き大きな輸送需要があるとは限らない。日窒系の鉄道経営は果たしていかなるものであっただろうか。

朝鮮私鉄経営分析はおもに資源開発との関連の中で，私鉄経営を検討する際，欠かせない分析対象となるにもかかわらず，日窒系の鉄道に関する独自的分析が行われなかった。朝鮮での日窒財閥の事業展開が姜在彦編（1985）によって分析されたとはいえ，その分析焦点はあくまでも電源開発，生産部門，化学肥料の流通，朝鮮社会との摩擦などに置かれている[4]。大塩武（1989）は日窒コンツェルンの金融構造＝金融メカニズムの解明を目論んだことから，電源開発に伴う鉄道敷設についての分析はほとんどみられず，端豊鉄道の資金調達が若干指摘されたのみであった[5]。そのほか，電力産業の観点から植民地朝鮮における日窒の電源開発事業が糟谷憲一（1975），堀和生（1984），呉先室（2008）などによって分析されてきたが，日窒の鉄道業への関心はほとんど見られない[6]。当然，付随的な事業部門であり，それに関する史料もあまり残っていないことから見てやむを得ない側面もあるが，植民地鉄道史としてこれらの分析は欠かせない。

そこで，本章の構成は以下のようである。第1節においては日窒系の赴戦江水力開発と関連して新興鉄道が設立され，一般営業の傍らに長津江の開発を支え，さらに朝鮮窒素肥料の輸送網になっていく過程を検討し，第2節では松興線，興南線，長津線といった各路線の運輸と収支を分析したうえ，新興鉄道経営の脆弱性の要因とその解決策の帰趨がいかなるものであったかを

---

3) 林采成「三陟炭田の開発と石炭輸送——日本電力による植民地朝鮮の資源開発史」『立教経済学研究』69-5，2015年，95-119頁。

4) 姜在彦編『朝鮮における日窒コンツェルン』不二出版，1985年。

5) 大塩武『日窒コンツェルンの研究』日本経済評論社，1989年。

6) 糟谷憲一「戦時経済と朝鮮における日窒財閥の展開」『朝鮮史研究会論文集』12，1975年，175-209頁；堀和生「植民地朝鮮の電力業と統制政策——一九三〇年以降を中心に」『日本史研究』265，1984年，1-36頁；呉先室「1920-30年代，植民地의 電力시스템 転換——企業用 大型 水力発電所의 登場과 電力網体系의 構築」『韓国科学史学会誌』30-1，2008年，1-40頁。

考察する。第3節において以上の経験に基づいて日窒系が虚川江の開発に際して別の会社として端豊鉄道を設立した経緯と，その経営が新興鉄道に比べてどのような特徴を示したかを分析する。第4節では日窒系が鴨緑江の開発のために設立した平北鉄道がいかなる経営状態に置かれたのかを考察し，最後に日窒系の水力開発に伴う鉄道経営の歴史的意味合いを考えてみる。

1. 赴戦江・長津江開発と新興鉄道

朝鮮総督府逓信局の基本調査によって鴨緑江の支流として咸鏡南道の中央部を貫く赴戦江と長津江が流域変更方式でそれぞれ11万kW，22万kWの発電能力を有すると判明すると，大規模かつ低廉な電源開発のビジネスチャンスが北鮮地域に開かれた。これに対し，野口遵が1924年10月に「第一着に赴戦江に十一万キロ［ワット］の電力を起し日本窒素肥料（日窒）の分工場を設立すべく資本金四千五百万円の計画を立てて出願し」，これとほぼ同様の計画をもって三菱側が「赴戦江と長津江の両方に総資本金二億円を投じて三十三万キロ［ワット］の電力を起すべく出願し」た。さらに，「鴨緑水力電気の発起人で張作霖氏の軍事顧問であった町野武馬氏も両地に水力電気出願の計画中」であり，同地域へのアクセスできる咸南線を敷設した「朝鮮鉄道会社の入沢［重麿］副社長も逓信局に出頭し」た[7]。それによって，同地域の電源開発は「四派競願の形」となったが，実際にはカザレー式アンモニア合成法を利用してその事業化に成功した日窒を中心として水力電源開発が進められた。

赴戦江については三菱側が長津江とともに水利権を出願したため，その水利権をめぐって調整が必要とされた。即ち，1925年春「総督府の勧告」があり，日窒と三菱の「両者妥協の結果三菱側が譲歩し」，日窒側が赴戦江の水利権を獲得した[8]。三菱に対して水利権が与えられなかったのは，「総督府

7）「日本窒素や三菱が朝鮮で水電の大競争 当局は各社の合同出願を希望」『大阪毎日新聞』1925年5月23日。

8）「問題の北鮮水電業 日窒系に設立認可さる」『大阪毎日新聞』1925年7月1日。この新聞では長津江の水利権が日窒側に与えられたとみているが，他資料を見ると，長津江については三菱側が獲得したので，赴戦江と是正する。

第 8 章　日窒の朝鮮電源開発と鉄道事業——新興・端豊・平北の三鉄道 ｜ 313

が朝鮮内の水利権につき水利権使用の具体案を有さない出願に対して，絶対
に許可しない方針を執っている」ためであった。即ち，三菱の水力発電計画
は使途面を含めて日窒に比べて具体性を欠いたことから，空中窒素を固定さ
せて硫安を生産する電気化学業者としての日窒がもつ専門性が認められたと
いえよう。1925 年 6 月 24 日には同社「代表者憲政会代議士重松重治氏及び
斯の権威者たる野口，森田の三氏」は京城に来て，総督府各方面を歴訪し
て「水利使用権の認可方」を運動した[9]。この時，同社は発電事業に 4000 万
円，工場設立などに 3000 万円を投資し，3 年間の完成後，20 万トンの窒素
肥料を製造する計画を示し，その 3 日後には長津江の水力事業は日窒専務の
野口遵を中心とする朝鮮水電会社側に許可された[10]。その代わりに長津江の
水利権は三菱側に許可されたのである[11]。

　1926 年 1 月 27 日に朝鮮水電株式会社が資本金 2500 万円で設立され，赴
戦江の水を同面漢岱里に高さ 260 尺，長さ 218 間，基底幅員 177 尺の大堰堤
を築き，周囲 20 里，貯水量 240 億立方尺，有効貯水量 167 億立方尺の大貯
水池を造成し，上層 100 尺の水を 1 万 4650 間のトンネル水路と 9500 尺の大
鉄管とを通じて 2335 尺の有効落差をもって松興里に 5 万 kW の第一発電所
を建設し，第二期工事として松興里第一発電所を最大出力 12 万 8000kW に
増大し，その余水を永高面新豊里に導いて 4 万 kW の第二発電所を，さらに
その余水を振興郡内東興駅付近に導いて 1 万 8000kW の第三発電所を建設す
ることとなった[12]。これらの工事材料を運搬する鉄道として朝鮮鉄道咸南線
の終点駅たる咸南新興から松興里に至るいわゆる嶺南鉄道ならびに赴戦嶺・
道安間の嶺北鉄道 43.5 キロが敷設され，そのほかにも松興里・赴戦嶺間 8.0
キロのインクラインならびに索道，道安・漢岱里間 16.1 キロの索道並びに
軌道が敷設された[13]。当初，「専用鉄道ならば自分の工事材料のみを運送す
るのが主なる目的とするのであるから，旅客を扱ふための施設もいらない

---

9)　「朝鮮に肥料工場 水利権の競願」『大阪時事新報』1925 年 6 月 25 日。

10)　同上書。

11)　鉄道局碧石公「長津江水電工事と新興鉄道の長津線に就て（上）」『朝鮮鉄道協会会誌』13-
　　4，1934 年，6-10 頁。

12)　「二十万キロ発電を目指して朝鮮水電 極力工事を急ぐ第一期明秋竣工」『京城日報』1928 年
　　10 月 25 日。

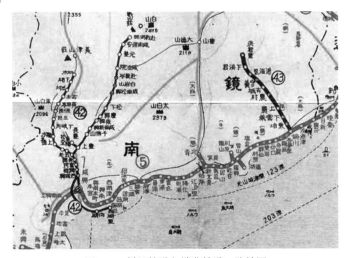

図 8-1　新興鉄道と端豊鉄道の路線図
出所:「朝鮮鉄道略図」『朝鮮鉄道状況』第 30 回，1939 年 12 月。
注:㊷は新興鉄道，㊸は端豊鉄道である。㊷のうち，左側の路線が松興線，右側の路線が長津線，下側の路線が興南線である。以上の三つの路線を繋ぐ中間部分の咸興・咸南新興間，五老・上通間，豊上・長豊間の三線が朝鮮鉄道株式会社咸南線であって，1938 年に新興鉄道によって買収された。

図 8-2　新興鉄道の松興線鋼索鉄道と長津線鋼索鉄道
出所：日本窒素肥料株式会社『日本窒素肥料事業大観』1937 年 7 月。

し，従て建設費も低廉になり，運送も此方のみに没頭せらるるので，万事が都合が好いやうに見え」た[14]。

ところが，路線が数十キロに達しており，「工事現場へ往来する諸職工人夫は勿論日用雑貨を商ふ商人等も自然この便利な機関を利用したがるし，又之を阻止して便乗させないでも済されぬので結局取締が付かない結果になるのみならず，地方人も折角の輸送機関を利用させないと云ふ理屈はないと請願すると云った具合で，事実旅客を扱はない訳に行かない」ため，「工事中既にその一部は私鉄に改良し」1928年3月以来朝鮮鉄道会社が委託経営して「工事終了の後にも大改良工事費を投じて工事を施し，之を私設鉄道に直し」た[15]。これらの鉄道施設は，すでに同地域に咸興・咸南新興間41.0キロ，五老・上通間13.3キロ，豊上・長豊間2.3キロからなる咸南線を敷設して営業中であった朝鮮鉄道会社によって，その経営が委任されたのである[16]。こうして電源開発された電力をもって硫安などを製造する朝鮮窒素肥料が1927年5月に日窒の子会社として設立され，興南工場を運営し始め，永安，本宮にも工場を設けた[17]。

第1期工事完成とともに，日窒系は朝鮮事業の再編に入った。朝鮮水電と朝鮮窒素肥料は1930年1月に合併し，新しい朝鮮窒素肥料（資本金3000万円）となり，電力から最終製品に至る全工程が一元化された[18]。これにあわせて，日窒側は総督府の認可を得て，1930年1月31日に資本金80万円（払込64万円）をもって新興鉄道（本社：咸鏡南道新興郡永高面松興里363→1933年12月に咸州郡興南面雲城里109-9）を設立し，1928年3月以来朝鮮鉄道会

---

13) 赴戦嶺に設置された鋼索鉄道を見れば，開業1933年9月，延長7.12キロ，高低差1,192 m，軌間0.762 m，原動力（電力150馬力，200馬力），最急勾配700.0‰，車両定員のアマーチカ10，客車10人，速度1.92 m/秒，1日運転30回，片道運賃1.40円，建設費約60万円であった。朝鮮総督府鉄道局碧石公「長津江水電工事と新興鉄道の長津線に就て（三）」『朝鮮鉄道協会会誌』13-9，1934年，30頁。

14) 朝鮮総督府鉄道局碧石公「長津江水電工事と新興鉄道の長津線に就て（二）」『朝鮮鉄道協会会誌』13-8，1934年，17頁。

15) 同上書。

16) 「新興鉄道営業二月一日開始」『東亜日報』1930年1月24日。

17) 「世界第二位の空中窒素工業 朝鮮窒素肥料会社 硫安五十万噸の大工場」『大阪朝日新聞』1930年5月23日；前掲「化学肥料界の覇王朝鮮窒素株式会社」。

18) 前掲「化学肥料界の覇王朝鮮窒素株式会社」。

表 8-1　新興鉄道の資本金と重役構成

調査時期	1931年3月	33年4月	35年4月	37年4月	39年3月	41年11月	42年9月
資本金	80万円	80万円	80万円	200万円	200万円	200万円	200万円
払込金	64万円	64万円	64万円	152万円	152万円	152万円	152万円
配当率	8%	8%	0%	5%	5%	5%	5%
社長	森田一雄	野口遵	野口遵	野口遵	野口遵	野口遵	野口遵
重役	(取締役)久保田豊,大島英吉,瀧儀三,(監査)永里高雄	(取締役)久保田豊,大島英吉,瀧儀三,(監査)永里高雄	(取締役兼技師長)久保田豊,(取締役)永里高雄,瀧儀三,大島英吉,(監査)古山治太郎	(常務取締役)瀧儀三,(取締役兼技師長)久保田豊,(取締役)岩田彌太郎,永里高雄,(監査)古山治太郎,大島英吉	(常務取締役)瀧儀三,(取締役兼技師長)久保田豊,(取締役)岩田彌太郎,永里高雄,(監査)古山治太郎,大島英吉	(常務取締役)瀧儀三,(取締役兼技師長)久保田豊,(取締役)岩田彌太郎,白石宗城,(監査)古山治太郎,大島英吉	(常務取締役)瀧儀三,(取締役兼技師長)久保田豊,(取締役)岩田彌太郎,白石宗城,(監査)古山治太郎,大島英吉
株式状況				40,000株,(株主9)	40,000株,(株主9)	40,000株,(株主9)	40,000株,(株主9)
大株主				日窒 39,200	日窒 39,200	日窒 39,200	日窒 39,200

出所：東洋経済時報社編『朝鮮銀行会社組合要録』1931, 1933, 1935, 1937, 1939, 1941, 1942年版。

図 8-3　野口遵
出所：図 8-2 と同様。

社が借り受けて営業中であった軌間762mmの咸南新興・咸南松興間20キロの鉄道および付属物件を譲り受けて2月より営業を開始した。1931年8月には新たに咸興・西湖津間18.5キロ（電気），9月に咸南松興・道安間28.5キロ（電気軽油併用），1933年7月に上通・旧津里間62.9キロ（電気蒸気）を次々と開通した[19]。初代の取締役社長には森田一雄が就任し，久保田豊，大島英吉，瀧儀三が取締役となり，監査には永里高雄が当たった。その後，野口遵が社長に就いたものの，重役はほとんど変わることなく，日窒の関係者で

---

19)　朝鮮総督府鉄道局『朝鮮鉄道状況』第25回, 1934年12月, 133頁；「新興鉄道——他社線を買収, 首尾一貫, 然し, 配当は前途遼遠」『ダイヤモンド』1938年7月1日, 107-108頁。

第 8 章　日窒の朝鮮電源開発と鉄道事業——新興・端豊・平北の三鉄道　317

あった。

　一方，朝鮮窒素の工場設備は 18 万 kW の能力を持ちながら，水源地の貯水不足で 3 カ年平均 10 万 kW の出力しかなかったため，8 万 kW の過剰設備を持たざるを得なかった[20]。ところで，「三菱系は電気化学には従来当り経験を有して居ない。そのため，世界第一の化学工業会社と謂れる独逸の某会社と提携してこの電気を開発しやうとしたのであるが，話は思ふ様に進まず。且つ化学工業界も其後不振続きの状態であったがために，調査は継続して居たが荏再四・五年の時日を経過」した[21]。このように「三菱系の長津江水電が起業を躊躇」していた[22] ことから，日窒側の久保田豊は三菱との対立を避けて隣接の虚川江の開発を考えていた野口遵を説得して長津江の水利権の獲得を主張し，裏工作を展開した。ついに「一九三二年一二月三菱は『延期願取下ノコトに決定』，すなわち，水利権の『放棄』を決定した」のである[23]。この時点で，野口遵からの宇垣一成総督への長津江開発の意思表示があり，「該水力電気事業の諸調査，設計及買収土地等を一括して三菱より朝窒へ引継ぎ」，資本金 2000 万円を全額払込で長津江水電会社の設立を見た[24]。水力地点を出願し，1933 年 4 月 28 日に水利使用の許可を受け，第 1 期工事の実施設計が 10 月 31 日に認可された。長津江の流域は第 1 堰堤で約 100 方里，第 2 堰堤で約 20 方里，合計 120 方里を包含し，過去十数年の実測定によって使用し得る平均水量は 42 立方米秒の見込であり，第 3 堰堤による流域 30 里の水量も備えると，総発電力が 40 余万 kW に達すると予想された[25]。1935 年 11 月に第 1 期計画が完了し，1937 年 1 月には第 3 号発電

---

20)　前掲「長津江水電工事と新興鉄道の長津線に就て（二）」15 頁。

21)　前掲「長津江水電工事と新興鉄道の長津線に就て（上）」6-10 頁。

22)　同上書。

23)　大塩は日窒と三菱の対立は日窒が長津江開発の水利権を確保したことではなく，むしろ硫安の市況がよくないため，三菱銀行を通じて資金提供を行っていた三菱側が反対したにもかかわらず，長津江の電源開発を進めようとしたことが両者間の対立の争点となったと見ている。また，その後も通説とは違って離反することはなく，三菱銀行からの融資が続いており，三菱側役員がすべて退職したわけではないと指摘している。「補論　長津江開発をめぐる日本窒素と三菱の対立について」前掲『日窒コンツェルンの研究』93-110 頁。

24)　前掲「長津江水電工事と新興鉄道の長津線に就て（上）」6-10 頁。

25)　「工業革明の黎明長津江水電株式会社　完成の上は総電力四十余万キロ」『京城日報』1936 年 7 月 28 日。

所が建設された。

「新興鉄道では，この水電工事計画が企及せられなかった以前に近時躍進的な発展途上にある興南邑と咸興と経済的接触が逐日緊密の度を増し貨物の往来益々頻発なのを見込むで，余剰電力を以て西湖津・興南・咸興市街間一八粁五分を連絡する，狭軌電気鉄道を出願し，これを興南線と称して，既に昭和六年［1931年］四月その免許を得て居た」。しかし，赴戦江水力発電の電力不足のため，それがなかなか遂行できなかったことから，長津江水力発電工事に際して，この興南線の鉄道設計を変えて，「動力を蒸気に軌間を〇・七六二米にして，連絡駅を咸興国鉄本駅から，咸興線の西咸興に変へることにし，興南港より真直に工事現場へ直通する企画に改め」た。とりわけ，旅客のためにガソリン動車を運転して電車に代わる利便を提供することにした。「諸機械鉄材類の重量品は興南新築から興南線によって，又セメント，鉄道用品，其他生活必需品は南より，石炭は北より何れも咸鏡線によって，咸興を通じ咸南線に，若しくは一路興南線及咸南線によって上通終端駅までの輸送は円滑に」行われると判断できるが，図8-4で見られるように，上通以遠の山岳地帯であった[26]。

赴戦江工事の経験を踏まえて長津江水電工事に際しては資材輸送を担当す

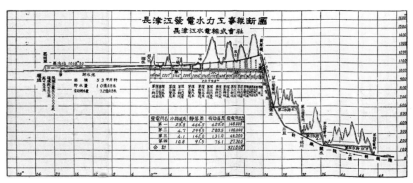

図8-4　長津江発電水力工事縦断図
出所：朝鮮総督府鉄道局碧石公「長津江水電工事と新興鉄道の長津線に就て（四）」『朝鮮鉄道協会会誌』13-10，1934年，22-28頁。

---

26)　前掲「長津江水電工事と新興鉄道の長津線に就て（二）」14-21頁。

る鉄道施設は最初から私鉄として敷設することにしたものの，トンネルの開通などによる鉄道建設では多額の建設費が必要とされたため，赴戦江開発の経験を踏まえて鋼索鉄道を利用することとなった。即ち，新興鉄道は長津線と呼ばれる上通・旧草間 63.9 キロの区間に軌間 762 mm の蒸気鉄道を敷設し，その内の 7.9 キロだけを電気鋼索巻揚として工費概算 160 万円を計上して一般運輸営業を営むこととし，1933 年 7 月 4 日に総督府鉄道局の認可を得た。短時日に工事を完了して材料輸送を開始するため，設計の完了した分から工事施行認可を申請し，水電工事を担当する請負業者が鉄道などの敷設に当たった[27]。新興鉄道は 1934 年 4 月「朝鮮鉄道会社の咸南線の終端線上通より軌間〇・六七二米の，私設鉄道を堰堤工事の現場，葛田里に近い旧津迄六十二粁の区間に敷設し黄草嶺には，鋼索鉄道を設備し，一方堡店在院間には，一粁八分の架空索道を架設し」た[28]。

　上通・三巨間 15.1 キロは蒸気・ガソリンを動力とするが，三巨・黄草嶺間 6.4 キロは勾配区間に三相交流電動巻揚機械，停車場水平区間に人力またはガソリンを動力とした。そこからの黄草嶺・下碣間 18.8 キロ，下碣・旧草間 20.5 キロ，西咸興・天機里間 14.8 キロは蒸気およびガソリンであった。レール 1 m の重量は 15kg であったが，鋼索鉄道では 30kg が使われるなど，多額の建設費が費やされたため，同区間の建設費（1 キロ当たり）は 516,200 円（35,100 円），515,000 円（74,637 円），480,200 円（24,626 円），241,000 円（11,699 円），378,000 円（34,054 円）であった[29]。そのため，図 8-5 のように日窒側からの借入金をもって事業展開を行い，1936 年 2 月に至っては資本金の全額払込が行われ，さらに 200 万円への増資の上，152 万円までが払い込まれた[30]。日窒がほぼすべての株式を所有しただけでなく借入金の調達源ともなった[31]。このような鉄道建設によって，興南に陸揚げされた建設資材が朝鮮鉄道咸南線咸興・上通間を経由して興南から長津江堰堤まで

---

27)　同上書。
28)　前掲「長津江水電工事と新興鉄道の長津線に就て（上）」6-10 頁。
29)　前掲「長津江水電工事と新興鉄道の長津線に就て（二）」14-21 頁。
30)　前掲「新興鉄道」106-107 頁。
31)　朝鮮窒素肥料や日本窒素からの借入金が確認である。「私設鉄道資金表」朝鮮総督府鉄道局『年報』1931 年度版；前掲『日窒コンツェルンの研究』289-296 頁。

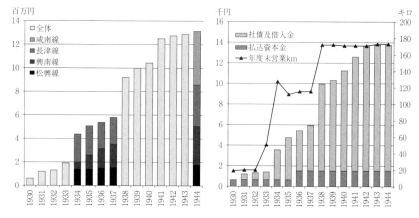

図 8-5　新興鉄道の建設費と資金調達

出所：朝鮮総督府『朝鮮総督府統計年報』各年度版；南朝鮮過渡政府『朝鮮統計年鑑』1943年度版；朝鮮総督府鉄道局『年報』各年度版；朝鮮総督府鉄道局『朝鮮鉄道状況』各年度版；朝鮮総督府交通局『朝鮮交通状況』1944年度版；鮮交会編『朝鮮交通史 資料編』1986年。朝鮮総督府「在朝鮮企業現状概要調書46（私鉄・自動車）」1946年。

注：社債および借入金は総督府統計年報の資料上，社債および借入金であるが，社債発行の資料は見られず，借入金の資料のみが見当たる。

直通できた。長津線によって1934年度にセメント30,943トン，鉄材類4,923トン，機械類450トン，石炭1,450トン，鉄道用品その他7,350トン，合計45,116トンが輸送されると予測された[32]。ところで，実際の輸送はいかなるものであったのか。

2. 朝鮮鉄道会社咸南線の買収と新興鉄道経営

図8-6によれば，鉄道輸送は1933年まであまり伸びることなく，停滞していたが，1934年より松興線以外にも興南線と長津線でも鉄道営業を行っており，1934年には旅客51.5万人，貨物18.6万トンを記録し，それより旅客，貨物とも急激に増え始めた。旅客は1940年に924.8万人，貨物は1941年に82.7万トンをピークとしてその後やや下がっていた。それを路線別に見れば，松興線は1934年に13.6万人，9.7万トン，1935年に13.7万人，

---

32)　鉄道局碧石公「長津江水電工事と新興鉄道の長津線に就て（四）」『朝鮮鉄道協会会誌』13-10，1934年，22-28頁。

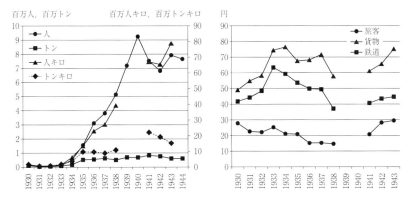

図 8-6　新興鉄道の輸送成績と営業収入

出所：図 8-5 と同様。
注：運賃＝運賃収入÷輸送量（1000 人キロあるいは 1000 トンキロ・ベース）。さらに，鉄道運賃は旅客運賃収入と貨物運賃収入のウェイトをもって推計。

10.6 万トン，1936 年に 14.6 万人，9.9 万トン，1937 年に 15.7 万人，9.5 万トン，興南線は 1934 年に 24.9 万人，3.3 万トン，1935 年に 109.6 万人，21.1 万トン，1936 年に 271.9 万人，30.5 万トン，1937 年に 331.7 万人，41.1 万トン，長津線は 1934 年に 13 万人，5.5 万トン，1935 年に 32.1 万人，20.4 万トン，1936 年に 25.1 万人，14.6 万トン，1937 年に 33.9 万人，11.4 万トンであった。即ち，興南港・窒素工場と咸興を繋げる役割を果たす興南線はその輸送量の増加からわかるように重要性を増した反面，すでに開通時に主要工事が終了した松興線は貨客輸送が大きく変わらなかった。これに対し，1934 年より長津江の電源開発に伴って予想より多くの貨物輸送を行った長津線は，旅客の場合，1937 年まで輸送量を伸ばすが，貨物においては 1935 年以降減っており，電源開発工事が終了すれば，輸送量が減り打撃を受けると予測された[33]が，意外に旅客需要が増え続けたといえよう。

しかしながら，新興鉄道の輸送経路には大きな弱点があった。松興線，長津線，興南線という三つの路線が朝鮮鉄道（株）咸南線を経由してのみ，鉄道として機能していたのである。そのため，新興鉄道が独自のネットワーク

33）　前掲「新興鉄道」。

を形成できず，朝鮮鉄道側からみれば，新興鉄道の形成とその路線拡大こそ培養線の充実化に違いない[34]。それに加えて，朝鮮鉄道の咸南線の規格に合わせて当初専用鉄道を敷設したため，日窒側は 762 mm という軌間の限界もあり，常に資材と職員・人夫などの輸送に当たって朝鉄側に運賃を支払わざるを得なかった。「両会社経営の鉄道線路が錯綜し，すべての点で統制上欠陥が多かった」[35]。新興鉄道からすれば，「咽喉を扼する」朝鮮鉄道咸南線を買収するほうが将来的に望ましいだろうが，その一元化は当事者だけでなくむしろ外部方面からも議論されていた。1936 年 11 月に湯村辰二郎咸南知事，信田泰一郎咸興商工会議所会頭など咸興，興南，西湖，本宮の有志 80 余人が参加し，咸興府で開かれた咸南中部発展に対する座談会において咸南高原地帯の資源開発を目的として新興鉄道を延長して咸中鉄道を建設することが促されるとともに，「新興鉄道と朝鮮鉄道の運輸一元化問題」が取り上げられたのである[36]。即ち，日窒系の新興鉄道が咸南線を買収し，そこから内陸部への路線延長が期待されたのである。当然，「新興鉄道の咸南線の買収は只今始まった問題ではなかったものの，過去の折衝によっては朝鉄の主張と新興の買便に大きな懸隔があり，妥協が不成立した」[37]。

　そこで，「新興鉄道と朝鉄間に鉄道局を介する買収工作が進行」した。「鉄道局当局においても積極的に統制の意向をもち，その買収条件に関しても当局が監督官庁として持っている資料に基づいて妥当な評価条件を内示している形勢であ」った[38]。遅れても 1937 年 9 月頃までには「妥当と仮調印」ができると予想されたが，その交渉は一時捗らなくなった。新興鉄道側が相当譲歩し，約 250 万円の買収価格を提案したものの，朝鉄側が提示した金額は

---

34) 朝鉄咸南線の利潤率（＝利益÷建設費）を推計してみれば，1923 年 1.0 %，1924 年 1.5 %，1925 年 1.9 %，1926 年 2.4 %，1927 年 3.3 %，1928 年 5.3 %，1929 年 3.9 %，1930 年 3.7 %，1931 年 2.0 %，1932 年 2.7 %，1933 年 3.0 %，1934 年 3.8 %，1935 年 5.0 %，1936 年 5.9 %，1937 年 4.6 %であった。ただし，この利潤率には支払利子分が含まれる可能性がある。朝鮮総督府『朝鮮総督府統計年報』各年度版。

35) 「咸興，新興間의 朝鮮鉄道 新興鉄道에서 買収」『東亜日報』1938 年 3 月 18 日。

36) 「買収断行後에도 私鉄時代再現！」『東亜日報』1936 年 1 月 22 日；「咸南鉄道促進等 十大重要案討議」『東亜日報』1936 年 2 月 14 日。

37) 「新興鉄道 咸興線買収企図」『東亜日報』1937 年 6 月 17 日。

38) 同上書。

第8章　日窒の朝鮮電源開発と鉄道事業——新興・端豊・平北の三鉄道　323

把握できないが，新興側の提案価格が建設費を大きく下回ったため，それを
朝鉄側は受け入れなかった[39]。1938年2月以来両者の間に鉄道局が積極的に
介在して買収交渉を進めさせた。朝鉄側は買収価格が咸南線の建設費たる
335万円へ引上げられており，咸南線の補助期限が来年満期になり，長津水
力電工事が一段落して同線経由で荷動が減少したため，「顕著に態度を緩
和」し，「買収談が漸次進捗し，大綱は決定され」た[40]。即ち，朝鉄側は咸
興，上通，五老，長豊，豊上，新興間56.6キロの鉄道経営権を新興鉄道に
売り渡すこととし，1938年3月17日に両者の代表者が総督府鉄道局長室に
会見し，西崎鶴司鉄道局理事の立会下で正式調印したのである[41]。同年5月
1日をもって一切の鉄道施設と従事員が新興鉄道側に引き継がれた[42]。それ
に伴って，営業路線と鉄道車両は1937年の115.3キロから1938年に171.9
キロへと増えており，マンパワーも1937年の742人から1938年に1,030
人，1944年に1,587人へ増加した[43]。1945年8月には民族別・身分別従事数
が確認できる。日本人は社員75人，雇員49人，傭員14人，朝鮮人は雇員
414人，傭員945人，合計1,497人であって，上位の管理職は日本人によっ
て掌握されて，全従事人91％を占める朝鮮人は職員1人もなく，おもに現
場労働力として配置されて典型的な植民地雇用構造をあらわしている。図8-
5によれば，1937年から1938年にかけて借入金は441万円から844万円へ
と急増し，その買収金の調達が借入金によって賄われたことがわかる。
　このような事業展開が運賃収入に反映されたことはいうまでもなく，図8-
7のように運賃収入は全体的に増える中，1935年から1938年にかけて貨物
運賃収入は一定の水準を維持するものの，むしろ旅客運賃収入が増え，貨物
運賃収入を上回ったのである。ここで注意すべきなのは，運賃水準が図8-6

---

39)　「朝鉄의 咸興線을 新興鉄道에 売却」『東亜日報』1937年9月30日。

40)　「咸興線買収進捗」『東亜日報』1938年3月17日。

41)　前掲「咸興，新興間의 朝興鉄道」；「朝鉄咸南線 譲渡正式調印」『東亜日報』1938年3月18
　　日。

42)　「朝鉄咸南線五月1日引継」『東亜日報』1938年5月3日。

43)　新興鉄道の従事員数は1930年57人，1931年128人，1932年117人，1933年131人，1934
　　年497人，1935年656人，1936年702人，1937年742人，1938年1,030人，1944年1,587人，
　　1945年8月1,497人であった。朝鮮総督府鉄道局『年報』各年度版；朝鮮総督府「在朝鮮企業
　　現状概要調書46（私鉄・自動車）」1946年。

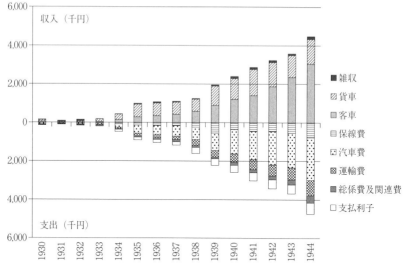

図 8-7　新興鉄道の経営収支構造

出所：図 8-5 と同様。
注：1935-37 年の利子率をもってそれ以外の利子を推計。

のように 1933 年から 1938 年にかけてむしろ下がっていたことである。旅客運賃収入と貨物運賃収入を各々人キロ，トンキロを基準とする輸送量で割り算して運賃推計を行うと，旅客運賃（千人キロ当たり）は 1930 年の 27.9 円から 32 年に 22.2 円へと低下し，その後上昇して 33 年に 25.3 円を記録するが，再び年々下がり始め 38 年には 14.6 円となった。一方，貨物運賃（千トンキロ当たり）は 1930 年 49.0 円から年々上昇して 34 年に 76.4 円を記録してから下がり 38 年に 57.7 円へと低下した。新興鉄道側が松興線から興南線と長津線へと路線を拡大し，さらに朝鉄側の咸南線を買収して，朝鮮国有鉄道の咸鏡線に接続するネットワークを形成するにつれ，鉄道運賃の低下が実現されたのである。もちろん，戦時インフレが進んでいた 1942 年には旅客運賃と貨物運賃がそれぞれ 28.2 円，65.7 円へと引上げられた。資料上，すべての期間がカバーできないものの，運賃低下の中でも，営業収入が増えたのは輸送量の増加幅が多かったためである。

とはいうものの，これらの輸送収入の増加が直ちに経営収支の改善をもた

第 8 章　日窒の朝鮮電源開発と鉄道事業——新興・端豊・平北の三鉄道 | 325

らすわけではないため，費用面に注目すると，図 8-7 に注目してみると，輸
送量の増加に伴う費用も増えつつあったことがわかる。とりわけ，1934-35
年と 1938-39 年には新線建設と路線買収に伴って事業規模が拡大された。さ
らに，費用項目についてみれば，汽車費，即ち列車運行にかかわる費用が他
の費用に比べて大きかったことから，鋼索鉄道などを含めて山岳地帯での列
車運行は会社経営にとって大きな負担になっていた。そのほか，支払利子と
いった資本費用も会社にとって負担にならざるを得なかった。ところで，こ
の支払利子は 1935-37 年に限って朝鮮総督府鉄道局『年報』に計上されてい
る。もし詳しい経理情報が入手できれば，正確な経営実態が把握できるだろ
うが，ここでは 3 年間の利子率 3.8 ％（借入金と支払利子の比率）をもって他
の年度について利子を推計すると，その金額は借入金の増加とともに拡大す
ることになったが，基本的には日窒や朝窒の貸付金であったため，コンツェ
ルンレベルでは大きな負担にならなかっただろう。そのためか，「その利子
は極めて安いやうだ」と指摘されるほどであった[44]。

　そこで，図 8-8 のように原資料上の利益＝「会計利益」では正確な経営成
績が把握できないため，推計利益 I（推計利子を支払う前の利益）と推計利益
II（推計利子を支払う後の利益）をもって経営動向を見ることにする。創業以
来 1935 年までは経営収支が改善し，1936 年にも前年ほどの良好さではない
ものの，それなりの経営成績を記録したが，1937 年には経営成績が悪化し，
1938 年には利子支払を反映しなくても赤字を記録した。1935 年に支払利子
を計上したのは経営改善に対する自信感の表れかもしれないが，1937 年に
はそれが反映されたため会計上赤字となった。そのためか，1938 年からは
支払利子を計上しなかったにもかかわらず，再び赤字となった。1939 年よ
り会社経営は改善傾向を示しているが，利子支払を反映した利益を見れば，
一貫して赤字経営であり，それがプラスに転じるのは政府補助金があったか
らである。これを正確に把握するためには経営指標を利用して検討しなけれ
ばならない。

　そのため，建設費をもって利潤率を推計してみると，利子支払後の利潤率

44)　前掲「新興鉄道」106-107 頁。

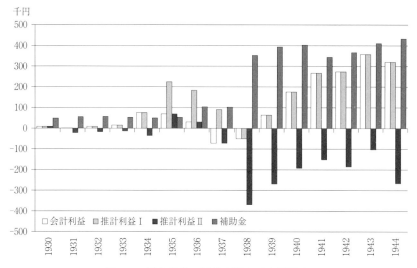

図 8-8　新興鉄道の経営利益と政府補助金
出所：図 8-5 と同様。
注：会計利益は原資料の利益，推計利益Ⅰは推計利子払前の利益，推計利益Ⅱは推計利子払後の利益。

Ⅱでは1930,1935,1936年の三年を除いては赤字を記録している。全体の推移のなかでも，1938年にもっとも経営成績は悪かった。1938年には朝鮮鉄道咸南線の買収があり，鉄道網の拡大に伴う収入増加よりとりあえず費用増加が著しかった。とりわけ借入金の調達による利子払いが急増したため，それが経営負担になったとも判断できる。それにしても，結果的に経営赤字にならなかったのは補助金があったからである。補助率を見れば，会社経営がやや改善した1934-1937年には補助率が下がったが，経営悪化に伴って上昇したのである。このような経営体質は「僅かに補助金に従って，赤字を補填している有様だ」，「補助金はずっと下付されるが，遠い将来は兎に角，当分は欠損に陥らねばよい方である」と評価されていた[45]。

　このような新興鉄道の経営は日窒系にとっての他の電源開発に際して大きな経験になったのはいうまでもない。

---

45)　同上書。

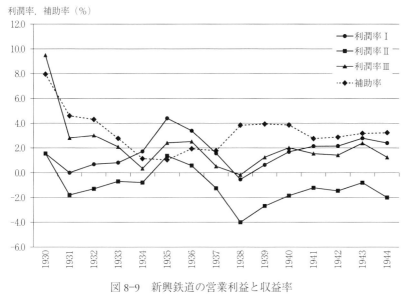

図 8-9　新興鉄道の営業利益と収益率

出所：図 8-5 と同様。
注：1. 利潤率＝利益÷期末建設費。利潤率Ⅰは利子支払前，利潤率Ⅱは利子支払後，利潤率Ⅲは利子支払後かつ補助金交付後。
　　2. 補助率＝補助金÷期末建設費。

3. 虚川江開発と端豊鉄道

　日窒側は赴戦江を筆頭として竣工後の 32 万 kW の発電を予定する長津江の電源開発事業が安定すると，同じく流域変更式水力発電地として虚川江の黄水院の峡谷を狙った。「日本内地の財閥まで含めて六大財閥がこの発電許可を得ようとし暗中活躍を開始した」[46]。野口は「虚川江（鴨緑江水系）の支流たる黄水院江に大貯水池を造りこの貯水を咸南端川南大川に導いて」22 万 5 千 kW を発電しようとした[47]。その「工事区域は咸境南道豊山，端川両区にわたりその延長実に百六十余キロ，総用地一千万坪に及ぶ」といわれた。それまでの実績が認められた日窒側は 1936 年 2 月 26 日に虚川江発電用

---

46)　「黄水院大水電 野口系에 認可」『東亜日報』1935 年 11 月 11 日。
47)　「半島開発の動力 七千万円，十二ケ年継続事業で虚川江水電着工へ」『報知新聞』1936 年 5 月 25 日。

水利権の認可を得ることができた。

　水電工事を開始する前に朝鮮国有鉄道咸鏡線の端川駅から虚川江洪君里への資材輸送を担当する鉄道を建設することにし，1936 年 6 月 19 日に私鉄敷設認可申請を提出し，総督府鉄道局からもその認可に先立って 8 月 21 日に技師一行 5 人が派遣されて予備調査を行った[48]。鉄道建設に際して工事資材の運搬だけでなく一般営業をも同時に行い，咸鏡南道の中部を貫通する幹線として期待されており，新興鉄道の場合，軌間が 762 mm に過ぎず，輸送力が脆弱であって事故が多発し[49]，自然災害によって列車運行がたびたび中止となった[50] ことから，新興鉄道の軌間の 2 倍となる 1,435 mm の鉄道を敷設する計画であった。日窒側は総督府より 1936 年 12 月 26 日に認可を得て，資本金 500 万円をもって端豊鉄道株式会社を 1937 年 1 月に設立した[51]。役員の構成も野口遵を取締役社長として久保田豊，横地静夫，玉置正治，佐藤時彦が取締役に就き，監査として荻生傳，永里高雄が置かれた[52]。本格的な鉄道建設に伴って鉄道局理事兼監督課長の澤慶治郎が重役になったことを除いては日窒関係者が会社の重役に当たった[53]。

　敷設工事は間組が担当し，当初の計画としては 1938 年 4 月に開通を見る

48）「虚川江発電用水利権三十五個年으로 認可」『東亜日報』1936 年 3 月 31 日；「端豊鉄道認可予備調査開始」『朝鮮中央日報』1936 年 8 月 23 日。

49）「開通初日에 軽便車脱線」『東亜日報』1934 年 5 月 3 日；「咸鏡線三巨東興間에서 貨物車脱線破砕」『東亜日報』1934 年 8 月 1 日；「嶺北線列車二両이 転覆」『東亜日報』1934 年 11 月 3 日；「機関車，貨車와 衝突駅長等二名重傷」『東亜日報』1934 年 11 月 17 日；「新興鉄道構内 車庫에서 発火」『東亜日報』1935 年 6 月 3 日；「気動車，貨物車衝突 乗客十八名이 負傷」『東亜日報』1935 年 6 月 23 日；「列車事故二件」『東亜日報』1935 年 7 月 4 日；「気動車転覆八名重軽傷」『東亜日報』1935 年 9 月 26 日；「貨車脱線新興에서」『東亜日報』1935 年 11 月 17 日；「汽車正面衝突通学生二名가 重傷原因은 目下調査中」『東亜日報』1938 年 7 月 12 日；「六十余名死傷者내인 咀呪의 "新鉄" 事故」『東亜日報』1938 年 8 月 6 日；「新興鉄道転覆事件公判」『東亜日報』1938 年 10 月 22 日。

50）「新興郡에 洪水乱」『東亜日報』1931 年 8 月 30 日；「눈보라로……汽車가 不通」『東亜日報』1934 年 3 月 23 日；「長津線不通」『東亜日報』1937 年 7 月 24 日；「白雪沙汰로 新興鉄道普通」『東亜日報』1937 年 12 月 21 日；「新興鉄道興南線二個所杜絶」『東亜日報』1938 年 8 月 1 日；「下岐川，三巨来月부터 開通」『東亜日報』1939 年 1 月 27 日；「新興鉄道復旧七月一日부터 開通」『東亜日報』1940 年 6 月 30 日。

51）「端豊鉄道敷設免許に就て」『朝鮮鉄道協会会誌』16-2，1937 年 2 月，58 頁。

52）取締役社長は野口遵，取締役常務は久保田豊，取締役は横地静夫，佐藤時彦，澤慶治郎，古賀織之助，瀧儀三，監査は大島英吉，玉置正治であった。東洋経済時報社編『朝鮮銀行会社組合要録』1937，1942 年版。

第 8 章　日窒の朝鮮電源開発と鉄道事業——新興・端豊・平北の三鉄道　329

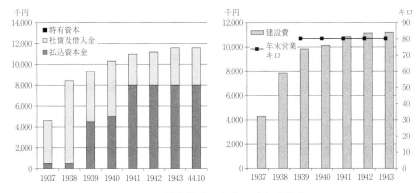

図 8-10　端豊鉄道の資金調達と建設費

出所：図 8-5 と同様。

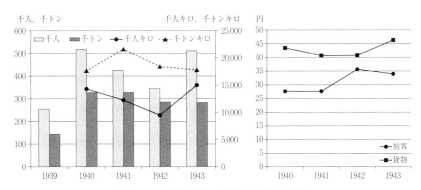

図 8-11　端豊鉄道の輸送量と推計運賃

出所：図 8-5 と同様。
注：運賃推計は図 8-6 を参照されたい。

予定であったが，日中戦争のため「もっとも重要な鉄材の購入が途絶され，工事進行が思わしくなかった結果」，1938 年 3 月までは端川から山農にいたる 21 キロが開通したのみであった[54]。端豊鉄道は水豊ダム建設用の平北鉄道や鉄鉱石搬出用の白茂鉄道とともに，資材配給において「特殊な優遇を受け」たとしても工事遅延を免れなかった[55]。さらに，1938 年 8 月には予定の

---

53)　端豊鉄道株式会社『第 4 期決算報告書』1938 年上半期（1938 年 3 月 1 日-1938 年 8 月 31 日）；前掲『日窒コンツェルンの研究』276-277 頁。
54)　「端豊線今秋開通」『東亜日報』1938 年 4 月 11 日。

図 8-12　端豊鉄道沿線
出所：朝鮮総督府鉄道局『朝鮮鉄道四十年略史』1940 年。

工事をほとんど終えようとしたが，「十八, 九日咸南地方一円ヲ襲ヒタル希有ノ大豪雨ニヨリ沿線一帯ハ大洪水トナリ築堤ノ決潰，線路，橋梁ノ流失セルモノ数多ク」相当の被害を被った[56] ため，建設費は当初の 500 万円から 1000 万円へと跳ね上がるなど大きな被害を受けた[57]。さらに，工事現場での労務者の確保も計画通りには進まなかった。1938 年秋までは 4,874 人もいたが，2,700 人が逃亡するなど労務者が急激に減り，1938 年 11 月には 1,694 人しか残っていなかった。こうして労務者の離散のため，端豊鉄道工事も予想以上に遅延を繰り返した[58]。鉄道車両も不足し，朝鮮鉄道局が「車両増備計画に万全を期して企画院と各関係省と折衝」，他の私設鉄道とともに，貨車 300 両，機関車 30 両，客車 30 両を割当て，「内地メーカーにすでに発注したが，緊急問題として九月初旬営業開始予定である端豊鉄道においてその工

---

55)　「鉄鋼節約의 強化로 私鉄建設이 挫折」『東亜日報』1938 年 7 月 14 日。
56)　前掲『第四期決算報告書』。
57)　「野口系諸鉄道水害一千万円」『東亜日報』1938 年 8 月 24 日；紅葉山人「吾が万二千峰探勝（十三）――端豊鉄道株式会社 今事変の功労会」『朝鮮鉄道協会会誌』20-12, 1941 年, 30-31 頁。
58)　「端豊鉄道工事場에서 二千余労働者逃亡 ユ 結果工事遅遅不振」『東亜日報』1938 年 11 月 26 日。

第 8 章　日窒の朝鮮電源開発と鉄道事業——新興・端豊・平北の三鉄道 ｜ 331

事完成を支援するため，まず局鉄より局用貨車五両を貸与した」[59]。

　戦時下で資材および労働力が不足し，さらに水害が発生，予定より 1 年 6 ヶ月も遅れて，端豊鉄道は 1939 年 9 月 1 日に端川・洪君間 80.3 キロの開通を見た[60]。虚川江水力開発のために設立された朝鮮水電株式会社は端豊鉄道と並行して建設工事を進め，1940 年に第 1，第 2 発電所をそれぞれ竣工し，第 3，第 4 発電所建設を 1941 年から 1943 年にかけて行った。それによる資材輸送のほかにも，「元山に近い川内で虚川江水電のセメントを積んで端豊線の終点洪君里まで搬入し，それからまたこの洪君里で木材を積んで吉州の北鮮製紙に送り，この車両を国境に発車して，北鮮炭を積んで京仁などに帰ることになった」[61]。そのため，端豊の貨物が増えただけでなく，京仁から図満江岸地帯までの石炭車の空車での回送がなくなった。これが鉄道輸送に反映され，1940-41 の両年には輸送量が多かったが，1942 年には減っていった。ただし，旅客のみが 1943 年に再び増え始めたことがわかる。これが鉄道運賃収入にも反映され，1942 年には収支とも減少し，1943 年に再び増えた。輸送量と運賃収入との間は価格としての運賃を勘案しなければならない。それによれば，旅客運賃収入を引き上げることで貨物運賃収入の減少に対応しようとし，これが 1943 年に例年並みの収入を確保できたのである。新興鉄道と比較してみると，貨物運賃の場合，端豊のほうが低廉であったため，電源開発事業の遂行上，輸送費が低く抑えられたといえよう。新興鉄道の場合，咸南線の買収前には朝鉄を経由せざる得なかったため，赴戦江と長津江の電源開発における輸送費の負担は大きかったことになる。

　そこで，端豊鉄道の経営収支について推計したのが図 8-13 である。端豊鉄道の場合，第 4，5，7 期を除いては営業報告書ないし決算報告書が把握できないため，『朝鮮総督府統計年報』より収入と費用の細部項目が集計したものの，支払利子に関する情報は得られない。第 7 期営業報告書のなかで，利子 101,111 円が把握できるため，これをもって借入金との比率，すなわち利子率を計算してこれを他年度の利子を推計した。利子率は 2.1 ％に過ぎ

---

59)　「車両不足의 私鉄 局鉄서 支援決定」『東亜日報』1939 年 8 月 25 日。

60)　「端豊鉄道도 不遠間에 全通」『東亜日報』1939 年 8 月 2 日。

61)　前掲「吾が万二千峰探勝（十三）」30-31 頁。

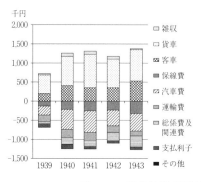 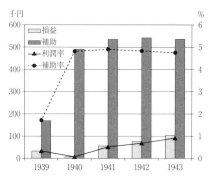

図 8-13　端豊鉄道の収支構造と利潤率および補助率
出所：朝鮮総督府『朝鮮総督府統計年報』各年度版；南朝鮮過渡政府『朝鮮統計年鑑』1943年度版；朝鮮総督府鉄道局『朝鮮鉄道状況』各年度版；朝鮮総督府交通局『朝鮮交通状況』1944年度版；鮮交会編『朝鮮交通史　資料編』1986年；端豊鉄道株式会社『第7期営業報告書』1939年下半期（1939年9月1日-1940年2月29日）。
注：1.　利潤率＝損益÷建設費。補助率＝補助÷建設費。損益には補助金を含まない。
　　2.　支払利子は1939年度の利子と借入金をもって利子率を計算して，これをもって他年度の利子を推計。

ず，コンツェルン内の資金調達であったため，きわめて低いものであった。戦時下の金融統制の下で利子率が抑えられたこともあり，それが新興鉄道3.8％よりも低かったことに注意しておきたい。また，資金調達における資本金の比重が多かったため，利子支払の資本費用も相対的に少なくなった。これらの点から，新興鉄道より端豊鉄道のほうが経営安定し，利子を支払っても経営は赤字にならず，僅かであるが利子率も上昇したのである。その上，政府補助金が給付されると，1940年から1943年までは建設費を基準として6％の利潤率を実現でき，6％程度の配当が可能であった。このような経営成果は新興鉄道という私鉄経営の経験があったからこそ可能であったのではなかろうか。元鉄道局監督課長の澤慶治郎取締役は戦時下の資材調達において一定の役割を果たしたと考えざるを得ない。このような経験は端豊鉄道とほぼ同時期に敷設された平北鉄道でも生かされた。

4.　鴨緑江開発と平北鉄道

　満州国の産業五ヵ年計画の電力部門担当者であった安部孝良が野口を訪ねたことをきっかけとして朝鮮総督府と満州国の合意を得て日窒を中心として

第8章　日窒の朝鮮電源開発と鉄道事業——新興・端豊・平北の三鉄道　333

図 8-14　平北鉄道路線図
出所：「朝鮮鉄道略図」『朝鮮鉄道状況』第 30 回, 1939 年 12 月。
注：㊴が平北鉄道。

鴨緑江電源開発が始まった[62]。そのため，満洲国政府と朝鮮総督府との間に鴨緑江水力開発に関する共同調査が数次にわたって行われ，日満両国覚書調印，会社法および定款の作成など所定の手続を完了し，満洲鴨緑江水力発電株式会社と朝鮮鴨緑江水力発電株式会社が1937年にそれぞれ設立された。資本は「満鮮各々五千万円にて満洲国政府二千五百万円，長津江水電一千万円，東拓一千万円，朝鮮送電会社五百万円をそれぞれ両会社に同等に出資」したが，役員は「両会社同一人にして理事長野口遵，常務理事陳悟，久保田豊，理事高橋康順，佐方文次郎，徳楞額，監事永井四郎，大島英吉，村尾重

---

62)　尹明憲「朝窒による電源開発」姜在彦編『朝鮮における日窒コンツェルン』不二出版，1985年，163-169頁。

孝，恩麟の諸氏」であって，建設か運営までを日窒側が担当し，電力の6分
の1を利用することとなっていた。「鴨緑江水力発電会社の第一期計画は，
水豊洞（九寧浦）に総経費一億円をもって尨大な堰堤を構築し，総容量
六十四万キロワットの発電所を建設」するものであって，その規模は「未曾
有」で当時世界一であった[63]。発電方式が赴戦江・長津江・虚川江の流域変
更式とは異なって鴨緑江の本流を締切り低落差発電を行うだけに使用数量が
膨大であった。「土木工事は間，西松両組によって請負われ」，1937年12月
より「正式着工，昭和十五年［1940年］末迄に約三十万キロワット落成，
十六年［1941年］末六十四万キロワットの発電設備完成し，需要に応じさ
らに義州，渭原，輯安，慈城，臨江，厚昌等の上流地点を開発し水豊発電所
と併せて約百六十万キロワットまで拡大する予定」であった。

　水豊ダムの本格的な建設を前にして日窒側は，夥しい資材の運搬を主目的
とし，あわせて一般営業を通じて沿線開発を促すため，定州から水豊に至る
115.1キロの平北鉄道の敷設認可を申請し，1937年9月27日にその認可と
ともに工費約1000万円をもって定州・朔州間の実測および設計を終え，一
部工事を開始した[64]。満州側でも，樺旬で水豊対岸に至る60キロの鴨北鉄
道が工費約600万円で同じく建設され始めた[65]。両鉄道は敷設されると，国
鉄の京義・満浦両線の中間に位置し，鴨緑江岸に至る主要幹線網を形成し，
さらに青水で鉄橋で連結される国際路線であるため，当然軌間は1,435mm
の国際標準軌を採用した[66]。会社の設立は実際の工事より遅れる1937年11
月29日に京城で平北鉄道株式会社が資本金1000万円で野口遵を取締役社長
として設立された。役員を見れば，常務取締役に久保田豊，澤慶治郎，陳
悟，取締役に佐方文次郎，高橋康順，徳楞額，監査に大島英吉，村尾重孝，
永井四郎，恩麟が就いた（1939年3月頃）。鴨緑江水力発電株式会社のよう
に，日窒，東拓（佐方文次郎），満州国（陳悟，高橋康順，徳楞額，恩麟）の関

63）「世界一を誇る 鴨江水力発電設備 十二月より正式着工」『満州日日新聞』1937年9月23日。
64）「平北鉄道認可」『東亜日報』1937年10月7日；「無盡の寶庫背景に平北鉄道堂堂見參」『西
　　鮮日報』1937年10月8日。
65）「鴨江水電서 平北鉄道建設工今年中에 起」『東亜日報』1937年9月29日。
66）「平北鉄道敷設免許」「鉄道ニュース」『朝鮮鉄道協会会誌』16-11，1937年，93頁。

第 8 章　日窒の朝鮮電源開発と鉄道事業――新興・端豊・平北の三鉄道 │ 335

係者からなり，端豊鉄道の役員でもあった元鉄道局理事の澤慶治郎が加わっ
た[67]。その本社も端豊鉄道を始め日窒系の諸会社とともに，日窒系の朝鮮ビル
ディング（京城府黄金町 1 丁目 180-2）に置いただけで，鉄道の建設や運営
が日窒側によって行われたことはいうまでもない[68]。

　日窒側がすでに行っていた新興鉄道や工事中の端豊鉄道が山岳地帯に建設
されたのに対して，平北鉄道の場合，「沿線南部は肥沃なる平野であって，
米，大豆の産額多く，北部は概ね山岳地帯で金鉱山が多い」という特徴が
あった[69]。そのため，敷設時には沿線各地の住民からさまざまな要請が出さ
れた。1937 年 8 月には朔州郡南西面民の金禹淳外の 540 人が連盟捺印し，
朔州郡南西面松平洞昌坪に決定された停車場を約 2 キロ離れている面（日本
内地の町に当る行政単位）事務所，駐在所，普通学校の所在地である松平市
に移転することを希望し，その陳情書を平安北道を通じて鉄道局長に提出し
た[70]。また，鉄道路線が貫通する方峴市においては，方峴駅設置問題のた
め，1937 年 10 月上旬頃新市街住民と滄洞側住民は既定の駅の位置が水害を
受け易く，橋梁の追加架設を必要とすることを理由として滄洞側に駅を設置
することを要路当局に陳情した[71]。これに対し，方峴市民らは対抗して既定
の場所を支持して市民の金益亨外の 650 余人の陳情書に捺印し，要路当局に
提出した。

　ともあれ，日窒側は図 8-15 のように借入金をもって「水電建設の急に応
じるため，超速力で工事を進める」こととなり，同線の工事計画が当初 3 ヵ
年であったが，これを 1 年 6 カ月にその期限を短縮して 1938 年 12 月 31 日
に鉄道の竣工を見，その後鴨緑江水電ダム工事はその一年後の 1939 年 12 月

---

67)　重役の変化もその後あり，1941 年 11 月には取締役社長は野口遵であったが，取締役常務に
　　久保田豊，澤慶治郎，陳悟（満州国），取締役に高橋康順（満州国），徳楞額（満州国），上内彦
　　策（東拓），大島英吉（日窒），村尾重孝，永井四郎，恩鱗であった。1942 年 9 月には久保田豊
　　が取締役社長になり，取締役常務に澤慶治郎，陳悟，佐藤時彦，取締役に高橋康順，上内彦策，
　　池田一男，監査に大島英吉，村尾重孝，永井四郎，際彪であった。東洋経済時報社編『朝鮮銀
　　行会社組合要録』1939,1941,1942 年版。
68)　「野口系諸会社　朝鮮삘딩에 移転」『東亜日報』1937 年 12 月 2 日。
69)　「満浦線と平北鉄道開通式」『朝鮮鉄道協会会誌』18-11，1939 年，29-33 頁。
70)　「定朔線停車場을 松平市로 移転陳情」『東亜日報』1937 年 9 月 4 日。
71)　「方峴駅基地問題 両処住民相互対立」『東亜日報』1937 年 11 月 1 日。

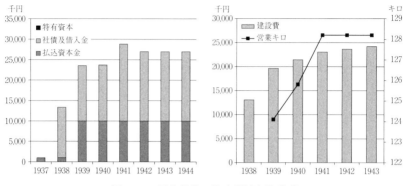

図 8-15　平北鉄道の資金調達と建設費

出所：図 8-5 と同様。

31 日に竣工する予定であった[72]。工事を担当した間組はそれに応じて 63 m の鋼桁を 4 日間で架設し，「快速架設の日本記録」で鮮満国境の青水鉄橋を建設した[73]。国策上の重要性が勘案され，資材配分の優先権が与えられたとはいえ，実際には端豊鉄道の建設と同じくレールなどの資材不足で建設工事は難境に陥らざるを得ず，さらに労務者の「飢饉」が生じた[74]。平安鉄道に対しては鉄鋼材の配分で「特殊な優遇」があり，平安北道庁社会課の斡旋で朝鮮南部から労務者が水豊ダムとともに大量供給され，その人数が 1938 年 4 月中に 2,950 人に達し，その翌月には 2,000 余人を追加輸送されることとなった[75]。1938 年 9 月に鴨緑江水電ダム工事では労務者 2,150 人，平北鉄道工事では労務者 8,748 人が働いており，本体の水豊ダムより輸送経路たる鉄道敷設に多くの労働者が投入されていたことがわかる[76]。

---

72)　「百十余킬로를 一年으로 完成 平北鉄道認可」『東亜日報』1937 年 12 月 2 日；「定州-朔州鉄道」『東亜日報』1938 年 2 月 2 日；「平北道内各種工事에 万四千労力急要　但，年内竣工予定의 것에 限」『東亜日報』1938 年 9 月 25 日。

73)　紅葉山人「吾が万二千峰探勝（十）――平北鉄道株式会社 快速建設の日本記録」『朝鮮鉄道協会会誌』20-9，1941 年，53-55 頁。

74)　「鉄材의 制限 私鉄工事에 難関」『東亜日報』1937 年 12 月 24 日；「各工事進捗에 따라 平北道人夫飢饉」『東亜日報』1938 年 4 月 25 日。

75)　「人夫難의 工事場 土建서 極力供給」『東亜日報』1938 年 3 月 17 日；「各工事進捗에 따라 平北道人夫飢饉」『東亜日報』1938 年 4 月 25 日；「鉄鋼節約의 強化로 私鉄建設이 挫折」『東亜日報』1938 年 7 月 14 日；「私鉄의 레루 手当果然困難」『東亜日報』1938 年 7 月 14 日。

第 8 章　日窒の朝鮮電源開発と鉄道事業——新興・端豊・平北の三鉄道 | 337

図 8-16　平北鉄道の龜城までの開通（1939 年 2 月 1 日）
出所：「우렁찬 첫 汽笛聲 龜城山川을 震撼」『朝鮮日報』1939 年 2 月 4 日。

　遅れても 1939 年春には開通すると予測されたものの，鴨緑江水電材料輸送関係で鴨緑江中心地点まで約 12.5 キロを延長して総延長が増えており[77]，資材や労働力の不足に加えて工事現場での事故発生や労働争議などもあって[78]，全路線の開通は 1939 年 10 月 1 日に実施された。当然，建設費は当初の予想を超え，外部からの資金調達が必要とされた。鉄道経営に備えて図 8-15 のように，日窒側は資本費用の負担を軽減しようとし，1939 年中には資本金 1000 万円の全額払込を完了した。鴨緑江水電の久保田常務の説明によれば，「鴨緑江水電は鮮満両社とも昨秋［1939 年］各 5000 万円，計 1 億円の払込を了し，現在はすでに本工事に 8500 万円，平北・鴨北両鉄道その他に投資 3300 万円，計 1 億 1800 万円を消費してそのうち 1800 万円は短期借入で急を凌する現状」であった[79]。即ち，1 億の払込が完了され，そのうち

---

76)　前掲「平北道内各種工事에 万四千労力急要 但, 年内竣工予定의 것에 限」。
77)　「平北鉄道定朔線 鴨緑江中心地点まで延長 認可申請書を提出」『釜山日報』1938 年 4 月 7 日。
78)　「流氷塊에 圧死」『東亜日報』1939 年 2 月 16 日；「賃金引上을 要求百余運転手怠業」『東亜日報』1939 年 3 月 26 日。
79)　「鴨緑江水電에서 社債一億円을 発行」『東亜日報』1940 年 4 月 19 日。

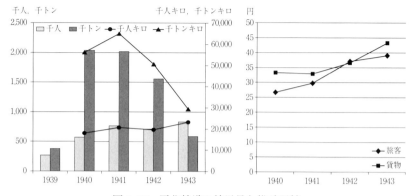

図 8-17 平北鉄道の輸送量と推計運賃

出所:図 8-5 と同様。
注:運賃推計は図 8-6 を参照されたい。

鉄道への資本金の調達が可能であったわけである。それにしても,鴨緑江電源開発には資金不足が生じたため,追加的に社債を発行しなければならなかった。平北鉄道の場合,社債および借入金の比重が新興鉄道ほどではなかったが,資本金を上回っていたため,この部門についての資本費用が発生せざるを得なかった。

平北鉄道は図 8-17 で見るように,水豊ダムの建設用資材を始めとする貨物中心の鉄道であった。とりわけ建設工事が進んだ 1940 年と 41 年の両年度には貨物輸送量が 200 万トンを超えて,新興,端豊の両鉄道の輸送成績を大きく上回った。当時「砂利は昼夜兼行それこそ臨戦体制で,現に一日一万噸を輸送して居る」と指摘されるほどであった[80]。建設資材は鎮南浦港で陸揚げされ,国有鉄道平南線と京義線を経由して定州より平北鉄道を利用して水豊へ送られたため,鎮南浦港東岸壁に大起重機が建設されており,世界最大の容量たる発電機が揚陸され,70 トン積大型貨車を用いて水豊ダムに輸送された[81]。これが運賃収入構成で貨物部門が圧倒的な比重を占める要因になったことは当たり前のことであったが,1942 年に入ると,貨物輸送量は

---

80) 前掲「吾が万二千峰探勝(十)」53-55 頁。
81) 鎮南浦商工会議所編『輝く西鮮時代と鎮南浦港』1941 年,70-71 頁。

第 8 章　日窒の朝鮮電源開発と鉄道事業——新興・端豊・平北の三鉄道 | 339

減り始め，1943年にはピーク時の約4分の1水準まで減少した。したがって，営業収支も悪化せざるを得なかったが，それを検討する前，図8-17の推計運賃に注目すれば，貨物運賃が他の新興と端豊の両鉄道に比べて低く抑えられ，水豊ダム建設における輸送費の節減に寄与したと見るべきである。その代わりに徐々に輸送量を伸ばしている旅客において運賃が相対的に高めに設定されており，1942年には貨物運賃と同じ水準になった。

　図8-18の収支構造を見ても1941年に収入，支出ともにもっとも大きくなり，その後縮小した。費用の構成において資料上支払利子が掲載されていないため，ほぼ同じ時期に建設された端豊鉄道の利子推計で利用された2.1％をもって利子を推計した。費用における利子の比重は社債および借入金の比重が小さかった端豊鉄道に比べて大きくなり，経営負担になったのである。そのため，利益は1942年を除いては赤字になっており，それを大きく上回る政府補助金が交付され，鉄道会社の経営収支は黒字に転じて，5-6％の配当が可能であった。このような経営成績は新興鉄道より良好ではあったものの，端豊鉄道に比べて劣っている。沿線には日窒鉱業の吉祥金山，三成鉱業の新延金山，日本窒素の青水工場などが位置しており，開通式で野口社長より「奥地一帯の産業経済の発展と鮮満交通の開拓により日満親和の上に，寄

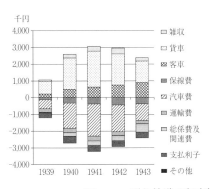 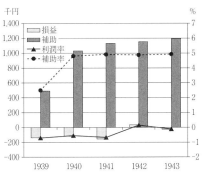

図8-18　平北鉄道の収支構造と利潤率および補助率
出所：図8-13と同様。
注：1. 利潤率＝損益÷建設費。補助率＝補助÷建設費。損益には補助金を含まない。
　　2. 支払利子は1939年度の利子と借入金をもって利子率を計算して，これをもって他年度の利子を推計。

与するところ蓋甚大なるものあらんと信ずる」と述べられた[82] ものの，ダム建設後それまでの建設資材に代わるほどの輸送需要の発生はまだなかったのである。

おわりに

赴戦江の電源開発に伴って日窒側は朝鮮鉄道会社咸南線の狭軌路線に接続して専用鉄道を建設し，建設用資材の輸送を行ったが，沿線住民からの要請もあり，朝鮮鉄道会社による一般営業を行なった。その後，新興鉄道会社を設立し，政府補助金の給付も期待して自力による鉄道運営を始めた。その後，興南の朝鮮窒素肥料の工場を始めとする電気化学団地を造成し，さらなる電源開発を長津江に行い，興南線と長津線を敷設すると，朝鮮鉄道咸南線が咽喉を扼する形となった。そのため，日窒が事業展開を拡張すればするほど朝鉄側に運賃を支払わなければならなくなり，鉄道一元化の要請が地域社会からも出され，日窒は朝鮮鉄道咸南線を買収しようとし，朝鉄側も長津江電源開発が一段落し，政府補助金の給付期限も切れるようになったため，これに応じた。とはいうものの，762 mm の輸送力と施設の貧弱さは鉄道運営において多くの問題を露呈した。

そのため，日窒側は虚川江と鴨緑江の電源開発に際しては別の会社を設立し，国際標準軌を採択した。これらの生産力拡充計画の一部をなしたことから，資材配分や労務者の配置において政府からの優遇措置があったものの，資材および労働力の不足を免れず，自然災害もあり，予定よりも遅れて開通を見ざるを得なかった。これらのことも考慮し，元総督府鉄道局理事兼監督課長が役員に加わった。資金調達においても新興鉄道に比べて資本金の充実化が行われ，資本費用の負担を軽減させ，経営基盤を整える工夫が施された。平北鉄道の場合，鴨緑江の電源開発が鮮満国境に跨って実施されたため，その姉妹会社たる鴨北鉄道とともに，満州国や東拓から重役の派遣とともに資金調達が可能となった。

とはいえ，ダム建設工事が一通り終了すると，輸送量の減少を避けられ

---

82)　前掲「満浦線と平北鉄道開通式」。

ず，会社経営の不安定要因となり，政府からの補助金がそれを補った。その中でも，沿線住民らの利用が増え，客車収入が増加傾向を示した。とりわけ，新興鉄道の場合，都市部の咸興と興南を結ぶ興南線においてこのような輸送需要が大きくなった。これに比べて平北鉄道は建設用資材輸送の減少を補うほどの輸送沿線住民からの輸送需要はなかった。敷設後，石炭，鉄鉱石，木材などを奥地からの資源を運搬する鉱山鉄道や森林鉄道とは違う役割からくるやむをえない結果である。

　日窒系の電源開発のために敷設された三つの鉄道を利潤率という経営指標から比較してみると，端豊鉄道がもっとも良好であり，その次が平北鉄道であり，新興鉄道のほうでもっとも低かった。新興鉄道の場合，762 mm という輸送力の脆弱性と借入金の中心の資金調達がこのような経営成績を規定する要因であっただろう。ともあれ，日窒内部より低利資金も調達され，さらに外部からの補助金が給付され，5-6％程度の配当が可能であった。この点から判断すると，日窒側が長距離にわたって建設用資材を運搬する鉄道を専用鉄道ではなく営業鉄道として建設したのは賢明な措置であったといってもよいだろう。これは当然赴戦江建設時の苦い経験から得られた教訓であったことは間違いない。

第 **5** 部

沿線と開発

第**9**章

朝鮮京南鉄道と沿線開発

小林一三モデルの植民地化

はじめに

本章の課題は，京畿の長糊院から忠南の長項に至る朝鮮京南鉄道がどのように敷設されて経営されたのかを分析し，日本内地の私鉄経営を前提とする経営多角化が朝鮮ではいかに実現されたのかを考察することである。

朝鮮においては 1910 年代末に私鉄会社が相次いで設立され，会社数とその敷設許可キロ数が未開業線を含めて 1922 年に 17 社の 2,759.2 キロに達した。日本内地に比べて鉄道業の始まりが遅れただけに，会社設立ブームが生じて大きな進展があった。とはいうものの，1920 年代に長期不況が続く中，多くの私鉄が資金難に陥り，経営危機に直面せざるを得ず，会社の解散問題が沸騰すると，総督府の支援を得て私鉄 6 社の合併が断行され，朝鮮鉄道株式会社の設立（1923 年）を見た[1]。これに対し，朝鮮京南鉄道は機関銀行の倒産に伴って経営危機を経験することもあったが，私鉄合同への参加を選択せず，独自の経営方針を貫き，鉄道敷設を成し遂げた。それだけでなく，地域の自動車業を買収して交通業の地域独占体制を構築しており，温陽温泉をはじめとする経営多角化を積極的に展開した。とはいえ，経営安定性が保たされたとは言い難く，その経営は鉄道業への補助金交付を前提にしなければならなかった。

この点で，本章は京南鉄道がなぜ経営危機のなかでも私鉄合同へ賛同せず独自経営を選択したのか，さらに鉄道業以外にも経営多角化を積極追求したものの，経営収支が安定しなかった理由は何か，経営の不安定性が朝鮮総督府の私鉄政策にとっていかなる意味を持つのかを問わざるを得ない。これらの問題は単なる京南鉄道に限られず，植民地期朝鮮の私鉄全般が抱えていた課題でもあった。ところが，主要な事例研究を取り上げて見ると植民地期私鉄経営を分析しその特徴を考察した先行研究はあまり見当たらない。李昌植（1987）は朝鮮京東鉄道の水驪線の開通と運行を分析し，それによる内陸輸送の変化と私鉄の独占の実態を考察した[2]。これを水仁線の敷設までに拡大

---

1) 矢島桂「植民地期朝鮮への鉄道投資の基本性格に関する一考察——1923 年朝鮮鉄道会社の成立を中心に」『経営史学』44-2，2009 年，59-84 頁。

し，京東線の変遷と廃止を検討し，仁川港という地域的観点からその歴史的意義を検討したのが甄洙燦（2003）であった[3]。朝鮮京東鉄道について金贊寿（2005）は「水原学」の観点から水原地域における鉄道網の形成を分析し，その一環としての京東鉄道を考察した[4]。

金贊寿（2011）は株主の構成などに注目し，京春鉄道の敷設と運営を分析した[5]。これに対して鄭安基（2016）は「朝鮮型特殊会社」という視点から京春鉄道を分析し，「総督府は建設費5%の私鉄補助金を交付し，会社の設立と経営を支える一方，利害関係が相違する民間資本の共同出資と双対的統制構造を設計」する「合理的経済制度と産業政策の設計者あるいは実行者であった」と評価した。ほぼ同様の制度が日本内地にもあったにもかかわらず，長期低利資金の調達と私鉄補助金の交付などを根拠として「朝鮮型特殊会社」を論じるのには強い疑問を感じる[6]。さらに，林采成（2016）は日本電力によって三陟炭田開発のために敷設され，石炭の運炭をはじめ一般営業を行っていた三陟鉄道を分析し，石炭増産とともに，鉄道の経営安定性が保たれたものの，戦争末期には補助金を受けざるを得なかったことを指摘した[7]。

以上のような研究状況を踏まえて，本章は朝鮮京南鉄道を取り上げて，次の構成をもって植民地朝鮮における私鉄経営の実態を抉り出すことにする。第1節では京南鉄道の敷設を考察し，その中で生じた経営危機，即ち鴻巣銀行の破綻による減資問題とそれによる経営陣の交代を検討する。第2節においては京南鉄道の敷設と並行して生じていた忠南臨港鉄道と終端駅の選定問

---

2) 李昌植「日帝下의 水驪・水仁線의 鉄道考」畿甸郷土文化研究会『畿甸文化』3，1987年，25-34頁。

3) 甄洙燦「京東鉄道（水驪・水仁線）의 敷設과 変遷」仁荷歴史学会『仁荷史学』10，2003年，911-932頁。

4) 金贊寿「日帝下水原地域의 鉄道交通」水原学研究所『水原学研究』2，2005年，9-44頁。

5) 金贊寿「日帝의 私設鉄道政策과 京春線」조병로外『朝鮮総督府의 交通政策과 道路建設』国学資料院，2011年。

6) 鄭安基「1930年朝鮮型特殊会社，『京春鉄道（株）』의 研究」서울市立大学校서울学研究所『서울学研究』64，2016年，155-213頁。

7) 林采成「三陟炭田의 開発と石炭輸送——日本電力による植民地朝鮮의 資源開発史」『立教経済学研究』69-5，2016年，95-119頁。

題をめぐる地域社会の利害関係を考察し，第3節では鉄道敷設後の鉄道輸送とそれに伴って実行された運賃政策を検討し，鉄道運営の改善を確認する。第4節では事業の多角化が会社経営に及ぼした影響とそれへの総督府の方針を検討し，第5節においては事業部門ごとの収益率を推計し，その中での政府補助金の効果を考察し，植民地朝鮮の私鉄経営としての特徴を吟味する。

1. 会社設立と敷設危機——鴻巣銀行の破綻，経営陣の交代

　1916年頃，群山対岸から京釜線天安駅を経由して安城にいたる軽便鉄道が，一般貨客輸送を目的として企画されて，その事業可能性が調査された。図9-1でみられるように，忠清南道の海岸地域は米をはじめとする穀倉地帯であり，大量の水産物など特産品がとれたにもかかわらず，鉄道網たる京釜・湖南の両線からはかけ離れ，交通便が少なかったことから，鉄道業の将来性は大きかっただろう。そのため，阪上貞信をはじめとする発起人34人が地域経済の発展をもくろんで1918年7月に忠南軽便鉄道の敷設を総督府に出願し，1919年9月30日に総督府より許可を得た[8]。阪上は，山口出身で日露戦争以前から朝鮮に居住し，1917年には群山で鮮南勤業株式会社や湖南商会を経営しており，群山商業会議所評議員として活動を行っていた人物である[9]。その後，軽便鉄道法の失効に伴って日本内地からの資金調達の便宜性を念頭に置いて，同年10月24日に朝鮮京南鉄道へと社名を変えた。

　1920年2月に東京の帝国鉄道協会で朝鮮京南鉄道の創立総会が開催され，長島弘，阪上貞信，秋本茂，中村房五郎，渋谷元良，堤清六，岡部菊太郎，土屋興，金澤藤三郎，大内暢三が取締役となり，一宮房次郎，手島重兵衛，中村郁次郎，朝田惣七，梅浦五一が監査役に選出された[10]。そのうち，取締役会の互選によって社長に長島，専務には阪上，常務に秋本，中村，渋谷が就任した。その後，取締役と監査役の変更はあったものの，1923年までは

---

8)　「忠南軽便鉄道」『毎日新報』1916年8月25日；「忠清南道軽便変更」『毎日新報』1916年8月25日；『朝鮮総督府官報』1919年10月6日。

9)　朝鮮公論社編『在朝鮮内地人紳士名鑑』1917年。

10)　朝鮮京南鉄道株式会社『第1回営業報告書』1920年上半期（1920年2月8日-1920年7月31日）。大株主と重役があまり重ならないことから，日本内地からの投資家の資金を動員するのに成功したのだろう。

第 9 章　朝鮮京南鉄道と沿線開発——小林一三モデルの植民地化　349

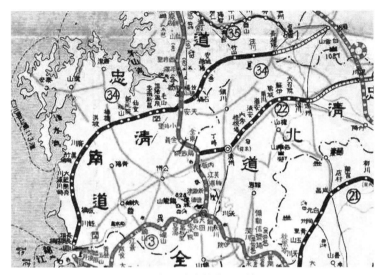

図 9-1　朝鮮京南鉄道の路線図
出所：朝鮮総督府鉄道局編『朝鮮鉄道状況』第 30 回，1939 年 12 月。
注：㉞が朝鮮京南鉄道路線である。

図 9-2　朝鮮京南鉄道本社（天安）
出所：朝鮮総督府鉄道局『朝鮮鉄道四十年略史』1940 年。

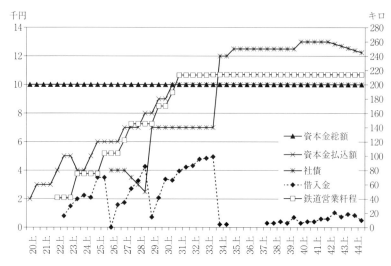

図 9-3　朝鮮京南鉄道の資金調達と営業キロ
出所：朝鮮京南鉄道『営業報告書』各半期版。

この体制が維持された。会社本社と支社をそれぞれ忠清南道の天安，日本内地の東京に置いた。実際には株主の多くが日本内地に滞在していたことから，多くの株主総会が帝国鉄道会館で開催された。日本内地からの資金調達によって鉄道投資が行われ，私鉄補助法によって一定の配当が保障されたのである。当初の路線は群山の対岸である長項から起り，忠清南道海岸を北進して国有鉄道京釜線天安駅に出て，さらに進んで京畿道安城に至る延長 158.8 キロであって，軌間は国有鉄道との連絡を考慮して標準軌（1,435mm）であった[11]。

　京南鉄道は 1920 年 12 月にまず忠南線の一部である天安・温陽温泉間 14.6 キロの工事に着手し，次いで 1921 年 5 月に温陽温泉・礼山間 25.9 キロを起工し，1922 年 6 月より営業を開始した。請負業者と鉄道会社の重役との間ではコミッションの支払が一般化されたようである。「第二期延長工事に際して指定請負人某組と結托し保障金十万円を積立なさしめて落札を約しありたるに入札の結果図らずも他の請負人に工事が落札した」[12]。そのため，「某

---

11)　鈴木清・竹内虎治『朝鮮の私設鉄道』南満州鉄道株式会社庶務部調査課，1925 年，164 頁。

第9章　朝鮮京南鉄道と沿線開発──小林一三モデルの植民地化│351

組の積立金十万円は当然返還」しなければならなかったが，「当時会社当局
者は言を左右にし返還が遅延し甚だしい会社内部の不統一を暴露し大紛擾を
醸したあげく漸くにして調達返還した」という。こうして，工事請負をめぐ
る疑惑が生じたが，京南鉄道は礼山・広川間 34.8 キロの工事を始め，その
うち礼山・洪城間 22 キロは 1923 年 11 月に，洪城・広川間 12.7 キロは同年
12 月にそれぞれ開通し，天安・広川間 75.3 キロの営業をなし，1 日 3 往復
の列車を運行した。

　敷設工事に必要なレール，枕木，橋桁，車両および付属品などについては
京城管理局（1917–24 年に朝鮮国有鉄道は満鉄によって委託され，満鉄京城管理
局となっていた）より特定割引運賃が適用された。機関車および客貨車は日
本内地の車両メーカーによって製作され，そのパーツなどが草梁で陸揚げさ
れ，京城管理局の鉄道工場が位置している龍山に運ばれ，組立作業の上，京
南鉄道へ送られた[13]。こうして京南鉄道の営業が始まったものの，会社内外
の事業環境は営業開始直後大きく変わり始めた。

　1920 年代には景気後退が続き，朝鮮私鉄業界は建設資金難に陥り，合同
によって当面の資金難を緩和し，事業の進捗を図ろうとする動きが生じた。
最終的には朝鮮中央鉄道，南朝鮮鉄道（旧），西鮮殖産鉄道，朝鮮森林鉄道，
朝鮮産業鉄道，両江拓林鉄道の 6 社が合併して 1923 年 9 月に朝鮮鉄道株式
会社（資本金 5,450 万円，社長大川平三郎）の設立を見た[14] が，これへの賛同
が京南鉄道にも要請されたことはいうまでもない。そのために東京で開催さ
れた各社の代表者会議においては①社債発行の件は朝鮮銀行（鮮銀）の保証
あるいは地方法によっても総督府および鮮銀に一任すること，②減資しない
こと，③合併条件は無条件の合併であること，④重役会を開き，まず各社の
態度を決定した後，さらに会合して協議することが私鉄合同条件として決定
された[15]。この協議に対し，図們鉄道，全北鉄道，金剛山電鉄は予定路線の

---

12)　「放漫経営の積弊から業績不良の京南鉄道（三）──長嶋前社長失脚から現重役一派が勢力を
　　揮ふ」『釜山日報』1934 年 12 月 6 日。
13)　「京南鉄道工事」『東亞日報』1922 年 3 月 4 日。
14)　「私鉄合同実現과 鮮鉄委任経理」『東亜日報』1923 年 4 月 8 日；「朝鮮鉄道株式会社成立 朝鮮
　　私設鉄道六社가 合併하여」『東亜日報』1923 年 9 月 3 日。
15)　「私鉄合同条件大体決定」『東亜日報』1923 年 3 月 31 日。

全部あるいは一部を敷設したため，不参加を決定し，京南鉄道も創立後 2 年間 3 回の払込を決定し，資金の半分である 500 万円を徴収したことから，産業鉄道とともに無条件の合併には反対の意見を示した。この時，京南鉄道は天安・礼山間 40.6 キロを開通しており，礼山・藍浦間 37.5 キロの工事を行っていたため，「合同を絶対不賛成するわけではないが，無条件で参加することも不可能である」という意見を秋元茂常務が示した[16]。

　しかし，長島弘社長が介入して日本内地の鴻巣銀行に預けていた資本金 150 万円が同銀行の破綻のため，支払い停止に陥り，全額の 5 ヵ年払戻の噂も流れてきたが，交渉によっても 102 万 8 千円は回収不能となった[17]。この金額は京南鉄道の払込資本金の 5 分の 1，公称資本金の 10 分の 1 に相当する。当時鉄道担保の借入金も殖産銀行側の反対で絶望的な状態に陥り，預金の回収不能は鉄道建設資金調達にとって大打撃となった。結局，合同反対を主張していた株主の気勢も停頓し，「重役不信任の声」があり，重役側では秘密に合同側に加入しようとする議論をし始めた[18]。1923 年 7 月には東京で大株主会が開かれ，「善後策」を協議し，支払を要する礼山・広川間の工事費 250 万円について他銀行預入金と借入金によって一部支弁することとし，「同会社を整理」するために選出された 5 人の委員は重役とともに「善後策」を考究した[19]。「大株主側の意向は大部分再選させて，進行中の 6 私鉄合同会社に加入する方針」であった[20]。

　そのために開かれた臨時株主総会（7 月 30 日）においては既存重役の総辞任が示され，そのうち長島社長をはじめ 4 人の辞任が承認され，5 人の辞任は撤回，すなわち留任の上，新重役 5 人が加えられた。新しい重役陣を見れ

16）「私鉄合同과 南鉄 秋本京南鉄道常務談」『東亜日報』1923 年 5 月 17 日。

17）「京南鉄道前途」『東亜日報』1923 年 8 月 4 日；「京南鉄道의今後結局合同加入乎」『東亜日報』1923 年 8 月 20 日；前掲「放漫経営の積弊から業績不良の京南鉄道（三）」。1923 年に「京南社員が銀行に回収交渉のため東上し滞在中に銀座のカフェー遊びに耽っていた折も悪く会社の重要書類から所持金まで掻浚盗難に遭い銀行の交渉談判の材料を失い青くなって」「幹部に哀願陳謝した結果さらに書類の準備を整え鴻巣銀行に回収交渉を行い漸く五十万円だけは動向整理の際に回収が出来た位で残額百万円は今も焦付きで整理勘定に残っ」た。

18）「京南合同入乎」『東亜日報』1923 年 6 月 3 日。

19）「京南鉄道整理」『東亜日報』1923 年 7 月 18 日。

20）同上書。

第 9 章　朝鮮京南鉄道と沿線開発——小林一三モデルの植民地化 | 353

ば，社長を空席にして専務取締役の秋本茂（旧），常務取締役理事の秋本豊
之進（新），取締役の大内暢三（旧），取締役理事の立川芳（旧），取締役の
堤清六（旧），仲尾和三郎（新），支配人の番場矸（新），荒木武二郎（新），
常任監査役の吉田道夫（新），監査役の中村郁次郎（旧）からなってい
た[21]。とはいうものの，事実上の社長たる秋本専務が従来から無条件の私鉄
合同には反対の立場を取っていたから，消極的な姿勢を示した。このような
重役の改選に対して総督府は当然「好感」を持たず，担保付借入金の調達も
容易ではなかったため，「株主の間では再び『資金整理合同加入』の主張が
あり，重役間にも合同賛成論が有力であった」[22]。大株主と彼らの利害を反
映して一部の重役からは私鉄合同への希望があったものの，それが実現され
ることはなかった。

　実際の京南鉄道は 100 万円を超える預金の焦付きと関東大震災の影響もあ
り，資金難を免れなかった。秋本専務が 1923 年 11 月 5 日に朝鮮殖産銀行の
有賀光豊頭取を訪れて建設資金の借入を交渉したが，成立せず，大阪からの
借入先があって殖産銀行にその保証を懇請したものの，これも拒絶され
た[23]。そこで，鉄道抵当法（1905 年，法律第 53 号）に基づいて鉄道財団を設
定し融資を図ることとしたが，それも不調に終わった[24]。そのため，鴻巣銀
行預金 102 万 8 千円を処分する唯一の方法として減資しかないという意見が
重役会で出された。「窮余の一策として年末に臨時株主総会を開き，一株払
込金 25 円を 20 円へ減資し，総払込額 500 万円を 400 万円へ縮小させ，払込
で充当させるという奇怪な決議」が行われた[25]。しかし，この「株式払込金
切減」に対しての反対の意見が当然登場して弁護士を通じて抗告したが，
「複審法院」では会社側に対して「事件取下げが如何か」という提議があ

---

21)　朝鮮京南鉄道株式会社『第 7 回営業報告書』1923 年上半期（1923 年 2 月 1 日–1923 年 7 月 31
　　日）；朝鮮京南鉄道株式会社『第 8 回営業報告書』1923 年下半期（1923 年 8 月 1 日–1924 年 1 月
　　31 日）。
22)　前掲「京南鉄道의 今後結局合同加入乎」。
23)　「京南鉄道資金難」『東亜日報』1923 年 11 月 6 日。
24)　「京南鉄道資金融通」『東亜日報』1923 年 12 月 20 日；「京南鉄道結局減資」『東亜日報』1924
　　年 6 月 1 日。
25)　「財海余波」『東亜日報』1924 年 1 月 13 日。

り，結局抗告を取下げた[26]。資本総額の増減なしに払込額を変更させ，法理上違反であると同時に，これを認定しても株主全員の承認を要すると言って，一部の株主は総会での無効の訴訟を提起しようとした[27]。

資本金の回収不能に対する共同責任者たる秋本茂専務が第5回の払込を強行しようとするのに対し，京阪，東京などの有力株主（資本金10分の1以上株主）は東京岡本宏を代表とする臨時株主総会を請求して1924年9月29日に「従来の例を破して」東京ではない現地の天安で臨時総会を開催しようとして来朝した[28]。付議事項は取締役，監査役全員解任の件，取締役，監査役選任の件，会社を代表する取締役1名選定の件，本会社の安城線工事請負契約およびその内容に関する事項の決定の件などであった。8万株の委任状を持ち秋本専門らを攻撃している反対派の動きに対し，会社派も反発し，9万株の委任状を持っていると豪言し，「一大波乱」が予測された[29]。そこで，鉄道敷設工事にかかわっている京城土木建築協会有志が9月27日に訪れ，両者間に立って調停を試みた。

臨時総会が9月29日に天安の本社で開催され，①取締役，監査役，全員解任および選任の件，②会社を代表する取締役選任の件，③天安・安城間の鉄道敷設工事の請求契約および内容事項決定に関する件を付議した[30]。ところが，会社派，反対派ともに委任状争奪戦が猛烈になったため，委任状調査の未了のため休憩を余儀なくされ，有志株主の和解勧告と京城経済記者団の勧告もあり，当日の閉会と10月1日の再開が決定された。この間，妥協案が考究されたのは言うまでもない。9月29日には総会の閉会後，漢城銀行の浅井佐一郎専務，小林藤右衛門など双方間の一致点を発見しようとしたが，それが決まらなかったため，午後7時52分の天安発列車でまず京城へ帰来し，9月30日に浅井と土木協会の寺尾猛三郎，大村百蔵などが方策を協議し続けた。

---

26) 前掲「京南鉄道結局減資」。

27) 前掲「財海余波」。

28) 「京南鉄道紛糾 二十九日天安에서 総会開催」『東亜日報』1924年9月6日；「延期에 又延期 天安安城線敷設工事」『東亜日報』1924年9月6日。

29) 「京南鉄道紛擾 土木協会調停」『東亜日報』1924年9月30日。

30) 「形勢険悪한 京南臨総延期 定時総会는 完了」『東亜日報』1924年10月1日。

第9章 朝鮮京南鉄道と沿線開発——小林一三モデルの植民地化 | 355

10月1日午後に改革派の重鎮であった仲尾和三郎が天安旅館で会社派の重役であった秋本豊之進などを訪問し，妥協する意向を示し，形勢は急転直下，相互譲歩することとなった。まず，所定の臨時総会を開催したが，到底進行できなかったため，2日に継続開催することとし散会した。こうして，相互妥協が可能となった近因は「厳正中立を標榜した漢城銀行」から重役陣が加担したからであった[31]。その妥協案は①専務秋本は引責辞任すること，②取締役として新たに片山繁雄，高津久右衛門，熊取谷七松の3氏を選任すること，③秋本茂に慰労金を贈ること，④重役会において片山繁雄を社長として秋本豊之進を専務として互選し，秋元茂を顧問に推薦することであった。その翌日に開かれた臨時総会では，片山，高津，熊取谷の3人が選出され，直ちに取締役会を開き，代表重役東京・天安両地駐在重役などを互選しようとしたが，取締役中欠席が多かったため，重役会は東京で開会された。結果，取締役社長の片山繁雄（新），常務取締役の秋本豊之進（旧），取締役理事の立川芳（旧），取締役の大内暢三（旧），堤清六（旧），仲尾和三郎（旧），高津久右衛門（旧），熊取谷七松（旧），監査役の吉田道夫（旧），中村郁次郎（旧），相談役の山口恒太郎（旧），顧問の秋本茂（新）という新陣容が整えられた[32]。

鴻巣銀行からの預金約100万円が回収不能となり，私鉄合同への参加が希望されたにもかかわらず，既存の重役陣によってそれが受けられず，追加的資本金の払込が要請されたため，大株主側が実力行使に出てその利害関係を貫徹させた。「会社派」と「反対派」＝「改革派」から見て第三の人物であった片山繁雄は三井銀行を経て朝鮮銀行理事を務め，会社財務に長けている専門家であったことから，大株主の意図が反映されたと見て良いだろう[33]。当然，損失100万円の処理は払込資本金の減資ではなく「整理勘定」として計上されることで会計上行われた。

---

31) 「京南両派妥協」『東亜日報』1924年10月3日。

32) 「京南新陣容」『東亜日報』1924年10月4日。

33) 「鮮銀制度改正」『京城日報』1920年4月6日：片山繁雄「産金事業の発展を切望（一）」『朝鮮新聞』1935年12月28日。片山繁雄は岡山県士族片山熊太郎の長男として1875年6月に出生し，1898年東京帝国大学法科大学を卒業し，三井銀行支店長，同外国課長，朝鮮銀行理事，三井信託会社副社長，朝鮮京南鉄道会社取締役社長に就任し，三井合名会社の嘱託にもなった。

とはいえ，当面の資金難が緩和されなかったため，京南鉄道は京畿線の工費不足分を借入金で調達するしかなく，山岳地帯を通過し京畿線の3倍の路線を要する忠南線の残余区間について敷設計画を立案し難かった[34]。京南鉄道の京畿線でも天安・安城間28.5キロが1924年12月より起工されて1925年7月に竣工を見た。そうした中，安城・長湖院間41.4キロの敷設が1925年9月3日に許可されると，安城・長湖院間41.4キロについて1926年6月に起工して27年7月に竣工を見て，それぞれの路線の営業が開始された[35]。その後，京南鉄道は社債の発行を試み，1925年2月27日に殖銀との協定を締結し，140万円の起債について3月6日附で認可を得て，9日に殖銀で現金を授受したが，鴻巣銀行の事例に鑑み予め認可すると同時に，預入銀行を殖銀として指定した[36]。その後，図9-3のように，京南鉄道は借入金に頼るよりは長期資金の調達が可能な社債を積極利用し，その一方で私鉄補助金を得て年8分の株主配当を保証して資本金の払込を促して資金調達を図った[37]。

2. 忠南臨港鉄道計画と終端駅の選定問題

残りの忠南線の敷設工事をめぐって忠南地域社会から鉄道敷設の新しい要請が出された。1926年2月28日には忠南公州公栄会から鳥致院を起点として公州・扶余・青陽を経て大川までの鉄道を敷設し，大川の築港を実現する目的で忠南臨港鉄道の公州期成会創立総会を公州面事務室に開催した[38]。この案を事実上支えて進めたのが京南鉄道であった。京南鉄道の取締役荒木武次郎をはじめ十余名が発起人となり，鳥致院から公州，扶余，大川を経て松鶴に至る広軌線約105キロの忠南臨港鉄道敷設免許願を，忠南道庁を経由して1926年4月に総督府鉄道局へ提出した[39]。荒木ら発起人の方針はこの鉄

34）「京南群山線資金関係로 困難」『東亜日報』1925年3月5日。

35）「三南寶庫の開發に盡せる京南鉄道株式会社の業績」『朝鮮研究』朝鮮研究社，1930年2月。

36）「京南鉄道資金借入」『東亜日報』1925年3月10日

37）「京南鉄道株主総会」『東亜日報』1925年10月2日；「京鉄資金融通」『東亜日報』1926年1月20日；「銀行会社」『東亜日報』1926年3月5日；「京南鉄道継続工事 事業資金融通」『東亜日報』1926年8月22日。

38）「鳥致院大川間鉄道敷設期成」『東亜日報』1926年3月4日。

第9章　朝鮮京南鉄道と沿線開発——小林一三モデルの植民地化 ｜ 357

道を「京南鉄道の姉妹会社」として創立して資本金1000万円のうち650万円をもって鉄道を敷設し，残りの350万円をもって発電，干拓，築港などの附帯事業をも進め，輸出港を一つも有しない忠南が希望する港湾を造成し，その市街地を作る計画であった。もしこの鉄道敷設が許可されると，大川から群山対岸への鉄道敷設を諦め，忠南と京畿の物産を松鶴港へ運び出すこととなる。

　そのため，臨港鉄道計画は既存の群山港にとって「大損失」であった[40]。広川・群山対岸間の延長問題が浮上したのはいうまでもない。群山府の平沢村一行は1926年5月2日に海路で大川に移動し，臨港鉄道と松鶴港は「何日実現」できるだろうかとし，「夢中の計画」と評価し，京南鉄道の延長を懇望した[41]。ついに，1926年9月8日に天安で群山側の赤松緊夫と京南側の立川芳が会見し，最終的交渉を行い，群山側としては経済上臨港鉄道計画を放棄して既存の予定線を固執することを要請した[42]。

　総督府鉄道局監督課が審議している途中，京南鉄道としては再び大きな問題に直面せざるを得なかった。いわば，資金難であった。京畿線において安城から竹山，さらに長湖院への延長が続き，建設費が必要とされており，さらに温陽温泉（後述）の買収費や災害復旧費も発生したのである[43]。この忠南臨港鉄道案は山岳を通過して多額の公費を要し，沿線の物資が貧弱であって，その一部の藍浦・大川間が京南鉄道の予定線であったため，同一地帯に二つの路線の敷設は相容れないと見て，既存計画は①鳥致院を起点として公州，兜岩，恩山，鴻山を経て舒川郡東面板橋里に至って京南鉄道の予定線と連絡し，舒川郡水東里に出る路線と，②京南鉄道大川駅を起点として松鶴港に至る路線という2つの路線計画へ変更された。京南鉄道の忠南線をシェアすることで，工事費の節約が可能となった。計画の変更に伴って本来この計画を推進した荒木取締役は辞任し，会社を去り，京南鉄道側としては資本金

---

39)　「実現이 된다면 群山港의 大損失 忠南臨港鉄道와 松鶴築港」『東亜日報』1926年4月25日。
40)　同上書。
41)　「京南鉄道延長에 努力？」『東亜日報』1926年5月6日。
42)　「京南線延長 群山側와 交渉」『東亜日報』1926年9月9日。
43)　「窮迫한 京南鉄道」『東亜日報』1926年10月11日。

1000万円を500万円へと減額し，本店を天安に置き，不足する500万円は借入金で調達することにした[44]。この認可のため，公州臨港鉄道期成会は11月6日に臨時総会を開き，忠清南道当局と総督府鉄道当局にその認可を陳情した[45]。監督課長一行が出張調査し，11月8日には公州に乗り込み，「市民は料亭湖に於て盛大なる歓迎会」を開いた[46]。後に斎藤実総督も実地調査を行い，臨港鉄道と松鶴築港の可能性が高かった[47]。

　これに対し，群山商業会議所は京南鉄道問題に対して緊急協議する必要があると判断し，1927年1月29日に臨時評議員会を開き，広川から群山対岸までの予定線の促成方法について協議した[48]。同線の延長が資金難のため実現できなかったが，1927年6月になると許可期限が満了すると見て，京城の渡辺定一郎など有力者間で議論した別の私鉄会社の設立案も含めて，鉄道敷設の促成方案を模索し，これを極力助長することを決議した。結果的には群山側の懇請が叶うこととなり，忠南臨港鉄道は「不景気の関係によって中止」された[49]。昭和金融恐慌の中でもはや新しい計画は実施されるどころではなかった。その後の1928年3月22日に京南鉄道の株式総会が開かれ，金融専門家たる片山取締役の後任として鉄道専門家の国澤新兵衛の就任が決定され，彼は就任と同時に，取締役会長となった[50]。帝国大学工科大学土木学科を卒業後，九州鉄道会社，逓信省鉄道局を経て満鉄に渡ってその理事長までを就任しており，衆議院議員の経歴後には帝国鉄道協会会長を務めたことから，国澤には会長の肩書を与えざるを得なかった。

　朝鮮内外で名高い新任会長の公信力をもって資本金払込などといった資金

---

44)　「臨港鉄道의 予定案変更」『東亜日報』1926年10月8日；「資本金五百万円の忠南臨港鉄道問題 鉄道局監督課長視察」『釜山日報』1926年11月10日。

45)　「忠南臨港鉄道不遠間에 認可？」『東亜日報』1926年11月9日。

46)　「資本金五百万円の忠南臨港鉄道問題 鉄道局監督課長視察」『釜山日報』1926年11月10日。

47)　「農業補習学校設立者에게 感謝함」『東亜日報』1931年6月23日。

48)　「群山対岸広川間鉄道促成을 援助　群山商業評議会決議」『東亜日報』1927年2月3日。

49)　「農業補習学校設立者에게 感謝함」『東亜日報』1931年6月23日。

50)　「京南取締役決定」『東亜日報』1928年3月31日。その他の重役を見れば，取締役副社長の秋本豊之進，取締役の堤清六，片山繁雄，熊取谷七松，高津久右衛門，渋谷太吉，越山太刀三郎，中村郁次郎，監査役の吉田道夫，伊藤利三郎であった（朝鮮京南鉄道株式会社『第17回営業報告書』1928年上半期（1928年2月1日-1928年7月31日））。

第 9 章　朝鮮京南鉄道と沿線開発——小林一三モデルの植民地化 | 359

図 9-4　朝鮮京南鉄道の幹部陣（右から国澤会長，秋本副社長，井上支配人，竹内技師長）
出所：「愈よけふから京南鉄道全通開通」『京城日報』1931 年 8 月 1 日。

調達が行われ，予定線の工事が捗った[51]。「京城における有力なる請負業者などは京南鉄道広川・長項間約七十キロの延長工事のシンジケートが組織され有力敷組の請負業者の信用で資金は殖産銀行から融資することとなり」1929 年 1 月に起工した。大恐慌期の鉄道工事であっただけに，京南鉄道側は土木業者に対してきわめて有利な立場であったことはいうまでもない。「京南鉄道会社重役中の一派や幹部社員の一部が最も懐中工合の好い豪奢振りを発揮した時期で世の中の不景気風は何処に吹いているかといった程に金廻りが好かった」[52]。それに伴う疑惑が論じられた[53]が，その代表的事例を取り上げれば，1931 年 1 月には「京城府庁の名義変更と称する手続一つで」敷地，建物，家具を合わせて約 3 万円にも達する「幹部社員の所有邸宅が出現した」が，「新築落成の祝宴に列った人々組員のみで外部の人は居らなかった」という。「会社幹部の京城舎宅として社有財産であるはずであるが，門標が一女性になっているところから見ると，会社の財産でないことは明らか」であった。モラルハザードに違いない。

51）「京南鉄道払込」『東亜日報』1928 年 6 月 9 日。
52）「放漫経営の積弊から業績不良の京南鉄道（十二）——長湖院シンジケート線建設景気の豪奢振り」『釜山日報』1934 年 12 月 18 日。
53）「一社員が紙片に判を押しても数百斤の札束飛び某幹部社員の名刺一枚で数千金の融通が付いたモラトリアム直後で世間は不景気の絶好に達し」た。「ある幹部社員の妾宅が彼処此処にできる某幹部社員の如き京城の花柳界に艶話を流し美技十数名を擁して京城歌舞伎座の桟敷を振賑はして観衆を驚かした」。

こうして，広川・藍浦間 24.8 キロが 1929 年 12 月に営業開始となり，板橋・長項間 19.1 キロが 1930 年 11 月に，さらに藍浦・板橋間 24.3 キロがその後の 1931 年 8 月に開通すると，天安から長項までの忠南線が完工したが，終端駅の位置選定をめぐっても地域社会の利害対立があらわれた。京南の終端駅は群山市街地への連絡上，最も近接する水東里に終端駅が置かれると見た群山などの地域有志らは資本金 25 万円の水東里土地経営会社を設立し，開発利益を期待した。これに対し，全北黄登の片桐和三が長項築港計画を樹立し，殖銀などから資金融通をなして約 20 万坪の江岸埋立工事を起こし，錦江，江口，群山港と対立し，忠南側に終端駅を設け巨船を碇泊させようとした。「水東里と長項が終端駅の争奪に鎬を削って運動に努めた」[54]。そこで，片桐は「埋立工事を遣った事業が滅茶苦茶になる土壇場に立った」ため，京南鉄道に駅構内などの用地として 3 万坪の敷地を無償提供することを提案した。それだけでなく，京南鉄道の「某幹部社員」に 2000 坪の土地を提供し，それが「秋本副社長の創設した糖工業会社の工場」敷地となった。したがって，京南鉄道の終端駅が長項のほうに選定されたことは当たり前のことで，水東里土地経営会社が解散を余儀なくされた。

　こうして，朝鮮京南鉄道は預金の回収不能や経済不況による建設資金難を経験しながらも，私鉄合同に参加せず，独自的経営体制を維持した。その過程がモラルハザードや地域社会の利害衝突を伴うものであったことに注目しなければならない。その一方，京南鉄道は状況対応的に意思決定を行い，鉄道会社にとって有利な局面を作り出そうとし，内外の紛糾を経て建設資金を調達し，予定線の開通を見た。次節では鉄道運営を検討し，その特徴を拠り出すことにする。

3. 鉄道輸送と運賃政策，そして鉄道収入

　天安・礼山間の鉄道営業が 1922 年 6 月に始まって以来，新線の延長に従って蒸気機関車およびガソリン動車による列車運行を増やしていた。「沿

54）「放漫経営の積弊から業績不良の京南鉄道（十三）──長項終端駅決定裏面寄付地三万坪が問題」『釜山日報』1934 年 12 月 19 日。

線ノ開発ニ伴ヒ自然旅客ノ交通出荷ノ状態ニ順調ナル発達ヲ示シ」旅客においては「従来旺盛ナリシ自動車ハ終点ニ前進ヲ余儀ナクセラレ」「他面穀類運賃ノ低減ハ輸送貨物増加ノ因ヲ為シ従来慣行セラレシ海路輸送ニ一大打撃ヲ与ヘタル実績ニ徴シ総テニ良好ノ成績ニ挙ゲ得タ」[55]。初年度の輸送は主に米・籾をはじめ農産物がもっとも多いものであった[56]が，鉄道の登場は自動車業や海運などを中心とする既存の交通網に対して大きな変化の要因となった。

　1920 年代には関東大震災による財界への悪影響もあったが，旅客輸送においては「朝鮮副業共進会其他観覧団体旅客相当頻繁ナリ」「貨物運輸ニアリテハ仁川群山著穀類運賃割引ニ因リ沿線ニ於ケル米豆ノ聚落搬出ニ努メタルヲ以テ是亦好績ヲ挙ゲ」ていた[57]。とりわけ「沿線各地養蚕業ノ発達ト共ニ近時繭ノ出貨頓ニ増加シタルト年ヲ遂ゲ一般交通並産業ノ開発ニ伴ヒ鉄道ヲ利用スル者漸次増加」した[58]。さらに，京南鉄道は産業奨励のため綿花，繭の車扱と小口取扱に対して規定運賃より 25％の割引を適用し，1926 年 8 月 15 日より実施した[59]。このように，京南鉄道は沿線開発を促し，周辺の客貨を吸収するため，「施設ノ改善経費ノ節約」を図り，さらに駅に繋がる道路網の整備と運賃割引を積極的に行い，他の交通手段に対する競争力を強めようとした[60]。

　さらに，1920 年代後半までには総督府「産米増殖計画ノ進捗ニ掲テ近年希有ノ豊作ナリシト新線延長ニ伴ヒ貨客ノ自然増加」し，京南鉄道の「兼業

---

55)　朝鮮京南鉄道株式会社『第 6 回営業報告書』1922 年下半期（1922 年 8 月 1 日-1923 年 1 月 31 日）。

56)　1922 年度の貨物輸送は米 1,711.2 トン，籾 18,719.7 トン，大豆 1,502.0 トン，粟 560.7 トン，鮮魚 230.0 トン，塩干魚 404.4 トン，タバコ 373.8 トン，肥料 95.7 トン，木材 797.5 トン，塩 16.6 トン，錦 565.0 トン，その他 56,830.0 トン，合計 81,806.6 トンであった。前掲『朝鮮の私設鉄道』174 頁。

57)　朝鮮京南鉄道株式会社『第 8 回営業報告書』1923 年下半期（1923 年 8 月 1 日-1924 年 1 月 31 日）。

58)　朝鮮京南鉄道株式会社『第 11 回営業報告書』1925 年上半期（1925 年 2 月 1 日-1925 年 7 月 31 日）。

59)　「京鉄運賃低減」『東亜日報』1926 年 9 月 7 日。

60)　前掲『第 11 回営業報告書』；朝鮮京南鉄道株式会社『第 15 回営業報告書』1927 年前期（1927 年 2 月 1 日-1927 年 7 月 31 日）。

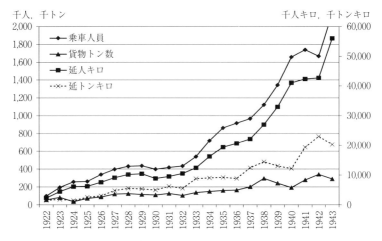

図 9-5　朝鮮京南鉄道における鉄道輸送
出所：朝鮮京南鉄道『営業報告書』各半期版；朝鮮総督府鉄道局『年報』各年度版；朝鮮総督府鉄道局『朝鮮鉄道状況』各年度版；朝鮮総督府『朝鮮総督府統計年報』各年度版；南朝鮮過渡政府『朝鮮統計年鑑』1943年度版；朝鮮総督府交通局『朝鮮交通状況』1944年度版；鮮交会『朝鮮交通史　資料編』1986年。

事業タル温陽温泉ニ高温ナル温泉湧出シ成績極メテ良好ナル為積極的浴客招致ニ努メ」旅客の増加が続けられた[61]。しかしながら，世界大恐慌が発生すると，図9-5のように旅客を中心に輸送量の減退が避けられず，これは「連年ニ亙ル不況ニ加ヘ本年［1930年］ハ内鮮ヲ通シ近年稀ニ見ル米穀豊作ノ為生産過剰ニ災サレ農村極度ニ疲弊シ一般旅行者著シク減少シタル結果ニ因ル」[62]。それによって，鉄道事業の収益性が悪化し，京南鉄道にとって貨客誘致措置が模索された。

図9-6をみれば，路線敷設が続けられた1920年代までは鉄道運賃は上下変動がなかったわけではないが，全体的にフラットであったものの，1930年代前半になると明確な低下傾向が確認できる。それから1936年ごろまで旅客運賃がすこし上がるが，その後は再び低下している。戦時下ではむしろ

---

61) 朝鮮京南鉄道株式会社『第16回営業報告書』1927年下半期（1927年8月1日-1928年1月31日）。
62) 朝鮮京南鉄道株式会社『第22回営業報告書』1930年下半期（1930年8月1日-1931年1月31日）。

第 9 章　朝鮮京南鉄道と沿線開発——小林一三モデルの植民地化 | 363

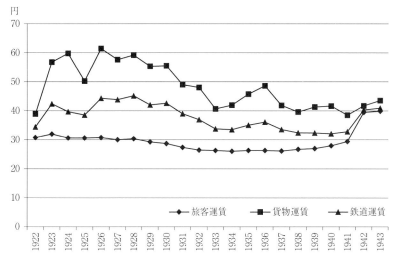

図 9-6　朝鮮京南鉄道の推計鉄道運賃
出所：朝鮮京南鉄道『営業報告書』各半期版；朝鮮総督府鉄道局『年報』各年度版；朝鮮総督府鉄道局『朝鮮鉄道状況』各年度版；朝鮮総督府『朝鮮総督府統計年報』各年度版；南朝鮮過渡政府『朝鮮統計年鑑』1943 年度版。
注：旅客運賃＝旅車収入（円）÷旅客 1000 人キロ，貨物運賃＝貨車収入（円）÷貨物 1000 トンキロ。その上，これらの運賃に対して客車収入と貨車収入の比率を掛け算して鉄道運賃を推計。

　貨物運賃の引上げが 1933 年からあったにもかかわらず，1930 年代中には運賃引下傾向は確かなことであった。ここに注意すべきなのは鉄道当局の一方的決定によってもたらされたのではなく，沿線周辺の利用者から強い要請を汲みあげるものであったことである。
　京釜線天安から長湖院に至る京南鉄道京畿線は汽車の運転回数が少なく発着時間が京釜線と柔軟に連絡できず，運賃が高額であった。そのため，旅客と荷主からは多くの不評が出されていた。これに対し，安城商民大会が開かれ，この不便をなくすため会社と交渉中であって，会社からは安城駅長を経て安城商民大会に回答した内容を見れば，安城・天安間の乗客車賃は従来 90 銭であったが，これを特別に 45 銭へ減額し，1931 年 3 月 15 日より実施することであった。また，5 月初めまで旅客列車の運転回数を増加させ，国有鉄道京釜線列車と連絡を円滑にする方針であった[63]。貨物運賃についての方針は 1931 年夏まで京南鉄道が群山対岸まで開通するのを待ち，運賃を引

き下げ，従来仁川へ送られていた穀物を群山へ送るということであった。

　それによって，まず，旅客運賃においては安城，竹山，沍川，長湖院など各停車場から京城にいたる旅客の便宜を図るため，これらの駅から京釜線平沢駅以北の各駅へ旅行する乗客に限って運賃引下が実施された。実際の運賃は長湖院・天安間 2 円 20 銭→ 1 円 50 銭，沍川・天安間 1 円 75 銭→ 1 円 20 銭，竹山・天安間 1 円 50 銭→ 1 円 2 銭，安城・天安間 90 銭→ 45 銭のように引き下げられた[64]。しかし，平沢駅以南の各駅に至る乗客には従前と同じ賃金を受けることにしたため，平沢駅以北への乗客に対する運賃 3 割引に比べて不公平であると沿線各駅の住民達が反発した[65]。そのため，竹山市場において市民大会が開かれた。その後，旅客運賃全体が低下したことが確認できる。それだけでなく，牙山郡白岩里での忠武公顕忠祠の落成式や各社スポーツ活動（テニス，サッカー，海水浴）への参加者に対しても特別運賃割引が適用された[66]。

　しかし，貨物運賃は高かったため，京城，仁川などと盛んに取引を行っている安城市場の商人らは京南鉄道をあまり利用せず，京釜線平沢駅からの貨物自動車あるいは牛車を利用して貨物を運搬していた[67]。そのため，安城駅を中心とする運送業者らは営業の不振を免れなかったことから，合同運送組合を組織し，京南鉄道会社と交渉し，運賃の引下を断行しなければ，彼らも牛車組合を組織して牛車で荷物の運搬を行うという立場を示した。その結果，京南鉄道会社は 1931 年 4 月 10 日より 1 ヵ年間安城に到着する小荷物に限って天安・安城間貨物運賃を半額にすることを決定した。これが安城商業界の大きな便宜になったことはいうまでもなく，その後 1 年間の成績を見てこの先も半額にするか否かを決定するとしたが，図 9-6 でみられるように運賃引下はもはや差し止めることができなかった。

63）「運転回収増加와 車賃減下要求」『東亜日報』1931 年 2 月 9 日。
64）「京城行乗客為해 各駅車賃特定」『東亜日報』1931 年 3 月 13 日。
65）「京南鉄道賃金引下에 不平声」『東亜日報』1931 年 3 月 24 日。
66）「京南鉄道割引」『東亜日報』1932 年 5 月 31 日；「中朝鮮庭球湖西蹴球」『東亞日報』1932 年
　　7 月 6 日；「武昌浦水浴場旅客車賃割引」『東亞日報』1932 年 7 月 22 日；「忠南礼山蹴球大会」
　　『東亞日報』1932 年 10 月 14 日。
67）「安城天安間荷物運賃減下 十日부터 五割減」『東亜日報』1931 年 3 月 24 日。

第9章　朝鮮京南鉄道と沿線開発——小林一三モデルの植民地化 | 365

図9-7　朝鮮京南鉄道の終点長項港，辨天池，温陽温泉神井戸館
出所：朝鮮鉄道協会『朝鮮鉄道協会会誌』12-6，1933年。
注：①長項港の遠望，②長項桟橋と群山丸，③辨天池水中楼閣，④温陽温泉神井館全景，
　　⑤専用貸間内部，⑥婦人大浴場化粧室。

さらに，1931 年 8 月に藍浦・板橋間の敷設工事が前年に開通した板橋・長項間に引き続き完成されたため，国鉄の京釜線から群山対岸たる長項港に至るネットワークが成立し，これが「穀類，木材ノ運送数量ノ著シク増加」する要因となった[68]。これに際し，京南鉄道は群山府営の連絡船を買収し，1940 年 12 月 1 日に群山府へ譲渡するまで連絡船を運航した[69]。「一般財界ハ依然トシテ不況沈衰ノ域ヲ脱セズ為ニ遺憾ナガラ［京南鉄道］予期ノ実績ヲ挙ゲ得ザリシモ昨秋忠南線ノ開通ニ依リ湖南地方ト京仁方面トノ直接連絡ヲ見ルニ至リタルハ著シク当社線ノ価値ヲ向上セシメタルモノト謂フベク目下工事中ノ長項港湾施設完成ノ暁ハ将来財界ノ好転ニ伴レ必ズヤ業績ヲ好況ニ導クコト」となった[70]。

1933 年になると，恐慌からの景気回復が進行し「畢竟一般交通量ノ自然増加ニ伴フモノアルモ一面温陽温泉宣伝ノ普及，大川及ビ武昌浦海水浴場ノ開発並ニ沿線金鉱業ノ勃興等ニ伴ヒ旅客ノ往復頻繁ヲ加ヘ」た[71]。このような旅客誘致の上，「長項及長項桟橋間ノ営業開始ハ連絡旅客ニ多大ノ便宜ヲ与ヘ自動車業［後述］ニ於テモ新タニ鉄道培養ノ各路線ノ営業ヲ開始シ旅客吸集ニ資シタルノミナラズ更ニ駅勢ノ変遷ニ伴ヒ道高温泉[72] 停留場ノ新設，温洞停留場ノ廃止又ハ連絡船ノ運行整理等努メテ経営ノ合理化ヲ図」った[73]。その結果，旅客輸送は「不況ノ底ヲ脱シ」恐慌前の水準を大きく上回り，この傾向は植民地工業化の進展や農家所得の増加に伴って 1930 年代末まで続いた[74]。

---

68)　朝鮮京南鉄道株式会社『第 23 回営業報告書』1931 年上半期（1931 年 2 月 1 日−1931 年 7 月 31 日）。

69)　「海陸連絡の設備 米の群山に対立 秋には鉄道も通ず」『大阪毎日新聞　朝鮮版』1930 年 6 月 8 日；「没書」『東亜日報』1936 年 3 月 31 日；朝鮮京南鉄道株式会社『第 42 回営業報告書』1940 年度下半期（1940 年 8 月 1 日−1941 年 1 月 31 日）。

70)　朝鮮京南鉄道株式会社『第 25 回営業報告書』1932 年上半期（1932 年 2 月 1 日−1932 年 7 月 31 日）。

71)　朝鮮京南鉄道株式会社『第 27 回営業報告書』1933 年上半期（1933 年 2 月 1 日−1933 年 7 月 31 日）。

72)　京南鉄道の沿線地域である忠南牙山郡道高面にある温泉である。温陽温泉よりは規模は小さかったものの，利用客からの好評を得，「毎年繁昌の一途を辿」った。「忠南道高温泉好評」『釜山日報』1933 年 12 月 17 日；「道高温泉 公衆浴室新築」『釜山日報』1935 年 3 月 19 日。

73)　朝鮮京南鉄道株式会社『第 28 回営業報告書』1933 年下半期（1933 年 8 月 1 日−1934 年 1 月 31 日）。

第 9 章　朝鮮京南鉄道と沿線開発——小林一三モデルの植民地化 | 367

　一方，貨物輸送においては「穀物移出統制ニ依リ穀物ノ出廻リ平均シタル
為メ荷動キノ増加ヲ来シタルニ因ル」ものであって，とりわけ「常ニ鉄道収
入ヲ脅威セル天安長項間平行路線タル忠南自動車ノ全経営ヲ買収シテ社線ト
ノ競争ヲ一掃シ自動車運行ノ整理ヲ行ヒ且ツ従前自動車ト沿線船舶寄航地ト
ノ連絡ニ依ル貨物ノ鉄道外遁避ヲ防止スル等努メテ鉄道トノ連絡輸送ニ全力
ヲ傾倒シ」た[75]。「長項港埋立工事ノ竣工ニヨル船車連絡費ノ低減，営業倉
庫ノ完成，大阪商船トノ連帯運輸開始等ニヨリ長項集中ノ実ヲ挙ゲ，更ニ従
来顧ミラレザリシ礼山，挿橋奥地ノ木材，薪ノ京城方面ヘノ輸送ヲ自動車ト
ノ連絡ニヨリテ促」した[76]。朝鮮製錬株式会社が 1935 年に長項製錬所を建
設し，奥地から運ばれる[77]「金鉱石ノ増加，米価高ニ依ル穀類出廻ノ旺盛，
農家ノ購買力増加ニ伴フ肥料ノ需要ノ激増等」があった[78]。もちろん，旱魃
や水害などによって米穀と綿花の出荷量が毎年変動したが，「財界ノ好況及
諸事業ノ興隆」に伴う「諸工事用品，金鉱石，小口貨物ノ増加」は一貫する
傾向であって，鉄道経営を支える基盤となっていた[79]。

　図 9-8 を見れば，朝鮮京南鉄道の鉄道収入は 1930 年代に急激に増えてい
るなか，貨物よりは旅客のほうが収入を大きく左右したことがわかる。1920
年代後半から 30 年代初頭までは旅客輸送の低下もあり，貨物収入が全体の
5 割程度を占めたが，忠南線の全通によって内陸と港湾を繋ぐ鉄道ネット
ワークとなると，むしろ貨物よりは旅客を中心とする収入構造が固定化し
た。1 日 1 キロ平均収入をみても，世界大恐慌に当たって低下し，その後急
増したことがわかる。この傾向は労働生産性でも確認できる（図 9-9）。労働
生産性は 1930 年代初頭まで停滞し，1930 年にはやや低下し，その後急激に

---

74)　朝鮮京南鉄道株式会社『第 29 回営業報告書』1934 年上半期（1934 年 2 月 1 日-1934 年 7 月
　　31 日）。

75)　前掲『第 27 回営業報告書』。

76)　前掲『第 28 回営業報告書』。

77)　「長項製錬所 溶鉱炉上棟式盛大に虚構」『中鮮日報』1935 年 11 月 28 日；朝鮮製錬社長松本誠
　　「乾式製錬と朝鮮金鉱の現勢」『朝鮮新聞』1936 年 6 月 2 日。

78)　朝鮮京南鉄道株式会社『第 31 回営業報告書』1935 年上半期（1935 年 2 月 1 日-1935 年 7 月
　　31 日）。

79)　朝鮮京南鉄道株式会社『第 34 回営業報告書』1936 年下半期（1936 年 8 月 1 日-1937 年 1 月
　　31 日）。

図 9-8　朝鮮京南鉄道の鉄道収入
出所：朝鮮京南鉄道『営業報告書』各半期版；朝鮮総督府鉄道局『年報』各年度版；朝鮮総督府鉄道局『朝鮮鉄道状況』各年度版；朝鮮総督府交通局『朝鮮交通状況』1944年度版；鮮交会『朝鮮交通史　資料編』1986年。

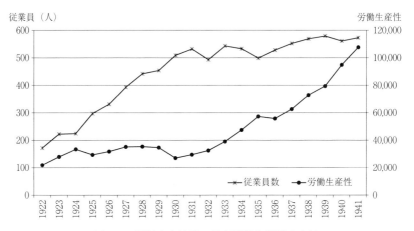

図 9-9　朝鮮京南鉄道の従事員数と労働生産性
出所：図 9-8 と同様。
注：労働生産性は輸送量を基準とする。即ち，労働生産性＝（人キロ×旅客収入ウェイト＋トンキロ×貨物収入ウェイト）÷鉄道要員。

向上した。鉄道要員が新線の延長に伴って急増し，1930年代初頭までは人件費や資本費用（利子，減価償却費）の負担がともに大きくなった反面，輸送量は増えなかったため，経営基盤が弱かったが，1930年代半ばより鉄道経営が改善し始めた。会社経営を評価するためには鉄道のみに注目することはできない。次節では京南鉄道によって積極的に追求されてきた経営多角化について検討する。

4. 事業の多角化と「放漫経営」——温泉，自動車業，雑業（土地買入）

　京南鉄道は鉄道業の傍らに沿線開発と旅客吸収を図るため，既述の連絡船の運航だけでなく温泉業への進出，電気事業の投資，ゴルフ場の建設，自動車運輸業の展開などを行い，経営多角化を推進した。まず，温泉業に注目すれば，温陽温泉株式会社重役の上原辰三郎が1924年8月頃に京南鉄道との間に温泉施設の売渡に内定し，売渡価格をめぐる交渉を両社間で始めた[80]。既述のように，鴻巣銀行からの預金約100万円が回収不能となり整理勘定として計上し，「膨大な資金をこの際投ずる時期でないと反対意見もあった位であったが，立川常務はこれを押し切って買収し」たのである[81]。京南鉄道の方針としては従来の温泉場の施設を改めると同時に，遊園地の機能を新設して集客力を高め，鉄道旅客の増大とともに，新しい収入源を確保しようとしたのである。その経費としては30万円を借り入れて会社買収費7万円，土地買入費10万円，浴場新設備費8万円，屋外楽園設備費3万円，旧建築物の改良費2万円を投資する予定であったが，温泉会社の思惑は異なり，両社が譲り合って売渡価格は9万5千円に決着した[82]。

　温陽温泉の譲渡に際して京南鉄道の「支配人井上貫太郎氏は自ら湯崗子，五龍背，新川，東萊，別府，宝塚，目黒蒲田電鉄の多摩川園などを視察し，その長短を研究してきた結果，大体宝塚温泉の小規模なものを造る」ことにした[83]。小林一三社長は関西の箕面有馬電気軌道（現在の阪急宝塚本線）の開

80）「温陽温泉売渡説」『朝鮮日報』1924年8月3日；「京南鉄道 温陽温泉買収？」『朝鮮日報』1925年12月18日；「温陽温泉買収 京南鉄道에서」『時代日報』1925年12月18日。

81）　前掲「放漫経営の積弊から業績不良の京南鉄道（三）」。

82）「温陽温泉買収」『東亞日報』1926年10月26日。

通（1910）にもかかわらず，乗客数が予想を下回ったのに対し，住宅地分譲とともに，温泉経営に乗り出して「宝塚新温泉」を開業し，沿線開発に力を入れた[84]。その結果，経営安定化が実現されたことは周知の通りであり，その後「小林一三モデル」は私鉄経営戦略の根幹となっていた。このモデルが朝鮮京南鉄道にも適用され，温泉事業はもとより，のちには自動車業，倉庫事業，ゴルフ事業などへの多角化が推進されたのである[85]。

京南鉄道会社は 1926 年 10 月 31 日に温陽温泉株式会社を買収し，資金 40 万円をもって温泉場の大規模拡張とともに，周辺施設を整備し，一大遊園地を造成しようとした[86]。温泉本館および旅館新築工事は 1928 年 6 月 15 日に着手し，同年 12 月 1 日に「神井館」が再開業された[87]。営業時間は 4 月 1 日より 9 月末日まで午前 7 時開館・午後 10 時閉館，10 月 1 日より 3 月末日まで午前 8 時開館・午後 9 時閉館であった。入場者は大人 25 銭，小人 10 銭の本館入場料であった。本館のほかにも旅館部が設置され，宿泊ができるようになっていた。その施設運営と照明のために京南鉄道は 1926 年 11 月 25 日に温陽電灯株式会社を創設し，神井館を含む周辺への電力供給を行った[88]。さらに，遊楽地の造成のため温陽温泉から西南 1.6 キロ離れて，約 100 町歩の面積を持つ弁天池（→神井湖）へ至る 4 間幅の回遊道路を新設して自動車を往復させた[89]。京南鉄道は温泉場附近に 20 数万町歩の土地を有し，住宅地の経営だけでなく茸狩りや栗拾いなどの遊山を造成した。これらの温泉施設運営のため，社員の採用が増えつつ，1930 年代後半には 60-80 人に達した[90]。

---

83)　亀岡栄吉・砂田辰一『朝鮮鉄道沿線要覧』1927 年，1022-1023 頁。

84)　鶴田雅昭「小林一三とホテル事業——小林一三のホテル経営とその後継者」『大阪大学経済学』64-2，2014 年 9 月，32-44 頁。

85)　朝鮮京南鉄道の温陽温泉経営については林采成「温陽温泉の近代化と朝鮮京南鉄道——湯治と娯楽」『健康朝鮮——植民地のなかの感染症・衛生・身体』名古屋大学出版会，2024 年を参照されたい。

86)　「四十万円予算으로 温陽温泉拡張」『東亜日報』1927 年 5 月 26 日。

87)　前掲『第 17 回営業報告書』；朝鮮京南鉄道株式会社『第 18 回営業報告書』1928 年度下半期（1928 年 8 月 1 日-1929 年 1 月 31 日）。

88)　「日増発展 温陽温泉里」『東亞日報』1928 年 6 月 16 日；「温陽電気新設 会社를 設立」『中外日報』1926 年 12 月 3 日。

89)　朝鮮京南鉄道『朝鮮京南鉄道沿線名所交通図絵』1929 年。

第9章　朝鮮京南鉄道と沿線開発——小林一三モデルの植民地化 | 371

　神井館の利用客が増え，既存の客室では収容できなくなると，京南鉄道は1929年5月4日に工費9万円をもって旅館部増築並びに宴会場新築工事（50坪の大小宴会場，客室20坪の14室，建坪400坪）に取り組んだ[91]。その後，世界大恐慌の発生によって本館入浴と旅館宿泊の利用客がともに減ったにもかかわらず，1931年には旅館「玉の井」を買収して設備改善の上，「別館」として長期間湯治の浴客もしくは中産階級以下の湯治客を収容した[92]。ところで，この買収に際して「重役中の一派は温陽，最も古き湯，旅館ともいうべき温陽館が神井館の門前に営業しているのを併呑する計画を考えて京南鉄道会社の経営にする名目の下に温陽館買収の交渉を経営者永松氏に持込」んで，「会社某の名義」で1930年10月に2万円で譲渡売買が成立した[93]。しかし，1931年3月25日の京南鉄道の重役会では5万8千円で買収することが決定された。この3万8千円の値上がりは会社幹部へのコミッションとなり，まさにモラルハザードと呼ばざるを得ない[94]。「放漫経営」はさらに続き，1934年中に京南鉄道は神井館にプール施設を設置し，また十数万円の達するゴルフ場の設置工事を行った[95]。

　こうした施設の拡大が神井館の利用客数の増加をもたらしたことは確かである。まず，入浴客を見れば，1926年の122,422人であったが，27年に165,344人，28年に162,667人，29年に199,858人へと増えた[96]。その後，

---

90)　戦時下の労働力不足が著しくなる1941年度下半期には62人へと社員数が減った。朝鮮京南鉄道株式会社『営業報告書』各版版。

91)　「温陽温泉拡張，客室等大増築」『毎日申報』1929年5月15日；朝鮮京南鉄道株式会社『第19回営業報告書』1929年度上半期（1929年2月1日-1929年7月31日）。

92)　前掲『第23回営業報告書』。

93)　「放漫経営の積弊から業績不良の京南鉄道（十一）——神井別館買収に絡む臭気紛々たる醜問題」『釜山日報』1934年12月14日。新聞記事のなかでは「温陽館」と書かれているが，前掲『第23回営業報告書』では旅館「玉の井」であった。「温陽館」は牙山郡『牙山郡誌』1929年，99-100頁で確認できることから，「重役中の一派」が「温陽館」を購入し，旅館名を「玉の井」へ変えた可能性がある。

94)　この旅館を「二万円で売った旧経営者永松氏は会社某が五万八千円で会社に売込んだことを聴き込み大に憤慨しペテン師に引懸ったと意気まいて某に抗議し大に手古ずった」。前掲「放漫経営の積弊から業績不良の京南鉄道（十一）」。

95)　「放漫経営の積弊から業績不良の京南鉄道（二）——不急事業に熱中せず本来の使命を果たせ」『釜山日報』1934年12月5日。

96)　朝鮮京南鉄道株式会社『営業報告書』各半期版。

世界大恐慌の影響によって1930年に167,232人，31年に175,490人，32年に159,303人，33年に158,182人へ減少した。恐慌からの経済回復に伴って再び増えて，34年に188,638人，35年に219,429人に達したが，その後，独自の泉源を試錐して強力なライバルとなった「温之井館」が登場し，神井館の入浴客は36年に179,543人，37年に160,998人へと減っていった。だが，1938年2月に旅館香雲荘，恵波亭の二棟が陸軍臨時転地療養所として借り上げられると，入浴客数も38年に168,310人，39年に190,212人へ増えた。1940年9月以降陸軍臨時転地療養所の収容患者数が減り，12月には旅館施設の借上げが解除されため，再び減少して，40年に167,501人，41年に149,716人を記録した。旅館の宿泊客数も1年位の時差を持ちながらほぼ同様の傾向を示し，1928年に1,096人から29年に9,633人へ増えたが，その後減少し，30年に7,602人，31年に7,594人となり，その後景気回復に伴って32年に9,143人，33年に9,734人，34年に10,694人，35年に11,368人，36年に13,400人へと年々増えた。その後，ライバルの登場によって減っていき，37年に11,916人，38年に11,683人となったが，臨時転地療養所の設置によって増え始め，39年に13,858人，40年に16,038人へ増え，その後，41年に15,931人へ減少した。

　さらに，京南鉄道は「旅客誘致策としての副業的施設である大川の軍人里と武昌油の海水浴場」にかかわっていた。これに関し，鉄道局に届出て「海水浴場設備費として四千余円支出方承認」を求めた。ところで，大川面の有志は「海水浴組合を組織し」道路取除け3千余円，海面整理あるいは脱衣場貸室の別荘などに4千円近く投じて開設し，京南鉄道「会社として一文も金をかけ」なかった。「大川海水浴経営組合では収支相償わぬので，会社の援助とまた譲渡引受けの交渉をなし来たが，武昌浦に会社が先鞭をつけている関係で大川有志の要望を容れざる」状態であった。また「武昌浦は［大川・長項間］鉄道建設費の一部に含み軍人里は大川有志の出費とすれば四千余円の海水浴場設備を何故監督当局たる鉄道局に経費支弁の届出で承認を求めたのであるか」という疑問が出ざるを得ず，「会社の経理は杜撰極まる紊乱振りと言わねばならぬ」と指摘された[97]。

　京南鉄道は温泉施設および海水浴場を利用する旅客の便宜を図り，自動車

業にも進出した。天安駅での乗換えや手回り品の積換えを省くため，毎日京城駅・温陽温泉駅間直通列車1往復を運転し，さらに日曜日あるいは休日には温陽温泉駅発直通客車を連結することにした[98]。そのほかにも，天安・温陽温泉間には列車発着の間合に会社直営乗合自動車を1日7往復運転させた。後には，京南鉄道の駅から海水浴場への旅客自動車運輸も行われた。これが京南鉄道の自動車業の始まりであるが，1932年になると，京南鉄道は本田徳彌より「忠南自動車部」を買収し，自動車運輸業への事業拡大を図った[99]。

　「天安に本田徳彌氏が経営した忠南自動車部は天安より礼山平野を経て洪城から忠南沿岸広川，大川，長項にいたる幹線と唐津瑞山の枝線自動車営業を有し恰も京南鉄道に併行する路線」であった[100]。そのため，1921年頃からその買収の交渉があったが，本田は当時売価20万円を主張し，交渉に当たっていた立川専務が死亡し，買収問題は停頓した。その後，京南鉄道忠南線が開通すると，忠南自動車部は業績が振るわず，「鉄道との競争に打勝てず」して，本田は買収価格を10万円へ引き下げた。とはいうものの，京南鉄道は資金難に悩まされ，応じられなかったため，「頗る周章狼狽した本田氏は窮余の一策として」1930年頃に忠清南道当局を動かして洪城・天安間の路線の許可権を得て鉄道に「脅威」を与えた。さらに，定期自動車に加えて温陽・天安間の臨時貸切をも始め，「温陽で物議を醸し」「この自動車問題から正しき職務を遂行した当時の牙山警察署長は犠牲に挙がり他に左遷の憂き目を見た」。

　そのため，京南鉄道は1931年より「忠南自動車部買収の調査」を正式に始めた[101]。「忠南自動車部は沿線地方有志に買収交渉の運動をするなどで漸く接近し京南会社側でも買収調査に乗出し十万円位で売買折合ふ形勢となっ

97）「放漫経営の積弊から業績不良の京南鉄道（六）――海水浴場設備費も不当会社当局の公私混同」『釜山日報』1934年12月9日。

98）「温泉天安間自動車開通」『東亜日報』1929年1月20日。

99）「忠南自動車部買収」『中央日報』1932年12月6日。

100）「放漫経営の積弊から業績不良の京南鉄道（七）――自動車買収に絡む臭気紛々たる醜問題」『釜山日報』1934年12月11日。

101）　同上書。

てきた」[102]。しかし，「鉄道局に自動車線買収の手続書を提出するに当たって
［京南鉄道］総務課長の捺印がないので，書類逆戻りとなってきた際に従来
買収の衝に当たり種々調査研究してきた主官総務課長が与り知らない中に
［1932 年 12 月 1 日に］十三万円で買収を了し」た。買収価格が 3 万円も引
上げられ，両者間の取引が成立したわけである。「売手の忠南自動車部本田
氏と買手の京南鉄道某幹部と業務監督の立場にある鉄道局某々氏等は京城旭
町の京喜久其他で」1932 年秋から頻りに会合し「三者立会で値上した」[103]。
ここでの「某幹部」は，警察の秘密報告によれば，鉄道局監督課陸運係主任
であった林原憲貞副参事であった[104]。

　売り手としては「停留所の家屋とか敷地を経営者の名義から運転手にある
いは経営者の家族へと転々名義変更の盥廻し式に値段の釣上げをなし」
た[105]。とはいえ，これらの営業所，土地，中古自動車 30 両を専門的に評価
すると，「如何に最負目に見積もっても」6-7 万円の価値しかなかったとい
う。そもそも 10 万円も高値であったにもかかわらず，京南鉄道からは 13 万
円のうち 2 万 7 千円が権利金として提供された。監督機関たる鉄道局の「綱
紀振粛も官吏の威信も地に墜ち官紀紊乱も甚だしい某氏はその後朝鮮鉄道を
退官し」満州国有吏となった。モラルハザードは単に私鉄会社に限られる問
題ではなく，監督者たる総督府鉄道局を巻き込むものであったことに注意し
なければならない。

　京南鉄道は自動車業買収金を朝鮮殖産銀行からの借金で調達しようとした
が，殖産銀行としては京南鉄道の業績から見て「不急」であると判断して
「貸渋り」を示した。そのため，13 万円支払い資金を 3 ヵ年に割って融通す
ることとなった[106]。本田への支払いは一部しかできず，京南鉄道は引揚後福

---

102)　「放漫経営の積弊から業績不良の京南鉄道（八）——自動車買収に絡む臭気紛々たる醜問
　　題」『釜山日報』1934 年 12 月 12 日。
103)　「鉄道局の某氏は旭町某料亭に二千何百円という遊興費を支払ったことで鉄道局の廊下の噂
　　はあまりに有名な話である」。同上書。
104)　京城竜山警察署長「朝鮮各私鉄会社ノ自動車線買収ニ絡ム風説ニ関スル件」京龍高秘第 74
　　号，1933 年 1 月 13 日。
105)　「放漫経営の積弊から業績不良の京南鉄道（九）——自動車買収に絡む臭気紛々たる醜問
　　題」『釜山日報』1934 年 12 月 13 日。
106)　同上書。

第9章 朝鮮京南鉄道と沿線開発──小林一三モデルの植民地化 | 375

岡市で自動車部分品商を行っていた本田から毎期自動車部品を購入せざるを
得なかった[107]。輸送費や時間から見て，京城より購入したほうが最も経済的
であったが，疑惑の「因果関係」のため不合理な「社用品購入方法」が採ら
れたのである。

　こうして，自動車業はその出発に際して様々な問題を抱えたが，自動車業
の成績は急速に進展した。1930年度上半期には6,562人に過ぎなかった自動
車業は32年度下半期に35,661人となり，その後路線の新設および延長を続
けて35年上半期には旅客111,886人，貨物3,973.3トンに至った[108]。営業路
線の新設や延長のほかにも，京南鉄道は既存業者の営業を買収・継承した。
1936年に挿橋トラック組合の貸切貨物自動車業を皮切りに，同年天安自動
車運輸株式会社の貸切旅客自動車業，維鳩の金龍寅の貸切貨物自動車業，37
年に屯浦の李範秀の旅客自動車運輸業と旅客貸切自動車運送業，38年に天
安の朴新恩の貨物貸切自動車運送事業，天安の忠清貨物自動車株式会社の不
定期貨物運送事業，礼山の金荘権の貸切貨物自動車業，天安の李憲永の貸切
貨物自動車業，長項の増田晴雄の貸切貨物自動車業，天安の忠清貨物自動車
株式会社の貸切貨物自動車業を次々と継承したため，38年上半期に302,931
人，15,259.5トンという自動車業の成績を記録するに至った。さらに，1939
年には瑞山の柴田藤市，40年に青陽の鄭壮煕，洪城の尹煕重の営業路線を
買収し，41年には仙掌の松永平一郎，熊川の金山元一，成歓の宋千逸の区
間貨物運送事業，儒城温泉株式会社の営業路線を買収し，その営業成績が
1941年前期には393,204人，22,403.2トンに達した。こうした事業の展開に
伴って運転手，修繕要員などの確保が必要とされた。その人数は1935年度
前期には51人（職員8人，雇員33人，備員10人）に過ぎなかったが，1938
年度前期183人（職員24人，雇員71人，備員88人），1941年後期293人（職
員44人，雇員123人，備員126人）にも達した。

　その後にも屯浦の利原範秀，挿橋の松山警国，合徳の高橋正一，唐津の印
謹植，雲谷の池田光隆，洪城の李丙雨，高道の金原駿圭，海美の平岡新彬，

107）「放漫経営の積弊から業績不良の京南鉄道（五）──会社の経済を顧みない社用品の購買手
　　段」『釜山日報』1934年12月8日。
108）　朝鮮京南鉄道株式会社『営業報告書』各半期版。

瑞山の中鮮交通株式会社，泰安の金清栄直，広川の益山洋一，大川の浅井喜
一，鴻山の忠南興産株式会社，合計13業者の区間貨物自動車運送事業を買
収した[109]。それによって「交通量ノ増加」があったが，詳細な統計は確認で
きない。とはいうものの，自動車業の戦時統制のため，総督府の全朝鮮にわ
たる自動車運輸，運送事業の統合方針によって，貨物運送事業は1944年2
月に新設の朝鮮貨物自動車統制株式会社へ出資譲渡し，旅客運輸，運送事業
は新設の忠南旅客自動車株式会社に同年4月に出資譲渡した[110]。

　以上のように，京南鉄道は鉄道業以外にも小林一三モデルを念頭に置きな
がら，多様な事業の展開を図り，新しい収入源の確保とともに，沿線開発を
促した。それには「放漫経営の積弊」が伴われた。このような経営多角化が
続けられたのは果たして会社全体の経営にとっていかなる成果をもたらした
のだろうか。

5. 事業別経営成績と政府補助の意義

　京南鉄道の経営成績を判断するためには収入のみならず費用を当然みなけ
ればならない。図9-10は『営業報告書』より損益計算書に関する統計を得
て年によって変わっていた分類を統一して鉄道業，倉庫業，連絡船業，自動
車業，温泉業，雑種業といった事業部門ごとの収入と支出を集計したもので
ある。それによれば，京南鉄道は多様な事業を展開したにもかかわらず，
「放漫経営」が言われる中，収支両面からやはり中心的な事業部門は鉄道業
であり，その次が自動車業であった。ただし，上述のように1944年に自動
車業が戦時統制の一環として統制会社に統合されたため，京南鉄道の事業部
門から取り除かれた。1926年より行っていた温泉業は長期的に見てその比
率が1920年代末を除いてそれほど大きくない。営業収入と営業支出を比較
すれば，1941年までは全体的に赤字経営であったことがわかる。

　図9-12の事業部門別利益を見れば，最大の赤字要因となったのは鉄道業

---

109)　朝鮮京南鉄道株式会社『第49回営業報告書』1944年度上半期（1944年2月1日-1944年7
　　　月31日）。
110)　朝鮮京南鉄道株式会社『第46回営業報告書』1942年度上半期（1942年7月1日-1943年1
　　　月31日）。

第9章　朝鮮京南鉄道と沿線開発——小林一三モデルの植民地化 | 377

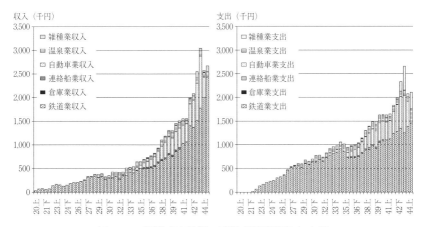

図 9-10　朝鮮京南鉄道の事業部門別収入と支出

出所：図 9-3 と同様。
注：1. 鉄道業収入は倉庫収入および自動車収入（第 16 回 1927 年度下半期-第 31 回 1935 年度上半期），政府補助金（第 32 回 1935 年度下半期-第 48 回 1943 年度下半期）を除く。
2. 鉄道業支出は倉庫支出および自動車支出（第 16 回 1927 年度下半期-第 31 回 1935 年度上半期），兼業（温泉業）への繰入金（第 14 回 1926 年度下半期-第 24 回 1931 年度下半期）を除く。
また，鉄道業支出の第 6 回 1922 年度下半期-第 31 回 1935 年度上半期には支払利子（利益金処分案）が含まれず，利益金処分案に含まれていたので，これを鉄道業へと取り入れる。このことで，他の事業での利子負担分が過小評価された可能性があるが，比率的には大きくない。
3. 倉庫収入と倉庫支出は鉄道業（第 16 回 1927 年度下半期-第 31 回 1935 年度上半期）と鉄道附帯業（第 32 回 1936 年度下半期-第 46 回 1942 年度下半期）から分離。
4. 連絡船収入と連絡船支出は鉄道附帯業より分離。
5. 自動車収入と自動車支出は鉄道業（第 18 回 1928 年度下半期-第 31 回 1935 年度上半期）から分離。
6. 温泉業収入は鉄道からの繰越金（第 14 回 1926 年度下半期-第 24 回 1931 年度下半期）を除く。

であった。利子を除くと，1930 年代前半以外は黒字傾向を維持したものの，資本費用たる利子を含めば，世界大恐慌期には収益率が − 150％に近くなるほど，京南鉄道は深刻な赤字問題に直面していた。「整理勘定」としての 100 万円の計上が会社経営にとっていかに大きな負担になったのかがわかる。そのほか，温泉業の場合，年によって黒字を記録したこともあるが，そのほとんどが赤字であった。自動車業は微々たる水準であったものの，自動車業の初期を除いては黒字傾向を維持したことがわかる。京南鉄道の事業全体の収益率は鉄道業の収益率よりやや高かったものの，ほぼ同様の動きを示

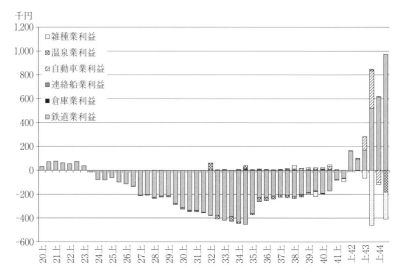

図 9-11 朝鮮京南鉄道の事業部門別利益
出所：図 9-3 と同様。

し，1940 年代初頭までは赤字を記録している。それにもかかわらず，会社経営が維持されたのは政府補助金があったからである。即ち，朝鮮私設鉄道補助法（1921 年 4 月 1 日，法律第 34 号）に基づいて鉄道会社の益金が鉄道営業に要する払込資本金の 8％および鉄道建設費に投入された社債および借入金の利息（後には建設費 6％→ 5％）に達した時には朝鮮総督は不足額を補給したのである[111]。京南鉄道会社の鉄道業に対しては政府からの補助金が毎年支給され，実際にはそこから他事業部門の赤字を補填したのである。そのため，全事業の収益率を示す「合計 1」が長期間にわたって赤字を記録したのに対し，「合計 2（政府補助含み）」は黒字を示した。これが京南鉄道の「放漫経営」を支える仕組みであった。戦時下で経営安定化がようやく実現され，1943 年度後期には政府補助金なしに会社経営が成り立ち始めた。

　こうした「重役一派」による「放漫経営」はその代価を払わなければならない。朝鮮内の産業開発が遅れて沿線からの輸送需要が大きく発生しなかっ

111）　鮮交会編『朝鮮交通史』1986 年，774-785 頁。

第9章　朝鮮京南鉄道と沿線開発――小林一三モデルの植民地化 | 379

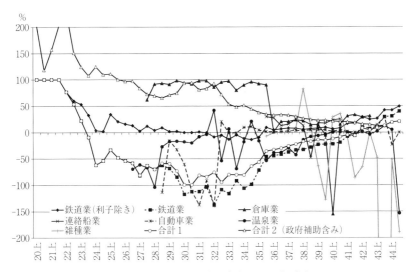

図 9-12　朝鮮京南鉄道の事業部門別収益率

出所：図 9-3 と同様。
注：1．収益率＝利益÷収入。
　　2．鉄道業は利子支払を行った鉄道業とそれを支払う前の鉄道業（利子除き）として表示されている。他の事業部門によって借入・社債が必要とされ、利子の発生があっただろうが、最大の発生部門が鉄道業であったため、鉄道業から支払われると想定する。
　　3．合計 1 は政府補助金が交付される前のものであり、合計 2 はそれが交付された後のものである。

たから、京南鉄道自力による経営維持は難しかったのだろうが、事業投資や費用の支出をできるかぎり削減することも可能であったはずである。「放漫経営」は株主への配当に大きく影響を及ぼす。配当率が戦時統制の影響も全体的に低下する中、株主配当金と振込資本金から計算された「推計配当率」を見れば、書類上の配当率よりやや低いだけでなく、長期的に低下していった。その背景には京南鉄道への政府補助金が減ったこともあるが、鉄道建設費への補助金が他の事業部門の赤字を補うために使われたことがある。こうした点で、「鉄道本業を顧みない国家補給金喰ひして株主の利益を無視しているに対し監督権を有する鉄道当局は今日まで何故に黙殺看過し来ったる」という批判も出されていた[112]。

---

112)　前掲「放漫経営の積弊から業績不良の京南鉄道（二）」。

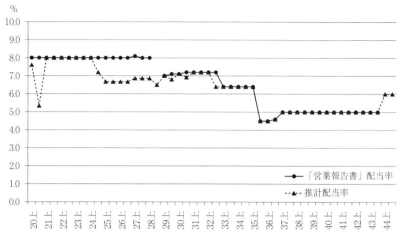

図 9-13　朝鮮京南鉄道の配当率

出所：図9-3と同様。
注：1.「営業報告書」配当率は『営業報告書』に掲載された配当率である。
　　2. 推計配当率＝株主配当金÷振込資本金。

　もちろん,「放漫経営」は鉄道会社にとって不合理な行動であったというべきであろうが, その判断に際して注意しなければならないのは京南鉄道の国有化の可能性であった。なぜならば, 総督府鉄道局によって買収される場合, それまでの鉄道業に対する投資金が払い戻されるだけでなく, 鉄道業以外の経営多角化の産物がそのまま株主側に残るからであった。「詳細は判明せぬ温泉場敷地と附近一帯で数十万坪は所有して居る筈で之れを僅々十二万円に評価してあり甚だしい安い評価に見積もっているが」, 温泉場敷地附近の土地が1坪当たり40-50円であることから「百万円下らず」と推測された[113]。

　実際に京南鉄道の買収も補助期限の満了に備えて1932年より議論され始め, 総督府鉄道局では補助全額の28％を占めている京南鉄道の買収を重視することとなり, 33年2月16日には群山商工会議所が総会を開き,「朝鮮

---

113)「放漫経営の積弊から業績不良の京南鉄道（四）――副業が欠損続きでも将来に思惑の野心だ」『釜山日報』1934年12月7日。

京南鉄道を国鉄に買収方総督に重ねて請願する件」を決議し，36 年 5 月には長項で市民大会が開かれて「京南鉄道国有買収促成」を新鉄道の建設とともに要請した[114]。1937 年度の予算編成に際して朝鮮総督府は拓務省に京南鉄道忠南線 144 キロを朝鮮鉄道慶北線・黄海線や金剛山電鉄とともに買収する案を提出し，拓務省が大蔵省と正式交渉を開始したが，予算負担のため，朝鮮半島の代替縦貫鉄道たる中央線の一部として朝鮮鉄道慶北線のみが買収された[115]。その代わりに京南鉄道は私鉄補助を引続き受けることとなり，1937 年 7 月 22 日に免許を得て長湖院から原州まで京畿線 46 キロを延長し，朝鮮国有鉄道の中央線に連絡しようとした。しかし，戦時下で鉄道用鋼材不足が甚だしかったため，1944 年 11 月 1 日に安城・長湖院間 41.4 キロが営業休止となり，レールをはじめ線路施設が朝鮮国有鉄道の京釜・京義両線を複線化工事に転用された[116]。京南鉄道の国有化は戦時下の日本政府にとって優先順位が決して高くなかったのである。

おわりに

　日本内地からの資金調達によって鉄道投資が行われ，私鉄補助法によって一定の配当が保障された。しかし，機関銀行たる鴻巣銀行が破綻し，100 万円の資本金が回収不能となり，それが会社の資本費用を増やす要因となった。経営陣の更迭が余儀なくされ，その善後策として私鉄合同への参加が大株主からも要請された。ところが，既存の経営陣によって受け入れられず，ついに資本金の払込をめぐって紛糾が発生し，妥協案として責任者たる秋元茂専務の交代とともに，銀行専門家たる片山繁雄が社長となった。営業路線の敷設過程で，京南鉄道は既存の予定線の変更にもつながる忠南臨港鉄道計画を，地域社会の要請によって支えられながら推進した。それ自体が沿線開発に大きな影響を及ぼすことから，忠南と郡山の地域利害が衝突せざるを得

114）「明年度私鉄 買収線内定」『東亜日報』1932 年 1 月 10 日；「京南鉄道買収駅舎改善等決議」『釜山日報』1933 年 2 月 18 日；「問題の私鉄買収 京南鉄道が最も必要」『京城日報』1933 年 9 月 15 日；「鳥致院，板橋間の 新鉄道敷設会 決議」『東亜日報』1936 年 5 月 24 日。

115）「京南鉄道外三線 朝鮮私鉄買収案」『朝鮮新聞』1937 年 1 月 10 日；「京南鉄道忠南線買収ミ 遅延予想」『東亜日報』1937 年 11 月 7 日；「中央線今年開通」『東亜日報』1939 年 1 月 6 日。

116）「私設鉄道運輸営業一部休止」朝鮮総督府『官報』1944 年 11 月 30 日。

なかった。ともあれ，この計画は不景気によって実を結ぶことはできなかった。地域社会の利害衝突は終端駅の選定をめぐってもあらわれ，鉄道会社と特定の重役への土地の無償提供を約束した長項が終端駅となった。

　こうして，京南鉄道は状況対応的意思決定を下し，鉄道会社にとって有利な局面を作り出そうとしたものの，弱い経営基盤と資金力のため，それらの意思決定が実現されたとは限らない。列車運転によって地域開発が進められたとはいえ，それが会社自力による鉄道経営ができるほどの交通需要が発生したわけではない。そのため，地域住民からの強い引下げの要求をくみ上げながら，運賃の引下げを通じて新しい需要の拡大を図った。当然，鉄道収入が増え，労働生産性の向上が確認でき，鉄道運営の改善が見られた。京南鉄道はそれだけでなく小林一三モデルを参照し，自らの沿線開発にも携わり，温泉業に進出し，なお電気会社の設立，住宅地の開発，自動車業の展開，カフェーの運営，ゴルフ場の建設にも取り組んだ。これらの経営多角化が規律のあるものとは言えず，借入金や社債にも基づく「放漫経営」が避けられず，鉄道局職員をも巻き込んで疑惑ともいえる事件が発生することもあった。

　京南鉄道の経営は赤字状態を免れず，その最大要因となったのは鉄道業であった。利子の金額から見て，「整理勘定」となった 100 万円の損失は会社経営にとって大きな負担になった。1940 年代初頭まで赤字を記録したにもかかわらず，鉄道業以外の多角化経営が可能であったのは鉄道業に対しては政府からの補助金が毎年支給され，事実上そこから他事業の赤字補填に使われたからである。これが京南鉄道の「放漫経営」を支える仕組みであった。戦時下でようやく経営安定化が実現され，1943 年度後期には補助金なしの会社経営ができた。このような「放漫経営」の結果，会社全体の収益率は下がり，株主への配当は削減されざるを得なかった。それにもかかわらず，監督機関たる総督府鉄道局はそれを「黙殺」してきた。その背景には京南鉄道の国有化の可能性であり，それによって鉄道投資金が確保されるだけでなく，鉄道業以外の事業多角化の資産が含み利益（unrealised gains）として株主側に残る可能性が常にあった。

　以上のように，京南鉄道は組織内外の利害衝突に対応しながら，所与条件

の下で状況対応的意思決定を行い，政府による一定の適正利潤が保証されている利潤追求を図った。とはいうものの，それがモラルハザードを伴うものであり，この仕組みを総督府鉄道局が許したのである。解放後の朝鮮京南鉄道はついに国有化され，韓国鉄道の長項線となり，「放漫経営」の産物であった神井館は温陽温泉ホテルとして建て替えられ，観光名所となった。

第 **10** 章

朝鮮平安鉄道の設立と運営

臨港鉄道と龍岡温泉

はじめに

　本章の目的は西鮮の貿易港たる鎮南浦から温泉地として有名な龍岡をつなぐ朝鮮平安鉄道がいかなる経緯によって設立・建設され，地域内の沿線輸送においてどのような役割を果たしたのかを明らかにし，植民地私設鉄道史の一面を明らかにすることである。

　平安南道における鉄道路線は道内中心地たる平壌を経由する南北縦貫鉄道の京義線平壌と域内の貿易港たる鎮南浦間の平南線が日露戦争と関連していち早く建設され，さらに 1920 年代より平壌と朝鮮半島の反対側にある元山を連結する平元線や第二の縦貫鉄道としての順川・満浦間の満浦線が建設され始め，戦時下でその竣工を見た。このような幹線網の形成に伴って，既存路線からの延長要請が地域住民らから出されたことはいうまでもなく，1920 年代後半には貿易港の鎮南浦から，鉄道路線が通らずに在来の牛馬車や舟運そして運賃の高い自動車に頼らざるを得なかった西北地域を連結する路線敷設が，強く要請された。

　これに対する総督府鉄道局の調査があったものの，1927 年より朝鮮鉄道 12 年計画として図們線，恵山線，満浦線，東海線，慶全線の 5 路線が建設されていたこともあり，国有鉄道の建設は不可能であった。そこで民間会社による鉄道敷設が試みられるが，世界大恐慌の発生と政府予算（および補助金）の削減のため，実現されなかった。景気回復と植民地工業化に伴って，地域住民らからの新線建設要請が強く出され，朝鮮平安鉄道が漸く設立されて鉄道建設が始まったのである。それにもかかわらず，敷設工事は戦時下の資材難のため，予定通りには捗らず，建設費の増加も避けられなかった。鉄道建設が完了して列車運行が始まると，沿線産物の運搬と龍岡温泉への旅客輸送を担当し，比較的会社経営も安定化する傾向を示した。

　このように，朝鮮平安鉄道の設立と運営に関する検討は植民地期における朝鮮社会経済の変容の一面をあらわしているものの，従来の研究ではあまり注目されてこなかった。国鉄経営や規模の大きい私鉄などが鉄道史研究の対象となり[1]，短距離路線の私鉄は資料的制約もあって歴史分析の対象として捉えられてこなかった。とはいえ，短距離鉄道の場合，特定の狭い地域に限

定して列車運行を行うため，地域との密着した鉄道経営を進めない限り，経営基盤の確立は難しくなる。もちろん，長距離路線の鉄道にとっても沿線開発は経営安定の基盤となることは変わらないが，短距離鉄道の培養地はさらに狭くならざるを得ない。そこでの朝鮮平安鉄道は鎮南浦を起点とする臨海鉄道が徐々に経営改善するのに主要な要因として，いかなるものがあったのかを考察してみる必要もあるだろう。

本章は以下の構成を有する。第1節においては，会社の設立について1920年代末からの地域社会の鉄道建設要請から考察し，鉄道建設が持つ意義を探る。第2節では鎮南浦港の培養線たる短距離鉄道がいかに運営され，その客貨構成から見られる輸送需要を考察する。第3節においては，経営分析を通じて当時当局者から指摘された経営安定化が実際にどのような水準であったのかを検証し，植民地私設鉄道史における朝鮮平安鉄道の意義を考察する。

1. 先行計画と会社設立

鎮南浦は「西朝鮮の唯一の港湾であり，人口六万を超えて大都市を夢見て」おり，主な貨物品として米，大豆，リンゴ，綿花を取り扱っているが，これらの貨物がトラックや牛車によって送出されており，そのほか10万トンの官塩が舟運によって送出されているが，潮の関係で輸送の円滑さを欠き，龍岡郡貴城塩田はとくに舟運としては困難な地点であった。その解決策として臨港鉄道の建設が常に提案されてきた。実際，鎮南浦を終点とする国有鉄道の平南線に連絡できれば，地方産業の開発と貿易の伸張にとってその効果は大きいものであった[2]。

---

1) 矢島桂「植民地期朝鮮への鉄道投資の基本性格に関する一考察——1923年朝鮮鉄道会社の成立を中心に」『経営史学』44-2，2009年，59-84頁；矢島桂「戦間期朝鮮における鉄道金融の展開——朝鮮鉄道会社の社債発行を中心に」『社会経済史学』78-1，2012年，25-47頁；金賛寿「日帝下水原地域의 鉄道交通」水原学研究所『水原学研究』2，2005年，9-44頁；金賛寿「日帝의 私設鉄道政策과 京春線」趙炳魯外『朝鮮総督府의 交通政策과 道路建設』国学資料院，2011年；林采成「三陟炭田の開発と石炭輸送——日本電力による植民地朝鮮の資源開発史」『立教経済学研究』69-5，2016年，95-119頁；鄭安基「1930年代朝鮮型特殊会社，『京春鉄道（株）』의研究」서울私立大学校서울学研究所『서울学研究』64，2016年，155-213頁。

図 10-1　朝鮮平安鉄道の路線図
出所：朝鮮総督府鉄道局『朝鮮鉄道状況』第 30 回，1939 年。

　そのため，鎮南浦・広梁湾間鉄道敷設問題については京城にいる長尾半坪という日本人が中心となって数年前より計画中であった[3]。これが 1929 年になると，京城の田川常次郎と鎮南浦の富田儀作，西崎鶴太郎など 5 人の発起で資本金 100 万円の広梁湾鉄道株式会社を組織して，鎮南浦を基点とする広梁湾を経由して龍岡温泉までの 11 マイル余に幅 1,435 mm の広軌で鉄道を敷設することとし，総督府鉄道局にその「目論見書」を提出することとした[4]。鎮南浦商業会議所としては当然鉄道建設の具体化を極力希望したため，1929 年 9 月 17 日に総督府鉄道局から安元宇吉と丸田真俊の書記 2 人が鎮南浦に来て電気鉄道敷設の基礎調査である経済状況調査を実施した[5]。彼らは同日午前中に鎮南浦府庁をはじめ商業会議所と税関および商工会社などを歴訪し，同日午後に龍岡郡広梁湾に向かって現地調査を行った。

　鎮南浦府は鎮南浦・広梁湾間鉄道敷設計画について鎮南浦商業会議所に諮問した。そのため，同商業会議所は 1929 年 12 月 24 日午後 3 時半より堀川重治府尹の臨席下で評議員会議を開き，「鎮南浦府尹の諮問に関する鎮南浦

---

2)　「鎮南浦駅舎改築拡張要望」『東亜日報』1937 年 8 月 17 日；「新設の平安鉄道　次元の暁は多大の貢献」『釜山日報』1936 年 9 月 20 日。
3)　「鎮南浦広梁湾間鉄道敷設実現？」『東亜日報』1929 年 9 月 20 日。
4)　「鉄道敷設等重要議案討議」『東亜日報』1929 年 12 月 23 日；「鎮南浦当局의 三大案討議」『東亜日報』1929 年 12 月 30 日。
5)　前掲「鎮南浦広梁湾間鉄道敷設実現？」。

広梁湾間鉄道敷設出願に対する当所意見に関する件」を討議し，将来西海岸線鉄道延長の実現を希望するという条件付で答申することとし，その希望条件作成委員として立川六郎，重枝太索の二人を選定した[6]。鎮南浦側の全幅の支援にもかかわらず，この計画案は世界大恐慌の発生に伴う「予算の関係」のため，中止せざるを得なかった[7]。

とはいうものの，その直後から再び同鉄道建設案が出されたが，その事業範囲は鉄道業に限定されず，広梁湾の干潟地を利用した製塩業をも念頭に置くものであった。平南龍岡郡広梁湾の天日塩田は朝鮮，日本はもちろん，東洋でも優秀であって，すでに専売局は塩田を設置していた。しかし，専売局経営は一部に過ぎず，広範な水面がそのまま残っており，新しい事業さえ始めれば一億斤以上の塩を作れると予測された。当時，朝鮮で所要される塩は4億5千万斤で平均的にそのうち約半分は外部から輸移入され，その金額が150万円以上に達した。輸入品防止のためにも塩田製作と製塩事業の拡張が必要であった。そのうち平南広梁湾天日塩田付近は有望であって，総督府では将来拡張計画を持っていたが，事業公債の削減で作業に着手できなかった。

これを利用し，朝鮮京南鉄道の元専務の秋元豊之進が中心となり，その他有力な実業家が名を連ねており，350万円の資本をもって朝鮮塩業鉄道株式会社を創立し，すでに専売局長の了解を得て，鉄道局に対しては広梁湾で平南鉄道まで接続する鉄道敷設に関する認可と補助金に対して交渉した[8]。この鉄道は同社が作る塩と専売局の塩約9万トンを運搬するため敷設するつもりであって，朝鮮殖産銀行もその有利さに賛同し低利資金を融通すると内約した。このような事業が着手されれば利益があることは疑われず，株は公募せずに発起人同志に分ける予定であったといわれる。

朝鮮塩業鉄道株式会社は「近々認可指令」を期待し，鉄道線路予定地の実

---

6) 前掲「鉄道敷設等重要議案討議」；前掲「鎮南浦当局의 三大案討議」。
7) 「漫画入り朝鮮鉄道時事問題早わかり 平安鉄道の開業」『朝鮮鉄道協会会誌』17-7，1938年，83-85頁。
8) 「広梁湾天日塩田少数資閥이 独占」『東亜日報』1931年4月28日；「横説竪説」『東亜日報』1931年4月28日。

測を行なっており，同線路の測量を遅くとも7月初旬までは完全に終えて，認可とともに工事に着手する予定であった。一方で，同会社経営事業の高地式塩田1000町歩に対する揚水用ポンプを使用する動力として約200Kwの電力を要するため，鎮南浦電気会社に電力供給を交渉した[9]。ところが，電気会社としては塩田のみに送電するのは採算上不可能であるため，この送電を機会として広梁湾新区市街地と温井里の2ヶ所の電化を目論んだ。そのため数日前より両地の需要電灯数調査を戸別的に行った。この鉄道の敷設にあわせ，鎮南浦府は電気府営を推進し，廉価の電力供給を安定的に行うことを構想した。

鎮南浦府では1931年9月8日に病気のため欠席した議長堀川重治府尹の代わりに鈴木種一副議長の司会で府会が開催され，塩業鉄道敷設促進意見書と電気府営の議案が付議され，長時間討議が重ねられた。府会はこの鉄道敷設問題は同地発展に大きな関係があるため，至急に鉄道敷設促進意見書を朝鮮総督に提出することを一致可決した[10]。さらに，引続き数年前より懸案となり調査と研究を重ねてきた電気府営問題についても，府民の福利を増進させるため，「必ず電気事業を府営」することとし，鎮南浦電気株式会社の営業権と一切の設備を買収することについて満場一致で可決した。その買収価格と府営資金の起債許可問題などは公開討議ではないため，翌日に秘密会議が開催され，買収交渉委員の選出を府尹に委任し，同電気会社と交渉することが決定された。

しかしながら，鉄道敷設の認可を下す主体たる総督府の立場は現地の楽観的希望とは異なっていた。すなわち，総督府は1931年度の予算における歳入減の補填方法として行財政整理と局部課の併合を断行し，また官吏3000人を整理し，すべの冗費を節約するという「大斧鉞」を加えた[11]。それによっても，節約目標2700万円に達しなかったため，2100万円の補助費に対する削減策を講じざるを得なかった[12]。そこで，私鉄補助500万円は「すべ

9）「塩鉄送電期에 両地도 電化」『東亜日報』1931年6月24日。
10）「鎮南浦府会昨日에 開催」『東亜日報』1931年9月10日；「鎮南浦府会開催코 電気府江営可決」『東亜日報』1931年9月11日。
11）「減収補填策으로 各種補助에 大斧鉞」『東亜日報』1931年7月24日。

第 10 章　朝鮮平安鉄道の設立と運営——臨港鉄道と龍岡温泉 | 391

ての情実関係を切り，端然と減額する」といわれた。私鉄会社は実際に総督
府の補助で年 8 分の株主配当を行っており，不景気の中では矛盾した状況と
なっているため，私鉄補助は既存のものはやむをえないが，新規のものには
与えない方針をとった。その影響を直ちに受けたのが塩業鉄道株式会社の創
立であったことはいうまでもない。さらに，塩田設置は恐慌期の「窮民救済
事業」としても有望であって，総督府は広梁湾の製塩業を官営にすると決定
し，例年度予算に事業公債を発行し，1932 年度より 5 ヵ年継続事業として実
施する予定であった。その経費は塩田の 1 反歩当たり 200 円程度であるた
め，約 3000 町歩の総経費は約 600 万円に達すると考えられた[13]。

　こうして朝鮮塩業鉄道の建設が実現されなかったものの，鎮南浦起点で安
州終点の「鉄道会社創立説」は後を絶たなかった。1933 年には京城より五
島栄蔵[14] が鎮南浦に来て中原史郎府尹を訪問し，鉄道敷設計画に対する後援
を懇請する一方，朝鮮塩業鉄道計画当時の創立発起人であった李鐘燮，鈴木
種一，柳原亀一，象山郁次郎，結城常次郎，塚野季三，田辺佐助など諸氏な
どに対して創立発起人になることを勧誘した[15]。再び鉄道敷設計画が急速に
進められたのは，当時論じられていた朝鮮京南鉄道の政府買収すなわち国有
化が終結すると私鉄への政府補給金 500 万円において余剰ができると予測さ
れたからである。京南鉄道副社長秋本豊之進は発起人代表となり活動したも
のの，総督府を含む朝鮮側の積極的な努力にもかかわらず，中央政府の予算
のため京南鉄道が国有化されることはなかったため，当然これと連動した京
南鉄道側の鉄道投資は実現されず，新会社への補助金支出は朝鮮私鉄補助金
の枠を拡大しない限り，不可能であった[16]。

　ところで，満浦線が部分開通されるにつれ，満州と朝鮮の両方からの物産

---

12)　補助金比重の重要なものは社会事業 15 万円，教育 45 万円，航路 92 万円，衛生 82 万円，勧
　　業 32 万円，私鉄 500 万円，土地改良 400 万円などであった。

13)　「経費六百万円으로 塩田을 拡張官営」『東亜日報』1931 年 11 月 7 日。

14)　五島栄蔵は朝鮮平安鉄道の設立に繋がる事業計画者であったが，平安鉄道が認可された直
　　後，病気で急逝したため，実際の会社経営に携わることはなかった。前掲「漫画入り朝鮮鉄道
　　時事問題早わかり 平安鉄道の開業」83–85 頁。

15)　「鎮南浦起点으로 安州까지 平安鉄道敷設計画」『東亜日報』1933 年 7 月 25 日。

16)　資料上確認したところ，朝鮮京南鉄道の取締役でありながら，朝鮮平安鉄道の設立に介入し
　　たのは井上貫太郎であった。

が集中すると予測される中，「名産」＝林檎が年産 400 万貫に達し，また黄海沿岸と龍岡一帯より集まる穀物が 300 万石以上であって，さらに広梁湾の塩の年産額は 3 億円になっていた。当然，これらの物産は貿易港の鎮南浦に集中するにもかかわらず，「鎮南浦は物産を運搬できる運輸方面が不完全であり，運賃でも時間上でも少なくない打撃を受けていた」[17]。朝鮮側の私鉄買収要請が通らず，朝鮮私設鉄道補助法の改正（1934）によって払込資本金 8％ではなく建設費 6％へと補助保証率の調整（事実上引下げ）の上，補助期間が延長されると，京南鉄道からの資本投資を期待せずに，鎮南浦側によって独自の鉄道建設計画が樹立され始めた[18]。このような多年の懸案を解決するため，1935 年には鎮南浦商工会議所が再び議員を特派し，龍岡，広梁湾一帯を踏査し，その具体化を図った。鎮南浦の李鐘燮，衣笠次郎，青木健三郎，鈴木種一と京城の齋藤久太郎数人が発起人となって，平南鉄道株式会社を資本金 250 万円で設立しようとし，その準備を進め，1935 年 12 月 18 日に総督府鉄道局に鉄道敷設認可を申請した[19]。鎮南浦を起点として鎮南浦－徳島－新載－延松－広梁湾－中登－大嶺－龍岡温泉までの約 32 キロ，支線 5 キロ，合計 37 キロが認可できれば，営業期間は満 50 カ年とし，鉄道敷設許可後 6 カ月内に工事に着手し，その 2 カ年以内に完工する予定であった。

　広梁湾鉄道や朝鮮塩業鉄道といった鉄道敷設計画の挫折を経験したことから，徳洞，広梁湾，龍岡温泉などの沿線住民らはこの問題が同地方の死活的問題であるとし，平南産業鉄道敷設促進運動を展開した[20]。会社創立準備委員会が 1936 年 2 月 14 日に京城で開催され，その敷設費補助を臨時議会に申請したのに対し，鎮南浦と龍岡の両地方官民有志 40 余名は同年 2 月 16 日に龍岡郡海雲面温井里の海雲公立普通学校で会合して同鉄道敷設促進懇談会を開催し，敷設認可が早期に下付されるよう促進運動を展開した。龍岡郡海雲

17）「鎮南浦，龍岡温泉間鉄道敷設을 運動」『東亜日報』1935 年 11 月 20 日。

18）　朴佑賢「大恐慌期（1930-1934）朝鮮総督府의 私設鉄道政策転換과 特性」『歴史와 現実』101，2016 年，307-344 頁。

19）　前掲「鎮南浦，龍岡温泉間鉄道敷設을 運動」；「西海岸鉄道敷設促進懇談会開催」『東亜日報』1936 年 2 月 18 日；「平南産業鉄道敷設案各要路에 促成을 運動」『東亜日報』1936 年 2 月 19 日。

20）「平南産業鉄道敷設促進運動」『東亜日報』1936 年 1 月 7 日；前掲「西海岸鉄道敷設促進懇談会開催」；前掲「平南産業鉄道敷設案各要路에 促成을 運動」。

第 10 章　朝鮮平安鉄道の設立と運営——臨港鉄道と龍岡温泉 393

表 10-1　朝鮮平安鉄道の資本金調達状況と重役構成

	1937 年 4 月 1 日	1939 年 3 月 1 日	1940 年 11 月 7 日	1941 年 9 月 1 日
資本金	250 万円	250 万円	250 万円	250 万円
払込金	25 万円	100 万円	100 万円	125 万円
配当率	5%	5%	7%	7%
社長	齋藤久太郎	齋藤久太郎	齋藤久太郎	吉永武揚
重役	(専務取締役) 吉永武揚, (取締役) 田川常治郎, 青木健三郎, 井上賢太郎, 象山郁次郎, 朴興植, 李鍾燮, (監査) 鈴木孝太郎, 立川六郎, 田中三郎, (支配人) 百瀬波雄, (技師長) 和田稠, (庶務係) 山岸靖雄, (会計係) 川津一男, (用度係) 藏重積, (工務係) 高橋三造, (用地係) 小島余四三	(専務取締役) 吉永武揚, (取締役) 田川常治郎, 青木健三郎, 井上賢太郎, 朴興植, 李鍾燮, (監査) 鈴木孝太郎, 立川六郎, 田中三郎, (支配人) 百瀬波雄, (技師長) 和田稠	(専務取締役) 吉永武揚, (取締役) 田川常治郎, 青木建三郎, 井上賢太郎, 朴興植, 松谷平雄, (支配人) 百瀬波雄, (監査) 鈴木孝太郎, 立川六郎, 田中三郎, 伊藤佐七	(取締役) 田川常治郎, 青木健三郎, 井上賢太郎, 朴興植, 松谷平雄, (取締役兼支配人) 百瀬波雄, (監査) 鈴木孝太郎, 立川六郎, 田中三郎, 伊藤左七
株式状況	50,000 株, 株主 118 人	50,000 株, 株主 115 人	50,000 株, 株主 111 人	50,000 株, 株主 111 人
大株主	青木健三郎, 金季洙, 齋藤久太郎, 田川常治郎 (各 4500), 象山郁次郎 (2450), 鈴木孝太郎 (2700), 尹基元 (2700), 李鍾燮 (2700), 新井新藏, 井上賢太郎, 五島正一 (各 1800)	齋藤久太郎 (6150), 青木健三郎, 金季洙, 田川常治郎 (各 4500), 吉永武揚 (3600), 尹基元 (1950), 李鍾燮 (3600), 井上賢太郎 (1800), 五島正一 (1600), 鈴木孝太郎 (1300)	齋藤久太郎 (6451), 青木健三郎, 金季洙, 田川常治郎 (各 4500), 尹基元 (1950), 松谷平雄 (3600), 井上賢太郎 (1800), 吉永武揚 (1700), 鈴木孝太郎 (1300), 伊藤佐七 (1500), 百瀬波雄 (1030)	齋藤久太郎 (6451), 青木健三郎, 金季洙, 田川常治郎 (各 4500), 尹基元 (1950), 松谷平雄 (3600), 井上賢太郎 (1800), 吉永武揚 (1700), 鈴木孝太郎 (1300), 伊藤左七 (1500), 百瀬波雄 (1030)
本店住所	鎮南浦府三和町 37	鎮南浦府漢頭里 39	鎮南浦府漢頭里 39	鎮南浦府漢頭里 39

出所：東亜経済時報社編『朝鮮銀行会社組合要録』1937，1939，1941，1942 年版。

面長金泰熊より主催側を代表して簡単な開会の辞があり，問題について各々意見を出して懇談した結果，即席で「平南鉄道促進期成会」の名で，朝鮮総督，拓務大臣，政務総監，鉄道局長，内務局長，殖産局長，専売局長，平安南道知事など各要路に向けて鎮南浦・広梁湾塩田・龍岡温泉間の平南産業鉄道敷設速許を各々陳情し，引き続き今後の運動方針を協議した。

　総督府鉄道局より内示されると，1936 年 7 月 7 日にはその創立委員代表

の齋藤久太郎が鎮南浦に来て，商工会議所の斡旋で鎮南浦有志十余人を招聘して発起人引受株式を募集し，地方発展のための熱意を示したことで，即席で 21,500 株の応募を受けた[21]。同社は，建設中は年 5 分の建設配当をなし，開業後は年 7 分以上 1 割程度の高率配当を行うことを示した。平安鉄道の建設費は 250 万円と想定されたが，その内 2 割は株式払込金をもって当分充当し，残りの 8 割は朝鮮殖産銀行より融資を受けることとなった[22]。鉄道が敷設される沿線地域では俄かに地価が暴騰し，従来 1 坪 2-3 円であったのが 15 円に及んでおり，土地ブローカが猛烈な活動を行っていた[23]。1936 年 7 月 11 日に京城ホテルの一室においてその創立委員会が開かれ，創立事務所を龍山工作の田川常次郎自宅階上に置き，その準備を進め，会社設立総会は京城で開催するが，本社は鎮南浦に置くことにした[24]。

　1936 年 9 月に敷設免許を受け[25]，京城府長谷川町の京城商工会議所第 1 会議室で朝鮮平安鉄道株式会社創立総会が同年 10 月 23 日に開催された。創立委員長として活躍した田川常次郎をはじめ齋藤久太郎，立川六郎など出席するなど株主 97 名（持株 4 万 9270 株）第一会議室に集合した[26]。田川委員長が座長席につき，定款承認の件を上提・決定し，さらに取締役および監査役の選任を投票に依らず斎藤と田川の両氏に一任，取締役は齋藤久太郎，吉永武楊，田川常次郎，朴興植，井上貫太郎，青木健三郎，李鍾燮，象山郁次郎，監査役は鈴木孝太郎，萩井新藏，田川三郎，立川六郎に決定した。これとは別に相談役として金季洙，衣笠又四郎の両氏が指定された。さらに，会計検査の報告があり，最後に役員の報酬については田川委員長から「他の会社との均衡もあり原案として一ヶ年 1 万円を至当と認める」旨を述べ，これに対

---

21)　「西海岸迂回하는 平安鉄道会社発起」『東亜日報』1936 年 7 月 10 日。

22)　「平安鉄殖銀が融資」『釜山日報』1936 年 9 月 15 日；「平安鉄の建設費」『釜山日報』1936 年 9 月 16 日。

23)　「産鉄敷設 앞두고 土地価暴騰」『東亜日報』1936 年 6 月 30 日。

24)　「西海岸迂回하는 平安鉄道会社発起」『東亜日報』1936 年 7 月 10 日；「平安鉄道本社 鎮南浦に置く」『釜山日報』1936 年 9 月 30 日；「平安鉄道計画 建設へ第一歩を」『西鮮日報』1936 年 10 月 25 日。

25)　鎮南浦商工会議所編『輝く西鮮時代と鎮南浦港』1941 年，759-760 頁。

26)　「平安鉄道計画 建設へ第一歩を」『西鮮日報』1936 年 10 月 25 日；「平安鉄道創立総会　社長に齋藤氏」『朝鮮の財界と事業界』朝鮮及満州社，1936 年 11 月。

して賛成を得て，取締役互選によって社長には鎮南浦電気，平壤電気，鎮南浦倉庫，齋藤酒造，齋藤精米所，大平醸造，国良醬油などといった鎮南浦と平壤を基盤とする諸会社の大株主ないし重役を経験した齋藤久太郎[27]が，専務取締役に前鉄道局平壤鉄道事務所長の吉永武楊が就任した[28]。そのほか，支配人には私鉄通の百瀬波雄が就任し，技師長に和田稠が就任し，運輸課長には鎮南浦駅長の中奥宮吉が当たった[29]。このような経営陣の構成が総督府鉄道局からの協力を必要とする鉄道建設にとって有利であったことはいうまでもない。

2. 資材不足と鉄道建設

　朝鮮平安鉄道が創立され建設段階に入ると，地域住民からは路線変更をめぐって新たな要請が出された。既存の路線計画を変えて三和川下流の往生予定地帯を鉄道が通過することを希望し，鎮南浦側の小笠浅次府尹は吉永同鉄道専務と折衝を重ねたが，会社側は追加経費支出には，「頗る至難」を示した[30]。これに対し，鎮南府会議員懇談会が1936年11月15日に開催され，協議の結果，「本案は大南浦建設上最も重大なる関係を有する問題である」ことから，引き続き会社側および鉄道当局に対し折衝を行い，その実現を図ることとなった。なお商工会議所でも府会と協力して本案の基礎的問題を検討し実現に邁進した。さらに，平安鉄道と平南線の連絡となる鎮南浦駅の事務所が老朽化し，狭小であったため，平安鉄道の開通だけでなく建設中の満浦線にも鑑み，鎮南浦駅舎の改築拡張が商工会議所より要望された[31]。

　朝鮮平安鉄道は建設工事を進めるのに際しては思わぬ難関に直面せざるを得なかった。大恐慌からの景気回復に伴って物価上昇が続く中，鉄道建設費の重要な部分を占める鉄材は「驚異的暴騰」を示し，これが朝鮮内の土木建設工事などに多大な衝撃を与えた。鎮南浦においても水道拡張，平安鉄道敷

27）　東亜経済時報社編『朝鮮銀行会社組合要録』各年版。
28）　前掲「平安鉄殖銀が融資」。
29）　前掲「漫画入り朝鮮鉄道時事問題早わかり 平安鉄道の開業」83–85頁。
30）　「平安鉄道の予定地変更問題」『釜山日報』1936年12月2日。
31）　「鎮南浦駅舎改築拡張要望」『東亜日報』1937年8月17日。

設などに影響を及ぼしたのである。吉永専務によれば、「今日の鉄材暴騰に尠からず頭を悩ませているが鉄道工事は国家的事業であり単に我々はこれを代行していると云ふに過ぎないのであって普通の民間事業とは趣きを異にしている，日鉄側では昨年末来夫々対策に腐心し，その生産配給についても協議しているのであるが前述の如く私鉄と雖も国家的事業であるから我社の鉄材が供給不能に陥るなどとは考へられない随って之がため工事延引なども恐らくあるまいとは思ふが予算額増加は今後の推移如何に依りては或は免れないかも知れない，然しこれに対しては幾のゆとりは用意がある」と指摘された[32]。

　こうした「難関があった」にもかかわらず，敷設工事は1937年4月に起工されて以来「順調」に進められ，8月に至っては約8割程度の完成を見て，竣工期日12月末までには全コースが完了されると予測された[33]。ところが，日中戦争が勃発すると，「物価騰貴の波紋」が各方面において鉄道工事にも少なくない影響を与えており，とりわけ資材調達では線路のみでは順調に行われたものの，建築資料，金属などの欠乏は支障を起こした。9月中に始めようとしたレール施設も遅延されており，したがって営業開始も遅延されると観測されざるを得なかった。会社としては「万難を排除して年末内に完成させよう」とし，吉永専務は9月2日に「上京し，局面を打開し，予定通り工事進行を交渉」した[34]。朝鮮の私鉄は日本「内地の私鉄とは異なって国策代行線」であり，「生産力拡充上の前提条件」である点が認められ，「朝鮮の特殊事情を勘案して大体特殊取り扱われて行くことについて了解が成立した」[35]。それによって，当時進行中の朝鮮平安鉄道だけでなく京春鉄道，三陟鉄道，多獅島鉄道，端豊鉄道の敷設工事も引き続きその施行を見，着工予定の平北鉄道，西鮮中央鉄道および朝鉄咸北線改修も計画通り進行できると観測された。

　しかし，臨時資金調整法が1937年10月15日に朝鮮にも適用されると，

---

32)　「鉄材暴騰位で予定は狂はさぬ」『平壌毎日新聞』1937年1月17日。
33)　「鎮南浦・温泉間平安鉄道敷設順調」『東亜日報』1937年8月28日。
34)　「物価騰貴의 影響은 鉄道敷設에도 支障」『東亜日報』1937年9月5日。
35)　「私鉄은 그대로」『東亜日報』1937年9月29日。

第10章　朝鮮平安鉄道の設立と運営——臨港鉄道と龍岡温泉 | 397

建設資金の借入金による調達は相当困難と予見されたため，平安鉄道の敷設
はもはや予定の1月までには完成できなくなった。期待されていた専売局の
塩輸送もできなくなれば，「塩恐慌」が生じるため，会社側は臨時資金調整
法という重大問題に直面し，「緩和の方法」を探し，全力を尽くして工事に
邁進して「2月中旬までは完成」を見ることにした[36]。約75万円の資金需要
に対し，平安鉄道会社側は第二回払込株当5円を11月10日に徴収し，資本
金250万円に対する払込額を50万円までに高めるとともに，その残額50万
円を朝鮮殖産銀行から借り入れ，工事未払金などに充当することにした[37]。
臨時資金調整法によって1937年11月30日に許可30件，認可6件が認めら
れたが，その「事業設備新設」の一つとして朝鮮平安鉄道が許可されたた
め，平安鉄道の資金不安が解消されたのである[38]。

　それにしても，資材難は解消されるどころか，深刻になっていた。朝鮮内
の新規建設私設鉄道は1936年以来一斉に着工されたが，戦争勃発以来の工
事材料の輸送制限，その他ですべて予定計画に比して相当の遅延をまぬかれ
ず，そのうち平安鉄道は予定より遅れる1工区75％，2工区76％，3工区
71％の進捗率を示した[39]。路盤工事は捗ったものの，「肝腎のレールおよび
機関車車両その他の供給不足」のため建設工事は工事中止という難境に陥っ
ていた[40]。このような実態に対し，鉄道局監督課の西崎鶴司理事をはじめ湯
沢茂，猪田直恵，田中義一の幹部ら[41]も鋼材共販に対して折衝しており，平
安鉄道の吉永専務も「素材獲得の狂奔」[42]に努めた結果，1938年3月末日ま
でにレール配給を受けるようになったという「旨30日本社に入電」し
た[43]。それによれば，1938年5月末までに開通の見込であったが，これもそ
の通りには行かなかったのである。商工省のレール割当内定を見れば，朝鮮

---

36)　前掲「私鉄은 그대로」;「平安線鉄道 工事遅延憂慮」『東亜日報』1937年10月11日。
37)　「平安鉄道払込」『東亜日報』1937年11月3日;「私鉄資金順調」『東亜日報』1937年11月
　　25日;「平安鉄道의 資金不安解消」『東亜日報』1937年11月25日。
38)　「資調法実施後許可三十，認可六三十日現在理財課発表」『東亜日報』1937年12月2日。
39)　「材料輸送難에서 私鉄工事遅延」『東亜日報』1937年11月11日。
40)　「鉄材의 制限 私鉄工事에 難関」『東亜日報』1937年12月24日。
41)　前掲「漫画入り朝鮮鉄道時事問題早わかり 平安鉄道の開業」83-85頁。
42)　「平安鉄道近く竣工 七月一日より開通」『平壌毎日新聞』1938年6月8日
43)　「軌条の憂鬱解消！ 平安鉄道朗報来る」『西鮮日報』1937年12月31日。

鉄道局に限定されており，私鉄に対してはほとんど割当はなく，なかでも「平安鉄道は入手済でホク〳〵の態であ」った[44]。

　そこで朝鮮平安鉄道が頼ったのは総合商社であった。鉄道会社側はレールと鉄道車両をそれぞれ三菱商事と三井物産に注文し，その入手を極力折衝し，総督府鉄道当局の斡旋も得て，1938年3月にようやくレールと運転資材の入手を見た[45]。レールの場合，三菱商事の手を経て各新設私鉄の所要量は各々全部1938年度上期中に入荷をみたが，平安鉄道への入荷決定は2,500トンに達し，「軌条不安」がようやく解消されたのである[46]。それによって工事を5月中に終えることとし，1938年3月10日に三和川までの5キロを完成し，同月15日までには鎮南浦から徳洞までの10キロを完成した[47]。会社では5月21日には鉄道局平壌鉄道事務所に対し国有鉄道平南線の鎮南浦駅共同使用許可方を申請し，その決定を得た[48]。その後も「強行軍」が続けられ，敷設中のレールも1938年6月16日に終点龍岡温泉まで到達し，6月25日ごろには早くも第一次建設工事完成をみることとなった。こうして鉄道敷設の完了を見たものの，「建設材料高の脅威」のため，朝鮮内の私鉄建設費は平均二割以上の膨張が予測され，これが当然資本負担を過重させる要因となったことはいうまでもない[49]。これに比べて平安鉄道の建設費は1キロ7万円であって，図10-2のように当初計画の250万円を上回ったものの，その超過分は9％に過ぎない。当然，資材価格の騰貴にもかかわらず，路線が海岸沿いの平坦線だからこそ，相対的に廉価の建設が可能であったのである[50]。表10-2において私鉄全体に比べても土工費，橋梁費，溝橋費，隧道費の比重が小さく，その代わりには軌道費や車両費が多かった。ほぼ同時期に敷設された京春鉄道や多獅島鉄道に比べると，そうした傾向はより

---

44)　「私鉄受難時代 レールがなく大困り 平安鉄道はホクホク」『西鮮日報』1938年1月10日。
45)　「各私鉄会社工事 窮通策을 考究」『東亜日報』1938年2月27日；「平安鉄道六月初開業予定」『東亜日報』1938年3月5日。
46)　「私鉄의 軌道 所要量入荷」『東亜日報』1938年5月29日。
47)　「鎮南浦～徳洞間 十킬로 完成 平安鉄道工事進陟」『東亜日報』1938年3月12日。
48)　「建設難をみごと征服 平安鉄道七月一日開通」『西鮮日報』1938年5月23日。
49)　「私鉄의 建設費는 平均二割高」『東亜日報』1938年5月13日。
50)　江口寛治「平安鉄道開通式参列の記」『朝鮮鉄道協会会誌』17-8，1938年，66-73頁。

第10章 朝鮮平安鉄道の設立と運営——臨港鉄道と龍岡温泉 | 399

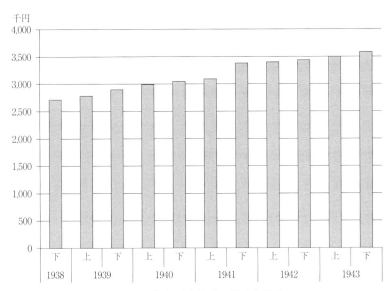

図 10-2 朝鮮平安鉄道の期末建設費
出所：朝鮮総督府鉄道局『朝鮮鉄道状況』各年度版；朝鮮総督府交通局『朝鮮交通状況』1944 年度版。

いっそう著しかった。

このように建設工事が完成に近づく中，新安州邑代表の柏木若二郎，梁ら4人が1938年3月25日に鎮南浦の朝鮮平安鉄道を訪問して「満浦線，平元線，西鮮中央鉄道などの開通と同時に発展できる新安州の状態であり，物産集中の巨大な事実などを示し，鉄道を新安州まで延長連絡させ，できる限り急速に進めるよう懇願」した[51]。さらに，鎮南浦商工会議所も訪問し，石川益次理事と会談し「平安鉄道が将来龍岡より京義線に延長する際はぜひ新安州まで延長の計画に対し御援助を願いたい」と述べた。新安州は実に物産集中地であるだけでなく，平安鉄道の延長時にはその沿線に日本塩業会社の塩田があり，昭和水利組合の復活ででき得る穀物と安州炭坑の石炭など実に膨大な貨物があった。そのため，商工会議所においても「積極的後援を惜しま

---

51)「平安鉄道の新安州延長」『平壌毎日新聞』1938年3月27日；「平安鉄道線延長을 新安州에서 熱望」『東亜日報』1938年3月28日。

表 10-2　朝鮮における私設鉄道建設費構成（単位：千円，％）

		私鉄全体	そのうち		
			平安	京春	多獅島
総建設費（千円）		136,825	2,714	9,015	3,846
構成（%）	総係費	7.4	7.2	8.5	15.9
	測量及び監督費	2.6	3.1	4.2	3.5
	用地費	4.3	9.2	11.4	7.9
	土工費	15.1	17.9	27.3	19.1
	橋梁費	7.9	7.0	11.6	17.4
	溝渠費	1.5	1.6	2.2	0.6
	伏樋費	1.1	1.7	1.1	1.3
	隧道費	4.4	0.0	10.0	0.0
	軌道費	13.7	26.6	10.4	6.4
	停車場費	2.3	2.6	0.9	4.8
	機械場費	0.2	0.2	0.1	0.2
	諸建物費	1.9	3.9	0.3	7.1
	運送費	0.8	0.4	5.5	0.7
	建築列車費	0.5	0.5	0.5	2.1
	建築用具費	0.1	0.2	0.6	0.2
	柵垣境界杭費	0.1	0.1	0.0	0.3
	電線路費	0.9	1.6	1.1	2.6
	車両費	9.5	16.1	4.3	9.7
	その他	25.5			
合計		100.0	100.0	100.0	100.0

出所：朝鮮総督府鉄道局『年報』1938 年度版。

ない」と言って，「同鉄道では進行中の現工事にあわせて延長に対する調査
に着手する」と返事した。明治鉱業会社の安州炭鉱でも鉄道の延長を勘案
し，1938 年より新坑口の 2 箇所を設定し，石炭増産計画を樹立すると同時
に，優良炭を鎮南浦へ大量輸送して工場へ供給する予定であった[52]。新安州
では期成会が組織され，各方面より積極的運動を開始し，もしこの完成を見
れば，鎮南浦は終端港としての大繁栄が予測されたのである。そこで，同年
5 月 24 日の鎮南浦商議臨時議員総会においては「鎮南浦の躍進」に伴い発
着貨物はやがて 200 万トンに上り全鮮第一となり，乗降客も激増して 1937

---

52)　「平安鉄道延長要望 特히 工都南浦의 急務」『東亜日報』1938 年 4 月 24 日。

第10章　朝鮮平安鉄道の設立と運営——臨港鉄道と龍岡温泉　401

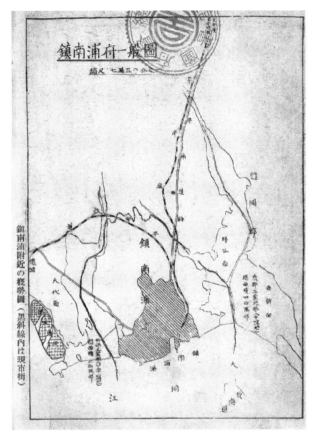

図 10-3　鎮南浦付近の概勢図
出所：鎮南浦商工会議所編『伸びゆく鎮南浦―興亞の一翼』1940 年。

年 150 万円（全鮮第 7 位）を記録したことから，総督府の工藤鉄道局長に「鎮南浦駅舎拡張改善の件」や「平南線輸送力増大の件」とともに，「平安鉄道延長の件」を要望することを決定した[53]。

こうして建設され，営業区間を鎮南浦・龍岡温泉間 34.7 キロとしてその間徳洞，東広梁，西広梁，貴城の普通駅と海山，平南新徳，路上の 3 簡易駅と柳沙，花島の 2 停留場からなる[54]朝鮮平安鉄道は 1938 年 7 月 10 日に開通

---

53)　「対支貿易振興に大工業港造成　駅舎拡張や平安鉄道延長など」『釜山日報』1938 年 5 月 29 日。

式を行った。開通式は齋藤社長の式辞に始まり，次に西崎鶴司鉄道局長代理，上内彦策知事，鈴木球雄専売局長代理，瀬戸道一警察部長，鎮南浦府尹代理，龍岡郡守，鎮南浦商工会議所会頭，殖銀頭取（代読），河合治三郎朝鮮運送専務などの祝辞があった。齋藤社長の式辞において注目すべきなのは「鉄道本来の使命を全ふするや邁進すると共に将来之を延長」「京義線と連絡せしむる」ことである。鉄道営業の開始に際して，国有鉄道の鎮南浦駅を通じて京義・満浦の両線と連絡するのに満足せず，平安鉄道がその社名通り新安州駅まで延長して自ら京義線に直接連絡することを念頭に置いたのである。会社経営に対して「官民各位の御理解ある御指導と十分の御援助とを賜はらむことを切望」した。さらに，鉄道局長祝辞においては平安鉄道に対して「資源の開拓と経済力の拡充」に寄与するとともに，国有鉄道と「唇歯の関係にある鉄道の運営」を期待した[55]。

3. 鉄道輸送と龍岡温泉

　列車運行のダイヤは鉄道局監督・運転・営業の三課で審査を受けて認可された。大体夜間運転を避けてガソリン動車による旅客列車5往復（所要時間58分），蒸気機関車による貨物列車2往復を行った。平安鉄道の運営には社長から現場に至る145人の従事員が当たった[56]ほか，鉄道輸送の両端側の小運送を担当する朝鮮運送が平安鉄道の開通に伴って同鉄道沿線の台城，龍関，東広梁，西広梁の4箇所に直轄店を設置した[57]。貨物は国有鉄道に準じて小口扱，宅扱，車扱があり，大量輸送の車扱に対して低い運賃が設定されたが，そのほとんどの貨物は車扱であった。旅客については路線が短いこともあり，3等しかなく，原則として片道運賃80銭が「妥当」とされたが，これでは既存の運輸業者たる片倉殖産株式会社自動車部[58]の定期バス82銭に対抗し難い弱味があるため，特定運賃を設定して70銭にし，対抗するこ

54）「朝鮮平安鉄道最近業績」『朝鮮鉄道協会会誌』18-4，1939年，90-91頁。
55）前掲「平安鉄道開通式参列の記」66-73頁。
56）朝鮮総督府鉄道局『年報』1938年度版。
57）「平安鉄道沿線 朝運直轄店」『東亜日報』1938年7月13日。
58）片倉殖産株式会社は自動車部を通じて新安州，鎮南浦などで乗合自動車の定期運転と自動車の取次販売を行っていた。「片倉生命과 片倉의 事業」『東亜日報』1937年6月15日。

第 10 章　朝鮮平安鉄道の設立と運営——臨港鉄道と龍岡温泉 | 403

とが想定された[59]。

　会社設立時には強調された貨物輸送についてみると，1938 年下期（1938年 7-12 月）に塩 22,000 トン，その他を合して 47,219 トンを記録したことから，大宗貨物は専売局塩田産塩であった[60]。1938 年 11 月中の鎮南浦塩専売局出張所の塩販売高は 1 等塩 4,788 トン，2 等塩 877.8 トン，加工塩 0.5 トンであって，前年同期に比して大きく増え，不足していた叺の増産と平安鉄道の開業によって輸送も円滑になったことが評価された[61]。それとともに，リンゴ，穀類など農産物も相当多く，そのための叺，肥料などの到着貨物も少なくなかった。鉄道会社側はリンゴ，穀類および肥料に対して割引運賃を適用し，集貨に努めた。例えば，東拓の江西農場では従来貨物自動車で出荷したが，鉄道の開通に伴って平安鉄道を通じて出荷することとなった。同農場は総面積 2,150 町歩で，そのうち 1,400 町歩を耕作し，約 3 万石の収穫を得てその 7 割の約 2 万石が鉄道を通じて鎮南浦に運ばれた。これが平安鉄道にとって良好な成績をもたらす要因ともなった[62]。こうして，貨物が年々増加したが，より急激に増えたのは旅客のほうであった。

　図 10-4 の輸送推移を見れば，貨客ともに増加したことが確認できるものの，旅客のほうが貨物に比べて急激な伸びを示した。鉄道の開通が 7 月であったため，1938 年度が半年しか営業できなかったので，1939 年（1-12 月）を 100 として基準にすれば，貨物トン数が 1942 年に 123 となり，1943 年には 106 へと却って減少したのに対し，旅客人員は同期間中 173, 214 へと増えつつあった。平均移動距離においては旅客 13-14 キロ，貨物 26-28 キロであって，大きな変化がなかったため，人キロやトンキロを基準としてもほぼ同様の傾向が見られる。

　旅客輸送の場合，1938 年 9 月 1 日よりガソリン節約策として運転を制限しても比較的影響の少ない鉄道並行線，自動車相互間の並行線，交通需要の

---

59)　「軌条敷設既に完了し 愈よ平安鉄道開通迫る」『西鮮日報』1938 年 6 月 22 日；鎮南浦商工会議所『伸びゆく鎮南浦——興亞の一翼』1940 年，268-271 頁。

60)　前掲「朝鮮平安鉄道最近業績」90-91 頁。

61)　「南浦의 塩販売高 塩田拡張 따른 増産」『東亜日報』1938 年 12 月 5 日。

62)　「産業線平安鉄道成績이 去益良好」『東亜日報』1938 年 11 月 28 日。

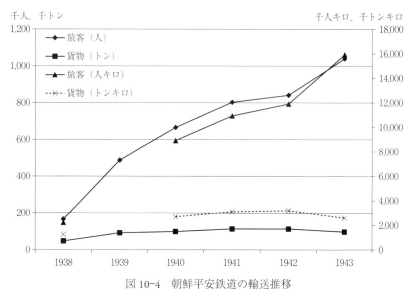

図 10-4　朝鮮平安鉄道の輸送推移
出所：朝鮮総督府鉄道局『年報』1938 年度版；朝鮮総督府『朝鮮総督府統計年報』各年度版；南朝鮮過渡政府『朝鮮統計年鑑』1943 年度版；朝鮮総督府交通局『朝鮮交通状況』1944 年度版。
注：『朝鮮交通状況』によれば，1938 年度の貨物輸送トン数が 147,857 トンであるが，これは朝鮮京東鉄道のものであるため，『年報』に基づいて 47,219 トンと是正する。

希薄な線路などを中心に全朝鮮自動車の総路程 189,163 キロのうち 18,681 キロを，鉄道局監督課が整理したのである。それに伴い，鎮南浦・温井間 1-2 回の自動車運行回数が減らされた[63]。これに対し，乗心地の良いガソリン動車を 1 日 5 往復運転しながら，鉄道会社が誘致宣伝を行い，「乗客は予想以上に多く」なった。とりわけ，龍岡温泉行往復割引，特定区間の割引などを実施し，片倉殖産会社の自動車部に対抗的措置をとっていたが，さらに沿線行楽地の宣伝および往復乗車賃金の割引など「相当の犠牲を払う計画」をもって旅客誘致を図った[64]。このような経営方針が旅客輸送の増加に繋がったことは疑えない。とはいうものの，旅客輸送はそれ自体が目的というよりは，主に会社・学校への通勤・通学とその逆としての帰宅あるいは観光・遊

---

63)　当時朝鮮では自動車輸送がガソリン消費量の 91％ を使用していた。「併行線과 交通稀薄地의 自動車來往을 制限」『東亜日報』1938 年 9 月 1 日。
64)　前掲「朝鮮平安鉄道最近業績」90-91 頁。

園地へのアクセスに伴うものである。

　この点で，旅客の観点から沿線の周辺に注目しなければならない。沿線には牛山荘，玉泉台などハイキングコースの好適地であるのみならず，至るところに林檎園(リンゴエン)があり，さらに池沼ありて，春は花見に秋は採果にあるいは魚釣に絶好の場所が多く，一日の行楽に適していた[65]。さらに，終点の龍岡温泉（平安南道龍岡郡雲洞面温泉里）は「全線稀な塩類泉で大概の病気は立所に癒るという保養地だから，相当旅客も多」かっ

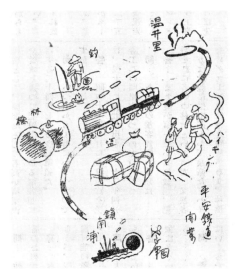

図10-5　朝鮮平安鉄道の沿線図説
出所：「漫画入り朝鮮鉄道時事問題早わかり　平安鉄道の開業」『朝鮮鉄道協会会誌』17-8，1938年，84頁。

た[66]。総督府の観光パンフレット『朝鮮の温泉』においては「三百年前茫漠たる原野より白気の上騰するを見て土民之を掘鑿し温泉を得た，と伝えられ，日露の役には鎮南浦兵站司令部の軍療養所になった経歴がある。広大な貴城塩田に近い平坦地にあり，自然環境には特記すべきものはないが，療養向に静かな良い温泉場で泉質は塩類泉，温度高く，温量または豊富である」と紹介されている[67]。

　龍岡温泉は弱塩類泉であって，神経衰弱・胃腸病などの泉質効能を持ち，朝鮮半島の名勝の四十二カ所に選定されるほどであった[68]にもかかわらず，鉄道の敷設前までは鎮南浦駅あるいは真池洞駅より乗合バスで移動するしか

65）　同上書；屯田生「山と温泉（平安鉄道沿線）」『朝鮮鉄道協会会誌』18-7，1939年，43-48頁；前掲『伸びゆく鎮南浦』268-271頁。
66）　前掲「漫画入り朝鮮鉄道時事問題早わかり　平安鉄道の開業」83-85頁。
67）　朝鮮総督府鉄道局『朝鮮の温泉』1940年3月。
68）　「半島의 名勝 四十二処選定」『東亜日報』1926年5月25日。

なく「交通至便」とは言えなかった。1930年頃，鎮南浦駅からの乗合バス
が片道運賃82銭で北27キロを1日3往復し，真池洞駅からの乗合バスが片
道95銭で西25キロを1日3往復していた[69]。それにしても，不寒不暑の季
節には各地より湯客が蝟集して毎日200余人に達し，大繁盛を極めた[70]。同
温泉は1日間湧き出す生水量が2700石仮量であり，定量分析表によれば，
炭酸ナトリウム12.87773，硫酸マクネシウム7.34780，コーラルカルシウム
3.85120，カルシム3.50794，炭酸ガリウム1.48280のほかにも，マグネシ
ア，珪酸，酸化性鉄および礬土，ラジウムなどの成分が含まれており，「療
養向」として有名であった。

　そのため，共同場を設置するほか，表10-3のように旅館ごとに内湯を設
置していた。日本人旅館としては片倉組が所有している静養館と只縄旅館が
あり，そのほか三吉旅館があり，その宿料は1泊1.5-2.5円であった[71]。も
ちろん，朝鮮人旅館も十数戸あり，1泊で1.2円であった。1929年には旅館
に泊まった客は16,532人を記録し，彼らの消費額が座敷貸，飲食，宿泊料
を含めて約4万円を記録した[72]。さらに，龍岡温泉の周辺は高句麗時代の故
地として史跡が多く，温泉から2キロ余東方小丘上には「東洋最古の碑石」
「秥蝉碑」（国宝）が立っている外，鉄道沿線にも梅山里・新徳里などの高句
麗古墳があり，真池洞から龍岡邑を経て温泉に出る自動車沿線にも高句麗古
墳やドルメン群があった[73]。有名な江西古墳も含めて宛然古跡地帯をなし
て，観光資源にもなっていた。

　平安鉄道の開通式が終わったあと，静養館に朝鮮運送河合治三郎専務，増
田平八取締役および安永同鎮南浦支店長とともに，同宿した朝鮮鉄道協会常
務理事の江口寛治によれば，「設備の点においては遺憾ながらまだまだの感
がする。平安鉄道が誇る唯一の旅客吸集の対象たるこの温泉は将来同鉄道の
手において刷新改善を加えられることは疑を容れない次第であるが，之が為

---

69)　日本雄弁会講談社編『日本温泉案内　西部篇』大日本雄弁会講談社，1930年，673-674頁。
70)　「龍岡温泉繁昌　毎日浴客二百余名」『東亜日報』1925年5月16日。
71)　駒田亥久雄「龍岡温泉調査報告文」『朝鮮地質調査要報』第3巻，朝鮮総督府地質調査所，
　　　1926年，121-140頁；前掲『日本温泉案内　西部篇』673-674頁。
72)　「龍岡温泉에 年消費四万円往来客万七千」『東亜日報』1930年12月16日。
73)　前掲『朝鮮の温泉』。

第10章 朝鮮平安鉄道の設立と運営——臨港鉄道と龍岡温泉 | 407

表 10-3 龍岡温泉の旅館別温泉検定

湯元番号	使用者	地表ならよりの泉温 管口	10尺	20尺	27尺	深度	検定日時	気温気圧	摘要
1	静養館	54.0	54.0	55.2	55.0	27	9.23:13.40	24.0/768.0	木製角管使用
2	只縄旅館	54.0	55.0			10	9.23:14.30	23.5/769.0	土管四本挿入
3	三吉旅館	49.0	49.0	49.0*		22	9.23:14.10	23.5/769.0	竹管使用
4	三吉旅館	40.0	40.0	40.5		18	9.23:15.30	24.0/769.0	竹管使用
5	共同湯	55.0					9.23:13.30	25.0/767.0	
6	呉義渉	52.0	52.0	52.5		20	9.23:14.50	25.5/768.5	竹管使用
7	三觜スエ	35.0					9.23:14.40	25.5/768.0	木製枡使用

出所：駒田亥久雄「龍岡温泉調査報告文」『朝鮮地質調査要報』第3巻，朝鮮総督府地質調査所，1926年，121-140頁。
注：＊は18尺。

図 10-6 片倉組系の静養館と只縄旅館
出所：阿部清孝編『伸び行く西鮮鎮南浦—朝鮮穀物大会記念写真』丸ナ穀物協会，1935年。

めには又同地方人士の理解ある協力が最も肝要であろうと思う」,「またここ龍岡には温泉とともに名物の一に静養館の女将がいる,年は四十路を超え色濃くして長躯痩身,どう贔負目に見ても美人の部類には入れないが,無学にして博識然かも饒舌,大低のお客は参らせられる」ものの,「多年客商売の体験より尋常の機微に通じ,その謂ふところ教えられることが甚だ多い」と指摘された[74]。そのほか,「温泉場には料理屋も一二軒あって阿嬌も四五人いる」と言及された。

　ともあれ,鎮南浦から平安鉄道線によって広梁湾・貴城の大塩田を繋いで温泉まで通じたため,交通は極めて便利になった。1939 年の旧正月には旅館ごとに大満員となり,雲集する湯客を受け入れきれず,料理店でも昼夜なく営業を続けるようになった。このような状況は龍岡温泉ができてから初めてのことであった。そのため,朝鮮鉄道協会の関係者として静養館を利用した屯田生[75] によれば,「湯に浸り山の疲れと汗を流して清々しい気持になった。こゝの女将とは従前から心易く婆と呼捨御免の間柄まあ久し振りですねと如才なく愛嬌をふりまいて大いに歓待して呉れる。この頃はどうかと聞けば御陰様で鉄道が出来てからと言ふものは部屋が足らず,平あやまりにあやまって帰って御客様もあり鉄道会社様々と拝んでいますと言ふ」として指摘された[76]。龍岡温泉は「長足の発展」を示し,新築家屋が増えたが,「釘の飢饉」のため建築難が生じており,1 貫で 1.80 円に過ぎなかった洋釘が1939 年 6 月には約 6 円になっていた[77]。戦時下の物価上昇もあり,旅館の宿泊料（1 泊）も上昇し,静養館・只縄旅館 3-4 円,三吉旅館 2.5-3.5 円,鮮式内湯旅館の日新旅館・金星旅館・金泉旅館 2-3 円を記録した[78]。龍岡温泉の盛況が平安鉄道の経営改善にフィードバックしたことはいうまでもない。

---

74)　前掲「平安鉄道開通式参列の記」66-73 頁。
75)　前掲「山と温泉（平安鉄道沿線）」43-48 頁。
76)　「龍岡温泉 好景氣 旅館마다 大満員」『東亜日報』1939 年 3 月 5 日。
77)　「縮刷北部版」『東亜日報』1939 年 6 月 16 日。
78)　前掲『朝鮮の温泉』。

4. 鉄道経営と路線延長

　開通式に参加し，当日龍岡温泉で一泊した江口寛治は帰路で鎮南浦の平安鉄道会社の本社に寄り，吉永専務，百瀬支配人を訪れ，彼らの感想を聞いた[79]。吉永専務は「この鉄道は一日六百円の収入を挙げれば賄へる，開業当日は二百円の旅客収入があった，予想しなかった旅客の成績が意外によいので喜んでいる。それにお得意の塩がいよいよ出ることになれば先づ大丈夫と思ふ，線路が短かいので社員も小人数だから此点纏まりもよい。社員が一致協力したならば相当な業績を挙げることは左程困難ではあるまい」と言った。専売塩の出荷がなかったにもかかわらず，旅客輸送だけで1日収入300円前後を往来し，「前途好望」と評価したのである。実際に，平安鉄道は開業以来好成績を示し，1939年下半期（第6期）には貨物5割，旅客2割の激増を記録し，戦時下の運輸収入が増えた。

　この傾向は1日1キロ平均運輸収入（図10-8）でも確認できるが，注目すべきなのは当初貨物運賃収入が主要なものであったが，これが1940年から変わり始め，旅客運賃収入を中心とする経営構造になっていたことである。1943年には貨物運賃収入が旅客運賃収入の38％にすぎなくなった。前掲図10-4の傾きからわかるように，貨物に比べて旅客が急速に増えており，これが最大の要因であったが，運賃収入に影響を及ぼすのはこれだけではなく，鉄道輸送の価格たる運賃それ自体の動向にも注目しなければならない。平安鉄道側は朝鮮国有鉄道のように戦時経済運営の観点から物価上昇を抑制するため，貨物運賃に対してその引上げが避けられており，その代わりに旅客運賃を引上げることで購買力を吸収しながら，運賃収入の確保を図ってきた。とはいえ，旅客運賃の引上げが1943年に著しかったことから，運賃動向を念頭に入れても，鉄道運営が会社設立時の期待とは異なって，旅客中心に変えられたことは否めない。

　次に，営業費用を見ると，輸送量の増加と物価上昇に伴って増えていったものの，収入を下回ったため，営業開始初年より黒字経営を記録した。「朝

79）　前掲「平安鉄道開通式参列の記」66-73頁。

図 10-7　朝鮮平安鉄道本社
出所：朝鮮総督府鉄道局『朝鮮鉄道四十年略史』1940 年。

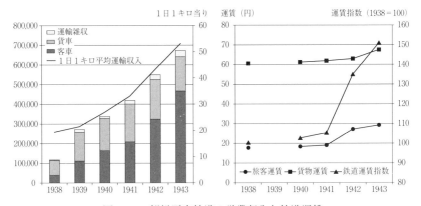

図 10-8　朝鮮平安鉄道の営業収入と鉄道運賃
出所：図 10-4 と同様。
注：鉄道運賃＝運賃収入÷輸送量。輸送量の単位は 1000 人キロあるいは 1000 トンキロ。鉄道運賃指数は旅客運賃収入と貨物運賃収入のウェイトをもって推計。

鮮の私鉄としては初めて所期の好成績」であった[80]。とはいうものの，損益計算書（表 10-4）より支出項目を見れば，保線，運転，営業にかかわる営業費用の個別項目より支払利子が大きいことが確認できる[81]。これは表 5 の貸借対照表で見られるように，資本金 250 万円の全額払込が行われずに建設費

---

80)　「営業初年好績 平安鉄道黒字」『東亜日報』1939 年 2 月 7 日。
81)　後には戦時インフレーションのため保線，運転にかかわる営業費用の個別項目が増え，資本費用を上回った。

第 10 章　朝鮮平安鉄道の設立と運営──臨港鉄道と龍岡温泉 | 411

表 10-4　損益計算書（1938 年 7 月 1 日-12 月 31 日）

収入の部		支出の部	
運輸収入	117,608.14	総係費	1,863.42
客車収入	39,058.52	保存費	29,177.98
貨車収入	75,120.11	汽車費	35,978.14
運輸雑収	3,429.51	運輸費	20,573.28
雑収入	1,294.36	建設営業関連費分担額	8,597.24
政府補助金	70,722.90	計	96,190.06
		支払利子	52,977.53
		当期利益金	40,457.81
合計	189,625.40	合計	189,625.40

出所：「朝鮮平安鉄道最近業績」『朝鮮鉄道協会会誌』18-4，1939 年，90-91 頁。

表 10-5　貸借対照表（1938 年 12 月 31 日現在）

借方（資産の部）		貸方（負債の部）	
未払込株金	1,500,000.00	株金	2,500,000.00
建設費	2,713,516.92	鉄道財団抵当借入金	2,000,000.00
建設仮払金	2,082.60	社員積立金	5,573.07
所有証券	12,500.00	未払金	6,438.88
仮払金	6,887.98	未払配当金	1,442.57
未収金	80,366.88	仮受金	74,843.37
預金	278,561.48	当期利益金	40,457.81
振替貯金	28.40		
貯蔵物品	34,670.30		
現金	141.14		
合計	4,628,755.70	合計	4,628,755.70

出所：表 10-4 と同様。

の74%に達するほどの殖産銀行からの借入金が200万円に達したからである[82]。資本金の払込は1941年に125万円へ増えたものの、その後1944年10月までは追加的払込は行われずに、借入金は返済どころか、241万円へとやや増えたのである。このような資本調達構造は平安鉄道にとって長期的負担となったものの、資本金の徴収はあまり進まなかったのである。もし資本金の払込を完了し、外部からの借入金を返すと、鉄道経営の健全性は高まるだろうが、会社の重役陣は決してそのような意思決定を行っていなかった。その理由としては当然考えられるのは株主の負担にならないようにするためであろう。1938年度下半期の政府補助金が70,722.90円であって、支払利子52,977.53円を上回っている。政府補助金が経営安定化を保障する基盤であったのである。

　ともあれ、鉄道輸送の増加によって運賃収入が増加するにつれ、図10-9のように経営改善が進み、政府補助金が減っていった。建設費を基準として利益率と補助率を示したのが図10-10である。利益率は1938年度下半期から1941年度下半期にかけてフラットな状態を示したのに対し、補助率は低下しつつ、1942年になって利益率が上昇し始めると、補助率はより一層低下した。いずれにせよ、両者の合計はほぼ6%台を推移し、経営安定性が保たれたことがわかる。その上、営業開始後配当率は7-8%を維持できたのである。そのため、「各株主より従業全職員に高い評判が送られる」ほどであった[83]。

　朝鮮私鉄の中では比較的経営成績が優良であると評価される中、地元の住民からは平安鉄道の路線延長が強く要請されることとなった。1939年10月21日には鎮南浦府・安州郡連合期成大会が安州邑事務所会議室で開かれ、鎮南浦側からは上野彦八府尹、竹末俊介府内務課長、鎮南浦商議側より重枝太索、朴文爀の両副会頭、高泰和当議員、石川益次理事、大鎮南浦建設期成会長の鈴木種一、藤恒太郎、朝鮮平安鉄道の吉永武揚専務、三原義雄鎮南浦駅長、平壌毎日新聞支社から広松記者、本社より白記者、計12人が出席

---

82)　鉄道財団抵当とは鉄道事業者の不動産・動産の施設などの権利を「鉄道財団」を設定し、抵当権の目的として一個の「物」と見なす制度である。

83)　「継続되는 好況의 平安鉄道의 業績」『東亜日報』1939年7月25日。

第 10 章　朝鮮平安鉄道の設立と運営——臨港鉄道と龍岡温泉 | 413

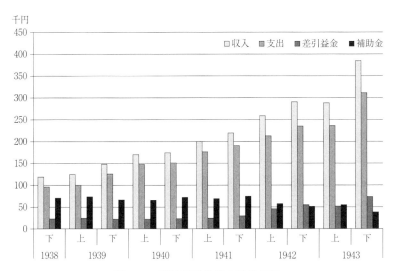

図 10-9　朝鮮平安鉄道の経営収支
出所：朝鮮総督府鉄道局『朝鮮鉄道状況』各年度版；朝鮮総督府交通局『朝鮮交通状況』1944 年度版。

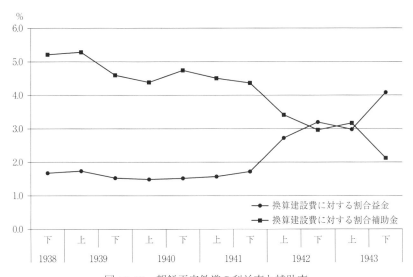

図 10-10　朝鮮平安鉄道の利益率と補助率
出所：図 10-9 と同様。

し，安州側より佐竹郡守，小山邑長藤井干城，久田茂壽，洪禹壽，松岡真一，久保田検，常井章のほか，各官公署長，邑会議長，期成会幹事など80余人，新安州側より柏木若三郎，飯塚貞三，藤田勝五郎，荒木秋俊などが参加した。鎮南浦側より商議副会頭重枝太索を座長として「昭和水利組合復活」を要請する決議文とともに，次のような決議文が採択された[84]。

決議文
昭和水利組合復活の機運濃化し平原郡下三千町歩の塩田開発，江西郡下東拓大農場の熟田化，埋蔵一億噸の藍晶石発見等地方資源極めて豊富なるに加へて満浦，梅輯両幹線の結合連絡を見，西鮮，満蒙間新中央ルートの形成により，平安鉄道の負荷使命愈々過重せるを痛感せらる，仍て本鉄道を速かに新安州に延長し国鉄价川線の広軌改築と相俟ち，以て満浦線に連絡し，同線の南方一基幹たらしめ，平南，京義線両線との間に環状線を成し，一層之が機能を発揮し，氾濫物資の輸送を円滑ならしむるは真に刻下の急務たり
吾等関係地方民は茲に連合期成大会を開き其の目的達成を期す
　　昭和十四年十月二十一日
　　　　平安鉄道延長，价川線広軌改築
　　　　　　鎮南浦府，安州郡連合期成大会

　こうして平安鉄道は平安南道西海岸部の資源開発のために新安州への延長を待望され，その実行運動に入った。路線延長が必要とされる理由としては，①江西東拓農場干拓地 2,150 町歩の米産，②江西郡上西里を中心とする露頭一億トンの藍晶石，③江西郡柳明里の含鉄 60％以上の鉄鉱 1 千万トンの開発（保山間に専用鉄道軌道敷設計画決定），④平原郡龍湖の大日本塩業塩田 3000 町歩の築造，産塩 15 万トン増加により専売局塩と合わせて 30 万トンに上る（外に塩田の拡張計画もある），⑤安州郡立石里の明治鉱業，安州炭坑の直側を経由して，十数万トンに上る同炭の輸送，⑥安州平原の平野 25,500 町歩の昭和水利組合復活決定による数十万石の産米増加，⑦目下出願中の某無煙炭大鉱区の抱擁，⑧价川線の広軌改築連絡による満浦線，平元線，西鮮中央鉄道との連絡→京義線と平南線の間に大環状線の形成が可能となり，平壌を中核とする物資の輻輳を緩和し，満浦・梅輯両線の一基幹線たる使命を荷うに至るということが挙げられた。

84）「昭和水利を復活せよ 平安鉄道を延長し价川鉄道を広軌に改め」『西鮮日報』1939 年 10 月 23 日。

第 10 章　朝鮮平安鉄道の設立と運営——臨港鉄道と龍岡温泉　415

そこで，齋藤社長は 1940 年 2 月 29 日に第 6 回定時総会の終了後，鎮南浦の官民に対して「当社の業績は順調に進展し，前期は旅客五割，貨物二割の増加にて客車新造中にあり，随って鎮南浦並びに関係方面にて熱望の路線延長に就ては補給関係上鉄道局の諒解を得るに勤めてゐるが，時節柄資材難にて直ちに実現は至難なるも，資金の調達には成算十分なるより抜からずこれが目的達成に付邁進すべきに付御支援を望む」という声明を出した[85]。鎮南浦商工会議所の石川理事によれば，平安鉄道の延長も材料難さえ緩和されれば，すぐ着手できると指摘された[86]。しかしながら，戦時下で資材不足が改善されず，より深刻化し，新安州への路線延長が実現されることはなかった。

おわりに

1920 年代後半より鎮南浦の商工業者の願望とそれに加えて在朝鮮日本人資産家や朝鮮人資産家の投資機会として広梁湾鉄道と朝鮮塩業鉄道の設立が試みられたものの，大恐慌の影響とそれに伴う総督府の補助金に関するハードな予算制約，そして総督府専売局の製塩事業方針のため，これらの計画は実現されることはなかった。とりわけ朝鮮京南鉄道の買収案が朝鮮内で具体化するにつれ，国有化時の補助金支給枠の余裕と買収金の株主への分配が想定されるため，朝鮮京南鉄道の副社長が積極的に介入した。とはいうものの，私鉄買収案は大蔵省の反対にぶつかり，公債発行が不可能となり，実現されなかった。その後，私鉄買収案の代わりに朝鮮私設鉄道補助法が改正され，その交付延長が認められると，鎮南浦を事業基盤とする資産家が中心になって朝鮮平安鉄道の設立に取り組み，さらに計画路線の沿線住民からの支援を得て鉄道敷設運動を展開し，ようやく鉄道局監督課からの設立認可が下された。

その後，会社の設立と資金調達が行われ，敷設工事を始めた。会社重役陣はおもに鎮南浦や平壤を事業基盤とする日本人資産家を中心に，一部の朝鮮

---

85)　前掲『伸びゆく鎮南浦』268-271 頁。

86)　「鎮南浦發展에 資할 水利平安鐵道를 促進 安州와 提携코 某種事件도 進行」『東亜日報』1939 年 8 月 13 日。

人資産家も加わったのに対し，鉄道運営に携わる専務取締役と支配人以下は
鉄道局や私鉄のエキスパートが当たった。ところが，日中戦争の勃発に伴っ
て事業環境は一変することになった。即ち，レールをはじめとする鉄材の供
給が円滑に行われず，資材難が深刻化し，レール敷設が中止状態となったの
である。これに対し，鉄道局出身の専務取締役の交渉と鉄道局監督課の斡旋
が積極的に行われる一方，三井物産，三菱商事といった総合商社の努力に
よって予定よりは遅れたものの，資材割当が実行され，敷設工事の竣工がよ
うやく可能となった。当然，建設費は計画より増加したが，平安鉄道が平原
を貫く臨海鉄道ということもあり，同時期に敷設された他の鉄道に比べて建
設費の上昇は抑えられたといってよい。

　1938 年 7 月の開通以来の鉄道輸送を見れば，塩，米，リンゴなどの出荷
もあったが，旅客が予想以上に多かった。その要因としては鎮南浦への郊外
線や臨港線としての性格もあるが，何より終点にある龍岡温泉が取りあげら
れる。塩類泉として療養効果が良好で日本人旅館と朝鮮人旅館が設置され，
朝鮮内では名勝地として知られるほど有名であったが，温泉地へのアクセス
が便利とは言えなかった。そこでの平安鉄道の建設は割引運賃などの適用と
ともに，平壌，鎮南浦からの湯客が多くなり，季節によって旅館ごとに満員
状態となり，宿泊客を謝絶するほど繁盛したのである。このような旅客中心
の運賃収入が定着し，会社経営にとってとても有益なものとなった。

　経営安定の要因としては輸送動向以外にも政府補助金があり，会社経営の
改善につれ縮小したものの，鉄道経営に大きく寄与した。これが資本金の追
加的払込が行われなかったにもかかわらず，借入金に基づく会社運営が可能
な条件ともなった。地域住民からは新安州への路線延長が強く要請され，平
安鉄道会社側もそれに応じる方針を内外に示したものの，戦時下資材不足が
深刻化する中，それが実現されることはなかったのである。

第 **6** 部

鉄道と自動車

第 11 章

南朝鮮鉄道から南朝鮮興業へ

国有化と事業転換

はじめに

　本章の課題は，総督府からの要請によって植民地朝鮮への鉄道投資の一環として設立された南朝鮮鉄道（新）がどのように設立・運営されて国有化措置に至り，さらに自動車業への再編を成し遂げて南朝鮮興業に改められたのかを検討することである。

　全羅南道は米をはじめとする穀倉地帯であったにもかかわらず，湖南線の港湾ターミナルとして機能していたのは木浦港だけであって，日本との距離から見てより近い麗水港は鉄道との連絡ができず，さらにここから道庁所在地がある光州を結ぶ路線も 1920 年代までは敷設されなかった。当然，植民地初期より事業者らによる構想はあったものの，資金調達ができず，鉄道の開通にも漕ぎつけなかった。もちろん，朝鮮総督府による国有鉄道としての建設も想定されるものの，総督府鉄道局は赤字経営を免れず，総督府自体も「財政独立」が可能ではない中，予算的制約のため，迅速な鉄道敷設はできなかった[1]。朝鮮鉄道 12 年計画の一路線であった慶全線の敷設が計画されるにつれ，麗水・光州間路線の敷設が必要とされたものの，それを総督府によって建設することは難しかった。

　そこで，「全鮮鉄道熱の勃興」[2] が生じる中，総督府として日本内地の私鉄業者への参入を要請し，南朝鮮鉄道（南鉄）が設立されて短期間内に鉄道敷設に成功し，補助金を前提に鉄道業を展開した。その一方で，事業多角化を模索し，収入源の確保を図った。そのうち，国有鉄道としての慶全線が敷設され始めると，とりわけ麗水港の重要性を勘案した国有化措置が取られ，南朝鮮鉄道はもはや私鉄会社としての存続が不可能であった。すべての鉄道路線が国有化される場合，会社の解散が余儀なくされる。『朝鮮交通史』でも買収後，「未開業区間の免許も失効し会社は消滅した」と記されている[3]が，実際に南朝鮮鉄道の経営陣は多角化経営，なかでも自動車業を中心に事業再

---

1)　朝鮮事業公債の発行による鉄道建設方式については平井廣一「朝鮮総督府財政と鉄道会計」『日本植民地財政史研究』ミネルヴァ書房，1997 年を参照されたい。
2)　大平鉄畊『朝鮮鉄道十二年計画』鮮満鉄道新報社，1927 年，65-72 頁。
3)　鮮交会編『朝鮮交通史』1986 年，846 頁。

第 11 章　南朝鮮鉄道から南朝鮮興業へ——国有化と事業転換　421

出発を試みたのである。

　このような経営判断は朝鮮において他の私鉄国有化では見られておらず，当時顕在化しつつあった自動車業の登場を背景とするものであった。それにもかかわらず，既存研究ではあまり注目されることはなかった。ただし，『新韓国鉄道史』（116–117 頁）によれば，南朝鮮鉄道が「準幹線」として敷設され，1936 年 3 月に国有化されたが，長距離路線であって買収価格が1091 万 2910 円に達するなど財政支出の負担が大きかったものの，日本と朝鮮半島を結ぶ第二航路として設定された麗水港から機能し始める，該当路線と慶全北部線および湖南線を経れば，朝鮮縦貫ルートを代替できる縦貫路線の役割を果たせるという点で買収されたと指摘されている[4]。とはいえ，本格的分析は行われておらず，会社設立の契機や経営的実態そして国有化に伴う会社経営の再編が検討されていない。

　そこで，本章は南朝鮮鉄道が内地事業家にとって投資先としての植民地が持つ意味合いを考察するため，次のような構成を有する。第 1 節においては会社設立の経緯と実際の敷設がどのように行われたのかを検討し，他の私鉄会社との相違点を明らかにする。第 2 節では路線敷設後の輸送を検討したうえ，経営多角化を含めて経営収支上の特徴を抉り出す。第 3 節においては朝鮮鉄道 12 年計画では当初計画されなかった本路線がなぜ国有化されたのかを探ってみる。第 4 節では会社解散が選択されず，自動車業を中心とする事業転換が行われ，その経営がいかなるものであったのかを提示する。

1.　会社設立と資金調達

　1921 年 10 月に産業調査委員会が開催され，「朝鮮産業ニ関スル計画要項」として「鉄道施設ニ関スル件」を決議して以来，朝鮮では鉄道敷設要請が内外より展開されると，これに応じて朝鮮総督府鉄道局と朝鮮鉄道協会が協力し，1926 年に鉄道局内に臨時鉄道網調査班を組織し，鉄道敷設に関する調査を行った[5]。この調査結果を鉄道敷設計画法案の説明資料として帝国議会

---

4)　韓国鉄道文化財団編『新韓国鉄道史　総論』国土交通部・韓国鉄道公社・韓国鉄道施設公団・韓国鉄道協会，2019 年，114，116–117 頁。
5)　前掲『朝鮮鉄道十二年計画』29–30 頁；「鉄道網調査班」『東亜日報』1926 年 7 月 16 日。

に提出するため，道・府・商業会議所からの希望が出されたが，その要望路線が約 4,000 マイルにも達した[6]。そのうち，木浦商議と木浦府より馬木線（馬山・木浦間），順天・麗水線が希望され，全羅南道よりも馬木線，光州・筏橋線，和順・宝城線の要請が出された。こうした要請が受け入れられ，1927 年に成立した朝鮮鉄道 12 年計画では「朝鮮鉄道［株式会社］慶南線晋州より，河東，光陽，順天，谷城，院村，南原，任実を経て全州に至り，全北［鉄道株式会社］線の広軌改築と相俟って，裡里を経て群山に達する一線と，院村より分岐して［朝鮮鉄道株式会社］全南線潭陽に至り松汀里を経て，木浦方面に連絡する」慶全線が一路線として計画された[7] ものの，麗水から順天を経て光州に至る路線はこの 12 年計画より外された。

　これを新しいビジネスチャンスとして認識し，光州，木浦，順天，麗水などを繋ぐ鉄道敷設をめぐって免許申請が表 11-1 のように，四者から行われ競願の状態であった。これらの申請は全く同じ路線というわけではないものの，相当路線が重複しており，総督府として一社を選択しなければならなかった。当時，投資金を基準として補助保証率 8％という政府補助金制度が樺太とともに朝鮮で実行され，日本内地からの鉄道投資は期待できるものの，この路線の成立のためには，確実に鉄道事業の経験者があったほうが望ましかっただろう。

　実際に，東武鉄道社長の根津嘉一郎[8] が訪問すると，斎藤実総督は鉄道投資を要請した。根津は 1905 年から，鉄道国有化以来「今日」に至るまで日本最大の私鉄である東武鉄道の社長として経営に携わっていた。『根津翁伝』によれば，すでに「寺内［正毅］伯が朝鮮総督たりし時代に，君［根津］は，朝鮮に遊んで寺内総督に面会した。其の時総督は，朝鮮に私設鉄道

---

6)　「四千哩鉄道網 臨時調査班」『朝鮮日報』1926 年 7 月 11 日。

7)　前掲『朝鮮鉄道十二年計画』159-160 頁。

8)　根津嘉一郎は 1960 年に山梨郡で生まれて，東山梨郡会議員，同参事会員，鉄道会議議員となっており，また東京商業会議所副会頭，東京米穀商品取引所理事長，東武鉄道，加富登麦酒，帝国石油，日清製粉，大日本製粉，帝国火災保険，東上鉄道，東京地下鉄道，南朝鮮興業，太平生命保険各（株）社長，富国徴兵保険（互）社長，東京電灯，山梨日日新聞社，京浜地下鉄道，大日本航空，東京高速度鉄道各（株）取締役等となるほか，武蔵高等学校を創立，根津育成会理事長となっていた。衆議院では 4 回（9，10，11，12）当選した。衆議院・参議院編『議会制度百年史　衆議院議員名鑑』1990 年 11 月，485 頁。

第 11 章　南朝鮮鉄道から南朝鮮興業へ——国有化と事業転換　423

表 11-1　南朝鮮鉄道敷設免許申請の競願

名称	①南鮮鉄道	②鮮南鉄道	③南朝鮮電気鉄道	④南朝鮮鉄道
発起人総代	村田義穂	大村百藏	武和三郎	別府丑太郎
主要発起人	管原通敬, 星野錫, 富田幸次郎, 岩切重雄, 伊藤利三郎	渡邊定一郎, 石原磯次郎, 河内山楽蔵, 富田儀作, 松井邑次郎, 金商燮, 村上直助, 内谷萬平, 荒木武二郎	荒木武二郎, 山本繁松, 長谷川太郎吉, 荒井初太郎, 武和三郎, 佐藤潤象, 田川常次郎, 国澤新兵衛, 中川正左, 東條正平, 谷口守雄	根津嘉一郎, 大橋新太郎, 関伊右衛門, 杉本九八郎, 吉川兵次郎
事業目的	鉄道, 電気, 干拓	鉄道, 港湾, 土地経営	鉄道, 土地経営, 倉庫, 電灯電力	鉄道, 海陸連絡運輸, 倉庫
動力	電気及蒸気	蒸気	電気	蒸気
軌間	4 フィート 6 インチ	4 フィート 8.5 インチ	4 フィート 8.5 インチ	4 フィート 8.5 インチ
敷設線路	光州・麗水間 75 マイル 1 期, 順天・栄山浦間 86 マイル 2 期	順天・龍塘間 84 マイル	順天・龍塘間 84 マイル, 順天・麗水間 23 マイル, 宝城・光州間 36 マイル	順天・龍塘間 84 マイル 1 期, 順天・麗水間 23 マイル 2 期, 龍沼・三栄里間 25 マイル 3 期
線路延長	160 マイル	84 マイル	143 マイル	132 マイル
建設費	880 万円	1200 万円	1695 万円	1800 万円
資本金	1500 万円	1200 万円	1000 万円	1800 万円

出所:「問題複雑한 全南鉄道敷設 競願四会社의 計画内容」『中外日報』1926 年 12 月 12 日；「南線鉄道 大合同劇」『朝鮮日報』1927 年 3 月 6 日；朝鮮総督府政務総監湯浅倉平「私設鉄道敷設免許其ノ他ノ件」1927 年 5 月 10 日；大谷留五郎「私設鉄道から国有鉄道になる南朝鮮鉄道を語る（三）」『朝鮮鉄道協会会誌』15-4, 1936 年, 16-18 頁。

を敷設することに関して，君［根津］の意見を求めたことがあったが，斎藤
［実］総督となって，君［根津］は南朝鮮に鉄道を敷設することを総督より
慫慂された。私設鉄道敷設に対し，総督府は資金の補助をなし，八分の配当
も補給するといふ条件であった」という[9]。「根津嘉一郎氏外八名の代表とし
て別府丑太郎氏から」1926 年 11 月 27 日に「全羅南道庁を経由して提出」
した。表 11-1 のように，資本金 1800 万円とし，「全羅南道順天邑を起点と
し」て「霊岩郡龍塘に至る」路線，「順天郡順天邑より分岐して」「麗水郡麗

---

[9]　根津翁伝記編纂会編『根津翁伝』1961 年, 109-110 頁。

水邑に至る」路線，「霊岩郡龍沼より分岐して」「羅洞附近三栄里に於て国有鉄道湖南線に接続する」路線を想定していた[10]。

　伝記の内容を踏まえると，根津社長の投資を前提として私鉄敷設許可を下すことになったものの，当局としては悩んでおり，「同社中一社に認可し他社を除くのはかえって将来地方開発上支障をもたらす危憂があり，目下慎重に審議したところ，何の会社に対しても認可の指令を発しないことを決定した。鉄道局の肚裏にはこれら四社の妥協によって一致合同した鉄道会社を新設させ，操業を開始することが得策であるとして，調査を進めて各関係者に対して妥協を希望し」その斡旋を図った[11]。実際には 1927 年 3 月に朝鮮鉄道 12 年計画のため，東京に滞在中であった湯浅倉平政務総監，大村卓一鉄道局長，澤崎修監督課長によって日本内地と朝鮮の実業家が発起人となっている④南朝鮮鉄道の申請が採択され，1927 年 4 月 5 日に鉄道敷設が認可された[12]。「出願中の四社合一説もあり，あるいは互護によって妥協され」，④案を基本として①と②と③からの投資および経営参加を慫慂したのである。1927 年 4 月に「認可され，更に同年六月宝城より光州に至る線路敷設を申請し八月十六日許可があった」[13]。同年 6 月 29 日には資本金を 2000 万円へと増やすとともに，宝城停車場より分岐し，鳴鳳，松亭，梨陽，石亭，綾州に至る路線を敷設するという追加出願が行われた。この間，根津を会長として発起人会が幾たびか重ねられ，現地調査をも行い，株式募集では 40 万株の引受を得て 1928 年 1 月 14 日に創立総会が東京市麹町区有楽町の生命保険会社協会において開かれた[14]。

　それによって，創立に関する事項報告，定款議定などとともに，取締役および監査役選挙が行われ，表 11-2 のような重役構成となった。その後，一

10)　大谷留五郎「私設鉄道から国有鉄道になる南朝鮮鉄道を語る」(三)『朝鮮鉄道協会会誌』15-4，1936 年，16-17 頁。

11)　「南線鉄道大合同劇」『朝鮮日報』1927 年 3 月 6 日。

12)　「鮮日資本家로서 南朝鮮鉄道敷設」『朝鮮日報』1927 年 3 月 31 日；朝鮮総督府政務総監湯浅倉平「私設鉄道敷設免許其の他の件」1927 年 5 月 10 日。

13)　「南方朝鮮に文化の足を延ばす南朝鮮鉄道会社」『実業』12-10，実業社，1928 年，60-61 頁。

14)　「南朝鮮鉄道　発起人一行来麗」『朝鮮日報』1927 年 5 月 23 日；「南朝鮮鉄道　株式募集着手決定」『東亜日報』1927 年 6 月 10 日；「南朝鮮鉄道　発起人総会」『東亜日報』1927 年 7 月 3 日；南朝鮮鉄道株式会社『第 1 回営業報告書』1928 年度上半期（1928 年 1 月 14 日-6 月 30 日）。

第 11 章　南朝鮮鉄道から南朝鮮興業へ——国有化と事業転換　425

表 11-2　南朝鮮鉄道株式会社の重役

		1928		1929		1930		1931		1932		1933		1934		1935		1936
		上	下	上	下	上	下	上	下	上	下	上	下	上	下	上	下	上
取締役社長	根津嘉一郎	■	■	■	■	■	■	■	■	■	■	■	■	■	■	■	■	■
専務取締役	別府丑太郎	■	■	■	■	■	■	■										
常務取締役	佐竹次郎													■	■	■	■	■
取締役	大橋新太郎	■	■	■	■	■	■	■	■	■	■	■	■	■	■	■	■	■
	門野重九郎	■	■	■	■	■	■	■	■	■	■	■	■	■	■	■	■	■
	小倉常吉	■	■	■	■	■	■											
	川崎肇	■	■	■	■	■	■											
	稲畑勝太郎	■	■	■	■	■	■	■	■	■	■	■	■	■	■	■	■	■
	杉本九八郎	■	■	■	■	■	■	■	■	■	■	■	■	■	■	■	■	■
	金商燮	■	■	■	■	■	■											
	別府丑太郎									■	■	■	■	■	■	■	■	■
	原邦造								■	■	■	■	■	■	■	■	■	■
	佐竹次郎									■	■	■	■					
	玄俊鎬													■	■	■	■	■
取締役営業所長	横塚恭助													■	■	■	■	■
監査役	前田青莎	■	■	■	■	■	■	■	■	■	■	■	■	■	■	■	■	■
	大村百蔵	■	■	■	■	■	■	■	■	■	■	■	■	■	■	■	■	■
	松下栄	■	■	■	■	■	■	■	■	■	■	■	■	■	■	■	■	■
	宇都宮政市															■	■	■

出所：南朝鮮鉄道株式会社『営業報告書』各半期版。

部の取締役の更迭があったものの，この体制が 1930 年代半ばまで維持され
たのである。表 11-1 の④南朝鮮鉄道からは取締役社長根津嘉一郎，専務取
締役別府丑太郎のほか，大橋新太郎と杉本九八郎が取締役として重役に加
わっており，②鮮南鉄道からは金商燮が取締役になった。取締役の門野重九
郎，小倉常吉，川崎肇，稲畑勝太郎と監査役の前田青莎，大村百蔵，松下栄
も免許申請の発起人であったか否かは資料上確認できない。

　重役の構成を見れば，別府丑太郎は鉄道院参事・同調査課長・同理事，鉄
道省経理局長などの経歴をもつ鉄道の専門家であって，1931 年には西武鉄
道社長に就任すると，専務職を辞し取締役になった。杉本九八郎は岡吉商
事，吾妻川電力，草津温泉鉄道，山丸商会各取締役を歴任しており，大橋新
太郎は京城電気株式会社取締役社長，門野重九郎は山陽鉄道新線工事長を経

た大倉土木の会長だった。小倉常吉は小倉石油株式会社を創設，新潟や秋田
に油田を持ち「日本の石油王」と呼ばれた。川崎肇は日本火災保険など多数
の金融会社の社長を歴任し，東武鉄道と阪和鉄道にも取締役としてかかわっ
ていた。稲畑勝太郎は稲畑産業の創業者として染料などの発展に努めてき
た。監査役の前田青莎は帝国倉庫運輸社長，国際信託取締役会長など，大村
百蔵は京城中央物産社長などを歴任し，松下栄は朝鮮京南鉄道，朝鮮京東鉄
道の取締役を歴任していた。

　根津社長をはじめとして日本内地と朝鮮の鉄道事業者と「一流保険業
者」[15] の錚々たる人物が会社重役になったことがわかる。ともあれ，重役の
構成から見て，会社設立は免許申請④を中心としながら，免許申請②からの
参加があったと判断できようが，他の免許申請者からの資本参加を誘導した
だろう。会社創立時の株主名簿は資料上確認できないものの，1930年上半
期の営業報告書に付け加えられた「株主名簿」は利用できるので，株主名を
見ると，②鮮南鉄道の村上直助しか確認できない[16]。重役ならびに株主の構
成から見て，「一致合同した鉄道会社」の新設が論じられたものの，会社の
設立は別府丑太郎らの④を中心としながら，②からの一部参加があったと判
断できよう。

　いちおう，300株以上の大株主をみれば，富国徴兵保険相互会社専務取締
役吉田義輝7,250株，帝国興業株式会社取締役社長佐竹次郎6,087株，根津
嘉一郎1,875株，太平生命保険株式会社取締役社長根津嘉一郎1,566株，帝
国生命株式会社取締役朝吹常吉1,250株，株式会社北海道銀行取締役頭取加
藤守一1,137株，小倉合名会社代表社員小倉彦四郎1,000株，株式会社湖南
銀行頭取玄俊鎬893株，秋野益一875株，服部玄三812株，愛国生命保険株
式会社取締役社長原邦造750株，日本共立火災保険株式会社専務取締役金谷
倭四郎725株，宇都宮政市680株，第一生命保険相互会社取締役社長矢野恒
太625株，杉本九八郎625株，株式会社東一銀行代表取締役閔奎植570株，
合名会社大倉組頭取大倉喜七郎562株，株式会社朝鮮貯蓄銀行取締役頭取伊

---

15)　「南鮮鉄道」『朝鮮日報』1927年5月6日。
16)　南朝鮮鉄道株式会社『第5回営業報告書』1930年度上半期（1930年1月1日-6月30日）。

第 11 章　南朝鮮鉄道から南朝鮮興業へ——国有化と事業転換 | 427

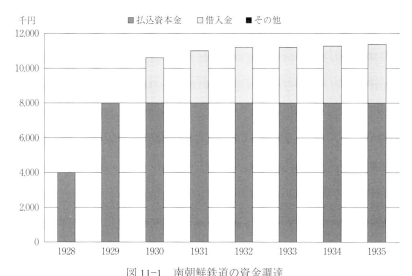

図 11-1　南朝鮮鉄道の資金調達
出所：朝鮮総督府鉄道局『年報』各年度版；朝鮮総督府『朝鮮総督府統計年報』各年度版。

森明治 551 株，佐竹次郎 511 株，島田純一郎 495 株，鈴木山郎 487 株，横塚恭助 485 株，根津啓吉 435 株，田口邦重 435 株，大木安造 425 株，朝鮮信託株式会社取締役社長谷多喜磨 406 株，金鐘翊 362 株，小林中 325 株，株式会社松屋呉服店取締役社長古屋徳兵衛 312 株，松下栄 306 株，鎮目泰甫 303 株，計 32 人，33,120 株であって，全株数 817 人，5 万株のうち 66.2％ を占めた。朝鮮人は 300 株以上の大株主のうち 2 人，932 株であって，全体的には 42 人，2,420 株であって，全株数の 4.8％ に過ぎなかった。

　主な資金調達は払込資本金 800 万円によって行われ，1929 年以降には追加的払込が行われることはなく，足りない資金約 260-320 万円は朝鮮総督府鉄道局現業員共済組合からの低利子借入金によって賄われた[17]。その一方，会社の設立に際して大きな問題となったのが築港費用である。この路線が朝鮮内のネットワークを拡張しながら，同時に日本内地の連絡を担当するためには海陸輸送の接続を担う港湾整備が切実であった。とはいえ，「当時，麗

---

17)　南朝鮮鉄道株式会社『第 6 回営業報告書』1930 年上半期（1930 年 7 月 1 日-1930 年 12 月 31 日）；「京東鉄道二百万円増資」『東亜日報』1935 年 12 月 18 日。

水は一寒村であった」[18]。従来の港は内港であって細長く狭いため，「多くの貨客を呑吐することが出来ないので」，外港を築港しなければならなかった。約6万坪の埋立を行うと，年間50万トンほどの貨物の積みおろしが可能となるため，築港の第一期工事として埋立6万坪の工事に着手することとなった[19]。

　そこで，根津は「其他を実地検分して，「こんな小さな港では駄目だ。裏側の方に大きな海があるではないか。之に築港したらば，良い港になるだらう。」と直に内務省の勅任技師に頼んで，厖大なる計画を立てた」。「然るに，港の計画に対しては，鉄道の補助法では八分の補助は出来ない。港の方は，内務省の管轄なるゆゑ，其の補助は困るといって来た」。これに対し，根津は「「ソンな細かいことは分らぬ。兎に角，鉄道を敷設すれば，八分の補助を出すといふ約束を以って着手したのであるから，何れにしても，約束通りの補助は出して貰わねば困る。」といふことで，結局其の港は鉄道岸壁の保護といふことで，八分の補助を得ることとなった」[20]。その結果，1928年5月に南朝鮮鉄道は麗水港修築願を提出した[21]。

2. 鉄道敷設と人的配置

　敷設工事は麗水より順天に至る24哩，順天より宝城に至る32哩36鎖，

---

18)　前掲『根津翁伝』109-110頁。
19)　南朝鮮鉄道株式会社今村技師長「南朝鮮鉄道の建設に就て」『朝鮮鉄道協会会誌』8-5，1929年，19-21頁。
20)　前掲『根津翁伝』109-110頁。
21)　「南朝鮮鉄道光州麗水間，国有鉄道慶全北部線全通（全州順天間）慶全南部線（晋州＝順天間）開通後に於ては，従来の麗水港は全南多島海の漁獲物の集散を主とし，其附近に産出，集散，消費する物資の移出入約六万噸，其の実額約一千百万円を算するに過ぎないが，前記各国私鉄道開通の為其の商勢圏内は一躍して既成国有鉄道と連絡する南鮮中央部幹線鉄道の主要起終地点となり，其の後経済勢力範囲は全羅南北道，慶尚南道等に拡大し，広袤実に五千百平方哩に達するに至り百七十万の人口を抱擁し，又農産，鉱産，水産，林産等天然資源に富み，米の現産額のみでも三十余万瓲を超え，而かも将来鉄道の利便に依りて農産其の他諸産業の開発発展を促進する事に依り麗水港の呑吐する物資は加速度的に増加し，数年後には郡山，木浦両港を凌駕して港勢の殷賑は釜山港に拮抗して内鮮交通の要衝となる事は顕然たるものであると云ふのである。之に対応する為に，同港の海面を埋立て浚渫除礁して大体二十余万瓲の貨物を呑吐せしむる目標を以て約二百八十万円を以て施行せんとするのである」。前掲「私設鉄道から国有鉄道になる南朝鮮鉄道を語る」（三）17頁。

宝城より光州に至る 35 哩 56 鎖，合計 92 哩 12 鎖を第一期線として，1928 年 4 月 22 日より線路の実測に着手し，7 カ月間設計，測量，用地買収などに邁進した。用地買収をめぐって，工事遅延が発生すると，順天郡では南朝鮮鉄道速成会総会が 1929 年 1 月 11 に開かれ，会長金鍾弼，副会長沓水留之助，北林毅が選出され，迅速な工事着工を要請した[22]。全区間を麗水の終点即ち第 1 工区（麗水・栗村間 30 キロ）から，第 2 工区（栗村・元倉間 23 キロ），第 3 工区（元倉・得林間 33 キロ），第 4 工区（得粮・道林間 25 キロ）などを経て光州の終点第 6 工区としてわけて，1929 年 1 月 25 日に工事請負入札を行い，富山県加藤組[23] が 880 m と 630 m の二つのトンネル工事がある第 4 工区より敷設工事を担当し，1929 年 2 月 27 日に起工式を始めた。こうした鉄道敷設と同時に，3 千トン級の船舶を岸壁に横着させるため，海面埋立などを通じて麗水港整備を開始した[24]。

　敷設工事中には鉄道会社と地主との間で用地買収をめぐって地価評定に関する紛争が麗水などで生じた[25]。指定価格の提示によって農民から低価格で購入した土地が会社には指定価格より 2–3 円高い値段で販売されるという鉄道用地買収事件が発生し，会社支配人菅野久が関わっていた。そのため，農民大会が 1929 年 7 月 11 日に麗水で開催され，警察署と郡庁を訪問し，その事件の調査を促すと同時に，全羅南道庁へ陳情などを提出することにした。しかしながら，これに関して裁判や処罰に関する記録がないことから，用地補償をめぐる「紛争」というべきである。その後も農民大会が続いたことはいうまでもないが，地価決定なしで鉄道敷設工事が行われる状態であり，地価をめぐる紛争は 1930 年まで続いた[26]。とくに麗水では築港工事もあって別府専務と菅野支配人を中心に 1 坪当たり 5–6 円で買収されていた市街地土

---

22) 「南鉄速成会代表」『東亜日報』1929 年 1 月 16 日；「順天에서 南朝鮮鉄道」『朝鮮日報』1929 年 1 月 18 日；南朝鮮鉄道株式会社今村技師長「南朝鮮鉄道の建設に就て」『朝鮮鉄道協会会誌』8–5，1929 年，19–21 頁。
23) 「靈岩干拓工事」『朝鮮日報』1929 年 12 月 6 日。
24) 「麗水護岸工事」『東亜日報』1929 年 3 月 5 日。
25) 「南鉄用地買收欺瞞策에 第二次農民大会」『朝鮮日報』1929 年 7 月 17 日。
26) 「地價決定업시 鉄道를 起工」『東亜日報』1929 年 5 月 21 日；「第五次大会로 最後態度決定」『朝鮮日報』1929 年 7 月 28 日。

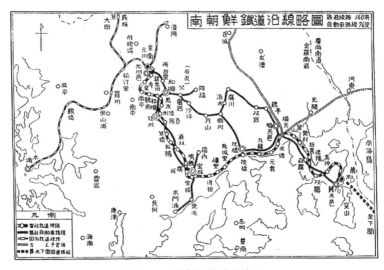

図 11-2　南朝鮮鉄道路線図
出所：南朝鮮鉄道株式会社『第10回営業報告書』1932年下半期（1932年7月1日-1932年12月31日）。

地に対して土地収用令の適用を通じて1坪当たり1円50銭の指定価格で一律買収したため，低い用地補償に対する不満は大きいものであった．後に，残余土地に対して時価による用地買収を行ったため，その差額の補償をも要求する様相となった[27]。

　それだけでなく，工事現場での賃金支給が伝票で行われ，月1回現金化されたので，それへの不満が土建労働者において大きく，その改善を求めたものの実行されないため，1929年6月6日に1,000人以上のストライキが発生した[28]．さらに，南鉄敷設工事が行われる順天，麗水，栗村などで労働組合が組織され，臨時大会を開き，南鉄に対して賃金支給改善を図った[29]．このような蹉跌が生じると，鉄道会社は中国人孫倫閣の引率下でクーリー（苦力）1,200人を招来し，鉄道工事と護岸工事の進捗を図った[30]．とはいえ，

---

27)　「朝鮮人民의 愁訴」『朝鮮日報』1930年4月22日．
28)　「鉄道工事中 千余名盟罷」『東亜日報』1929年6月12日．
29)　「麗水労働組合創立大会」『朝鮮日報』1929年3月29日；「栗村労組臨時大会」『東亜日報』1929年5月8日．

図 11-3　南朝鮮鉄道開通光州市民祝賀会
出所:「南朝鮮鉄道開通光州市民祝賀会」『毎日申報』1931年4月22日。

　これらの中国人クーリーも宝城附近のトンネル工事に際して 1930 年 11 月 28 日にストライキを起こし，賃金の清算を要請した[31]。

　ともあれ，1930 年 12 月には敷設工事は竣工され，試運転を経て 25 日より工事中の全路線 160 キロが開通した。1930 年 4 月 19 日に「児玉政務総監・大村鉄道局長をはじめ，内鮮多数の来賓を迎え」，「南朝鮮鉄道開通式及び麗水・下関間定期連絡航路開通式」が「開かれ桜花らんまんたる全南光州において，盛大に行はれた」。「南方起点の麗水駅は，南朝鮮鉄道会社が巨資を投じて，船車連絡設備を完成せる麗水新港の地域内，旧麗水港より十余町東北方に位」した[32]。新港は第 1 期計画として，荷役能力 1 ヶ年 50 万トンの施設に応ずべく，岸壁 465 m，荷揚場 360 m，海面の埋築 12 万 8000 ㎡，港内面積 110 万㎡を有し，港は水深くして，船舶の出入が便利且つ安全であった。これに合わせて，川崎汽船の慶運丸（3000 トン）と昌福丸（2600 トン）が 12 月 20 日より下関から毎日午後 5 時出発して翌日午前 11 時に到着した[33]。

　こうして，敷設された鉄道の建設費を見れば，土工費と軌道費がほぼ同じ

---

30)　「『苦力』千餘招來코 麗水労働者脅威」『朝鮮日報』1929 年 5 月 23 日；「非難맞는 南鉄会社当局」『朝鮮日報』1929 年 5 月 31 日。
31)　「南朝鮮鉄道工事 千余人夫総罷業」『東亜日報』1930 年 11 月 30 日。

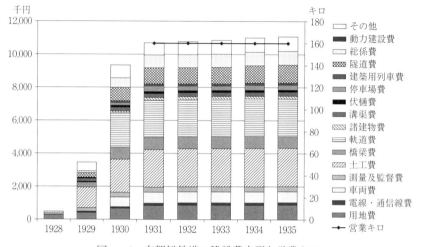

図 11-4 　南朝鮮鉄道の建設費内訳と営業キロ
出所：図 11-1 と同様。

く最大の費目であった。他の鉄道の場合，軌道費が最も大きかったのに対し，土工費も比較的大きかったことがわかる。さらに，朝鮮における他の私鉄と比較して南朝鮮鉄道（新）の建設費が低廉であった。営業路線 1 キロ当たり建設費（1931 年）をみると，朝鮮鉄道の場合，忠北線 90,012 円（標準軌），慶北線 69,000 円（標準軌），黄海線 53,459 円（狭軌），咸南線 61,617 円

---

32) 開通式の「総督祝辞」は「南朝鮮鉄道株式会社光州・麗水間線路既にその工を竣へ，茲にこれが開通式を挙げらるゝに至りたるは，慶祝に堪へざる所なり。顧ふに，全羅南道は，気候温和・人口稠密にして，水陸の資源に富み，産業上有望の地なり。然るに，その南部は，従来鉄道の敷設せられざりし為，地方発展上遺憾の点甚だ少からざりしが，今や本交通機関の出現に依り，多年の宿望を達し，運輸の利便に浴するに至れり。愈々南朝鮮鉄道株式会社は，昭和三年［1928 年］の創立に係り，爾来鋭意各般の計画を進め，昭和四年［1929 年］二月起工，昨年末に於て百六十粁に亙る線路の建設と，麗水港の築設とを一斉に竣成せしめ，其の工事進行の急速なること，鉄道業界に見ざるの成績にして，当務者各位の精励と本事業に援助を与へられたる地方官民の誠意とは，真に感嘆に堪へざるものあり。今回の開通業線は，北は光州において国有鉄道に接続し，南は麗水において川崎汽船株式会社の麗水・下関間に連絡し啻に地方的運輸機関たるのみならず，内鮮の交通上一面を開き，産業の振興，文化の進展に資する所甚大なりとす。本鉄道経営の主体たる会社は勿論，之が利用の地方官民はその機能発揮に於て遺憾なきを期し，以て一般の福祉増進上貢献する所あらんことを望む。」「南朝鮮鉄道開通式」朝鮮総督府『朝鮮』192，1931 年 5 月，171-172 頁。
33) 「沿線延表四百里 南朝鮮鉄道開通」『東亜日報』1930 年 12 月 26 日。

第 11 章　南朝鮮鉄道から南朝鮮興業へ——国有化と事業転換 | 433

（狭軌），咸北線 70,670 円（狭軌），小計 59,298 円，朝鮮京南鉄道 88,251 円（標準軌），价川鉄道 27,051 円（狭軌），金剛山電気鉄道 113,745 円（標準軌），新興鉄道 60,050 円（狭軌），朝鮮京東鉄道 33,133 円（狭軌），南朝鮮鉄道 66,833 円（標準軌），合計 68,140 円であった[34]。とくに，南朝鮮鉄道の建設費は社鉄全体の平均値よりやや低廉であったものの，標準軌のなかでは最も低く，朝鮮鉄道慶北線よりも若干低かった。朝鮮鉄道慶北線は元々朝鮮産業鉄道（1921）の路線であって，私鉄合同によって朝鮮鉄道（1923）が成立してその翌年に開通を見たので，デフレを勘案すれば，営業路線 1 キロ当り実質建設費は高くなるだろう。

　これに対し，「鉄道建設を他に類例を見ることの出来ない低廉の費額」であって，「短時日に一挙百六十キロの開業を為したことは，我国鉄道建設史上特筆大書すべきである」と，1925 年から 1936 年にかけて総督府鉄道局監督課で勤務した大谷留五郎書記によって評価された[35]。根津社長が日本「内地に於て最大なる地方鉄道たる東武鉄道[36]」の社長として「多年私設鉄道経営に経験を有って」，西武鉄道，武蔵野鉄道，南海鉄道などにもかかわり，「地方鉄道業者，軌業者を以て組織結成せる鉄道同志会」会長を務めており，ほかにも「数十に亘る多種多様の事業会社に関係し，更に財力を以てした」ため，「南朝鮮鉄道会社の設立，鉄道建設，事業経営の各般に亘り異常の特色を発揮した」。

　それだけでなく，「此の根津社長を補佐し，其の創業以来東奔西走南船北馬凡ゆる努力を傾注して南鉄の今日迄の基礎を固めたのは元専務取締役であった別府丑太郎」であった。別府は「鉄道界でも其の人ありと知られてゐる元鉄道省経理局長」であって，「退官後は帝国鉄道協会副会長，会長等を務めた」[37]。「南鉄の延長とも目すべき麗水港の築港，麗関連絡船の開設，川

---

34)　朝鮮総督府鉄道局『年報』1931 年度版。

35)　大谷留五郎「私設鉄道から国有鉄道になる南朝鮮鉄道を語る（五）」『朝鮮鉄道協会会誌』15-6，1936 年，33-36 頁。

36)　東武鉄道の経営状態を見れば，1935 年には資本金 5050 万円，建設費 6300 万円，営業キロ程 370 キロ，蒸気および電力動力，機関車 58 両，客車 243 両，貨車 1237 両，1 年間旅客人員 2200 万人，貨物トン数 270 万トン，客車収入 530 万円，貨車収入 270 万円，営業費 395 万円，益金 495 万円であった。鉄道省『鉄道統計資料 第 3 編監督』1935 年度版。

崎汽船会社の誘出，下関営業所の開設，鉄道省の三線連絡運輸の問題に就いては非常な苦心をしてゐるが，流石は鉄道界の先輩として各方面との接渉，連絡等が克く運んだので，南鉄今日の発展を見るに至ったものと言ひ得よう」と評価された。

さらに，「鉄道建設工事の特色を語るには当時の技師長今村真護喜」を取り上げなければならず，「元新庄建設事務所長（鉄道省勅任技師）たりし人で，招かれて南鉄の初代技師長となった」。「南鉄の建設工事が斯くも低廉に又急速に工を竣へた裏面には，此の技師長の苦心なり努力が如何に大であったかは知る人ぞ知る。此の方面の専門家は今尚異口同音に之を讃へてゐる所である」と指摘された[38]。「当時内地に在りし子息の重態（遂に死亡）を胸に秘めて建設の工事小屋に立籠り宝城・得痕間雁時隧道（最後の完成区間）の開通に侵食を忘れて奮闘したので，兎も角年末押し迫りたる十二月二十五日に目出度百六十キロの区間を開通することが出来た」のである。ほかにも「創業当時菅野支配人，佐竹経理課長（後支配人，常務取締役と累進）元京城駅長から転じた楠運輪課長，元清津出張所運転主任より転じた佐野技師，内地より転入せる池田技師等，何れも非常の苦心努力を尽されしこと」があった。

以上のように，日本帝国圏内で一級の経営者や鉄道専門家が南朝鮮鉄道の路線敷設にかかわり，そのため用地購入中の紛争や敷設時の労働争議があったにもかかわらず，短期間内に敷設工事を完成させ，建設費を低く抑えることができたのである。人的運営でも，従事員の数は鉄道の開通につれて300人を超える従事員を採用し，その後業務の伸長に伴って人員数を増やしていった。詳しい統計は1931年度までしか得られないものの，身分別業務系統に国有鉄道と類似した人事制度が施されたことがわかるだろう。南朝鮮鉄道の経営陣が日本内地からの経営者や鉄道省と朝鮮鉄道局の出身者であったことから当然ともいえるだろうが，根津社長に対して「総督府にては本社を

---

37)　別府丑太郎は「経理局会計課長当時『本邦鉄道発達の社会経済に及ぼしたる影響』と云ふ三
　　部の大冊」の出版を担当した。前掲「私設鉄道から国有鉄道になる南朝鮮鉄道を語る（五）」
　　33-36頁。
38)　同上書。

第11章 南朝鮮鉄道から南朝鮮興業へ——国有化と事業転換 | 435

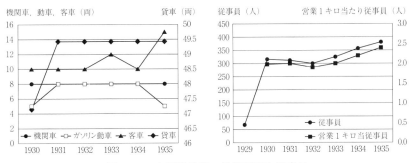

図 11-5　南朝鮮鉄道の鉄道車両と従事員
出所：図 11-1 と同様。

表 11-3　南朝鮮鉄道の身分別業務系統別従事員および賃金（単位：人，円）

	28上	28下	29上	29下	30上	30下	31上				人員			賃金			一人当り賃金		
											1929	1930	1931	1929	1930	1931	1929	1930	1931
顧問		1	1	1	1	1		本社及	東京本社				7			552			78.9
嘱託		1	1							庶務	5	18	10	972	1,820	588	194.5	101.1	58.8
支配人		1	1	1	1	1	1			営業			16			954			59.6
主任技師	1	2	2	2	2	2				工務	57	22	10	7,612	2,000	649	133.5	90.9	64.9
主事				2	3	3	3	営業所		経理	5	13		569	1,418		113.8	109.1	
技師	1	3	3	3	2	3	2			築港		8			1,552			194.0	
書記	4	7	7	7	10	40	36			小計	67	61	43	9,154	6,790	2,743	136.6	111.3	63.8
技手	9	10	14	14	13	21	22			運輸		121	106		5,832	4,442		48.2	41.9
書記補			1	1	1	1				運転		57	43		2,717	1,818		47.7	42.3
技手補	4	4	2	3	3	3				保線		77	115		5,401	3,438		70.1	29.9
雇員	5	6	11	7	8	77	71	現業員		その他	1	1	5	500		203	500.0		40.5
臨時雇員				8	9	8	1			小計	1	256	269	500	13,950	9,901	500.0	54.5	36.8
傭員	15	18	18	20	52	131	171			合計	68	317	312	9,654	20,740	12,644	142.0	65.4	40.5
臨時傭員					27	41													
社員	39	53	63	69	132	332	307												

出所：南朝鮮鉄道株式会社『営業報告書』各半期版；朝鮮総督府鉄道局『年報』各年度版。

朝鮮に移すことを命じて，君［根津］を困らせんとしたが，本社を朝鮮に移すことにすれば，定款を変更しなければならない。君［根津］は『ソンなら，認可を取消してからやったら宜しからん。』とはねつけて了った」[39]。そのため，「南朝鮮鉄道株式会社は本社を東京に置き営業所を全羅南道光州に

---

39)　前掲『根津翁伝』109-110頁。

図 11-6　南朝鮮鉄道株式会社光州営業所
出所：片岡議編『南鉄沿線史』片岡商店，1933 年 11 月。

置き鉄道事業の現業的事務は挙げて光州営業所に於て処理し，本社は唯総括的の事務を処理したのである」[40]。

　鉄道敷設工事中には本社および営業所の従事員数，なかでも工務が多く，1930 年には築港の関係者が多くなったが，工事が終わって本格的な鉄道営業が始まると，光州営業所の営業課が強化されるとともに，東京本社に 7 人が配置された。また，身分の低い傭員とそれよりは身分の高い雇員などからなる現業員も増え始め，両方を合わせると 240 人を超えた。業務系統別には 1931 年を基準として保線が最も多く，その次が運輸，運転の順であった。賃金は学歴と勤続年数に基く身分級であるため，本社および営業所の賃金が現業員より高かったことは言うまでもないが，ただし，低賃金の現業員の採用が急増するにしたがって，一人当り平均賃金はむしろ下がっていることには注意すべきである。保線をはじめ現業員のほとんどが朝鮮人であったと考えられるが，民族別人員配置に関するデータは得られない。

---

40)　前掲「私設鉄道から国有鉄道になる南朝鮮鉄道を語る（五）」33-36 頁。

第 11 章　南朝鮮鉄道から南朝鮮興業へ——国有化と事業転換　437

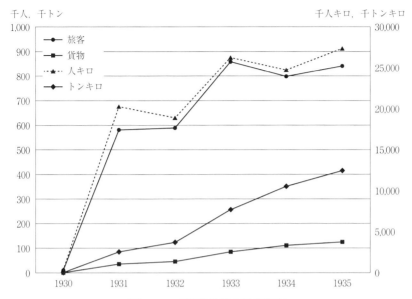

図 11-7　南朝鮮鉄道の輸送動向
出所：朝鮮総督府鉄道局『年報』各年度版。

3. 鉄道輸送と海陸連絡

　南朝鮮鉄道は1931年12月に麗水・下関間川崎汽船連絡船との連絡運行とともに，鉄道輸送を始めたものの，「気候及季節ノ関係，経済界不振等ノ為メ成績未タ予期ニ達」しなかった。1931年には鉄道営業が本格化し，その後も世界大恐慌の影響が続き，輸送量が急増するが，1932年には「不況ニ災サレ旅客貨物共ニ減少」した。その中で「漸ク一般事業界ノ見直リ情勢ニ刺激サレテ」おり，「和順無煙炭ノ内地市場ニ於ケル需要喚起ノ為メ相当ノ出炭アリ加ヘテ出穀期ヲ迎ヘテ米穀ノ出廻リ活発ト」なった[41]。1933年になると，恐慌からの景気回復が拡大し，「颱風ノ襲来ヲ受ケ沿線一般ニ甚大ナル被害」があったにもかかわらず，「内地経済界ノ活況ハ社業ニ好影響ヲ齎

---
41)　南朝鮮鉄道株式会社『第10回営業報告書』1932年下半期（1932年7月1日-1932年12月31日）。

ラシ貨客ノ移動漸増傾向顕著ナリシ為」「損害ヲ補填」できた。とりわけ「大阪商船株式会社ト提携シタル為従来兎角滞貨勝ナリシ麗水ニ一周二回巨船ノ入港ヲ見テ麗水阪神相互間ノ貨物出入リニ刷新ヲ加ヘタ」[42]。

　1934 年上半期にも日本「内地ニ於ケル重工業ノ躍進，鮮内鉱山界ノ活況等一般経済界ノ好調持続カ沿線各地ニ各種事業ノ発達ヲ活発ナラシメた」。「鐘淵紡績会社ノ光州工場建設，朝鮮米穀倉庫会社ノ麗水支店設置等」があり，和順炭礦も「鐘紡ノ傍系タル全南興業会社ノ経営ニ移リ」，「米穀及石炭運送量ノ激増ヲ期シ」た[43]。そのため，「旅客貨物共漸増ノ傾向」にある中，「南鮮一帯ヲ襲ヒタル大風水害ノ為メ当社線モ亦被害」が生じたものの，「京釜線ノ不通ニ依リ内鮮満ノ連絡旅客及貨物ハ一時悉ク当社線ノ価値ハ博ク天下ニ認メ」られた。同年下半期には「交通量ハ急角度ノ上向線ヲ辿レリ，即チ旅客ハ沿線一般農村ノ潤沢ト恒例的新旧年末ノ繁忙サニ加ヘ特種季節団体ノ増加ニ依リ各列車利用効率頗ル良好ヲ示」した[44]。貨物では豊作のため，米の「阪神向ケ移出ハ躍進的数量ヲ示シ，最盛的出廻期ニ於テハ遂ニ貨車払底ノ活況ヲモ呈シタ」。また，和順無煙炭は「其ノ使用価値ノ認識ト各地重工業ノ勃興ニ恵マレ搬出期ヲ遂ヒテ熾烈ヲ加ヘ」た。そのほか，「光州ニ新築ノ鐘紡工場ノ建築材料ノ大量輸送ト釜山雑貨ノ躍動的流入，沿線新炭類ノ搬出激増」が「貨物数量ノ上進ヲ決定的ナラシメタ」。

　そこで，図 11-8 の駅別輸送動態に注目すれば，旅客と貨物が異なる動きがみられる。まず，旅客では，1931 年には宝城が最大の駅であって，その次が筏橋，順天であって，人口が密集している地域を中心として人々の往来が多かった。これが 4 年後の 1935 年になると，新しい駅の設置が増える中，順天が最大の旅客が乗降車する駅となり，その次が宝城と新光州となった。筏橋の場合，そのプレゼンスが下がったように見えるが，実際には乗車客が減ったのに対し，降車客は以前より増えたのである。鉄道利用客の増加

---

42)　南朝鮮鉄道株式会社『第 12 回営業報告書』1933 年下半期（1933 年 7 月 1 日-1934 年 2 月 28 日）。

43)　南朝鮮鉄道株式会社『第 13 回営業報告書』1934 年上半期（1934 年 3 月 1 日-1934 年 8 月 31 日）。

44)　南朝鮮鉄道株式会社『第 14 回営業報告書』1934 年下半期（1934 年 9 月 1 日-1935 年 2 月 28 日）。

第11章　南朝鮮鉄道から南朝鮮興業へ——国有化と事業転換 | 439

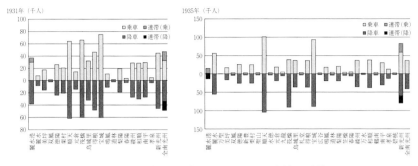

図11-8　南朝鮮鉄道における駅別旅客輸送動態
出所：図11-7と同様。

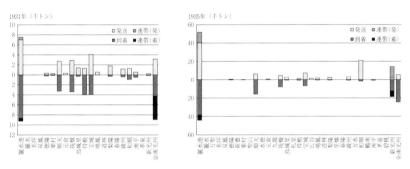

図11-9　南朝鮮鉄道における駅別貨物輸送動態
出所：図11-7と同様。

と自動車事業の拡張に伴って，沿線地域の旅客輸送の動態が大きく変わったことがわかる。

　次に，より劇的な変化を示したのは貨物輸送のほうであった。1931年には最大の貨物取扱駅は麗水港であって，発送より到着が多いことから，鉄道敷設によって移出米の運搬が増えたと判断できる。その次が全南光州駅であって，国有鉄道との連帯輸送（あるいは連絡輸送）のため，到着量が発送量に比べて圧倒的に多かった。そのほかに宝城，元倉，順天などの駅も顕著な動きを示した。これに対し，1935年には麗水港駅の位置づけはさらに大きくなり，発送と到着の貨物がともに増えており，順天，筏橋，宝城では雑貨などからなる到着量を中心として増えた。注意すべきなのは，麗水港のそれに比べて遥かに小さく見えるが，絶対的輸送量が減ったわけではなく，む

図 11-10　麗水港における南朝鮮鉄道埠頭の連絡船「昌福丸」の係留
出所：南朝鮮鉄道株式会社『南朝鮮鉄道案内』1931 年 4 月。

しろ増えたことである。和順駅の場合，発送量が増えたのは光州などへ送られる和順炭礦の石炭が増えたからである。全南光州駅では到着量が発送量に比べて非対称的に大きくなったのは全羅南道の道庁所在地としての特徴であろう。前掲図 11-2 の路線図によれば，連帯輸送において新光州駅で多くなったのは鉄道よりは自動車との連絡が可能であるからである。

　こうして，旅客と貨物が異なる動向を示す中，図 11-8 と図 11-9 のように全羅南道における日本内地最短距離の港湾たる麗水港はいかなる役割を果たしたのかを考察してみよう。176 海里（330 キロ）という新航路の開設に際して南朝鮮鉄道は朝鮮郵船，近海郵船，川崎汽船などを候補として「種々調査攻究の結果川崎汽船会社を誘起し之と連絡提携」を図った[45]。表 11-4 のような連絡船をもって「毎日麗水・下関より各日発とし内鮮国有鉄道と連絡運輸を施行」した。麗関連絡船については 1934 年度より朝鮮総督府逓信局

---

45)　川崎汽船株式会社は公称資本金 2000 万円で本社を神戸市神戸区海岸通に置き，東京，横浜，小樽，下関，敷香，麗水，ロンドン，ニューヨーク，サンフランシスコ，シアトル，ロサンゼルスなどに出張所を設置した。使用船舶は 5,900-12,000 トン級 18 隻，5,900 トン以下 15 隻を所有し，さらに 20 隻を傭船とした。大谷留五郎「私設鉄道から国有鉄道になる南朝鮮鉄道を語る（六）」『朝鮮鉄道協会会誌』15-7，1936 年，13-19 頁。

第 11 章　南朝鮮鉄道から南朝鮮興業へ——国有化と事業転換 441

表 11-4　麗関連絡航路の就航連絡船（単位：噸，人）

船名		就航期間	噸数	船客定員		記事
				2 等	3 等	
	慶運丸	1930.12.20-31.12.10	2,000	70	200	
一次	昌福丸	1930.12.20-31. 9.30	1,800	63	160	
	平壌丸	1931.10. 1-33. 9.22	1,200	50	150	
二次	昌福丸	1931.12.13-32. 5.10	1,800	63	160	
	珠丸	1932. 5.10-33. 3.27	800			
三次	昌福丸	1933. 3.27-33. 4. 8	1,800	63	160	
	朝博丸	1933. 4. 8-現在	1,200	51	160	1936 年 3 月現在
四次	昌福丸	1933. 9.22-33.12.20	1,800	63	160	
五次	昌福丸	1934. 1. 1-34. 2.10	1,800	63	160	
	昭勢丸	1934. 2.10-34.12. 1	800	40	150	
六次	昌福丸	1934.12.1-現在	1,800	63	160	1936 年 3 月現在

出所：大谷留五郎「私設鉄道から国有鉄道になる南朝鮮鉄道を語る（六）」『朝鮮鉄道協会会誌』
　　　15-7，1936 年，13-19 頁。

の命令航路として指定され，補助金交付が行われた。

　麗関連絡船による輸送成績（表 11-5）をみると，旅客の場合，朝鮮向より内地向のほうが 1935 年を除いて多かったものの，両方を合わせて，4 万人の旅客が連絡船を利用していた。下関発は麗水港着が最も多く，その次が社線着＞局線（国有鉄道）着であった。省線発においては社線着が遥かに多く，その次が麗水港着＞局線着であって，連絡輸送ないし連帯輸送が多数であった。日本内地向の社線発，麗水港発，局線発とも下関着より省線着が圧倒的に多かった。とりわけ社線発が省線着が多いことから，南朝鮮鉄道を利用して連絡船に乗って下関に降りて国鉄に乗って目的地へ移動したと判断できる。

　これに対し，貨物の場合，移出より移入のほうが 1934 年以降多くなったことに注意しなければならない。米穀の移出が強調されがちであるが，それよりは恐慌からの景気拡張や植民地工業化に伴う多様な貨物が多くなったのである。とりわけ，下関発として麗水港着となる貨物が圧倒的に多く，ここから貨物が自動車，鉄道などによって目的地へ送られた。逆に日本内地向でも麗水港発として下関着になる貨物が最も多くなっているため，連絡船のみを利用する貨物が多かったことから，旅客のような連絡輸送を中心とするも

442

表 11-5　麗関連絡船の輸送成績（単位：人，トン）

		下り（朝鮮向）						上り（日本内地向）						
		下関発			省線発			計	社線発		麗水港発		局線発		計
		麗水港着	社線着	局線着	麗水港着	社線着	局線着		下関着	省線着	下関着	省線着	下関着	省線着	
旅客	1931	2,789	1,274	472	2,020	3,981	1,243	11,778	1,117	4,330	3,406	4,243	389	1,476	1,4961
	1932	2,139	796	315	2,365	6,969	2,383	14,967	812	7,327	2,024	6,227	278	2,951	1,9619
	1933	2,059	838	343	2,900	7,799	3,090	17,029	885	9,240	2,224	8,388	294	4,397	2,5428
	1934	1,877	1,039	366	4,374	7,842	3,847	19,345	966	9,996	2,108	7,923	281	4,788	2,6062
	1935	1,978	1,014	350	4,599	9,288	3,785	21,014	889	8,282	1,897	4,869	260	3,336	1,9533
貨物	1931	4,782	252	35	32	202	97	5,400	50	235	4,640	285	49	53	5,312
	1932	4,987	309	37	45	267	128	5,773	48	279	3,746	695	60	130	4,958
	1933	2,818	482	32	85	305	127	3,849	139	355	2,538	1,571	45	110	4,738
	1934	8,817	478	39	159	427	177	10,097	13	528	5,165	1,603	59	163	7,531
	1935	12,845	825	81	292	697	238	14,978	18	439	4,044	886	36	184	5,607

出所：表 11-4 と同様。

のとは異なった性質が示されている。もちろん，連絡船以外の貨物船によって米など多くの貨物が日本各地の港に運ばれただろうが，当初社線を利用して港湾ターミナルまでに送られ，そこから日本内地に搬出されるという期待の輸送動態は一部に過ぎなかったといえよう。

　ここで注目すべきなのは運賃設定の低廉さである。図 11-11 のように旅客運賃は千人キロ当り 13.7-14.2 円であって大きな変化がなく，他の私鉄より遥かに低い水準であった。貨物運賃の場合，千トンキロ当り 35.3 円から下がって 1933 年に 23.6 円となり，その後は 22.2-22.3 円であった。第 2 章のように，同じく方法によって推計した朝鮮私鉄全体の旅客運賃と貨物運賃は同時期中それぞれ 17.3-22.7 円，41.0-43.7 円であった。遥かに低く，局線＝朝鮮国鉄の旅客運賃 13.1-13.4 円，貨物運賃 15.0-15.6 円に比べれば，旅客運賃はほぼ国鉄と同じ水準であり，貨物の場合もやや高いものの，私鉄より国鉄に近かった。

　実際に会社として 1930 年 9 月頃から運賃率の設定を検討し，「鮮内各私設鉄道の例に依らず，国有鉄道の賃率と同様と為すこととして監督官庁に之が認可の申請を為すこととなった」[46]。私鉄会社としてこのような運賃設定が可能であったのは決して膨大な輸送需要があって経営安定ができたからではない。それとは異なって，交通市場では自動車業が進展して強力なライバル

第 11 章　南朝鮮鉄道から南朝鮮興業へ——国有化と事業転換 | 443

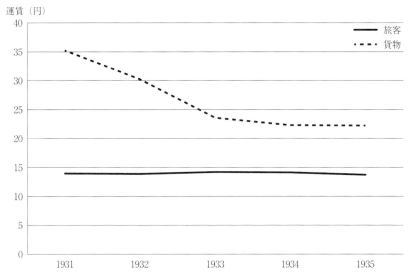

図 11-11　南朝鮮鉄道の運賃動向
出所：朝鮮総督府鉄道局『年報』各年度版。
注：鉄道運賃＝運賃収入÷輸送量。輸送量の単位は 1000 人キロと 1000 トンキロ。客車にはガソリンカーを含む。

として位置づけられていたからであった。即ち，既存の鉄道網は全南の「西北に偏し東部及南部は殆んど其の敷設がなかった為に，地方交通は凡そ自動車及船便に依ることとなり，就中自動車は著しき発達を為し，道の行政中心たる光州を起点とし」た。南朝鮮鉄道の沿線に「併行又は直行，疾走する自動車」は 1 日 46 往復に達していた。

　そのため，南朝鮮鉄道は前掲図 11-5 のように蒸気機関車のほかにガソリン動車を用意するとともに，旅客誘致のために低い運賃設定を行う必要があった。とりわけ貨物輸送では「貨物自動車の発達亦之に劣らず活躍し，牛馬車此の間に介在し加之宝城・筏橋・順天・麗水等主要集散地は更に艀船，帆船，小型汽船の出入往復繋ぐ，沿線鉄道貨物吸収容易でない」状態であっ

---

46)　大谷留五郎「私設鉄道から国有鉄道になる南朝鮮鉄道を語る（七）」『朝鮮鉄道協会会誌』15-8，1936 年，16-19 頁。

た。「艀舟発動機船は絶えず海岸線主要地と麗水間を来往し，「トラック」は頻々集散地間を交通し戸口より戸口に疾走」しており，「小運送費を加算するときは却って「トラック」が有利」であった。「競争上「トラック」の賃率は更に逓減し得らるるから」，南朝鮮鉄道としては対抗できる運賃体系を有しなければならなかった。

　さらなる理由としては，①鉄道工事中「内鮮を通じて他に類例無き」短期間内に工事完工をしたのは「畢竟資本の固定を少くして賃率を低下せんが為の目的に出てたるもの」であった。②麗水港を設備して定期連絡船との海陸連絡を図るためには他の私鉄並みの運賃設定は不可能であった。また，③「鉄道敷設に際し停車場用地線路用地の如き寄附又は低価買収に応ぜしめ，其の他建設工事を遂行するに当り建設費を少くし資本の固定を感ぜしむるは工場其の他の経営の場合と同じく賃率を低廉ならしむる所以」であった。④「本社線は全線国有鉄道と接近に並行し尚ほ其の線路の半分は海岸に沿ひ自動車及船舶運送発達即ち競争機関の活躍著しきこと，現在の私設鉄道線に類例を見ざること」であった。これら理由のため，南朝鮮鉄道は「国有鉄道の賃率と同様と為すこととして監督官庁に之が許可の申請」を為したのである。

4. 鉄道収支と兼業経営

　図 11-12 をみれば，資本金の払込によって生じた預金と現金が会社設立直後には多かったが，鉄道敷設工事や築港工事が進行するにつれ，急減したことがわかる。その代わりに麗水・光州間建設費が増えて鉄道開通後の1931年度上半期になってフラットな形となっている。この建設費は当然1930年上半期まで払込資本金によって賄ったものの，その後不足すると，他の私鉄で見られるように総督府鉄道局現業員共済組合からの借入金，後にはこの借入金が鉄道財団抵当借入金として取り扱われて調達された。ただし，後述する鉄道路線の国有化が実現されたため，1936年上半期には建設費の代わりに未収金が計上されている。借入金の規模が全体の30％弱であったが，この水準は同時期に私鉄全体としてほぼ資金調達の半分近くを借入金および社債によって賄ったことから見て，少ない方であった。それだけに，南朝鮮鉄

第 11 章　南朝鮮鉄道から南朝鮮興業へ——国有化と事業転換 | 445

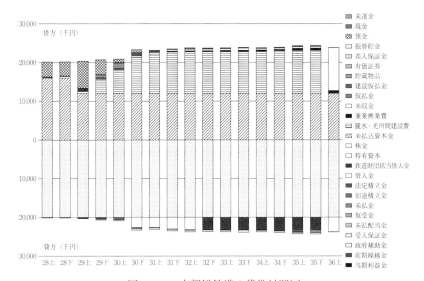

図 11-12　南朝鮮鉄道の貸借対照図
資料：南朝鮮鉄道株式会社『営業報告書』各半期版。

道の資金状況は良好であったと評価できる。

　その一方，損益計画書の状況はいかなる推移を示しただろうか。まず，収入構成では，客車を中心としており，貨車収入が自動車などの兼業収入とともに増えていった。これに対し，列車運行と直結する汽車費が最大費用であって，その次が運輸費，保線費であって，自動車費もやや増えていく傾向がみられる。収入より費用を引いた損益はマイナスに転じることはなかったものの，1930年12月に鉄道が開通する前には利子などによる雑収入が大きかったが，鉄道経営が本格化すると，むしろ急速に下がっていった。鉄道経営の安定性は自力では期待できないことはいうまでもなく，国鉄並みの低い運賃設定があったからこそ，脆弱な収益性は止むを得ないものだろう。「朝鮮に於ける私設鉄道の運賃率は国有鉄道（局線）よりも高率となって居り，旅客に在りては一人粁三銭一厘であり，貨物に在りては特定の貨物営業料程を定め大体実料程の二倍として計算してゐる」のであった。

　労働生産性を推計すると，南朝鮮鉄道は私鉄全体に比べて高く，その2倍を超える年もあった。南朝鮮鉄道の労働生産性は朝鮮国有鉄道よりやや低

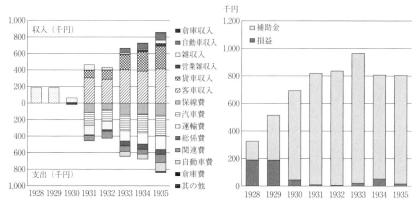

図 11-13　南朝鮮鉄道における経営収支と補助金

出所：図 11-1 と同様。

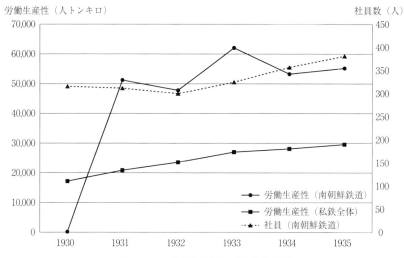

図 11-14　南朝鮮鉄道の労働生産性

出所：図 11-12 と同様。
注：労働生産性＝（人キロ×旅客収入ウェイト＋トンキロ×貨物収入ウェイト）÷従事員。

かったものの，鉄道運営という観点から見て，私鉄全体より効率的運営をあらわしたのである。そのため，経営収支でみられる脆弱な収益性にもかかわらず，鉄道運営は良好なものであったいわざるを得ない。ともあれ，このような脆弱な収益性を補って株式会社としての持続性を保障したのが資本金と

第 11 章　南朝鮮鉄道から南朝鮮興業へ——国有化と事業転換 ｜ 447

借入金・社債からなる投資金を基準とする補助保証率 8％の政府補助金で
あった。これに対して，補助金制度に対する修正の動きもあり，後に 1921
年に朝鮮私設鉄道補助法が施行され，1935 年より建設費を基準として補助
保証率 6％へと調整された[47]。南朝鮮鉄道の場合，「朝鮮鉄道に八分の補助を
することは，内地の補助に比して多きに過ぐるゆゑ，六分に下げると鉄道局
長がいって来た。君［根津］は之を聞くや，「ソンな事は俺は知らない。俺
は，唯八分の補助を出すといふ約束であったから，其事を株主に話して会社
を興したのである。今更ソンな約束を違へることは出来ない。」と断乎とし
て承服せぬ」こととなった[48]。補助期限が満了していない南朝鮮鉄道に対し
ては従来の補助保証法が適用されたのである。

　会社の経営収支を事業別に分けてみたのが表 11-6 である。倉庫業と自動
車業の場合，鉄道業にも属しているものもあったが，兼業に属するものであ
ることに注意しなければならない。鉄道業について見ると，倉庫業は黒字経
営であったが，自動車業の場合，赤字を記録したのに対し，兼業の土地業，
貸店舗業，倉庫業，自動車業はすべて黒字経営であった。なかでも熾烈な自
動車運送業者との競争に対して競争力を確保するため，国鉄との同率の運賃
を設定したことは既述の通りであるが，さらに鉄道会社自らが自動車業に進
出し，前掲図 11-2 の路線図で確認できるように鉄道との補完性を確保しな
がら，他の自動車業者に対抗しようとした。そのため，自動車業は鉄道業に
属するものと兼業に属するものを合せて兼業として最大であった。業務の拡
張のため，南朝鮮鉄道は 1932 年下半期に「沿線一帯ニ亘リテ営業路線ヲ有
スル相馬自動車ヲ買収シ」，その一年後には「自動車営業ヲ整備シ鉄道トノ
協力ヲ強大ニシコレカ誘致吸収ニ努メ」た[49]。さらに，1934 年下半期には貨
物自動車営業を開始し，これが「鉄道輸送ト相俟チ奥地物資ノ搬出入ニ効果
著大ナル」ものであった[50]。その次に比重の大きいのが麗水港にある会社所
有地 1,817 坪を賃貸する土地経営であった[51]。総督府による鉄道買収が行わ

---

47)　「朝鮮鉄道は八分据置」『ダイヤモンド』1935 年 11 月 11 日，95-96 頁。
48)　前掲『根津翁伝』109-110 頁。
49)　前掲『第 10 回営業報告書』；前掲『第 12 回営業報告書』。
50)　前掲『第 14 回営業報告書』。

表 11-6　南朝鮮鉄道の経営収支（単位：円）

		鉄道業				兼業					合計
			鉄道	倉庫	自動車		土地	貸店舗	倉庫	自動車	
収入	30下	23,674	23,674								23,674
	31上	221,027	221,027								221,027
	31下	244,418	244,418								244,418
	32上	222,891	222,591	300		235					223,126
	32下	207,570	207,009	562		12,582	12,295	287			220,152
	33上	295,256	294,732	524		12,525	12,209	316			307,781
	33下	369,781	345,249	1,661	22,871	17,548	17,132	415			387,329
	34上	321,455	287,854	1,392	32,209	13,602	13,304	298			335,057
	34下	406,602	379,201	1,496	25,905	18,619	15,821	289	2,508		425,220
	35上	418,794	378,069	2,148	38,576	60,227	8,126	366	3,240	48,495	479,021
	35下	437,628	392,838	3,109	41,681	84,475	12,702	366	3,240	68,166	522,102
	36上			2,855	47,251	102,990		320	3,240	99,430	102,990
費用	30下	20,029	20,029								17,608
	31上	216,197	216,197								216,197
	31下	239,872	239,686	187							239,872
	32上	220,826	220,598	228		221					221,047
	32下	205,199	204,956	243		1,994	1,906	88			207,194
	33上	277,801	250,864	367	26,570	1,714	1,608	107			279,516
	33下	366,318	334,361	529	31,429	1,831	1,774	58			368,150
	34上	314,928	293,068	381	21,479	1,812	1,751	61			316,740
	34下	362,274	324,168	466	37,640	6,839	3,418	200	3,221		369,112
	35上	412,350	368,989	549	42,813	48,312	1,645	153	2,165	44,349	460,662
	35下	427,692	361,896	320	65,476	72,695	3,133	176	2,793	66,593	500,387
	36上					95,234		61	2,073	93,100	95,234
損益	30下	3,644	3,644								6,065
	31上	4,829	4,829								4,829
	31下	4,546	4,732	-187							4,546
	32上	2,065	1,993	72		14					2,079
	32下	2,371	2,052	318		10,588	10,389	199			12,958
	33上	17,455	43,868	157	-26,570	10,811	10,601	210			28,266
	33下	3,463	10,888	1,132	-8,557	15,716	15,359	357			19,179
	34上	6,527	-5,214	1,011	10,730	11,790	11,553	237			18,317
	34下	44,328	55,033	1,030	-11,735	11,780	12,403	89	-712		56,108
	35上	6,443	9,080	1,600	-4,236	11,916	6,481	213	1,075	4,146	18,359
	35下	9,935	30,942	2,788	-23,795	11,780	9,570	190	447	1,573	21,715
	36上			2,855	47,251	7,755		259	1,167	6,329	7,755

資料：南朝鮮鉄道株式会社『営業報告書』各半期版。

れたあとの1936年上半期には自動車業を中心として兼業経営の拡大が図られた。

　図11-16の事業別収益率と利潤率を推計して見ても，鉄道業より兼業のほうが圧倒的に高かった。鉄道業の収益性が優れておらず，朝鮮内私鉄の営業係数（＝営業支出÷営業収入，1935年）を見れば，朝鮮鉄道忠北線59，慶北

51）　前掲『第10回営業報告書』。

第 11 章　南朝鮮鉄道から南朝鮮興業へ——国有化と事業転換 | 449

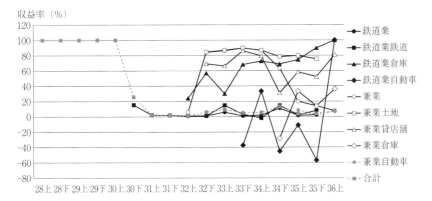

図 11-15　南朝鮮鉄道の事業別収益率

資料：表 11-6 と同様。

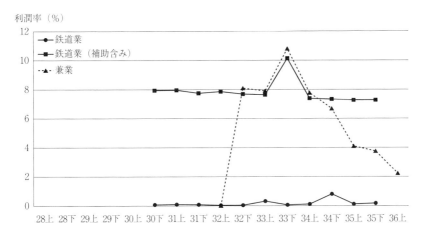

図 11-16　南朝鮮鉄道の事業別利潤率

資料：表 11-6 と同様。
注：利潤率＝損益÷建設費
　　鉄道業には一部の倉庫業と自動車業を含む。
　　兼業には土地業，貸店舗業，倉庫業，自動車業からなる。

線 65，黄海線 64，咸南線 71，咸北線 112，小計 68，朝鮮京南鉄道 95，金剛山電気鉄道 75，新興鉄道松興線 96，興南線 104，長津線 86，小計 93，朝鮮京東鉄道 81，南朝鮮鉄道 93，私鉄全体 79 であった[52]。南朝鮮鉄道は全体的に高いほうであって，同じ標準軌であった朝鮮鉄道忠北線，慶北線，朝鮮京

南鉄道，金剛山電鉄と比較して見ても朝鮮京南鉄道以外に最も高かった。ここには確かに南朝鮮鉄道の低い賃率も作用している。

　その一方，自動車業の場合，鉄道業に属するものは一部の半期を除いてマイナスを示し，兼業に属するものは赤字ではなかったが，2-9％であった。ただし，鉄道業に対しては政府補助金があったので，それを含んだ利潤率は7-10％を推移し，これが株主への配当を行える根拠となった。そこで，南朝鮮鉄道の株式は「株であり乍ら一面定期預金のやうな性質を持ってゐる謂はゞ資産株とでもいふ可き性質のもの」であって，「何故この会社の株を勧めるかといふと配当が八分に安定してゐる」か「といふと，朝鮮総督が八分配当が出来るやうに補助をして呉れるから」であると紹介されるほどであった[53]。

　こうして，鉄道業の収益性は自動車との競争のため，他私鉄のような高運賃体制を設定できず，自立経営を達成するのには程遠いものであったが，それを補って収益性を外挿的に確保させたのが補助金制度であった。そのなかで，会社経営にとって大きな変化が総督府の私鉄買収に伴って生じることとなった。

5. 鉄道買収と事業転換

　朝鮮鉄道12年計画の一環として私鉄5路線が買収されると，総督府は鉄道国営原則に基づいて2600万円をもって朝鮮鉄道咸北線，价川鉄道，朝鮮京南鉄道を国有化する第二次私鉄買収計画を設けて，その実行を図った[54]。賀田直治朝鮮商工会議所会頭もこの活動に加えて，首相，蔵相との会見を通じて補給金維持および私鉄買収を要請した[55]。そのうち，价川鉄道の買収のみが認められた[56]ため，私設鉄道補助の期間満了が近づく朝鮮京南鉄道，朝鮮鉄道咸北線，金剛山電鉄の買収案が出されたが，朝鮮鉄道咸北線の代わり

---

52)　朝鮮総督府鉄道局『年報』1935年度版。
53)　前田梅松「利廻から見た南朝鮮鉄道株」『利廻相談』千倉書房，1934年，298頁。
54)　「私設鉄道買収案実現無視」『東亜日報』1932年4月17日；「三私鉄買収決定」『朝鮮日報』1932年12月2日。
55)　「賀田商議会頭 私鉄統制問題」『朝鮮日報』1932年12月20日。
56)　「業績不良한 各私鉄補助로 配当을 保障」『東亜日報』1933年1月8日。

第 11 章　南朝鮮鉄道から南朝鮮興業へ――国有化と事業転換　451

に南朝鮮鉄道が含まれて「朝鮮私設鉄道五ヵ年買収計画」の第一期工作として三私鉄買収計画が樹立され，この原案が拓務省より大蔵省に回付された[57]。これに対し，大蔵省は私鉄3社の買収は「政府の公債発行方針に背馳する結果」となることで賛成し難いと回答したが，南朝鮮鉄道の買収案のみを認める形をとった。このように，1930年代前半にかけて私鉄買収案が総督府より中央政府に提示されたものの，大蔵省との交渉が度重ねられ，予算制約のため，一部のみに限って実現されることとなった[58]。

　三私鉄買収計画の中で南朝鮮鉄道のみが認められたのはなぜだろうか。それを探る手掛かりとして「南朝鮮鉄道買収説明書」を見ると，「本鉄道ハ全羅南道ノ中部ヲ斜断シ麗水港ニ至リ関麗連絡船ノ定期航路ニ依リ下関港ニ至リ南鮮西部ニ於ケル内鮮交通ノ捷径トシテ重要ナル一幹線ヲ無シ日満交通上又ハ水害其他非常時ニ際シ京釜線ノ予備線トシテ重要ナル使命ヲ有スルモノなり」「又本鉄道ノ中央ニ位スル順天ハ北ニ於テ目下工事中ノ国鉄慶全北部線ト連リ東ハ慶南晋州ヨリ来レル国鉄予定線ト連絡セントスルモノニシテ之ヲ買収シ運輸ノ円滑ヲ図リ地方開発ニ資セントス」という[59]。日本列島から大陸に至る朝鮮ルートの一部として京釜線の予備線となり得るとともに，鉄道ネットワークとして国鉄との補完性を有することから，私鉄買収，即ち国鉄への統合が決定されたのである。

　それによって，政府から利子率3.5％の1101万1600円の買収公債が発行され，会社に交付され，1936年3月1日に会社所属の鉄道および附帯施設は朝鮮総督府鉄道局に渡された[60]。政府負担は表11-7のように新しく増える公債利子などがあったものの，補助金減少額が利子負担等より大きいことから，国有化の方が費用的に低くなるし，南朝鮮鉄道の運賃率が国鉄と同率

57）「朝鮮私鉄은 広軌를 먼저 買収」『東亜日報』1934年3月18日；「朝鮮三私鉄의 買収計劃延期」『朝鮮日報』1934年3月8日；「明年度新予算에 私鉄三線을 買収」『朝鮮日報』1934年8月21日。

58）「私鉄買収中央과 交渉」『東亜日報』1935年1月9日；「南朝鮮鉄道買収」『東亜日報』1935年3月10日。

59）大蔵省「南朝鮮鉄道買収関係参考書」1934年8月31日，JACAR（アジア歴史資料センター）Ref.A09050187800，昭和財政史資料第5号第72冊（国立公文書館）。

60）「南朝鮮鉄道의 買収公債發行」『朝鮮日報』1936年9月20日；南朝鮮鉄道株式会社『第17回営業報告書』1936年上半期（1936年3月1日-1936年8月31日）。

表 11-7　買収による政府負担増減見込額

	買収による負担増額 （公債利子等）	買収による負担減額 （補助金減少額）	差引増減（△） 見込額
1935	44,541	63,319	△ 18,778
1936	449,868	757,997	△ 308,129
1937	449,868	754,716	△ 304,848
1938	449,868	751,188	△ 301,320
1939	449,868	746,760	△ 296,892

出所：大蔵省「南朝鮮鉄道買収関係参考書」1934 年 8 月 31 日，JACAR（アジア歴史資料センター）Ref.A09050187800，昭和財政史資料第 5 号第 72 冊（国立公文書館）。
注：1. 公債利子および補助金減少額見込は毎年度において当該期間に対する分を計上。
　　2. 1935 年度公債利子には交付公債券面額 11,246,700 円に対する利子額（年 4 分）1 ヶ月分に証書作成費として公債券面額の 1 万分の 6.27 相当額を加算し 1936 年度以降における分は利子のみ 1 ヶ年分を計上。

（旅客 1 人 1 キロ当り 1 銭 5 厘 5 毛，貨物 10 級品車扱 1 キロ 1kg2 銭 1 厘 7 毛）であって，国営に伴う運賃率の低下がないため，輸送量の激増を期待できないものの，「収支相平均する程度」になると予測された。元南朝鮮鉄道は既存の松汀里・光州間の光州線と合わせられ，松麗線と呼ばれ，営業所があった光州に代わって順天に鉄道事務所が設置された[61]。

　その一方で，買収された会社側は清算の手続きを踏まず，既存の兼業を中心に新しい事業体制を模索した[62]。1936 年 10 月 31 日に東京本社で開催された定時株主総会では，「商号ヲ南朝鮮興業株式会社ト改メ且営業事項中ヨリ鉄道事業削除ニヨル目的変更」を行い，資本金 2000 万円を 250 万円へ減らし，「減資ニ依リ消滅スヘキ株式参拾五万株ニ対シテ壱株ニ付金拾八円八拾銭也ノ割ヲ以テ各株主ニ払戻シヲナス」ことを決定した。それによって株主の投資金回収が行われたうえ，自動車業における「営業路線ノ拡張」ならびに土地経営を通じて収入源を確保しようとした。南朝鮮興業株式会社は「本社を東京に，朝鮮出張所を全南光州府におき，社長根津嘉一郎，常務取締役

61）「光州 - 麗水線鉄道局으로 移管」『朝鮮日報』1936 年 1 月 31 日；「南鉄道事務所」『東亜日報』1936 年 6 月 26 日。
62）「会社ニュース」『ダイヤモンド』24-33，1936 年 11 月 1 日，75 頁；「南朝鮮興業は成績順調」『ダイヤモンド』27-15，1939 年 5 月 21 日，86 頁。

第 11 章　南朝鮮鉄道から南朝鮮興業へ——国有化と事業転換　453

図 11-17　南朝鮮興業朝鮮出張所と広瀬寿夫出張所長

佐竹次郎，支配人逸見武男，朝鮮出張所長広瀬寿夫氏の陣容を固め，光州，谷城，潭陽，順天，河東，晋州間三百キロの自動車運輸業を始め，麗水邑内に土地，埋立地，倉庫，貸店舗業を有し」た[63]。

　南朝鮮興業の重役をみると，当初は南朝鮮鉄道と同様であったが，1940 年 1 月に根津嘉一郎が死亡したため，その補欠選挙によって長男の根津藤太郎（のちに根津嘉一郎）が新しい取締役として登場し，また佐竹次郎は常務取締役から取締役社長に就いた。ところが，この措置は臨時のものであって，1940 年上半期に佐竹は取締役になった。さらに，山梨県出身で「根津財閥子飼の人物」であり，1920 年発足の根津合名会社の支配人となった鎮目泰甫[64]が取締役社長に就任した。鎮目という存在は根津藤太郎とともに，根津家中心の経営体制が維持されたといえよう。自動車業の拡張が行われる中，鉄道経営時代の稲畑勝太郎，原邦造，横塚恭助が 1937 年に辞任し，門

63）「交通開発に偉大な貢献，自動車運輸と土地経営の南朝鮮興業会社」『京城日報』1937 年 12 月 27 日。
64）石井里枝「第一次世界大戦期における資産家の株式所有：「大戦ブーム」と投資行動」愛知大学経営総合科学研究所『経営総合科学』，2011 年，29-58 頁。

表 11-8　南朝鮮興業の重役

		1936		1937		1938		1939		1940		1941		1942	1942下・1943上	1943下・1944上
		上	下	上	下	上	下	上	下	上	下	上	下	上		
取締役社長	根津嘉一郎	■	■	■	■	■	■	■								
	佐竹次郎								■							
	鎮目泰甫									■	■	■	■	■	■	■
常務取締役	佐竹次郎	■	■	■	■	■	■	■	■							
	逸見武男													■	■	■
取締役	大橋新太郎	■	■	■	■	■	■	■	■	■	■	■	■	■	■	■
	門野重九郎	■	■	■	■	■	■	■	■							
	稲畑勝太郎	■	■													
	杉本九八郎	■	■	■	■	■	■	■	■	■	■	■	■	■	■	■
	原邦造	■	■													
	佐竹次郎									■	■	■	■			
	玄俊鎬	■	■	■	■	■	■	■	■	■	■	■	■	■	■	■
	横塚恭助	■	■													
	田幡鉄太郎						■	■	■	■	■	■	■	■	■	■
	神戸徳太郎						■	■	■	■	■	■	■	■	■	■
	徳田昂平									■	■	■	■	■	■	■
	根津藤太郎									■	■	■	■	■	■	■
監査役	前田青莎	■	■	■	■	■	■	■	■	■	■	■	■	■	■	■
	松下栄	■	■	■	■	■	■	■	■	■	■	■	■	■	■	■
	宇都宮政市	■	■	■	■	■	■	■	■	■	■	■	■	■	■	■

出所：南朝鮮興業株式会社『営業報告書』各半期版。

野重九郎が 1940 年に任期満了後改選されず，1938-39 年頃に田幡鉄太郎，神戸徳太郎，徳田昂平，根津藤太郎が新しい取締役に就任した。

　社員の場合でも，鉄道の譲渡とともにその大半が国有鉄道の従事員になったため，図 11-18 のように，1935 年度下半期の 416 人から 1936 年上半期には 71 人へと急減したが，その後増えて 1939 年度下半期には 184 人に達した。土地経営は麗水に限定されているため，多くの社員採用を必要としないことから，自動車営業路線の拡張に伴って運転手の採用が増えたと判断できる。「自動車運輸業は全南の雄都光州を中心として新興の気運満つ谷城，潭陽，順天を結び」，さらに 1936 年 11 月 1 日から晋州自動車組合が運営していた「慶南晋州までの路線を買収して」，順天より津野清也を初代営業所初

第 11 章　南朝鮮鉄道から南朝鮮興業へ──国有化と事業転換 | 455

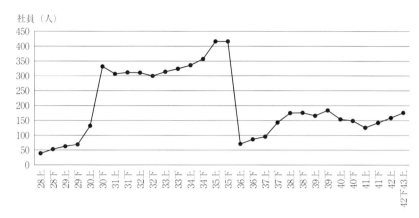

図 11-18　南朝鮮鉄道ならびに南朝鮮興業の社員数
資料：南朝鮮鉄道株式会社『営業報告書』各半期版；南朝鮮興業株式会社『営業報告書』各半期版。

任として配置し、「国有鉄道の慶全南部線に魁てその一部未成線を自動車輸送によって結ぶやうになり，こゝに全く意義深き鉄道代行として交通路の開拓を見ることゝなった」[65]。その後も，南朝鮮興業は自動車運輸業者として買収ないし譲受や免許を通じて営業路線の拡張に注力した。

その後も，1937 年 9 月には慶南晋州と河東の旅客自動車運輸業 161.5 キロを原田定造より譲り受けた[66]。1937 年 10 月より晋州・順天間 6 往復直通運行をなし「各発着地に於て列車に連絡せしめると共に中間分岐各地点とも中枢線に連絡を取り一般乗客旅行の便を計り従って発着の時間は尤も厳守される」こととなった。「乗車賃金は対キロ運賃制に拠り且つ遠距離逓減法を併用」して「二割強の値下げ」を断行し，運営自動車は最新式箱型 20-22 人乗りを使用し，「乗客本位の経営方針」を示した[67]。1938 年 9 月には全南求礼と光州の旅客運輸事業 61.2 キロを村上栄之助より譲り受けた[68]。同年 12 月

---

65)　「晋州自動車組合買収の南朝鮮興業株式会社の営業，七日より共同の形式で開始」『朝鮮時報』1937 年 3 月 11 日；前掲「交通開発に偉大な貢献，自動車運輸と土地経営の南朝鮮興業会社」。
66)　朝鮮総督府『官報』1937 年 9 月 22 日。
67)　「晋州順天間の直通運転計画，運賃値下げ断行南朝鮮興業店開き」『朝鮮時報』1937 年 10 月 31 日。
68)　朝鮮総督府『官報』1938 年 9 月 5 日。

には河東内の旅客運輸 120 キロの免許を受けた[69]。1939 年 4 月には南朝鮮興
業が全南大興とともに，国有鉄道との「放射的鉄道連帯」を始めた[70]。1941
年 5 月には全南順天で藤原藤太郎が行っていた旅客運輸事業 123.8 キロを譲
り受けた[71]。

　以上のような旅客自動車事業の展開に伴って，自動車をはじめとする関連
投資が増えつつあったことはいうまでもなく，図 11-19 の興業費に注目すれ
ば，自動車興業費は 1936 年下半期に 170,855 円から増えて，1941 年上半期
に 441,080 円となった。その一方で，土地業興業費は同期間中 558,734 円か
らむしろ 502,408 円へと縮小したのである。当初は麗水築港工事と関連し，
会社が所有していた「新興都市麗水の十二万余坪の土地と埋立地」[72] が土地
業興業費として計上されたため，その金額は自動車興業費を大きく上回った
が，その後，大きく変わることはなかったものの，やや縮小する傾向がみら
れる。

　自動車事業の場合，資料上運行回数と輸送量に関するデータは得られない
ものの，太平洋戦争期になると，ガソリンおよび各種部品およびタイヤが不
足し，バス運行にも蹉跌が生じると，木炭ガス発生装置を自動車に取り付け
て自ら木炭を生産し，運行を続けざるを得なかった。その反面，図 11-20 を
みれば，事業別収支は把握できないものの，運賃値上げもあり，会社経営は
1942 年下半期以降に急激に改善する動きがみられる。そのため，鉄道の譲
渡後，会社の配当率は 4％であったが，1939 年下半期 5％，1940 年上半期
6％，同年下半期 7％へと高くなり，1942 年下半期に至っては南朝鮮鉄道時
代のように，8％を記録するに至った。

　とはいえ，戦時統制の進展は自動車業者としての存続を許さなかった。即
ち，1943 年 12 月 29 日に「自動車其の他陸運に依る物品運送事業の統制の
為に」統制会社を 1944 年 2 月 11 日まで設立することが命じられたのであ
る[73]。1944 年 3 月 4 日に臨時株主総会が開かれ，「当会社経営旅客自動車運

69）　朝鮮総督府『官報』1938 年 12 月 24 日。
70）　「南朝鮮興業路線과 局線의 連帯開始」『毎日新報』1939 年 2 月 24 日。
71）　朝鮮総督府『官報』1941 年 6 月 13 日。
72）　前掲「交通開発に偉大な貢献，自動車運輸と土地経営の南朝鮮興業会社」。

第 11 章　南朝鮮鉄道から南朝鮮興業へ──国有化と事業転換　457

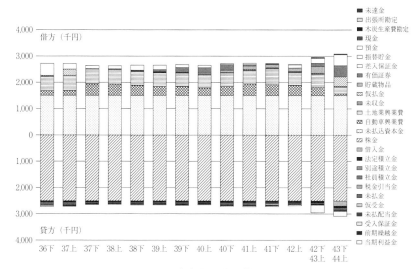

図 11-19　南朝鮮興業の貸借対照図

資料：表 11-8 と同様。

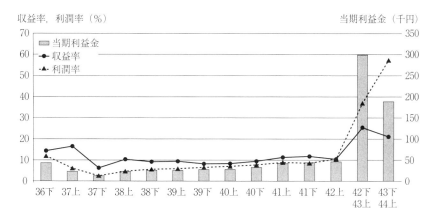

図 11-20　南朝鮮興業の収益率と利潤率

資料：表 11-8 と同様。
注：利潤率＝損益÷興業費。

73)　朝鮮総督府『官報』1943 年 12 月 28 日。

輸運送事業ヲ朝鮮総督府交通局長発表ニ係ル旅客自動車運輸運送事業整備要綱ニ依リ新設会社ニ現物出資ヲナスノ件」を決議した。各道にほぼ1社の統制会社へ統合が勧められ，南朝鮮興業は自社の旅客自動車を全南旅客自動車株式会社と慶南旅客自動車株式会社に現物出資せざるを得なかった[74]。最終的に南朝鮮興業は自動車事業者としての存続ができず，投資会社としての性格のみが浮き彫りにされたのである。

おわりに

　南朝鮮鉄道について 1925 年から 1936 年にかけて総督府鉄道局監督課で勤務した大谷留五郎書記によって次の特記事項が指摘された[75]。①「鉄道建設費が他の私設鉄道のそれに比し甚しく低廉であったこと」，②「旅客貨物運賃率が国有鉄道のそれと同率にして他の私設鉄道に比し甚しく低廉なりしこと」，③「他の私設鉄道のそれの如く，貨物運賃制度に就いて特に別定営業粁程を設けず，実粁程を以て運賃を計算したること」，④「麗水・下関間に連絡航路を開きたること」，⑤「本社を特に東京に置きたること」，⑥「延長百六十キロの区間を一度に運輸開始したること」，⑦「建設工事着手以来僅々一年半内外にて百六十キロの工事を一挙に完成したること」，⑧「岩盤等の関係もあらうが隧道中には無覆（即ち拱，側壁等なきもの）のものがあること」，⑨「鉄道経営の方法が各般に亘りて頗る健実真摯なりしこと」，⑩「船車連絡施設として麗水港湾の施設を為したこと」という。

　ここで，①，⑥，⑦，⑧は鉄道敷設工事とのかかわりを持つ事項である。南朝鮮鉄道は麗水港を通じて南鮮西部と日本内地を最短距離で連絡できる路線であり，米，石炭などといった産品を他地域へ移出する鉄道としてその役割が期待されたため，その敷設をめぐって四つの免許申請があり，競願状態となった。そのうち，総督より鉄道投資要請を受けていた東武鉄道などの社長であった根津嘉一郎が免許を受けて鉄道敷設ならびに築港工事を進めた。特に朝鮮内外の鉄道専門家の参加を得て加藤組による鉄道敷設工事を短期間

74）　前掲『朝鮮交通史』904-905，916-917 頁。
75）　前掲「私設鉄道から国有鉄道になる南朝鮮鉄道を語る（五）」，33-36 頁。

内に完工できた。地域住民からの反発を引き起こすほど低価格で用地買収を行い，苦力1,200人を雇うなど，建設費の抑制を図り，標準軌として最も低い建設費で鉄道建設が可能であった。

さらに，②と③は貨客輸送に際して運賃設定を国鉄と同じ賃率を適用した結果であった。鉄道経営が健全であったから，他私鉄の半分程度に過ぎない運賃設定ができたかというと，決してそうではない。このような低い運賃設定は何より交通市場で自動車が登場してすでに強力なライバルになっていたからである。他私鉄のような独占力を持たず，南朝鮮鉄道がむしろ新規参入者であったため，国鉄との賃率を同じくすることで，自動車に流れる傾向にあった貨客を奪い取る必要があったわけである。もちろん，低い建設費といった固定費が相対的に低いというファクターも見逃してはいけない。ともあれ，国鉄と同様の賃率はより貨客誘致を可能としただけでなく，鉄道買収後に大きなトラブルなしに同私鉄が国鉄へ統合されることを保障したのである。

④と⑩は鉄道敷設からの特徴であって，大陸と日本列島を繋げる朝鮮ルートの一部をなしており，海陸連絡輸送の結節点たる麗水港の整備が南朝鮮鉄道の管轄であった。そのため，鉄道を対象とする私鉄補助が築港工事にも適用された。連絡船の運航は川崎汽船によって定期的に行われ，南鮮西部と日本内地の統合を促したが，旅客の場合，朝鮮の局線ならびに会社線と日本内地の省線との連絡が目立ったこととは対照的に，貨物では麗水港と下関港との間での輸送が著しかった。連帯輸送（ないし連絡輸送）は一部に過ぎなかった貨物輸送においてはトラックによる運搬が多かったと考えられる。京釜線・関釜連絡船に対する予備ルートとしての特徴は南朝鮮鉄道の国有化を大蔵省が決定する理由となって，総督府鉄道局の経営下で強化された。

⑨は労働生産性の動きから確認できる。私鉄全体に比べて高く，むしろ国鉄に近い水準に達していた。これは日本内地の鉄道省と朝鮮総督府鉄道局の出身者が南朝鮮鉄道に再採用され，能力を発揮した結果であろうが，とはいえ，これが直ちに安定的な鉄道収入を保障することはなかった。運営費の低くなる狭軌を含む私鉄全体とはもとより，標準軌のなかでも収益性は劣っていた。高い生産性と低い収益性との乖離はやはり国鉄と同様の賃率が適用さ

れ，これが運賃収入の縮小をもたらしたためであろう。もし朝鮮内の私鉄並みの運賃が適用されたとすれば，営業収入は二倍になる。こうした収益性の脆弱性を補ったのが，政府補助金制度であって，それによって年率8％の配当が可能であった。

　この点で，「安定株」と紹介され，日本内地側の投資家たちの利害を重視され，それを象徴するかのように本社の朝鮮移転が実現されなかった（⑤）。普通ならば，朝鮮内に本社を置き，東京には支社ないし出張所が置かれていたのに対し，南朝鮮鉄道の場合，逆であった。本社の朝鮮移転を根津社長が断ったこともあり，南朝鮮興業への社名変更後にも根津家を中心とする東京本社体制が維持された。鉄道業のみでは補助金なしの収益性が保障されなかったので，自動車業と土地経営の兼業が試みられており，鉄道買収後には減資額（払込資本金800万円→100万円）が株主に払い戻された。南朝鮮興業は買収と新規免許を通じてバス路線網を増やして，事業拡張を試み，収益性の改善とともに，配当率の向上を通じて投資家の利害に答えようとした。そのなかで，戦争末期になって統制会社への現物出資が余儀なくされると，南朝鮮興業は投資会社化してしまった。

　以上のように，朝鮮内のインフラ整備要請と日本内地の資産家らの投資要求が絡み合って日本帝国の大陸政策上地政学的重要性を有するルートが私的資本によって開発された。長い間，鉄道経営の経験者や技術者が重役や社員として参加し，優れた鉄道の建設と運営を実現した。市場環境の影響もあって，国鉄と賃率を同様にしたところ，国鉄との統合基盤がすでにできて，それが実際に実現されたのである。その後，自動車業を通じて「鉄道代行」の役割を遂行しつつ，業績の改善を記録したものの，最終的に投資会社化し，総督府政策に協力することで，投資家の利害を追求できたのである。

第 **12** 章

京春鉄道の
鉄道業と自動車業

兼業の本業化と挫折

はじめに

　本章の課題は地域社会の要請に応じて朝鮮首都たる京城と江原道春川を結ぶ京春鉄道がどのような経緯によって敷設され，さらに収支構造からみて鉄道業者というより，むしろ自動車業者になっていた点を明らかにし，植民地朝鮮における交通市場の実態を考察することである。

　京春鉄道は「京城の城東祭基町を基点とし，東北行して春川に至る」93.5キロを営業路線とし，朝鮮首都の京城に対して郊外鉄道としての役目を果たす一方，鉄道路線のなかった江原道および京畿道中部を開発する開拓鉄道として機能した[1]。総督府鉄道局京元線の砚村駅において連絡することで，国有鉄道とともに，大きな鉄道ネットワークを形成した。沿線は都市と農村と産地に跨っていたものの，後背地として貨客ともに大きな輸送需要の発生が期待され難いことから，私鉄設立案が1920年代から出て，総督府からの敷設免許を受けたが，資金調達に成功できず会社設立には至らなかった。それにもかかわらず，沿線住民の鉄道敷設運動は絶えず続けられて，株式の引受が1930年代になってから，沿線住民が会社設立に必要な資本金の一部を負担することを決議し，朝鮮総督府では朝鮮殖産銀行を中心とする鉄道敷設を決定した。京春鉄道は朝鮮殖産銀行の投資会社として設立されて実際の運営に至ったが，事業ポートフォリオは鉄道業もあるものの，収支から見てそれを遥かに上回る規模で兼業，とりわけ自動車業を行って「兼業に一特色」などと指摘されるほど，朝鮮私鉄としては極めてユニークなものになっていた[2]。

　これに対し，鄭安基（2016）は「1930年代植民地工業化と朝鮮側特殊会社研究」の一環として京春鉄道の設立と経営の全体像を実証的に検討し，鉄道敷設運動，朝鮮殖産銀行の参加，漢江水力開発との関連性を考察し，多角化経営を含む経営体制の特質を指摘した[3]。即ち，朝鮮総督府は建設費5％の私鉄補助金を交付して会社の設立と経営を支持する一方，「利害関係を異に

---

1) 「京春鉄道――兼業に一特色」東洋経済新報社編『朝鮮産業の共栄圏参加体制』東洋経済新報社京城支局，1942年，154頁。
2) 同上書。

第 12 章　京春鉄道の鉄道業と自動車業——兼業の本業化と挫折　463

する民間資本の共同出資と双対的統制の支配構造を設計した」と見て総督府
を「変化する経済環境に対応する合理的経済制度と産業政策の設計者あるい
は実行者」であると結論づけた。さらに，朝鮮地域私鉄は日本の民間資本に
よって敷設されたのに対し，京春鉄道は朝鮮平安鉄道とともに，「朝鮮在住
民と鮮内資本によって生まれて成長した純粋な朝鮮産私設鉄道」であると見
て，「京春鉄道は朝鮮送電と朝鮮重工業等と同じく朝鮮総督府が民間の資本
力と経営力量を動員して基幹産業を開発・整備するために設立された戦略的
資本体である」と説明している。「漢江水力電気の建設資材運搬線として私
鉄としては新設してから僅か五年振りに総督府補助金を辞退するほどその類
例のない優秀な成績」を記録した。

　京春鉄道が私鉄でありながら，重要な幹線網であったことは認めつつも，
補助金の交付は朝鮮内のほとんどの私鉄に対して行われており，他の植民地
たる台湾や樺太そして日本内地でみられるものであった。本書で指摘してい
るように，私鉄に対して総督府の介入は他の私鉄でも見られており，台北鉄
道[4]のように他の植民地でも確認できる。インフラストラクチャーへの政策
的介入は帝国主義時代といった世界史だけでなく今日的に多く見られる現象
であり[5]，中国の一帯一路政策のように，時には国際的対立の禍根にもなっ
ている[6]。むしろ，ここでの問いは植民地朝鮮における代表的政策銀行であ
る朝鮮殖産銀行がどのような経緯で社債・借入金などといった資金融資に止
まらず，会社設立までに携わっており，それが京春鉄道にとっていかなる意
味を有するのかということにならなければならない。また，経営の特質とし
て経営多角化が指摘されたものの，それが単なる経営多角化を超えて，収入
の70％が兼業から出ており，そのうち90％を自動車業の収入が占めて，私

---

3)　鄭安基「1930 年代 朝鮮型 特殊会社，『京春鉄道（株)』의 研究」『서울학研究』64，2016 年 8
　　月，155-213 頁。
4)　「植民地台湾における私設鉄道の経営と補助——台北軽鉄炭鉱から台北鉄道へ」『立教経済学研
　　究』76-3，2023 年，125-154 頁。
5)　クラレンス・B. ディヴィス・ケネス・E. ウィルバーン・Jr. 著・原田勝正・多田博一監訳『鉄路
　　17 万マイルの興亡——鉄道からみた帝国主義』日本経済評論社，1996 年。
6)　荒木千帆美「中国の「一帯一路」と日米のインド太平洋への姿勢——経済的枠組みをめぐるイ
　　ンド太平洋戦略・構想との相互関係性」参議院事務局企画調整室編『立法と調査』451，2022
　　年，111-122 頁。

鉄としては極めて異常な鉄道であったことを説明する必要がある。

　本章は先行研究によって明らかにされていない会社設立上の意味合いと経営上の特徴を明らかにするため，次のような構成をもって分析を進めることにする。第1節では，会社が設立される過程とともに，朝鮮殖産銀行が登場する背景と，資金調達とマンパワーから京春鉄道ならではの特徴を明らかにし，第2節においては鉄道業の展開がどのような推移を示し，そこでの限界がいかなるものであったのかを検討する。第3節では自動車業を中心とする兼業体制を検討し，なぜ鉄道敷設以前より自動車業への進出が必要とされており，戦時下でどのような対応策が講じられたのかを考察して，戦後史的意味合いを考えてみることにする。

1. 京春鉄道敷設運動と京春間自動車の運行

　「京城より江原道に於ける行政上並経済の中心地たる春川に至る鉄道は，従来屢調査されたが，之が具体的の問題となったのは」，1920年5月に「東京商業会議所会頭たりし山科礼蔵氏等が発起人となり，京城，春川間に五十哩の電気鉄道（三哩六吋）の敷設免許を出願したこと」であった[7]。同年8月22月に春川商業組合内に多数の有志者が集合し，京春電気鉄道期成同盟会を組織し，13人の幹事を選出して事務所を春川商業組合内に設置し，事業の着手とともに用地買収を担当する予定であった[8]。東京の渡辺勝太郎，細野温と朝鮮の佐々木聿郎らは発起し，10月18日に鉄道敷設の認可を受けた[9]。京春電気鉄道株式会社は資本金600万円で，水力開発をも同時に行って清涼里から春川に至る49.6マイルの電鉄を敷設することとなった。このような水力発電と鉄道敷設をセットとして事業開発を行うのは日本内地で見られる事業モデルであり，朝鮮でも金剛山電鉄と同様であった[10]。そのため，細野温は技師を随伴して1921年3月25日に東京より来朝し，朝鮮ホテ

---

7)　「産業開発に資すべく江原道の大事業京春鉄道」朝鮮公論社『朝鮮公論』24-2，1936年，154頁。
8)　「京春電鉄期成会」『東亜日報』1920年9月6日。
9)　「京春電鉄実査」『朝鮮日報』1921年3月27日。
10)　「電気事業概況今年度」『朝鮮日報』1923年12月10日。

第 12 章　京春鉄道の鉄道業と自動車業——兼業の本業化と挫折　465

ルに滞在し，28 日より発電所設置候補地ならびに鉄道敷設地域の実地踏査を行って，目論見書を作成した。

　とはいうものの，京春電鉄は総督府「当局の補給金」を得なかったため，工事に着手できなかった。1921 年 4 月には従来の朝鮮軽便鉄道補助法が朝鮮私設鉄道補助法に改められて，開業前にも新設会社が補助できる「設令主義」が適用され，「払込資本金の八分及び社債，借入金の利息担当額を補給」できた。そのため，1921 年 7 月 19-20 日に在春川日鮮人士が会合して電鉄速成同盟会を組織し，代表者を選定して官庁および会社側と交渉し，一日でも速成を図ることを促した[11]。これに応じて，東京より大平徳太郎が来朝し，12 月 14 日には会社発起人代表 2 人（青山静夫・細野温），江原道内務部長谷多喜磨，市民大会（＝電鉄速成同盟会）代表者崔養浩・今泉遇夫らの 4 人が総督府の弓削幸太郎鉄道部長を訪問し，「補給金交付の諒解」を得て，15 日には水野錬太郎政務総監を訪問し，請願陳情を行った[12]。しかしながら，「免許後間もなく経済界の恐慌に遭遇したる為」[13]，資金調達をめぐって「発起人間に内訌が生じて創立中途でやむを得ず解散する」危機に瀕した[14]。

　そこで，同社創立委員長山科礼蔵が 1923 年 7 月に東上の有吉忠一政務総監との会談を通じて補助保証率 8％の「政府補給」の内諾を得て「補給金下附決定指令を接すると同時に会社設立に関する事務を完了して敷設に着手する」ことにした[15]。しかしながら，「発起人の大半が東京日本人実業家」であっただけに，1923 年 9 月 1 日に関東大震災が発生すると，その影響を被って「同鉄道の創立は無期に延期され」ざるを得なかった[16]。こうして，「幾度か，工事施行認可申請の延期方を申請して，其の免許権を保留し来たるも，諸般の事情は，到底成業の見込がないものと認定され」た[17]。免許の延

---

11)　「京春電道速成同盟」『東亜日報』1921 年 7 月 27 日。

12)　「京春電鉄調査」『毎日申報』1921 年 12 月 14 日；「京春電道交渉不遠工事着手」『東亜日報』1921 年 12 月 16 日。

13)　前掲「産業開発に資すべく江原道の大事業京春鉄道」154 頁。

14)　「京春電鉄悲観発起人内訌」『朝鮮日報』1923 年 1 月 31 日。

15)　「京春電鉄補給決定」『東亜日報』1923 年 7 月 26 日；「京春電鉄会社政府補給決定」『朝鮮日報』1923 年 7 月 26 日。

16)　「京春鉄道創立延期」『朝鮮日報』1923 年 11 月 8 日。

17)　前掲「産業開発に資すべく江原道の大事業京春鉄道」154 頁。

期が重ねられたが，京春電鉄の「敷設免許ハ指定期限内ニ工事施行認可ノ申請ヲ為ササルヲ以テ」1926 年 9 月 21 日に「ソノ効力ヲ失フ」こととなった[18]。

　敷設工事の遅延に対する地域社会の焦りは大きかったに違いなく，京畿道評議会では交通不便を理由として江原道庁を春川より移転するという要請が出されるほどであった[19]。そのため，朝鮮鉄道 12 年計画が進められる中，1926 年 1 月 15 日には椋原翰吉春川繁栄会長が大村卓一前鉄道局長を訪問し，国有鉄道による京春電鉄速成請願を陳情した[20]。京春鉄道敷設問題のため，朝鮮鉄道協会研究部において特別会議が 1 月 27 日に開かれ，春川繁栄会代表として山中友太郎外 1 人が出席し，さらに 2 月 3 日には春川金融組合楼上で状況報告会を開き，賛同を得て京春鉄道期成会を組織した[21]。このような京春鉄道敷設運動に対抗し，原州方面では原州同志倶楽部を組織し，水原・原州・江陵線の速成運動を促すため，その代表鄭東溟が上京することとなった[22]。しかしながら，朝鮮鉄道 12 年計画には京春鉄道敷設が入る余地はなかったため，地域社会の対応も変わっていった。

　「宿望中であった鉄道問題は一時的に断念してまず京春間二等道路を一等道路へと昇格するとともに，新延江に鉄橋を架設することなどを実現する」ため，1926 年 8 月中には春川「統治人士が数次会合して協議を重ねて陳情委員」として久武常次，朴贊祐外 8 人を選定して「六十余名の連署した陳情書を携帯して」9 月 6 日に総督府を始め各関係当局に陳情した[23]。

　これに応じて，総督府鉄道局は 12 年計画として京春鉄道が採択されなかったため，鉄道に代わって自動車交通を改善させることとし，営業課長戸田直温技師，機械課長岩崎真雄技師以下一行 6 人が 1927 年 6 月 3 月に京春道路を視察し，春川に来往し，春川官民の歓迎を受けた[24]。京春間の自動車

18）　朝鮮総督府『官報』1926 年 9 月 23 日。

19）　「江原道評議会」『東亜日報』1925 年 12 月 28 日。

20）　「京春鉄道速成陳情」『東亜日報』1926 年 1 月 17 日。

21）　「京春鉄道期成会組織」『東亜日報』1926 年 2 月 7 日。

22）　「京春鉄道陳情에 原州서 反對運動」『東亜日報』1926 年 2 月 8 日。

23）　「京城春川間의 道路昇格運動」『東亜日報』1926 年 9 月 6 日。

24）　「京春道路視察」『毎日申報』1927 年 6 月 6 日。

第 12 章 京春鉄道の鉄道業と自動車業——兼業の本業化と挫折 | 467

直営案については京城側の要請も出始めた。京城商議会頭渡邊定一郎も1927 年 7 月 14 日に大村鉄道局長を訪ね，商議役員会で決定した京春間の自動車直営を要請した[25]。「一，京城，春川の道路を改修し京春間の経済的其他の連絡に自動車を使用し其の経営は鉄道局に於て為し荷物旅客の運輸交通上の便利を図られたきこと」，「一，新延江に架橋方取計らはれたきこと」，「一，右の費用は来年度予算に計上されたきこと」。「鉄道の敷設至難の地に自動車を配してその不便を緩和するの方法は内地においては各地において行はれて相当の成績を挙げてゐる」ので，京春間の自動車直営を通じて鉄道と自動車の連絡を図る朝鮮「最初の試み」になると指摘された。

　春川においては 1927 年 8 月 4 日に春川金融組合楼上で春川繁栄会の久武会長以下各評議員および新聞記者らが参集し，「京城春川間自動車鉄道局直営問題」を中心に議論し，その結果をもって陳情委員久武常次外 6 人が上京して鉄道局に陳情した[26]。陳情書の内容によれば，江原道から京城に移出される主要貨物は繭，薪炭，米穀，大豆，畜牛などであって，そのうち薪炭，米穀，大豆などは解氷期を待って漢江の船便を利用して輸送された。当然，冬期結氷期には「輸送停止状態」となり，交通不便を免れなかった。そのため，運賃は高率とならざるを得ず，商品運賃は牛車 1 貫匁 12 銭であり，自動車運賃は 25-40 銭であって，移出貨物は廉価とならなければならず，表12-1 の小包郵便物のように，移入が移出を超えた。交通不便のため，生産品は安価であるが，購買品は高価となり，春川の物価は高くならざるを得ず，産業開発でも支障が生じた。鉄道敷設が朝鮮鉄道 12 計画より除外されたため，北漢江上流の新延江の架橋を建設し，総督府鉄道局が自動車業を直営すると，1926 年「道庁移転問題の勃発に依って住民らが極度に悲観して経済的危機に瀕している此際に」「吉報」になると記された。

　こうして，地域社会の熱望に副って鉄道局は 1928 年度「予算に新規計画として所要経費を要求した」[27]。「鉄道局の計画としては京春間五十哩の道

---

25) 「京春間に自動車経営」『京城日報』1927 年 7 月 16 日。

26) 「京春自動車問題의 鉄道局陳情内容」『東亜日報』1927 年 8 月 10 日；「京春自動車問題의 鉄道局陳情内容（下）」『東亜日報』1927 年 8 月 11 日。

27) 「京春通路 鉄道 대신에 自動車直営」『東亜日報』1927 年 7 月 6 日。

表 12-1　春川郵便局取扱の小包郵便物 （単位：件）

	引受	配達	差引配達辺
1923	7,759	14,154	6,359
1924	7,431	13,810	6,378
1925	8,072	15,081	7,009
1926	8,034	15,491	7,458

出所：「京春自動車問題의 鉄道局陳情内容」『東亜日報』1927
年 8 月 10 日。

路の路面増幅改良を完成して東京市街自動車と如く十四五人乗大型自動車
七八台と貨物自動車二三台を購入して毎日少なくとも六七回を相互間に運転
させる」ことであった。そのため，総督府直営として 30-40 万円をもって内
鮮自動車商会外 1 人の営業権を買収することとした。物資が豊富ではなく，
旅客の往来も多くないため，鉄道を敷設しても経営困難が予測されるので，
大量輸送の自動車交通を開拓するほうが経済的であり，距離的にも旅客にも
有利であると判断され，鉄道局は内務・警務両関係局にも協議した。

　しかしながら，1929 年には新延江鉄橋の建設とともに，京春道路の改良
工事が行われた[28] ものの，自動車の直営は実現されることはなかった。その
ため，1929 年 8 月 26 日に児玉秀雄政務総監が春川に来ると，春川面民代表
として山中友太郎，李東根，村上久八郎，南相鶴，久武常次が「鉄道局直営
自動車運転計画速施」ならびに「京城春川間鉄道敷設」などを含む陳情書を
提出し，春川の交通問題の迅速な解決を要請したのである[29]。

　鉄道局の自動車直営が実現されない中，この区間の自動車路線は日本人経
営の内鮮自動車株式会社と朝鮮人経営の鮮一自動車部といった両社によって
独占的に運営されていたが，両社とも京城に本部を持ち，運賃を高目に設定
していた。これに対する春川側の不満は高く，これを受けて 1928 年 5 月に
監督たる石田千太郎江原道警察部長が従来の片道 6 円を 5 円とする「断案」

---

28)　「新延江鉄橋를 起點으로 新設京春路工事」『朝鮮日報』1928 年 12 月 16 日。
29)　「総監巡視에 春川有志陳情」『朝鮮日報』1929 年 9 月 6 日。

第 12 章　京春鉄道の鉄道業と自動車業——兼業の本業化と挫折 | 469

表 12-2　京春間自動車時間表（1933 年 5 月 11 日）

春川発	時刻	京城着	連絡汽車	京城発	時刻	春川着	連絡汽車
1 番	前 8 時	正午	釜山特急	1 番	前 8 時	正午	釜山
2 番	同 9 時	後 1 時	金泉	2 番	同 9 時	後 1 時	釜山，咸興
3 番	同 11 時	後 3 時	大田	3 番	同 11 時	後 3 時	奉天，釜山
4 番	後 1 時	後 5 時	大田，清津	4 番	後 1 時	後 5 時	清津，奉天
5 番	後 3 時	後 7 時	奉天，釜山	5 番	後 3 時	後 7 時	大田

出所：「京春自動車時間」『朝鮮日報』1933 年 5 月 15 日。

を両社に通告した。当然，業者側，とくに内鮮自動車社長土井一義は反発し，経営上の「損害」を利用として 5 円 50 銭にすると当初抵抗したものの，1928 年 6 月に上京中の石田警察部長を不火知旅館で訪問し，警察部長案を受け入れた[30]。さらに，春川有志たる崔白洵，朴春煥，李炳億，朴光熙，朴賛祐が春川自動車運輸株式会社を発起し，1929 年 10 月 26 日に京春間自動車路線事業の許可を得て，新規参入したのである[31]。しかし，世界大恐慌に遭遇し，劇烈な旅客争奪戦のため赤字経営を免れない状態になって，春川自動車と内鮮自動車は各路線に運転車両台数を事前に決定し，「各路線の会計を共同し，利益を」半分ずつ分配するという協定を締結，これが旅客にとってサービスの低下につながり，不満を引き起こした[32]。

　もちろん，鮮一自動車部があったものの，毎日 1 回の運行しか許可されないため，カルテル協定を結んでいる内鮮と春川の相手にはならなかった。その結果，春川から京城へ移動する場合，1 里当り 1 円 5 銭の運賃を払わなければならないため，多くの乗客が春川から途中の加平までを内鮮あるいは春川の両社バスで移動し，加平から京城までは崔基永の個人経営で規定運賃 16 里 2 円 40 銭に対して 80 銭-1 円 20 銭の割引運賃を取り立てている五星自

---

30)　「京春間自動車 賃金減下問題」『東亜日報』1928 年 5 月 27 日；「京春自動車의 運賃問題解決」『東亜日報』1928 年 6 月 8 日。
31)　「京春間自動車新線開通許可」『東亜日報』1929 年 10 月 30 日。
32)　「極度의 不況으로 競争도 不能形勢」『東亜日報』1931 年 7 月 7 日；「内鮮春川両自動車協定後横暴益甚」『朝鮮日報』1931 年 11 月 19 日。

動車に乗り換えて移動した[33]。内鮮と春川の両自動車会社が沿線住民からの要請を無視するのはできず，1933年3月11日には自動車運行を1回増発し，京城駅における列車運行に合わせたのである。そうした中，交通量が京春間で増えるにつれ，道庁所在地の中で最も交通が不便な春川において他道の鉄道に代用できる道路を建設するため，1934年3月に江原道予算歳出臨時部道路橋梁工事費のうち，8万円を京春間2等道路の舗装工事費として計上した[34]。

　その一方，貨物輸送においては，同区間の貨物自動車は新規参入が続き，同一線に競争者が国際通運，金権商店，内国運送店，酒井運送店，大陸自動車，江原自動車，大陽自動車，朝鮮運送8人にも達して「積荷の争奪」を展開し，一貫一里12銭という運賃協定にもかかわらず，10銭，7銭へと漸次引き下げたが，世界大恐慌のため，積荷が減ると，運賃はついに4-5銭へと低下した[35]。運賃が1貫1里4銭であれば，貨物満載（平均300貫）でも運賃収入が12円程度に過ぎず，採算運賃の4割しかないので，破産が懸念され，協議を経て「共同計算組織」案あるいは「合同」案を検討し，京江貨物自動車組合を組織し，その営業区域である江原道と京畿道一部の運賃協定を締結した。

　このようなカルテル行為を朝鮮人商工業者の春川商工会と日本人商工業者からなる十日会（→商栄会）が警戒し，その対策を講じた[36]。これが京江貨物自動車組合と春川商工会との間で紛糾化し，秋山組合長と酒井運送店が江原道保安課に出頭し，経営難にもかかわらず，1銭ずつ引き下げた[37]。朝鮮人の春川商工会は1932年1月31日に緊急総会を開き，貨物運賃について議論し，貨物輸送時に牛車を利用し，将来的には自家用として貨物自動車を購入して対抗することを検討した[38]。その後，春川新聞記者団の斡旋によって京江貨物自動車組合の主張する7銭から商工会の出張する4銭に近い4銭

---

33)　「無爲의 京畿道自動車協會」『東亜日報』1932年7月20日。
34)　「京春間二等道路舗装工事実現」『朝鮮日報』1934年3月16日。
35)　「京春間自動車新線開通許可」『東亜日報』1929年10月30日。
36)　「京春間運賃引上 運送業者들이 結束코」『朝鮮日報』1930年12月24日。
37)　「京春間貨物運賃 毎貫一銭減下」『東亜日報』1931年1月30日。
38)　「商工会奮起 貨車業者対抗」『東亜日報』1932年2月4日。

第12章　京春鉄道の鉄道業と自動車業——兼業の本業化と挫折　471

10厘へと最低運賃を引き下げることで，解決の兆しが見えたのである[39]。

　とはいうものの，バス，トラックとも，自動車運賃は高く，諸般の産業発達に伴って交通需要が増えるにもかかわらず，自動車業は輸送力の限界を免れないため，鉄道の敷設を要した。1935年9月1日には春川新聞記者団の主体で春川発展座談会が開かれて，官民有志50余人が参加し，「京春間鉄道問題」などを議論し，鉄道敷設を要望した[40]。同月末に春川繁栄会は鉄道期成会を組織し，敷設費のうち100万円を負担することとした。その後，京春鉄道敷設運動が再燃し，1935年10月24日には池奎汶，村上久八郎，山中友太郎，崔養浩，久武常次，藤本清記，李洪復などの邑民代表が総督府当局者に鉄道の敷設を陳情した[41]。その結果，鉄道局の予算縮小のため，「国鉄は不可能であるが，私鉄であれば関係なし」という鉄道局責任者の言明があった。

　そこで，春川繁栄会役員と春川有志40余人が会合を開き，山中友太郎を会長として鉄道期成会を組織し，副会長2人（崔養浩・久武常次），評議員16人，監事2人を置き，積極的な活動を始め，「総経費600万円の会社を設立する」計画であった[42]。そのうち，120万円は地方民などの出資で調達し，残りの480万円は金融機関より起債することとした。京春鉄道期成会は1935年11月に春川に隣接している華川，楊口，麟蹄，洪川などを巡回し，京春鉄道への賛助を勧めた。郡単位で期成会を組織すると，同時に鉄道会社の設立のため，それぞれの郡で最大限度で責任をもって株を買収させる計画であった[43]。全株数12万株のうち，6万株は春川圏一円で責任をもって引き取り，4万5千株は洪川，麟蹄，楊口，華川，加平各郡が引き取り，残りの1万5千株は京城などで募集し，総工費600万円の10分の1である60万円を払い込むつもりであった[44]。12月に山中期成会長は京城に出張して「京春

39）「記者団斡旋　円満解決可能」『東亜日報』1932年2月7日。

40）「春川発展策座談会開催」『東亜日報』1935年9月6日。

41）「京春直通鉄道敷設을陳情」『東亜日報』1935年10月25日。

42）「春川郡民의　宿願京春鉄道를促進」『朝鮮日報』1935年11月14日；「京春間鉄道＝私営으로計画」『東亜日報』1935年11月12日；「六百万円資本의　私鉄会社組織」『東亜日報』1935年11月18日。

43）「京春鉄道敷設運動에　隣近各郡도　呼応」『朝鮮日報』1935年11月30日。

鉄道敷設問題に好意を有する元鉄道局技師小池英吉，同副参事順子素直」などに会見し，その経過を同期成会に報告した[45]。

それに伴い，各郡では期成会が組織され，それぞれ割当の株数を処理し，その結果，1936年2月初めには募集株数が3万2千円に達した[46]。これに応じて，鉄道局の津田三代三，中山健太郎，京畿道庁の北原民雄が1936年2月5日に京城を出発し，鉄道沿線の資源調査を行った[47]。同月24日に開催された第四回江原道会議では総督と鉄道局長に電報を打ち京春鉄道敷設を懇請することを満場一致で可決した[48]。1936年4月28日に鉄道敷地に関連する地主100余人が招集され，地主懇談会を開き，30日には期成会評議会が開かれて土地買収委員会を選出した[49]。

2. 朝鮮殖産銀行の介入と京春鉄道の設立

このように，春川を中心に地元民の私鉄敷設運動が再び始まり，京春鉄道の沿線住民をも巻き込んで展開されると，総督府はこの件に対して本格的に介入し始めた。ここでのカギは国際標準軌で京春鉄道を建設し得る建設費の調達であった。「京春鉄道敷設に関する鉄道局経済調書」によれば，建設資金としては朝鮮内で調達できる最大限の資金が春川から5万株（1株50円），京城から5万株である500万円のみであって，「広軌［＝国際標準軌］はもちろん，狭軌線の建設費にも満たせない」からであった[50]。とはいえ，鉄道局としては予算制約のため自動車直営すらできなかったため，私鉄事業しか選択肢がなかった。

そのためには，日本内地からの鉄道投資が前提とされなければならず，総督府は1936年3月に南朝鮮鉄道が国有化され，会社側には利子率3.5％の

44）「京春鉄道敷設에 江原五郡総結束」『東亜日報』1935年12月14日。

45）「経済界消息」『朝鮮日報』1936年11月26日。

46）「京春鉄道敷設」『東亜日報』1936年2月4日；「京春鉄道에 華川猛運動」『東亜日報』1936年2月12日；「京春鉄道促進」『朝鮮日報』1936年2月13日。

47）「資源調査코저 三氏가来江」『東亜日報』1936年2月9日。

48）「江原道会議開会 京春鉄道促進電請」『東亜日報』1936年2月27日。

49）「京春鉄道問題로 懇談」『東亜日報』1936年5月3日。

50）「京春鉄道敷設에 内地資本을 誘致 総監東上을 機会로」『毎日申報』1936年4月1日。

第 12 章　京春鉄道の鉄道業と自動車業——兼業の本業化と挫折 | 473

1101 万 1600 円の買収公債が交付されることとなった[51]ため，南朝鮮鉄道側が京春鉄道敷設を担当することを望んだのである。ところが，総督府「当局の買収折衝が余りに高圧的にしてお役人式交渉に終り加ふるに八分配当の好成績を挙げてゐる南朝鮮鉄道を買収した為め根津［嘉一郎南朝鮮鉄道］社長は当局に対して多少つむじを曲げてゐる」と伝えられた。そのため，「果して然らば当局は南朝鮮［鉄道］の買収に依って浮ぶ一千百万円の資本を京春鉄道の建設に振り向けられたいとの意向を有してゐるとは伝へ斯く根津社長の感情を悪くした結果実現は到底望み薄となるのではないかとみられてゐる」と指摘された[52]。実際に今井政務総監が 1936 年 4 月に東上し，根津財閥を始め，内地資本の誘致を図ったのである[53]。

　政務総監の活動にもかかわらず，結果的に南朝鮮鉄道ないし根津財閥からの資本参加はなかった。それには南鉄の買収過程でみられる根津社長の不満だけがその原因ではなかった。南朝鮮鉄道の設立時とは投資環境が大きく異なっていたことを取り上げなければならない。1934 年に朝鮮私設鉄道補助法が大幅改正されて「建設費補助主義」が適用される前までは，鉄道敷設の有無とは関係せず，払込資本金と社債・借入金を基準として補助保証率 8％が策定され，配当率 8％の配当が可能であった。しかしながら，京春鉄道敷設運動が再燃した 1935 年には補助保証率は建設費を基準として 6％になったため，従来のような配当率 8％はもはや不可能となったのである。そのため，根津社長は第 11 章で指摘したように，「処が，朝鮮鉄道に八分の補助をすることは，内地の補助に比して多きに過ぐるゆえ，六分に下げると鉄道局長がいって来た。君［根津］は之を聞くや，「ソンな事は俺は知らない。俺は，唯八分の補助を出すといふ約束であったから，其事を株主に話して会社を興したのである。今更ソンな約束を違へることは出来ない。」と断乎として承服せぬ」のように，補助保証率 6％にも乗る気にならなかったのであ

---

51)　「南朝鮮鉄道의 買収公債發行」『朝鮮日報』1936 年 9 月 20 日；南朝鮮鉄道株式会社『第 17 回営業報告書』1936 年上半期（1936 年 3 月 1 日-1936 年 8 月 31 日）。

52)　「南鉄買収の資金を京春鉄道へ，局鉄の要望に對し根津社長嫌氣か」『朝鮮時報』1936 年 2 月 25 日。

53)　前掲「京春鉄道敷設에 内地資本을 誘致 総監東上을 機会로」。

表 12-3　朝鮮殖産銀行の関係会社（1940 年 2 月現在，単位：千円）

関係会社名	公称資本金	払込資本金	同行の出資関係
朝鮮貯蓄銀行	5,000	3,750	10 万株のうち 50,570 株
漢城銀行	3,000	1,875	6 万株のうち 28,094 株
朝鮮開拓	4,000	2,265	長期貸付
不二興業	4,000	4,000	長期貸付
京春鉄道	10,000	2,000	20 万株のうち 3 万株
漢江水力電気	25,000	6,250	50 万株のうち 8 万株
朝陽鉱業	5,000	1,250	長期貸付
朝鮮製錬	10,000	7,500	20 万株のうち 5 万株
日本高周波重工業	10,000	10,000	100 万株のうち 6 万株
日本マグネサイト	5,000	2,000	長期貸付
国産自動車	2,500	1,250	46,000 株のうち 8,000 株

出所：野村経済研究所『戦時下の国策会社』野村経済研究所出版部，1940 年，285-286 頁。

る[54]。

　そこで，日本内地からの資本参加を諦めざるを得ず，総督府自らが朝鮮殖産銀行（殖銀）の進出を「慫慂」し，大半の株を引受けさせ，さらに勅任級より適任者を「斡旋」し，資本金 1000 万円，その 4 分の 1 を払込み，京春鉄道株式会社を設立し，京城から春川まで広軌鉄道を敷設する方針を固めた[55]。殖銀は 1918 年 6 月に総督府発布の朝鮮殖産銀行令によって資本金 1000 万円で同年 10 月に設立されると同時に，朝鮮各地に分立していた 6 つの農工銀行の本支店を継承した。1920 年 6 月に資本金を 3000 万円へと増資し，1934 年末に債券 2 億 4400 万円を発行し，朝鮮内枢要各地 60 余所に支店，派出所などを置き，さらに朝鮮各地にある 600 余の金融組合と連絡を取って，その資金を供給するとともに，産業開発の金融機関としても機能し，不動産金融，商業金融，公共団体への金融などを行った[56]。殖銀が支配している銀行および会社として朝鮮貯蓄銀行，漢城銀行，朝鮮商業銀行，朝鮮火災保険，朝鮮信託，朝鮮製錬，朝鮮取引所，朝鮮書籍印刷，成業社など

---

54)　根津翁伝記編纂会編『根津翁伝』1961 年，109-110 頁。
55)　「一千万円巨資로 京春鉄道計画」『東亜日報』1936 年 5 月 20 日；「京春鉄道殖銀中心」『朝鮮日報』1936 年 5 月 21 日。
56)　「殖銀의 勢力尨大」『朝鮮日報』1936 年 5 月 23 日。

第 12 章　京春鉄道の鉄道業と自動車業──兼業の本業化と挫折 │ 475

があって，これに京春鉄道が加わることとなったのである。このように，数
多くの銀行・会社の大株主となっていただけでなく，融資関係で金融組合連
合会，各鉄道会社，各電気会社，その他各方面の産業資本まで実質的に支配
していた。これらの業務内容は日本内地の北海道開拓銀行と類似するもので
あった[57]。

　この点を念頭に置いてみると，鄭安基（2016）は殖産銀行の投資を民間資
本の動員の成功と評価し，総督府が「合理的経済制度と産業政策の設計者」
であると評価しているが，補助期間の満了となる私鉄のため，「建設費補助
主義」が朝鮮にも適用され，補助保証率も下がった結果，日本内地からの資
本誘致に失敗し，次善策として朝鮮内の特殊会社である朝鮮殖産銀行が急遽
投入されたといえよう。

　実際に会社設立の責任を負わされたのが 1936 年春殖産銀行群山支店長を
務めていた塩川済吉であった。「本店より呼び出しがあり，時の理事林茂樹
から京春鉄道設立のことに付て御話しがあり，「社長は牛島［省三］氏であ
る」」と言われ，塩川は「京城本店詰りとなり，専ら京春鉄道創立事務に」
当った[58]。牛島省三内務局長[59]が勅任級として退任し，京春鉄道社長に就任
することが内定された[60]。殖銀を代表として塩川済吉が京春鉄道専務取締役
に就き，鉄道局元山鉄道事務所長の技師伊藤旺は退官し，京春鉄道に入社し
て取締役支配人に就くことになっていた[61]。日本内地からの資本参加が期待

---

57)　野村経済研究所『戦時下の国策会社』野村経済研究所出版部，1940 年，280-286 頁。
58)　塩川清吉「故牛島社長を偲びて」牛島省三追想録編集員編『牛島省三追想録』1941 年，129-
133 頁。
59)　牛島省三（1881-1940）は鹿児島出身，1910 年東人独法卒業，1919 年山口県警察部長をはじ
め熊本，兵庫両警察部長，1923 年石川県内務部長，次いで長野，石川，大阪各内務部長を経て
1928 年に警視庁警務部長，1929 年に茨城県知事，1931 年 6 月に朝鮮総督府学務局長として来鮮
し，同年 7 月に内務局長に転じ朝鮮施政に携わり，1936 年 6 月に退官して京春鉄道社長に主任
し，1940 年 10 月 14 日に今春来胃病に患い病臥療養中死去。「京春鉄道社長牛島省三氏」『朝鮮
新聞』1940 年 10 月 15 日。
60)　当時総督府勅任級の異動で退任する者のなかで特殊会社に転出されたものは以下のようであ
る。渡辺豊日子学務局長は鮮満拓殖理事，牛島省三内務局長は京春鉄道社長，岡崎哲郎慶北知
事は日本赤十字社朝鮮地方副総長，安武直夫平南知事は金連事務局長，高元勲全北知事は鮮満
拓殖監事に就任した。「高官退任五名特殊会社転出」『朝鮮日報』1936 年 5 月 22 日；「総督府大
移動発令」『朝鮮日報』1936 年 5 月 22 日。
61)　「鉄道局辞令」『朝鮮日報』1936 年 5 月 27 日；「財界信」『東亜日報』1936 年 5 月 28 日。

できない中，鉄道局を含む総督府と殖銀によって経営陣の根幹が形成された
といえよう。

　こうして，殖銀には京春鉄道創立事務所が設置され，1936年6月3-4日
頃創立委員会を開催し，正式に鉄道敷設の免許申請を行うこととし，資本金
は1000万円，総株20万株，額面1株に付き50円であって，払込金は1株
に対して5円と決定した[62]。株式の4分の1，即ち5万株は孫永穆江原道知
事の斡旋で地元民が引き受けて4分の3となる15万株は公募して，売り残
りは全部殖銀が引き受けることとした。15年間は年6％の政府補助金が出さ
れる予定であった。事業資金は100万円を払込金として調達し，その他は殖
銀から借り入れることとし，完成は3カ年後となると計画された。

　当時，会社の設立に際して経営陣の認識は「京城春川間の鉄道は誰しも
知っての通り，特に経済上重要なる物資があると云ふ訳ではなく，又特殊の
地下資源があると云ふ訳でもありません，唯江原道には未だ鉄道として一線
もなく，将来江原道開発に大に資すると云ふ目的で建設せられたもので，差
し詰め利益ある経済線と云ふ訳ではないので，果して経営上引合ふかと云ふ
ことに付ては全く疑問で，鉄道専門家も相当これには心配せられ，牛島氏も
此の点に付いては余程頭を悩まされた」[63]。総督府の慫慂によって鉄道敷設
に当ったものの，経営陣は鉄道会社の収益性がなかなか確保できないと判断
したのである。

　この会社設立に際して「最大癌」となったが自動車路線の買収問題であっ
すでに検討したように京春間では自動車業が貨客とも運営されて，高い運賃
と輸送力の不足が改善される課題であったものの，新生の鉄道にとって強力
なライバルになるに違いなかったため，京春鉄道側，当時の殖産はバスとト
ラック会社を買収しようとした。ところが，京春間が「有利路線であるだけ
に，自動車業者側の態度がやや強硬であって，全路線買収には二百万円とい
う厖大な額を要求した」のである[64]。ともあれ，京春鉄道はこれらの自動車
会社をすべて買収して兼業化し，京畿・江原両道警察部の仲介を得て自動車

---

62)　「京春鉄道会社十五万株公募」『東亜日報』1936年5月23日。
63)　前掲「故牛島社長を偲びて」129-133頁。
64)　「京春鉄道創設紆余曲折難免」『朝鮮日報』1936年5月23日。

第12章　京春鉄道の鉄道業と自動車業——兼業の本業化と挫折 | 477

図 12-1　京春鉄道株式会社の株式募集広告
出所：『東亜日報』1936年6月10日。

統制を図ることにした[65]。

　そうした中，1936年6月中には図12-1のようにとりあえず3万株の募集が行われ，申込は30万株以上に達して盛況を示し，これをもって「朝鮮財界の膨張」を物語ると林茂樹殖銀理事は評価した[66]。株式募集後，3,000株以上の大株主を見れば，殖銀は30,000株として筆頭株主になっており，その次が山中又太郎8,000株，久武常次7,000株，米穀倉庫，朝鮮信託，朝鮮貯蓄銀行各6,000株，有賀光豊，浅野太三郎，金季洙，池奎汶，迫間房太郎は各5,000株，塩川済吉3,600株，崔養培，齊藤久太郎は各3,000株であった[67]。このような大株主の構成は1940年3月には朝鮮殖産銀行30,000株，朝鮮信託36,800株，朝鮮貯蓄銀行7,570株，米穀倉庫6,000株，迫間房太郎5,000株，方義錫6,250株，有賀光豊4,500株，村上九八郎，三養同済会各4,000株，京春鉄道共済会3,050株，朝鮮火災3,000株となった[68]。春川有志

---

65)　「京春鉄道가 自動車統制」『朝鮮日報』1936年6月13日；「京春自動車統制」『東亜日報』1936年6月13日。
66)　「京春鉄道株十倍의 申込」『東亜日報』1936年6月12日。
67)　「京春鉄道創立廿日総会終了」『朝鮮日報』1936年7月21日。
68)　東亜経済時報社編『朝鮮銀行会社組合要録』1940年版。

図 12-2　牛島省三（左）と林茂樹（右）
出所：「京春鉄道社長牛島省三氏」『朝鮮新聞』1940年 10 月 15 日；「京春鉄道社長林茂樹氏決定」『朝鮮新聞』1940 年 10 月 22 日。

らの個人所有が減る代わりに，機関投資家の保有が増えたが，信託，貯銀などが殖銀との資本関係を有することから，殖銀のガバナンスは安定的なものであったといえよう。

　京春鉄道敷設免許が 1936 年 7 月 13 日に下され，同月 20 日に京春鉄道株式会社創立総会が発起人会に続いて銀行集会所で開催された[69]。有賀設立委員長が議長として「一，京春鉄道会社設立に関する事項報告件」，「二，定款承認の件＝を異議なしに承認して」，「三，取締役及監査役選任の件＝議長指名で取締役に牛島省三，塩川済吉，菊池一徳，金季洙，山中友太郎，村上久八郎，富田直次，伊藤旺，監査役に迫間房太郎，浅野太三郎，朴晋陽の諸氏を選任した」。「四，商法第百三十四条による調査報告の件＝議長指名に対して三好豊太郎，田中篤二の両氏を選任した」。「五，会社を代表する取締役を定める件＝牛島省三氏を選任」。「六，取締役及監査役の報酬を定める件＝二万二千円と決定した」あと，三好豊太郎氏より検査報告があって，終了となった。

　第 1 回重役会が開かれて常務取締役を互選した結果，取締役社長牛島省三，専務取締役塩川済吉，取締役支配人伊藤旺，取締役技師長富田直次と

---

69)　「鉄道敷設免許」『朝鮮日報』1936 年 7 月 19 日；「京春鉄道創立廿日総会終了」『朝鮮日報』1936 年 7 月 21 日。

なった。会社の職制は支配人の下に庶務，経理，工務，自動車の4課を置いて経理課長は伊藤旺が兼任し，庶務課長に鵜川正長，工務課長に小池英吉，自動車課長に元農林局山林事務官海老原侃が就き，鉄道営業の開始後，運輸課長を設置することにした[70]。1940年春来，牛島社長が「胃病に患ひ病臥療養中」死去すると，10月19日に重役会が開かれて漢江水力電気専務林茂樹が社長に就任した。林社長は「朝鮮鉄道局の名経理課長で，後に知事となり局長となり，しかも殖銀理事をも歴任し」ており，京春鉄道は会社設立にも関わって知悉していた[71]。

3. 鉄道路線の敷設と鉄道業の展開

京春鉄道は1936年6月25日より金谷・加平間45キロについて第一回実地測量を始め，その次に加平・春川間の実測に着手し，最後に京城・金谷間の実地測量を1937年3月までに行うこととした[72]。結氷期を待ち，敷設工事に着手するため，工事区間を分けて入札し，三宅組，村上組，内田組などがそれぞれの敷設区間を担当した[73]。工事資金は殖銀の引受で調達されたため，資金不安は一過し，レールなどの材料も順調に発注された[74]。工事費は1000万円以上に達するが，株主関係を考慮して払込徴収は行わずに，全部殖銀より借り入れることを決定し，資金調整法の許可を得ると同時に，殖銀の諒解を得たのである[75]。ただし，日中戦争の勃発以来建設材料高の脅威と物価高によって「建設費は大膨張を示し」，朝鮮における私鉄の建設費は平均2割も昂騰した[76]。図12-3を見る限り，鉄道敷設が終わった1939年に建

---

70) 「京春鉄道準備廿五日実測準備」『東亜日報』1936年6月24日；「京春鉄道의 職制及人事決定」『東亜日報』1936年7月26日。

71) 「京春鉄道社長牛島省三氏」『朝鮮新聞』1940年10月15日；「京春鉄道社長林茂樹氏決定」『朝鮮新聞』1940年10月22日；紅葉山人「京春鉄道株式会社 奇才百出，神出鬼没」『朝鮮鉄道協会会誌』20-3，1941年，71-74頁。

72) 「京春鉄道進捗」『朝鮮日報』1936年8月25日。

73) 「経済界消息」『朝鮮日報』1936年10月24日；「人夫爭奪의 流血劇」『朝鮮日報』1938年9月25日；「五月中開通予期必 最終工事에 驀進」『朝鮮日報』1939年1月13日。

74) 「各私鉄会社工事 窮迫策을 考究」『東亜日報』1938年2月27日。

75) 「京春鉄道資金」『朝鮮日報』1938年2月27日。

76) 「私鉄의 建設費는 平均二割高」『東亜日報』1938年5月13日。

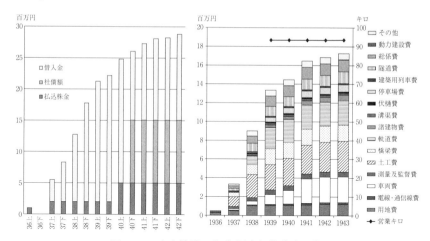

図 12-3　京春鉄道の資金調達と鉄道建設費
出所：朝鮮総督府鉄道局『年報』各年度版；朝鮮総督府『朝鮮総督府統計年報』各年度版；京春鉄道株式会社『営業報告書』半期版；「建設途上の京春鉄道の將來性」朝鮮公論社『朝鮮公論』27-3，1939 年，88-96 頁；阿部享治「京春鉄道会社の業態」朝鮮公論社『朝鮮公論』改巻 2-7，1943 年，100-106 頁；日本興業銀行調査部『昭和十八年上期本邦主要銀行会社業績調査』1943 年 12 月。

設費が当初予想した 1000 万円を大きく超えており，そのほとんどが殖銀からの借入金によって賄われたことがわかる。払込資本金による資金調達は 1940 年度上半期まで 200 万円に過ぎず，鉄道営業が始まった 1940 年度下半期になって漸く払込徴収が行われ，払込資本金が 500 万円になった。

　このような資金調達の容易性にもかかわらず，日中戦争の長期化に伴って「鉄道資材の如きも漸次窮屈となり，レール等は全く入手困難にて，一時此の建設工事も中止しなければならない」こととなった[77]。1937 年中には路盤工事はできたものの，レール，機関車などの鉄道車両が供給されず，京春鉄道は多獅島鉄道，平安鉄道，三陟鉄道とともに，工事中止となったため，鉄道局を経由して鉄鋼共販に対して折衝していた[78]。牛島社長が「非常に憂慮し，色々と画策せられ」，塩川専務「も一生懸命に奔走し，資材の獲得に努めた」[79]。難工事が多かったにもかかわらず，村上組が担当して，「開通成否

---

77)　前掲「故牛島社長を偲びて」129-133 頁。
78)　「鉄材制限으로 私鉄工事不進」『朝鮮日報』1937 年 12 月 24 日；「鉄材의 制限 私鉄工事에 難関」『東亜日報』1937 年 12 月 24 日。

の鍵を握るとまでいはれてゐる」最難工事の第 10 区間を含めて「昼夜工を急いで」，各区間の工事が順調に進み，1939 年 4 月 1 日には全区間の路線が開通できると予測された[80]。終点の祭基から楊水の金谷まではレールの敷設も終わり，1938 年 9 月末日に敷設工事は約 85% 進んだ[81]。

　しかしながら，93 キロのレール配分が決定されたにもかかわらず，実際の配給はその 3 分の 1 になる[82] など，鋼材の入手がネックとなったため，やや路線開通の遅延が余儀なくされ，総督府鉄道局および資源課でも「極力斡旋の労を取り，三菱，三井等の受注者側に日本製鉄と強硬折衝した結果，大体朝鮮内で発注される分だけは納入の透視」が立って，京春鉄道は 1939 年上半期には開通できると予測された[83]。その一方で，春川鉄道には 1 日出勤労働者数が 3000 人に達し，1 日平均労賃が 1 円であったが，労働力需給は円滑に行われるほうであった[84]。とくに，トンネル工事のため，その竣工が遅れていた第 10 工区に対しては 1 日 1300 人を投入し，1939 年 5 月までには鉄道を開通するためにその工事の進捗を急いだ[85]。

　それにしても，レール敷設工事が遅延し，1939 年 7 月 22 日になってようやく路線の開通を見た[86]。京春鉄道の開通式は春川駅前広場で挙行され，午前 8 時 35 分に京城城東駅を出発した処女列車で大野緑一郎政務総監，有賀光豊日本高周波重工業社長，総督府各局長，松原純一朝鮮銀行総裁，林繁蔵朝鮮殖産銀行頭取，甘蔗義邦京畿道知事，尹泰彬江原道知事など 300 余名が参加した。春川駅附近には数万の観衆が雲集し，春川邑の開始以来大混雑であった。開通式の終了後には春川繁栄会が昭陽江畔にある昭陽亭で春川繁栄

---

79)　前掲「故牛島社長を偲びて」129-133 頁。

80)　「京春鉄道工事捗る」『京城日報』1938 年 6 月 2 日；「京春鉄道 明年四月에 開通」『朝鮮日報』1938 年 4 月 5 日。

81)　「万事排除，工事継続 京春鉄道明春開通」『朝鮮日報』1938 年 10 月 1 日；「内鮮会社経営の解剖──京春鉄道の将来性」『朝鮮公論』27-3，1939 年，88-96 頁。

82)　「鉄鋼節約의 強化로 私鉄建設이 挫折」『東亜日報』1938 年 7 月 14 日；「私鉄의 建設挫折 軌條入手難深刻」『朝鮮日報』1938 年 7 月 14 日。

83)　「私鉄軌条」『朝鮮日報』1938 年 10 月 16 日。

84)　「建設役軍大行進 一日二万余名動員」『朝鮮日報』1938 年 10 月 4 日。

85)　前掲「五月中開通을 期必 最終工事에 鶩進」。

86)　「京春鉄工事遅延」『東亜日報』1939 年 2 月 15 日。

図 12-4　京春鉄道の処女列車出発と城東駅
出所：「江原心臓을 貫通하는 京春鉄道의 開通式」『東亜日報』1939 年 7 月 23 日。

会が祝賀宴を開催した[87]。鉄道営業は同月 24 日より始まり，1 日 6 往復で列車運行の所要時間 3 時間余であって，3 等片道料金は 2 円 57 銭であった。会社設立前の旅客自動車の運賃に比べては随分低廉であったことはいうまでもない。

　マンパワーとして鉄道運営に当ったのは 1940 年 3 月末に重役 9 人を含めて 525 人であった[88]。本社には取締役社長 1 人，専務取締役 1 人，取締役 4

87）「処女列車마자 昭陽亭의 賀宴」『朝鮮日報』1939 年 7 月 23 日。
88）　京春鉄道株式会社『鉄道財団鑑定書』1940 年 7 月。その後，鉄道員の採用が増えて 1945 年 8 月には 704 人となった（朝鮮総督府「在朝鮮企業現状概要調査 46（私鉄・自動車）」）。

人, 監査役2人, 支配人1人のほか, 庶務課45人, 経理課20人, 運輸課19人, 工務課36人が配置されており, 現場組織としては城東駅59人, 泰陵駅6人, 退渓院駅7人, 金谷里駅6人, 磨石駅6人, 大成里駅5人, 清平駅12人, 上泉駅5人, 加平駅10人, 白楊里駅6人, 新南駅4人, 城山駅4人, 春川駅32人, 春川機関区44人, 硯村分区27人, 城東保線区30人, 硯村線路班13人, 退渓院線路班12人, 金谷里線路班7人, 坪内線路班9人, 磨石線路班10人, 大成里線路班10人, 清平線路班9人, 上泉線路班8人, 加平線路班12人, 西川線路班8人, 白楊里線路班8人, 衣岩線路班8人, 春川線路班14人, 応召者5人であった。庶務課には「土地業」を担う用地係が属しており, 現場機関としての保線区が工務課の指示を受け, また駅と機関区は運輸課の管轄であった。

総督府鉄道局出身者によって鉄道運営が行われただけに, 技師長, 参事, 書記, 技手, 雇員, 嘱託, 傭人, 試傭といった身分制が取られており, それに応じる賃金体系が整えられた[89]。従事員には給料以外にも宅料(家賃補助), 普通賞与, 特別賞与などが支給されていた。ただし, 日本人と朝鮮人の民族別配置が資料上確認できないものの, 鉄道局と他私鉄の民族別配置から推測すれば, 保線区・線路班などを中心とする傭人層はそのほとんどが朝鮮人であっただろう。ともあれ, 注意すべきなのは, 後述するが, これらの鉄道要員以外にも1400人程度の自動車部員が配置されていたことである。

長らく京春鉄道の開通を地域社会が望んだだけに, 図12-5のように開通後の利用者が急増したことは論を俟たない。開通して間もない1939年9月に旅客の増加ぶりがすでに予定より多かったので, 客車の収量力が足りず, 朝鮮京南鉄道より客車2両, 鉄道局よりガソリン動車2両の借入れをなし, さらに大阪に手配して客車の移入を企図し, 塩川専務が1940年1月9日に渡日, 客車の入手を急いだ[90]。「大京城」と呼ばれるほど, 1930年代に植民地工業化および都市化が進むにつれ, 人口が増えていった京城との往来客が増え, 都市鉄道としての性格もあり, 乗客の増加が著しかったのである。旅

---

89) 同上書。
90) 「京春鉄道乗客増, 客車借入れを運轉」『朝鮮時報』1939年9月20日;「客車の増加購入, 京春鉄道の手配」『朝鮮時報』1939年12月11日。

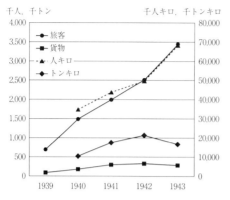

図 12-5　京春鉄道の鉄道輸送量と貨客運賃
出所：朝鮮総督府鉄道局『年報』各年度版；朝鮮総督府鉄道局『朝鮮鉄道状況』各年度版；朝鮮総督府交通局『朝鮮交通状況』1944年度版；朝鮮総督府『朝鮮総督府統計年報』各年度版。
注：鉄道運賃は運賃収入÷輸送量で推計。輸送量の単位は旅客1000人キロ，貨物1000トンキロ。

客と貨物はやや異なって，旅客は統計上観測可能な1943年まで増え続けたのに対し，貨物の場合，1942年にピークに達し，1943年にはむしろ輸送量がトン数とトンキロで減った。

そのため，1940年より塩川専務が日本内地へと渡航し，東京，神戸などで「種々業務の打合せ」を行って，資材不足のため車両増備を図ったものの，戦時下の鉄鋼不足のため，京春鉄道の期待通りには行かず，私鉄会社として予定の鉄道車両を導入するには時間がかかった。1940年7月頃には機関車5両，客車7両，動車7両，貨車42両であったが，そのうち機関車1両，客車1両，動車2両，貨車3両を鉄道局より借り受けており，動車1両は朝鮮京南鉄道より借り受けた[91]。1940年度注文品の機関車4両，客車4両，有蓋貨車10両は1941年に持ち越され，京春鉄道はその入手を図った[92]。しかしながら，良質の燃料炭の確保が難しくなるなど，戦時下の影響を被って1941年9月15日に従来の6往復で運行した城東・春川間列車回数を4往復へと縮小せざるを得なかった。さらに，政府のガソリン節約策に

---

91) 前掲『鉄道財団鑑定書』。
92) 「京春鉄道事業 圓滑하게 推移」『毎日新報』1941年1月14日；「京春鉄道の輸送力増強」『朝鮮新聞』1941年1月25日。

第 12 章　京春鉄道の鉄道業と自動車業——兼業の本業化と挫折 | 485

従ってガソリン動車は城東・退渓院間に限って 9 月までに運行するが，10月よりは全廃した[93]。このように，列車運行が減り，車両増備も思わしくなかったにもかかわらず，貨客とも 1942 年までは増えており，旅客の場合，1943 年にも増え続けたため，車内混雑は極めて深刻なものであった。1942年 10 月 1 日には京春間を 2 時間 50 分で運行して従来に比べて 50 分のスピードアップを達成できる急行列車を運行し始め，移動時間の短縮を図った[94]。

その一方で，貨物輸送についてみると，京春鉄道は既述のように，特産品の移出や地下資源の運搬などといった「経済線」として期待できなかったため，「牛島氏が在官時代に一時問題となり研究せられて居った北漢江の水流を利用して水力電気会社を創設したら，両会社相互に利益でもあり，又京城仁川に於ける産業の発展に多大の貢献を為すものであることを考へられ，時の殖産銀行頭取有賀光豊氏に此の事を話された処，大に賛成せられ，同氏の支援を受け，且つ京城に於ける財界有力者の賛助を得て，茲に始めて漢江水力電気会社の創立を見るに至った」[95]。総督府内務局長を歴任した牛島社長ならではの発想であるが，それが 1939 年 2 月 1 日に漢江水力電気株式会社の設立を見て，有賀光豊が社長に就任し，京春鉄道が 8 万株として資本参加し，牛島省三も取締役として重役に加わった[96]。漢江水電は清平発電所と華川発電所の建設工事を始め，「既設線の京春鉄道を材料運搬鉄道とし，京春はまた漢江水電の建設材料運搬で初期の営業収入を好化」した[97]。

そのほか，京春鉄道は首都圏への薪炭の供給の輸送を担当して重要な役割を果たした。「京仁は江原道の薪炭なくしては冬が越せず」，家庭燃料はもとより，戦時下で木炭ガス自動車の燃料となるため，「薪木炭飢饉」の緩和に寄与したのである。国有鉄道「東京城駅に一日に三両乃至五両の薪炭が来る日に，京春の城東駅には一五六両から十七八両の薪炭が到着して居た」。「即

---

93)　「京春鉄道따이야改正」『毎日新報』1941 年 9 月 18 日。
94)　「京春鉄道急行運転」『毎日新報』1942 年 9 月 27 日。
95)　前掲「故牛島社長を偲びて」129-133 頁。
96)　前掲『朝鮮銀行会社組合要録』1940 年版。
97)　前掲「京春鉄道株式会社 奇才百出，神出鬼没」71-74 頁。

ち京春鉄道は大京城の事変下最大の悩みである薪炭問題を解決すると同時
に，大にして江原道と京城との交通に大量消費をして居たガソリンとダイヤ
を節し，戦時経済の外国物資の消費節減の一役をも果したとも云へる」と評
価された[98]。総督府農林局では鉄道局と打合せの上，「冬を控へて木炭の需
給を円滑」にするため，京春鉄道を含む諸私鉄会社に対して協力を求め
た[99]。1941 年度にも「楊口水入面の木炭八万俵を筆頭に随所に山をなし目下
その製品四十万俵に及び」，「関係当局では輸送機関その他の方面と協議の結
果これが搬出を京春鉄道首脳部に依頼することになった」[100]。こうして，戦
時下で「江原道庁の運輸事務に関し打合せの必要を生じた」ため，1941 年
より伊藤旺支配人が本社のある京城を離れて春川に駐在し，現地輸送需要に
対応した[101]。

　資料上輸送動態および品目がわかる統計等が得られないものの，1941 年
に「漢江水電の本格的工事と江原道資源開発の促進から京春鉄道の輸送容量
増強施設整備は愈々その負荷された重責益々荷重されてゐるので，各種施設
の拡充に邁進」した[102]。機関車 4 両，客車 6 両，貨車 30 両が 1941 年 4 月末
に到着する見込みであったものの，それがなかなか配給計画通りにはいかず
遅延しており，同年 11 月には日本内地から客車 4 両を入手し取り付けるこ
ととなった[103]。さらに，京春鉄道は 1941 年内に試験済の無煙炭代燃車 4 台
を従来のガソリン動車に取り付けてガソリン燃料を石炭に変えて退渓院，金
谷方面の近距離輸送に振り向けて輸送難を緩和しようとした。

　しかしながら，熱量の高い粘結炭が輸移入できず，燃料として質の劣る朝
鮮産無煙炭を使い始めたため，必要な燃量を出せなかった。1942 年初頭に
おいて，京春鉄道は機関車の改造を断行し，無煙炭と有煙炭を混用して使用
していたが，鉄道用炭の熱量の低下と石炭費の急増に逢着して，その問題に
柔軟な対応を見せないどころか，石炭そのものの入手も困難となった[104]。京

98）　同上書。
99）　「木炭輸送の万全に農林局が乗出す」『朝鮮新報』1940 年 10 月 23 日。
100）　「山積の江原木炭 搬出に道当局で督励」『朝鮮新聞』1941 年 11 月 16 日。
101）　「京春鉄支配人春川に駐在」『朝鮮新聞』1941 年 1 月 24 日。
102）　「京春・車両を増備 漢電の資材輸送完全」『朝鮮新聞』1941 年 2 月 2 日。
103）　「京春鉄道に客車四両を入手」『朝鮮新聞』1941 年 11 月 17 日。

第 12 章　京春鉄道の鉄道業と自動車業——兼業の本業化と挫折 | 487

春鉄道は 1943 年 4 月にすべての燃料を無煙炭として試運転を行い，城東・春川間を缶換なしに運転すると，最後は灰層が厚くなって，とうてい燃焼できなくなり，終端駅到着後には入替もできなかった。無煙炭使用実績（1942.7-1943.6）をみると，京春鉄道は 28.9％であったが，1943 年 6 月にはこれが 67.2％までに上がっていた。それに伴って，無煙炭使用による列車遅延は一般的な現象であったが，その中でも京春鉄道の無煙炭燃焼の試運転はその著しい一例であった。

　こうして，鉄道資材の不足が著しくなったため，朝鮮鉄道協会は 1943 年 4 月に資材部を特設し，これに朝鮮内の鉄道関連 18 社[105] が参加し，6 月に「資材事務担当者打合会」，8 月に「総会」を開催，朝鮮内の私鉄および軌道の資材斡旋を始めた[106]。個別会社による資材獲得は極めて困難であったため，「資材部」を通じて各社の代表機関として，統一的な資材調整を行うことになった。

　以上のような輸送成績は経営収支上いかなる結果をもたらしたのだろうか。図 12-6 を見れば，収入と支出がともに増える中でも，旅客を中心とする運賃収入が大きく増加し，鉄道業の損益が増えたことがわかる。貨物の場合，1942 年より 1943 年になってむしろ運賃収入が減って，輸送量が 1943 年に減少したことを反映している。

　そこで，注意すべきなのは鉄道運賃が貨客において異なったことである。図 12-5 の運賃推計によれば，旅客運賃は 1940 年の 52.0 円からやや下がり，1941 年に 49.0 円になるが，その後引上げが続いた。とくに，この運賃水準は朝鮮私鉄平均が同時期に 41-46 円であったことから見て比較的高いものであった。「春川の如きは同鉄道実現のためには相当の犠牲を払ひ株の引受け

104）　朝鮮総督府調査部「鉄道用炭私鉄悩み」1942 年 2 月。

105）　資材部会員は朝鮮鉄道，朝鮮京南鉄道，京城電気，新興鉄道，朝鮮平安鉄道，西鮮中央鉄道，京春鉄道，端豊鉄道，平北鉄道，多獅島鉄道，北鮮拓殖鉄道，三陟鉄道（三陟開発を含む），満鉄北鮮線，朝鮮マグネサイト開発，江界水力電気，西鮮合同電気，南鮮合同電気，京城軌道の 18 社であった。また資材関連業務を総括する部長としては元鉄道局参事および京東鉄道専務であった内藤真治が就任した。「当協会に資材部特設——資材部長に内藤真治氏就任」『朝鮮鉄道協会会誌』22-5，1943 年，38 頁。

106）　「資材部の栞」『朝鮮鉄道協会会誌』22-7，1943 年，35 頁；「資材部の栞」『朝鮮鉄道協会会誌』22-9，1943 年，27 頁。

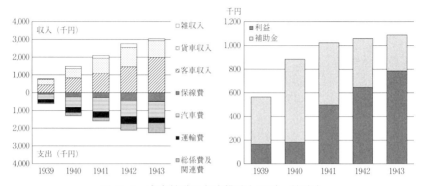

図 12-6　京春鉄道の収支構造と利益・補助金
出所：図 12-5 と同様。

や春川駅の敷地の安価提供，その他あらゆる精神的援助を与へその実現を見たのに」，鉄道開通によって運賃が低くなるどころか，「高率」であったため，「非難」が地元より出されたのである[107]。それにもかかわらず，戦時下での物価および賃金の上昇が避けられなかったため，京春鉄道は 1942 年 2 月 1 日に鉄道運賃引上を実施，1 キロ当り 2 銭 8 厘を 3 銭 5 厘へと引き上げて，蒸気機関車 8 両，客車 18 両，ガソリン動車 3 両をもって 1942 年上半期に鉄道収入 12-13 万円の増収を期待した[108]。

これに比べて貨物運賃はやや安くなり，図 12-5 の 23-28 円であって，22-32 円であった朝鮮私鉄平均の運賃より低い水準であった。とりわけ，1943 年には総督府の低物価政策に従って運賃引上げを実行しなかったため，貨物運賃収入は旅客運賃収入に比べて相対的に少なくならざるを得なかった。ここで注意しなければならないのは図 12-6 の経営収支には兼業収支はもとより，営業外収支をも含んでいないことである。1943 年 3 月末に社債 1000 万円，殖銀からの借入金 1367 万 5 千円があったため，55 万 6 千円に達する利子が発生し，鉄道業の利益は図 12-6 のそれより少なくなるはずである。図

---

107)「京春鉄道旅客賃金二円十銭決定」『朝鮮日報』1939 年 3 月 28 日；「京春鉄道料金，高率に過ぎると地元では非難，毎粁三銭一厘に内定」『京城日報』1939 年 1 月 15 日。
108)「京春鉄道運賃引上」『毎日新報』1942 年 2 月 4 日；「京春鉄道運賃引上」『毎日新報』1942 年 2 月 5 日。

12-6 の経営収支はあくまでも「建設費補助主義」に基づいて交付すべき政府補助金を算定するためのものである。確かに，鉄道業が伸び続け，塩川専務の回想で指摘されたように「新設わずか五年で，総督府の補助金を辞退したほど，他に余り類例を見ぬ優秀な成績を収めた」[109]。とはいえ，先行研究では考慮していないが，補助金の交付は営業外収支を勘案していないことに注意を要する。

4. 自動車業の展開と会社経営分析

　京春間交通は従来自動車業によって行われて，のちに開通すべき鉄道に対してすでに強力なライバルとなっていた。これに対し，京春鉄道の経営陣は会社設立前より貨客とも自動車業との統合を敢行し，鉄道との間で培養線としての補完的関係を構築しようとした。そのため，会社定款によれば，「鉄道運輸並に倉庫業務」のほかにも「自動車其他に依る一般運送及運輸業務並に運送取扱業務」，「土木建築の経営其の他開拓に関する業務」，「木材及薪炭の売買並に委託販売材木の売買並に委託販売材木の伐採，製材，製函，電柱，坑木，薪炭及鉄道枕木の製造販売其他造林事業」をも事業目的として定めている[110]。鉄道業の開始前にも自動車業に積極的に介入しており，京城との連絡できる立地を生かした社内「土地業」と呼ばれた不動産業，森林地帯の多い江原道の自然環境を利用した林業および製炭業を始めた。

　既述のように，江原道および京畿道関係の路線貨物自動車業を統合して1936 年 2 月 1 日より開業した京江陸運会社が，1936 年 9 月 30 日に解散して10 月 1 日より事業全部を京春鉄道会社に譲渡すると，京春鉄道では京江陸運事業 1,400 キロを貨物自動車部として引き継がせた[111]。1936 年 10 月中に三陟開発に伴う材料運搬のため，4 トン・トラック 8 台，2 トン・トラック12 台をこの方面に回し，トラックの運用が煩雑になったため，2 トン車 20台，4 トン車 3 台を注文した[112]。その一方で，旅客用バス事業においては，

---

109)　塩川済吉「明断の京春鉄道」「有賀さんの事績と思い出」編纂会編『有賀さんの事績と思い出』「有賀さんの事績と思い出」編纂会，1953 年 5 月，197-200 頁。

110)　前掲「内鮮会社経営の解剖」88-96 頁。

111)　「京江陸運解散 京春鉄道에 譲渡」『朝鮮日報』1936 年 10 月 3 日。

内鮮自動車運輸，京抱自動車，春川自動車の買上工作を進め，買収契約が成立，1936 年 12 月に三社業務を引き継ぎ，旅客の運送事業を開始した。それによってトラック 50 台，運転手，車掌などの従事員 150 人が京春鉄道の配置下に入った[113]。そのほか，清涼里タクシー部営業権を買収し，タクシー運行を始めた。

　さらに，内金剛自動車合資会社営業権を確保し，京春間の鮮一自動車や京城・加平間の五星自動車についても 1937 年春その買収に着手したものの，その買収が滞った。そのうち五星自動車は 1938 年 2 月頃になって買収された[114]。それによって，個人業者を除いてバスとトラックの路線網はすべて京春鉄道の手中に入り，発着時間の正確化，経路の合理化が期待された[115]。そのうち，鮮一自動車の買収は長らく延期され，1939 年 6 月になって京畿道警察部の斡旋によって営業権が漸く京春鉄道へ渡された[116]。また，京春鉄道は 1937 年 8 月 10 日より平康・福渓・金化間貨物自動車を定期的に運転し始め，11 月 2 日より 1 回から 2 回へと運行回数を増やした[117]。鉄道ダイヤグラムの変更に伴って京春鉄道は自動車運行時刻を変えて乗客の便宜を図った[118]。このような自動車業の買収は 1938 年にも続き，鉄原・市辺里間，市辺里間・伊川間，鉄原・安峡間，平康・伊川間，伊川・馬転里間，伊川・支下里間の 300 余キロに達する自動車路線を追加購入し，京畿道東部と江原道西北部は完全に京春鉄道の配置に入った[119]。京春鉄道は 1939 年 4 月に伊川・平康間運行を従来の 1 日 2 回往復から 3 回往復に増やし，また伊川・葛山温泉運行を 1 日 1 回往復から 2 回往復に増やした[120]。

112）「京春鉄道 트럭車 拡充」『朝鮮日報』1936 年 11 月 12 日。

113）「京春鉄道에서 三社買収調印」『朝鮮日報』1936 年 12 月 4 日；「京春鉄道終着線」『朝鮮日報』1937 年 3 月 23 日；「会社案内」『朝鮮及満州』358，1937 年 9 月，88 頁；「京春鉄道資金」『朝鮮日報』1938 年 2 月 27 日。

114）「京江陸運解散 京春鉄道에 譲渡」『朝鮮日報』1936 年 10 月 3 日。

115）「五星自動車 京春鉄이 買収 京義江原一元化」『東亜日報』1938 年 2 月 27 日。

116）「鮮一自動車를 京春鉄道서 買受」『毎日新報』1939 年 6 月 10 日。

117）「平康，福渓，金化間貨物自動車運転」『東亜日報』1937 年 8 月 12 日；「平康金化間에 二回運転断行」『朝鮮日報』1937 年 11 月 14 日。

118）「京抱乗合自動車 運転時間増加」『東亜日報』1937 年 9 月 6 日。

119）「京春鉄道에서 自動車路線買収」『朝鮮日報』1938 年 9 月 14 日。

120）「伊川各線路에 自動車를 増発」『朝鮮日報』1939 年 4 月 8 日。

第 12 章　京春鉄道の鉄道業と自動車業──兼業の本業化と挫折　491

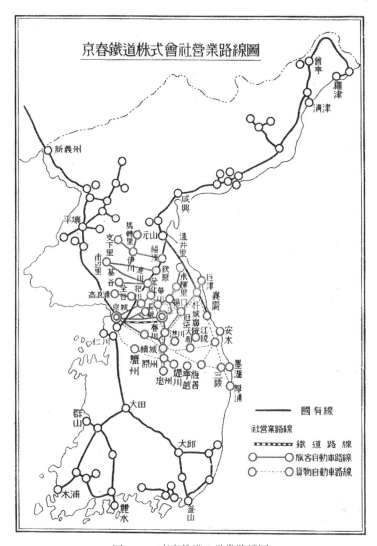

図 12-7　京春鉄道の営業路線図
出所：京春鉄道株式会社『第七回営業報告書』1939 年度上半期（1939 年 4 月 1 日-9 月 30 日）。

表 12-4　京春鉄道の自動車保有台数（1940 年
3 月 31 日現在）

		京畿道	江原道	計
旅客	旅客運輸 旅客貸切	80 2	65 10	145 12
	合計	82	75	157
貨物	貨物運輸 貨物貸切 貨物不定期	30 3 3	0 101 86	30 104 89
	合計	36	187	223
	総計	118	262	380
小型（オートバイ）		5	2	7

出所：京春鉄道株式会社『鉄道財団鑑定書』1940 年 7 月。

　そうした中，ガソリン節約を目的として総督府鉄道局は全朝鮮自動車路線
中並行線と競争線の配合整理を断行するため，自動車路線事業調査を始め
た。京春間路線の場合，京春鉄道，李段瑄，崔基永の 3 業者であったが，京
春鉄道は 1938 年 2 月に崔基永の路線事業を買収し，李段瑄に対しても買収
交渉中であった[121]。ガソリン不足がバスの乗降方式も変わり，1938 年 8 月
に京春鉄道乗合自動車楊平営業所では従来の営業所停留所以外に新しい乗降
場を設置し，それ以外には停車しないことにした[122]。1939 年になると，京
城を中心として京畿道はもちろん，江原道，忠清南北道などの郡部を通じて
数多くの放射線状の自動車運輸路線はそのほとんどが個人あるいは群小会社
によって経営されていたが，ガソリン統制などのため，その運営が難しく
なっていたので，京城電気と京春鉄道といった大資本が群小路線の買収に取
り掛かり，「買収競争」となっていた[123]。
　江原道では京春鉄道，江陵の東海商事，三陟欝珍合同自動車の 3 社へと自
動車業が 1938 年 7 月頃には江原道交通係の指導下で集約統合された。東海

---

121)　「京畿道内自動車線路大部分을 廃合整理」『朝鮮日報』1938 年 6 月 11 日。
122)　「乗合自動車乗降場新設」『朝鮮日報』1938 年 8 月 23 日。
123)　「京畿，江原，忠清四道群小自動車線買収競争이 熾烈」『朝鮮日報』1939 年 5 月 4 日。

第 12 章　京春鉄道の鉄道業と自動車業——兼業の本業化と挫折 493

商事と三陟欝珍合同は大体東海岸地方のみを舞台として自動車業を展開し，嶺西・南・北はすべて京春鉄道が「占領」していたが，江原道における交通運輸の一元化がガソリン統制の強化に伴って進められたものである[124]。1939年8月にはバスとトラックの自動車事業がそれぞれ総督府鉄道局の「指導助長」を得て朝鮮鉄道（株）と朝鮮運送の二系統下に集中していたが，図12-7のように江原道では京春鉄道の支配下で自動車業が統合されたのである[125]。江華島に本店を置く森信運輸は1939年12月に金浦郡自動車部の金浦城東里・京城間路線を12万8千円で京春鉄道へ譲渡し，汽船部に注力することにした[126]。京春鉄道は同月21日より江華・京城間に運行回数を増やし，路線運行を始めた[127]。

　こうして，京春鉄道のバスおよびトラック（1940年3月末）は表12-4のように運輸事業，貸切事業，不定期事業を含めてそれぞれ157台，223台であって，その路線は4450キロに達しており，これに新規申請路線を加えると，5000キロにもなった。営業網は京畿，江原の両道はもとより，忠南，咸南，黄海の三道にまで進出したため，これらの三道を含めると，バスとトラックは427台を記録し，自動車の営業収入は鉄道のそれを遥かに上回ったのである[128]。そのため，1940年末頃には京春鉄道の従事員は約2000人であったが，そのうち自動車部の従事員だけが1400人に達した[129]。こうした自動車部を運営するため，京春鉄道は京城に本社以外にも鉄道組織以外に旅客自動車部（→旅客自動車京城支店），同鍾路営業所，同清涼里営業所，貨物自動車部（→貨物自動車京城支店），同南大門営業所，東京城営業所，城東営業所，同鍾路営業所を設置しており，それ以外の地域では営業網の拡張に従って春川，原州，江陵，横城，洪川，墨湖，金化，鉄原，寧越，淮陽に支

---

124)　「江原道交通網一元化」『朝鮮日報』1939年7月8日。
125)　「全朝鮮自動車運輸二系統으로 統制化」『東亜日報』1939年8月5日。
126)　「江華京城間自動車線路京春鉄道買収」『東亜日報』1939年12月7日；「汽船部에만 注力」『朝鮮日報』1939年12月9日。
127)　「森信의自動車線路를京春에서 引継経営」『朝鮮日報』1939年12月23日；「江華京城間의自動車時間変更」『朝鮮日報』1939年12月24日。
128)　「京春自動車業況」『朝鮮日報』1940年3月24日。
129)　前掲「京春鉄道株式会社 奇才百出，神出鬼没」71-74頁。

表 12-5　京春鉄道における木炭自動車の利用状況

年月	台数	運行日数		走行キロ		木炭		揮発油	
		月総数	1台当り	総走行キロ	1台日当り	総使用量	1キロ当り	総使用量	1キロ当り
旅客自動車	10	135	13.5	12,267	39.5	5,461	0.445	2,851	0.232
1939.12	10	135	13.5	12,267	39.5	5,461	0.445	2,851	0.232

年月	台数	月総数	1台当り	総走行キロ	1台日当り	総使用量	1キロ当り	総使用量	1キロ当り
1939.12	10	135	13.5	12,267	39.5	5,461	0.445	2,851	0.232
1940.07	20	257	12.8	19,785	31.7	10,780	0.544	1,232	0.062
1940.12	51	803	15.7	71,298	55	45,217	0.634	1,232	0.070
1941.07	80	1,540	19.2	136,649	55	97,690	0.727	3,034	0.052
1941.11	106	2,108	19.9	191,181	60	166,470	0.800	988	0.005
1941.01	14	151	10.8	10,269	23.6	7,740	0.753	1,268	0.123
1941.07	96	1,319	13.6	105,644	35.5	81,760	0.773	10,920	0.103
1941.11	97	1,634	16.8	136,003	46.6	113,690	0.835	12,769	0.093

出所：京春鉄道株式会社「木炭自動車運用の概況」『自動車技術協会会報』10，1942 年 4 月，35-37 頁。

店ないし出張所を置いた[130]。

　こうして，京春鉄道の自動車網が拡張する一方で，戦時下におけるガソリン，チューブなどといった燃料と部品の不足は深刻な問題になっていった。例えば，京城・金浦間旅客が京城府域の拡張に伴って激増したにもかかわらず，ガソリン使用の制限と自動車の不足のため，1939 年 11 月にはバスに乗れなかった旅客が生じ，その人数が数千人に達するといわれるほどであった[131]。これに対する金浦郡民の不満は大きく鉄道の敷設を要望するに至った。こうして，京春鉄道が金浦と森信の 2 社が運営していた江華・京城間路線を買収して独占したものの，輸送力が足りず，運転手と車掌の恣意的運賃徴収があると，この「態度不遜」に対する不平が大きくならざるを得なかった[132]。旅客の輻輳のため，永登浦に到着するバスの乗車人員は定員の倍となったため，京春鉄道自動車部旅客係庶務主任山縣は木炭ガス車が到着し次第同区間に配置することにした[133]。

　ガソリン不足に対して京春鉄道は自動車に木炭ガス発生器を取り付けて対

---

130)　京春鉄道株式会社『第八回営業報告書』1939 年度下半期（1939 年 10 月 1 日-1940 年 3 月 31 日）。
131)　「京城金浦間에 激增하는 旅客」『朝鮮日報』1939 年 11 月 28 日；「激增하는 旅客에 自動車數는 依然」『朝鮮日報』1940 年 1 月 27 日。
132)　「独占事業에 이 専横 "京春鉄道" 의 態度不遜」『朝鮮日報』1940 年 3 月 2 日。
133)　「旅客은 輻輳」『朝鮮日報』1940 年 4 月 21 日。

応しようとしたのである。1938年3月に総督府鉄道局はガソリン使用の多い自動車業者であった京城電気，朝鮮運送，京春鉄道，京仁バス，京忠バスを招致し，ガソリン燃料代用として木炭ガス使用について協議を行い，木炭ガス発生器など部品が到着する1938年5月に京電1台，京春鉄道2台，京忠1台，京仁バス1台，朝鮮運送1台を改造し，試験運転させた[134]。京春鉄道の場合，平田式木炭貨物自動車1台，同バス1台を購入して実地試験を行った結果，最も優れた成績を出し，燃料として1.5俵を要し，傍系事業として木炭製造をもすでに行っていたため，1938年7月より京春間で「木炭自動車」の実用化を決定した[135]。同月よりガソリン購入時に伝票制が実施されると，京春鉄道は貨物車20台とバス10台を大量注文した[136]。

　1939年7月になって朝鮮でもガソリン消費規正の実施に際して，京春鉄道は木炭ガス器の取付に注力し，1941年度末には旅客自動車の約80%，貨物自動車の約70%を木炭ガス車に改造した[137]。旅客自動車の場合，白土式，浅川式，太平式，三浦式，京春式が使われたのに対し，貨物自動車では浅川式，三浦式，京土式が実施された。木炭自動車の運転「成績の良否は取扱の習熟如何にあり大体の目標としては」，①「休車を少くし運行日数の増加を計ること」，②「一日当走行粁数の延長を計ること」，③「原則として揮発油併用をせざること兼而又走行粁当木炭使用量の減少を計ること」をとりあげた。表5のように，京春鉄道はガソリン車の運行を減らし，その代わりに木炭自動車への改造の上，その運行を増やすことで，戦時下の輸送需要に応じたのである。

　とりわけ，「木炭車の故障休車或は調子不良の原因の十中八九迄は，清掃，手入不充分に基くと言ってよい」ため，運転手の熟練が何より大事であった。「この木炭車は日々の手入と掃除に手数がかゝったが，それも京春では乗務員を常時訓練してよくやって居る。車を大事にする乗務員は客を大

134）「当局과 業者会合」『朝鮮日報』1938年2月23日；「木炭自動車六台」『朝鮮日報』1938年4月23日；京春鉄道株式会社「木炭自動車運用の概況」『自動車技術協会会報』10，1942年4月，35-37頁。

135）「京春鉄道率先 木炭車運転」『東亜日報』1938年6月26日。

136）「木炭使用自動車卅台昙 大量註文」『朝鮮日報』1938年7月3日。

137）　前掲「木炭自動車運用の概況」35-37頁。

表 12-6 京春鉄道における揮発油車と木炭車の比較

	種別	1台1月当 運行日数	1台1日当 走行キロ	1キロ当経費		
				ダイヤー費	部分品費	修繕費
1938.10	キ	25.8	97.0	1.070	1.271	1.360
1938.12	キ	23.0	94.6	0.788	1.774	1.636
1939.07	キ	24.0	81.7	1.377	1.512	0.928
	キ	23.5	78.0	1.970	2.013	0.833
1939.12						
	木	18.0	49.0	2.111	5.082	3.341
	キ	18.0	50.0	1.354	2.471	1.868
1940.07						
	木	13.5	53.0	6.465	6.416	7.247
	キ	21.0	68.0	1.635	5.511	1.105
1940.12						
	木	16.5	47.0	1.547	9.472	3.454
	キ	19.4	60.0	1.360	4.221	1.038
1941.06	木	18.0	55.0	0.512	8.121	2.107

出所：表 12-5 と同様。
注：1. キは揮発油車，木は木炭車。
　　2. 修繕品は部分品以外の車両修繕に要する費用。

事にすることも云ふまでもない。とにかくこの乗務員の訓練教養は会社で特に意を用ひ，朝毎に教養訓練を怠らずやって居る。京春の軍隊式乗務員訓練は今でも有名である」と言われた[138]。

とはいうものの，木炭自動車の運転はガソリン車に比べて費用が大きくならざるを得なかった。表 12-6 のようにガソリン車と木炭自動車を比較すれば，「第一に運行能率に於て揮発油車に比し確実に二割低下」したが，「之れが原因は根本的には木炭瓦斯の出力そのものが揮発油に比し七十％に過ぎざることに基因すると思はるるが発生炉の故障といふ余分の修理加はること，常に手入清掃を要する為め折返運転不能なること等其主なるもの」であった。また，「第二に経済の増大である。木炭保管設備等の固定経費の要すとは言ふ迄もない所であるが，直接走行経費中のタイヤー費，部分品費修繕費の増加は著しいものがある。木炭車のエンヂンの如きも揮発油車に比し三分の一の寿命低下は確実である」と指摘された。それにもかかわらず，ガソリ

138）　前掲「京春鉄道株式会社 奇才百出，神出鬼没」71-74 頁。

第12章　京春鉄道の鉄道業と自動車業——兼業の本業化と挫折 | 497

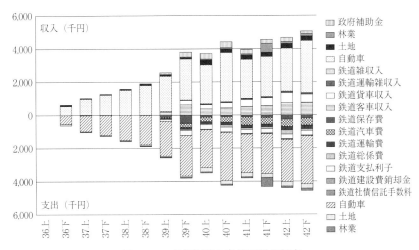

図12-8　京春鉄道の事業別経営収支
出所：京春鉄道株式会社『営業報告書』半期版；前掲「建設途上の京春鉄道の將來性」88-96頁；前掲「京春鉄道会社の業態」100-106頁；日本興業銀行調査部『昭和十八年上期本邦主要銀行会社業績調査』1943年12月。

ンの配給が減る反面、木炭の調達が社内の製炭業によって可能であったため、京春鉄道は100％の木炭車化を目指したのである。

　このような戦時下の自動車業の展開が京春鉄道にとってどのような成果をもたらしたのだろうか。図12-8の経営収支をみれば、自動車業が圧倒的に大きいことが注目に値する。1942年度下半期までは自動車業を含む兼業の収支構造が把握できることから、1942年度下半期を基準として見れば、鉄道への政府補助金を含めて全収入の62％が自動車業であって、費用では自動車業が64％であった。鉄道の場合、政府補助金を除いて全収入、全支出の27％であった。会社経営において自動車業が鉄道業より遥かに大きなプレゼンスを有し、もはや鉄道会社というよりは自動車会社とも言える。

　そのほか、1939年には退渓院に約40万坪の運動場と児童公園を造成し、東京城（清涼里）の会社所有地約10万坪に区画整理の上、1939年に70戸、1940年に50戸の住宅を建設して分譲しようとした[139]。このような「土地業」は「退渓院運動場の公開、京城典農町の住宅建築及売却月谷壮住宅地の整地分譲等」にわたった[140]ものの、全体収入では5-6％に過ぎなかった。と

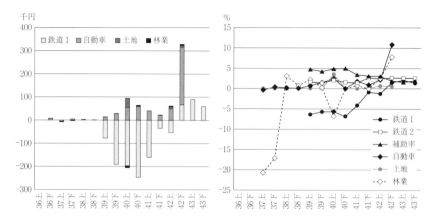

図 12-9　京春鉄道の事業別損益と利潤率

出所：図 12-8 と同様。
注：1. 1943 年度上半期より鉄道以外には損益は不詳である。
　　2. 鉄道 1 は政府補助金を含まない。鉄道 2 は政府補助金を含む。

はいえ，祭基町城東駅を「京城に独自の始発駅を持つことが，将来のため最も必要である」という当時朝鮮殖産銀行頭取有賀光豊の経営判断は日本内地の「小林一三モデル」を念頭に置くものであったと評価できよう[141]。京春鉄道は「京城府乗入れ唯一の私鉄として，非常に有利な立場に置かれて」おり，もし解放後国有化されずに私鉄体制が認められたとすれば，その前途は極めて有望であっただろう。

さらに，京春鉄道が営むもう一つの兼業が森林地帯の多い江原道の自然環境を生かした「枕木，建築各用材の伐採販売木炭及薪の生産」であった[142]。この林業が全収入で占める比率はわずか 3％であったものの，意図せずに，戦時下でガソリン消費が規制を受け，代燃車として木炭自動車が注目されると速やかに木炭車への転換を可能とする条件となり，「京春自動車はこの木炭自給等で経営を合理化し経済的に運転して居るのがまた一つの特色でこの

---

139) 「溪溪院에 遊園地建設運動場，兒童公園工事」『東亜日報』1939 年 8 月 15 日；「京春鉄道에서 住宅地를 経営」『朝鮮日報』1940 年 3 月 15 日；「建設途上の京春鉄道の將來性」『朝鮮公論』27 巻 3 号，1939 年 3 月，88-96 頁。
140) 前掲「京春鉄道——兼業に一特色」154 頁。
141) 前掲「明断の京春鉄道」197-200 頁。
142) 前掲「京春鉄道」154 頁。

第 12 章　京春鉄道の鉄道業と自動車業——兼業の本業化と挫折 | 499

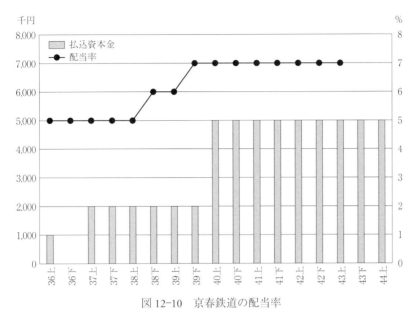

図 12-10　京春鉄道の配当率
出所：図 12-8 と同様；「経済界消息」『朝鮮日報』1936 年 9 月 18 日；「各社増配」『朝鮮日報』1937 年 3 月 5 日；「京春鉄道総会」『朝鮮日報』1937 年 5 月 27 日；「京春鉄道七分据置」『毎日新報』1943 年 11 月 14 日。

如くしなければ木炭瓦斯代燃車は運転が難しいとも云へる」[143]。

　京春鉄道は事業別にどれくらいの利益を得ているのかを示しているのが図 12-9 である。損益において鉄道に対して交付された政府補助金を取り除くと，1942 年上半期までは赤字であって，前掲図 12-6 の黒字とは異なっている。図 12-6 の場合，既述のように，政府補助金を算定するため営業収支のみを考慮したものであって，営業外収支，すなわち図 12-6 の支払利子，「建設費銷却金」，社債信託手数料を入れると，図 12-9 のような赤字となったのである。払込資本金を大きく上回る借入金・社債があったため，そのほとんどが殖産銀行からの低利融資ではあったが，鉄道業は 1942 年度上半期までに赤字経営を免れなかった。そのなかで黒字を記録したのが自動車業，土地業といった兼業であった。事業別投資金，即ち鉄道建設費，自動車興業費，

---

143)　前掲「京春鉄道株式会社 奇才百出，神出鬼没」71-74 頁

土地業興業費，林業興業費を基準として推計した利潤率を見れば，補助が
あって辛うじて鉄道業は黒字となっており，一貫的に黒字を示しているのは
自動車業である。とりわけ，資料的に確認できる 1942 年度下半期には自動
車業の利潤率は 10.8％を記録し，鉄道業に比べて経営成績が極めて良好で
あったことがわかる。

　そのため，自動車業を会社設立直後より行っており，「建設利息」が発生
したため，図 12-10 の配当率をみれば，1939 年 7 月に鉄道が開通する前に
も毎期 5-6％の配当が行われたことがわかる。その後，鉄道開通後には事実
上赤字経営であったにもかかわらず，政府補助金の交付によって支えられ，
資料上確認できる 1943 年度上半期まで 7％の配当が維持された。政府補助
金は 1943 年度下半期にも交付されており，既述のように「私鉄としては新
設してから僅か五年振りに総督府補助金を辞退するほどその類例のない優秀
な成績」であったという塩川専務の回顧が残っていることから，1944 年に
は 7％以上の配当が可能であったと考えられる。

　ともあれ，京春鉄道の自動車経営は 1943-44 年当りで戦況が悪化し，陸運
の輸送力が重視されるにつれ，大きな変化を経験せざるを得なかった。朝鮮
総督府は 1943 年 12 月 29 日には「統制会社令」第 3 条第 1 項の規定を発動
し，全朝鮮 89 人のトラック業者に統制会社設立命令を発し，30 日には設立
委員会を開催し，「統制会社設立要綱」を提示した[144]。それによって，1944
年 1 月に「朝鮮自動車交通事業整備要綱」[145] が発表された。朝鮮貨物自動車
統制株式会社は 1944 年 2 月 1 日に創立総会を開催して同月 11 日より新しい
運輸事業を開始した[146]。同社の重役陣としては，京春鉄道社長，朝鮮鉄道協
会会長である林茂樹を社長として，理事には増田平八，島村久兵衛，堀重
一，伊藤旺，吉田弥五右衛門，松本福市，入山昇，監事には野村薫，方義錫
が任命された。そのうち島村久兵衛が京南鉄道自動車課長であり，伊藤旺が
京春鉄道取締役支配人であったものの，同社の貨物輸送は総督府交通局およ

144）『殖産銀行月報』1944 年 3 月，47-48 頁。
145）「朝鮮自動車交通事業整備要綱（情報課発表）」『朝鮮鉄道協会会誌』23-2，1944 年，14-15
　　頁。
146）「全鮮貨物自動車一元的整備統合成る」『朝鮮鉄道協会会誌』23-2，1944 年，14-18 頁。

第 12 章　京春鉄道の鉄道業と自動車業——兼業の本業化と挫折　501

び各道当局との緊密な連絡の下に重要物資輸送を強化するため，朝鮮運送（朝鮮海陸運輸）との協力体制が強化された。旅客自動車運輸運送事業は「合併による一道一企業体の確立」を原則として統制合同が進められ，江原旅客自動車株式会社が設立された[147]。

　こうして，京春鉄道の最大事業ともいえる自動車業は戦時下で統制会社の設立に伴って同社より離れて，京春鉄道の事業は主に鉄道業に限定されざるを得なかった。

おわりに

　春川の有志らは江原道庁所在地たる春川を朝鮮の首都たる京城と結ぶ鉄道ネットワークの構築を望んだものの，日本内地からの鉄道投資誘致が失敗し，挫折することとなる。これに対して朝鮮鉄道 12 年計画の樹立と絡んで国有鉄道としての敷設を要請したものの，しかしこれも失敗に終わった。京春鉄道は朝鮮の支配と開発の両面から見てその重要性が劣っており，その収益性も懸念されたのである。そのため，京春道路を利用した自動車運送業が登場すると，総督府鉄道局による自動車直営を希望したものの，予算制約のため，実現できなかった。そこで，地域社会は自らの資金動員を通じて鉄道敷設を具体化していくこととなり，この出資に応じて総督府鉄道局が私鉄敷設に対して真剣な姿勢を示し，まず，国有化されて大量の資金調達が可能な南朝鮮鉄道側，すなわち根津財閥に鉄道投資を依頼するが，買収方式をめぐって不愉快なこともあり，より根本的には配当率 8％を保証していた 1920年代の投資環境が私鉄補助法の改正によって大きく異なってきたことから，朝鮮総督府側の要請を根津社長は拒んだ。

　そこで，殖産銀行側が総督府の慫慂に応じて新しい投資家として浮上して私鉄事業を設計し始めた。この点で，注意しなければならないのは殖銀の性格は単なる民間資本ではない国策会社であり，特殊会社であったことである。この点で，京春鉄道は国策会社の子会社としての性格を有することになる。総督府側は地域社会の要請を汲み上げながら，その影響下にある殖産銀

---

147)　鮮交会編『朝鮮交通史』1986 年，905 頁。

行を動員し，会社の設立を促したのである。しかしながら，江原道というのは沿線地域として充分な輸送需要を持たず，自動車業がすでに強力なライバルとして存在したので，殖銀側の利害を代表する塩川専務を中心に積極的な自動車業の兼業化を図り，時折のガソリンに対する戦時統制もあって，京春鉄道が京畿道東部と江原道の自動車業を一元的に統制したのである。

　この点で，実際には補助金なしでは充分な収入源の確保が出来なかった鉄道業に代わって，事実上会社の収入源として機能した。こういった論点に先行研究はあまり注目していない。収支構造から判断してもはや単なる鉄道会社とは言い難い。この動きは戦時下でさらに拡大し，それに応じて組織構造の拡張が行われており，何よりもマンパワーの配置も自動車業を優先的に行われた。鉄道と自動車の補完関係を構築することで，持続的収入源を確保しようとしたといえよう。鉄道業についても漢江水力電気によるダム建設に伴う貨物の発生が先行研究では強調されたが，旅客運賃が貨物運賃を遥かに上回っていたことから，都市郊外鉄道としての性格も重要であり，その点で城東駅を始発駅として宅地開発，運動場の設置，児童公園の建設などを進めるという「小林一三モデル」が京春鉄道の経営陣によって試みられたと判断できる。

　以上のように，京春鉄道が敷設運動から長年にわたって敷設されたため，事実上それに代わる自動車業が盛んに行われたことに注目する必要がある。鉄道業が登場する前に，すでに交通市場には強力なライバルとしての自動車業が定立していたのである。そのため，京春鉄道は会社設立とともに，直ちに自動車業への進出を図っており，鉄道が敷設された後でも，より積極的に自動車業への進出を図り，鉄道と自動車との競争関係を解消し，補完関係を構築し，大きな交通ネットワークを形成しようとしたのである。こうして，自動車業の展開は戦後韓国ではもとより，日本帝国の支配下の朝鮮においても顕著に進められたものであり，私鉄経営を脅かすほどの競争力を有し，地域交通ネットワークの形成と再編にとって無視できない存在になっていた。それが私鉄経営に強く影響を及ぼしたのである。

　ともあれ，戦時下のエネルギー危機に直面して大半の自動車業を木炭車として改造し，戦時輸送需要に対応しようとし，戦況の悪化に伴って自動車業

の戦時統制が進められ，自動車業自体は京春鉄道の経営を離れ，他の業者との統制合同の上，バス，トラックとも別個の統制会社を創設するに至った。

終章

帝国日本と植民地私鉄

日本、台湾、朝鮮、関東州、樺太

本書は，植民地朝鮮において日本内地の資本家を中心に膨大な資金が投下されて私設鉄道が敷設され，総督府の誘致保護下で事業展開を拡張してさらに植民地社会を変えていく史的過程を分析したものである。イギリス人をはじめとするお雇い外国人から当時としては最先端の鉄道技術を取り入れて国内鉄道網を構築した日本は，官鉄による鉄道ネットワークの形成を目論んだものの，新生政府の財政は常に乏しいものにならざるを得ず，民間資本の活力を利用した鉄道網の建設を模索した。その中で進行する産業革命とともに，鉄道ブームが起こり，多くの私鉄会社が勃興し，その規模が官鉄を上回った。とはいえ，複数の欧米諸国からの鉄道技術の伝授を受けただけに，機関車をはじめとする鉄道車両，レールなどといったあらゆる鉄道規格が異なるだけでなく，運営方式も異なって，運営の統一性を至急に要求される戦時下で様々な問題が現れた。これが日露戦後の処理の一環として鉄道国有化が実現される契機となった。

　日清・日露の両戦争を経て，日本は内地とともに，台湾，朝鮮，満鉄附属地・関東州，南樺太といった外地からなる帝国となった。それを支配するため，日本内の鉄道技術を 1,067mm という狭軌規格の台湾と樺太に移転し，朝鮮と満州には 1,435mm の国際標準軌規格を取り入れてアメリカから車両・レールの調達の上，鉄道ネットワークを構築した。このような鉄道帝国は，軍事的支配はもとより，日本帝国の政治経済的支配体制を支え，山海関以西の中国や南方へとさらなる拡張を促す基盤にもなった。その中心となったのが国有鉄道ないし官鉄であったことはいうまでもないものの，日本内地と同じく台湾総督府，朝鮮総督府，関東州，樺太庁の財政は決して潤沢なものにはならず，民間資本家の投資を招くこととなり，国有鉄道のかたわらに私設鉄道が次々と敷設されたのである。

　このように，東アジアにおける近代的インフラの形成は国営・公営部門と民営部門の二軸からなっていたといえよう。とはいえ，民営部門への国家の規定性は強く，各種の許認可のみならず，補助金制度を通じて民営部門への介入が増幅していた。もちろん，民営部門の経営能力または経営状態が良好であればあるほど，当然国家からの自立性が強くなった。そのため，鉄道業における民営部門，即ち私鉄が収益性をいかに高めるかという点で，本業た

終章　帝国日本と植民地私鉄――日本，台湾，朝鮮，関東州，樺太 | 507

る鉄道業の強化の一方で，自動車業に止まらない多様な経営多角化を試み，これがとりわけ日本においては「小林一三モデル」として今日にいたる私鉄業の日本的特徴ともなっている[1]。これが一部の私鉄でありながら，植民地朝鮮にも投影されたことは見逃すことができない。とはいうものの，鉄道ネットワークの形成が他の地域に比べて大きく遅れていたことから見て，朝鮮の私鉄はより幹線網的性格を持ち，資源開発や沿線開発において重要な役割が要請されていた。

　そこで，終章においては本書の内容を繰り返して要約するというより，本書の分析を通じて明らかにされた植民地朝鮮の私鉄業に関する全体像が帝国のなかでいかなる意味を持つのかを提示してみよう。

1. 国営代行

　日本内地に注目すれば，地方鉄道の場合，鉄道国有化以前には幹線網を形成したが，17社の国有化に伴って急減し，1907年に20社に過ぎなくなった。その後，国有鉄道の枝線的な機能を有しながら，都市部を中心に私鉄会社が爆発的に急増し，1915年には100社を超えて120社となり，1925年に202社へと増えて，1932年には268社というピークに達した。いわば「都市交通手段として私有鉄道」となって，市内と周辺を結ぶ都市路線網を形成したのである[2]。世界大恐慌に際して，バス，トラックといった自動車が都市交通として進出し，市場競争を展開すると，経営悪化に追い込まれた私鉄会社は営業廃止や合併を余儀なくされ，会社数が減ってゆき，1937年には246社となった。とりわけ，戦時下で陸上交通事業調整法（1938）および陸運統制令（1940）が成立し，都市交通統制が進められ，1945年には会社数が145社までに減った。こうして，日本の私鉄は鉄道国有化を境として大きく異なる動きを示している。

　これに比べて，外地の私鉄は極めて少なかったといわざるを得ない。その中でも台湾の場合，1910年代前半に私鉄数が1908年4社より急増し，その

---

1) 斎藤峻彦『私鉄産業――日本型鉄道経営の展開』晃洋書房，1993年。
2) 中西健一『日本私有鉄道史研究　増補版――都市交通の発展とその構造』ミネルヴァ書房，2009年。

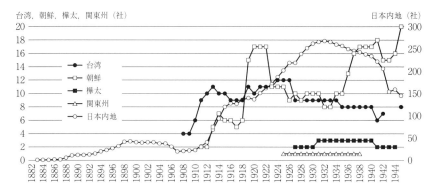

図終-1　日本帝国圏における地域別私鉄会社数

出所：帝国鉄道庁『帝国鉄道庁統計図表』各年度版；鉄道院『鉄道院統計図表』各年度版；鉄道省『鉄道統計資料』各年度版；日本国有鉄道事務管理統計部『鉄道統計年報』各年度版；台湾総督府鉄道部『台湾総督府鉄道部年報』各年度版；台湾総督府交通局鉄道部『台湾総督府交通局鉄道部年報』各年度版；朝鮮総督府鉄道局『年報』各年度版；朝鮮総督府鉄道局『鉄道要覧』各年度版；朝鮮総督府鉄道局『朝鮮鉄道状況』各年度版；朝鮮総督府交通局『朝鮮交通状況』1944 年度版；朝鮮総督府鉄道部（局）『私設鉄道及軌道統計年報』各年度版；朝鮮総督『朝鮮総督府統計年報』各年度版；朝鮮総督府「在朝鮮企業現状概要調書 46（私鉄・自動車）」1946 年；南朝鮮過渡政府『朝鮮統計年鑑』1943 年度版；樺太庁『樺太之鉄道』1933 年；樺太庁鉄道事務所『年報』各年度版；樺太庁鉄道事務所『樺太庁鉄道営業統計概要』各年度版；満鉄経済調査会『満州交通統計集成』1935 年。

注：1. 1940 年から 44 年までの会社数は開業鉄道として『朝鮮鉄道状況』・『朝鮮交通状況』によるもの。そのため，当年 12 月末基準。
　　2. 関東州は金福鉄路公司 1 社であるが，1939 年 5 月 20 日に満鉄は金福鉄路を買収，金城線（金州・城子瞳間 102.1 キロ）と改称した[3]。

後下がるものの，1920 年代半ばには 12 社に達した。その後はやや減っていく動きが見られ，1945 年には 8 社であった。このような動きは主に製糖業の盛衰による結果であって，製糖業の展開に伴って大日本製糖や明治製糖などの製糖会社の専用鉄道が敷設され，その一部の路線が沿線地域の要請に応じて一般営業を行うことによって私鉄業が始まったのである。ところが，製糖会社の買収・合併が行われるにつれ，1910 年代後半に会社数もやや減ってゆき，その後は製糖業者以外にも資源開発にかかわる台湾電力のような会社が専用鉄道の一般営業を開始し，そのほかにも台北鉄道や台中軽鉄のような鉄道を本業とする会社が登場し，1920 年代前半までに増えたものの，これも国有化や製糖会社の合併によって減っていったのである。

3）　満鉄会編『満鉄四十年史』吉川弘文館，2007 年，549 頁。

終章　帝国日本と植民地私鉄——日本，台湾，朝鮮，関東州，樺太　509

図終-2　日本帝国圏における地域別私鉄の1社当たり営業キロ
出所：図終-1と同様。
注：台湾の私鉄は営業線のみである。

　その一方，朝鮮の場合，1910年代末から1920年代初にかけて鉄道会社が急増し，17社に達したが，反動恐慌の影響のため，資本金の払込が行われずに，会社の解散を余儀なくされる中，朝鮮総督府の支援を得て私鉄合同が行われ，朝鮮鉄道株式会社の創立を見た結果，1923年には会社数は11社へと減った。その後朝鮮鉄道12年計画が実施され，私鉄の国有化が実施され，1932年には8社となったが，その後は植民地工業化に伴う産業開発が行われ，1941年には18社に達したものの，これも国有化によって減り，1944年に16社となったのである。ともあれ，このような会社数は台湾の私鉄数を上回るものであり，しかも台湾とは異なって鉄道を本業とした。当然，樺太鉄道株式会社などの3社からなる樺太や，金福鉄路公社1社の関東州より朝鮮の私鉄が多かった。
　さらに，図終-2のように，地域別に1社当たり営業キロを見ると，日本内地では鉄道国有化以前に100キロを超えたが，北海道から九州までの主要私鉄17社が国有化されたあとには，20キロ台に過ぎなくなり，戦時下で地方鉄道の統制合同の実施に伴って30-40キロ台へと伸びたのである。これに対し，外地の私鉄がより大きな規模であったことがわかる。台湾の場合，1908年18.3キロから増えて1914年より40キロを超えたが，製糖業者の統合・買収によって1927年以降には60キロ台となり，1941年には88.7キ

ロ，42年には90.1キロとなった。その一方で，朝鮮は1911年に4.7キロであったが，増えて1910年代後半に20キロを超えて，若干下がることもあったが，1920年代に急激に増えて1930年に101.3キロに達し，1933年に146.6キロを記録した。その後は国有化のため，1社当たり営業キロが1938年には73.7キロへと減ったものの，再び増えて1942年に100キロを超えた。樺太の私鉄は245.5キロの樺太鉄道（株）のため，80-90キロ台であったが，樺太鉄道（株）の国有化のため，1941年に34.9キロへと急減した。関東州のそれは満鉄に買収されるまで，111.6キロであった。

　こうして，日本内地の私鉄より外地の鉄道がむしろ幹線網としての性格を持ち，とくに1社当たり営業路線から見て朝鮮の私鉄は1930年代前半に100キロを超えて，その規模が最も大きかった。長距離路線を有し，日本内地の地方鉄道に比べて4倍以上となり，これが当然建設費でも，規模の大きな差があった。1社当たり路線延長が縮小するのは私鉄路線の国有化が繰り返された結果であったため，国有鉄道から分岐して国有鉄道との補完関係を有する枝線的存在たる「培養線」に止まらず，幹線網的存在としての「代理線」として機能した。全北鉄道，朝鮮鉄道（株）慶南線・全南線・慶東線・慶北線・黄海線・栄春線，図們鉄道，南朝鮮鉄道，多獅島鉄道，北鮮拓殖鉄道，西鮮中央鉄道，釜山臨港鉄道などが国有化され，私鉄路線のほぼ半分が国有鉄道となった。もちろん，价川鉄道の場合，鉄道局満浦線の敷設に伴ってその営業路線の価値が喪失されることを懸念し，日本製鋼所側の利害を配慮した国有化が断行されたことにも注意しなければならない。いずれにせよ，朝鮮の私鉄は朝鮮総督府，引いては帝国政策と密接な関係を有し，実際に国有鉄道によって行われるべき鉄道路線の敷設と運営を行っており，総督府の必要に応じて国有鉄道として統合される動きがみられた。

　鉄道院・鉄道省の設置以降日本内地や，外地の台湾でも国有化措置がなかったわけではもちろんないものの，こうした私鉄の半分に至る路線が持続的に買収されて国有化された事例はみられない。ただし，樺太の場合，1941年に樺太鉄道（株）が買収され，国鉄たる樺太庁鉄道の一部路線となったことから，樺太の私鉄も朝鮮と同じく「代理線」としての性格が強かったといえよう。このような点から見れば，日本帝国における私鉄は開発鉄道，都市

鉄道，専用鉄道としての性格を持つが，日本内地は都市鉄道，台湾は専用鉄道，朝鮮と樺太は開発鉄道としての性格が著しく，この点で「代理線」として国営代行の性格を有し，これに事実上国有化措置が行われ，朝鮮総督府（や樺太庁）は効率よく迅速に鉄道ネットワークの構築を図り，私鉄資本家としては投資金の回収ができたのである。

2. 投資制約

とはいえ，日本内地から見て，朝鮮への投資環境が優れていたとは決して断言できない。図終-3 に注目すれば，日本内地の鉄道会社の払込資本金は外地のそれを遥かに上回っており，金額の桁が違って比べものにならないが，その動きは朝鮮が日本内地に類似していることがわかる。これらの動きは会社数の動向とは大きく異なっており，日本内地では会社数では 1930 年代初をピークとして下がったにもかかわらず，払込資本金はむしろ増加し，都市鉄道として様々な経営多角化を追求し，戦時下での統合が強いられ，規模の拡大があったことが読み取れる。朝鮮の場合，1910 年代から 1920 年代前半にかけて急増し，その後反動恐慌の影響を被った私鉄統合や，私鉄買収が行われ，1920 年代前半から 1930 年代前半にかけての会社数の停滞があって，これが払込金の動きにも反映された。ところが，植民地工業化や戦時経済の進展が著しくなる 1930 年代後半に入って払込額の急増がみられる。朝鮮私鉄の資本金が 1942 年に 1 億 419 万円に達したが，この時期に日本内地 6.8％に過ぎないものの，日本内地の場合，朝鮮に比べて劇的な変化というよりやや緩慢な動きを示している。

一方，会社数の少ない樺太や関東州は払込金の動きを全く異にしている。ところで，台湾の場合，私鉄が鉄道業を本業とする会社が 2 社しかなく，そのほとんどが糖業会社などといった非鉄道会社が専用路線の一部をもって一般営業を行ったため，払込資本金の推移は鉄道業としての意味を持たず，むしろ過大評価される恐れがあるので，その集計を行わないこととする。そのため，鉄道建設費（図終-4），さらに年間建設費の増減額をもって資本ストックを基準として資本投資（図終-5）を見ると，建設費において日本内地の私鉄は 1930 年代以降大きな鉄道投資を行わず，払込資本金の動向も全く異

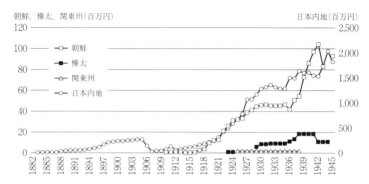

図終-3　日本帝国圏における地域別私鉄の払込資本金

出所：図終-1と同様。
注：1. 日本内地の鉄道会社はその多くが経営多角化を行っているため，これらの資本金がすべて鉄道に投下されなかったことに注意すべきである。
2. 台湾の場合，その多くが糖業会社などといった非鉄道会社が専用路線の一部をもって一般営業を行なっていることから，払込資本金が過大評価される恐れがあるため，この図では提示しないことにする。
3. 関東州の場合，金福鉄路1社であるが，払込資本金の情報が得られないため，公称資本金を提示する。

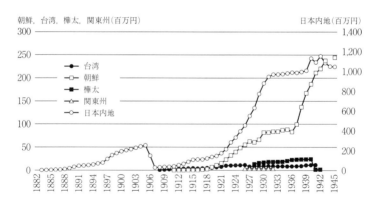

図終-4　日本帝国圏における地域別私鉄の建設費

出所：図終-1と同様。
注：関東州は金福鉄道公司1社の建設費であるが，1926, 1928, 1932年しか得られないので，これらの統計をもって1927年と1929-31年について直線補間する。

終章　帝国日本と植民地私鉄——日本，台湾，朝鮮，関東州，樺太 513

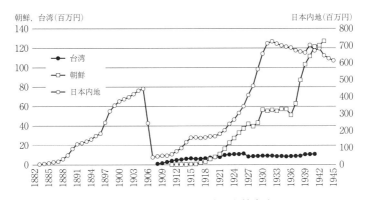

図終-5　日本帝国圏における地域別私鉄資本ストック
出所：図終-1と同様。
注：1. 推計方法については本書第2章と林采成「全要素生産性（TFP）比較分析——日本，台湾，朝鮮，満洲」『東アジアのなかの満鉄——鉄道帝国のフロンティア』名古屋大学出版会，2021年を参照されたい。
　　2. 1934-36年の3年平均を基準とする。

なっていたことがわかる。即ち，払込額の増加は主に鉄道業以外の兼業に対して行われており，事実上，鉄道建設費が払込資本金に及ばず，鉄道投資は全体的には控えられたため，資本ストックを基準とすれば，戦時期にかけて鉄道投資は更新投資すらうまく行われずに，資本ストックが下がり続けたことがわかる。

　これに比べて朝鮮の場合，世界大恐慌の影響を被って鉄道投資が停滞する時期もあったが，1930年代末以降急増している。払込資本金より鉄道建設費が大きいことから，朝鮮殖産銀行などの金融機関からの借入金や，山一証券などを経由した社債による資金調達が比較的あった。もちろん内部留保による調達が全くなかったわけではないが，日本内地に比べて外部資金の調達比重が大きかったといえる。鉄道建設費や資本ストックから見て，1910年代までは台湾の私鉄が朝鮮の私鉄を上回るかほぼ同様の水準であったが，台湾より朝鮮のほうで鉄道投資が1920年代以降大きくなり，そのギャップはよりいっそう拡大し続けた。

　このような投資金はそのほとんどが日本内地から調達されなければならない。1932年12月に日本内地日本人80.4％，朝鮮内日本人17.1％，朝鮮人

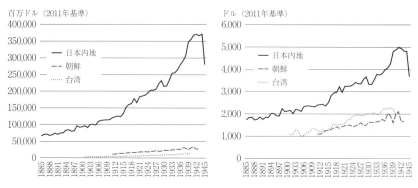

図終-6　日本内地，朝鮮，台湾の GDP と一人当たり GDP
出所：Maddison Project Database（MPD）2020。

1.2％，その他 1.4％であって，即ち日本内地および在朝鮮の日本人が全体 97.5％を占めており，資本金の圧倒的な部分が日本人によって調達されていた。このような民族別資本金構成は変わらず，1945 年 8 月時に日本人の比率が全資本金の 85％を占めた[4]。図 6 でみられるように，日本内地，朝鮮，台湾の三地域間の経済格差が極めて大きいものであったことはいうまでもない。GDP 総額としては朝鮮が台湾を上回ったものの，一人当たり GDP では台湾が朝鮮を若干上回っていることがわかる。そのため，朝鮮自らによる鉄道投資は限界を伴わざるを得ず，巨大な経済力を有する日本内地からの鉄道投資金の調達が必要とされた。このような資金調達の内地依存性のため，もし日本内地からの投資が潤滑に行われなければ，鉄道事業の開始は当然不可能であっただろう。

　そのような事例として取り上げられるのが速くも 1920 年に朝鮮興業鉄道が平壌・順天間軽便鉄道の敷設許可が失効された[5]あと，反動恐慌に際して解散に追われていた朝鮮産業鉄道ではなかっただろうか。私鉄合同の誕生というのは日本内地の投資家に対する投資金の回収保証として補助金制度の整備があったからこそ維持されるものであった。それを促すためには配当とと

---

[4]　朝鮮総督府「在朝鮮企業現状概要調書 46（私鉄・自動車）」1946 年。
[5]　朝鮮総督府「輕便鉄道敷設許可失効」『朝鮮総督府官報』1920 年 10 月 23 日。

もに，投資額の回収を保障するほどの安定的な株価を維持しなければならないので，乏しい収益性を保障するため，総督府は補助金制度を設けた。朝鮮鉄道（株）は朝鮮への鉄道投資の代わりに一定の収益性が政策的に保障され，日本内地からの鉄道投資家への配当と元金回収を行う投資先としての性格を有し，朝鮮はもとより，日本帝国圏内で特殊なものであったといえよう。

　多獅島鉄道の場合でも，現地社会の要望があった[6]にもかかわらず，王子製紙による資本投下が行われるまでは長く私鉄路線の建設ができなかった。むしろ全北鉄道の場合，地主などの現地社会の米運搬を担当する鉄道の敷設が試みられた[7]のは稀なケースであって，エネルギー開発や鉱山鉄道としての性格を持つ，端豊鉄道，新興鉄道，平北鉄道，三陟鉄道，价川鉄道などといった鉄道の建設が関連する企業，即ち親会社側の鉄道投資があったからこそ辛うじて可能であったが，このような投資が日本内地からの投資であったことは変わらない。とはいえ，地域全体の鉄道投資に関する議論において，地域別面積と人口の差などといった鉄道事業の環境が当然想定されることから，個別鉄道投資，すなわち鉄道投資の一社当たり規模は果していかなるものであったかを考えなければならない。

　ここで，帝国圏内の地域別私鉄一社当たり建設費と資本ストックを見ると，まず日本では鉄道国有化（1906）の結果，急減し，その後は都市鉄道の敷設が行われるにつれ，上昇している。その反面，朝鮮の場合，1920年代以降，日本内地はもとより，台湾，樺太，関東州より規模が大きいことがわかる。もちろん，路線延長では見られない現象であることに注意しなければならない。朝鮮でも狭軌鉄道はあったものの，そのほとんどの私鉄が国有鉄道と同じ国際標準軌，日本内地から見れば広軌鉄道であったため，同じ路線に対して多額の投資金が要されたのである。日本内地の場合，1,067mm の路線が多かったのに対し，台湾の場合，1,067mm は台北鉄道のようなごく一部の鉄道に限られており，そのほとんどがそれよりゲージが狭い762mm

---

6)　林采成「王子製紙と多獅島鉄道」『鉄道史学』40，2022年，3-19頁。
7)　林采成「全地鉄道의 設立과 運營 그리고 国有化——米穀経済와 鉄道運営」『経済史学』44-3，2020年，263-294頁。

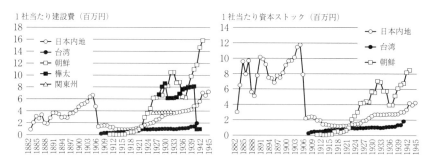

図終-7　日本帝国圏における地域別私鉄1社当たり建設費と1社当たり資本ストック
出所：図終-1，図終-5と同様。

という「五分仔鉄道」などであった。その私鉄の出発点が糖業の専用鉄道であったので，このような鉄道施設としての脆弱性が避けられなかっただろう。それが台湾総督府鉄道部の大きな政策的課題であったものの，その試みとして台北鉄道の創立時に支援策があったものの，軌間の改良はなかなか実行されなかった[8]。

こうして，1社当たり建設費ならびに資本ストックに注目してみると，1社当たり建設費が朝鮮において他の地域に比べて遥かに大きくなっていることから，投資側から見れば，その負担はさらに大きくならざるを得ない。朝鮮の私鉄においても，経営収支を念頭に置けば，できる限り鉄道投資が制限され，狭軌の採用とともに，施設の簡略化が追及されるべきであった。もちろん，朝鮮総督府鉄道局を基準としては営業1キロ当たり建設費が節約されており，一部の会社では狭軌規格が採択されることもあったが，全体としては国際標準軌が鉄道政策上選好され，台湾の私鉄のような簡易な鉄道施設が整えられることはほとんどなかった。1社当たり資本調達の負担がより大きい朝鮮の私鉄としてその経営の成果は帝国圏の中でいかなるものであっただろうか。

8）　林采成「植民地台湾における私設鉄道の経営と補助——台北軽鉄炭鉱から台北鉄道」『立教経済学研究』76-3，2023年，125-154頁。

終章　帝国日本と植民地私鉄——日本，台湾，朝鮮，関東州，樺太 | 517

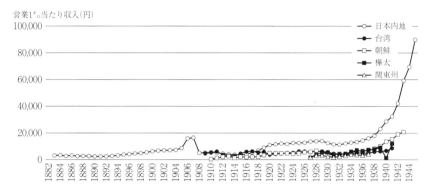

図終-8　日本帝国圏における私鉄の営業路線1キロ当たり営業収入
出所：図終-1と同様。

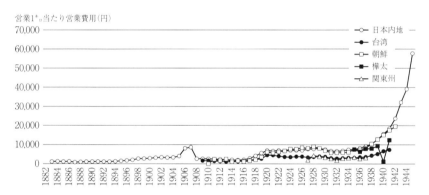

図終-9　日本帝国圏における私鉄の営業路線1キロ当たり営業費用
出所：図終-1と同様。

3. 経営成績

　私鉄会社の経営の成果は「利益＝営業収入－営業費用」としてあらわれることから，とりあえず日本帝国圏私鉄の営業収入を検討したあと，つぎに費用に注目してみよう。図終-8の営業1キロ当たり収入においては日本内地のほうが他の鉄道より営業収入が多く，優れた経営実績を示している。もちろん，1910年代の台湾私鉄は日本内地の私鉄ほどの収益性を示したものの，その後は日本内地の私鉄との差が付き，朝鮮の私鉄とほぼ同様の水準であっ

図終-10　日本帝国圏私設鉄道における推計利潤率
出所：図終-1と同様；南満州鉄道株式会社調査課編『満蒙鉄道概論』1931年。
注：1. 推計利潤率＝推計利潤÷建設費×100。推計利潤＝営業収入－(賃金＋減価償却＋利子＋燃料費＋維持補修費)。費用推計方法については前掲「全要素生産性(TFP)比較分析」を参照されたい。
2. 樺太と関東州の場合，データ上，費用推計ができないため，原資料をそのまま提示する。

たといえよう。1930年代になると，朝鮮，台湾，樺太の私鉄がほぼ同様の収入を示している。樺太私鉄の営業収入は1939-40年に急減し，その後は回復する動きであったが，これは統計シリーズの不連続性によるものと考えられるが，このような動きは図終-9のように，1940年の営業費用でも見られる。

次に，営業路線1キロ当たり営業費用を見れば，日本内地と朝鮮はほぼ同様の推移を示しながら，最も大きかった。これらに類似する水準を示したのが樺太私鉄であった。その一方，台湾私鉄は1910年代に日本内地，朝鮮とほぼ同じ費用を示したが，1920年代以降にはそれらの私鉄を下回って，関東州とほぼ同様の費用であった。このような動向から，朝鮮と樺太の私鉄利益は極めて少なくなったり，場合によって赤字になったりしたのに対し，台湾と関東州の私鉄利益はより良好なものであったと推し測れる。

それを確認するため，利潤率(＝利益÷建設費)を推計してみたのが図終-10である。その結果，長期間にわたって優れた収益性を示しているのは日本内地の私鉄であった。鉄道国有化によってもはや幹線鉄道ではなくなり，都市鉄道を中心とする地方鉄道となったものの，世界大恐慌期を除いてはほ

終章　帝国日本と植民地私鉄——日本，台湾，朝鮮，関東州，樺太 | 519

図終-11　日本帝国圏の私鉄輸送量
出所：図終-1と同様。

ぼ5％以上の利潤率を示しており，1940年代に入ってからは10％以上となっていた。その次に優れた収益性を記録したのが台湾の私鉄であって，とくに1920年代後半から1930年代にかけては台湾私鉄の利潤率が日本内地のそれを超えていた。

その一方で，朝鮮や樺太の私鉄は一部の年を除いて基本的に赤字経営を免れることはなかった。朝鮮の場合，1910年代に黒字を記録したのは全北鉄道や朝鮮軽便鉄道などといった当時の諸私鉄の経営状況が第一次世界大戦期中に良好であったからであった。しかし，反動恐慌以来，私鉄の解散が論じられるほど私鉄経営は全体的に赤字経営を免れない厳しいものであったが，そのなかでも利潤率が上昇し続け，観測可能な1942年頃には0％に近くなっていた。

注意すべきなのは日本，台湾，朝鮮の三地域の私鉄については当時策定されていなかった減価償却費を推計して反映したことである。もし樺太や関東州のようにそれを取り入れなければ，当時の帳簿上での利潤率は図終-10より上方向にシフトすることになるだろう。そこで，減価償却費などの推計作業が行われていなかったにもかかわらず，樺太の私鉄は黒字経営ではなかったため，それを推計すると，利潤率はより下方向にシフトすることになる。

そこで，どのような要因によってこうした経営状態に至ったのかを検証す

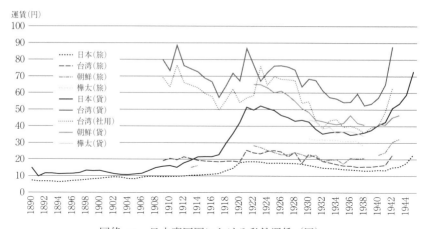

図終-12 日本帝国圏における私鉄運賃（円）
出所：図終-1と同様。
注：旅客運賃＝旅客運賃収入÷旅客1000人キロ。貨物運賃＝貨物運賃収入÷貨物1000トンキロ。
社用貨物運賃＝社用貨物運賃収入÷社用貨物トンキロ。

るため，収入数量と価格といった輸送量と運賃に注目してみよう。輸送量の場合，日本内地の私鉄が旅客を中心に圧倒的に多く，その次が朝鮮，台湾，樺太の順であった。日本においては鉄道国有化に伴って輸送量が急減したものの，旅客の場合，都市鉄道としての私鉄が敷設されるにつれ，鉄道国有化以前の水準をはるかに超えて急増し，それ以前の水準を回復できなかった貨物とは全く異なる動向を示している。これに比べて，朝鮮の私鉄は，1930年代以降，とくに戦時下で急増する動きであった。台湾の場合，そのほとんどの私鉄が専用鉄道から出発したため，一般貨物および社用貨物がともに増加し続けた反面，一般旅客の輸送とは世界大恐慌の影響を被って1930年代前半にかけて急減し，それを回復するのは1940年代に入ってからであった。樺太の私鉄においては1930年代に貨物輸送の急増と旅客輸送の微増がみられる。

こうした輸送量を前提として運賃に注目すれば，日本内地では第一次世界大戦期に運賃の引上げが行われたあと，緩やかな運賃引下げが1930年代にかけて続いた。これに類似する動きは朝鮮の私鉄でも確認できるが，日本内地より朝鮮のほうで運賃が高かった。台湾の場合，旅客で同様の動きがみら

終章　帝国日本と植民地私鉄——日本, 台湾, 朝鮮, 関東州, 樺太

図終-13　日本帝国圏における私鉄の旅客収入比重
出所：図終-1と同様。
注：旅客収入比重＝旅客運賃収入÷全運賃収入。

れるものの, 一般貨物と社用貨物では1910年代前半の運賃が高めに設定されていたため, 1910年代半ばまで若干低下したあと上昇し, 1920年代から1930年代にかけて低下している。貨客別に運賃水準を比較すれば, 貨物運賃では日本内地≒樺太＜朝鮮≒台湾（社用貨物）＜台湾（一般貨物）であったのに対し, 旅客では日本内地＜台湾≦朝鮮＜樺太であった。貨客運賃収入の比率を見れば, 日本内地の私鉄は旅客輸送を中心とする都市鉄道であり, 台湾の私鉄は圧倒的に収入構造を貨物に頼っていたのに対し, 朝鮮の私鉄は初期に旅客収入に頼ったが, 後には貨物収入が過半を占めるようになった。そのため, 日本内地の場合, 旅客運賃が重要であり, 台湾の私鉄は貨物運賃, ここでは営業品運賃と社用品運賃が重要であったと判断できよう。

以上のように, 費用面で朝鮮の私鉄は台湾の私鉄より大きかったのに対し, 収入面では台湾の私鉄は1920年代から1930年前半にかけて朝鮮並みの水準であって, それ以前には台湾のほうが朝鮮より優れており, それ以降は朝鮮のほうが台湾より優ることになった。費用面で朝鮮の私鉄が大きくなるのは台湾の私鉄より鉄道規格がおもに国際標準軌を基準としたからであろう。また, 運賃面で営業収入の6-8割を占める台湾私鉄の貨物運賃が他地域鉄道より高かったからである。私鉄の運賃はそれぞれ地域の国有鉄道のそれに比べて高かったことから見ると, 台湾の私鉄が帝国圏鉄道において最も高

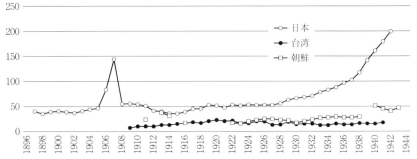

図終-14　日本帝国圏における私鉄の労働生産性

出所：図終-1と同様。

注：1. 労働生産性＝（旅客千人キロ×旅客運賃収入ウェイト＋貨物トンキロ×貨物運賃収入ウェイト）÷労働者数。
　　2. 1906-07年の労働生産性の急劇な向上は鉄道国有化のため，国有鉄道への移籍が行われて減少した労働者数をもって年中の輸送量を割ったからである。

かったことになる。

　つまり，台湾私鉄の経営的安定性が維持できたのは狭軌鉄道としての費用削減が可能となると同時に，高運賃によって営業収入が確保できたからである。それが果たして鉄道運営の観点から台湾の私鉄が優れていたことを意味するだろうか。それを検証するため，図終-14のように，労働者と輸送量をもって労働生産性を推計してみた。その結果，日本内地の私鉄が最も効率的に鉄道運営が行われており，それが長期的に向上しつつ，1930年代後半から1940年代前半にかけて急激に向上したことがわかった。1906-07年に労働生産性が急向上するのは鉄道国有化が進行し，国鉄への移籍が行われた年度末の労働者数をもって年中に運ばれた輸送量を割るため，生産性向上があったように見えるが，実際には1905年と1908年の労働生産性からわかるように，緩慢な向上傾向にあったと見るべきであろう。これに対し，朝鮮と台湾の私鉄は1920年代にはほぼ同様の水準であったが，その後は朝鮮の私鉄の労働生産性がわずかでありながら，台湾の私鉄のそれを上回ったことが明らかである。この証拠からも，台湾私鉄の経営安定性は優れた鉄道運営の結果であったとは評価し難い。

　そこで，私鉄運営が人的にどのように運営されたのかを検討する。関東州

終章　帝国日本と植民地私鉄──日本, 台湾, 朝鮮, 関東州, 樺太 | 523

図終-15　朝鮮と台湾における鉄道従事員の現地人比率
出所：図終-1と同様；朝鮮総督府「在朝鮮企業現状概要調書 46（私鉄・自動車）」1946 年。
注：1.　現地人比率＝朝鮮人数あるいは台湾人数÷全従事員数。
　　2.　朝鮮私鉄の場合，資料上民族別構成が朝鮮鉄道（株）しか得られないので，1927-1940 年の朝鮮鉄道（株）の民族別構成を提示する。ただし，1944 年は全朝鮮私鉄のものである。
　　3.　台湾私鉄の場合は専用線を含まず，一般営業を行っている営業線に限る。

の金福鉄路は資料的に労務配置に関する統計が得られず，樺太は労働者全員が日本人であったため，ここではおもに朝鮮と台湾の私鉄をもって議論を展開する。

4.　人的運用

　日本帝国圏における国有鉄道の場合，日本人 6 対現地人 4 という日本人を中心とする人的運営体制が整えられ，鉄道運営のイニシアティヴを日本人側が掌握していた[9]。この現象は朝鮮にとどまらず，満鉄でも見られ，いち早く日本の植民地鉄道となっていた台湾でも見られた。このような労働構成はより根本的には日本帝国の植民地政策が定住型統合主義を取ったことに基づくものであって，帝国宗主国から日本人の移住を前提に植民地支配を強化

---

9)　林采成『東アジアのなかの満鉄──鉄道帝国のフロンティア』名古屋大学出版会，2021 年 558-564 頁。

し，軍事作戦時には速やかに鉄道動員を保障する体制を平時より構築しよう
としたからである。もちろん，日中戦争が勃発すると，現地人の大量採用が
行われ，人数的には日本人の優位性が崩れてしまった。それにしても，身分
別および業務系統別労働構成では日本人が上位身分と技術・管理部門に集中
的に配置され，鉄道運営を依然として掌握し続けたのである。

　これに比べて，私設鉄道においては国有鉄道とは対照的に平時期より低賃
金の現地人を重視し，比率的に見ても多くの現地人を採用したことがわか
る。まず，朝鮮の場合，長期的には朝鮮鉄道株式会社しかデータが得られな
いので，それを提示することにする。その統計でも平時から戦時にかけて現
地人比率が上昇し，1940年には78％に達した。1945年3月頃には全朝鮮私
鉄の従事員約7,700人の80％が朝鮮人であった。台湾私鉄はそれより現地人
比率が高く，戦時下の1941年に85％を記録している。長期的にみると，台
湾私鉄が最初から現地人比率が50％を上回ったわけなく，第一次世界大
戦が勃発する前には50％を下回っており，労働力の採用が増えていた第一
次大戦期より50％を超えて，1920年代にかけて急激に上昇，1928年に82％
に達した。その後やや低下したが，戦時下で再び上昇する動きが確認でき
る。直接的に総督府に所属せずに株主による所有であった私鉄としては，常
に利益を出して株主へ配当などを提供しなければならないという強い予算制
約が働いたのである。

　そのため，低賃金の朝鮮人や台湾人が積極的に利用されていた反面，国有
鉄道の場合，総督府財政の一部として必ずしも強い予算制約に置かれていな
い。むしろ日本帝国の北進と南進の担い手としての重要性が認められ，日本
人中心の鉄道運営に堅持する必要が強かった。しかし，これも戦時下で労働
力の量的不足と質的低下が進行する中では不可能であったため，現地人の採
用が改めて再認識されたのである。とはいえ，現地人の採用は主に現場労働
力を中心としたものであったことは明らかであって，職員－雇員－傭人から
なる身分別ヒエラルキーでは，圧倒的に多くの人数が傭人に配置されてお
り，その次が雇員であって，現地人の職員は一部に限られていた。現場組織
において保線区＞駅（・車掌所）＞機関区であって，高い技術ないし技能を
要しない業務系統に多くの人員が配置されていた。逆に，日本人の場合，身

終章　帝国日本と植民地私鉄——日本，台湾，朝鮮，関東州，樺太 | 525

図終-16　帝国圏鉄道における私鉄の資本集約度
出所：図終-1，図終-5と同様。
注：資本集約度＝資本ストック÷労働者数。

分別には雇員が最も多かったが，その次が職員，傭人の順であって，そのうち，職員という上位身分層ではその80-90％台が日本人によって占められていた。当然，業務系統別にも本社・支社や出張所という管理部署への配置者が多く，現場組織においても機関区＞駅（・車掌所）＞保線区の順であった。

台湾の私鉄でも民族別労働配置をみると，日本人が圧倒的に管理技術部門に配置され，高賃金を支給されていた。朝鮮の私鉄では賃金支給に関する統計が得られないものの，身分ならびに業務系統の配置から見て日本人は高賃金，朝鮮人は低賃金という賃金格差は明確であった。このような現象は国有鉄道でもあらわれ，労働市場に絡み合って学歴，性別，物価上昇などによって賃金水準と賃金格差が規定されたが，とりわけ戦時下では労働力不足，労働力流動化，労働力の質的低下などが著しくなったため，本給はもとより手当・賞与を通じて賃金調整が強いられた。いわば植民地雇用構造が朝鮮と台湾の私鉄でも確認できるが，低賃金であったとして，現地労働者が潤沢に採用されたわけではないことに注意する必要がある。

それを把握する手掛かりとして図終-16の資本集約度に注目してみよう。朝鮮と日本が同様の水準であった時期もあったものの，1920年代以降，朝鮮が日本より高くなった。これは1930年代にピークに達してからは低下

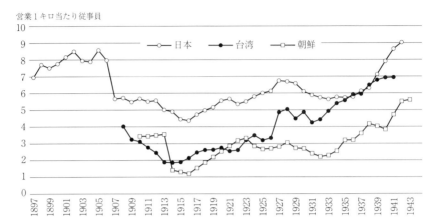

図終-17　帝国圏鉄道における私鉄の営業1キロ当たり従事員
出所：図終-1と同様。
注：営業路線1キロ当たり従事員＝全従事員÷営業路線。

し，世界大恐慌期に人員整理が行われて，人件費の削減が図られたからであるが，その後は労働力の採用が増えると，資本集約度は低下し，労働集約的鉄道運営が戦時下で図られたことを示している。その一方，台湾の私鉄を見れば，朝鮮と日本内地に比べて資本集約度は低く，しかも長期的に低下傾向をあらわし，鉄道運営が台湾において最も労働集約的に行われたと判断できる。同じく日本の植民地であった朝鮮と台湾では私鉄の運営方式が大きく異なったとも読み取れる。しかしながら，朝鮮と台湾の私鉄規格が違っていて，朝鮮の私鉄はおもに朝鮮国有鉄道と同じ1,435mmであったのに対し，台湾の私鉄はそのほとんどが台湾国有鉄道より狭い762mmであったため，前掲図終-7のように，1社当たりキロ当り資本ストックで大きな差が生じ，台湾私鉄の資本集約度が三地域のなかでも最も低かったのは当然のことである。

　この点で，営業路線1キロ当たり従事員数に注目しなければならない。日本の私鉄は時期的変化があるものの，最も多い従事員を配置している。1906-07年には従事員数が急減したことは鉄道国有化措置によるものであったが，その後も世界大恐慌の影響による人員整理があり，1930年代半ばまで営業1キロ当たり従事員は下がったものの，日中戦争の勃発に伴い再び上昇したの

終章　帝国日本と植民地私鉄——日本, 台湾, 朝鮮, 関東州, 樺太 527

である。このような要員配置の動向は台湾の方で見られるが, 日本私鉄の人員整理が行われた1930年代半ばを除いては日本より少ない。即ち, 資本集約度が低いのは決して労働集約的鉄道運用を行ったからではなく, むしろ五分仔鉄道といわれるほどの狭軌鉄道を中心とする台湾私鉄の資本ストックが低かったからであると再び確認できる。ともあれ, 朝鮮の私鉄は労働力配置が最も少なかったことは事実であり, それを規定するのは輸送需要不足から生じる経営の脆弱性を勘案し, 要員配置を縮小しようとした経営方針であった。朝鮮の私鉄でも輸送量が1930年代半ば以降増えると, それに対応して要員配置を増やしたことは否定できない。

　ともあれ, 朝鮮の私鉄としては劣っている収益性のため, 私鉄運営も制限され, 当然資金調達は容易くできるわけではなかった。そういった不利があったからこそ, 植民地朝鮮への鉄道投資を促す制度的仕組みがなによりも必要とされたのだろう。

5.　育成政策

　朝鮮総督府は私鉄経営に対して調査資料の提供, 用地の買収・測量・設計, 高運賃の設定, 政策資金の提供, 補助金制度の導入, 国有鉄道からの車両・人材の支援などといった包括的な育成政策を施した。なかでも, 日本内地からの鉄道投資を促すのに最も効果的であったのが補助金であったことは明確であった。1914年に新設の全北軽便鉄道に8万3600円余が交付されたことを皮切りとして毎年帝国議会の協賛を得て政府補助金が支給され, 補助保証率は1919年9月に至って8%までに引上げられた。その中で, 「設令主義」に基づく朝鮮軽便鉄道補助法が試みられたが, 議会の解散によってそれが成立せず, 地方鉄道法を前提に朝鮮私設鉄道令が実行されるに従って, 朝鮮私設鉄道補助法と改称されて1921年4月に成立した。

　補助金制度の内容においては図終-18のように, 日本内地とは異なって建設費を基準とせずに, 払込資本金ならびに建設費への社債・借入金を対象とするものであった。しかも補助始期も鉄道業としての営業開始日ではなく, 会社設立登記日であったため, 鉄道投資を前提に会社を設立すれば, 払込資本金8%と社債, 借入金の利息担当額を補給することになっている。このよ

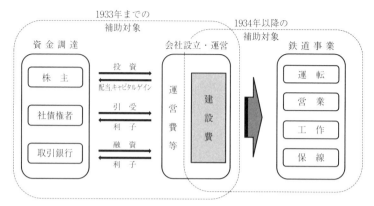

図終-18　朝鮮における私鉄補助金制度の変遷
出所：著者作成。

うな措置は日本内地，北海道，台湾に比べても朝鮮が優遇されたものであり，同様の措置が樺太にも適用されたのである。帝国圏の鉄道インフラを構築するに際し，朝鮮と樺太の重要性に鑑み，日本内地からの私鉄投資家の利害を補償しようとしたものであった。もちろん，この措置が植民地全期間中に貫かれたわけではなく，15年という補助期間の満了が到来した1934年に至って，日本本土，北海道，台湾のように，鉄道建設費を基準として補助保証率も6％へと下方調整し，営業開始日より適用されることとなって，朝鮮と樺太の優遇措置はもはやなくなったのである。ここで注意すべきなのはこのような措置が既存研究が指摘しているような朝鮮独自のものでは決してなかったことであり，さらに補助金制度の雛形がすでに日本内地にあったことである。

　日本鉄道が1881年に設立されるに際して，特許条約書には「第5条　会社ノ株金募集ノ上ハ，毎区建築落成迄ハ其株金払込ノ翌月ヨリ起算シ一ヶ年八分ノ利子ヲ下付シ，毎区運輸開始ノ後其収入ノ純益一ヶ年八分ニ上ラサルトキハ，東京ヨリ仙台迄ノ毎区十ヶ年間，仙台ヨリ青森迄ハ毎区十五ヶ年間，政府ヨリ其不足ヲ補給スヘシ」となっていた[10]。さらに，山陽鉄道と九

10）　日本国有鉄道『日本国有鉄道百年史』第4巻，1972年，234-238頁。

州鉄道は建設1マイルについて2000円の割合で補助金が下付された。北海道炭礦鉄道は1889年の設立時の命令書に「第一条　毎工区鉄道敷設工事竣成迄ハ株金払込額ニ対シ其払込翌月ヨリ起算シテ政府ヨリ一ヶ年五朱ノ割合ヲ以テ利子ヲ補給シ毎工区運輸関業後八ヶ年間ハ純益金…（中略）… 一ヶ年五朱ニ遥セサルトキハ資本額ノ五朱造ヲ極度トシ政府ヨリ其不足額ヲ補給スヘシ」という記録が残っており，利子補給とともに利潤保障が行われたことがわかる。

　このように，払込資本金を基準とする利潤保障や借入金などの利子補給がケースバイケースで行われたことは注目に値する。その後も北海道鉄道や徳島鉄道の建設に対して補助が行われており，軽便鉄道補助法（1911）が成立し，軌間762mm以上の軽便鉄道路線に対して建設費を基準として補助金（5%）が出されることになり，これも補助期間の延長（5年→10年）や補助率の引上げ（5%→6%）が行われた[11]。これが地方鉄道法の成立に伴って地方鉄道補助法に改められた。補助率も5%へと再び戻るが，北海道に限っては「北海道拓殖鉄道補助ニ関スル法律」（1920）が制定され，私設鉄道だけでなく軌道に対しても5年間建設費を基準として最大7%の補助を行うこととし，補助保証率が建設費8%へと引き上げられた。その後は補助年限の延長が認められた。日本本土に比べて開拓地としての北海道の特殊性を考慮した措置であったことは論を俟たない。台湾の場合，外地でありながらも，朝鮮と樺太とは異なって北海道拓殖鉄道補助金制度をモデルにして適用された。とはいえ，筆者（2022）の台北鉄道（株）に関する支援政策分析よりわかるように，総督府は会社経営に立ち入って更生策を図るほど，ある面では朝鮮より積極的な介入主義を示したことから，私鉄育成方針が弱かったと決して評価できない[12]。

　帝国圏のなかで朝鮮私鉄に対する国家支援は果していかなるものであったのか。それを検証するため，地域別に政府補助金を推計したのが図終-19である。日本内地では鉄道国有化が実行される前に日本鉄道などへの補助が

11）　日本国有鉄道『日本国有鉄道百年史』第6巻，1972年，461-465頁。
12）　前掲「植民地台湾における私設鉄道の経営と補助」125-154頁。

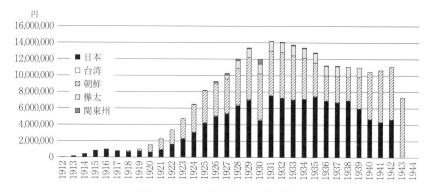

図終-19 日本帝国圏の私鉄補助

出所：図終-1と同様。
注：1. 日本の私鉄補助は1943年以降不詳。樺太の私鉄補助は1940年以降不詳。
　　2. 関東州は金福鉄路が満鉄から受けた補助金である。

あったものの，ここで鉄道院・鉄道省の統計から集計可能な1913年より提示することにするが，圧倒的に日本内地の私鉄への補助が多く，その次に朝鮮私鉄への補助が多かった。台湾私鉄2社に対する補助があったものの，樺太私鉄への補助がそれより多かった。全体の推移から1920年代に急増し，世界大恐慌が発生した後の1931年にピークに達し，その後補助金の規模がやや下がるものの，1940年代に入って再び増え始める。図終-19においては樺太は1940年以降，台湾は1942年以降，日本内地は1943年以降の補助金統計が資料上不詳であるものの，それぞれの推移を見れば，補助金総額が増えつつあったことは明確である。

　とはいえ，日本内地では「地方鉄道」と呼ばれる私鉄数が圧倒的に多かったため，当然総額としての補助金が大きくならざるを得ない。例えば，1936年に補助鉄道会社は日本内地104社，台湾2社，朝鮮5社，樺太2社，関東州1社であった。これを勘案し，1社当たり補助金を計算してみると，図終-20のように，朝鮮が最も大きく，その次が樺太，関東州，日本内地，台湾の順であった。さらに，補助率を推計してみると，朝鮮≒樺太＞関東州＞日本内地≒台湾であった。日本帝国圏のなかで民間資本による鉄道インフラストラクチャーに際して圧倒的な優先順位が朝鮮に置かれたことがわかる。朝鮮総督府の財政が台湾とは違って，長年にわたって赤字であったことを念頭

終章　帝国日本と植民地私鉄——日本, 台湾, 朝鮮, 関東州, 樺太 | 531

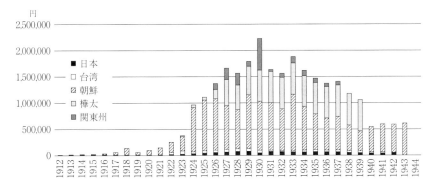

図終-20　日本帝国圏の補助鉄道1社当たり補助額
出所：図終-1, 図終-19と同様。
注：補助鉄道1社当たり補助額＝補助金÷補助鉄道会社数。

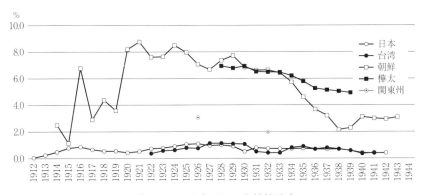

図終-21　日本帝国圏の私鉄補助率
出所：図終-1, 図終-19と同様。
注：補助率＝補助金÷私鉄全体建設費×100。

に置けば，内地の中央政府から総督府財政を経由し，私鉄の敷設と運営が支えられたといえよう。朝鮮と同じ補助金制度が実行された樺太が朝鮮ほどではないものの，他地域に比べて遥かに大きい補助金を受けたのである。朝鮮と樺太の私設鉄道がともに地域内の資源開発，沿線開発を行いながら，「国営代行」の役割を果たす幹線網を形成したことに注目しなければならない。

　以上のように，総督府の私鉄政策を所与の条件として個別の私鉄は利潤追求を試みて，収入の拡大とともに，費用の削減を模索し，日本内地ほどでは

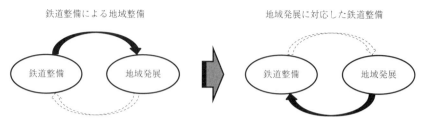

図終-22　鉄道整備と地域発展
出所：地域政策研究プロジェクト編『鉄道と地域発展』中京大学経済学部附属経済研究所，2014年，4頁より改変。
注：黒色の矢印は主要な作用であって，点線の矢印は副次的作用である。

なかったが，朝鮮京南鉄道でみられるように，兼業を通じた収入の拡大を図った。とはいえ，私鉄への補助金制度の改正が行われ，補助率の低下が続き，それを勘案した私鉄の最終的な利潤率が植民地朝鮮で下がっていたことも事実である。「植民地超過利潤」とは決して植民地搾取によって保障されるのではなく，むしろ「平均利潤」さえ政策的工夫があったからこそ，可能であった。植民地近代化論と植民地収奪論といった二項対立的視角からは説明できないだろう。

6. 沿線開発

　というのは植民地鉄道が植民地住民にとっていかなる存在であったのかを考えてみなければならないからである。インフラ整備がその運営に伴う経済活動によって付加価値が増加するというフロー効果もあるが，中長期的にそのベネフィットが沿線住民や生産者に拡大していくというストック効果がみられる。ここで留意すべきなのは経済活動が直ちにインフラ整備の主体の黒字経営を意味しないことである。とりわけ，朝鮮では沿線住民の必要性によって鉄道敷設が自発的に行われることは一部に限られており，日本内地からの鉄道投資が行われ，産業開発が促されたという側面が強いため，日本並みの収益性が確保されず，そのための補助金制度が整えられた。このような私鉄経営の脆弱性は鉄道整備を遅滞させる要因にもなった。朝鮮においては国有鉄道も含めて考えれば，日露戦争に際する軍事目的もあり，むしろ鉄道整備が先行し，それが地域発展に対して肯定的な作用を行った。1930年代

終章 帝国日本と植民地私鉄——日本, 台湾, 朝鮮, 関東州, 樺太 533

以降, 植民地工業化と戦時動員が進行するにつれ地域発展が鉄道整備にも作用するようになったと判断できよう。それにしても, 鉄道整備の主体たる私鉄の経営黒字化を実現する水準には全体的に達していない。

私鉄の敷設に際しては, 必ずといえるほど現地で鉄道敷設期成会が相次いで結成され鉄道敷設運動を展開した。このプロセスには日本人移住者だけでなく現地の朝鮮人住民も加わり, その鉄道開通を要望したのである。それ自体が近代文化の滲透を意味し, 生活様式の変化をもたらすものであったことはいうまでもない。現地住民としては線路用量の大きく, 相対的に低運賃であった国有鉄道を希望したものの, それができない場合, 国有鉄道の路線敷設計画を先にして私鉄が建設された。その事業体を地域住民が自ら生み出す力を持つケースもあれば, それができなければ内外の資本家の投資が要請された。さらに, 東拓, 殖銀が資金不足を補うために資金調達者として登場し, 間接金融と直接金融を担当した。建設された私設鉄道は中央の支配力を地方レベルでよりいっそう強くかつ速やかに浸透させる役割を果たした。私鉄の主要駅には郡庁, 面事務所, 警察署, 地方法院出張所, 郵便所, 銀行, 専売出張所, 学校などが設けられて, 地域社会経済の中核となっていた[13]。駅周辺に日本人の居住が多くなり, 農村地域には朝鮮人が在来的生活方式を維持していることから, 植民地社会の多面性が読み取れる。

日露戦争を契機として京釜・京義の両鉄道が速成主義で敷設されるのに対し, 朝鮮人からの反発や破壊が展開されたものの, 総督府の朝鮮統治が「文化政治」へ転換され, 朝鮮開発が進められるにつれ, 鉄道は国境地帯を除いてもはや排除というよりは歓迎され, 普通は攻撃対象にならず, 利用手段として認識された。インフラストラクチャーとしての経済効果は大きく, 地域社会のなかの私設鉄道となり, 圧倒的に多くの現地人が歓迎した。それは輸送費の低下をもたらし, 産業育成に寄与し, 在来の農業を商業化するだけでなく鉱山, 電力などといった新しい事業が登場する物的基盤となった。その一方, 鉄道は牛馬車や水運などといった既存の交通手段との競争が展開され, 地域交通の再編が進められた。それと同時に, 鉄道を大運送として駅を

---

13) 亀岡栄吉・砂田辰一『朝鮮鉄道沿線要覧』朝鮮拓殖資料調査会, 1927 年 9 月。

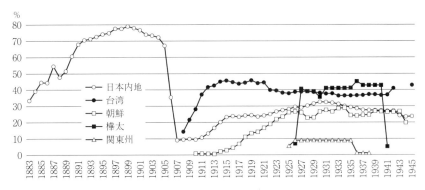

図終-23　日本帝国圏における地域別鉄道のなかの私鉄比重
出所：図終-1と同様。
注：私鉄比重＝私鉄÷（私鉄＋国鉄）。

めぐる集配積卸を担当する新しいビジネスたる小運送が登場し，在来業者も小運送業への再編を余儀なくされただろう。こうして，地域発達にとって私設鉄道の敷設は決定的影響を及ぼし，地域経済の再編を伴ったが，依然として国有鉄道に比べて高運賃であったことから，地域の沿線住民は私鉄敷設後に国有化を希望せざるを得なかった。朝鮮で敷設された私鉄路線の約半数が総督府によって買収されたため，沿線住民の希望は半分程度実現されたことになる。

　そこで，図終-23は帝国圏私鉄がそれぞれの地域においてどのようなプレゼンスがあったのかを示している。それによれば，鉄道国有化以前には日本の場合，80％に達したこともあったが，鉄道国有化によって急減し，10％程度となった。その後増えて1930年代初頭に30％を超えてから，やや低下し，20％台を維持している。これに対し，朝鮮の私鉄は1910年代の敷設が増えて，1920年代には20％台に達し，日本内地に類似する水準であった。台湾と樺太は40％を中心とする推移を示し，営業路線では私鉄の延長が相当の水準であって，国有鉄道に比べてもそのプレゼンスは無視できなかった。とくに，台湾の私鉄は戦時下の「公用線」と呼ばれるほど，私鉄による南北縦貫鉄道の開通も可能であった。ただし，樺太の私鉄は最大の私鉄であった樺太鉄道株式会社が国有化されるにつれ，1941年に10％台にとど

終章　帝国日本と植民地私鉄──日本，台湾，朝鮮，関東州，樺太 535

まって，比較的その重要性が低下した。そのうえ，各地域の私鉄ネットワークに注目すれば，日本内地の都市鉄道，朝鮮・樺太の開発鉄道ないし幹線鉄道，台湾の糖業鉄道といった相違点が確認できる。関東州に敷設された日中合弁の金福鉄路公司は1939年5月に満鉄社線の一部として統合される幹線網であった。

　こうして，日本，台湾，朝鮮，樺太において，1920-30年代に私鉄は全路線の20-40％を占有し，官鉄の通らない地方ではとても重要な役割を果たしたのである。当然，それによる経済的効果は大きく，無視できないものであったことは明らかである。本書が注目している朝鮮の私鉄は開発鉄道としての性格が明確であって，价川鉄道，三陟鉄道，朝鮮鉄道（株）黄海線・忠北線，北鮮拓殖鉄道，西鮮中央鉄道は鉄鉱石，石炭を運ぶ鉱山鉄道の性格が強く，金剛山電鉄，新興鉄道，端豊鉄道，平北鉄道は電力開発のために敷設されたのである。全北鉄道，朝鮮京東鉄道は米穀輸送を重視しており，朝鮮鉄道（株）慶南線・全南線・京東線・慶北線・栄春線，南朝鮮鉄道，朝鮮京南鉄道，朝鮮平安鉄道，京春鉄道，多獅島鉄道は幹線網としての性格を持ちながら，総合的沿線開発を促した。そのうち，多獅島鉄道は図們鉄道とともに国境鉄道としての性格を有すると同時に，朝鮮京南鉄道，朝鮮京東鉄道，釜山臨港鉄道とともに港湾を起点とする臨港鉄道としても機能した[14]。さらに，朝鮮鉄道，朝鮮京南鉄道，朝鮮京東鉄道，南朝鮮鉄道，京春鉄道などは自動車業の浮上にも積極的に対応し，鉄道業との補完的路線網を構築しており，南朝鮮鉄道は鉄道施設の国有化後に自動車交通事業者への事業再編を成し遂げた。

　以上のように，朝鮮私鉄は開発鉄道としての意義をもって沿線周辺開発を促し，幹線網としても機能した。既存社会の再編の要因となり，主要駅には新しい町が形成され，近代的な工場の設置も可能となったのである。このような私鉄も朝鮮に対する植民地支配が敗戦によって終息すると，どのような局面に直面することになっただろうか。本書の最後に戦後の展開を論じることにする。

14）　前掲「多獅島鉄道と王子製紙」。

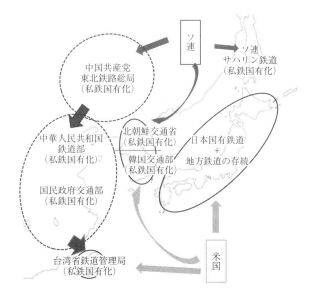

図終-24　戦後東アジアの私鉄の再編
出所：著者作成。

7. 戦後再編

　日本側がポツダム宣言を受諾すると，日本帝国の外地や占領地は植民地支配より解放され，鉄道は新国家の建設を支える物的基盤として期待された。しかし，中国大陸は国共内戦が勃発し，朝鮮半島では米ソ占領による分断体制が成立，朝鮮戦争を通じて固着化した。まず，中国大陸では国民政府交通部が華北交通，華中鉄道，日本軍の占領鉄道を接収し，ソ連軍の撤退時には中国東北部，即ち満州の松花江以南の鉄道網を押さえられた。しかし，国共内戦において，ソ連占領地たる満州を革命根拠地とした中国共産党側が北満から南満へ，さらに華北，華中，華南へと攻めてゆき，勝利を収めた。中国大陸の諸鉄道は中華人民共和国鉄道部に再編され，すべての鉄道が国有鉄道となった。1935年頃，満州国には社線，国線，北鮮線からなる満鉄以外にも関東州を含めて金福，穆稜，鶴立，渓城，斉昂，開豊の6社340.5キロがあった[15]ものの，のちほど新設される私鉄をふくめてこれらの鉄道すべてが

国有鉄道となった。

その一方，国民政府が大陸から台湾への撤退を余儀なくされるにしたがって，旧来の台湾総督府交通局鉄道部は台湾省鉄道管理委員会を経て台湾省鉄道管理局に再編された。糖業鉄道などは戦後成立した公企業たる台湾糖業公司などの専用鉄道となり，沿線住民に対して一定のサービスを引続き提供した。そのほか，台湾で鉄道業を本業とする台北鉄道や台湾交通（台中軽鉄より改称）はそれぞれ異なる再編過程を経て，台北鉄道は新店線として台湾省鉄道管理局の一路線になったが，台湾交通豊原線は台湾省林務局（→林産管理局）に属して八仙山森林鉄道の一路線となり，森林鉄道として機能しながら営業線となっていた。台湾では旧日本人所有の基幹産業部門の企業資産は民間に払い下げられるというより，政府所有の公企業へと再編されるに従って国有化されたものの，台湾鉄道には一部のみが属するという私鉄の戦後再編が行われたといえよう。

これに比べて朝鮮半島において私鉄は一括して国有鉄道への統合が行われる傾向がみられる。朝鮮南部では朝鮮総督府交通局が米軍政庁交通局として再編され，その後運輸局，運輸部へと改称された。その中で，軍政庁下の「資材調達の困難は私鉄でも影響を及ぼし，線路の補修や車両の修繕もほとんど行われていなかったため，営業路線 485.4 キロ，職員 2,200 人の私鉄三社（朝鮮鉄道株式会社，朝鮮京南鉄道株式会社，京春鉄道株式会社）が 1946 年 5 月 14 日に朝鮮国鉄に統合された」[16]。私鉄 3 社の株式 1 割を所有している朝鮮人に対しては査定委員会の査定を経て補償された。運輸部によって接収された総財産を見ると，朝鮮京南鉄道 2000 万ウォン，京春鉄道 1770 万ウォン，朝鮮鉄道 4270 万ウォンであって，線路延長 490.1 キロ，機関車 37 両，ガソリン車 32 両，客車 62 両，貨物トラック 400 両であった。

私鉄 3 社が各地方自動車会社 7 割以上の株式を所有していたが，これらのトラックは運輸部自動車局に引受けられた。各私鉄の事務所は国鉄事務派出

15）　満州事情案内所『満州国の交通事情』1935 年，63–64 頁。

16）「軍政庁뉴-스」『朝鮮日報』1946 年 5 月 18 日；「私鉄員은 国鉄員으로 登用 私設의 諸施設은 接收運営」『東亜日報』1946 年 5 月 19 日；林采成『戦時経済と鉄道運営――「植民地」朝鮮から「分断」韓国への歴史的経路を探る』東京大学出版会，2005 年，208 頁。

所として使用されることとなって，天安の朝鮮京南鉄道本社，水原の朝鮮鉄道京東線出張所はソウル鉄道事務派出所，清州の朝鮮鉄道忠北線出張所は大田鉄道事務所派出所として使われた。京春鉄道本社は朝鮮旅行社に使われることとなった[17]。1948 年 8 月に大韓民国が樹立すると，南朝鮮過渡政府運輸部が交通部に改められる一方，「地方では，地方鉄道運輸局[18]を鉄道局（ソウル，大田，安東，釜山，順天）に改め，三陟地区には」その間，三陟炭の増産のために商工部に属していた三陟開発会社の三陟鉄道を交通部に移管してその管理に当る「運輸局を設置した」[19]。その後，朝鮮戦争の勃発に伴って韓国鉄道は再び戦時動員されたものの，国有鉄道体制は休戦後にも続いた。

このような私鉄の国有化は朝鮮北部でみられることになった[20]。ソ連軍の占領下で鉄道の分断が始まり，咸興と平壌にあった地方鉄道局がそれぞれ咸鏡南道人民委員会と平安南道人民政治委員会に各々接収され，これらを統轄する鉄道総局が平壌に設置された[21]。その後，鉄道総局は交通局に改編されたが，北朝鮮臨時人民委員会（46 年 2 月 21 日）の樹立に伴って北朝鮮の国有鉄道は新しい国家体制に組み込まれ，独自の鉄道システムとなった。そして，1946 年 8 月 10 日に至って産業，交通，逓信，銀行などの国有化に対する法令が発布され，朝鮮平安鉄道，平北鉄道，新興鉄道，端豊鉄道，東満州鉄道，元山北港，朝鮮マグネサイト開発，朝鮮人造石油，多獅島鉄道などが国有化された[22]。交通局は中央集権的な命令系統を確立するため，1947 年 1 月 1 日から傘下の鉄道局と鉄道事務所，埠頭局などを廃止して，平壌，江界，海州，元山，咸興，城津，清津の鉄道部を設置した[23]。1948 年 9 月に朝

---

17) 「各私鉄正式接受，朝鮮人所有株ニ 補償」『中央新聞』1946 年 5 月 19 日。

18) 1948 年 6 月 1 日に，既存の鉄道運輸局を鉄道運輸総局，鉄道事務所を地方鉄道運輸局，鉄道工場を鉄道工作廠に改称した。

19) 「南韓鉄道全部国営으로 三陟鉄道交通部에 移管」『京郷新聞』1948 年 8 月 22 日。

20) 戦後北朝鮮の再編については林采成「解放後の北朝鮮における鉄道の再編とその運営実態」『日本植民地研究』26，2014 年，18-34 頁を参照されたい。

21) 国安芳雄「マダム・ダワイ」鮮交会編『朝鮮交通回顧録 終戦記録編』1971 年，214 頁；轟謙次郎元咸興地方交通局長「終戦前後の咸興地方交通局管内事情」『朝鮮交通回顧録 終戦記録編』41 頁；荒木道俊元平壌地方運輸局経理部長「平壌における終戦前後の事情」『朝鮮交通回顧録 終戦記録編』1971 年，112 頁。

22) 高昇孝『朝鮮社会主義経済論』1973 年，30 頁；朝鮮大学校編『朝鮮大学校学報』4，2000 年6 月，37-39 頁。

鮮民主主義人民共和国が建国すると，交通局は交通省と改称された。

　さらに，樺太の私鉄もソ連軍によって占領され，ソ連運輸通信人民委員会（→ソ連運輸通信省）の管轄となった。旧日本帝国圏の外地・占領地においてはすべての私鉄が国有化され，それぞれの地域の国有鉄道の路線となったのである。これに対し，日本では私鉄の法人企業体制が維持され，強引な陸上交通事業調整法・陸運統制令による統制合同に対する反発があり，一部の企業の分離措置が行われ，1945年の145社から1948年150社へとやや増えたこともあるが，このような会社数は若干変化があるものの，モータリゼーションによって地方中小私鉄が競争力を失って自動車運輸業に代替されるまで維持され，日本のみが戦前との連続性を有する。このような戦後の行方は都市鉄道としての性格を持ち，高成長期の都市化に絡み合って経営多角化に力を入れることによって，経営基盤を確立し，それができなかった農村地帯の私鉄は運行廃止となって，その軌道は道路に代えられたのである。

　これに比べても朝鮮や樺太の開発鉄道ないし幹線鉄道としての性格を持ち，沿線住民の希望が戦後になって実現されたともいえる。台湾の糖業鉄道は公企業たる台湾糖業公司の原料供給と製品輸送を保障する狭軌鉄道として機能しながら一般営業をも行ったので，一応国有化されたものの，専用鉄道としての性格が依然として強く，戦前との連続性をも示している。ともあれ，このような糖業鉄道も後に台湾内の製糖業の衰退とモータリゼーションによって続々と運行停止となり，もはや観光鉄道として一部のみが運行されている。

　以上のように，日本帝国圏の私鉄は配当と利子支給というリターンを企業として確保すると同時に，コモン・キャリアとしての輸送サービスを提供していた。その中で，朝鮮の私鉄は経営基盤が乏しいことから，樺太とともに，1社当り大量の補助金の支給を受けて，植民地鉄道として軍事的目的をも含めて多様な機能を遂行した。これを期待し，総督府，ひいては中央政府は私鉄の育成政策を包括的に展開したのである。この点で，本書は植民地近

---

23)　許南熙「鉄道運輸事業의 企画」『人民』2-3，1947年4月28日（国史編纂委員会『北韓関係史料集13（1946-1947年）』1992年，354-360頁）；박만걸『朝鮮交通運輸史 鉄道運輸編』鉄道出版社，1988年，21頁。

代化論と植民地収奪論の二項対立的視角にとらわれずに，政策とその効果を見るとともに，政府政策を所与の条件として利潤追求を試みる企業の行動様式を検証したのである。このような植民地の私鉄は解放後国有鉄道に統合され，新しい国家建設ならびに国民経済の創出を支える基盤となった。ところが，国有鉄道が高成長の最中でモータリゼーションに伴って経営の行詰りに逢着し，鉄道改革が進められて日本では分割民営化が進められると，韓国では上下分離の上，鉄道業の競争力の向上が図られる中，鉄道民営化の必要性が検討されたのである[24]。

---

24)　建設交通部・鉄道庁『鉄道構造改革（民営化）왜 필요한가요？』2000 年 11 月。

あとがき

　日本に留学して研究者としての第一歩を踏んで以来，日本帝国圏鉄道は筆者の研究対象であった。最初は朝鮮総督府鉄道研究から始め，次は，華交互助会に巡り遭って当時の一次資料を利用して華北交通を分析し，さらに帝国圏鉄道の補給基地たる日本内地の国有鉄道やそのフロンティアともいえる満鉄を研究し，台湾総督府鉄道と華中鉄道を分析するようになった。おもに日本内外地の国有鉄道あるいは国策鉄道会社を対象としていたわけである。確かに，これらの鉄道研究を通じて戦前東アジアの社会経済構造と日本政府の植民地・大陸政策などが筆者なりに明らかになり，とくに戦時期から研究を進めることで，大陸鉄道輸送協議会などによる日本帝国圏鉄道の最終的実態も把握できた。とはいうものの，沿線地域の請願運動と資金動員あるいは資本誘致による地方レベルにおけるインフラ整備を捉えるのに限界が依然としてあることにも気付き始めた。

　それには幾つかの契機があったが，まず，ソウル大学から立教大学へと転職してから日本の鉄道を創立から今日に至るまで語るために原朗先生が編集委員長を務めていらっしゃる交通協力会『鉄道 150 年史』プロジェクトに参加して，外地鉄道の担当とともに，植民地私鉄・軌道事業についての執筆を同時に要求されたことである。紙幅の制約上，外地私鉄をコンパクトに論じなければならなくなり，それだけに総括的な認識が必要とされた。次に，李容相氏から『新韓国鉄道史 総論』（韓国鉄道文化財団編，国土交通部・韓国鉄道公社・韓国鉄道施設公団・韓国鉄道協会，2019 年）を出版する前に読んでコメントしてほしいという依頼を受けて，その作業に当たる際，私鉄についてはコメントできるほどの実態把握ができていなかったことに後ろめたさを感じた。そうした中，老川慶喜先生の跡見学園女子大学で月一回土曜日に開かれていた戦後鉄道史研究会にともに参加している渡邉恵一氏より私鉄研究をやってみたらと言われて，最初はその意義をつかみきれなかったが，それが心に残り，さらに筆者に欠けていることがはっきり見え始めた。「知恵ある者とともに歩む者は知恵を得る。愚かな者の友となる者は害をうけ

る。」(箴言 13: 20) の言葉通りだろうか。

　そこで，韓国の国立中央図書館，国史編纂委員会，国家記録院，ソウル大学校中央図書館，延世大学校学術文化処図書館，高麗大学校図書館，梨花女子大学校図書館，日本の国立公文書館，外務省外交史料館，国会図書館，日本交通協会，東京大学経済学部図書館，大分大学経済学部教育研究支援室，滋賀大学付属図書館，滋賀県立大学図書情報センター，京都大学経済学部図書室，東京経済大学図書館，北海道大学付属図書館，一橋大学経済研究所資料室，神戸大学図書館，立教大学図書館などより資料収集を行い，植民地朝鮮私鉄の歴史像を構築しようとした。とくに，局地鉄道の場合，公刊資料はほとんど残っていないなか，その復元は新聞や雑誌の記述に頼らざるを得ず，コロナパンデミックの最中に各図書館の新聞・雑誌記事データベースは極めて有効であった。

　それを通じて，広範囲にわたる総督府の保護政策と強力な権限，朝鮮鉄道(株)の異質性，私鉄の統合と分割，財閥のインフラ整備，奥地のエネルギーおよび資源開発，鉄道敷設への地域社会の熱望，鉄道への脅威としての自動車の浮上，植民地鉄道の小林一三モデル，国鉄「代理線」などといった私鉄の様々な歴史的側面が見えて来た。そのうえ，個別の特殊事例の限界を乗り越えて普遍性を持たせるためには総体的認識が提示されなければならず，やはり総督府政策を検討するとともに，統計的アプローチを通じて帝国内の朝鮮私鉄の位置づけを把握することで，その全体象を描こうとした。その結果，枝葉的ものとして軽視されがちな地方レベルのダイナミズムや，総督府と投資家との濃密な関係，そして場合によっては総督府への投資家の反発といった植民地社会経済のリアリズムが浮かび上がってきたのである。

　そのなかで，一部の事例研究を日韓両国で個別の論説(「三陟炭田の開発と石炭輸送：日本電力による植民地朝鮮の資源開発史」『立教経済学研究』69-5，95-119 頁，2016 年。「金剛山電鉄における電力・鉄道兼業体制の成立とその経営成果」『東京経大学会誌 (経済学)』297，61-82 頁，2018 年。「全北鉄道의 設立과 運営그리고 国有化──米穀経済와 鉄道運営」『経済史学』44 巻 3 号，263-294 頁，2020 年。「王子製紙と多獅島鉄道」『鉄道史学』40，3-19 頁，2022 年) として発表したが，ここでは未発表の研究をもって一冊の研究書として上梓してその理解度を深めるとともに，東アジアの社会

あとがき | 543

経済史，鉄道・交通史，植民地政策史などといった専門家の方々より率直なコメントおよび批判を乞うことにしたい。

このような研究を穿鑿していくなか，多くの方々より学識上の刺激を受けつつある。戦後鉄道史研究会に参加してからは老川慶喜先生を始め，宮下弘美，渡邉恵一，高嶋修一，河村徳士，関谷次博，石井里枝，二階堂行宣，廣田誠，小野浩，恩田睦，鈴木勇一郎ら諸氏との議論を通じて知的刺激をいただいた。沢井実先生を始め中村尚史，鳩澤歩，蔡龍保の諸氏との帝国圏鉄道史研究会は日本帝国圏鉄道を多面的に考察するきっかけとなっており，各氏の専門性に基づいてさまざまなお教えをいただいている。そのほかにも，立教大学を退職した須永武徳先生からは最終講義で帝国主義論の再検討の必要性を語っていただき，私鉄補助金制度についての理解を深める機会を得た。

さらに，本書の研究に当たっては，独立行政法人日本学術振興会「帝国日本をめぐる鉄道経営の国際移転：経営管理と人的資源を中心に」（基盤研究（B）20H01521，研究代表者・中村尚史），立教大学学術推進特別重点資金「日本帝国における植民地私鉄の政策と実態に関する史的研究：朝鮮を中心として」（2023年度個人研究），独立行政法人日本学術振興会「日本帝国における私鉄の政策と実態に関する史的研究：日本，朝鮮，台湾，樺太」（基盤研究（C）24K04995）の支援を得た。

本書の刊行に際しては京都大学学術出版会の大橋裕和氏にたいへんお世話になった。草稿段階より文章や記述方式をチェックしていただき，本書の完成度を高めながら，一般読者にとって読みやすくなっている。さらに読者側の可読性を高めるために引用されている写真のうち，新聞に掲載されていた写真は Sergio Robles de Medina に解像度を上げる作業をやっていただいた。また本書刊行に当たっては，令和6年度独立行政法人日本学術振興会科学研究費補助金（研究成果公開促進費「学術図書」24HP5108）の支援を受けており，ここに謝意を表明するものである。

2024年11月8日
ソウルで　林采成

索　引

■事項索引

【あ】

叺良哈　222, 225, 226
安満道路　282, 285
赤字　9, 32, 100, 231, 233, 291, 297, 377
アジア・太平洋戦争　99, 105, 456
安城商民大会　363
安定株　460
イギリス　3, 8
移行の経済学　15
仁川府　172, 187
インフラストラクチャー　11, 80, 463, 530
インフラ整備　11, 460, 532
運賃　5, 10, 65, 67, 95, 97, 119, 151, 180, 192, 230, 260, 292, 304, 308, 364, 442, 452, 458, 460, 488, 521
運賃制度　97, 458
運賃割引　97, 192, 240, 361, 364
運輸費　156, 296, 445
駅　12, 136, 138, 181, 220, 248, 285, 335, 395, 439, 483
沿線開発　12, 162, 248, 334, 361, 369, 532
沿線住民　4, 99, 172, 298, 392, 462, 532, 537
王子製紙　30, 115, 246, 515
大川面　372
大蔵省預金部　218, 233, 240
大阪商船　367
赴戦江　17, 310, 318, 331
温陽温泉　350, 357, 366, 370
温陽館　371

【か】

カーバイド　201, 204
会寧　214, 223
開発鉄道　76, 238, 516, 535
ガソリン　8, 184, 202, 319, 403, 486, 494

ガソリン消費規正　198, 206, 495
ガソリン動車　174, 190, 260, 293, 402, 443, 483
賀田組　114
鐘淵実業　261
鐘淵紡績　438
株主名簿　426
神井館　370
上三峯　214, 223
樺太　4, 11, 30, 64, 422, 506
樺太鉄道　5, 510, 534
川内里鉄道　85
咸鏡北道　5, 115, 212, 229, 245
韓国瓦斯電気株式会社（朝鮮瓦斯電気株式会社）　34, 83
『韓国鉄道史』　168
間島　49, 213, 227, 234, 240
関東軍特種演習（関特演）　16, 104, 197
関東州　511
官僚的調整　15
機関区　136, 483
機関車　2, 68, 139, 174, 190, 203, 221, 268, 330, 360, 402, 443, 484, 506
技光製鉄所　277
汽車費　156, 200, 265, 296, 325, 445
技術帝国主義　2
北朝鮮臨時人民委員会　538
金福鉄路　509, 522, 535
九州炭　71, 75
九州製紙　115
京江陸運　489
京釜鉄道株式会社　3, 26, 83
狭軌　16, 34, 54, 71, 83, 116, 143, 173, 200, 213, 255, 340, 433, 472, 506, 539
狭軌線　16, 54, 89, 169, 188, 259, 290
狭軌鉄道　30, 72, 83, 116, 179, 219, 277, 515, 521

虚川江　310, 317, 327
清川江　279, 281
局線内発着並局線発連帯貨物受託制限　187
清津港　236, 239
クーリー　430
車扱　96, 361, 402, 452
軍事輸送　65, 91, 187, 198, 236
群山商業会議所　348, 358
経営委託　212, 238
経営収支　81, 96, 100, 150, 199, 231, 265, 288, 307, 325, 421, 447, 487, 497
経営多角化　18, 369, 382, 463, 507, 539
京畿道　113, 148, 173, 466, 481, 492
京畿道警察部　490
京春鉄道　29, 68, 74, 93, 192, 347, 398, 462, 535, 537
京春鉄道期成会　466, 471
京春鉄道創立事務所　476
京春電気鉄道　85, 171, 464
京春電気鉄道期成同盟会　464
京城経済記者団　354
京城商工会議所　394
京城電気金剛山電鉄線　93
京仁線　3, 34
京仁鉄道合資会社　3
京抱自動車　490
价川軽便鉄道　279, 294
价川鉄道　57, 96, 276, 287, 304, 450, 510, 535
价川鉄山　278, 282
減価償却費　83, 100, 369, 519
建設費　33, 40, 55, 86, 160, 188, 218, 235, 253, 266, 412, 444, 479, 510, 527, 529
建設費補助主義　40, 62, 77, 102, 134, 473
兼二浦製鉄所　147, 279, 285
高運賃体系　23, 33, 103, 132, 150
広軌化　30, 76, 150, 252, 308
広軌改良　245, 254
広軌線　89, 174, 259, 356
合資会社中央自動車部　181
公州臨港鉄道期成会　358
交通事業調整委員会　67
合同運送組合　364

鴻巣銀行　347, 353, 355, 369
江原道　29, 173, 183, 194, 205, 464, 485, 493
江原道保安課　470
江原旅客自動車株式会社　501
合名会社尼崎汽船部航路　192
公用線　534
広梁湾鉄道　388, 392, 415
鴨緑江　115, 299, 310, 312, 333, 340
鴨緑江水電　337
国営代行　31, 132, 241, 507, 531
国際通運　470
国際標準軌（標準軌）　89, 116, 130, 142, 150, 173, 200, 212, 235, 334, 350, 433, 449, 472, 506, 514, 521
小口扱　96, 192, 402
国民政府交通部　536
国有化　3, 9, 28, 52, 87, 99, 131, 141, 143, 163, 217, 234, 265, 299, 300, 380, 422, 444, 472, 507, 511, 529, 538
古茂山　49, 85, 116, 249, 211, 269
国境鉄道　4, 13, 29, 235, 535
小林一三モデル　370, 382, 498, 502, 507
金剛山電気鉄道　46, 84, 124, 289, 433, 450, 464
金剛自動車合資会社　490

【さ】
サイパン島　74
産業開発　24, 32, 58, 151, 164, 227, 282, 378, 467, 509, 532
三陟欝珍合同自動車　492
三陟炭田開発　30, 347
三陟鉄道　6, 30, 68, 90, 311, 347, 396, 480, 515, 535, 538
三私鉄買収計画　451
山陽鉄道　528
事業多角化　382
茂山製鉄所　250
茂山鉄鉱開発　244, 251, 260, 262
資材事務担当者打合会　70, 487
市場的調整　14
私設鉄道　3, 5, 31, 34, 55, 81, 91, 110, 132, 213, 258, 276, 300, 386, 423, 447,

463, 506, 533
私設鉄道ノ保護奨励方針　42
私鉄運輸会議　98
私鉄運輸業務打合会　65
私鉄協会評議員会　46
私鉄合同　44, 77, 110, 123, 346, 360, 380,
　432, 509, 514
私鉄合同仮契約　49
私鉄合同論　46, 110
私鉄懇談会　44, 98
自動車業　12, 132, 155, 183, 201, 284,
　292, 304, 361, 375, 421, 447, 452, 467,
　489, 502, 535
資本集約度　94, 525
資本ストック　13, 82, 94, 511, 527
資本費用　25, 100, 164, 211, 325, 337,
　369, 381
収益性　7, 13, 40, 49, 103, 116, 134, 154,
　160, 188, 197, 229, 266, 290, 302, 362,
　445, 476, 506, 515, 518, 527
儒城温泉　375
松鶴港　357
商工会議所　12, 59, 64, 399
情勢ノ変移ニ伴フ帝国国策要綱　198
昭和金融恐慌（金融恐慌）　140, 171, 358
昭和水利組合　399, 414
殖産局　253
植民地インド鉄道　10
植民地工業化　7, 27, 63, 80, 90, 146, 157,
　366, 386, 441, 462, 483, 509, 511, 532
植民地雇用構造　7, 14, 139, 163, 191,
　323, 525
植民地政策　52, 523
植民地超過利潤　9, 532
人員整理　93, 149, 290, 297, 525, 527
『新韓国鉄道史』　245, 276, 421
新興鉄道　6, 70, 85, 131, 154, 163, 312,
　318, 433, 515, 538
震災恐慌　171
水仁線　169, 187, 191, 196, 205
水豊ダム　329, 334, 338
ストライキ　430
水驪線　28, 169, 174, 178, 193, 200, 346
生産力拡充計画　146, 340

西鮮殖産鉄道　36, 46, 84, 114, 118, 123,
　244, 351
西鮮中央鉄道　70, 73, 93, 116, 192, 269,
　396, 414, 486, 510, 535
政府補助金　30, 42, 64, 134, 156, 160,
　216, 254, 291, 332, 412, 450, 497, 500,
　529
静養館　406, 408
世界大恐慌　57, 87, 93, 157, 180, 294,
　372, 436, 506, 520
石炭増産増送期間　75
接収　536, 538
設令主義　40, 62, 77, 465, 527
戦時陸運非常体制　66
専売局塩田　403
全北軽便鉄道　36, 48, 83, 102, 527
全北鉄道　4, 30, 54, 76, 87, 230, 235, 519,
　535
全要素生産性　14
専用鉄道　70, 276, 280, 322, 508, 520, 538
全羅南道　114, 174, 420, 435, 451
挿橋トラック組合　375
ソ連運輸通信人民委員会　539

【た】
第一次世界大戦　84, 98, 204, 288, 297,
　518, 524
大京城　483, 486
太興合名会社　210, 233, 235
大豆　182, 222, 285, 335, 387, 467
体制転換の経済学　15
台中軽鉄（台湾交通）　508, 537
大日本製糖　508
台北鉄道　463, 508, 515, 529, 537
『ダイヤモンド』　43, 61, 142, 156
大陸前進基地　87
大陸鉄道輸送協議会　69
大陸物資の朝鮮経由陸運転嫁輸送　76
代理線　5, 67, 80, 104, 168, 510
台湾　4, 9, 30, 134, 507, 520, 521
台湾国有鉄道　526
台湾省鉄道管理委員会　537
台湾人　524
台湾総督府交通局鉄道部　537

貴城塩田　387
拓務省朝鮮部長　256
多獅島鉄道　4, 30, 42, 68, 75, 90, 192, 396, 480, 514, 535, 538
只縄旅館　406, 408
龍岡温泉　386, 393, 398, 405, 408
脱線事故　290
端豊鉄道　6, 68, 92, 327, 339, 515, 538
築港　356, 427, 436, 444
地方鉄道　30, 38, 46, 56, 66, 98, 432, 510, 530
地方鉄道法　39, 56, 98, 215, 301, 527, 529
中央政府　6, 24, 32, 54, 80, 252, 270, 304, 307, 451, 530, 538
中国　13, 49, 65, 90, 210, 236, 463, 506, 536
忠北線　36, 70, 130, 145, 432, 535
忠南旅客自動車株式会社　376
忠南臨港鉄道　356
忠南臨港鉄道計画　381
長項製錬所　367
長津江水電会社　317
朝鮮運送　98, 181, 196, 402, 470, 493, 501
朝鮮運送会社金良場営業所　181
朝鮮海陸運輸　501
朝鮮瓦斯電気　29, 34, 83, 102
朝鮮貨物自動車統制株式会社　376, 500
朝鮮京南鉄道　319, 346, 449, 531, 537
朝鮮銀行　46, 190, 259, 351
朝鮮軽便鉄道　113, 519
朝鮮軽便鉄道網調査　36
朝鮮軽便鉄道補助法　39, 465, 527
朝鮮軽便鉄道令　4, 39, 77
朝鮮軽便鉄道令及附属法規　4, 34, 83
朝鮮興業鉄道　39, 44, 110
朝鮮鋼索鉄道　85
『朝鮮交通史』　60, 244, 276, 420
朝鮮鴨緑江水力発電株式会社　333
朝鮮国有鉄道　3, 7, 12, 26, 43, 57, 68, 81, 106, 134, 162, 324, 351, 409, 526
朝鮮国有鉄道図們線　237, 239
朝鮮産業開発　32, 60, 151
朝鮮産業経済調査会　63
朝鮮産業調査委員会　44, 53, 61

朝鮮産業鉄道　36, 39, 46, 84, 110, 116, 120, 162, 244, 351, 433, 514
朝鮮塩業鉄道　389, 391, 415
朝鮮事業公債法　57, 80
朝鮮事業公債法中改正法律案　252
朝鮮資源調査委員会　249
朝鮮私設鉄道協会　44, 54
朝鮮私設鉄道補助法　4, 30, 40, 58, 100, 157, 164, 392, 447, 465, 473, 527
朝鮮私設鉄道令　39, 40, 76, 301, 527
朝鮮私鉄五カ年買収計画　78
朝鮮自動車交通事業整備要綱　500
朝鮮商業銀行　124, 128, 474
朝鮮商工会議所　58, 64, 450
朝鮮殖産銀行　87, 374, 389, 397, 462, 472, 483, 513, 524, 533, 537
朝鮮殖産銀行令　474
朝鮮人　7, 12, 39, 52, 86, 128, 134, 138, 163, 236, 247, 281, 323, 406, 436, 468, 524, 533
朝鮮京東鉄道　28, 68, 112, 124, 154, 159, 168, 187, 201, 426, 433, 535
朝鮮森林鉄道　84, 115, 116, 120, 341, 351
朝鮮製錬株式会社　367
朝鮮総督府　4, 7, 25, 30, 41, 59, 71, 81, 126, 142, 184, 211, 236, 302, 318, 324, 348, 381, 427, 501, 510, 527
朝鮮総督府交通局　131, 269, 458, 537
朝鮮総督府交通局長　458
朝鮮総督府財務局　256
朝鮮総督府逓信局　312, 440
朝鮮総督府鉄道局（朝鮮国有鉄道）　7, 26, 69, 81, 104, 126, 172, 212, 240, 253, 299, 319, 420, 451, 516
朝鮮総督府鉄道局監督課　357
朝鮮総督府鉄道局軍事及総動員関係書類取扱規程　91
朝鮮総督府鉄道局現業員共済組合　179, 190, 427, 444
朝鮮総督府鉄道部　39, 211
朝鮮窒素肥料　140, 311, 315, 340
朝鮮中央鉄道　36, 46, 85, 112, 113, 116, 119, 244, 351
朝鮮貯蓄銀行　124, 474, 477

索引 | 549

朝鮮鉄道（株）　7, 49, 52, 89, 98, 110, 123,
　129, 134, 155, 159, 200, 289, 313, 316,
　319, 321, 381, 422, 432, 448, 509, 524,
　537
朝鮮鉄道（株）咸北線　49, 62, 130, 143,
　146, 152, 247, 253, 266, 269, 433, 450
朝鮮鉄道（株）咸南線　49, 85, 96, 119,
　130, 141, 150, 313, 319, 321, 340, 432
朝鮮鉄道（株）栄春線　76
朝鮮鉄道（株）慶東線　4, 36, 49, 54, 85,
　113, 130, 145, 154, 299, 510
朝鮮鉄道（株）慶南線　4, 49, 115, 130,
　146, 154, 298, 422, 510, 535
朝鮮鉄道（株）慶北線　36, 48, 75, 85,
　116, 130, 145, 154, 381, 432, 433
朝鮮鉄道（株）全南線　130, 145
朝鮮鉄道（株）黄海線　36, 49, 71, 74,
　96, 118, 130, 142, 269, 432, 510
朝鮮鉄道協会　61, 69, 234, 299, 406, 408,
　421, 466, 487, 500
朝鮮鉄道協会資材部　70, 78
朝鮮鉄道局（朝鮮国有鉄道）　40, 83, 169,
　200, 300, 434, 478
朝鮮鉄道 12 年計画　4, 26, 30, 34, 56, 80,
　104, 111, 130, 146, 234, 240, 276, 299,
　307, 420, 450, 466, 509
朝鮮鉄道普及計画　61
朝鮮鉄道敷設運動　12
朝鮮鉄道網促成期成会　54
朝鮮鉄道網調査委員会　54, 234
朝鮮副業共進会　361
朝鮮平安鉄道　69, 90, 386, 395, 415, 463,
　535, 538
朝鮮米穀倉庫会社　438
朝鮮水電　313, 315, 331
朝鮮無煙　71
朝鮮無煙炭　71, 75
賃金格差　525
鎮南浦　114, 338, 386, 415
鎮南浦・広梁湾間鉄道敷設問題　388
鎮南浦商工会議所　392, 399, 402, 415
鎮南浦電気　390
鎮南府会議員懇談会　395
帝国議会　4, 10, 36, 40, 54, 58, 80, 234,

　299, 421, 527
帝国圏鉄道　33, 112, 520
帝国主義論　9
帝国鉄道協会　54, 60, 234, 256, 299, 348,
　358, 432
定住型統合主義　523
低物価政策　25, 71, 151, 161, 488
鉄道軌道統制会　67
鉄道局監督課　68, 176, 357, 397, 404, 433
鉄道局現業員共済組合　179, 190, 427,
　444
鉄道局防空委員会規程　91
鉄道国有化　3, 9, 28, 422, 506, 518, 522,
　526
鉄道国有法　3, 34
鉄道従業員飢饉　68, 336
鉄道従事員　133, 191, 523
鉄道抵当法　353
鉄道投資　4, 9, 33, 44, 60, 80, 94, 100,
　132, 169, 391, 472, 510, 527, 532
鉄道敷設運動　5, 12, 172, 414, 464, 472,
　533
天安　348, 363, 373, 538
電源開発　311, 321, 331
天図軽便鉄道（天図軽便鉄路）　211,
　213, 216, 236, 238
天図鉄道　29, 210, 215, 222, 237
天図鉄道広軌改造期成会　237
天宝山銀銅鉱　213, 228
ドイツ　9
東海商事　492
統監府鉄道管理局　3, 26
統制会社　69, 376, 456, 500
統制会社令　500
図們鉄道　4, 29, 49, 54, 89, 210, 289, 351,
　535
東洋拓殖（東拓）　29, 115, 124, 126, 128,
　217, 233, 238, 241, 333, 403, 532
特定運賃　96, 180, 192, 285, 402
トン扱　96

【な】
日満支資材懇談会　69
日露戦争　3, 26, 82, 532

日韓暫定合同条款　　3
日韓併合　　34, 80
日中戦争　　2, 14, 87, 142, 182, 329, 396,
　　480, 523, 526
日本興業銀行　　259
日本人　　7, 86, 134, 176, 323, 388, 470, 513
日本人社員　　14
日本製鋼所　　278, 282, 287, 290, 304
日本製鉄（日鉄）　　131, 251, 256, 270, 481
日本製鉄兼二浦　　143
日本窒素肥料（日窒）　　131, 310, 312, 315
日本鉄道　　528
日本内地　　2, 9, 13, 28, 39, 58, 83, 143,
　　186, 195, 213, 234, 253, 301, 335, 348,
　　352, 422, 441, 464, 475, 484, 507, 514,
　　521
粘結剤　　72, 75

【は】
配置率　　43, 126, 136, 158, 232, 266, 298,
　　379, 412, 456, 473, 500
配当金　　159, 233, 379
春川繁栄会　　466, 471, 481
反動恐慌　　44, 87, 116, 120, 139, 168, 171,
　　284, 509, 511, 519
東山農事株式会社　　175
東山農場　　204
費用　　95, 100, 151, 161, 205, 223, 250,
　　265, 280, 296, 325, 339, 410, 445, 467,
　　496, 518, 521
平北鉄道　　6, 68, 73, 90, 192, 332, 338,
　　515, 535
平元線　　45, 298, 399, 414
府協議会（府会）　　12, 390, 395
釜山軌道　　34, 83
釜山臨港鉄道　　27, 76, 269, 510, 535
不足の経済　　14
フランス　　9
ベアリング　　264
平安北道庁　　336
放漫経営　　369, 371, 376, 380
北支派遣部隊輸送　　91
北鮮興業　　171
北鮮興業鉄道　　85, 213

北鮮線　　70, 238, 246, 536
北鮮拓殖鉄道　　70, 76, 129, 144, 159, 244,
　　269, 270, 510, 535
北鮮鉄道　　171, 212
北鮮鉄道管理局　　239
北鮮ルート　　210, 234
補助金　　3, 9, 30, 40, 48, 57, 102, 132, 290,
　　389, 412, 530, 531
補助金制度　　4, 6, 10, 61, 100, 129, 298,
　　447, 514, 527
補助法　　47, 59, 61, 159, 428
補助保証率　　32, 38, 44, 100, 102, 171,
　　392, 422, 447, 465, 527
補助率　　33, 39, 55, 63, 94, 103, 117, 157,
　　232, 266, 298, 326, 412, 529, 531
保線区　　136, 138, 483, 524
保線費　　266, 445
北海道　　32, 40, 217, 277, 282, 509, 528
北海道製鉄　　278, 282
北海道拓殖鉄道補助ニ関スル法律　　529
ポツダム宣言　　536

【ま】
満洲鴨緑江水力発電　　333
満洲事変　　90, 104, 236
満鉄　　26, 48, 70, 134, 192, 212, 236, 351,
　　510
満鉄による委託経営　　4
満浦線　　57, 235, 296, 307, 391, 399, 414,
　　510
満浦鎮　　115, 281, 298
三井　　277, 302, 305
三井鉱山　　251, 277, 282, 302, 306
三井物産　　398, 416
三菱　　175, 249, 254, 270, 279, 312, 481
三菱鉱業　　126, 142, 250, 252, 256, 260
三菱財閥　　249
三菱商事　　398, 416
三菱製鉄　　114, 124, 131
南朝鮮過渡政府運輸部　　538
南朝鮮興業　　452, 458, 460
南朝鮮鉄道（旧）　　36, 46, 112, 114, 118,
　　351
南朝鮮鉄道（新）　　36, 124, 420, 428, 435,

索引 551

437, 451, 473, 510, 535
南朝鮮鉄道光州営業所　436
南満洲太興　214, 216, 228, 231, 233
民族別配置　483
民族別労働配置　525
無煙炭　8, 71, 414, 437, 487
無煙炭使用に関する研究会　72
無煙炭利用協会委員会　71
武昌浦海水浴場　366
明治製糖　508
モータリゼーション　9, 168, 539
木炭ガス車（木炭自動車，木炭車）
　485, 494, 496, 498

【や】
遣繰決算　43, 156, 161, 163
雄羅線　239
輸送統制　25, 65, 143, 199
弓長嶺鉄鉱　228
要素生産性　14
用地買収　42, 179, 300, 429, 464

【ら】
羅津港　239

陸運統制令　65, 507, 539
陸上交通事業調整法　507, 539
利潤率　16, 83, 96, 102, 116, 153, 154,
　231, 266, 298, 332, 448, 500, 518
両江拓林鉄道　46, 84, 112, 115, 120, 123,
　128, 162, 244, 245, 351
臨時軍用鉄道監部　83
臨時資金調整法　256, 396
麗関連絡船　433, 441
麗水港　428, 439, 441, 444
連帯輸送　67, 148, 187, 198, 439
老頭溝炭鉱　228, 233
労働生産性　14, 82, 95, 99, 105, 119, 150,
　163, 229, 291, 298, 367, 445, 459, 522
労働争議　337, 434
盧溝橋事件　65, 91

【わ】
和順無煙炭　437
割引運賃　97, 180, 192, 230, 351, 403, 469

【A–Z】
GDP　514
Stockton & Darlington Railway　8

■人名索引

【あ】
青木健三郎　392, 394
秋本茂　348, 354, 355
秋本豊之進　353, 355, 391
麻生音波　212
荒木武二郎　174, 177, 353
有賀長文　278
有賀光豊　353, 477, 481, 498
有馬秀雄　121
飯田延太郎　216, 217
石田千太郎　468
石橋正平　216, 217
石丸祐正　174, 177
一色虎児　305
伊藤旺　475, 478, 479, 486, 500

伊藤利三郎　128
稲畑勝太郎　425, 426, 453
井上貫太郎　369, 394
井上周　258
猪田直恵　397
今井田清徳　249
今村覚次郎　188
林采成　27, 347
岩崎小弥太　114, 251
岩崎真雄　178, 466
宇井孝三　216
上野熊蔵　174
上野彦八　412
宇垣一成　249, 317
鵜川正長　479

牛島省三　475, 478, 485
海老原侃　479
大川平三郎　115, 128, 163, 351
大塩武　311
大島英吉　316, 333, 334
大谷留五郎　433, 458
大野緑一郎　481
大橋新太郎　425
大村信善　216
大村卓一　180, 298, 302, 424, 466
荻生傳　328
小倉常吉　425, 426
恩鱗　334

【か】

加治嘉太郎　216
賀田以武　114
片桐和三　360
賀田直治　64, 114, 127, 258, 450
片山繁雄　355, 381
上内彦策　402
香山弘　171, 172, 175, 176, 177
川崎肇　425, 426
姜在彦　311
菊島啓　31, 81
北林毅　429
金禹淳　335
金景林　26
金賛寿　28, 29, 170, 184, 347
金鍾翊　188
金鍾弼　429
金季洙　188, 394, 477
沓水留之助　429
国沢新兵衛　358
久保田豊　316, 328, 333, 334, 337
黒瀬郁二　29, 211, 238
小池英吉　472, 479
高成鳳　27
古賀三千人　121
児玉秀雄　468
小林一三　369
小林藤右衛門　176, 189, 354
小村千太郎　258

【さ】

斎藤久太郎　392, 394, 395
斎藤実　52, 58, 422
崔基永　469, 492
崔養浩　465, 471
阪上貞信　348
佐方文次郎　333, 334
坂本正治　175
佐々木聿郎　464
佐々木恒太郎　174, 175, 177
佐竹次郎　426, 453
佐藤作郎　258
佐藤時彦　328
澤慶治郎　328, 332, 334, 335
澤崎修　424
澤崎鶴司　300
塩川済吉　475, 477, 478
重枝太索　389, 412, 414
重松重治　313
島田俊雄　121
象山郁次郎　394
甄洙燦　28, 169, 347
信田秦一郎　322
杉本九八郎　425
鈴木孝太郎　394
鈴木四郎　277
鈴木武雄　210
鈴木球雄　402
鈴木寅彦　127
鈴木春之助　258
ゼームス・アール・モールス　3
瀬戸道一　402
全盛賢　29

【た】

高橋章之助　175
高橋康順　333, 334
高橋泰隆　27
田川三郎　394
田川常次郎　388, 394
瀧儀三　316
竹内祐介　27, 148
武和三郎　127
立川六郎　389, 394

田中義一　397
玉置正治　328
淡輪雅信　283
池奎汶　471
陳悟　333, 334
津田三代三　472
鄭在貞　27
鄭安基　29, 32, 81, 347, 462, 475
寺尾徳母　174, 175
東條正平　127, 258
徳楞額　333, 334
戸沢民十郎　216
轟博志　28, 169, 199
富田儀作　388
富田直次　478

【な】

永井四郎　333, 334
仲尾和三郎　353
永里高雄　316, 328
長島弘　348
南相鶴　468
西崎鶴太郎　388
西崎鶴司　323, 397, 402
西野豊彦　187
新田留次郎　34, 258
根津嘉一郎　422, 453, 473
根津藤太郎　453
野口遵　316, 327, 328, 333, 334
野田董吉　258

【は】

萩井新藏　394
橋谷弘　26
長谷川太郎吉　127, 255, 258
浜名寛祐　216
林茂樹　500
林繁藏　58, 302
林原憲貞　374
原田定造　455
久武常次　468, 471
平井熊三郎　175
平生釟三郎　251
福田庸雄　258

藤野葛樹　283, 287
藤本清記　471
藤原銀次郎　115, 246
古川阪次郎　178
別府丑太郎　425, 433
朴経錫　299
朴興植　394
朴賛祐　466, 469
朴祐賢　32, 59, 81
細野温　464
穂積真六郎　250
本田徳彌　373

【ま】

増田平八　500
町野武馬　312
松下栄　175
松田正之　258
三鬼隆　258
水野錬太郎　465
湊志信　175, 177
三原義雄　412
椋原翰吉　466
村尾重孝　333, 334
村上久八郎　468, 471

【や】

矢島桂　28, 46, 110, 123, 129, 132
安場末喜　174
山田昌壽　216
山中友太郎　468, 471
山中又太郎　477
湯浅倉平　424
弓削幸太郎　465
湯沢茂　397
湯村辰二郎　322
横地静夫　328
吉田秀次郎　188
吉田浩　305
吉永武楊　394, 412

【ら】

李洪復　471
李昌植　28, 168, 346

李鍾燮	299, 394	渡邊修	127
李東根	468	渡邊嘉一	127
李段垣	492	渡辺勝太郎	464
李敏応	174, 176	渡辺定一郎	467

【わ】

和田一郎　40, 121

【A–Z】

Daqing Yang　2

著者紹介

林 采成（イム チェソン　Lim Chaisung）

立教大学経済学部教授。東京大学大学院経済学研究科博士課程修了，博士（経済学）。専門は経済史。主な著作に，『鉄道員と身体——帝国の労働衛生』（2019年），『歴史としての高成長——東アジアの経験』（共編，2019年），『企業類型と産業育成——東アジアの高成長史』（共編，2022年）（以上，京都大学学術出版会）などがある。

帝国と私鉄
——朝鮮開発をめぐる総督府と日本資本　　　Ⓒ Chaisung Lim 2025

2025年1月10日　初版第一刷発行

著　者　林　　采　　成

発行人　黒　澤　隆　文

京都大学学術出版会

京都市左京区吉田近衛町69番地
京都大学吉田南構内（〒606-8315）
電話（075）761-6182
FAX（075）761-6190
Home page http://www.kyoto-up.or.jp
振替 01000-8-64677

ISBN978-4-8140-0562-8
Printed in Japan

装幀　森　華
印刷・製本　亜細亜印刷株式会社
定価はカバーに表示してあります

本書のコピー，スキャン，デジタル化等の無断複製は著作権法上での例外を除き禁じられています。本書を代行業者等の第三者に依頼してスキャンやデジタル化することは，たとえ個人や家庭内での利用でも著作権法違反です。